projeto
Teláris

estudar MATEMÁTICA

CB131904

DANIEL ALMEIDA/ARQUIVO DA EDITORA

Brincando com os números

Agora, que tal brincar um pouco com os algarismos do número do seu telefone[1]? É só seguir as instruções.

- Pense no número formado pelos quatro primeiros algarismos do seu telefone.
- Multiplique por 80.
- Some 1.
- Multiplique por 250.
- Some o número formado pelos quatro últimos algarismos do seu telefone.
- Some mais uma vez o número formado pelos quatro últimos algarismos do seu telefone.
- Subtraia 250.
- E, para terminar, divida por 2.

MONKEY BUSINESS IMAGES/SHUTTERSTOCK/GLOW IMAGES

Por acaso, você reconhece esse número? É isso aí, o resultado final de todas essas operações é exatamente o número do seu telefone!

Qual é o segredo?

[1] Até o final de 2016, todos os números de telefone celular devem ter 9 algarismos. Se você utilizar uma calculadora comum, use o número de seu telefone fixo, para que não ultrapasse a capacidade de dígitos do visor.

ALBERTO ZORNETTA/SHUTTERSTOCK/GLOW IMAGES

Adivinhação de números: será mágica ou simples coincidência? Com certeza, nenhum dos dois! É simplesmente Álgebra, uma linguagem matemática que auxilia na resolução de problemas. Ela está relacionada a alguns conteúdos que você vai estudar no 8º ano, como expressões algébricas, produtos notáveis e fatoração. Com a ajuda desses assuntos, você vai descobrir o segredo dos enigmas aqui propostos, e também vai poder criar os seus próprios enigmas.

Bons estudos!

Pense em um número e faça os cálculos seguindo as instruções da cena no parque. Deu 15? É, parece que existe uma arte de adivinhar números!

Os desafios de adivinhar números

Livros do **século XII** já faziam referência a jogos de adivinhação numérica como uma atividade comum entre as pessoas. Funciona assim: uma pessoa pede a outra que pense em um número e, depois de alguns comandos, a primeira pessoa adivinha o resultado a que a outra chegou.

Vamos jogar um pouco? Pegue papel e lápis, se desejar, e mãos à obra!

SAMUEL BORGES/SHUTTERSTOCK/GLOW IMAGES

ANN WORTHY/SHUTTERSTOCK/GLOW IMAGES

AUTOAVALIAÇÃO! QUE BICHO É ESSE?

Que tal verificar antes de todo mundo como você está se desenvolvendo nos estudos? Não precisa esperar o resultado das provas para isso. Você pode fazer de tempos em tempos uma autoavaliação (e evitar aborrecimentos!).

O QUE É AUTOAVALIAÇÃO?

ÍCONES E ILUSTRAÇÃO: BRUNO ALGARVE/ARQUIVO DA EDITORA

auto ↓ de si mesmo + **avaliação** ↓ verificação da competência desenvolvida

É a forma de uma pessoa verificar como está seu desempenho em uma determinada tarefa ou comportamento.

Você pode fazer uma autoavaliação no decorrer do bimestre ou no final dele. Há várias formas de se autoavaliar. Sugerimos um quadro, que pode ser adaptado para cada disciplina. Veja a seguir:

Data	O que é avaliado	Meu conceito/ minha nota	Minha autoavaliação ou o que fazer
	AVALIAÇÕES PARCIAIS (Realizadas ao longo do bimestre)		
	AVALIAÇÃO BIMESTRAL (Avalia todo o conteúdo do bimestre)		
	TRABALHOS/ATIVIDADES EM CLASSE (Jogos, trabalhos em grupo ou individuais que são considerados pelo seu professor como uma avaliação)		
	TRABALHOS EXTRACLASSE		
	LIÇÕES DE CASA (Anotar se foram realizadas ou não)		
	PARTICIPAÇÃO (Dependerá do combinado entre o professor e toda a classe)		
	OUTROS (Seu caderno em dia, seu material escolar completo, seu ritmo, sua conduta em sala)		

Nesta coluna, anote as tarefas e/ou comportamentos que são avaliados em cada disciplina.

Nesta coluna, anote suas notas/ conceitos.

Nesta coluna, em cada um dos itens você poderá anotar as mudanças necessárias, segundo sua visão, para melhorar seu desempenho.

DICAS

- ✔ Faça um quadro para cada disciplina. Você pode montá-los no caderno ou na agenda.
- ✔ Registre suas notas de todo o bimestre. Cada vez que seus professores fizerem uma avaliação, anote o resultado no seu quadro.
- ✔ Faça sua autoavaliação na última coluna.

A visualização geral dos resultados ajudará você a acompanhar seu desenvolvimento e a identificar problemas.

TOME CONTA DO SEU DESEMPENHO! COMPARTILHE SUA AVALIAÇÃO COM SEUS PROFESSORES.

O nome do Projeto Teláris se inspira na forma latina telarium, que significa "tecelão", para evocar o entrelaçamento dos saberes na construção do conhecimento.

projeto Teláris

Luiz Roberto Dante

Matemática 8

Luiz Roberto Dante

- Livre-docente em Educação Matemática pela Unesp – Rio Claro, SP
- Doutor em Psicologia da Educação: Ensino da Matemática pela PUC – São Paulo
- Mestre em Matemática pela USP
- Pesquisador em Ensino e Aprendizagem da Matemática pela Unesp – Rio Claro, SP
- Ex-professor da rede estadual do Ensino Fundamental e Médio de São Paulo
- Autor de vários livros, entre os quais: *Formulação e resolução de problemas de Matemática: teoria e prática*; *Didática da Matemática na pré-escola*; *Projeto Ápis*: Natureza e Sociedade, Linguagem e Matemática (Educação Infantil – 3 volumes); *Projeto Ápis Matemática* (1º ao 5º ano); *Projeto Voaz Matemática* (Ensino Médio – volume único); *Projeto Múltiplo – Matemática* (Ensino Médio – 3 volumes).

Use esse QR Code para acessar o *site* exclusivo do Projeto Teláris. Basta fazer o *download* de um leitor de QR Code no seu celular ou *tablet* e posicionar a câmera como se fosse fotografar a imagem acima.

editora ática

editora ática

Diretoria de conteúdo e inovação pedagógica
Mário Ghio Júnior
Diretoria editorial
Lidiane Vivaldini Olo
Gerência editorial
Luiz Tonolli
Editoria de Ciências Exatas
Ronaldo Rocha
Edição
Cibeli Chibante Bueno
e André Luiz Ramos de Oliveira (estag.)
Arte
Ricardo de Gan Braga (superv.),
Andréa Dellamagna (coord. de criação),
André Gomes Vitale (editor de arte),
Lourenzo Acunzo (assist.) e DIGKIDS (diagram.)
Revisão
Hélia de Jesus Gonsaga (ger.), Rosângela Muricy (coord.),
Ana Curci, Ana Paula Chabaribery Malfa,
Vanessa de Paula Santos e Brenda Morais (estag.)
Iconografia
Sílvio Kligin (superv.),
Roberta Freire Lacerda (pesquisa),
Cesar Wolf e Fernanda Crevin (tratamento de imagem)
Ilustrações
Casa de Tipos, Giz de Cera, Mauro Souza, Paulo Manzi
e Suryara Bernardi
Cartografia
Eric Fuzii, Marcelo Seiji Hirata, Márcio Santos de Souza,
Robson Rosendo da Rocha e Allmaps
Foto da capa: waniuszka/Shutterstock/Glow Images

Direitos desta edição cedidos à Editora Ática S.A.
Avenida das Nações Unidas, 7221, 3º andar, Setor C
Pinheiros – São Paulo – SP – CEP 05425-902
Tel.: 4003-3061
www.atica.com.br / editora@atica.com.br

Dados Internacionais de Catalogação na Publicação (CIP)
(Câmara Brasileira do Livro, SP, Brasil)

Dante, Luiz Roberto
Projeto Teláris : matemática : ensino fundamental 2 / Luiz Roberto Dante. – 2.ed. – São Paulo : Ática, 2015. – (Projeto Teláris : matemática)
Obra em 4 v. para alunos do 6º ao 9º ano.
1. Matemática (Ensino fundamental) I. Título. II. Série.
15-02979 CDD-372.7

Índice para catálogo sistemático:
1. Matemática : Ensino fundamental 372.7

2017

ISBN 978 85 08 17269 6 (AL)
ISBN 978 85 08 17268 9 (PR)
Cód. da obra CL 738803
CAE 542 237 (AL) / 542 438 (PR)

2ª edição
4ª impressão

Impressão e acabamento
Log&Print Gráfica e Logística S.A.

CÓPIA NÃO AUTORIZADA É CRIME
ABDR
ASSOCIAÇÃO BRASILEIRA DE DIREITOS REPROGRÁFICOS
RESPEITE O DIREITO AUTORAL
EDITORA AFILIADA

Apresentação

Caro aluno

Bem-vindo a esta nova etapa de estudos e aprendizagens.

Como você já sabe, a Matemática é uma parte importante de sua vida. Ela está presente em todos os lugares e em todas as situações de seu cotidiano: na escola, no lazer, nas brincadeiras, em casa, etc.

Escrevi este livro para você compreender as ideias matemáticas e aplicá-las em seu dia a dia. Estou certo de que fará isso de maneira prazerosa, agradável, participativa e sem aborrecimentos. Sabe por quê? Porque ao longo deste livro você será convidado a pensar, a resolver problemas e desafios, a trocar ideias com os colegas, a observar ao seu redor, a ler sobre a evolução histórica da Matemática, a trabalhar em equipe, a conhecer curiosidades, a brincar, a pesquisar, a argumentar, a redigir e a divertir-se.

Gostaria muito de que aceitasse este convite com entusiasmo e dedicação, participando ativamente de todas as atividades propostas.

Vamos começar?

Um abraço

O autor

Conheça seu livro de Matemática

1

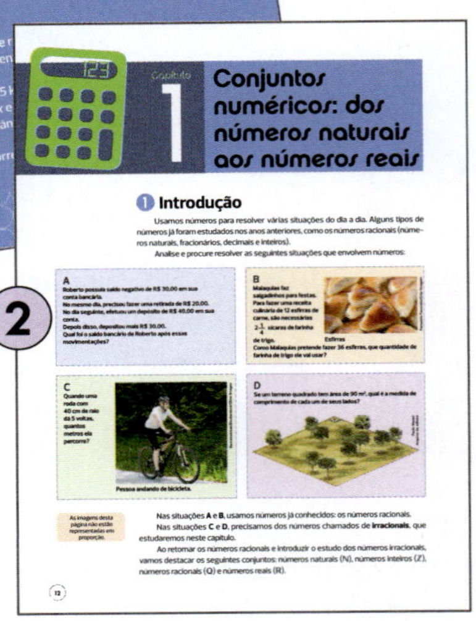

2

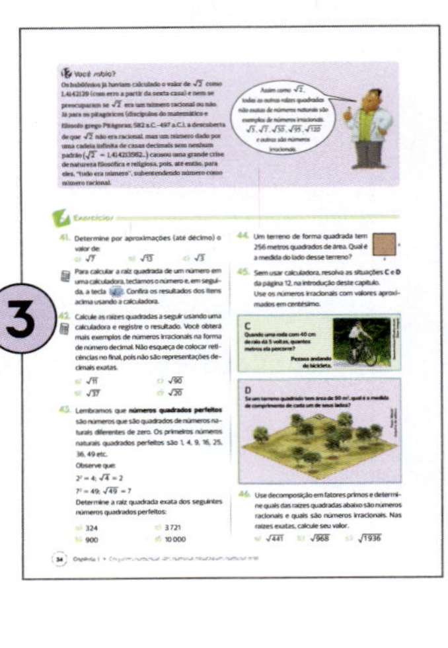

3

① Abertura da Unidade

Apresenta uma imagem e um breve texto de introdução.

Os ícones que aparecem em destaque nesta página e se repetem na borda de todas as páginas ímpares, indicam o número e o tema de cada Unidade para que você possa se localizar com mais facilidade.

Ponto de partida

Nesta seção há algumas questões sobre os assuntos que serão desenvolvidos na Unidade.

② Introdução dos capítulos

Todos os capítulos se iniciam com uma ou mais imagens e um texto de introdução que vão prepará-lo para as descobertas que você fará no decorrer do trabalho proposto.

③ Seções

Ao longo dos capítulos, há várias seções especiais que vão contribuir para a construção de seus conhecimentos matemáticos. ***Exercícios e problemas.*** Diferentes atividades para você resolver, desenvolvendo os conceitos abordados. ***Desafios.*** Atividades instigantes que exigem maior perspicácia. ***Bate-papo.*** Atividades orais. ***Você sabia?*** Curiosidades relacionadas aos tópicos estudados. ***Oficina de Matemática.*** Atividades de experimentação, verificação e sistematização dos conteúdos apresentados. ***Curiosidade matemática.*** Interessantes curiosidades relacionadas especificamente à Matemática. ***Leitura.*** Textos adicionais que complementam e contextualizam a aprendizagem. ***Raciocínio lógico.*** Atividades voltadas para a aplicação de noções de Lógica na resolução de problemas.

Estudando Matemática, você vai adquirir conhecimentos que vão auxiliá-lo a compreender o mundo à sua volta, estimulando também seu interesse, sua curiosidade, seu espírito investigativo e sua capacidade de resolver problemas. Assim, você terá uma participação mais ativa e esclarecida na sociedade. Veja como os livros desta coleção foram organizados.

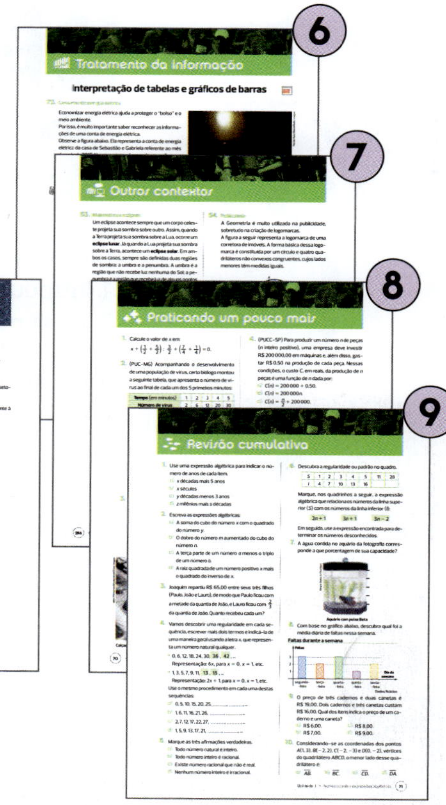

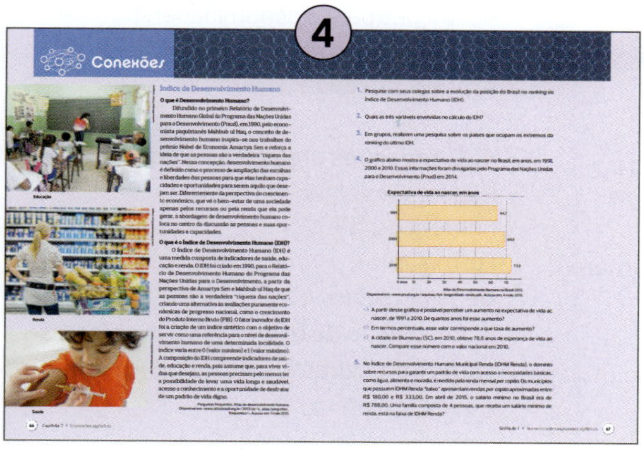

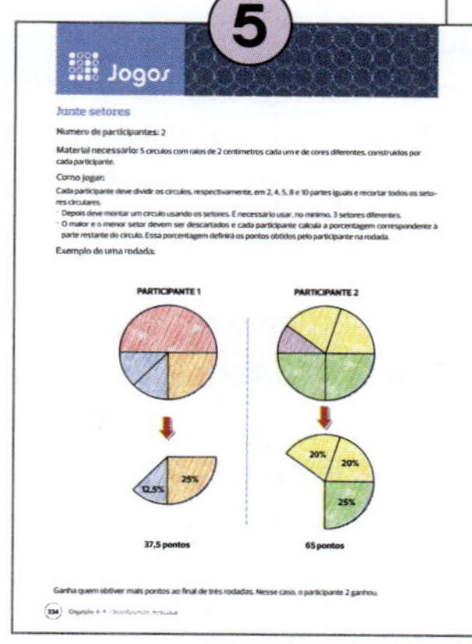

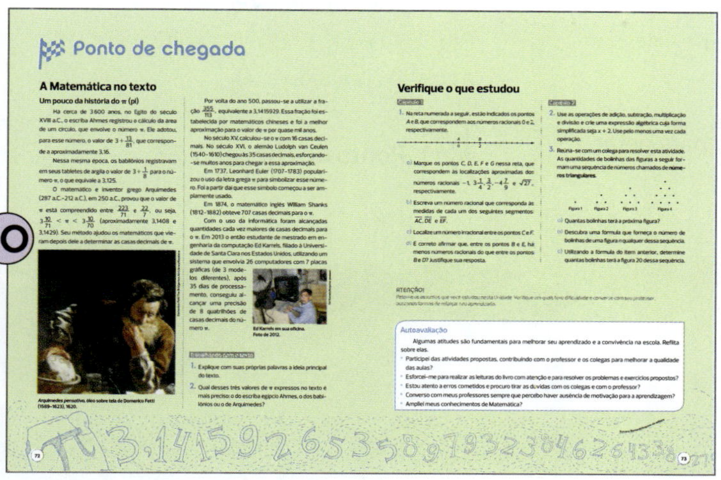

Este ícone indica que há conteúdo digital disponível em: www.projetotelaris.com.br

④ Conexões

Seção interdisciplinar que prioriza a abordagem de temas, como ética, saúde e meio ambiente. Os textos são acompanhados de questões que evidenciam a Matemática em diferentes contextos.

⑤ Jogos

Seção de jogos relacionados aos conteúdos que estão sendo estudados nos capítulos.

⑥ Tratamento da informação

Atividades que envolvem Estatística e exploram gráficos e tabelas.

⑦ Outros contextos

Atividades adicionais que envolvem situações-problema contextualizadas.

⑧ Praticando um pouco mais

Testes e questões, a maioria extraída de avaliações oficiais, para fixar e ampliar seu aprendizado.

⑨ Revisão cumulativa

Atividades, problemas e testes que revisam contínua e cumulativamente os conceitos e procedimentos fundamentais estudados nos capítulos e nos anos anteriores.

⑩ Ponto de chegada

Seção de encerramento de cada Unidade, composta de três momentos especiais: ***A Matemática nos textos***, que apresenta leituras interessantes, geralmente relacionadas à história da Matemática; ***Verifique o que estudou***, revisão de alguns dos temas abordados ao longo da Unidade, por meio de exercícios; ***Autoavaliação***, momento para você refletir sobre seu processo de aprendizagem e sobre atitudes que tomou em relação a seus estudos, ao professor e aos colegas.

Sumário

Unidade 1

Números reais e expressões algébricas

Pablo Gomes/ Agência RBS

Sumário

Unidade 2: Geometria e Álgebra

Frans Hals/Museu do Louvre, Paris/Foto: André Hatala/Wikipedia

Sumário

Unidade 3 Álgebra e Geometria

Mauro Souza/Arquivo da editora

Unidade 4 • Grandezas e medidas, Geometria e Estatística

Sumário

Unidade 1

Bruno Peres/CB/D.A Press

Participantes da 15ª Meia Maratona Internacional de Brasília, 2014.

Números reais e expressões algébricas

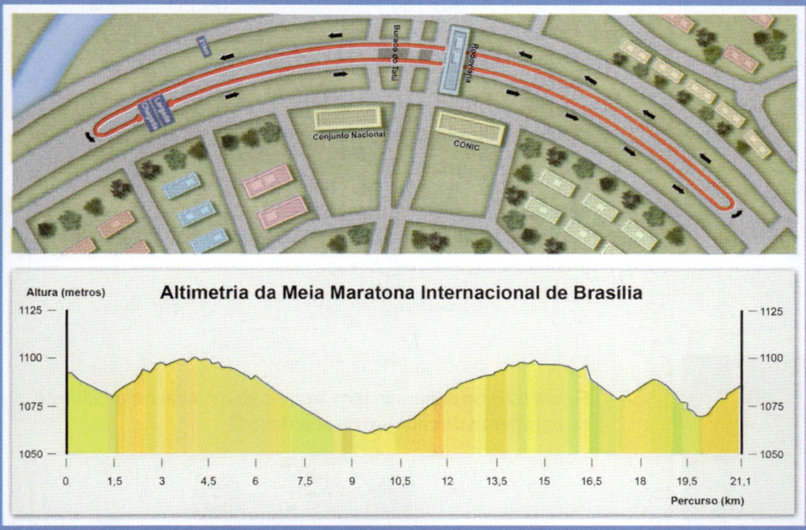

Paulo Manzi/Arquivo da editora

Fonte: Meia Maratona de Brasília. Disponível em: <www.meiamaratonadebrasilia.com.br/index.php/typography-2/2012-11-09-13-09-49>. Acesso em: 1 maio 2015.

A busca por qualidade de vida tem aumentado, no país todo, a participação popular nas corridas de rua, e dezenas de cidades do país já promovem esse tipo de evento.

Em 6 de abril de 2014, foi realizada a 15ª Meia Maratona Internacional de Brasília, disputada no Distrito Federal. Quase 3 mil pessoas participaram das corridas de 21 km, 10 km e 5 km.

Observe ao lado o mapa do percurso e o gráfico de altimetria da prova.

Ponto de partida

Sob a orientação do professor, converse com seus colegas e responda às questões:

1. Entre os números apresentados na figura acima, quais pertencem, ao mesmo tempo, aos conjuntos $\mathbb{N}$, $\mathbb{Z}$ e $\mathbb{Q}$?
2. A maratona é uma prova de corrida com distância de 42,195 km. A meia maratona tem distância de 21,0975 km. Considere a expressão algébrica $42{,}195 \cdot x$ e responda: que valor deve ser dado a x para que o valor numérico dessa expressão seja a distância da meia maratona? Esse valor pertence a $\mathbb{N}$, pertence a $\mathbb{Z}$, pertence a $\mathbb{Q}$? Justifique.
3. O gráfico de altimetria acima indica a altura do terreno correspondente a cada ponto do percurso. Qual a altura aproximada para a distância de 4,5 km?

Capítulo 1

Conjuntos numéricos: dos números naturais aos números reais

1 Introdução

Usamos números para resolver várias situações do dia a dia. Alguns tipos de números já foram estudados nos anos anteriores, como os números racionais (números naturais, fracionários, decimais e inteiros).

Analise e procure resolver as seguintes situações que envolvem números:

A

Roberto possuía saldo negativo de R\$ 30,00 em sua conta bancária.
No mesmo dia, precisou fazer uma retirada de R\$ 20,00.
No dia seguinte, efetuou um depósito de R\$ 40,00 em sua conta.
Depois disso, depositou mais R\$ 30,00.
Qual foi o saldo bancário de Roberto após essas movimentações?

B

Malaquias faz salgadinhos para festas. Para fazer uma receita culinária de 12 esfirras de carne, são necessárias $2\frac{1}{4}$ xícaras de farinha de trigo.

Esfirras

Fernando Favoretto/Criar Imagem

Como Malaquias pretende fazer 36 esfirras, que quantidade de farinha de trigo ele vai usar?

C

Quando uma roda com 40 cm de raio dá 5 voltas, quantos metros ela percorre?

Pessoa andando de bicicleta.

Samotrebizan/Shutterstock/Glow Images

D

Se um terreno quadrado tem área de 90 m², qual é a medida de comprimento de cada um de seus lados?

Paulo Manzi/Arquivo da editora

As imagens desta página não estão representadas em proporção.

Nas situações **A** e **B**, usamos números já conhecidos: os números racionais.

Nas situações **C** e **D**, precisamos dos números chamados de **irracionais**, que estudaremos neste capítulo.

Ao retomar os números racionais e introduzir o estudo dos números irracionais, vamos destacar os seguintes conjuntos: números naturais ($\mathbb{N}$), números inteiros ($\mathbb{Z}$), números racionais ($\mathbb{Q}$) e números reais ($\mathbb{R}$).

2 Conjuntos numéricos

Desde os anos iniciais de escolaridade, você tem estudado em Matemática os números, as grandezas e suas medidas, as figuras geométricas, as tabelas e os gráficos.

Agora, vamos recordar e aprofundar o que você já estudou sobre números.

Menino contando gibis.

Fotos: Sérgio Dotta Jr./Arquivo da editora

Menino medindo a altura da colega.

Quando comparamos uma grandeza e uma unidade, obtemos um número. Se a **grandeza** é **discreta**, a comparação é uma **contagem**, e o resultado é um **número natural**. Por exemplo, quando contamos o número de gibis de uma coleção. Se a **grandeza** é **contínua**, a comparação é uma **medição**, e o resultado é um **número real**. Por exemplo, quando medimos a altura de uma pessoa.

Conjunto dos números naturais ($\mathbb{N}$)

Você já conhece a sequência dos números naturais: 0, 1, 2, 3, 4, 5, 6, 7, 8, 9, ... E já estudou que o **conjunto dos números naturais** pode ser representado por:

$$\mathbb{N} = \{0, 1, 2, 3, 4, 5, 6, 7, 8, 9, 10, 11, 12, ...\}$$

O primeiro elemento desse conjunto é o zero. O **sucessor** do zero é o 1, o sucessor do 1 é o 2, e assim por diante. Representa-se o sucessor de um número natural qualquer n por $n + 1$. Como sempre podemos obter o sucessor de um número natural, dizemos que o conjunto dos números naturais é **infinito**. Tal fato é representado pelas reticências (...).

Subconjuntos de $\mathbb{N}$

O conjunto formado pelos números naturais pares (P) é uma **parte** de $\mathbb{N}$. Podemos também dizer que P é um **subconjunto** de $\mathbb{N}$ ou que P **está contido** em $\mathbb{N}$.

$\mathbb{N} = \{0, 1, 2, 3, 4, ...\}$ e $P = \{0, 2, 4, 6, 8, ...\}$

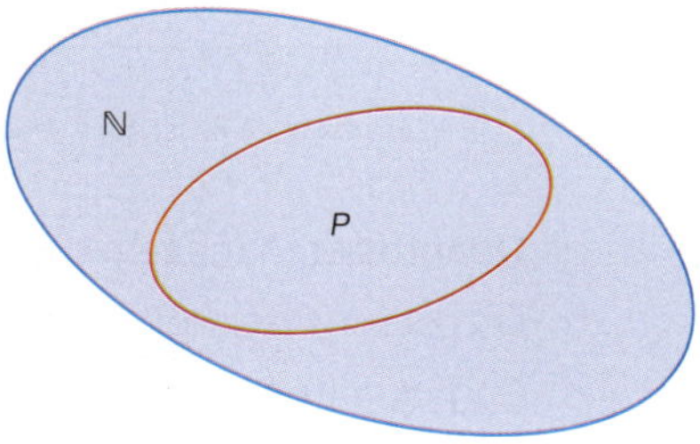

Indicamos assim: $P \subset \mathbb{N}$. (Lê-se: P é um subconjunto de $\mathbb{N}$ ou P está contido em $\mathbb{N}$.)

Outros subconjuntos de $\mathbb{N}$:

- conjunto dos números naturais ímpares: $I = \{1, 3, 5, 7, 9, ...\}$;
- conjunto dos números naturais sem o zero: $\mathbb{N}^* = \{1, 2, 3, 4, 5, ...\}$.

Você sabia?

Sempre que queremos excluir o zero de um conjunto, colocamos o asterisco (*) no símbolo que o representa. Por exemplo, $\mathbb{N}^*$ indica o conjunto dos números naturais sem o zero.

Usos dos números naturais

Contagem, código e ordenação

Exercícios e problemas

1. Observe o mapa abaixo, analise as questões a seguir e responda:

Mapa político da América do Sul e do Brasil

Adaptado de: IBGE. *Atlas geográfico escolar*. 6. ed. Rio de Janeiro, 2012.

a) **Quantos** estados tem o Brasil?

b) Os estados brasileiros estão separados em regiões. **Quantas** regiões são? Quais são elas?

c) Com **quantos** países da América do Sul o Brasil não faz limite? Quais são eles?

d) Pesquise e responda: **quantos** habitantes foram registrados no Brasil no Censo 2010?

e) Arredonde esse número para a dezena de milhão mais próxima e escreva-o na forma simplificada (com algarismos e palavras).

Você pode observar que os números naturais permitem desenvolver o processo de **contagem** respondendo à pergunta "**Quantos**?".

2. Além da contagem, os números naturais também são usados como **códigos** ou para indicar uma **ordem**. Veja estes dois exemplos:

Código

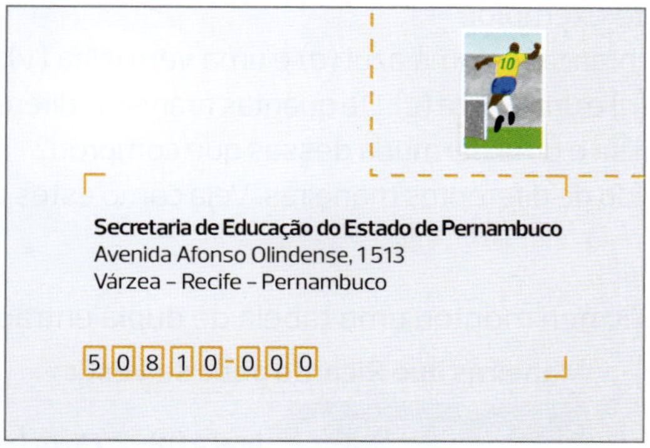

Paulo Manzi/Arquivo da editora

O Código de Endereçamento Postal (CEP) da Secretaria de Educação do Estado de Pernambuco é 50810-000.

Ordenação

Maiores economias do mundo

Ordem	País	Bandeira
1ª	Estados Unidos	
2ª	China	
3ª	Índia	
4ª	Japão	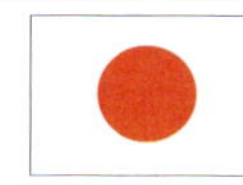
5ª	Alemanha	
6ª	Rússia	
7ª	Brasil	

Reprodução/Arquivo da editora

Em 2014, o Brasil era a 7ª economia do mundo.

Fonte: UOL economia. Disponível em: <http://economia.uol.com.br/noticias/redacao/2014/04/30/ranking-do-banco-mundial-traz-brasil-como-a-7-maior-economia-do-mundo.htm>. Acesso em: 16 maio 2015.

Os números 1ª, 2ª, 3ª, 4ª, 5ª, 6ª e 7ª indicam ordem.

Agora responda:

a) Qual é o código de Discagem Direta a Distância (DDD) de sua cidade?

b) O que indica o prefixo telefônico 0800?

c) Qual é a posição ocupada pelo número 31 na sequência dos números primos?

3. Identifique nas informações do *Você Sabia?* um número natural usado:

a) em uma contagem;

b) para indicar uma ordem.

4. Quantas semanas completas temos de 27/7 a 15/10 do mesmo ano, incluídos esses dois dias?

Você sabia?

Atualmente, a Constituição da República Federativa do Brasil, promulgada em 5/10/1988, tem 250 artigos permanentes. O início do artigo 5º é: "Todos são iguais perante a lei".

5. Leia a tirinha a seguir e converse com seus colegas sobre a estratégia usada por Conahonty para saber quantos dinossauros estavam vindo.

© 2002 LATS/Intercontinental Press

Raciocínio combinatório, possibilidades e contagem

Há contagens simples, como contar quantos dias faltam para o fim do mês.

Mas há também contagens mais complexas, como esta: de quantas maneiras diferentes três pessoas podem se sentar em um sofá de três lugares?

Esta é outra importante aplicação dos números naturais: auxiliam nas contagens mais complexas. Examine este exemplo:

Ricardo tem três camisas: uma branca (b), uma azul (a) e uma vermelha (v). Tem também duas bermudas: uma preta (p) e uma cinza (c). De quantas maneiras diferentes Ricardo pode se vestir com uma camisa e uma bermuda dessas que comprou?

Esse problema pode ser resolvido de diferentes maneiras. Veja como estes cinco estudantes do 8º ano o resolveram.

1ª) Pedro escreveu todas as possibilidades.

Paulo Manzi/Arquivo da editora

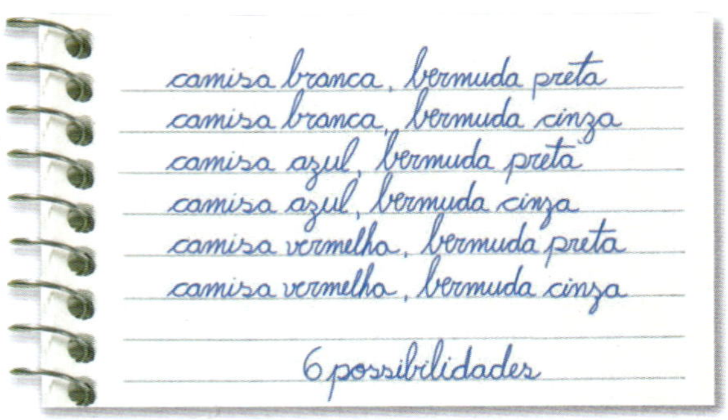

2ª) Andreia fez o esquema abaixo.

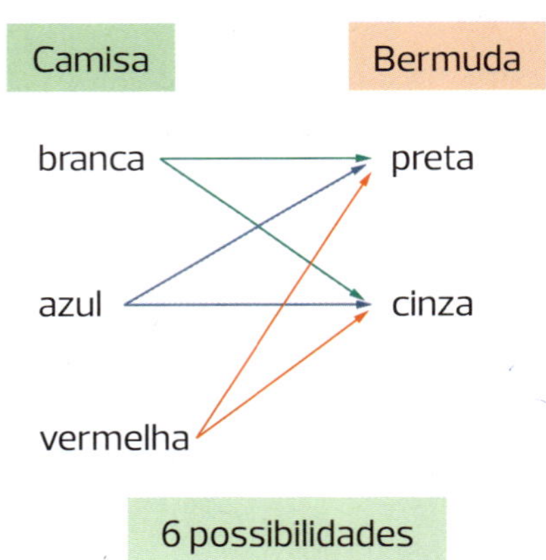

3ª) Cármen montou uma tabela de dupla entrada.

Maneiras que Ricardo pode se vestir

Camisa \ Bermuda	preta (p)	cinza (c)
branca (b)	b, p	b, c
azul (a)	a, p	a, c
vermelha (v)	v, p	v, c

3 (camisas) × 2 (bermudas)

Dados fictícios.

Total: $3 \cdot 2 = 6$ possibilidades

4ª) Afonso lembrou-se do diagrama chamado de "árvore de possibilidades".

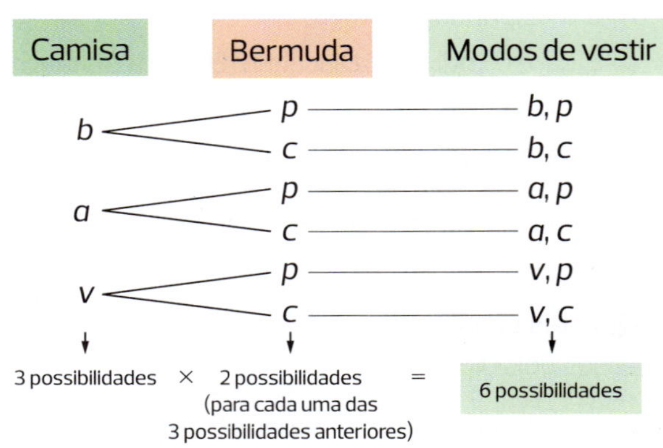

5ª) Gustavo raciocinou assim:

As ilustrações dos personagens deste livro foram produzidas por Mauro Souza.

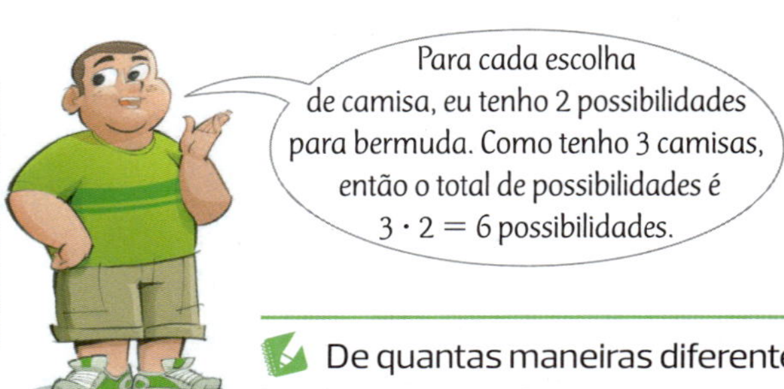

De quantas maneiras diferentes Mara pode se vestir com 3 saias, 4 blusas e 2 pares de sandálias?

Exercícios e problemas

6. Escreva usando chaves.

a) $\mathbb{N}$: conjunto dos números naturais.

b) $\mathbb{N}^*$: conjunto dos números naturais sem o zero.

c) *I*: conjunto dos números naturais ímpares.

d) M(6): conjunto dos múltiplos de 6.

e) D(6): conjunto dos divisores de 6.

f) *A*: conjunto dos números primos menores que 20.

g) *B*: conjunto dos números naturais de dois algarismos.

h) *C*: conjunto dos números naturais quadrados perfeitos.

i) *D*: conjunto dos números que são sucessores dos múltiplos de 7.

j) *E*: conjunto dos números naturais primos de um algarismo.

7. Considere os números naturais que aparecem nos quadrinhos a seguir e os conjuntos da atividade anterior.

100	121	140
107	144	59
72	360	81

a) Quais deles fazem parte de *D*?

b) Quais deles fazem parte de M(6)?

c) Quais deles fazem parte de *C*?

8. Descubra qual é o número.

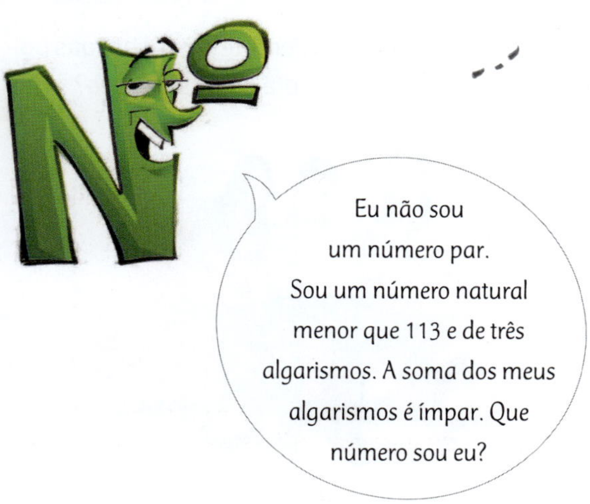

Mauro Souza/Arquivo da editora

9. Responda **sim** ou **não**.

a) Todo número natural tem um único sucessor?

b) Números naturais diferentes podem ter sucessores iguais?

c) Existe algum número natural que não é sucessor de outro número natural?

d) Todo número natural tem antecessor em $\mathbb{N}$?

e) Entre um número natural e seu sucessor existe sempre um outro número natural?

f) A soma de dois números naturais é sempre um número natural?

g) A diferença entre dois números naturais é sempre um número natural?

h) O produto de dois números naturais é sempre um número natural?

i) O quociente de um número natural por outro é sempre um número natural?

j) Existe um número natural que é maior do que todos os outros números naturais?

k) Existe um número natural que é menor do que todos os outros números naturais?

10. Se *n* indica um número natural qualquer, escreva como podemos indicar:

a) o sucessor de *n*;

b) o triplo de *n*;

c) os números naturais múltiplos de 7;

d) os números naturais pares;

e) os números naturais ímpares;

f) os números naturais pares que não são múltiplos de 4.

11. Indique os números naturais correspondentes a x em cada item.

a) $x \geq 9$

b) $x > 15$ e $x \leq 18$

c) $x^3 = 64$

d) x é primo e $15 < x < 30$

e) $x + 4 < 10$

f) $3x - 9 = 6$

g) $x^2 > 30$

h) $\begin{cases} x^2 \leq 49 \\ 2x > 10 \end{cases}$

i) $x + 8 = 5$

12. Uma prova com duas questões foi dada a uma classe de 8º ano com 40 alunos. Dez alunos acertaram as duas questões, 25 acertaram a primeira questão e 20, a segunda questão. Quantos alunos erraram as duas questões?

13. Uma agência de turismo lançou um plano de viagens ao Nordeste do Brasil, no qual a pessoa pode escolher duas entre estas quatro capitais: Salvador, Recife, Maceió e Natal. Quantas e quais são as possibilidades de escolha?

Mauro Souza/ Arquivo da editora

14. Quantos números de três algarismos distintos podemos formar com os algarismos 1, 2, 3 e 4?

15. De quantas maneiras diferentes 5 crianças podem se sentar em um banco que tem apenas 3 lugares?

16. Uma equipe é formada por 6 alunas. Para se conhecerem melhor, o professor sugeriu que cada uma cumprimentasse a outra com um aperto de mão e depois se apresentasse. Qual foi o total de apertos de mão?

Pauline St. Denis/Corbis/Glow Images

Alunas se cumprimentando.

17. De quantas maneiras você pode colorir esta flor usando quatro lápis de cores diferentes e uma cor para cada pétala?

18. De quantas maneiras diferentes três pessoas podem se sentar em um sofá de três lugares?

Creativa Imagens/Shutterstock/Glow Images

Pessoas sentadas em um sofá.

Conjunto dos números inteiros ($\mathbb{Z}$)

A fotografia ao lado mostra a cidade de Lages, em Santa Catarina. Em 2014, foi registrada nesse município a temperatura de 4 °C abaixo de zero.

Essa temperatura é indicada assim:

−4 °C

−4 é um número inteiro negativo.

Lembre-se de que, reunindo os números naturais com os inteiros negativos, obtemos o conjunto dos números inteiros, que representamos por $\mathbb{Z}$.

Pablo Gomes/ Agência RBS

Cidade de Lages (SC), em um dia de inverno de 2014.

$\mathbb{Z} = \{..., -3, -2, -1, 0, 1, 2, 3, ...\}$ ou $\mathbb{Z} = \{..., -3, -2, -1, 0, +1, +2, +3, ...\}$

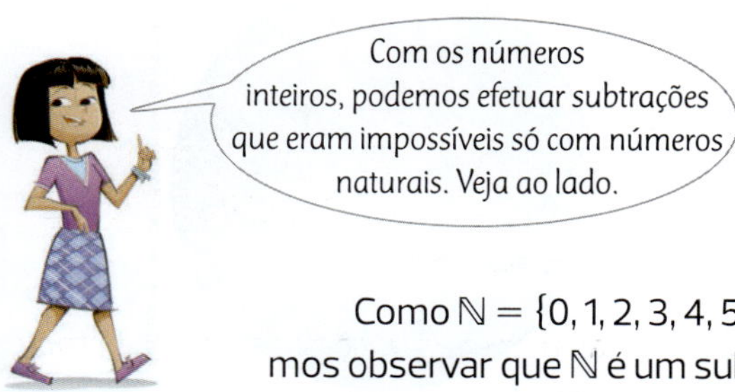

$3 - 5 = -2$

$250 - 300 = -50$

$0 - 1 = -1$

$75 - 85 = -10$

Como $\mathbb{N} = \{0, 1, 2, 3, 4, 5, 6, ...\}$, podemos observar que $\mathbb{N}$ é um subconjunto de $\mathbb{Z}$, ou seja, $\mathbb{N} \subset \mathbb{Z}$ ($\mathbb{N}$ está contido em $\mathbb{Z}$). Veja o diagrama ao lado.

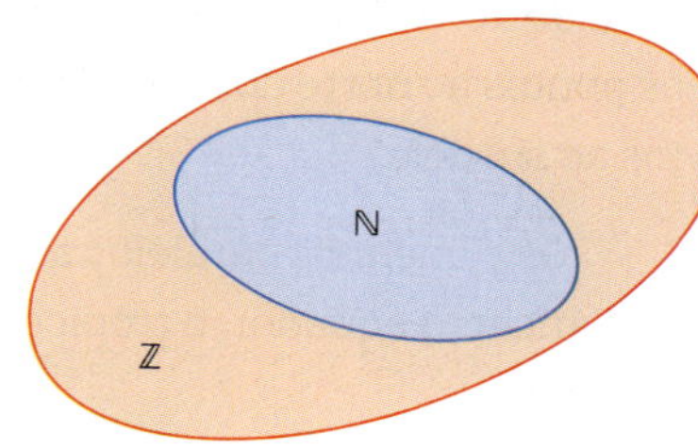

Para indicar que −3 é um elemento do conjunto dos números inteiros ($\mathbb{Z}$), escrevemos $-3 \in \mathbb{Z}$ (lê-se: −3 **pertence** ao conjunto $\mathbb{Z}$ dos números inteiros).

Para indicar que −3 não é um elemento do conjunto dos números naturais ($\mathbb{N}$), escrevemos $-3 \notin \mathbb{N}$ (lê-se: −3 **não pertence** ao conjunto $\mathbb{N}$ dos números naturais).

Exercícios

19. Indique com números inteiros as temperaturas:

a) 28 graus Celsius acima de zero.

b) 5 graus Celsius abaixo de zero.

c) 6 graus Celsius positivos.

d) 2 graus Celsius negativos.

20. Complete com $\in$ (pertence) ou $\notin$ (não pertence).

a) -28 ____ $\mathbb{N}$

b) 0 ____ $\mathbb{N}$

c) 0 ____ $\mathbb{Z}$

d) $\frac{2}{5}$ ____ $\mathbb{Z}$

e) $-1\,000$ ____ $\mathbb{Z}$

f) $1\,205\,378$ ____ $\mathbb{N}$

g) $0{,}444...$ ____ $\mathbb{Z}$

h) $2\frac{4}{5}$ ____ $\mathbb{N}$

21. Observe que, se $x \in \mathbb{N}$ e $x > 5$, podemos representar os possíveis valores de x no conjunto $\{6, 7, 8, 9, ...\}$. Do mesmo modo, se $x \in \mathbb{Z}$ e $x < 2$, temos o conjunto $\{..., -3, -2, -1, 0, 1\}$.

Represente o conjunto formado pelos possíveis valores de x em cada item.

a) $x \in \mathbb{N}$ e $x < 3$

b) $x \in \mathbb{Z}$ e $x \geqslant -2$

c) $x \in \mathbb{N}$ e $x < 0$

d) $x \in \mathbb{Z}$ e $x < 0$

Leitura

Coordenadas geográficas: latitude e longitude

Em muitas situações existe a necessidade de determinar ou descrever um ponto da Terra, por exemplo, na navegação. Qualquer ponto da Terra pode ser localizado por linhas imaginárias, umas chamadas de **linhas de latitude** e outras de **linhas de longitude**.

Como a forma da Terra lembra uma esfera, essas linhas são circunferências ou partes de circunferências. **Latitude** e **longitude** são medidas em graus porque circunferências podem ser divididas em graus.

As linhas de latitude (chamadas de **paralelos**) são paralelas entre si e à linha do equador.

O equador tem latitude de 0° e divide a Terra em dois hemisférios, norte e sul. Qualquer ponto da Terra está a um número de graus ao norte (**N**) ou ao sul (**S**) do equador. Por exemplo, o ponto *A* está localizado a uma latitude de 40° N. O ponto *B*, a uma latitude de 20° S. Por convenção, atribui-se o sinal positivo a todos os pontos ao norte do equador e o sinal negativo a todos os pontos ao sul dele.

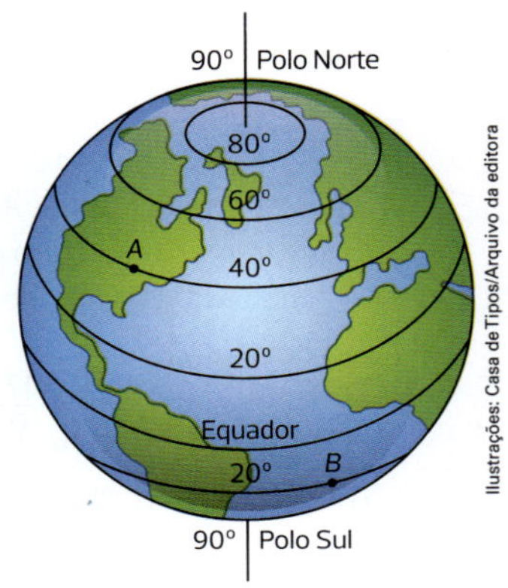

Ilustrações: Casa de Tipos/Arquivo da editora

Os principais paralelos são o círculo polar Ártico, o trópico de Câncer, o equador, o trópico de Capricórnio e o círculo polar Antártico.

As linhas de longitude (chamadas de **meridianos**) estão na disposição norte-sul de polo a polo. Em 1884, convencionou-se que o primeiro meridiano passaria por Greenwich, na Inglaterra. Ele tem 0° de longitude e divide a Terra em dois hemisférios, oriental (a leste) e ocidental (a oeste). Qualquer ponto da Terra está a um número de graus a oeste (**O**) ou a leste (**L**) do meridiano de Greenwich. Por exemplo, o ponto *C* está localizado a uma longitude de 40° O. Já o ponto *D* está localizado a uma longitude de 20° L. Por convenção, atribui-se o sinal positivo a todos os pontos a leste do meridiano de Greenwich e o sinal negativo a todos os pontos a oeste dele.

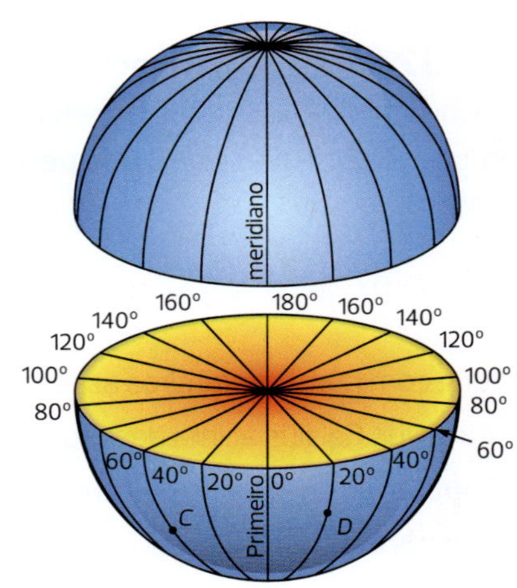

As coordenadas geográficas de qualquer ponto são indicadas pelo par ordenado (latitude, longitude).

Observe um globo terrestre ou um mapa e dê a latitude e a longitude, aproximadas, nessa ordem, de cada uma destas cidades:

a) Manaus
b) Natal
c) São Paulo
d) Londres
e) Brasília
f) Cidade em que você mora

Conjunto dos números racionais ($\mathbb{Q}$)

Lembre-se de que os **números racionais** são aqueles que resultam da **divisão de dois números inteiros**. São exemplos de números racionais:

a) $-\frac{3}{5} = \frac{-3}{5}$ ou $(-3) : 5$

b) $0{,}666... = \frac{6}{9} = \frac{2}{3}$ ou $2 : 3$

c) $3{,}25 = 3\frac{25}{100} = 3\frac{1}{4} = \frac{13}{4}$ ou $13 : 4$

d) $5 = \frac{10}{2}$ ou $10 : 2$

e) $0 = \frac{0}{5}$ ou $0 : 5$

f) $0{,}1 = \frac{1}{10}$ ou $1 : 10$

O conjunto formado pelos números racionais é representado por $\mathbb{Q}$.
Podemos, então, escrever:

> O conjunto $\mathbb{Q}$ dos números racionais é formado por todos os números que podem ser escritos na forma de fração com numerador e denominador inteiros e denominador diferente de zero.

Simbolicamente, indicamos assim:

$$\mathbb{Q} = \left\{x \mid x = \frac{a}{b}, \text{ com } a \in \mathbb{Z},\ b \in \mathbb{Z} \text{ e } b \neq 0\right\}$$

- $2 : 5 = \frac{2}{5}$ ou $0{,}4$
- $17 : 9 = \frac{17}{9}$ ou $1\frac{8}{9}$ ou $1{,}888...$

Também podemos dizer:

> Número racional é todo número cuja representação decimal é sempre finita ou infinita e periódica.

Exemplos:

a) $\frac{3}{4} = 0{,}75$ b) $\frac{3}{1} = 3 = 3{,}0$ c) $\frac{5}{6} = 0{,}83333...$ d) $\frac{45}{33} = 1{,}363636...$

Exercícios e problemas

22. Dê um exemplo em cada item, quando existir.

a) Um número inteiro que não é natural.

b) Um número racional que não é inteiro.

c) Um número natural que não é inteiro.

23. Indique se cada uma das afirmações é verdadeira ou falsa.

a) Todo número natural é inteiro.

b) Todo número racional é inteiro.

c) Todo número inteiro é racional.

d) Todo número natural é racional.

24. Escreva cada número racional na forma de fração irredutível:

a) 0,6

b) $3\frac{4}{5}$

c) $\frac{21}{35}$

d) 1,43

e) −8

f) $\frac{20}{4}$

25. Escreva estes números racionais na forma decimal:

a) $\frac{5}{8}$

b) 7

c) $-1\frac{1}{5}$

d) $-\frac{12}{3}$

e) $3\frac{3}{10}$

f) $\frac{1}{16}$

26. Em uma competição esportiva, 81 atletas iniciaram a prova; no final de cada fase, $\frac{2}{3}$ dos competidores foram eliminados. Quantas fases teve a competição até chegar ao vencedor?

27. Coloque no diagrama ao lado as letras dos conjuntos numéricos $\mathbb{N}$, $\mathbb{Z}$ e $\mathbb{Q}$ de forma adequada.
Depois, distribua os seguintes números nos locais corretos:

−8 | +7 | $\frac{3}{8}$ | −0,5 | 12

0 | −23 | $1\frac{4}{5}$ | 0,555...

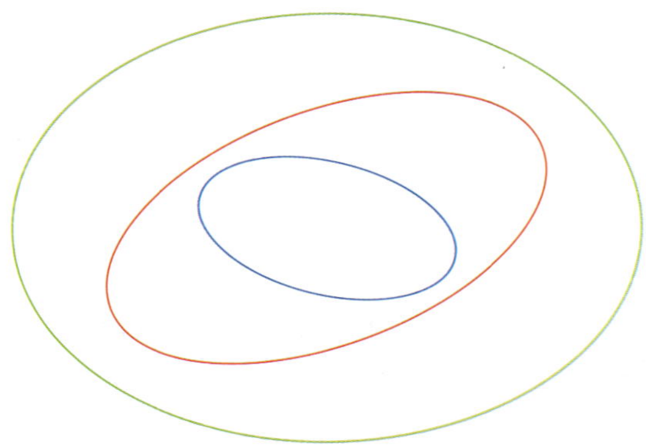

28. A equação $x + 5 = 3$ não tem solução em $\mathbb{N}$, pois não existe número natural que adicionado a 5 resulte 3.
Em $\mathbb{Z}$, porém, essa equação tem solução. Veja: $x = -2$, pois $-2 + 5 = 3$.
Determine as soluções destas equações, quando existirem:

a) $x^2 = 9$, em $\mathbb{N}$

b) $x^2 = 9$, em $\mathbb{Z}$

c) $3x = 2$, em $\mathbb{Z}$

d) $3x = 2$, em $\mathbb{Q}$

e) $2x = 6$, em $\mathbb{N}$

f) $2x = 9$, em $\mathbb{N}$

29. **Controle de "peso"**

IMC é a sigla para **índice de massa corporal**, que permite a uma pessoa fazer o controle de seu "peso". Para calcular o IMC de uma pessoa a partir dos 19 anos, usamos a fórmula ao lado, e o controle é feito de acordo com a tabela:

$$\text{IMC} = \frac{\text{massa}}{\text{altura} \cdot \text{altura}}$$

(massa em quilogramas e altura em metros)

Interpretação do IMC

IMC	Menor que 18,5	De 18,5 a 24,9	De 25 a 29,9	De 30 a 40	Maior que 40
Classificação	Magreza	Normal	Sobrepeso	Obesidade	Obesidade grave

Fonte: Sociedade Brasileira de Endocrinologia e Metabologia.
Disponível em: <www.endocrino.org.br/teste-seu-imc/>. Acesso em: 1 maio 2015.

Tomemos como exemplo uma pessoa com 70 kg e 1,64 m:

$$\text{IMC} = \frac{70}{1{,}64 \cdot 1{,}64} = \frac{70}{2{,}6896} = 26{,}03 \text{ (aproximadamente)}$$

Consultando a tabela, podemos deduzir que essa pessoa tem sobrepeso.
Considerando o texto acima, resolva as seguintes questões:

a) Em que faixa da tabela está uma pessoa com 1,70 m de altura e 70 kg?

b) Qual é o IMC de seus pais e em que faixa da tabela eles se encontram?

c) Uma pessoa tem 1,80 m de altura. Qual deve ser seu "peso" para que o IMC seja 20?

Os números racionais e as dízimas periódicas

Toda dízima periódica indica um número racional, pois pode ser transformada em fração. Você lembra que essa fração é chamada de **fração geratriz**, pois ela **gera**, **dá origem** à dízima?

Você provavelmente já estudou que, para transformar dízimas periódicas em fração, podemos usar equações. Vamos recordar com alguns exemplos.

Dízima periódica simples: 0,777... = ?

$x = 0{,}777...$

$10x = 7{,}777...$

$10x = 7 + 0{,}777...$

$10x = 7 + x$

$10x - x = 7$

$9x = 7$

$x = \frac{7}{9}$ (fração geratriz)

Processo prático: $0{,}777... = \frac{7}{9}$ (7: período; 9: um algarismo 9; período com 1 algarismo)

Dízima periódica simples: 0,353535... = ?

$x = 0{,}353535...$

$100x = 35{,}353535...$

$100x = 35 + 0{,}353535...$

$100x = 35 + x$

$100x - x = 35$

$99x = 35$

$x = \frac{35}{99}$

Processo prático: $0{,}353535... = \frac{35}{99}$ (35: período; 99: dois algarismos 9; período com 2 algarismos)

Outros exemplos:

a) $0{,}666... = \frac{6}{9} = \frac{2}{3}$

b) $0{,}\overline{376} = \frac{376}{999}$

c) $1{,}444... = 1\frac{4}{9} = \frac{13}{9}$

d) $0{,}181818... = \frac{18}{99} = \frac{2}{11}$

Dízima periódica composta: 0,25444... = ?

$x = 0{,}25444...$

$100x = 25{,}444...$

$100x = 25 + 0{,}444...$

$100x = 25 + \frac{4}{9}$

$900x = 225 + 4$

$900x = 229$

$x = \frac{229}{900}$

Processo prático: $0{,}25444... = \frac{254 - 25}{900} = \frac{229}{900}$

período

parte não periódica

e) $0{,}5212121... = \frac{521 - 5}{990} = \frac{516}{990}$

f) $0{,}7222... = \frac{72 - 7}{90} = \frac{65}{90}$

g) $0{,}25\overline{37}... = \frac{2537 - 25}{9900} = \frac{2512}{9900}$

Exercício

30. Transforme em fração irredutível cada dízima periódica:

a) 0,151515...

b) $0{,}\overline{287}$

c) 0,444...

d) 0,2414141...

e) $0{,}32\overline{63}$

f) 0,185222...

g) 1,111...

h) 0,0111...

i) 2,1222...

j) $5{,}54\overline{6}$

Os números racionais na reta numerada

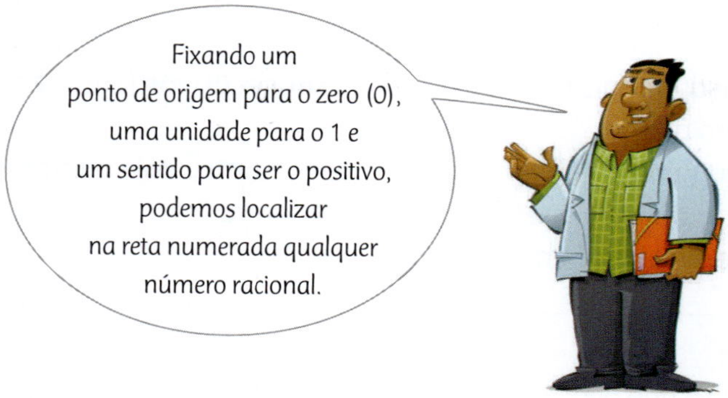

Veja a localização de $\frac{2}{3}$; $-1\frac{1}{2}$; 3,25; $-2{,}6$ e 2,333..., além dos inteiros -4, -3, -2, -1, 0, 1, 2, 3, 4 e 5.

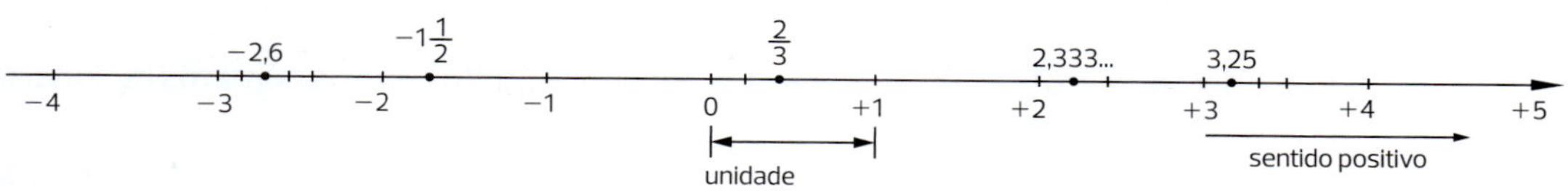

- $\frac{2}{3}$ fica entre 0 e +1: dividimos o intervalo em 3 partes iguais e tomamos duas de 0 para 1.

- $-1\frac{1}{2}$ fica entre -2 e -1, no ponto médio do intervalo.

- $3{,}25 = 3\frac{25}{100} = 3\frac{1}{4}$ fica entre +3 e +4: dividimos o intervalo em 4 partes iguais e tomamos uma de 3 para 4.

- $-2{,}6 = -2\frac{6}{10} = -2\frac{3}{5}$ fica entre -3 e -2: dividimos o intervalo em 5 partes iguais e tomamos três de -2 para -3.

- $2{,}333... = 2\frac{3}{9} = 2\frac{1}{3}$ fica entre +2 e +3: dividimos o intervalo em 3 partes iguais e tomamos uma de +2 para +3.

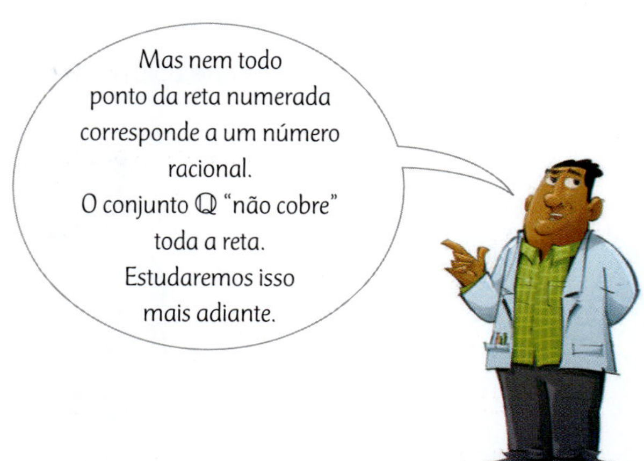

Densidade do conjunto dos números racionais

Lembre-se de que, **entre dois números naturais, nem sempre há outro número natural**. Por exemplo, entre os números naturais 3 e 5 há outro número natural (4), mas entre quaisquer dois números naturais **consecutivos** (3 e 4, por exemplo) **não** há outro número natural.

Com os números inteiros, ocorre o mesmo. **Entre dois números inteiros, nem sempre há outro número inteiro**. Por exemplo, entre -1 e -2 **não** há outro número inteiro. Observe a reta numerada a seguir:

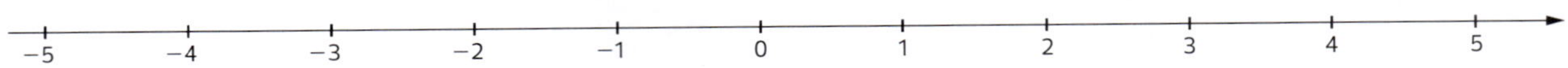

Agora, veja o que ocorre com os números racionais:

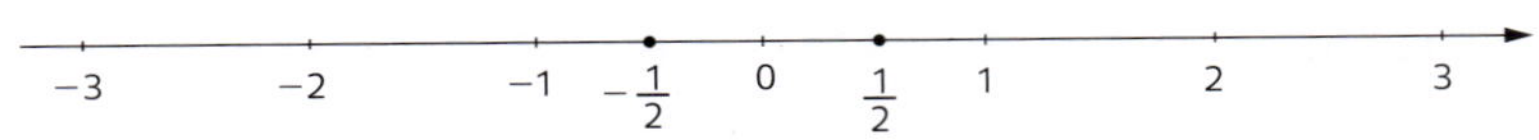

Entre dois números racionais, podemos encontrar muitos outros números racionais.

Por exemplo, entre 0 e 1, existem $\frac{1}{2}$ e muitos outros, como $\frac{3}{4} = 0{,}75$; $\frac{3}{5} = 0{,}6$ etc.

Do mesmo modo, entre 0 e -1, existem $-\frac{1}{2}$ e muitos outros, como $-\frac{3}{4} = -0{,}75$; $-\frac{3}{5} = -0{,}6$ etc.

Observe a reta numerada a seguir:

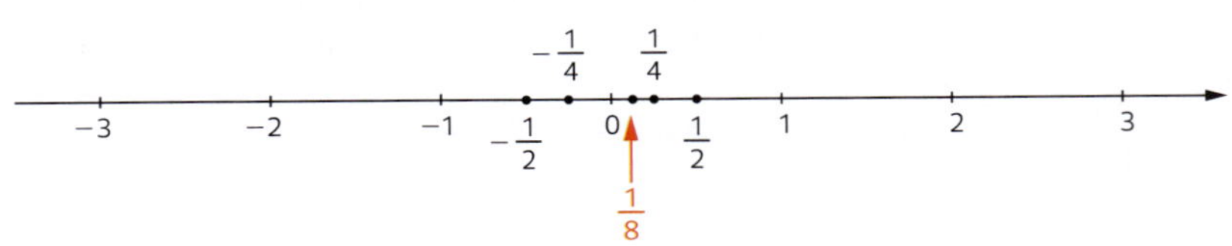

Entre 0 e $\frac{1}{2}$ também existem muitos números racionais. Por exemplo, $\frac{1}{4}$.

Da mesma maneira, entre 0 e $-\frac{1}{2}$, existem muitos números racionais, como $-\frac{1}{4}$.

Entre 0 e $\frac{1}{4}$, também existem muitos números racionais, como $\frac{1}{8}$. E assim por diante.

Logo, podemos escrever:

> Entre dois números racionais diferentes, **sempre** existe outro número racional.

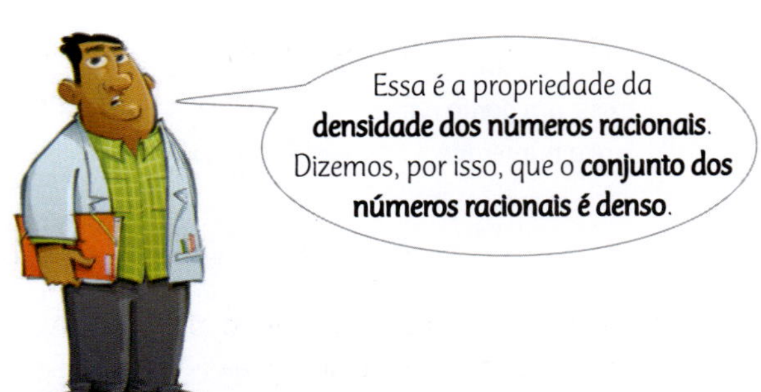

Outro exemplo:

Entre os números racionais $\frac{3}{5}$ e $\frac{3}{4}$, há muitos outros números racionais.

Vamos constatar essa afirmação de três maneiras diferentes:

1ª) Escrevemos as frações equivalentes a $\frac{3}{5}$ e $\frac{3}{4}$ com denominadores iguais: $\frac{3}{5} = \frac{12}{20}$ e $\frac{3}{4} = \frac{15}{20}$.

Assim, por exemplo, $\frac{14}{20}$ está entre $\frac{12}{20}$ e $\frac{15}{20}$, ou seja, $\frac{12}{20} < \frac{14}{20} < \frac{15}{20}$ ou $\frac{3}{5} < \frac{14}{20} < \frac{3}{4}$.

Representando na reta numerada, temos:

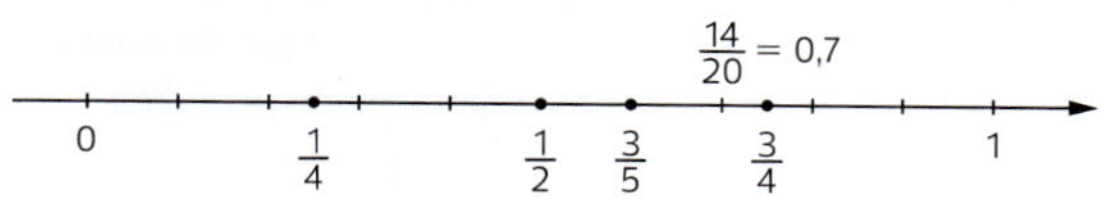

2ª) Determinamos a média aritmética entre os números racionais $\frac{3}{5}$ e $\frac{3}{4}$:

$$\frac{\frac{3}{5} + \frac{3}{4}}{2} = \frac{\frac{12}{20} + \frac{15}{20}}{2} = \frac{\frac{27}{20}}{2} = \frac{27}{20} : 2 = \frac{27}{20} \cdot \frac{1}{2} = \frac{27}{40}$$

Assim, por exemplo, $\frac{27}{40}$ está entre $\frac{3}{5}$ e $\frac{3}{4}$, ou seja, $\frac{3}{5} < \frac{27}{40} < \frac{3}{4}$.

3ª) Transformamos $\frac{3}{5}$ e $\frac{3}{4}$ para a representação decimal: $\frac{3}{5} = 0,6 = 0,60$ e $\frac{3}{4} = 0,75$.

Podemos dizer, então, que há infinitos números racionais entre eles, por exemplo: 0,65; 0,7; 0,71; 0,72 etc.

Exercícios

31. Trace uma reta, estabeleça o sentido positivo, o ponto de origem para o zero e a unidade. Localize os números inteiros de -3 a $+3$ e depois localize, aproximadamente, os pontos correspondentes aos seguintes números racionais: $1\frac{1}{2}$; $-2,333...$; $\frac{4}{5}$; $-0,75$; $\frac{8}{3}$; e $-1\frac{4}{5}$.

32. Associe cada número racional abaixo à letra correspondente, marcada na reta numerada.

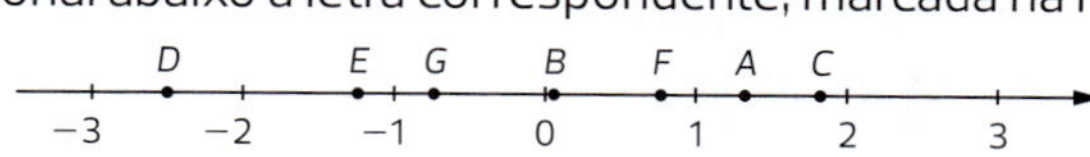

- $1\frac{4}{5}$
- $-2,5$
- $\frac{4}{3}$
- 0,181818...
- $-\frac{7}{10}$
- 0,7
- $-1\frac{1}{4}$

33. Use qualquer um dos processos anteriores e escreva pelo menos dois números racionais que estejam entre:

a) $\frac{1}{2}$ e $\frac{3}{4}$; b) 1,6 e $1\frac{5}{8}$; c) 1 000,01 e 1 000,1.

Você sabia?

Na reta numerada, há pontos que não correspondem a nenhum número racional.
É como se houvesse "buracos" nela a serem preenchidos com outro tipo de número, que não é racional.

Conjunto dos números irracionais (I)

Você já estudou que todo número racional é representado por uma fração, ou seja, ele é resultado da divisão de dois números inteiros, em que o divisor é diferente de zero. Essa divisão pode ter como resultado:

- um número inteiro: $\frac{8}{2} = 4$;
- um número decimal exato (finito): $\frac{1}{4} = 0{,}25$;
- um número decimal infinito e periódico (dízima periódica): $\frac{1}{3} = 0{,}333...$

Por exemplo, 0,10100100010000100000... e 2,71727374... são representações decimais infinitas não periódicas. Esses números não são racionais. Eles são chamados de **números irracionais**.

No primeiro número apresentado, a parte decimal é formada pelo 1 seguido de um zero, depois o 1 seguido de dois zeros, depois o 1 seguido de 3 zeros, e assim por diante. Dessa forma essa representação é infinita e não periódica. No segundo número, as casas decimais também são infinitas e não é possível determinar um período.

Assim, podemos escrever:

Número irracional é todo número cuja representação decimal é infinita e não periódica.

Exemplos de números irracionais:

a) $\sqrt{2} = 1{,}4142135...$

b) $\sqrt{5} = 2{,}2360679...$

c) $\pi = 3{,}14159265...$

d) $e = 2{,}71828182...$

Em resumo, por exemplo:

- 0,42 é um número racional (decimal exato);
- 0,4222... é um número racional (dízima periódica);
- 0,424224222... é um número irracional (decimal infinita não periódica).

Números irracionais notáveis

Número π

Oficina de Matemática

Fazendo a gente aprende

Atividade em equipe

Observem a figura ao lado. Ela indica alguns elementos de uma circunferência.

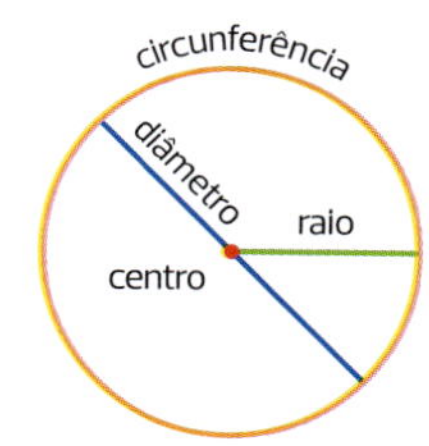

Agora, escolham alguns objetos circulares, como um relógio e um DVD, por exemplo. Meçam o comprimento de seu diâmetro (d) e o comprimento de sua circunferência (C) com uma fita métrica. Registrem essas medidas na tabela a seguir. Vejam um exemplo.

Relação entre comprimento e diâmetro de objetos circulares

Objeto	Comprimento da circunferência (C) em centímetros	Diâmetro (d) em centímetros	$C : d$
Copo	22,9 cm	7,3 cm	3,1369863
Garrafa	26 cm	7 cm	3,71428572
Fita	28 cm	8,4 cm	3,$\overline{3}$
Roma	25 cm	7,6 cm	3,28947368

Dados experimentais

Sérgio Dotta Jr./Arquivo da editora

Alunos realizando medições em objetos.

1. Usem calculadora e encontrem o quociente de C por d ($C : d$). Em seguida, indiquem o valor aproximado de $C : d$ para:
   a) o copo;
   b) os demais objetos medidos.

2. O que vocês notaram no valor aproximado de $C : d$ em todos os objetos?

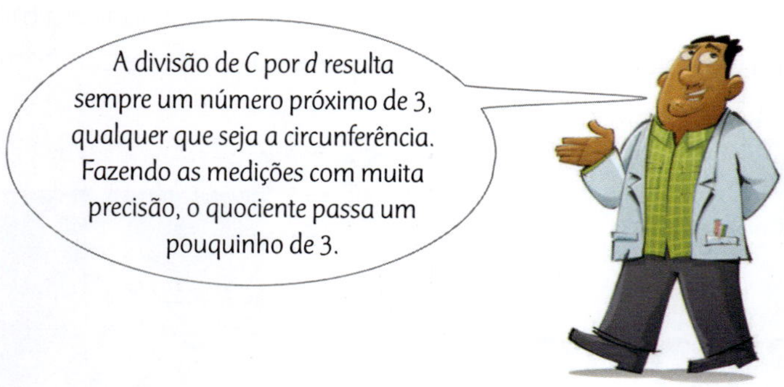

Esse número próximo de 3 é um número irracional. Ele foi chamado de **pi**, e seu símbolo é π.

Nos cálculos, usamos para o número π (pi) valores racionais aproximados, por exemplo, 3,14, $\frac{22}{7}$, $3\frac{1}{7}$ e outros.

Você sabia?

Os matemáticos descobriram muitos métodos para encontrar as aproximações racionais do número irracional, sem se basearem em medições de objetos do mundo físico. Com ajuda de algoritmos especialmente elaborados e computadores velozes, eles já conseguiram calcular aproximações racionais do valor π com precisão de 8 quatrilhões de casas decimais.

Veja agora como fica mais fácil descobrir o comprimento de uma circunferência.

Constatamos que:

Comprimento da circunferência (C) : medida do diâmetro (d) = π (pi),

com $\pi \simeq 3{,}14$.

Fazendo a operação inversa, temos:

Comprimento da circunferência (C) = π (pi) × medida do diâmetro (d),

ou seja, $C = \pi \cdot d$.

Usando apenas símbolos, temos:

$C : d = \pi$ ou $C = \pi \cdot d$

Como a medida do diâmetro (d) é o dobro da medida do raio (r), isto é, $d = 2r$, podemos escrever $C = \pi \cdot 2 \cdot r$, ou ainda: $C = 2\pi r$.

Examine como descobrir o comprimento da circunferência no exemplo a seguir, em que $d = 23$ mm, usando $\pi = 3{,}14$.

Comprimento da circunferência:

$C = 3{,}14 \cdot 23 \text{ mm} = 72{,}22 \text{ mm} = 7{,}222 \text{ cm}$

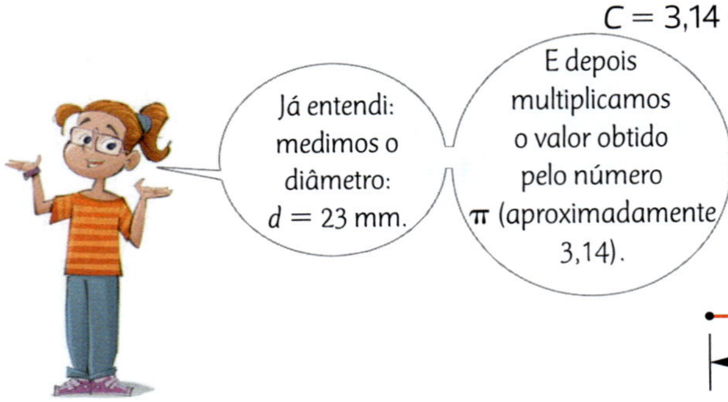

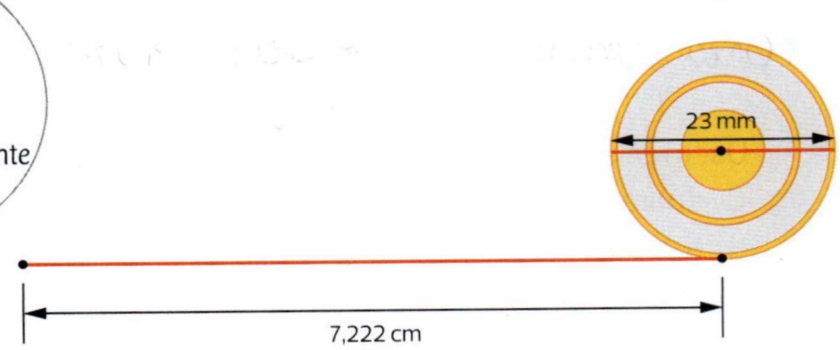

Observação: se o diâmetro mede 1 unidade de comprimento (1 cm, 1 m etc.), então $C = \pi$. Assim, outra maneira de definir o número π é dizer que ele indica a medida do comprimento de uma circunferência cujo diâmetro mede 1 unidade de comprimento.

Você sabia?

O uso da letra grega **pi** (π) vem da palavra **perímetro**. Em grego antigo, perímetro é escrito da seguinte forma:

περίμετρος

Em 1737, o matemático suíço Leonhard Euler popularizou a inicial dessa palavra grega para indicar o quociente constante entre o perímetro e o diâmetro de qualquer circunferência, ou seja, $\pi = C : d$.

Foi também nessa época que os matemáticos conseguiram demonstrar que π é um número irracional.

B. Holl/Georgios Kollidas/Shutterstock/Glow Images

Leonhard Euler (1707-1783)

Exercícios e problemas

Use $\pi = 3{,}14$ nas atividades a seguir.

As imagens desta página não estão representadas em proporção.

34. Determine:

a) a medida do comprimento de uma circunferência de 3 cm de raio;

b) a medida do comprimento de uma circunferência de 10 cm de diâmetro.

35. Calcule a medida do raio de uma circunferência de comprimento igual a 25,12 cm.

36. Na sua caminhada matinal, Mariana deu 10 voltas em uma praça circular com raio de 30 m. Nessa caminhada, ela percorreu mais ou menos do que 2 km?

37. A roda de uma bicicleta tem o diâmetro de 70 cm. Qual é, aproximadamente, a medida do comprimento da circunferência dessa roda?

Diego Barbieri/Shutterstock/Glow Images

Bicicleta, destacando-se aro de uma das rodas.

38. Guilhermina preparou um bolo de aniversário e o modelou em uma forma circular de 30 cm de diâmetro. Depois, decorou com uma fita de papel em volta do bolo. Qual deve ser a medida do comprimento dessa fita de papel?

Ilustrações: Mauro Souzal/Arquivo da editora

39. O relógio da Torre Santo Estevão da Parliament House, em Londres, é composto de quatro mostradores de 7 metros de diâmetro e de um sino chamado "Big Ben". O nome "Big Ben" originalmente designava apenas o sino, porém atualmente se refere a todo o relógio. Calcule a medida do comprimento da circunferência de cada mostrador desse relógio.

Chrisdorney/Shutterstock/Glow Images

Big Ben, em Londres, Inglaterra. Foto de 2014.

40. Recorte um pedaço de papel retangular de 12 cm por 4 cm. Depois, forme um cilindro aberto com esse pedaço de papel. Faça o que se pede nos itens a seguir:

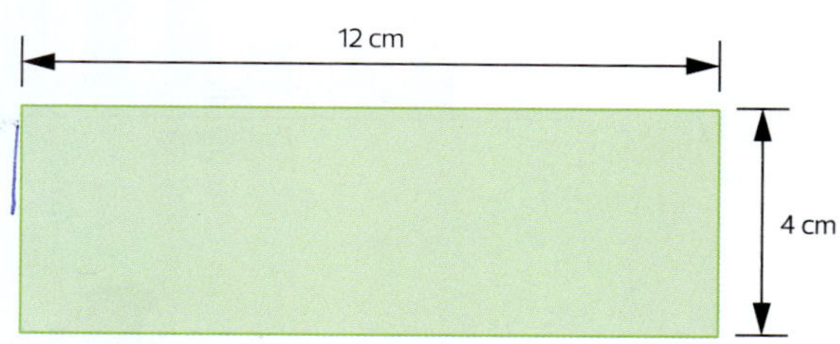

a) Meça o diâmetro de uma das bases do cilindro e registre.

b) Calcule a medida do diâmetro usando a fórmula $C = \pi \cdot d$.

c) Compare os resultados obtidos em **a** e **b**.

Fi (Φ): o número de ouro dos gregos

Você já deve ter estudado que a razão áurea (ou razão de ouro) é representada por 1,6. Esse número corresponde a um valor racional aproximado do **número de ouro** dos gregos, um número irracional representado pela letra grega Φ (fi maiúsculo). Seu valor é dado por:

$$\Phi = \frac{1+\sqrt{5}}{2} = 1{,}6180339887...$$

Essa expressão era muito utilizada por Fídias (490 a.C.-432 a.C.), escultor grego encarregado da construção do Parthenon, templo situado em Atenas e que data de 440 a.C. Em homenagem a esse escultor, utilizamos o Φ (fi) para representar a razão de ouro.

Para os gregos antigos, esse número representava harmonia, equilíbrio e beleza. Ele aparece em diversos lugares, por exemplo, no corpo humano, nas artes, na arquitetura e na natureza.

Em algumas pessoas, ao dividirmos a altura (a) pela distância do umbigo até o chão (b), obtemos aproximadamente 1,6 (número de ouro aproximado). Veja a representação ao lado.

Lev Dolgachov/Shutterstock/Glow Images

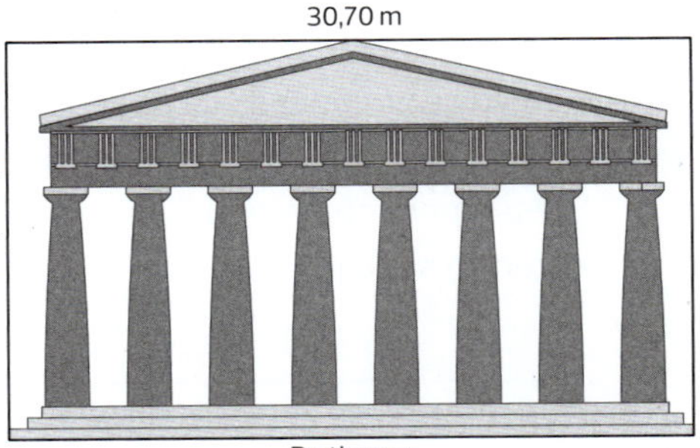

Casa de Tipos/Arquivo da editora

Parthenon

O esquema ao lado representa o Parthenon, com as medidas de sua largura e de sua altura. Verifique que a medida da largura dividida pela medida da altura também vale aproximadamente 1,6 (30,70 m : 18,24 m $\simeq$ 1,6).

$\Phi = 1{,}618034...$

$\Phi^{-1} = 0{,}618034...$

$\Phi^2 = 2{,}618034...$

O número $\sqrt{2}$

Se uma região quadrada tem área de 9 cm², cada um de seus lados mede 3 cm. Veja:

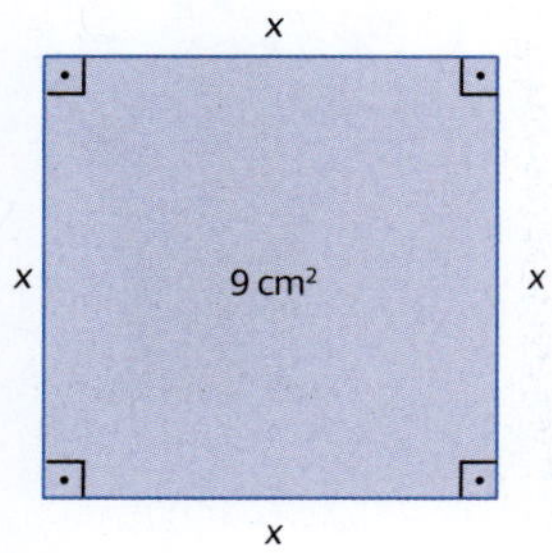

$x^2 = 9$
$x = \sqrt{9}$
$x = 3$

E, se a área de uma região quadrada é de 2 cm², qual é a medida de comprimento, em centímetros, de cada lado?

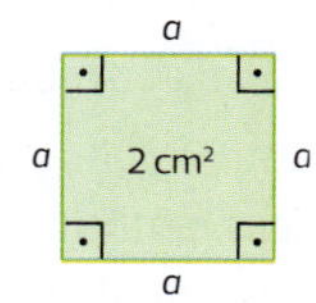

$a^2 = 2$
$a = \sqrt{2}$
$a = ?$

Observação: Os valores negativos para *x* e para *a* não estão sendo considerados, pois *x* e *a* indicam uma medida de comprimento.

Vamos obter a representação decimal do número $\sqrt{2}$ fazendo aproximações sucessivas:

$\sqrt{2} = ?$
- $1^2 = 1$ (menor do que 2)
- $2^2 = 4$ (maior do que 2)

$\sqrt{2}$ está entre 1 e 2

$\sqrt{2} = ?$
- $(1{,}4)^2 = 1{,}96$ (menor do que 2)
- $(1{,}5)^2 = 2{,}25$ (maior do que 2)

$\sqrt{2}$ está entre 1,4 e 1,5

$\sqrt{2} = ?$
- $(1{,}41)^2 = 1{,}9881$ (menor do que 2)
- $(1{,}42)^2 = 2{,}0164$ (maior do que 2)

$\sqrt{2}$ está entre 1,41 e 1,42

$\sqrt{2} = ?$
- $(1{,}414)^2 = 1{,}999396$ (menor do que 2)
- $(1{,}415)^2 = 2{,}002225$ (maior do que 2)

$\sqrt{2}$ está entre 1,414 e 1,415

Se continuarmos o processo, nunca chegaremos a uma representação decimal exata ou a uma dízima periódica. Usando uma calculadora básica, obtemos, com aproximação de 7 casas decimais, $\sqrt{2} = 1{,}4142135$. Pode-se provar que $\sqrt{2}$ tem infinitas casas decimais e não é dízima periódica. Assim,

$\sqrt{2} = 1{,}414213562...$ é um número irracional.

As reticências indicam que as casas decimais continuam indefinidamente.

Você sabia?

Os babilônios já haviam calculado o valor de $\sqrt{2}$ como 1,4142129 (com erro a partir da sexta casa) e nem se preocuparam se $\sqrt{2}$ era um número racional ou não. Já para os pitagóricos (discípulos do matemático e filósofo grego Pitágoras; 582 a.C.-497 a.C.), a descoberta de que $\sqrt{2}$ não era racional, mas um número dado por uma cadeia infinita de casas decimais sem nenhum padrão ($\sqrt{2} = 1{,}414213562...$) causou uma grande crise de natureza filosófica e religiosa, pois, até então, para eles, "tudo era número", subentendendo número como número racional.

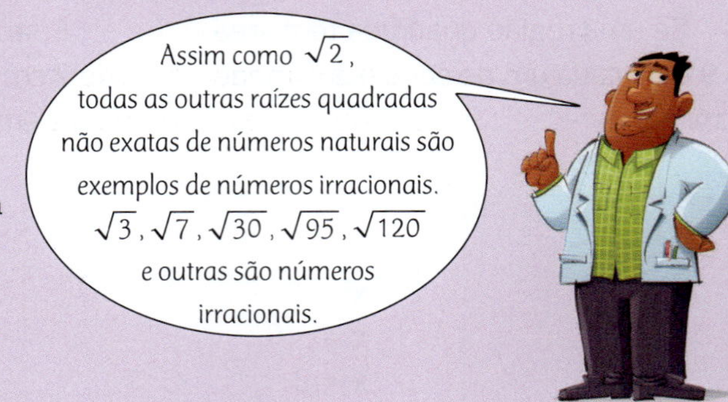

Exercícios

41. Determine por aproximações (até décimo) o valor de:

a) $\sqrt{7}$ b) $\sqrt{13}$ c) $\sqrt{3}$

Para calcular a raiz quadrada de um número em uma calculadora, teclamos o número e, em seguida, a tecla $\sqrt{\ }$. Confira os resultados dos itens acima usando a calculadora.

42. Calcule as raízes quadradas a seguir usando uma calculadora e registre o resultado. Você obterá mais exemplos de números irracionais na forma de número decimal. Não esqueça de colocar reticências no final, pois não são representações decimais exatas.

a) $\sqrt{11}$ c) $\sqrt{90}$

b) $\sqrt{37}$ d) $\sqrt{20}$

43. Lembramos que **números quadrados perfeitos** são números que são quadrados de números naturais diferentes de zero. Os primeiros números naturais quadrados perfeitos são 1, 4, 9, 16, 25, 36, 49 etc.

Observe que:

$2^2 = 4$; $\sqrt{4} = 2$

$7^2 = 49$; $\sqrt{49} = 7$

Determine a raiz quadrada exata dos seguintes números quadrados perfeitos:

a) 324 c) 3 721

b) 900 d) 10 000

44. Um terreno de forma quadrada tem 256 metros quadrados de área. Qual é a medida do lado desse terreno?

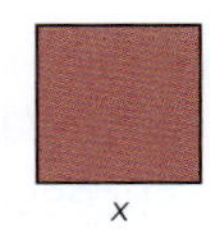

45. Sem usar calculadora, resolva as situações **C** e **D** da página 12, na introdução deste capítulo.
Use os números irracionais com valores aproximados em centésimo.

C

Quando uma roda com 40 cm de raio dá 5 voltas, quantos metros ela percorre?

Pessoa andando de bicicleta.

Samotrebizan/Shutterstock/Glow Images

D

Se um terreno quadrado tem área de 90 m², qual é a medida de comprimento de cada um de seus lados?

Paulo Manzi/Arquivo da editora

46. Use decomposição em fatores primos e determine quais das raízes quadradas abaixo são números racionais e quais são números irracionais. Nas raízes exatas, calcule seu valor.

a) $\sqrt{441}$ b) $\sqrt{968}$ c) $\sqrt{1936}$

Raízes quadradas aproximadas de números racionais quaisquer

Você também pode usar a calculadora para obter raízes quadradas aproximadas de números racionais dados na forma de número decimal ou na forma fracionária.

$\sqrt{12{,}5} = ?$

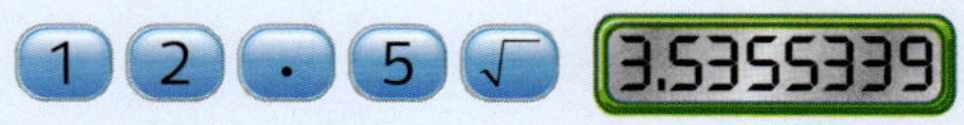

$\sqrt{12{,}5} \simeq 3{,}5355339$

$\sqrt{\dfrac{3}{4}} = ?$

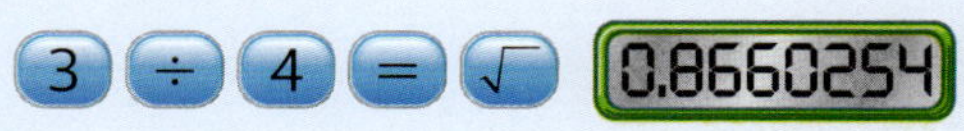

$\sqrt{\dfrac{3}{4}} \simeq 0{,}8660254$

$\sqrt{0{,}777...} = ?$

Fazemos $0{,}777... = \dfrac{7}{9}$ e, depois,

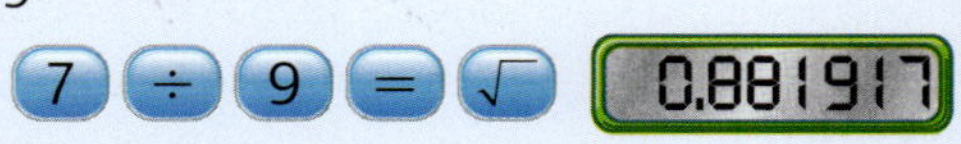

$\sqrt{0{,}777...} \simeq 0{,}881917$

Exercícios

47. Use a calculadora e registre com aproximação de centésimos (duas casas decimais):

a) $\sqrt{0{,}08}$

b) $\sqrt{0{,}15}$

c) $\sqrt{\dfrac{4}{5}}$

d) $\sqrt{\dfrac{2}{3}}$

e) $\sqrt{2{,}44}$

f) $\sqrt{\dfrac{5}{6}}$

48. Calcule as raízes quadradas, com aproximação de centésimos, sem usar calculadora.

a) $\sqrt{8}$ b) $\sqrt{20}$

49. **Atividade em dupla**

O gráfico ao lado mostra as raízes quadradas dos números de 0 a 50.

Respondam:

a) Qual é a raiz quadrada de 25?

b) Qual é a raiz quadrada aproximada de 40?

c) Qual é o número cuja raiz quadrada é 6?

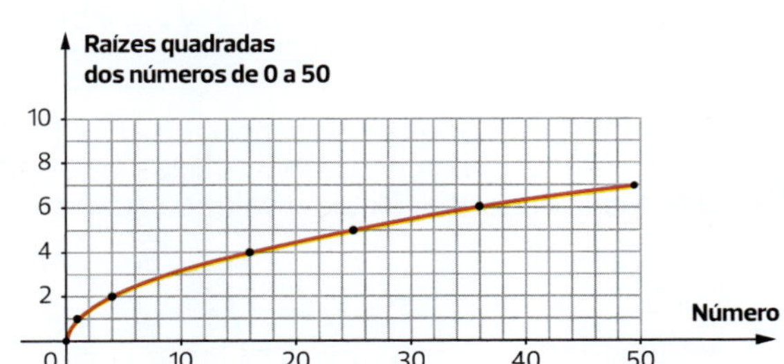

Operações com números irracionais

As propriedades aplicadas aos números racionais também são válidas para os números irracionais. Muitas aplicações e operações com raízes não exatas serão abordadas no próximo ano, porém vamos antecipar que para todo x e y reais positivos e n natural, valem as relações:

$$\sqrt[n]{x} \cdot \sqrt[n]{y} = \sqrt[n]{x \cdot y} \text{ e } \frac{\sqrt[n]{x}}{\sqrt[n]{y}} = \sqrt[n]{\frac{x}{n}}$$

Exemplos:

a) $\sqrt[3]{2} \cdot \sqrt[3]{5} = \sqrt[3]{2 \cdot 5} = \sqrt[3]{10}$

b) $\frac{\sqrt[5]{3}}{\sqrt[5]{7}} = \sqrt[5]{\frac{3}{7}}$

Adição e subtração

A soma de dois números irracionais tanto pode ser irracional como racional.

Exemplos:

a) $\sqrt{2} + \sqrt{5}$ é um número irracional e $\sqrt{3} + (-\sqrt{3}) = 0$ é racional;

b) $5\sqrt{7} - 3\sqrt{7} = (5 - 3) \cdot \sqrt{7} = 2\sqrt{7}$ é irracional;

c) $3\sqrt{5} - 4\sqrt{7} - 3(\sqrt{5} - \sqrt{7}) + \sqrt{7} = 3\sqrt{5} - 4\sqrt{7} - 3\sqrt{5} + 3\sqrt{7} + \sqrt{7} =$
$= (3 - 3)\sqrt{5} + (-4 + 3 + 1)\sqrt{7} = 0\sqrt{5} + 0\sqrt{7} = 0 + 0 = 0$, é racional.

Multiplicação e divisão

O produto e o quociente de dois números irracionais tanto pode ser irracional como racional.

Exemplos:

a) $\sqrt{3} \cdot \sqrt{7} = \sqrt{3 \cdot 7} = \sqrt{21}$ é irracional;

b) $\frac{15\sqrt{13}}{5\sqrt{17}} = \frac{3\sqrt{13}}{\sqrt{17}} = \sqrt{\frac{13}{17}}$ é irracional;

c) $2\sqrt{3} \cdot 5\sqrt{3} = 10 \cdot 3 = 30$ é racional;

d) $\frac{12\sqrt{21}}{4\sqrt{21}} = 3$ é racional.

Observação: Quando o resultado de uma operação é um número irracional, ele pode ser dado com aproximação. Por exemplo, $\sqrt{3} \cdot \sqrt{7} = \sqrt{21}$ ou, aproximadamente, 4,28, pois $\sqrt{21} \simeq 4{,}28$.

Exercícios

50. Calcule:

a) $2\sqrt{3} + 5\sqrt{3}$

b) $\sqrt{2} \cdot \sqrt{50}$

c) $\sqrt{\frac{81}{49}}$

d) $\frac{3\sqrt{11}}{5\sqrt{13}}$

51. Determine o valor da expressão $\sqrt{(+2)^3 + \left(-\frac{2}{3}\right)^2}$, com aproximação até a 1ª casa decimal. Use a calculadora.

52. Use a calculadora e calcule o valor das expressões, com aproximação até a 1ª casa decimal:

a) $\sqrt{2} + \sqrt{5}$

b) $\sqrt{8} - \sqrt{7}$

c) $\sqrt{5} \cdot \sqrt{3}$

d) $\sqrt{8} : \sqrt{3}$

53. Verifique se $x = \frac{4}{7} \cdot \sqrt{\frac{49}{64}} + \left(1 - \frac{3}{5}\right) : \frac{3}{5} + \left(1 + \frac{1}{3}\right)$ é inteiro.

Conjunto dos números reais ($\mathbb{R}$)

Reunindo o conjunto dos números racionais ($\mathbb{Q}$) com o conjunto dos números irracionais ($\mathbb{I}$), obtemos o **conjunto dos números reais ($\mathbb{R}$)**.

$$\mathbb{R} = \mathbb{Q} \cup \mathbb{I}$$

Lê-se "união com".

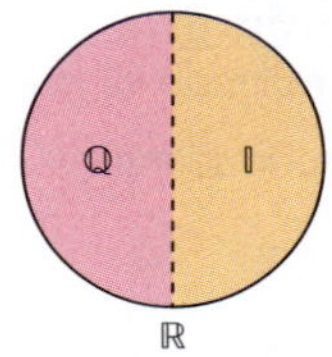

Não existe um número que seja, ao mesmo tempo, racional e irracional, mas qualquer número racional ou irracional pode ser chamado de **número real**.

Por exemplo:

- $\sqrt{7}$ é um número real irracional;
- $\frac{4}{7}$ é um número real racional;
- -4 é um número real racional;
- π é um número real irracional.

O diagrama abaixo relaciona os conjuntos numéricos $\mathbb{N}$, $\mathbb{Z}$, $\mathbb{Q}$, $\mathbb{I}$ e $\mathbb{R}$.

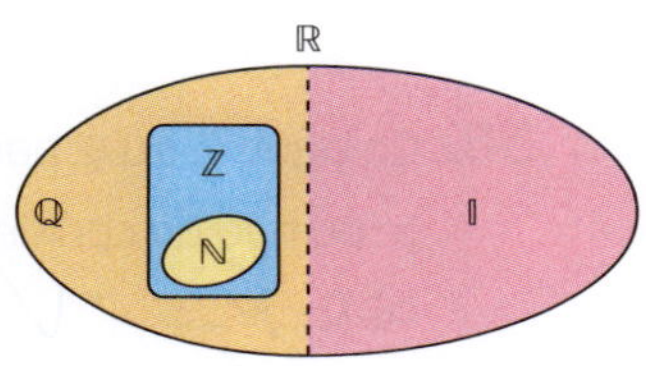

- $\mathbb{N}$ é parte de $\mathbb{Z}$; $\mathbb{Z}$ é parte de $\mathbb{Q}$; $\mathbb{Q}$ é parte de $\mathbb{R}$. Indicamos essas relações por:

$$\mathbb{N} \subset \mathbb{Z} \subset \mathbb{Q} \subset \mathbb{R}$$

- $\mathbb{I}$ é parte de $\mathbb{R}$. Indicamos essa relação assim:

$$\mathbb{I} \subset \mathbb{R}$$

- $\mathbb{Q}$ e $\mathbb{I}$ não têm elementos comuns.

Subconjuntos de $\mathbb{R}$

Observe que o zero pertence aos conjuntos $\mathbb{N}$, $\mathbb{Z}$, $\mathbb{Q}$ e $\mathbb{R}$, ou seja, o zero é um número natural, número inteiro, número racional e número real.

Veja agora os símbolos que usamos para representar alguns subconjuntos de $\mathbb{N}$, $\mathbb{Z}$, $\mathbb{Q}$ e $\mathbb{R}$:

- $\mathbb{N}^*$: conjunto dos números naturais sem o zero;
- $\mathbb{Q}^*$: conjunto dos números racionais sem o zero;
- $\mathbb{Z}_-$: conjunto dos números inteiros negativos com o zero;
- $\mathbb{Z}^*_-$: conjunto dos números inteiros negativos;
- $\mathbb{Q}^*_+$: conjunto dos números racionais positivos;
- $\mathbb{R}_+$: conjunto dos números reais positivos com o zero.

Os números reais na reta numerada

Qualquer número racional ou irracional pode ser chamado de **número real**.
$\frac{3}{7}$ é um número real racional; π é um número real irracional.

Para cada número real, há um ponto correspondente na reta numerada e, para cada ponto da reta, há um número real correspondente. Por isso, dizemos que existe uma **correspondência um a um** entre os números reais e os pontos de uma reta.

Observe a reta numerada. Os números irracionais $\sqrt{2}$, $\sqrt{7}$ e π foram considerados com valores aproximados $(\sqrt{2} \simeq 1{,}4; \sqrt{7} \simeq 2{,}6; \pi \simeq 3{,}1)$.

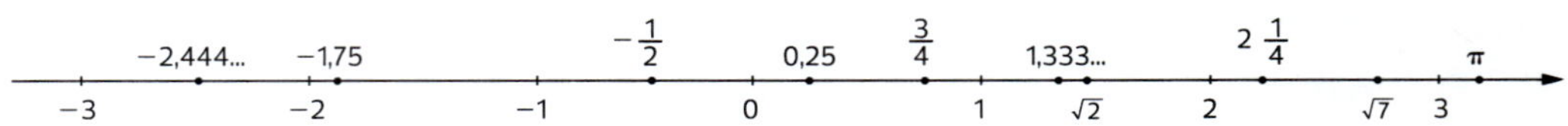

Observação: Considerando-se a correspondência um a um citada acima, os números reais ocupam todos os pontos da reta. Por isso, ela é chamada de **reta real**.

Exercícios

54. Observe estes números:

-4 $\quad \frac{1}{3}$ $\quad 0{,}888...$ $\quad \sqrt{6}$

0 $\quad -1\frac{3}{5}$ $\quad 4{,}86$ $\quad 8$ $\quad \pi$

Entre esses números, escreva quais são:

a) números naturais;
b) números inteiros;
c) números racionais;
d) números irracionais.

Agora responda: qual é o nome que pode ser dado a todos esses números?

55. Indique as sentenças verdadeiras.

a) Todo número natural é inteiro.
b) Todo número inteiro é real.
c) Todo número irracional é real.
d) Todo número racional é inteiro.
e) Existem números racionais que não são reais.
f) Existem números reais que não são racionais.

56. Escreva o que representa cada um dos símbolos:

a) $\mathbb{Z}_+$ b) $\mathbb{Z}_+^*$ c) $\mathbb{Q}_-$ d) $\mathbb{R}_+^*$ e) $\mathbb{R}_-$ f) $\mathbb{Q}_+^*$

57. Escreva dois números reais, um racional e outro irracional, que ficam entre 10 e 11.

58. Coloque $\in$ ou $\notin$ para indicar se o número faz parte ou não do conjunto:

a) 0 ____ $\mathbb{N}^*$
b) 0 ____ $\mathbb{Z}_-$
c) $\sqrt{7}$ ____ $\mathbb{Q}_+$
d) π ____ $\mathbb{R}_+$
e) $-\frac{3}{5}$ ____ $\mathbb{Z}_-$
f) 0 ____ $\mathbb{R}_+^*$

59. **Avaliação de resultados**

Um professor pediu aos alunos que indicassem um número racional entre 7 e 8. Veja algumas das respostas dadas pelos alunos e registre quais alunos acertaram:

Ana $(\sqrt{50})$, Pedro $\left(\frac{50}{7}\right)$, Marcos $(-7{,}5)$, Carla $(7{,}111...)$, Lucas (8) e Flávia $\left(7\frac{3}{8}\right)$.

60. Escreva entre que números inteiros consecutivos fica cada um dos números reais abaixo. Identifique se ele é real racional ou real irracional. O item **a** já está resolvido.

a) $\sqrt{30}$: fica entre 5 e 6; real irracional.
b) $\frac{18}{7}$
c) $-8{,}666...$
d) $\sqrt{50}$
e) $\sqrt{10}$

3 Comparação e operações com números reais

Você já estudou comparação e operações com números reais racionais. No caso de comparação e operações que envolvem os números reais irracionais, vamos, neste ano, considerar seus **valores aproximados** (que são **números racionais**).

Por exemplo, considerando $\sqrt{3} \simeq 1{,}7$, $\sqrt{10} \simeq 3{,}2$ e $\sqrt{22} \simeq 4{,}7$:

a) $\sqrt{3} < 2$

b) $\sqrt{10} > 2\frac{1}{10}$

c) $5 > \sqrt{22}$

d) $5{,}1 + \sqrt{10} \simeq 5{,}1 + 3{,}2 = 8{,}3$

e) $(-3) \cdot \sqrt{22} \simeq (-3) \cdot 4{,}7 = -14{,}1$

f) $\frac{\sqrt{3}}{2} \simeq 1{,}7 : 2 = 0{,}85$

1,7 é uma aproximação racional do número irracional $\sqrt{3}$.

Exercícios

61. Use uma calculadora e registre os seguintes números irracionais na forma de número decimal, com aproximação de centésimos (2 casas).

a) $\sqrt{2}$ b) π c) $\sqrt{10}$

62. Efetue as operações abaixo com números reais. Use os valores aproximados da atividade anterior para aquelas que envolvem números irracionais.

a) $2\,468 + 71$

b) $(-35) \cdot (-10)$

c) $\frac{3}{8} - \frac{5}{12}$

d) $8 + \sqrt{2}$

e) 3π

f) $\frac{\sqrt{10}}{2}$

g) $\pi + 4$

h) $\sqrt{2} + \pi$

63. Compare os números reais completando com os símbolos $>$, $<$ ou $=$.

a) -12 ____ 7

b) $\frac{4}{5}$ ____ $\frac{9}{13}$

c) $0{,}7222...$ ____ $0{,}73$

d) π ____ $3{,}5$

e) $\sqrt{2}$ ____ $\frac{4}{9}$

f) $\sqrt{10}$ ____ $3{,}15$

64. Escreva os números reais abaixo em ordem crescente.

$\frac{12}{5}$ $\sqrt{3}$ $-2{,}8$ 0 $-2{,}777...$

65. Compare os resultados das operações de cada item completando com $>$, $<$ ou $=$.

a) $\sqrt{16+9}$ ____ $\sqrt{16} + \sqrt{9}$

b) $\frac{10-1}{3}$ ____ $\frac{10}{3} - 1$

c) $\sqrt{4 \cdot 25}$ ____ $\sqrt{4} \cdot \sqrt{25}$

66. Trace uma reta numerada e coloque nela os números:

$-3, -2, -1, 0, +1, +2, +3, -\sqrt{5}, +\sqrt{5}, -\sqrt{3}, +\sqrt{3}$ e $+\frac{3}{2}$

67. Determine o resultado de cada operação, com aproximação de centésimo. Use a calculadora.

a) $\sqrt{2} + \sqrt{3}$

b) $\sqrt{35} + \pi$

c) $\pi - \sqrt{5}$

d) $3 : \sqrt{7}$

68. Trace um segmento de 2 cm como unidade e localize os números na reta real:

a) $4\frac{2}{5}$

b) $-\frac{11}{3}$

c) $\sqrt{3}$

d) $\frac{\pi}{2}$

Desafio

$\sqrt{1{,}44}$ é um número racional ou irracional?

4 Desigualdades em $\mathbb{R}$

Observe os diagramas abaixo:

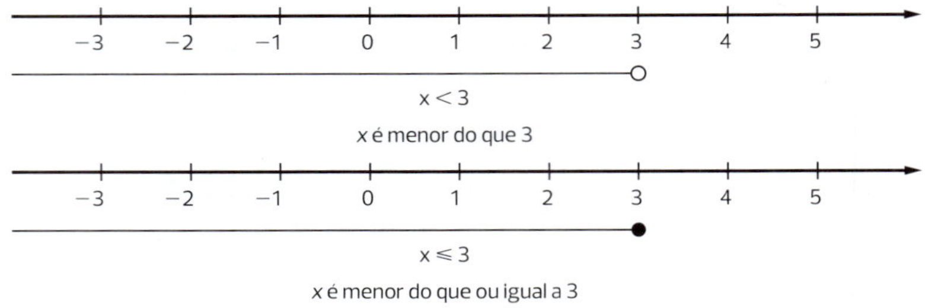

Eles mostram a diferença entre $x < 3$ e $x \leqslant 3$.

Se $x < 3$, então x pode ser -1; 2; 2,9 ou 2,99, mas não pode ser 3. A bolinha vazia indica isso.

Se $x \leqslant 3$, então x pode assumir todos esses valores e também o valor 3. A bolinha cheia indica isso.

Se A é o conjunto dos elementos para os quais $x < 3$ é verdadeira, então, podemos escrever:

$$A = \{x \in \mathbb{R} \mid x < 3\}$$

Lemos da seguinte forma: "A é o conjunto dos números reais x, tal que x é menor do que 3".

Do mesmo modo, para o segundo diagrama acima, podemos escrever:

$$A = \{x \in \mathbb{R} \mid x \leqslant 3\}$$

Lemos da seguinte forma: "A é o conjunto dos números reais x, tal que x é menor do que ou igual a 3".

Exercícios

69. Desenhe a reta numerada e marque:

a) $A = \{x \in \mathbb{R} \mid x < 4\}$
b) $B = \{x \in \mathbb{R} \mid x \leqslant -1\}$
c) $C = \{x \in \mathbb{R} \mid x \geqslant 3\}$
d) $D = \{x \in \mathbb{R} \mid x > 6\}$

70. Os conjuntos $P = \{x \in \mathbb{R} \mid x < 2\}$ e $Q = \{x \in \mathbb{R} \mid x \geqslant -1\}$ estão marcados no diagrama abaixo.

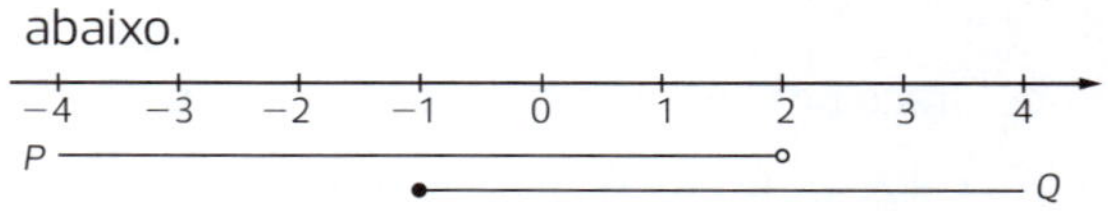

Indique apenas as afirmações verdadeiras.

a) $0 \in P$
b) $2 \in Q$
c) $2 \in P$
d) $-1 \in P$
e) $-1 \in Q$
f) $-2 \in Q$

71. Na atividade anterior, quais números reais pertencem, ao mesmo tempo, a P e a Q? Faça o diagrama.

72. Projeto em equipe: números racionais em notícias

Reúna-se com seus colegas e, juntos, recortem de jornais, revistas ou folhetos de propaganda três notícias: uma que envolva número inteiro, outra que envolva fração e outra que envolva número racional na forma de número decimal. Montem um painel e, para cada notícia, formulem e respondam a uma questão. Compartilhem seu trabalho com os demais colegas.

Raciocínio lógico

Sabe-se que Fofo é mais gordo do que Lulu. Bilu é mais gordo do que Fofo. Lulu é mais magro do que Bilu. Fifi é mais gordo do que Bilu.

Afinal, qual é o mais gordo de todos?

Tratamento da informação

Interpretação de tabelas e gráficos de barras

CONTEÚDO DIGITAL

73. Consumo de energia elétrica

Economizar energia elétrica ajuda a proteger o "bolso" e o meio ambiente.

Por isso, é muito importante saber reconhecer as informações de uma conta de energia elétrica.

Observe a figura abaixo. Ela representa a conta de energia elétrica da casa de Sebastião e Gabriela referente ao mês de maio de 2015. Nessa conta, podemos observar diversas informações, por exemplo, o gráfico do histórico de consumo dessa residência (em quilowatts-hora), a tabela de composição do valor dessa conta, a descrição do cálculo de consumo, etc.

Patrick Ryan/Stone/Getty Images

Pessoa desligando abajur.

Analise com atenção as informações da conta de energia elétrica abaixo e, depois, resolva os itens a seguir. Use calculadora quando for necessário.

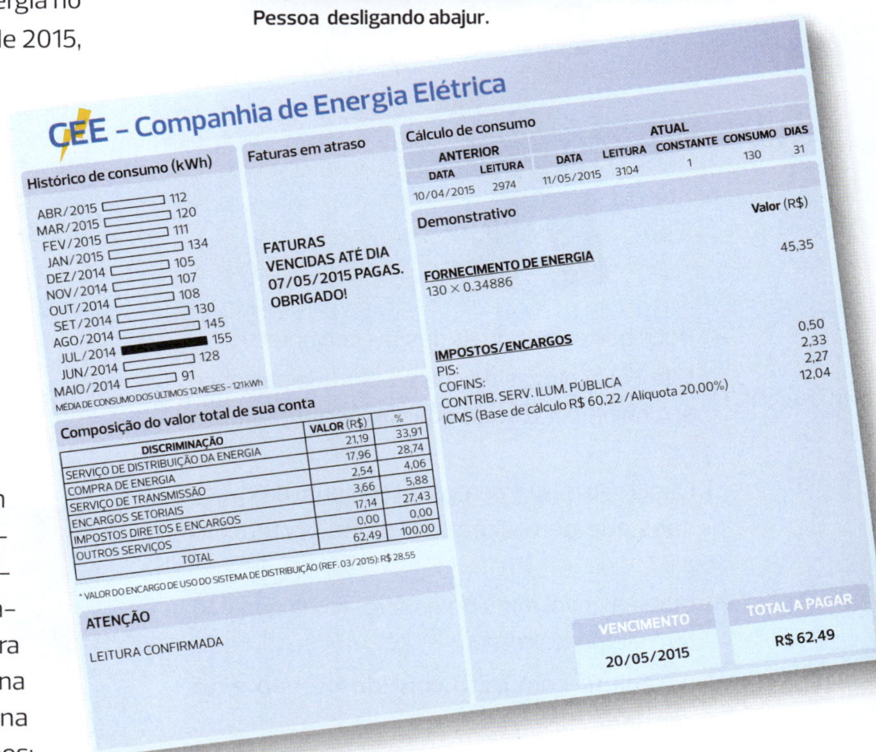

CEE - Companhia de Energia Elétrica

Histórico de consumo (kWh)

ABR/2015	112
MAR/2015	120
FEV/2015	111
JAN/2015	134
DEZ/2014	105
NOV/2014	107
OUT/2014	108
SET/2014	130
AGO/2014	145
JUL/2014	155
JUN/2014	128
MAIO/2014	91

MÉDIA DE CONSUMO DOS ÚLTIMOS 12 MESES – 121 kWh

Faturas em atraso

FATURAS VENCIDAS ATÉ DIA 07/05/2015 PAGAS. OBRIGADO!

Cálculo de consumo

ANTERIOR		ATUAL				
DATA	LEITURA	DATA	LEITURA	CONSTANTE	CONSUMO	DIAS
10/04/2015	2974	11/05/2015	3104	1	130	31

Demonstrativo — Valor (R$)

FORNECIMENTO DE ENERGIA — 45,35
130 × 0.34886

IMPOSTOS/ENCARGOS
PIS: — 0,50
COFINS: — 2,33
CONTRIB. SERV. ILUM. PÚBLICA — 2,27
ICMS (Base de cálculo R$ 60,22 / Alíquota 20,00%) — 12,04

Composição do valor total de sua conta

DISCRIMINAÇÃO	VALOR (R$)	%
SERVIÇO DE DISTRIBUIÇÃO DA ENERGIA	21,19	33,91
COMPRA DE ENERGIA	17,96	28,74
SERVIÇO DE TRANSMISSÃO	2,54	4,06
ENCARGOS SETORIAIS	3,66	5,88
IMPOSTOS DIRETOS E ENCARGOS	17,14	27,43
OUTROS SERVIÇOS	0,00	0,00
TOTAL	62,49	100,00

* VALOR DO ENCARGO DE USO DO SISTEMA DE DISTRIBUIÇÃO (REF. 03/2015): R$ 28,55

ATENÇÃO

LEITURA CONFIRMADA

VENCIMENTO: 20/05/2015

TOTAL A PAGAR: R$ 62,49

a) Qual é a média de consumo de energia no período que vai de janeiro a maio de 2015, em quilowatts-hora?

b) O fornecimento de energia representa que percentual da conta?

c) Qual é a porcentagem restante? O que ela representa?

d) A qual período essa conta se refere?

e) Quantos dias tem esse período?

f) Em média, qual foi o consumo diário de energia elétrica nesse período?

g) Para calcular o consumo mensal em uma conta de energia elétrica, é necessário observar os valores indicados na leitura do medidor. Verificamos qual é o valor indicado na leitura atual e subtraímos o valor indicado na leitura do mês anterior. Assim, na conta de Sebastião e Gabriela, temos:
   - leitura anterior: 2 974 kWh;
   - leitura atual: 3 104 kWh.

   Portanto, o consumo no mês de maio de 2015 foi de 130 kWh (3 104 − 2 974).

   Sabendo disso, responda: qual foi o valor indicado na leitura do medidor no mês de fevereiro de 2015?

Outros contextos

74. Geografia e conjuntos

Considere os seguintes conjuntos:

> *E*: conjunto das pessoas nascidas fora do Brasil (estrangeiros);
>
> *P*: conjunto das pessoas nascidas no estado de Pernambuco;
>
> *F*: conjunto das pessoas nascidas na cidade de Recife, estado de Pernambuco;
>
> *X*: conjunto das pessoas nascidas no estado em que se situa sua escola;
>
> *Y*: conjunto das pessoas nascidas na cidade em que se situa sua escola;
>
> *B*: conjunto das pessoas nascidas no Brasil.

a) Você pertence a quais desses conjuntos?

b) Cite dois colegas da classe, um que pertence ao conjunto *Y* e outro que não pertence. Justifique.

c) Quais são os elementos do conjunto das pessoas que pertencem a *P* e não pertencem a *F*?

d) Cite dois conjuntos do quadro acima que não têm elemento comum.

e) Complete com **está contido** ou **não está contido**:

- *Y* ______________ em *X*.
- *P* ______________ em *E*.
- *P* ______________ em *B*.
- *B* ______________ em *P*.

f) Em que caso temos $Y = F$?

75. Números reais: situações diversas

Os números reais aparecem nas mais variadas situações de nosso dia a dia. Veja alguns exemplos nos itens a seguir. Complete cada sentença com um número real. Depois, escreva se o número é **real racional inteiro**, **real racional não inteiro** ou **real irracional**.

Por exemplo: uma dúzia e meia de ovos corresponde a 18 ovos. 18 é um número real racional inteiro.

a) Marcela dividiu um bolo em 6 partes iguais. Cada uma das partes corresponde a ______ do bolo.

b) Reinaldo pagou 69 reais na compra de 3 DVDs de mesmo valor. Se tivesse comprado 2 desses DVDs, ele teria pago ______ reais.

c) A área de um piso quadrado é de 70 m^2. Cada lado do piso mede ______ m.

d) Uma peça com 14 m de tecido foi repartida em 4 partes iguais. Cada uma das partes mede ______ m.

e) Se a temperatura em um dia de inverno era +4 °C e teve uma queda de 6 °C, a temperatura passou a ser de ______ °C.

f) Se a medida do comprimento do contorno de uma praça circular for dividida pelo dobro da medida de seu raio, o resultado será __________.

g) Um musical durou 2 horas e 20 minutos. Esse valor também pode ser indicado por ______ horas.

Flavio Hopp/Futura Press

Cena do musical *O rei leão*, dirigido por Julie Taylor, estreado no Brasil em 2013.

76. Jogo dos números reais

Rodolfo e Júlia disputaram um jogo cujo objetivo é identificar diferentes tipos de números reais. Antes de começar, eles recortaram 12 papéis para sorteio:

AE	AG	BF
CE	CG	DF
AF	BE	BG
CF	DE	DG

Analise com atenção as regras do jogo:

1ª) Em uma rodada, cada jogador tira um papel e, de acordo com o que está indicado, localiza no quadro a seguir o número correspondente.

	A	B	C	D
G	5	0,8	$2\frac{3}{5}$	$\frac{7}{7}$
F	$\frac{3}{4}$	$\sqrt{10}$	-2	$\sqrt{\frac{9}{25}}$
E	$-6{,}0$	$-1{,}25$	$-0{,}777...$	π

2ª) Dependendo do número obtido, o jogador assinala 1, 2 ou 3 quadrinhos no quadro de contagem, de acordo com os seguintes critérios:

- número inteiro → 1 quadrinho;
- número racional não inteiro → 2 quadrinhos;
- número irracional → 3 quadrinhos.

Por exemplo, **CF** leva ao -2, que é um número inteiro. Por isso, quem tirar **CF** deve assinalar 1 quadrinho no seu quadro de contagem.

Após conhecer as regras do jogo, resolva as atividades a seguir:

a) Veja os papéis que Rodolfo e Júlia tiraram em uma das partidas desse jogo:

Rodolfo

BF	AG	CE
CF	DF	AE

Júlia

CG	AF	BE
DG	DE	BG

Assinale os quadrinhos no quadro de contagem abaixo e verifique quem foi o vencedor do jogo.

Quadros de contagem

Rodolfo																		

Júlia																		

Vencedor: ______________________.

b)

	A	B	C	D
G	$1\frac{4}{5}$	$\sqrt{\frac{1}{9}}$	$\frac{5}{8}$	-4
F	$\sqrt{2}$	$-1{,}2$	0,19	$-8{,}00$
E	$\frac{8}{4}$	π	0,555...	14

Praticando um pouco mais

1. (UFMA) Quantos números inteiros pertencem ao intervalo $[-\sqrt{10}, \sqrt{15}]$?
   a) 6
   b) 7
   c) 8
   d) 9
   e) Nenhum

2. (Unifor-CE) Dos números abaixo, o único irracional é:
   a) $\sqrt{4}$
   b) $\sqrt[3]{125}$
   c) $\sqrt[4]{81}$
   d) $\sqrt[5]{128}$
   e) $\sqrt[6]{1\,000\,000}$

3. (UFRN) O valor de $\dfrac{2}{0,666...}$ é:
   a) 0,333...
   b) 1,333...
   c) 3,333...
   d) 3
   e) 12

4. (UFSM-RS) Assinale verdadeira (**V**) ou falsa (**F**) em cada uma das afirmações a seguir.
   ( ) A letra grega π representa o número racional que vale 3,14159265.
   ( ) O conjunto dos números racionais e o conjunto dos números irracionais são subconjuntos dos números reais e possuem apenas um ponto em comum.
   ( ) Toda dízima periódica provém da divisão de dois números inteiros, portanto é um número racional.

   A sequência correta é:
   a) F - V - V.
   b) V - V - F.
   c) V - F - V.
   d) F - F - V.
   e) F - V - F.

5. (Epcar) Três candidatos ao 1º ano do CPCAR/ 2001 fizeram um cursinho preparatório intensivo. Sabendo-se que o candidato **A** teve aulas do dia 20/06 ao dia 05/07, o candidato **B**, do dia 30/06 ao dia 09/07 e o candidato **C**, do dia 01/07 ao dia 25/07, a opção que indica o número de dias em que pelo menos um candidato estava participando do cursinho é:
   a) 10
   b) 16
   c) 25
   d) 36

6. (UFF-RJ) A comunicação eletrônica tornou-se fundamental no nosso cotidiano, mas infelizmente todo dia recebemos muitas mensagens indesejadas: propagandas, promessas de emagrecimento imediato, propostas de fortuna fácil, correntes, etc. Isso está se tornando um problema para os usuários da Internet, pois o acúmulo de "lixo" nos computadores compromete o desempenho da rede!
   Pedro iniciou uma corrente enviando uma mensagem pela Internet a dez pessoas, que, por sua vez, enviaram, cada uma, a mesma mensagem a outras dez pessoas. E estas, finalizando a corrente, enviaram, cada uma, a mesma mensagem a outras dez pessoas. O número máximo de pessoas que receberam a mensagem enviada por Pedro é igual a:
   a) 30.
   b) 110.
   c) 210.
   d) 1110.
   e) 11110.

7. (Fatec-SP) Sejam *a* e *b* números irracionais quaisquer. Das afirmações:
   (**I**) *ab* é um número irracional;
   (**II**) $a + b$ é um número irracional;
   (**III**) $a - b$ pode ser um número racional;
   pode-se concluir que:
   a) as três são falsas.
   b) as três são verdadeiras.
   c) somente (**I**) e (**II**) são verdadeiras.
   d) somente (**I**) é verdadeira.
   e) somente (**I**) e (**II**) são falsas.

Revisão cumulativa

1. Sem efetuar divisões, localize no quadro abaixo e registre:

a) os quatro números que são múltiplos de 2;

b) os quatro números que são múltiplos de 3;

c) os quatro números que são múltiplos de 5.

1001	787	2139
1596	285	4200
346	1340	2905

2. Se 2 kg de carne custam R$ 17,00, quanto custarão 4,5 kg de carne?

3. Cláudia e uma amiga resolveram medir o comprimento da circunferência do bambolê com o qual estavam brincando. Usando uma fita métrica, encontraram a medida 314 cm. Quanto mede o diâmetro desse bambolê?

4. Para cada número real irracional são dados três valores racionais aproximados. Indique o valor mais próximo do valor exato.

a) π: 3,41; 3,14; 3,19

b) $\sqrt{11}$: 3,3; 3,2; 3,4

c) $5 - \sqrt{2}$: 3,9; 3,6; 3,3

d) $\dfrac{\sqrt{79}}{2}$: 3,3; 4,4; 5,5

5. Resolvendo uma questão de uma prova de Matemática, Jorge encontrou como resultado o número $-0,151151151151...$ Esse número pode ser chamado de natural, irracional, racional ou inteiro?

6. Analise estas três afirmações:

A: $\frac{2}{3}$ de $21 = 14$

B: 10% de $6\,000 = 600$

C: 1% de $20\,000 = 2\,000$

Quais delas são verdadeiras?

a) **A**, **B** e **C**.

b) Só **A** e **B**.

c) Só **A** e **C**.

d) Só **B** e **C**.

7. Marque com um X as três afirmações corretas.

a) $\mathbb{N} \subset \mathbb{Z} \subset \mathbb{R} \subset \mathbb{Q}$

b) $\mathbb{Z} \subset \mathbb{Q}$

c) $\mathbb{Q} \subset \mathbb{R}$

d) $\mathbb{N} \subset \mathbb{Z} \subset \mathbb{Q}$

8. Cálculo mental

Em cada item, calcule mentalmente, responda e indique se as grandezas envolvidas são direta ou inversamente proporcionais:

a) Uma torneira despeja 6 L de água por minuto e gasta 3 h para encher um tanque. Se ela despejasse 12 L por minuto, em quanto tempo encheria o tanque?

b) Um carro percorreu 240 km em 3 h, em certa velocidade. Com a mesma velocidade, em quanto tempo ele percorrerá 480 km?

c) Dois pintores levam 20 dias para pintar uma casa. No mesmo ritmo de trabalho, quantos dias quatro pintores levariam para pintar essa casa?

d) Se 3 arrobas correspondem a 45 kg, a quantas arrobas correspondem 90 kg?

e) O preço de 4 L de tinta é de R$ 10,00. Qual é o preço de 12 L?

9. A idade atual de Marisa é o quíntuplo da idade de Paula. Daqui a 9 anos, a idade de Paula será $\frac{4}{11}$ da idade de Marisa. Descubra as idades atuais de Marisa e Paula.

10. (Uece) Todo número inteiro positivo pode ser representado, de maneira única, como uma soma na qual cada parcela é uma potência de 2. Por exemplo, o número 45 ($45 = 2^0 + 2^2 + 2^3 + 2^5$) é representado como uma soma de quatro parcelas. Nestas condições, o número de parcelas da soma que representa o número 100 é:

a) quatro.

b) três.

c) seis.

d) cinco.

Capítulo

2 Expressões algébricas

1 Introdução

Na Antiguidade não existiam símbolos para indicar números desconhecidos, então usavam-se palavras e desenhos, o que deixava os cálculos mais demorados e complicados.

Veja um exemplo tirado de um importante documento sobre a matemática dos egípcios:

Ilustrações: Paulo Manzi/ Arquivo da editora

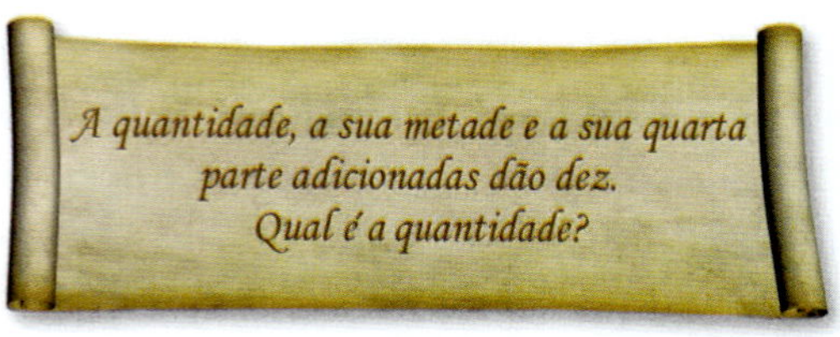

Tradução do problema 34 do Papiro de Rhind

Museu Britânico, Londres/ Foto: The New York Times/Latinstock

Fragmento do Papiro de Rhind (c. 1650 a.C.).

Somente a partir do século XVI passaram a ser usados símbolos e letras para representar números de forma sistemática.

Forma adotada pelo francês François Viète, um dos responsáveis pelo desenvolvimento da linguagem algébrica.

Veja como podem ser representadas as duas situações acima atualmente:

Papiro de Rhind	Viète
$x+\frac{x}{2}+\frac{x}{4}=10$	$x^5 - 15x^4 + 85x^3 - 225x^2 + 274x = 120$

Esse tipo de cálculo pode ser aplicado em diversas situações. Por exemplo, para representar o perímetro de uma sala retangular com medida de comprimento x e medida de largura y, temos:

$x + x + y + y$ ou $2x + 2y$

Essas duas representações são chamadas de **expressões algébricas**.

Neste capítulo, você vai estudar um pouco mais sobre Álgebra resolvendo problemas, determinando o valor numérico de expressões algébricas, usando fórmulas e desvendando truques numéricos por meio de expressões algébricas.

❷ Máquinas programadas para gerar operações

Acompanhe a situação a seguir.

Gustavo amanheceu com jeito de cientista e está muito ansioso para mostrar aos colegas o que inventou.

Qual sua invenção? Uma máquina programada para dobrar números!

Veja abaixo o desenho esquemático da máquina de Gustavo.

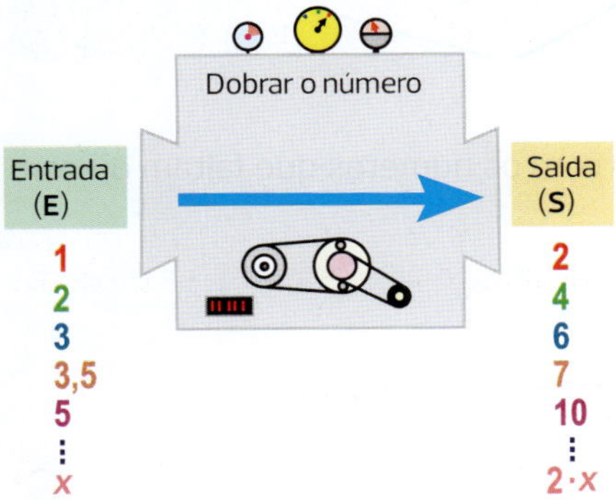

E	S
1	2
2	4
3	6
3,5	7
5	10
⋮	⋮
x	$2 \cdot x$

Entra o 1, sai o 2 $(2 \cdot 1)$.

Entra o 2, sai o 4 $(2 \cdot 2)$.

Entra o 3, sai o 6 $(2 \cdot 3)$.

Entra o 3,5, sai o 7 $(2 \cdot 3{,}5)$.

⋮

Entra um número x qualquer, sai o $2x$ (dobro de x).

Luís gostou da ideia de Gustavo e resolveu aperfeiçoar a máquina. Agora ela está programada para triplicar o número que entra e adicionar 5 ao resultado.

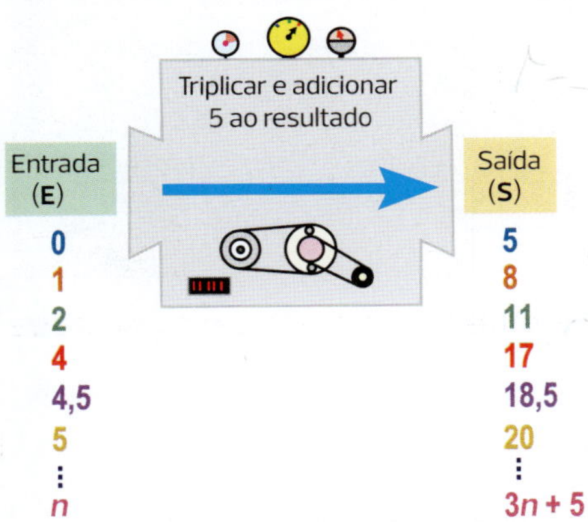

E	S
0	5
1	8
2	11
4	17
4,5	18,5
5	20
⋮	⋮
n	$3n + 5$

Entra o 0, sai o 5 $(3 \cdot 0 + 5 = 5)$.

Entra o 1, sai o 8 $(3 \cdot 1 + 5 = 8)$.

Entra o 2, sai o 11 $(3 \cdot 2 + 5 = 11)$.

Entra o 4, sai o 17 $(3 \cdot 4 + 5 = 17)$.

Entra o 4,5, sai o 18,5 $(3 \cdot 4{,}5 + 5 = 18{,}5)$.

⋮

Entra um número n qualquer, sai o $3n + 5$ (triplo de n, mais 5).

Acompanhe mais uma situação.

Cibele e Mariana também gostaram da ideia e inventaram duas máquinas. Uma está programada para dobrar o número que entra e, em seguida, adicionar 3. A outra está programada para triplicar o quadrado do número que entra.

Veja:

1ª máquina

E	S
0	3
1	5
−2	−1
5	13
−1	1
20	43
n	$2n + 3$

2ª máquina

E	S
0	0
1	3
2	12
−1	3
3	27
−2	12
x	$3x^2$

Ilustrações: Paulo Manzi/Arquivo da editora

Exercícios

1. Participe da brincadeira de Gustavo e responda usando a máquina inventada por ele:
   a) E se entrasse o número 50, que número sairia?
   b) E se entrasse o número −10, que número sairia?
   c) Que número deve entrar para sair o 52?

2. Agora responda usando a máquina de Luís:
   a) Se entrasse o número 20, que número sairia?
   b) Se entrasse o número −5, que número sairia?
   c) Se entrasse um número y qualquer, que número sairia?
   d) Que número deve entrar para sair o 32?

3. Observe e complete as máquinas programadas e os quadros abaixo com os números que faltam ou com a mensagem.

a)

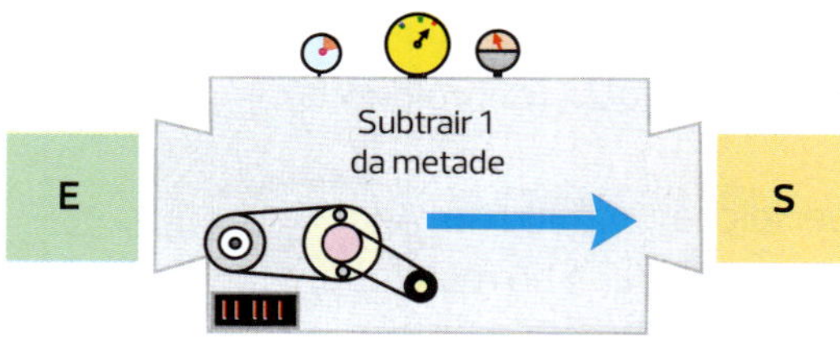

E	S
2	
10	
0	
−4	
1	
y	

b)

E	S
0	
5	
7	
−2	
	7
r	

c)

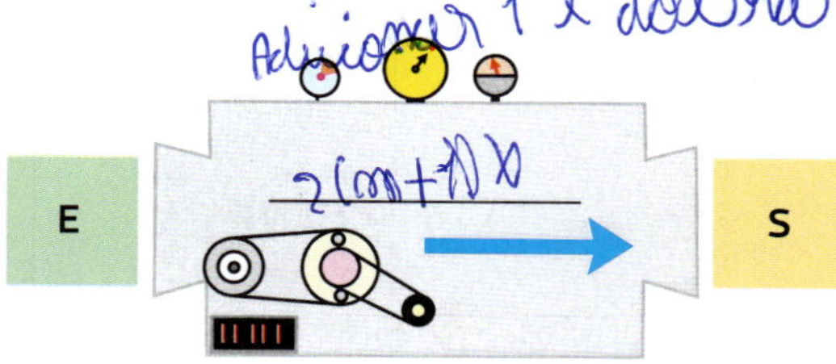

E	S
5	
2	
−1	
0	
10	
m	$2(m + 1)$

4. **Atividade em dupla**
   Façam como Mariana e Cibele: inventem uma máquina programada. Deem alguns valores para a entrada e peçam a um colega que escreva os números da saída. Resolvam as operações da máquina que seu colega inventou.

3 Expressões algébricas e variável

Na página anterior apareceram expressões que contêm números e letras, como:

$\frac{y}{2} - 1$ $\qquad$ $2r + 5$ $\qquad$ $2(m + 1)$

> As expressões que indicam operações matemáticas e contêm letras e números são chamadas de **expressões algébricas** ou **expressões literais**.

Observe nos quadros do exercício 3, da página anterior, que, em cada item, as letras podem assumir valores variados. Por isso, elas recebem o nome de **variáveis** da expressão algébrica. Por exemplo, na expressão $2n + 3$, dizemos que a letra n é a variável.

Exercícios

5. Identifique a variável de cada expressão literal a seguir:

a) $3x^2$ $\qquad$ b) $\frac{y}{2} - 1$ $\qquad$ c) $2n + 1$ $\qquad$ d) $2(m + 1)$

6. Escreva uma expressão algébrica com uma só variável (a) e outra com duas variáveis (a e b).

7. Atividade em dupla

Completem estes quadros. Vocês conseguem descobrir uma regularidade em cada um deles? Escrevam também a variável e a expressão algébrica correspondente.

a)

20	10	18	13	40	36	30	4,8	70	6,4	n
11	6	10	7,5	21	19					

Variável: ______

Expressão algébrica: ______

b)

1; 2	4; 5	10; 20	6; 8	1,5; 2,5	7; 9	3; 7	a; b
6	18	60	28				

Variáveis: ______ e ______

Expressão algébrica: ______

Situações representadas por expressões algébricas

O dono de uma loja resolveu fazer a promoção ao lado na venda de geladeiras, fogões e televisores.

Nessa situação, o preço a pagar por qualquer produto pode ser representado por uma expressão algébrica: $100 + 5p$, na qual a variável p indica o valor de cada prestação.

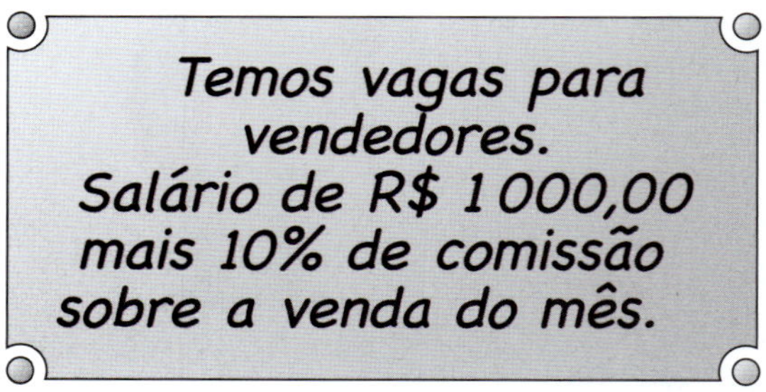

Por conta da promoção mencionada, essa loja teve um aumento no seu movimento, de maneira que o gerente teve de contratar mais um vendedor. Colocou, então, na frente da loja, um cartaz como este ao lado.

Veja como fica a expressão algébrica da remuneração de um vendedor que ao longo de um mês vende x reais de mercadorias:

$$1000 + 10\% \text{ de } x \quad \text{ou} \quad 1000 + \frac{10}{100} \cdot x \quad \text{ou} \quad 1000 + \frac{x}{10} \quad \text{ou} \quad 1000 + 0{,}1x$$

Exercícios

8. Escreva a expressão algébrica que representa cada um dos itens abaixo:

a) O quadrado de um número x.
b) O cubo de um número y.
c) O dobro de um número z.
d) A raiz quadrada de um número real.
e) A terça parte de um número real.

9. Observe a figura plana representada abaixo, cujas dimensões são dadas em metros.

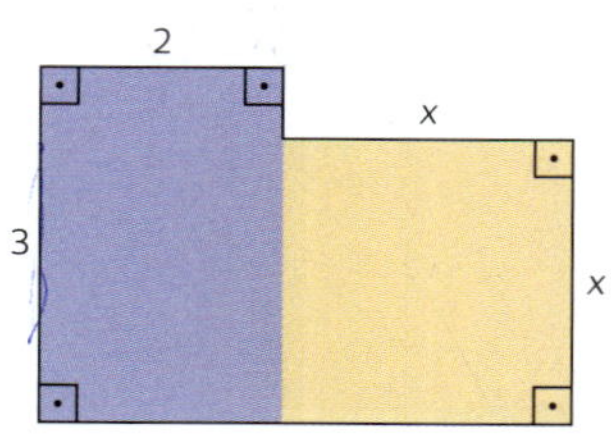

Escreva a expressão que representa, em metros quadrados:

a) a área da região quadrada amarela;
b) a área da região retangular azul;
c) a área de toda a figura.

10. Mônica e seu pai estão brincando de perguntas e respostas. As regras são as seguintes: quem acertar ganha 10 pontos e quem errar perde 3 pontos. Se Mônica tiver x acertos e y erros, qual é a expressão que indica os pontos obtidos por ela no total?

11. Qual é a expressão algébrica que indica o número de dias em um período formado por x semanas completas e mais 3 dias?

12. Considere que n representa um número natural. Indique por meio de expressões algébricas:

a) a soma do triplo desse número com 7;
b) 40% desse número;
c) o sucessor desse número;
d) o dobro da diferença entre esse número e 9;
e) a metade desse número diminuída de 11.
f) a soma de 8 com $\frac{2}{3}$ desse número.

Expressões algébricas equivalentes

Luís estava estudando para a prova de Matemática.

Como ele tinha muitas dúvidas, foi pedir ajuda a seu amigo Gustavo. Juntos trocaram ideias sobre expressões algébricas.

Acompanhe:

Genericamente, podemos dizer que 3 vezes um número mais 4 vezes esse número ($3x + 4x$) é o mesmo que 7 vezes o número ($7x$), pois, usando a propriedade distributiva, temos $3x + 4x = (3 + 4)x = 7x$.

Dizemos que as expressões algébricas $3x + 4x$ e $7x$ são **equivalentes** e podemos, sempre que quisermos, substituir uma delas pela outra.

Veja como podemos usar a propriedade distributiva para encontrar expressões algébricas equivalentes.

$2x + 6x$ e $8x \rightarrow 2x + 6x = (2 + 6) \cdot x = 8 \cdot x = 8x$

$3y + 5y + y$ e $9y \rightarrow 3y + 5y + y = (3 + 5 + 1) \cdot y = 9 \cdot y = 9y$

$3 \cdot (x + 4)$ e $3x + 12 \rightarrow 3 \cdot (x + 4) = 3 \cdot x + 3 \cdot 4 = 3x + 12$

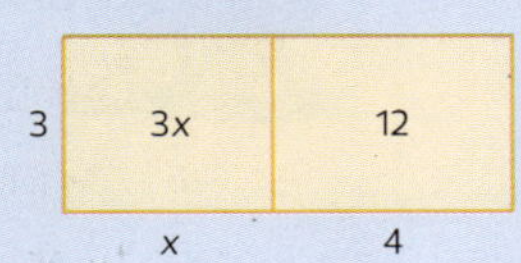

Continue acompanhando o estudo de Luís e Gustavo.

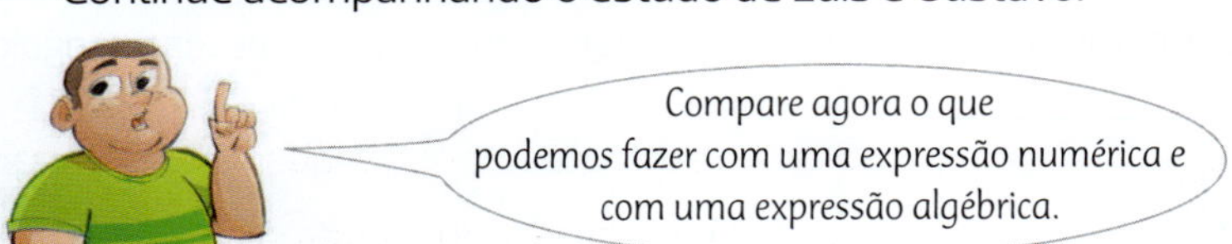

$$\frac{50 + 15}{5} = \frac{50}{5} + \frac{15}{5} = 10 + 3 = 13$$

$$\frac{4x + 12}{2} = \frac{4x}{2} + \frac{12}{2} = 2x + 6$$ → expressão algébrica mais simples

Outros exemplos:

a) $x + 5 + 3x - 1 = x + 3x + 5 - 1 = 4x + 4$ (mais simples)

b) $\frac{3a + 7a - 5}{5} = \frac{10a - 5}{5} = \frac{10a}{5} - \frac{5}{5} = 2a - 1$ (mais simples)

Exercícios

13. Use a propriedade distributiva e escreva expressões algébricas equivalentes a:

a) $8a + 7a$
b) $5x + x + 9x$
c) $7y - 2y$
d) $5 \cdot (y - 1)$

14. Escreva expressões algébricas mais simples e equivalentes às expressões abaixo.

a) $\dfrac{3y + 9}{3}$
b) $\dfrac{4a + 8}{2} + 3$
c) $\dfrac{5x + 6x + 22}{11} - 5$
d) $\dfrac{6(x + 2) - 12}{3}$

15. Mário escreveu algo muito simples de uma maneira muito complicada. Simplifique a expressão e descubra o que ele escreveu.

$$\frac{3x + 4x + 3(8x + 4) - 12}{31}$$

16. Identifique os cinco pares de expressões equivalentes entre as relacionadas abaixo.

$x + 4$ | $x + 5$ | $\dfrac{4x + 16}{4}$ | $2x$ | $\dfrac{2x}{3}$ | $2(5x - 3)$ | $10x - 6$ | $(x + 5) + (x - 5)$ | $(x + x) : 3$ | $2 + 4x - 3x + 3$

17. Crie uma expressão algébrica que, simplificada, seja igual a $2x$.

Revendo a ideia de perímetro de um polígono

Gustavo e Cibele estão recordando a matéria de Matemática juntos. Veja como eles representaram o perímetro do triângulo representado abaixo.

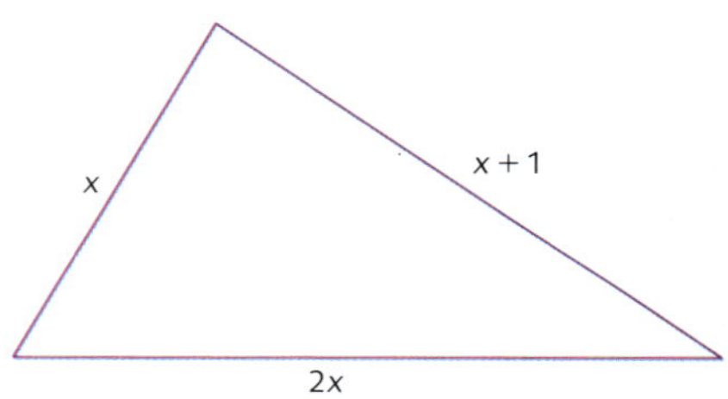

Exercícios

18. Escreva de duas maneiras diferentes a expressão que representa o perímetro de cada um dos retângulos representados abaixo. Depois, escreva as expressões que indicam as áreas das regiões determinadas por esses retângulos.

a)
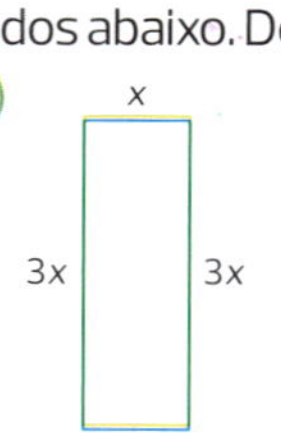

b)
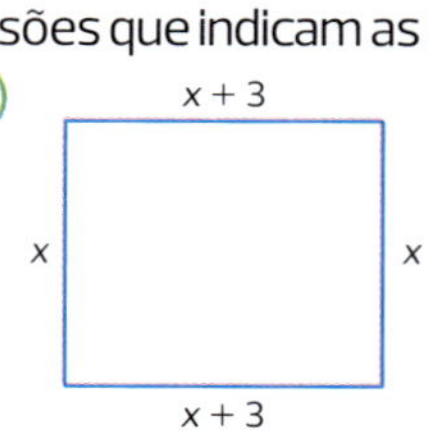

c)
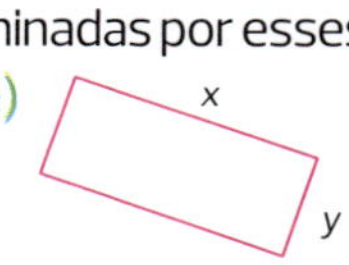

19. Para cada uma das regiões planas I, II e III abaixo, associe uma expressão literal entre aquelas dadas a seguir (**a**, **b** ou **c**).

I
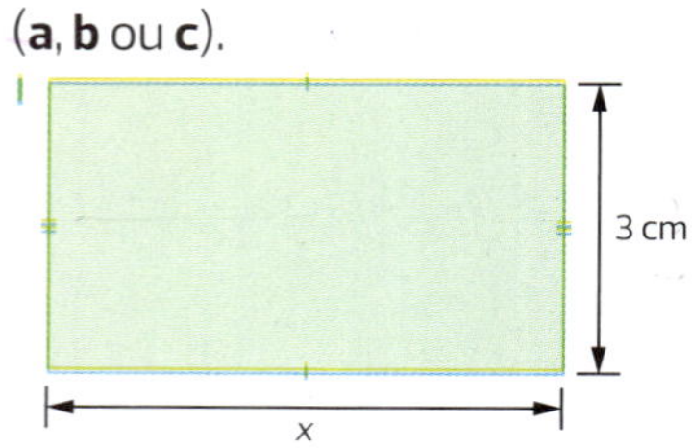

II
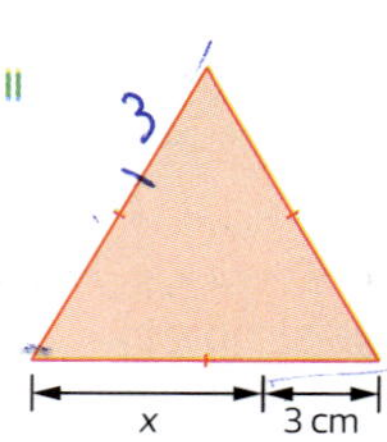

III
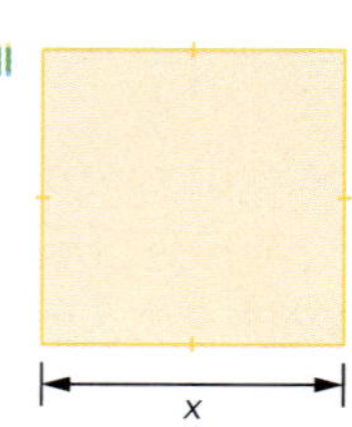

a) $4x$
b) $3x + 9$
c) $2(x + 3)$

Como você as associou? Explique.

Restrições para o denominador

Algumas expressões algébricas **não** representam um número real para alguns valores atribuídos às letras. Por exemplo, $\frac{1}{x}$ não representa um número real quando $x = 0$, pois não existe a divisão por zero. Por isso, se precisarmos escrever a expressão $\frac{1}{x}$, devemos escrever ao lado dela a restrição $x \neq 0$, assim:

$$\frac{1}{x},\ x \neq 0$$

Veja outros exemplos:

a) $\frac{x-1}{x+1}$, $x \neq -1$, pois a expressão algébrica $\frac{x-1}{x+1}$ não representa um número real quando $x + 1 = 0$, ou seja, quando $x = -1$.

b) $\frac{a+b}{a-b}$, $a \neq b$, pois a expressão algébrica $\frac{a+b}{a-b}$ não representa um número real quando $a - b = 0$, ou seja, quando $a = b$.

Assim, para representar um número real, o denominador em uma expressão algébrica necessariamente tem que ser diferente de zero.

Procuramos inicialmente o valor de x que anula o denominador:

$$3x - 2 = 0 \Rightarrow 3x = 2 \Rightarrow x = \frac{2}{3}$$

Assim, $\frac{x}{3x-2}$ representa um número real se $x \neq \frac{2}{3}$, pois, quando x for diferente de $\frac{2}{3}$, o denominador $3x - 2$ será diferente de zero.

Exercícios

20. Faça as restrições ao denominador de cada expressão algébrica para que ela represente um número real:

a) $\frac{a-1}{2b}$

b) $\frac{x+y}{x+2y}$

c) $\frac{x}{2x-5}$

d) $\frac{2x}{1+3x}$

21. Avaliação de resultados

Ao determinar uma restrição que deve ser feita para que a expressão algébrica $\frac{5}{x^3 + x^2 + x - 14}$ represente um número real, três alunos de uma classe apresentaram estas respostas:

Vanessa: $x \neq 1$	Alexandre: $x \neq 2$	Pamela: $x \neq 0$

Descubra qual dos três acertou e confira sua escolha com os colegas.

Valor numérico de uma expressão algébrica

Qual é a expressão algébrica que representa a área de uma região quadrada de lado ℓ?

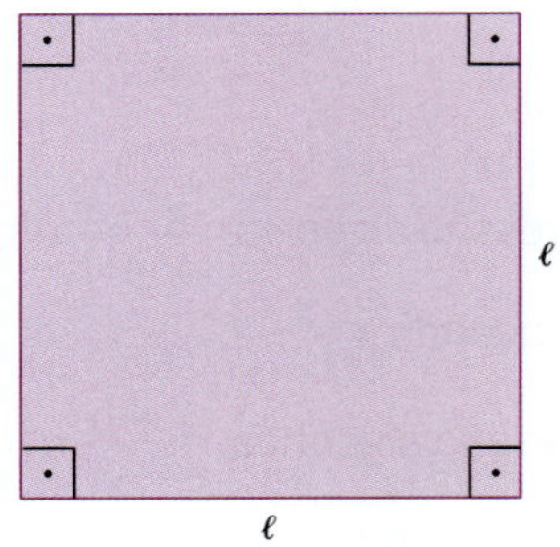

Para $\ell = 5$ cm, qual é a área dessa região quadrada?

Quando, em uma expressão algébrica, substituímos as variáveis por números e efetuamos as operações indicadas, obtemos o **valor numérico** dessa expressão.

Por exemplo:

a) O perímetro da região pentagonal regular, cujo lado mede x, é representado pela expressão algébrica $5x$.

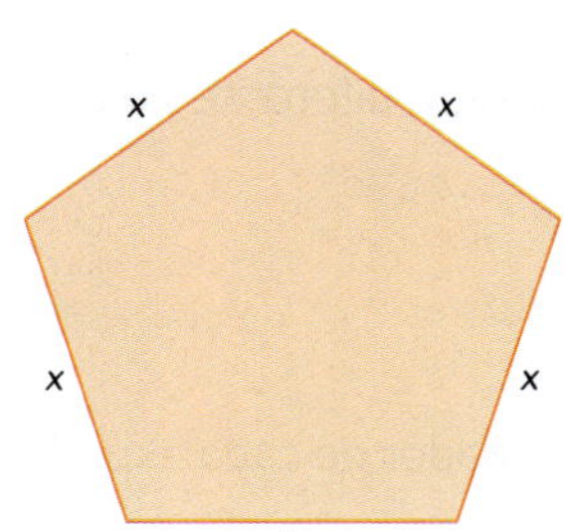

Para $x = 3$ cm, temos: $P = 5 \cdot 3 = 15$ cm

Para $x = 3$, a expressão algébrica $5x$ tem valor numérico 15.

b) O valor numérico da expressão algébrica $3x - 2y$ para $x = -2$ e $y = \frac{1}{2}$ é:

$$3x - 2y = 3 \cdot (-2) - 2 \cdot \left(\frac{1}{2}\right) = -6 - \frac{2}{2} = -6 - 1 = -7$$

c) O valor numérico da expressão algébrica $\frac{a^2 - 2b}{3a + b^2}$ para $a = -3$ e $b = -\frac{1}{2}$ é:

$$\frac{a^2 - 2b}{3a + b^2} = \frac{(-3)^2 - 2\left(-\frac{1}{2}\right)}{3(-3) + \left(-\frac{1}{2}\right)^2} = \frac{(+9) - (-1)}{(-9) + \left(+\frac{1}{4}\right)} = \frac{9 + 1}{-9 + \frac{1}{4}} = \frac{10}{-\frac{36}{4} + \frac{1}{4}} =$$

$$= \frac{10}{-\frac{35}{4}} = 10 \cdot \left(-\frac{4}{35}\right) = \frac{-40}{35} = \frac{-8}{7} = -1\frac{1}{7}$$

Exercícios e problemas

22. Determine o valor numérico de cada uma destas expressões algébricas para $x = 2$:

a) $x^2 + 3x + 2$

b) $x^3 + 2x^2 + \frac{x}{2} + 1$

23. Faça o que se pede:

a) Escreva duas expressões algébricas que representam a área total da figura abaixo.

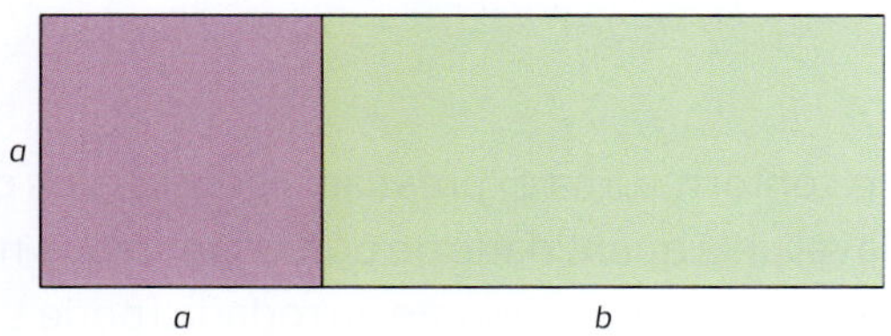

b) Qual é o valor numérico de cada uma dessas expressões para $a = 3$ cm e $b = 6$ cm?

24. Calcule o valor numérico das seguintes expressões algébricas:

a) $a^2 - b^2$ para $a = -1$ e $b = 2$

b) $\frac{x + y}{x - y}$ para $x = 8$ e $y = 5$

Agora, responda: como devem ser os valores de x e y na expressão do item **b** para que ela represente um número real?

25. Arredondamento, cálculo mental e resultado aproximado

Responda:

a) Se c indica o preço de um caderno e p o de uma pasta, o que indica a expressão $4c + 3p$?

b) Ana fez a compra indicada por $4c + 3p$ em uma papelaria que tem $c =$ R$ 4,99 e $p =$ R$ 2,05. Registre em seu caderno o valor mais próximo do que ela gastou:

- R$ 23,00
- R$ 20,00
- R$ 26,00

26. Se $x = \frac{-b + \sqrt{b^2 - 4ac}}{2a}$, qual é o valor de x para:

a) $a = 1$, $b = -6$ e $c = 8$;

b) $a = 2$; $b = 10$; $c = 12$.

27. Um terreno tem a forma da figura abaixo.

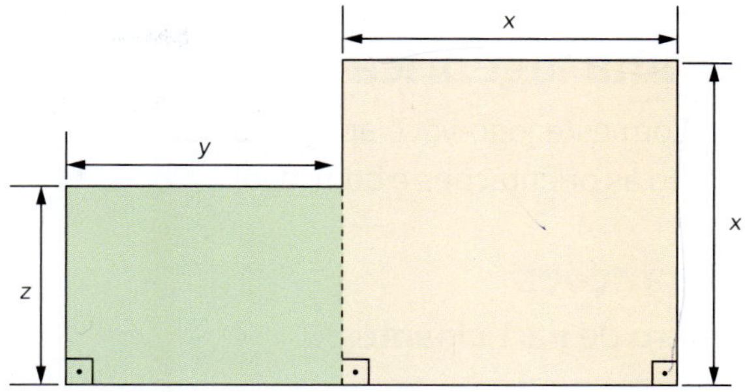

a) Escreva a expressão algébrica que fornece a área desse terreno.

b) Determine a área desse terreno sabendo que $x = 18$ m, $y = 15$ m e $z = 13$ m.

28. A área de uma superfície cujo contorno é uma elipse é dada pela expressão πab, em que $2a$ e $2b$ são os comprimentos de seus eixos.

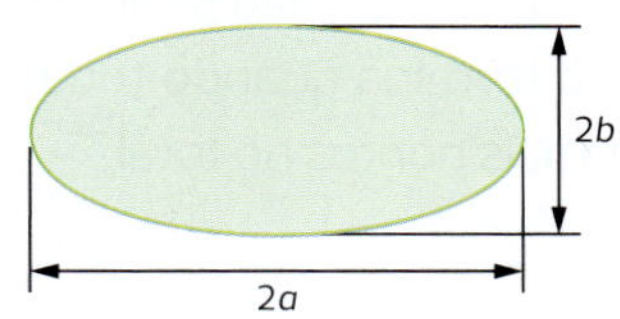

O marceneiro José colocou um espelho elíptico em uma região retangular de madeira na qual $x = 60$ cm e $y = 0,36$ m.

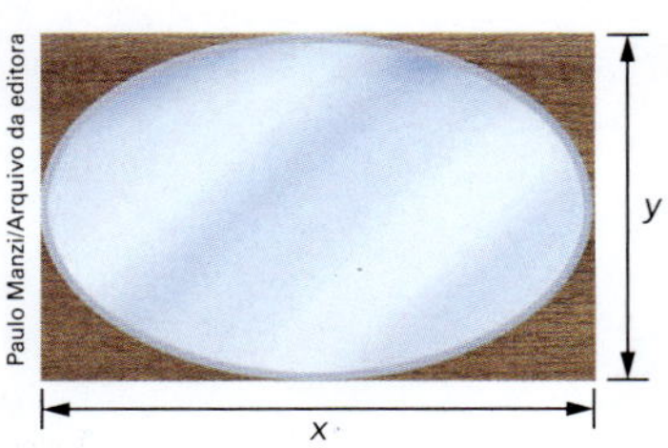

Paulo Manzi/Arquivo da editora

Responda (use $\pi = 3,14$):

a) Qual é a área do espelho?

b) Qual é a área da parte visível da madeira?

29. Um reservatório já está com 200 L de água. Uma torneira que despeja nesse reservatório 25 L de água por minuto é aberta.

a) Qual é a expressão algébrica que representa o número de litros de água no reservatório após x minutos com a torneira aberta?

b) Qual é o valor numérico dessa expressão para $x = 12$?

c) No item **b**, o que representam a igualdade $x = 12$ e o valor numérico obtido?

Jogos

Batalha algébrica

Com este jogo você aplicará o que estudou sobre valor numérico de uma expressão algébrica. Preste atenção às orientações e bom jogo!

Orientações:

Número de participantes: 2

Material necessário: 1 dado

Como jogar:

Cada participante, na sua vez, lança o dado, escolhe e contorna uma expressão algébrica dos quadros abaixo e calcula o seu valor numérico, substituindo a variável pela quantidade de pontos retirados no dado. O valor numérico encontrado corresponde aos pontos obtidos pelo participante na rodada (pode ser zero, positivo ou negativo).

Os pontos obtidos em cada rodada devem ser marcados no quadro de pontuação.

Em cada rodada, não poderá ser calculado o valor numérico de uma expressão que já foi marcada.

O jogo termina quando todas as expressões numéricas tiverem sido escolhidas. Ganha o jogo quem conseguir mais pontos no total.

Expressões algébricas

$-x^2$	$x+1$	x^2-x	$5+x$
$4-2x$	$-2x+1$	$3x$	x^2

Quadro de pontuação

Pontuação

Jogador	1ª rodada	2ª rodada	3ª rodada	4ª rodada	Total de pontos

4 Expressões algébricas e equações

Após Gustavo e seus colegas resolverem a atividade 29 da página 55, o professor perguntou:

— Depois de quantos minutos com a torneira aberta o reservatório ficará com 950 L de água?

Resolução:

$200 + 25x = 950$

$25x = 950 - 200$

$25x = 750$

$x = \frac{750}{25}$

$x = 30$ (raiz da equação)

Verificação:

$200 + 25x =$

$= 200 + 25 \cdot 30 =$

$= 200 + 750 =$

$= 950$

Então, o reservatório ficará com 950 L de água, depois de 30 minutos com a torneira aberta.

Vejamos outro exemplo:

Na loja de Sarita, o plano de venda de eletrodomésticos é dado pela expressão R\$ 100,00 + 5*p*, em que *p* representa o valor da prestação. Qual é o valor de cada prestação na venda de um televisor cujo preço é R\$ 950,00?

Resolução:

$100 + 5p = 950$

$5p = 950 - 100$

$5p = 850$

$p = \frac{850}{5}$

$p = 170$

Verificação:

$100 + 5p =$

$= 100 + 5 \cdot 170 =$

$= 100 + 850 =$

$= 950$

Portanto, o valor de cada prestação é R\$ 170,00.

Exercícios e problemas

30. Camila resolveu 20 testes. Para cada acerto, ela ganhou 5 pontos e, para cada erro, perdeu 2 pontos. Quantos acertos e quantos erros Camila teve se ela ganhou 72 pontos no total?

31. Qual deve ser o valor de y para que as expressões algébricas $3(y - 5)$ e $2y + 7$ apresentem o mesmo valor numérico? Faça a verificação.

32. Observe as medidas (em graus) dos ângulos representadas no triângulo abaixo.

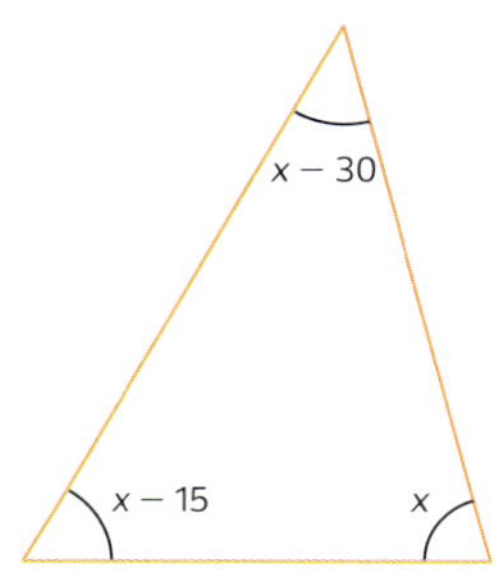

Quais são as medidas, em graus, dos três ângulos do triângulo?

33. Crie uma expressão algébrica e uma equação. Resolva a equação.

34. Considere uma praça retangular cujo perímetro é de 184 m e o comprimento mede o triplo da largura. Descubra as duas dimensões (comprimento e largura) dessa praça.

Paulo Manzi/Arquivo da editora

35. Resolva as equações determinando o número correspondente à letra.

$\frac{A}{7} = 7$ $\quad 2I = 12$ $\quad C - \sqrt{9} = 10$ $\quad T : 2{,}7 = 10$ $\quad L - 2^3 = 10$

$U + 3^2 = 20$ $\quad M + 45 = 100$ $\quad 3 + E = 12$

Agora, substitua cada número pela letra correspondente e descubra a mensagem:

55 49 27 9 55 49 27 6 13 49 9 11 27 6 18

Expressões algébricas e truques numéricos

Mariana gosta de provocar os colegas. Veja agora o desafio que ela lançou.

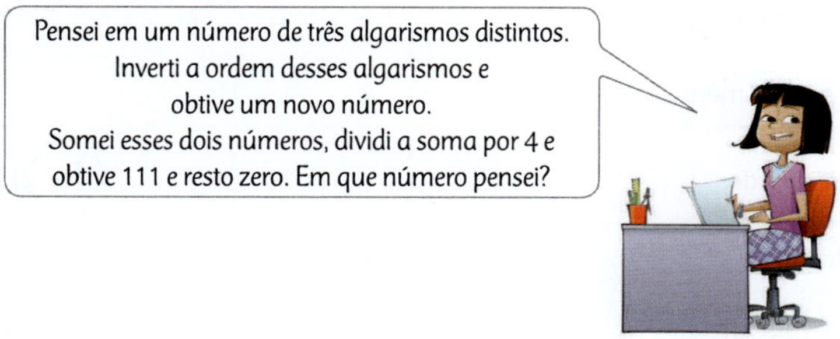

Vamos ajudar os amigos da Mariana a apresentar uma resolução.

Indiquemos por $x\ y\ z$ o número em que Mariana pensou, com três algarismos distintos. Invertendo a ordem dos algarismos, obtemos o número $z\ y\ x$.

Depois de somar esses números ($x\ y\ z + z\ y\ x$), ela dividiu a soma obtida por 4, obtendo 111 como quociente exato. Então, essa soma deve ser 444 (111×4).

Para visualizar melhor, montamos o algoritmo da adição efetuada:

$$\begin{array}{r} x\ \ y\ \ z \\ +\ z\ \ y\ \ x \\ \hline \mathbf{4\ \ 4\ \ 4} \end{array}$$

Desse algoritmo podemos concluir que:

$$z + x = 4 \text{ (ou } x + z = 4\text{) e } y + y = 4\text{, ou seja, } y = 2$$

Vamos montar um esquema com as possibilidades de soma 4 para z e x:

$z + x = 4$

- $z = 0$ e $x = 4$
- $z = 4$ e $x = 0$
- $z = 1$ e $x = 3$
- $z = 3$ e $x = 1$
- $z = 2$ e $x = 2$

Como os algarismos são distintos e $y = 2$, nem x nem z podem ser 2. Também nenhum deles pode ser zero, pois os números formados têm três algarismos. Então, das possibilidades do esquema, apenas $z = 1$ e $x = 3$ ou $z = 3$ e $x = 1$ servem.

Dessa forma, ou temos $x = 3$, $y = 2$ e $z = 1$ ou temos $x = 1$, $y = 2$ e $z = 3$. Portanto, Mariana pensou no número 321 ou no número 123.

Muitos truques numéricos como esse são solucionados com o uso de expressões algébricas.

Exercícios

36. Complete o quadro. Depois, responda às questões formuladas.

Instruções	Exemplos			Expressão algébrica
Pense em um número.	5	8	10	x
Adicione 2 a esse número.	7			$x + 2$
Dobre o resultado.		20		$2(x + 2)$ ou $2x + 4$
Subtraia 4.	10			$2x$
Que resultado final você encontrou?	10	16	20	$2x$
Dividindo esse resultado por 2, você chega ao número pensado.	5			x

a) Que número se obtém na penúltima linha?

b) Compare o número da primeira linha do quadro com o da última. Como eles são?

c) Use esse truque com um colega. Ele diz o resultado final a que chegou, você divide-o por 2 e descobre o número em que ele pensou.

37. Agora, as expressões algébricas são dadas. Complete o quadro com as instruções e com os exemplos. Depois, resolva as atividades propostas.

Expressão algébrica	Instruções	Exemplos			
n		4	20	12	100
$n + 5$		9			105
$3n + 15$			75		315
$3n$				36	
$3n$	A que resultado final você chegou?		60		
n		4			100

a) A qual número sempre se chega?

b) Faça esse truque com um colega. Você pergunta a que número final ele chegou, divide esse resultado por 3 e descobre o número em que ele pensou.

38. Escreva a sequência de expressões algébricas de acordo com estas instruções:

- chame um número de x;
- dobre-o;
- adicione 8;
- subtraia o número que você escolheu;
- subtraia 3;
- subtraia novamente o número que você escolheu.

A que número você chegou?

39. Crie um truque matemático semelhante aos anteriores. Depois de testá-lo, faça-o com um colega.

Fórmulas

Usando expressões algébricas, podemos representar, por meio de fórmulas, propriedades e regularidades dos números, das formas geométricas, das grandezas e medidas, da estatística e das ciências em geral.

Acompanhe as situações a seguir e observe exemplos de como podemos fazer isso.

Densidade de um corpo

Quando colocamos óleo em uma vasilha com água, ele flutua; mas, quando colocamos ferro em uma vasilha com água (por exemplo, alguns parafusos), ele afunda. Você sabe por que isso acontece? Você já deve ter visto esse assunto nas aulas de Ciências.

Isso ocorre devido a uma série de fatores, entre os quais a **densidade** dos corpos.

A densidade de um corpo é indicada por um número obtido pela fórmula:

$$d = \frac{m \leftarrow \text{massa (em g)}}{V \leftarrow \text{volume (em cm}^3\text{)}}$$

Dessa forma, a densidade (d) é dada em g/cm^3 (grama por centímetro cúbico).

Fabio Yoshihito Matsuura/Arquivo da editora

Copo com água e óleo e copo com água e parafusos

Observações:

1ª) A densidade da água é 1 g/cm^3.

2ª) Os corpos que afundam na água são os de densidade maior do que 1 g/cm^3.

3ª) Os corpos que flutuam na água são os de densidade menor do que 1 g/cm^3.

Exercícios

40. Use a fórmula, calcule a densidade e comprove as observações acima:

a) Densidade da água, sabendo que 200 cm^3 de água pesam 200 g.

b) Densidade do óleo, sabendo que 200 cm^3 de óleo pesam 184 g.

41. Usando uma balança e uma vasilha graduada, Maurício, que é cientista, verificou que 60 g de álcool ocuparam um volume de 75 cm^3. Qual é a densidade do álcool?

42. Responda às seguintes questões.

a) Qual é a densidade da água do mar (água salgada) sabendo-se que um volume de 1000 cm^3 tem massa de 1030 g?

b) Sabendo-se que a densidade do ouro é de 19,3 g/cm^3, qual é a massa de uma peça de ouro maciço que ocupa 125 cm^3?

c) Sabendo-se que a densidade da platina é de 21,4 g/cm^3, qual é o volume de uma placa de platina cuja massa é de 2 675 g?

Energia elétrica

A conta que sua família recebe da companhia de distribuição de energia elétrica é calculada com base no número de quilowatts-hora (kWh) de eletricidade que sua família consome durante 1 mês.

Um quilowatt é igual a 1000 watts. Um quilowatt-hora (kWh) corresponde à quantidade de eletricidade consumida em 1 hora por um aparelho de 1000 watts. A fórmula para determinar o número de quilowatts-hora é dada abaixo.

k: número de quilowatts-hora
t: número de horas
W: número de watts

$$k = \frac{t \cdot W}{1000} \text{ ou } k = (t \cdot W) : 1000$$

Locação de veículos

Ilustrações: Mauro Souza/Arquivo da editora

Ao alugar um veículo, geralmente há duas partes a pagar: uma depende do número de dias (d) que você aluga o carro e outra, do número de quilômetros (q) que você roda com ele.

A locadora "Aluga Fácil" oferece as condições de aluguel ao lado.

Nesse caso, a fórmula que fornece o custo total (C) é dada por:

$$C = 30d + 0{,}45q$$

Exercícios

43. Use a fórmula que fornece o número de quilowatts-hora e responda:

a) Quantos quilowatts-hora são gastos por uma lâmpada de 100 watts que fica ligada 8 horas por dia durante 30 dias?

b) Se cada quilowatt-hora custa R$ 0,31, qual é a despesa que se terá com a lâmpada do item **a**?

44. Tomando decisões

Uma locadora de veículos concorrente da "Aluga Fácil" oferece outras condições de aluguel. Veja ao lado.

a) Qual é a fórmula que fornece o custo (C) do aluguel, neste caso?

b) Roberto alugou um carro desta locadora e rodou 40 km em 2 dias. Quanto ele pagou?

c) Camila rodou durante 3 dias e pagou R$ 115,00. Quantos quilômetros ela rodou?

d) Giovanna pagou R$ 110,00 e viajou 200 km. Quantos dias ela viajou por essa companhia?

Generalizações

Assim, se n indica um número natural qualquer:

- $P = 2n$ indica que P é número par;
- $I = 2n + 1$ indica que I é número ímpar;
- $q = n^2$ indica que q é quadrado perfeito.

Por exemplo, utilizando a fórmula $P = 2n$, podemos afirmar que 60 é par, pois pode ser escrito na forma $2 \cdot 30$.

Exercícios

45. Use as generalizações dadas e identifique os números que são **quadrados perfeitos**.

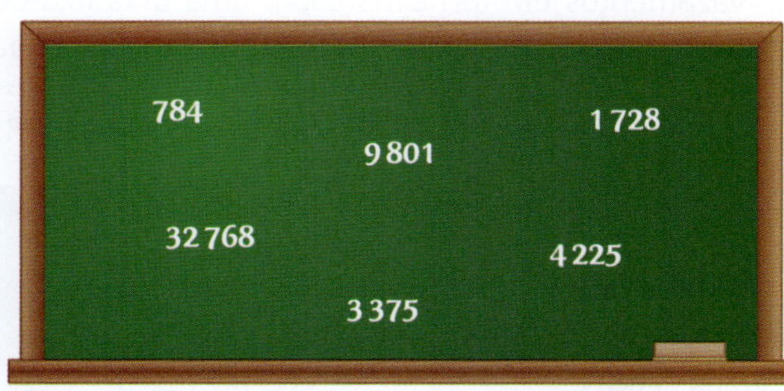

Casa de Tipos/Arquivo da editora

46. Continue usando as generalizações para responder a estas questões:

a) O dobro de um número par é par ou ímpar?

b) O dobro de um número ímpar é par ou ímpar?

c) O sucessor de um número par é par ou ímpar?

d) A metade de um número par é sempre par?

47. Use expressão algébrica para representar:

a) o dobro do número x mais a metade dele;

b) o fato de que, mudando-se a ordem dos fatores, o produto não se altera;

c) a diferença entre o triplo do quadrado do número y e o dobro do seu cubo;

d) o quociente do dobro do cubo do número inteiro a ($a \neq -1$) pelo sucessor de a;

e) a soma do inverso do número positivo m com a raiz quadrada desse número;

f) o quadrado da diferença entre os números x e y.

5 Resolução de exercícios e problemas com expressões algébricas

Agora você vai aplicar o que estudou, com outras situações e também descobrir novas fórmulas.

Exercícios e problemas

48. Em uma determinada indústria, o custo operacional de um celular é composto de um custo fixo de R$ 300,00 mais um custo variável de R$ 0,50 por unidade fabricada. Sabendo que C representa o custo operacional e x representa o número de unidades fabricadas, escreva uma fórmula relacionando-os.

Modelo de celular

Nexus 7/Shutterstock/Glow Images

49. Diogo tinha em sua conta bancária um saldo positivo de R$ 530,00. Após um saque em um caixa eletrônico que fornece apenas cédulas de R$ 50,00, o novo saldo é dado em função do número y de cédulas retiradas. Escreva a fórmula que representa o novo saldo S.

50. Em certa cidade, um motorista de táxi cobra R$ 4,50 de bandeirada mais R$ 0,90 por quilômetro rodado. Escreva a fórmula que indica a quantia a pagar (Q) se o número de quilômetros rodados for n.

51. Uma firma que conserta vazamentos em torneiras cobra uma taxa fixa de R$ 20,00 pela visita mais R$ 30,00 por hora de mão de obra. Escreva uma fórmula que indica a quantia a pagar (Q) se o número de horas de mão de obra for h.

As imagens desta página não estão representadas em proporção.

52. As fórmulas $C = \frac{5}{9}(F - 32)$ e $F = \frac{9}{5}C + 32$ são usadas para transformar graus Fahrenheit em graus Celsius, e vice-versa. Resolva os problemas utilizando calculadora.

a) Transforme 170 °F em graus Celsius.

b) Qual temperatura é mais baixa: 0 °C ou 10 °F?

c) Em determinada cidade, no dia 1º, a temperatura média foi 45 °F. No dia 2, a temperatura média foi 43 °F. No dia 3, a temperatura média foi w41 °F. Se esse padrão continuar, qual será a temperatura média em graus Celsius no dia 4?

Termômetro que indica a temperatura em graus Fahrenheit e em graus Celsius.

Photo Researchers/Diomedia

53. A fórmula $d = 4{,}9t^2$ fornece a distância aproximada d, em metros, que um objeto percorre em t segundos quando deixado no ar em queda livre. Quanto tempo um objeto leva para cair 122,5 m de onde foi solto?

54. Em um problema físico que pode ser aplicado em engenharia, pesquisa-se quanto uma mola se alonga em função da massa de um corpo preso a ela. Examine os valores da tabela e o gráfico abaixo obtidos em um experimento com determinada mola.

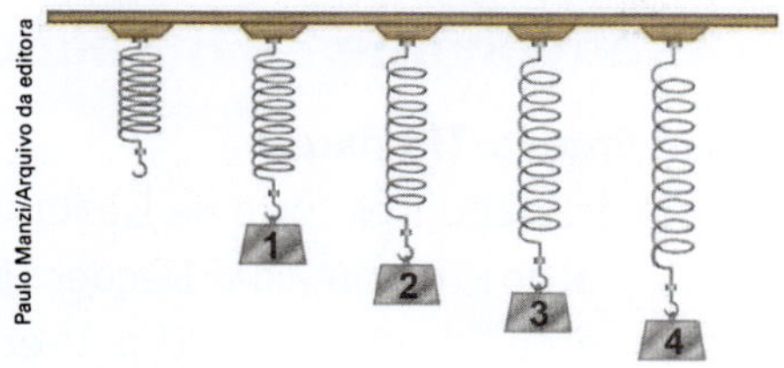

Alongamento de uma mola

Massa (em kg)	Alongamento (em cm)
0	0
1	3
2	6
3	9
4	12

Dados experimentais.

Alongamento de uma mola

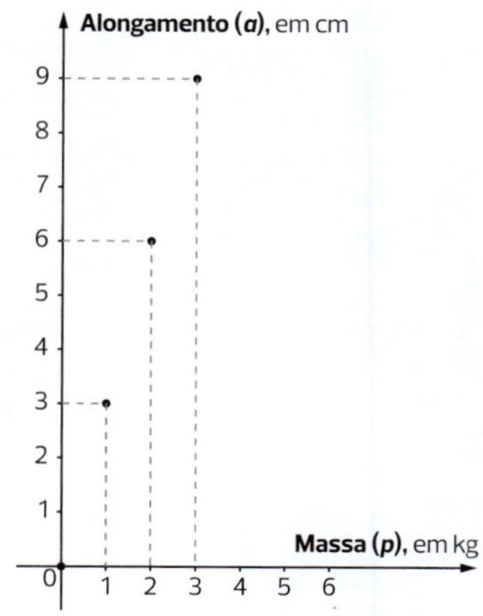

Dados experimentais.

a) Escreva uma fórmula que relacione o alongamento (a) com a massa (p).

b) Quantos centímetros essa mola alongaria se fosse colocado nela um corpo de 2,5 kg? E um corpo de 5 kg?

c) Qual deve ser a medida da massa de um corpo para que ele alongue a mola em 8,7 cm?

55. Fórmulas obtidas a partir de gráficos

Em geral, ao fazerem experimentos, os cientistas elaboram um gráfico com os dados obtidos e, depois, procuram descobrir uma fórmula que corresponda a esse gráfico.

Faça o mesmo: para cada gráfico abaixo, escreva uma fórmula correspondente, dando o valor de y em função de x.

Gráfico 1

a)

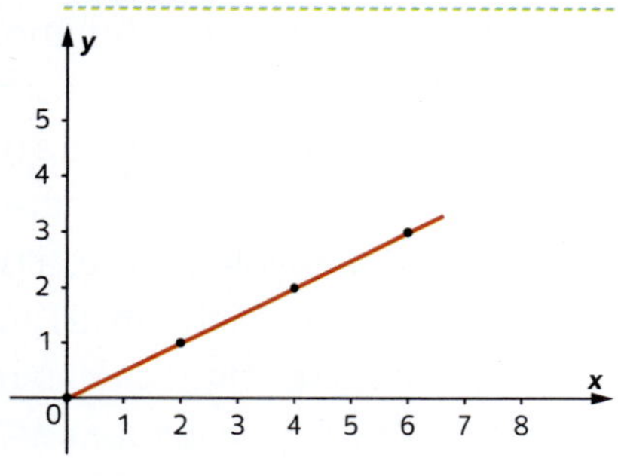

Gráfico 2

b)

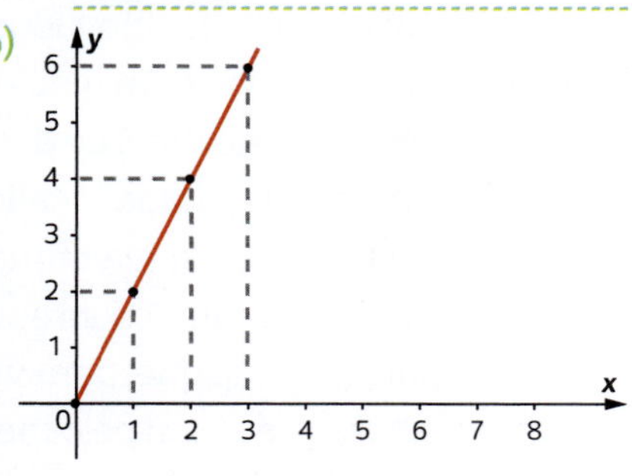

56. Crie um gráfico, que seja parte de uma reta, e troque-o com um colega para ele descobrir a fórmula correspondente. Depois, juntos, vocês conferem a sua e a dele.

57. Projeto em equipe: descobrindo fórmulas

Pesquisem, descubram fórmulas e criem situações-problema com elas para os colegas resolverem.

Conexões

Luciana Whitaker/Pulsar Imagens

Educação

Lisa S./Shutterstock/Glow Images

Renda

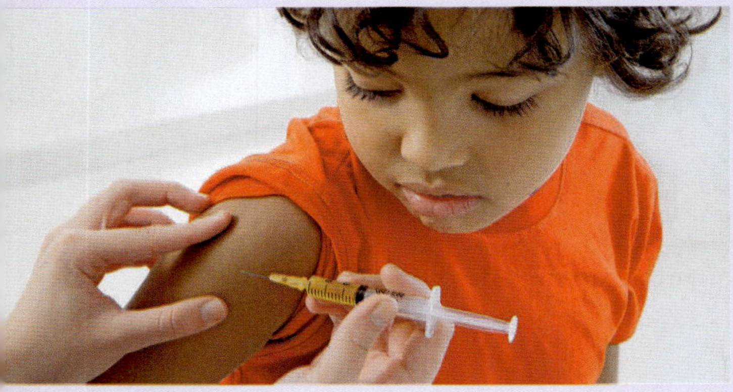

JPC-PROD/Shutterstock/Glow Images

Saúde

Índice de Desenvolvimento Humano

O que é Desenvolvimento Humano?

Difundido no primeiro Relatório de Desenvolvimento Humano Global do Programa das Nações Unidas para o Desenvolvimento (Pnud), em 1990, pelo economista paquistanês Mahbub ul Haq, o conceito de desenvolvimento humano inspira-se nos trabalhos do prêmio Nobel de Economia Amartya Sen e reforça a ideia de que as pessoas são a verdadeira "riqueza das nações". Nessa concepção, desenvolvimento humano é definido como o processo de ampliação das escolhas e liberdades das pessoas para que elas tenham capacidades e oportunidades para serem aquilo que desejam ser. Diferentemente da perspectiva do crescimento econômico, que vê o bem-estar de uma sociedade apenas pelos recursos ou pela renda que ela pode gerar, a abordagem de desenvolvimento humano coloca no centro da discussão as pessoas e suas oportunidades e capacidades.

O que é o Índice de Desenvolvimento Humano (IDH)?

O Índice de Desenvolvimento Humano (IDH) é uma medida composta de indicadores de saúde, educação e renda. O IDH foi criado em 1990, para o Relatório de Desenvolvimento Humano do Programa das Nações Unidas para o Desenvolvimento, a partir da perspectiva de Amartya Sen e Mahbub ul Haq de que as pessoas são a verdadeira "riqueza das nações", criando uma alternativa às avaliações puramente econômicas de progresso nacional, como o crescimento do Produto Interno Bruto (PIB). O fator inovador do IDH foi a criação de um índice sintético com o objetivo de servir como uma referência para o nível de desenvolvimento humano de uma determinada localidade. O índice varia entre 0 (valor mínimo) e 1 (valor máximo). A composição do IDH compreende indicadores de saúde, educação e renda, pois assume que, para viver vidas que desejam, as pessoas precisam pelo menos ter a possibilidade de levar uma vida longa e saudável, acesso a conhecimento e a oportunidade de desfrutar de um padrão de vida digno.

Perguntas frequentes. Atlas do desenvolvimento humano. Disponível em: <www.atlasbrasil.org.br/2013/pt/o_atlas/perguntas_frequentes/>. Acesso em: 1 maio 2015.

1. Pesquise com seus colegas sobre a evolução da posição do Brasil no *ranking* do Índice de Desenvolvimento Humano (IDH).

2. Quais as três variáveis envolvidas no cálculo do IDH?

3. Em grupos, realizem uma pesquisa sobre os países que ocupam os extremos do *ranking* do último IDH.

4. O gráfico abaixo mostra a expectativa de vida ao nascer no Brasil, em anos, em 1991, 2000 e 2010. Essas informações foram divulgadas pelo Programa das Nações Unidas para o Desenvolvimento (Pnud) em 2014.

Expectativa de vida ao nascer, em anos

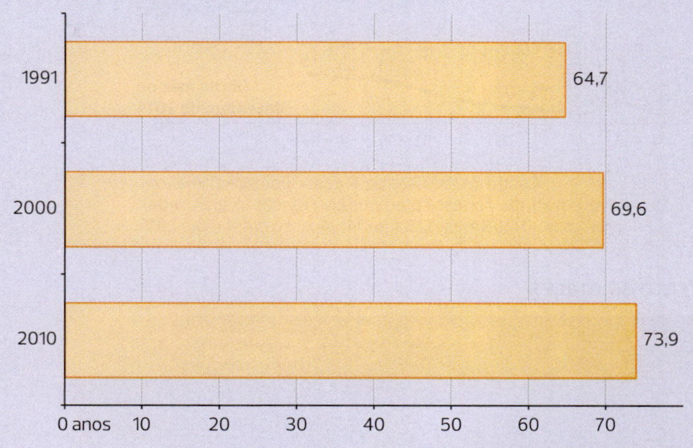

Atlas do Desenvolvimento Humano no Brasil 2013. Disponível em: <www.pnud.org.br/arquivos/fs4-longevidade-renda.pdf>. Acesso em: 4 maio 2015.

a) A partir desse gráfico é possível perceber um aumento na expectativa de vida ao nascer, de 1991 a 2010. De quantos anos foi esse aumento?

b) Em termos percentuais, esse valor corresponde a que taxa de aumento?

c) A cidade de Blumenau (SC), em 2010, obteve 78,6 anos de esperança de vida ao nascer. Compare esse número com o valor nacional em 2010.

5. No Índice de Desenvolvimento Humano Municipal Renda (IDHM Renda), o domínio sobre recursos para garantir um padrão de vida com acesso a necessidades básicas, como água, alimento e moradia, é medido pela renda mensal *per capita*. Os municípios que possuem IDHM Renda "baixo" apresentam rendas *per capita* aproximadas entre R$ 180,00 e R$ 333,00. Em abril de 2015, o salário mínimo no Brasil era de R$ 788,00. Uma família composta de 4 pessoas, que receba um salário mínimo de renda, está na faixa de IDHM Renda?

Tratamento da informação

58. Marés

As marés correspondem aos movimentos de subida e descida do nível do mar sob influência da força de atração da Lua e do Sol. Quando a maré está em seu maior nível, chama-se **maré alta** ou **maré--cheia**. Já quando ela está em seu nível mais baixo, chama-se **maré baixa** ou **baixa-mar**. As marés alta e baixa oscilam de uma para a outra em um ciclo de aproximadamente 12 h 25 minutos.

O gráfico abaixo indica as previsões das marés alta e baixa na cidade de São Luís, no Maranhão, para os dias 3 a 13 de dezembro de 2014.

Previsão das marés em São Luís (MA)

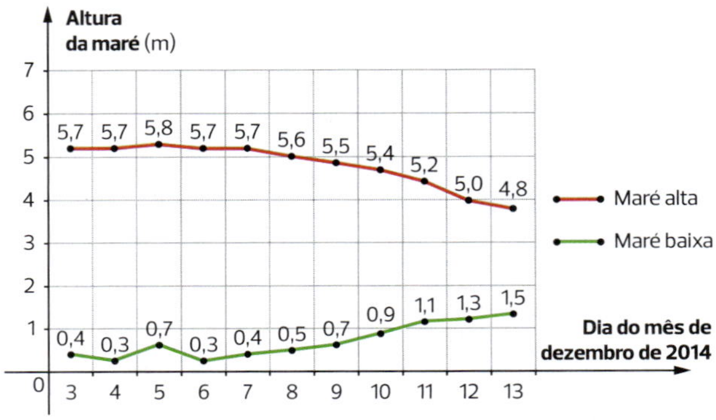

Centro de Previsão de Tempo e Estudos Climáticos. Disponível em: <http://ondas.cptec.inpe.br/~rondas/mares/index.php?cod=30120&mes=12&ano=14>. Acesso em: 4 maio 2015.

Como ocorrem as marés

Casa de Tipos/Arquivo da editora

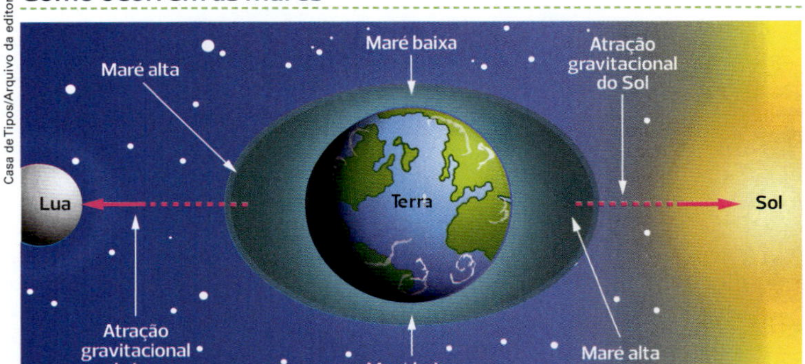

Fonte: How Stuff Works. Disponível em: <http://science.howstuffworks.com/environmental/earth/oceanography/ocean-current4.htm>. Acesso em: 4 maio 2015.

Esta ilustração está fora de escala e em cores fantasia.

Com base no texto e no gráfico acima, faça o que se pede:

a) Supondo que, até o dia 14/12/2014, a maré alta seguiu o padrão de decréscimo dos três últimos dias, estime que altura podia ser esperada para a maré alta no dia 14/12/2014.

b) Supondo que, até o dia 14/12/2014, a maré baixa seguiu o padrão de acréscimo dos últimos quatro dias, estime que altura podia ser esperada para a maré baixa no dia 14/12/2014.

c) Qual é a diferença entre as marés alta e baixa do dia 14/12/2014, conforme estimado nos itens **a** e **b**?

d) De acordo com o gráfico, em que dia ocorreria a menor diferença de altura entre a maré alta e a maré baixa? Qual é o valor dessa diferença?

e) Com os dados obtidos no item anterior, trace nesse gráfico uma linha que represente a altura média das marés altas do período citado.

Outros contextos

59. **Escola de natação**

Leia o folheto promocional de uma escola de natação para a matrícula de novos alunos:

Aulas de natação
- Matrícula: R$ 20,00*
- Uniforme: R$ 40,00*
- Curso de 40 aulas: R$ 720,00 (pago em seis parcelas mensais iguais)

* Devem ser pagos junto com a 1ª parcela, no ato da matrícula.

Radius Images/Diomedia

Crianças em aula de natação

a) Converse com seus colegas e obtenham uma fórmula que relacione o valor arrecadado (V) pela escola no mês de matrícula com os novos alunos e o total de novos alunos matriculados (a).

b) Qual será o valor arrecadado pela escola com a matrícula de 25 novos alunos?

c) Quantos novos alunos devem se matricular para que a escola arrecade R$ 5 940,00 com as matrículas?

60. **Um pouco sobre a história das expressões algébricas**

Como você estudou ao longo do capítulo, o uso da linguagem algébrica nos permite fazer várias generalizações. O advogado e matemático francês François Viète foi um dos principais responsáveis pelo desenvolvimento dessa linguagem no século XVII.

Mas, além dele, outros estudiosos também desenvolveram várias notações que utilizavam letras para representar incógnitas. Observe como alguns importantes matemáticos dessa época escreviam a seguinte expressão:

A soma do quíntuplo do cubo de um número com o sétuplo do quadrado de outro número.

Biblioteca Santa-Genoveva, Paris/ Foto: Wikipedia

François Viète (1540-1603).

Ano	Autor	Característica	Escrita
1620	Thomas Harriot	Produto de fatores iguais.	5aaa + 7bb
1634	Pierre Hérigone	Número, incógnita e expoente.	5a3 + 7b2
1636	James Hume	Expoentes escritos com algarismos romanos.	$5a^{III} + 7b^{II}$
1637	René Descartes	Expoentes escritos com algarismos indo-arábicos.	$5a^3 + 7b^2$

Escreva as expressões a seguir usando as quatro formas de representação apresentadas acima:

a) A metade do quadrado de um número.

b) A diferença entre a quarta potência de um número e o dobro do cubo de outro número.

c) Crie uma notação diferente das que foram apresentadas e descreva as suas características. Use essa notação para escrever a expressão citada acima do quadro e as dos itens **a** e **b**. Apresente para a classe.

Praticando um pouco mais

1. Calcule o valor de x em:

$$x + \left(\frac{1}{2} + \frac{5}{2}\right) : \frac{3}{2} + \left(\frac{7}{4} + \frac{1}{4}\right) = 0.$$

2. (PUC-MG) Acompanhando o desenvolvimento de uma população de vírus, certo biólogo montou a seguinte tabela, que apresenta o número de vírus ao final de cada um dos 5 primeiros minutos:

Tempo (em minutos)	1	2	3	4	5
Número de vírus	2	6	12	20	30

Ao examinar os dados dessa tabela, um matemático observou que $2 = 1 + 1^2$, $6 = 2 + 2^2$, $12 = 3 + 3^2$ e assim por diante. Supondo-se que o ritmo de crescimento dessa população se mantivesse dentro da mesma lei, o matemático garantiu para o biólogo que o número de vírus, ao final de 20 minutos, seria:

a) 270
b) 310
c) 360
d) 420

3. (Ufal) Suponha que o número N, do sapato que uma pessoa calça, seja dado, em termos do comprimento c, em centímetros, do pé da pessoa, por $N = 1{,}25c + 7$.
Qual o comprimento do pé de uma pessoa que calça número 44?

a) 29,2 cm
b) 29,4 cm
c) 29,6 cm
d) 29,8 cm
e) 30,0 cm

Iakov Filimonov/Shutterstock/Glow Images

Calçados em prateleiras

4. (PUCC-SP) Para produzir um número n de peças (n inteiro positivo), uma empresa deve investir R$ 200 000,00 em máquinas e, além disso, gastar R$ 0,50 na produção de cada peça. Nessas condições, o custo C, em reais, da produção de n peças é uma função de n dada por:

a) $C(n) = 200\,000 + 0{,}50$.
b) $C(n) = 200\,000n$.
c) $C(n) = \frac{n}{2} + 200\,000$.
d) $C(n) = 200\,000 - 0{,}50n$.
e) $C(n) = \frac{200\,000 + n}{2}$.

5. (Faap-SP) Durante um mês, o número y de unidades produzidas de um determinado bem em função do número x de funcionários empregados é dado de acordo com a lei $y = 50\sqrt{x}$. Sabendo-se que 121 funcionários estão empregados, o acréscimo de produção com a admissão de 48 novos funcionários é:

a) 550
b) 250
c) 100
d) 650
e) 200

6. (UFCG – Adaptado) Pelos estudos de hidrostática, sabe-se que a pressão na superfície da água no mar é de 1 atm (atmosfera). Sabendo-se também que a pressão da água no mar varia com a profundidade e que a cada 5 metros de profundidade a pressão sofre um acréscimo de 0,5 atm, a expressão que dá a pressão p (em atmosferas) de acordo com a profundidade a (em metros) é:

a) $p = 0{,}5a + 1$.
b) $p = 0{,}5a$.
c) $p = 1 - 0{,}5a$.
d) $p = 0{,}1a$.
e) $p = 0{,}1a + 1$.

7. (OBM) Certo número inteiro positivo, quando dividido por 15, dá resto 7. Qual é a soma dos restos das divisões desse número por 3 e por 5?

a) 2
b) 3
c) 4
d) 5
e) 6

Revisão cumulativa

1. Use uma expressão algébrica para indicar o número de anos de cada item.

a) *x* décadas mais 5 anos

b) *x* séculos

c) *y* décadas menos 3 anos

d) *z* milênios mais *s* décadas

2. Escreva as expressões algébricas:

a) A soma do cubo do número *x* com o quadrado do número *y*.

b) O dobro do número *m* aumentado do cubo do número *n*.

c) A terça parte de um número *a* menos o triplo de um número *b*.

d) A raiz quadrada de um número positivo *x* mais o quadrado do inverso de *x*.

3. Joaquim repartiu R$ 65,00 entre seus três filhos (Paulo, João e Lauro), de modo que Paulo ficou com a metade da quantia de João, e Lauro ficou com $\frac{2}{3}$ da quantia de João. Quanto recebeu cada um?

4. Vamos descobrir uma regularidade em cada sequência, escrever mais dois termos e indicá-la de uma maneira geral usando a letra *x*, que representa um número natural qualquer.

- 0, 6, 12, 18, 24, 30, 36, 42, ...
  Representação: $6x$, para $x = 0$, $x = 1$, etc.
- 1, 3, 5, 7, 9, 11, 13, 15, ...
  Representação: $2x + 1$, para $x = 0$, $x = 1$, etc.

Use o mesmo procedimento em cada uma destas sequências:

a) 0, 5, 10, 15, 20, 25, ______, ______, ...

b) 1, 6, 11, 16, 21, 26, ______, ______, ...

c) 2, 7, 12, 17, 22, 27, ______, ______, ...

d) 1, 5, 9, 13, 17, 21, ______, ______, ...

5. Marque as três afirmações verdadeiras.

a) Todo número natural é inteiro.

b) Todo número inteiro é racional.

c) Existe número racional que não é real.

d) Nenhum número inteiro é irracional.

6. Descubra a regularidade ou padrão no quadro.

S	1	2	3	4	5	11	28
I	4	7	10	13	16		

Marque, nos quadrinhos a seguir, a expressão algébrica que relaciona os números da linha superior (*S*) com os números da linha inferior (*I*):

$2n + 1$ $3n + 1$ $3n - 2$

Em seguida, use a expressão encontrada para determinar os números desconhecidos.

7. A água contida no aquário da fotografia corresponde a que porcentagem de sua capacidade?

Aquário com peixe Beta

8. Com base no gráfico abaixo, descubra qual foi a média diária de faltas nessa semana.

Faltas durante a semana

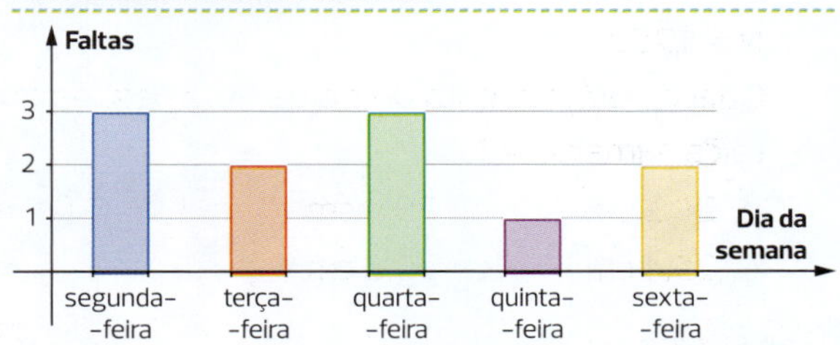

Dados fictícios

9. O preço de três cadernos e duas canetas é R$ 19,00. Dois cadernos e três canetas custam R$ 16,00. Qual dos itens indica o preço de um caderno e uma caneta?

a) R$ 6,00.

b) R$ 7,00.

c) R$ 8,00.

d) R$ 9,00.

10. Considerando-se as coordenadas dos pontos $A(1, 3)$, $B(-2, 2)$, $C(-2, -3)$ e $D(0, -2)$, vértices do quadrilátero *ABCD*, o menor lado desse quadrilátero é:

a) $\overline{AB}$.

b) $\overline{BC}$.

c) $\overline{CD}$.

d) $\overline{DA}$.

Ponto de chegada

A Matemática no texto

Um pouco da história do π (pi)

Há cerca de 3600 anos, no Egito do século XVIII a.C., o escriba Ahmes registrou o cálculo da área de um círculo, que envolve o número π. Ele adotou, para esse número, o valor de $3 + \frac{13}{81}$, que corresponde a aproximadamente 3,16.

Nessa mesma época, os babilônios registravam em seus tabletes de argila o valor de $3 + \frac{1}{8}$ para o número π, o que equivale a 3,125.

O matemático e inventor grego Arquimedes (287 a.C.-212 a.C.), em 250 a.C., provou que o valor de π está compreendido entre $\frac{223}{71}$ e $\frac{22}{7}$, ou seja, $3\frac{10}{71} < \pi < 3\frac{10}{70}$ (aproximadamente 3,1408 e 3,1429). Seu método ajudou os matemáticos que vieram depois dele a determinar as casas decimais de π.

Domenico Fetti/The Bridgeman Art Library/Keystone

Arquimedes pensativo, óleo sobre tela de Domenico Fetti (1589-1623), 1620.

Por volta do ano 500, passou-se a utilizar a fração $\frac{355}{113}$, equivalente a 3,1415929. Essa fração foi estabelecida por matemáticos chineses e foi a melhor aproximação para o valor de π por quase mil anos.

No século XV, calculou-se o π com 16 casas decimais. No século XVI, o alemão Ludolph van Ceulen (1540-1610) chegou às 35 casas decimais, esforçando-se muitos anos para chegar a essa aproximação.

Em 1737, Leonhard Euler (1707-1783) popularizou o uso da letra grega π para simbolizar esse número. Foi a partir daí que esse símbolo começou a ser amplamente usado.

Em 1874, o matemático inglês William Shanks (1812-1882) obteve 707 casas decimais para o π.

Com o uso da informática foram alcançadas quantidades cada vez maiores de casas decimais para o π. Em 2013 o então estudante de mestrado em engenharia da computação Ed Karrels, filiado à Universidade de Santa Clara nos Estados Unidos, utilizando um sistema que envolvia 26 computadores com 7 placas gráficas (de 3 modelos diferentes), após 35 dias de processamento, conseguiu alcançar uma precisão de 8 quatrilhões de casas decimais do número π.

Ed Karrels/Arquivo pessoal.

Ed Karrels em sua oficina. Foto de 2012.

Trabalhando com o texto

1. Explique com suas próprias palavras a ideia principal do texto.
2. Qual desses três valores de π expressos no texto é mais preciso: o do escriba egípcio Ahmes, o dos babilônios ou o de Arquimedes?

Verifique o que estudou

Capítulo 1

1. Na reta numerada a seguir, estão indicados os pontos *A* e *B*, que correspondem aos números racionais 0 e 2, respectivamente.

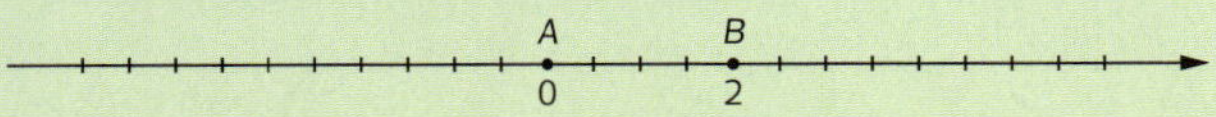

a) Marque os pontos *C*, *D*, *E*, *F* e *G* nessa reta, que correspondem às localizações aproximadas dos números racionais -1, $3\frac{1}{4}$, $\frac{3}{2}$, $-4\frac{7}{9}$ e $\sqrt{27}$, respectivamente.

b) Escreva um número racional que corresponda às medidas de cada um dos seguintes segmentos: $\overline{AC}$, $\overline{DE}$ e $\overline{EF}$.

c) Localize um número irracional entre os pontos *C* e *F*.

d) É correto afirmar que, entre os pontos *B* e *E*, há menos números racionais do que entre os pontos *B* e *D*? Justifique sua resposta.

Capítulo 2

2. Use as operações de adição, subtração, multiplicação e divisão e crie uma expressão algébrica cuja forma simplificada seja $x + 2$. Use pelo menos uma vez cada operação.

3. Reúna-se com um colega para resolver esta atividade. As quantidades de bolinhas das figuras a seguir formam uma sequência de números chamados de **números triangulares**.

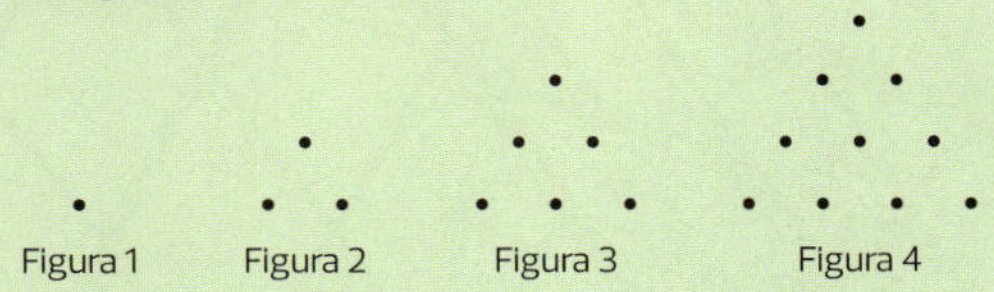

a) Quantas bolinhas terá a próxima figura?

b) Descubra uma fórmula que forneça o número de bolinhas de uma figura *n* qualquer dessa sequência.

c) Utilizando a fórmula do item anterior, determine quantas bolinhas terá a figura 20 dessa sequência.

ATENÇÃO!
Retome os assuntos que você estudou nesta Unidade. Verifique em quais teve dificuldade e converse com seu professor, buscando formas de reforçar seu aprendizado.

Autoavaliação

Algumas atitudes são fundamentais para melhorar seu aprendizado e a convivência na escola. Reflita sobre elas.

- Participei das atividades propostas, contribuindo com o professor e os colegas para melhorar a qualidade das aulas?
- Esforcei-me para realizar as leituras do livro com atenção e para resolver os problemas e exercícios propostos?
- Estou atento a erros cometidos e procuro tirar as dúvidas com os colegas e com o professor?
- Converso com meus professores sempre que percebo haver ausência de motivação para a aprendizagem?
- Ampliei meus conhecimentos de Matemática?

Suryara Bernardi/Arquivo da editora

Unidade 2

saaton/Shutterstock/Glow Images

Interior da pirâmide do museu do Louvre. Paris, França, 2014.

Geometria e Álgebra

A fotografia da página anterior mostra pessoas deslocando-se no interior da "Pirâmide do Louvre" (no piso superior), que funciona como entrada principal ao Museu do Louvre, um dos principais pontos turísticos de Paris, capital da França.

A fotografia abaixo mostra a parte externa da "Pirâmide do Louvre". Observe que as faces laterais da pirâmide são formadas por estruturas metálicas e painéis de vidro que compõem uma malha de figuras geométricas.

Kiev. Victor/Shutterstock/Glow Images

Pirâmide no pátio do museu do Louvre, Paris, França, 2014.

Ponto de partida

Sob a orientação do professor, converse com seus colegas e responda:

1. O que é um polígono?
2. Quais tipos de polígonos podem ser visualizados na fotografia acima? Um deles não tem diagonais. Qual é?
3. Quantos ângulos estão sendo formados a partir de cada ponto de encontro de segmentos da malha? Quantos graus tem a soma das medidas desses ângulos?
4. Para um quadrilátero do tipo retângulo, de lados com medidas a, b, a e b, qual é a fórmula algébrica que representa sua área A?

Capítulo

3 Ângulos, triângulos e quadriláteros

Frank Helfort/Rex Features/Glow Images

Torre de Mosfilna (Rússia), construída em 2011. Foto de 2014.

1 Introdução

A precisão das medidas dos ângulos e as propriedades de figuras geométricas como triângulos e quadriláteros garantem funcionalidade, praticidade e segurança, o que faz com que sejam usadas desde a antiguidade. Observe, por exemplo, as construções das fotografias abaixo.

Panteão de Roma (Itália), construído por volta de 27 a.C. Foto de 2013.

S-F/Shutterstock/Glow Images

Coleção Particular/Foto: Hulton Archive/Getty Images

Euclides (330 a.C.-260 a.C.)

Ao longo dos anos escolares você estudou várias figuras geométricas, como as que foram citadas acima, de forma concreta, experimental, ou seja, medindo, recortando e **constatando** algumas propriedades.

Mas se quisermos **demonstrar**, ou seja, provar logicamente alguma propriedade que constatamos de modo experimental, devemos recorrer à **Geometria dedutiva**.

O matemático grego Euclides foi um dos primeiros a tratar a Geometria de forma dedutiva e foi o primeiro a organizar e sistematizar logicamente todos os estudos de Geometria até então conhecidos, reunindo-os em uma obra de treze volumes chamada *Os Elementos* (Στοιχεῖα).

Neste capítulo, vamos estudar a Geometria dedutiva, demonstrando algumas propriedades das figuras geométricas (ângulos, triângulos, quadriláteros e outros polígonos) a partir de definições e de outras propriedades aceitas como verdadeiras.

2 Ângulos opostos pelo vértice

O professor Sérgio perguntou aos alunos: "Como são as medidas de dois ângulos opostos pelo vértice?". Ele desenhou no quadro de giz dois ângulos **opostos pelo vértice** (opv) e ficou aguardando a resposta da turma.

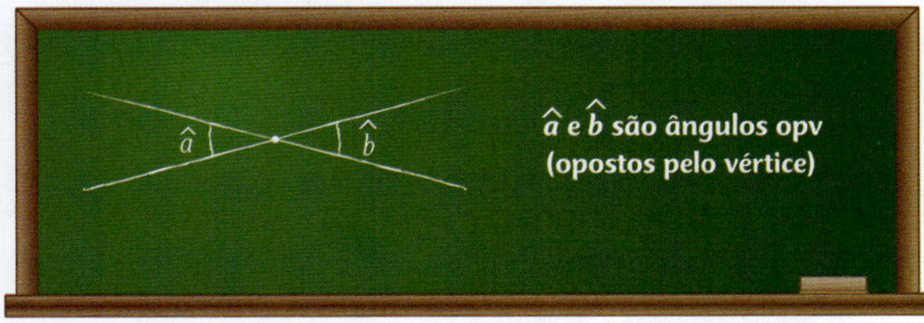

Casa de Tipos/Arquivo da editora

Gustavo, usando o método experimental, desenhou em uma folha de papel sulfite duas retas concorrentes, marcou nela dois ângulos opostos pelo vértice e, em seguida, dobrou-a, fazendo coincidir as duas partes.

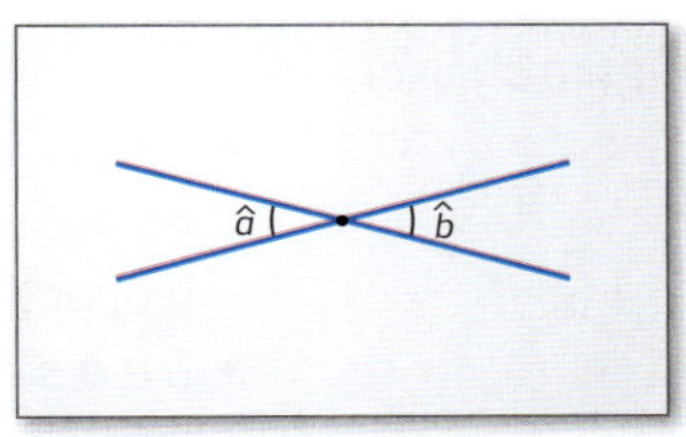

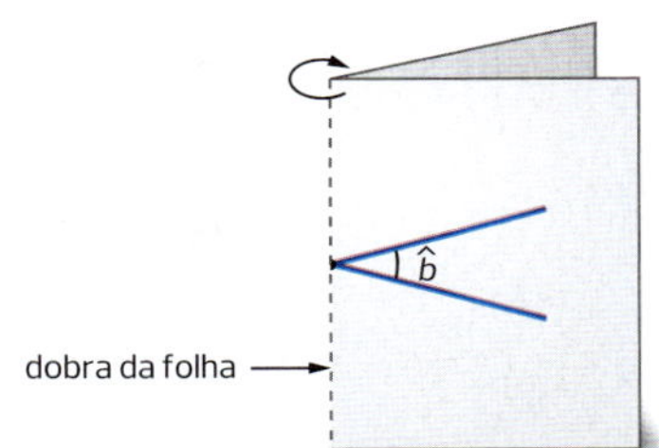

Cibele usou o transferidor para medir os ângulos opostos pelo vértice que traçou em uma folha de papel sulfite.

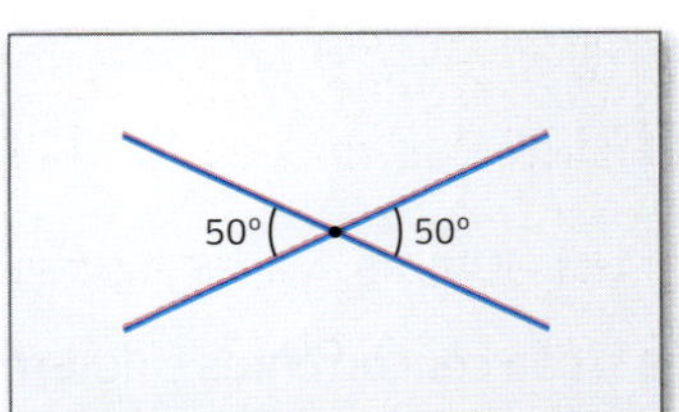

Gustavo e Cibele usaram processos diferentes, mas chegaram à mesma conclusão:

Dois ângulos opostos pelo vértice têm a mesma medida.

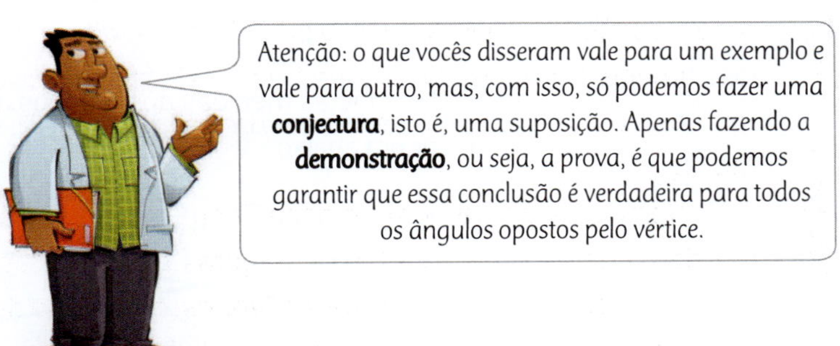

Demonstração:

Queremos demonstrar que $a = b$. Na figura vemos que:

$$a + x = 180° \text{ e } b + x = 180°.$$

Dessas duas igualdades podemos tirar outra:

$$a + x = b + x$$

Subtraindo x dos dois membros, temos:

$$a + x - x = b + x - x$$
$$a + 0 = b + 0$$
$$a = b$$

ou seja, demonstramos que dois ângulos opostos pelo vértice são sempre congruentes (medidas iguais).

Casa de Tipos/Arquivo da editora

Ângulos formados por duas retas concorrentes

Observe a figura abaixo.

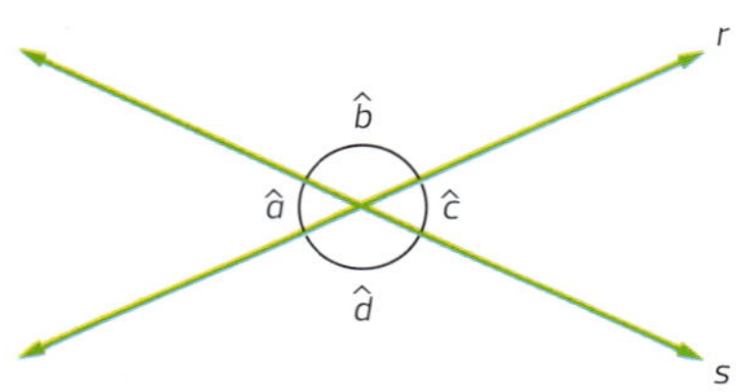

- r e s são duas retas concorrentes que determinam os ângulos $\hat{a}$, $\hat{b}$, $\hat{c}$ e $\hat{d}$, de medidas a, b, c e d, respectivamente.
- $\hat{a}$ e $\hat{b}$ são **ângulos adjacentes e suplementares** ($a + b = 180°$).
- $\hat{a}$ e $\hat{c}$ são **ângulos opostos pelo vértice** ($a = c$).

Exercícios

1. Examine a figura do tópico "Ângulos formados por duas retas concorrentes" e faça o que se pede:

a) Indique outros pares de ângulos adjacentes suplementares que aparecem na figura.

b) Indique outro par de ângulos opostos pelo vértice.

c) Se $a = 32°$, determine as medidas b, c e d.

2. Calcule as medidas de $P\hat{O}Q$ e $R\hat{O}Q$ sabendo que $R\hat{O}Q$ mede o dobro de $P\hat{O}Q$.

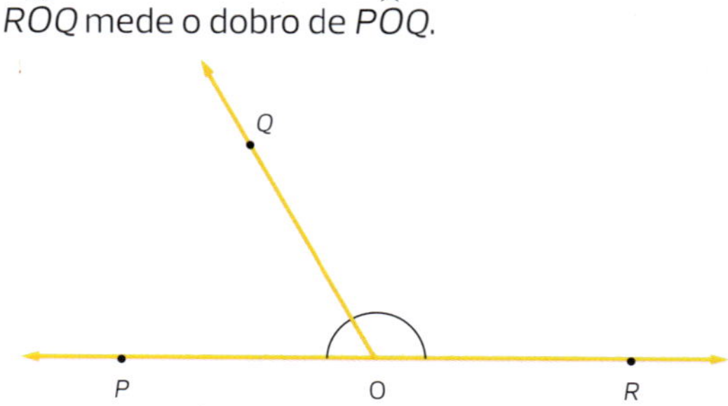

3. Duas retas, r e s, são concorrentes e determinam quatro ângulos de medidas iguais. Nesse caso:

a) Qual é a medida de cada um desses ângulos?

b) Que nome podemos dar às retas, uma em relação à outra?

c) Faça um desenho de duas retas r e s nessas condições.

4. Determine as medidas dos ângulos assinalados na figura abaixo.

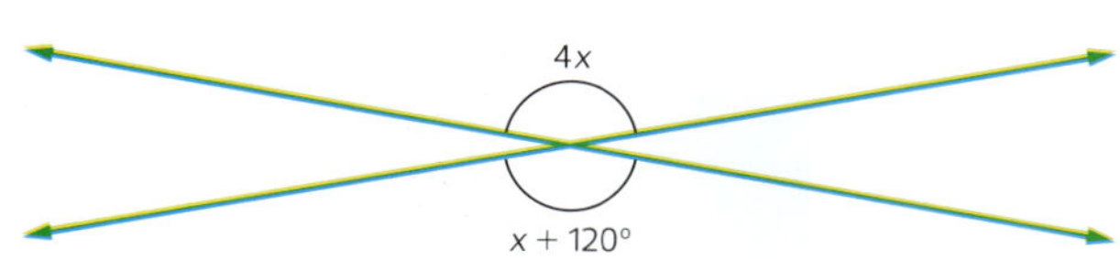

3 Ângulos formados por retas paralelas cortadas por uma reta transversal

O professor desenhou no quadro de giz três retas e assinalou os ângulos formados por elas. E explicou: "as retas *r* e *s* são paralelas: estão no mesmo plano e não têm ponto comum ($r \parallel s$). A reta *t*, chamada **transversal**, determina quatro ângulos com *r* e quatro ângulos com *s*".

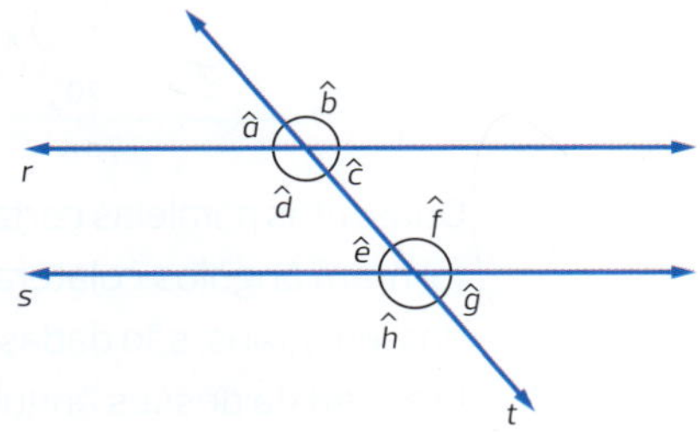

A reta transversal *t* forma oito ângulos com as retas *r* e *s*.

Em alguns casos, considerando as posições relativas, atribuímos nomes a esses ângulos quando tomados dois a dois. Analise os nomes e o que acontece com as medidas:

<table>
<tr>
<td rowspan="2">$\hat{a}$ e $\hat{e}$ $\hat{c}$ e $\hat{g}$
$\hat{b}$ e $\hat{f}$ $\hat{d}$ e $\hat{h}$
ângulos correspondentes
$a = e$ $c = g$
$b = f$ $d = h$</td>
<td>$\hat{a}$ e $\hat{h}$ $\hat{b}$ e $\hat{g}$
ângulos colaterais externos
$a + h = 180°$ $b + g = 180°$</td>
<td>$\hat{c}$ e $\hat{e}$ $\hat{d}$ e $\hat{f}$
ângulos alternos internos
$c = e$ $d = f$</td>
</tr>
<tr>
<td>$\hat{a}$ e $\hat{g}$ $\hat{b}$ e $\hat{h}$
ângulos alternos externos
$a = g$ $b = h$</td>
<td>$\hat{c}$ e $\hat{f}$ $\hat{d}$ e $\hat{e}$
ângulos colaterais internos
$c + f = 180°$ $d + e = 180°$</td>
</tr>
</table>

Observação: O nome dado aos pares de ângulos independe do fato de as retas *r* e *s* serem paralelas ou não. Porém, a relação entre suas medidas, como constatamos acima, só ocorre se as retas *r* e *s* forem paralelas.

Exercícios

5. Use régua e transferidor e desenhe duas retas paralelas cortadas por uma transversal em que um dos ângulos formados tenha 50°. Depois, meça os demais ângulos e verifique as suas medidas.

6. Sendo $r // s$, determine, em graus, o valor de cada uma das medidas dos ângulos assinalados.

a)

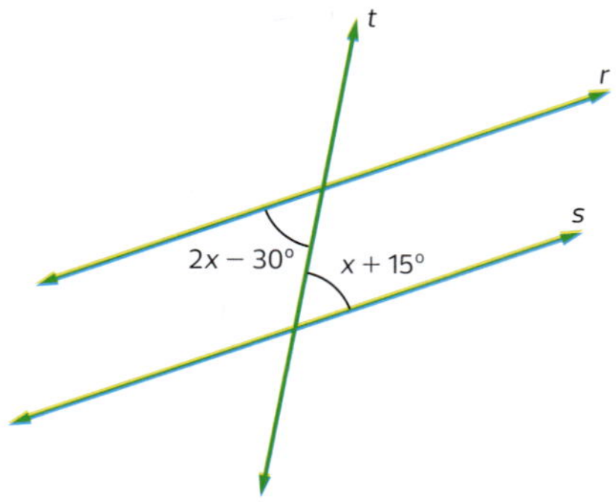

b)

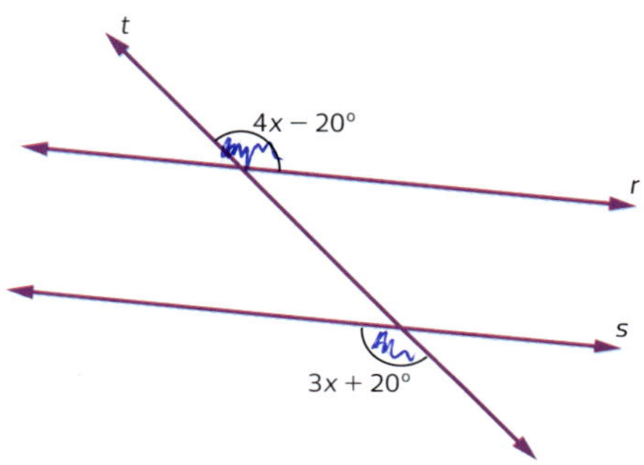

7. Considerando $r // s$, determine, em graus, o valor de cada uma das medidas dos ângulos assinalados.

a)

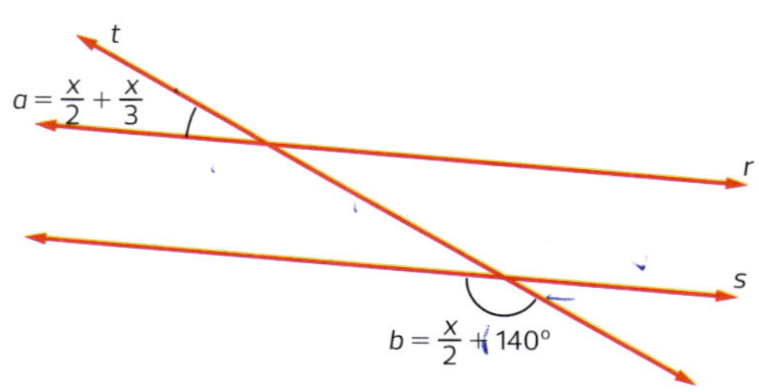

b)

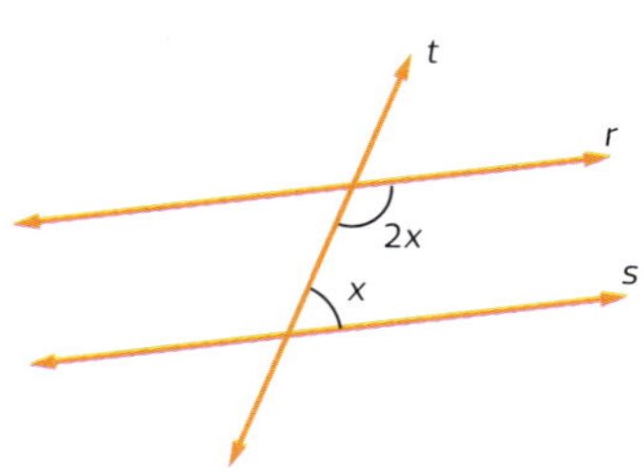

8. Duas retas paralelas cortadas por uma transversal formam oito ângulos. Um deles mede 45°. Quais são as medidas dos outros sete?

9. Sabendo que $r // s$, calcule o valor de x, em graus:

a)

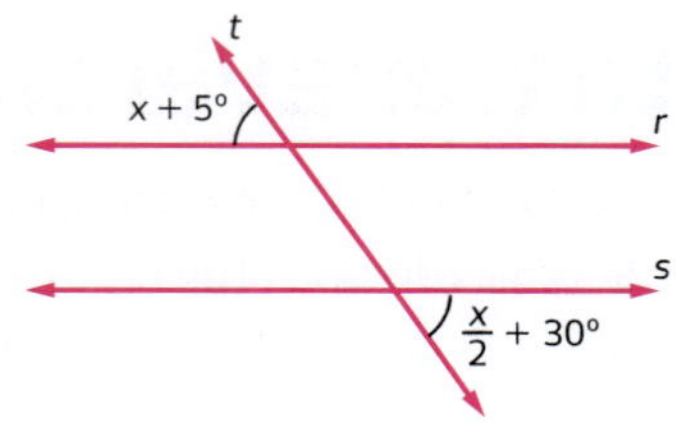

b)

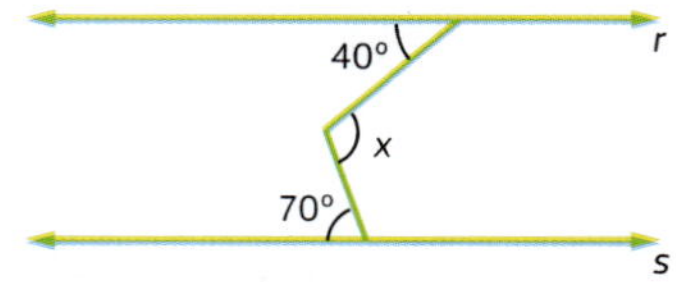

10. Duas retas paralelas cortadas por uma transversal formam ângulos colaterais externos cujas medidas, em graus, são dadas por x e $2x + 30°$. Calcule a medida desses ângulos.

11. **Atividade em equipe**

Existe um caso em que duas retas paralelas cortadas por uma transversal determinam oito ângulos de mesma medida. Descrevam quando isso acontece, façam uma figura para ilustrar e escrevam qual é a medida de cada um dos ângulos.

Troquem ideias com seus colegas e comparem suas respostas.

12. Na figura abaixo, a e b são retas paralelas cortadas pela transversal r. Calcule as medidas de $\hat{x}$ e $\hat{y}$ sabendo que a diferença entre elas é de 64°.

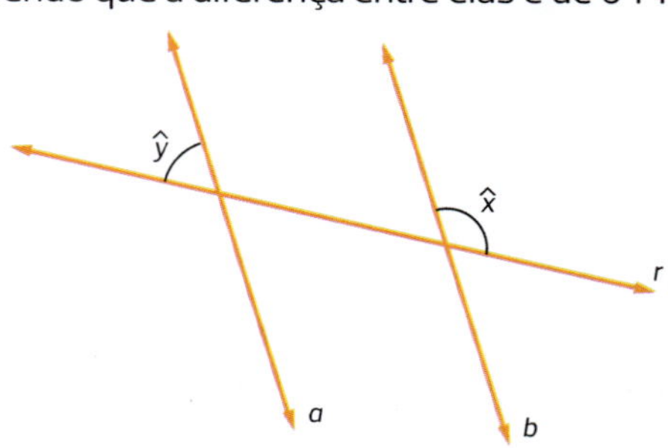

13. (Ufscar-SP) Na figura abaixo, calcule o valor, em graus, da diferença $x - y$.

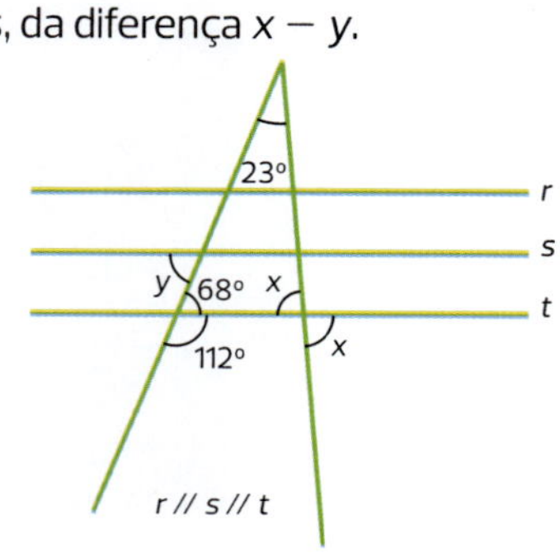

4 Soma das medidas dos ângulos internos de um triângulo

Você já **constatou experimentalmente**, para alguns triângulos, que $m(\hat{A}) + m(\hat{B}) + m(\hat{C}) = 180°$.

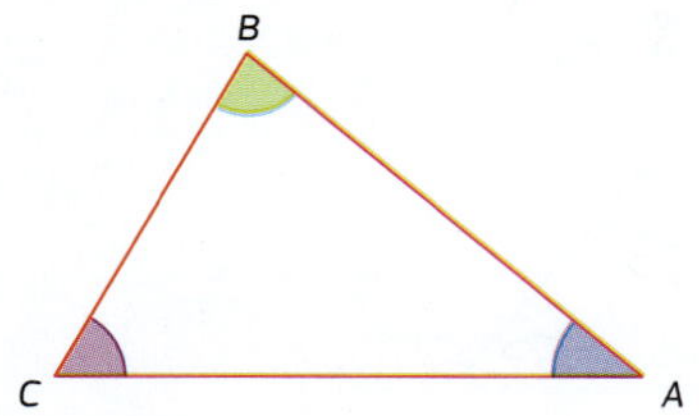

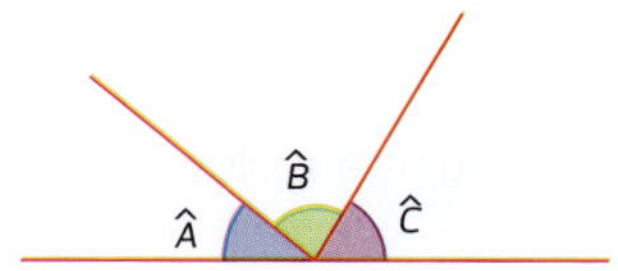

Veja, agora, como podemos **demonstrar** essa propriedade para **todos** os triângulos.

Consideremos um $\triangle ABC$ **qualquer**. Pelo ponto *A*, podemos sempre traçar uma única reta *r* paralela ao lado $\overline{BC}$ (verdade aceita sem demonstração), obtendo $\hat{x}$, $\hat{y}$, $\hat{z}$ tal que $x + y + z = 180°$.

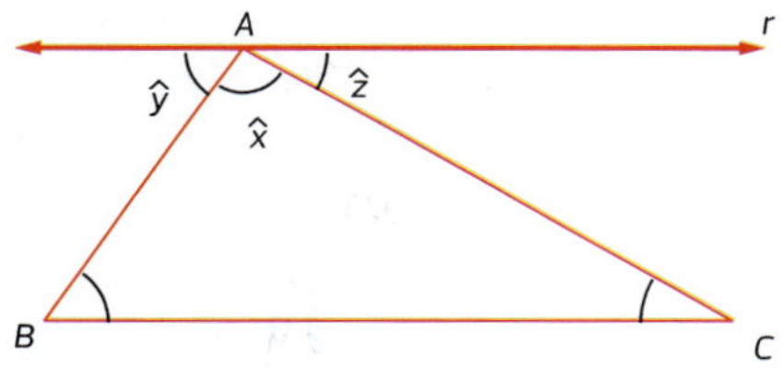

Podemos notar que:

- x é a medida de $\hat{A}$ $(m(\hat{A}))$;
- y é a medida de $\hat{B}$ $(m(\hat{B}))$, pois $\hat{y}$ e $\hat{B}$ são ângulos alternos internos, e a reta *r* é paralela à reta *BC*;
- z é a medida de $\hat{C}$ $(m(\hat{C}))$, pois a reta *r* e a reta *BC* são paralelas, e $\hat{z}$ e $\hat{C}$ são ângulos alternos internos.

Se $x + y + z = 180°$, então podemos concluir que $m(\hat{A}) + m(\hat{B}) + m(\hat{C}) = 180°$.

Dessa forma, está **demonstrada** a propriedade.

Exercícios e problemas

14. Com base no que você acabou de estudar, responda.

a) Se o $\triangle ABC$ tem $\hat{A}$ de 47° e $\hat{B}$ de 103°, qual é a medida do $\hat{C}$?

b) Se os três ângulos internos de um triângulo são congruentes (de medidas iguais), qual é a medida de cada um?

15. Em um $\triangle EFG$, o ângulo E mede 40° a mais do que o ângulo F, e o ângulo G mede o dobro de $\hat{E}$. Calcule as medidas de $\hat{E}$, $\hat{F}$ e $\hat{G}$.

16. É possível desenhar um triângulo cujos ângulos internos medem 90°, 50° e 60°?

17. Um triângulo pode ter:

a) dois ângulos internos retos? Por quê?

b) um ângulo interno agudo, um obtuso e um reto? Por quê?

18. Uma corda foi esticada do topo de um prédio até o chão, como representado na figura abaixo. O ângulo determinado no chão pode ser medido: 62°. Qual é a medida do ângulo no topo desse prédio?

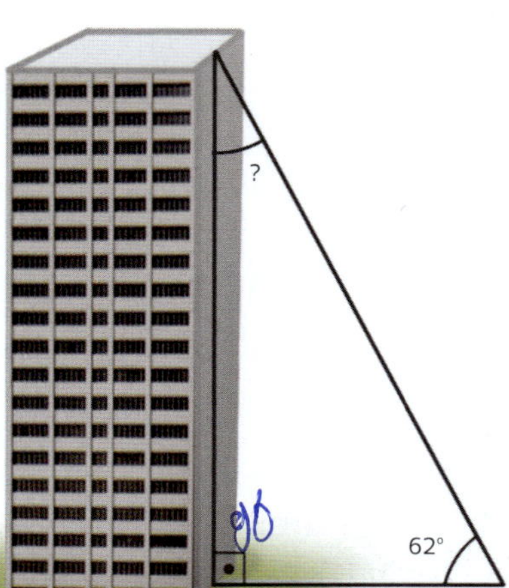

Paulo Manzi/Arquivo da editora

19. Determine o valor de x, em graus, e calcule as medidas dos ângulos internos desconhecidos:

a)

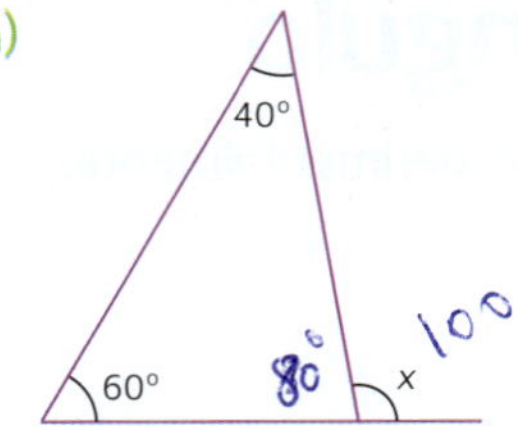

b)

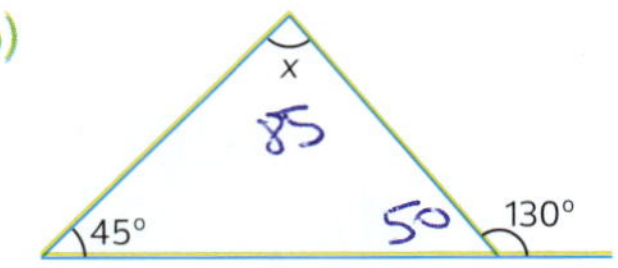

c)

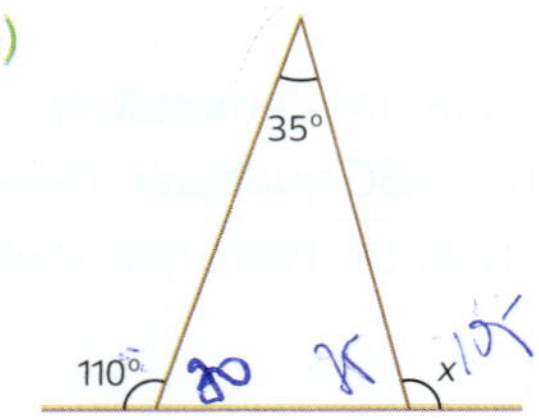

d)

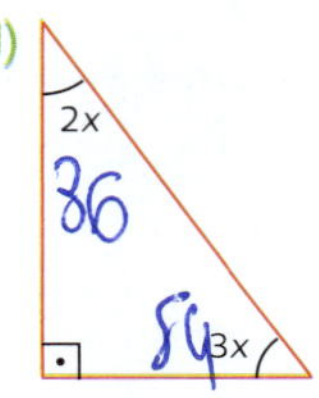

20. **Cálculo mental**

Determine mentalmente a medida, em graus, de cada ângulo indicado por uma letra:

a)

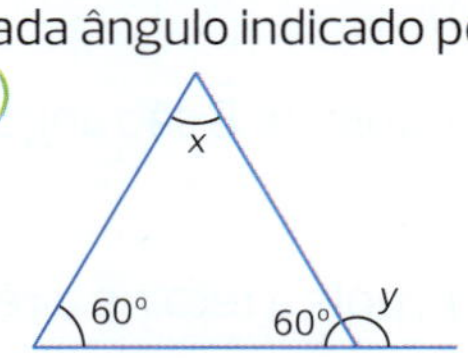

b)

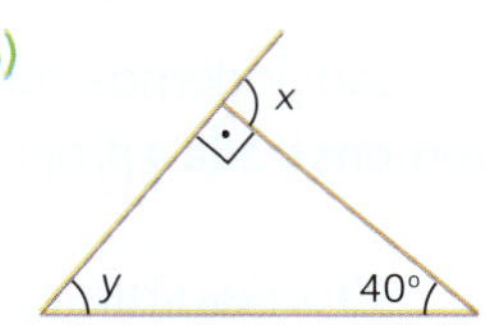

21. (Fuvest-SP) As retas t e s são paralelas. A medida do ângulo x, em graus, é:

a) 30°.

b) 40°.

c) 50°.

d) 60°.

e) 70°.

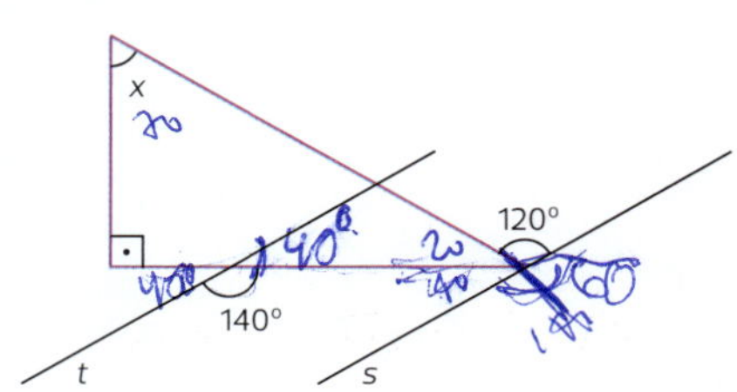

Relação que envolve as medidas dos ângulos internos e externos de um triângulo

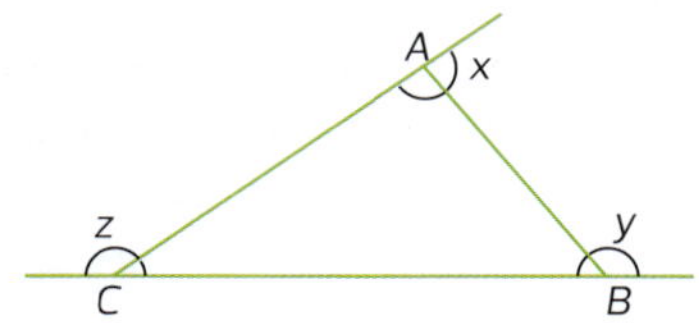

Agora, vamos verificar que relação existe entre a medida de um ângulo externo e as medidas dos dois ângulos internos não adjacentes a ele.

Sabemos que:

- $m(\hat{A}) + m(\hat{B}) + m(\hat{C}) = 180°$
- $m(\hat{A}) + x = 180°$

Comparando as duas igualdades acima, concluímos que:

$$x = m(\hat{B}) + m(\hat{C})$$

em que x é a medida de um ângulo externo, e $\hat{B}$ e $\hat{C}$ são os ângulos internos não adjacentes a ele.

De modo análogo, chegamos a:

$$y = m(\hat{A}) + m(\hat{C}) \quad \text{e} \quad z = m(\hat{A}) + m(\hat{B})$$

Assim, demonstramos que:

Em todo triângulo, a medida de um ângulo externo é igual à soma das medidas dos dois ângulos internos não adjacentes a ele.

Exercícios

22. A partir dos ângulos externos cujas medidas aparecem nas figuras abaixo, confira a propriedade que você acabou de estudar.

a)

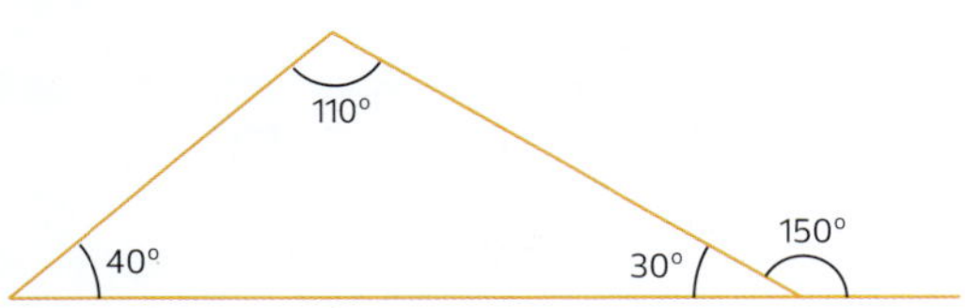

b)

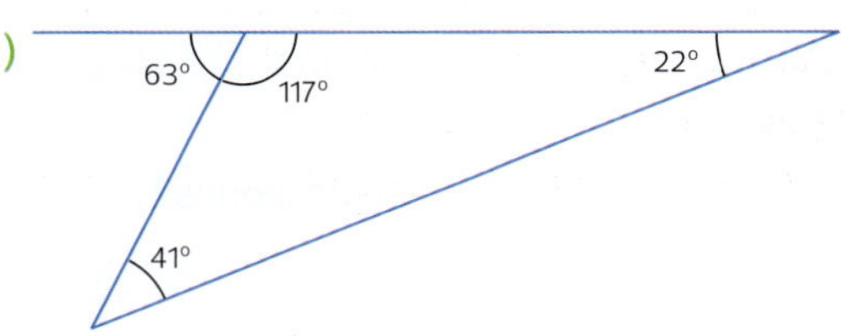

23. Em um triângulo, um ângulo externo mede 140°. Qual é a medida dos dois ângulos internos não adjacentes a ele sabendo-se que eles têm a mesma medida?

24. Observe esta figura e calcule o valor de y:

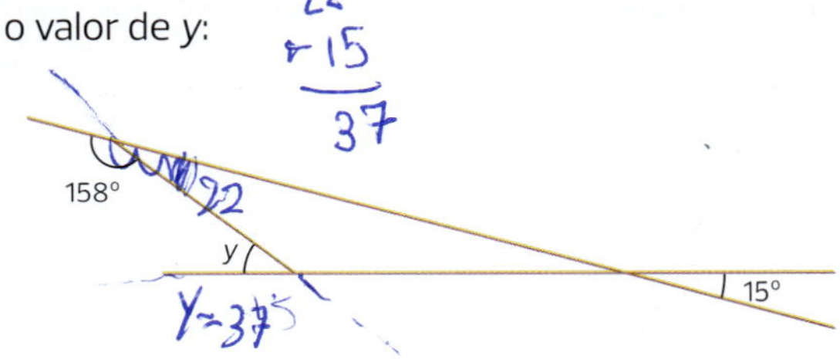

25. Em um triângulo ABC, dois dos ângulos externos medem 117° e 153°. Determine a medida dos ângulos internos e escreva o tipo do triângulo, quanto aos ângulos.

5 Polígonos

Lembre-se de que **polígono** (*poli* = muitos; *gono* = ângulo) é uma linha fechada formada apenas por segmentos de reta, do mesmo plano, que não se cruzam.

Polígonos convexos e polígonos não convexos

O polígono *ABCDE* é **convexo** e o polígono *PQRST* é **não convexo**.

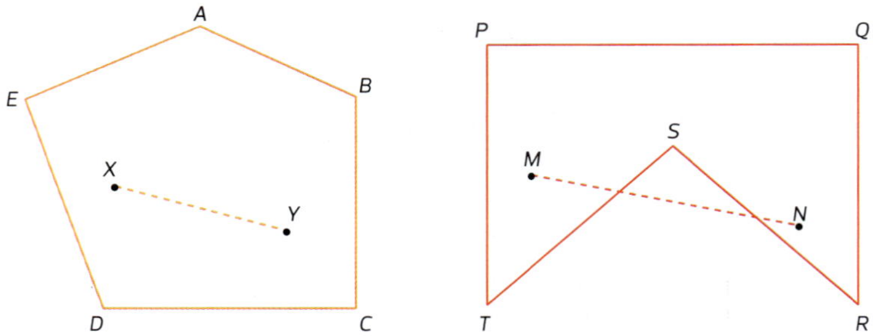

O polígono *ABCDE* é convexo, pois, se tomarmos **quaisquer** dois pontos *X* e *Y* na região limitada por ele, o segmento de reta que os une sempre estará inteiramente contido nessa região. No polígono *PQRST*, isso não ocorre sempre: é possível encontrar dois pontos (*M* e *N*) tais que o segmento de reta *MN* **não** esteja inteiramente contido na região limitada por esse polígono. Por isso, ele é chamado de polígono não convexo.

Observação: A partir de agora, quando não explicitarmos o tipo de polígono, consideraremos que o polígono citado é convexo.

Exercícios

26. Quais das figuras abaixo são polígonos?

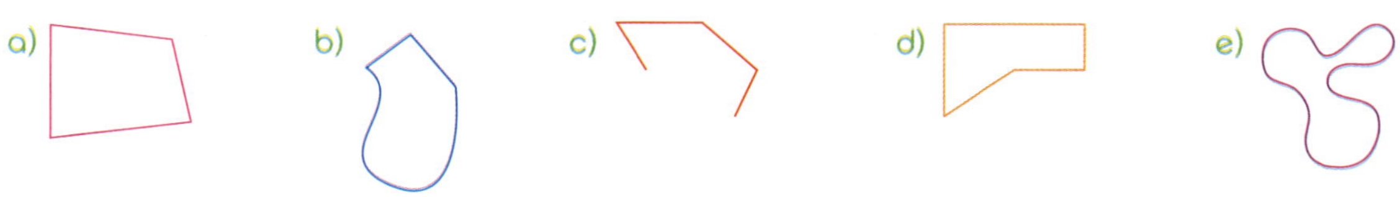

27. Para cada item, escreva **sim** se o polígono for convexo e **não** se o polígono não for convexo:

Elementos de um polígono convexo

Sérgio Dotta Jr./Arquivo da editora

Geoplano de madeira. Com este instrumento podemos representar vários polígonos.

O polígono convexo representado abaixo é indicado por *ABCDEF*. Seus elementos são:

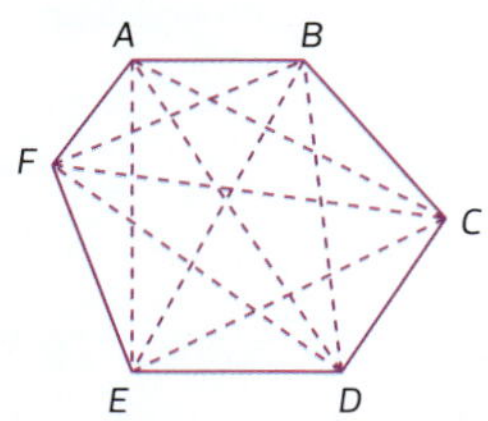

Vértices: os pontos *A*, *B*, *C*, *D*, *E* e *F*.
Lados: os segmentos de reta $\overline{AB}$, $\overline{BC}$, $\overline{CD}$, $\overline{DE}$, $\overline{EF}$ e $\overline{FA}$.
Diagonais: os segmentos de reta que ligam um vértice a outro vértice não consecutivo a ele: $\overline{AC}$, $\overline{AD}$, $\overline{AE}$, $\overline{BD}$, $\overline{BE}$, $\overline{BF}$, $\overline{CE}$, $\overline{CF}$ e $\overline{DF}$.

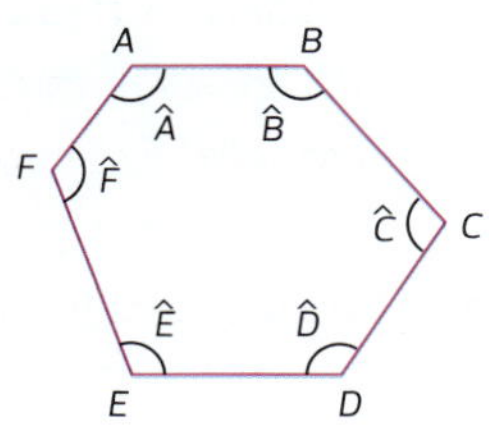

Ângulos internos: os ângulos formados por dois lados consecutivos: $A\hat{B}C$ ou $\hat{B}$, $B\hat{C}D$ ou $\hat{C}$, $C\hat{D}E$ ou $\hat{D}$, $D\hat{E}F$ ou $\hat{E}$, $E\hat{F}A$ ou $\hat{F}$ e $F\hat{A}B$ ou $\hat{A}$.

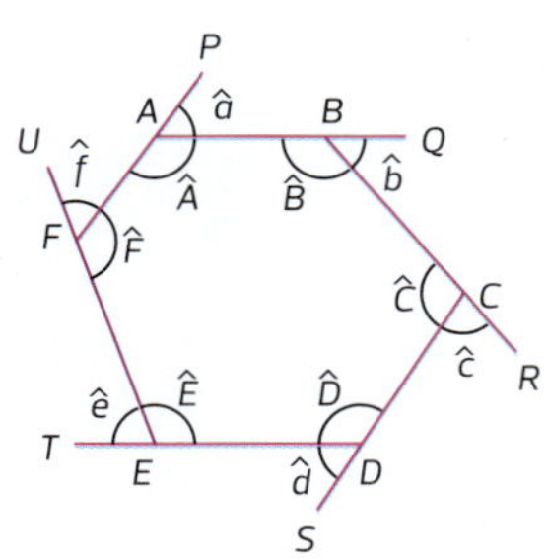

Ângulos externos: os ângulos formados por um lado e o prolongamento do lado consecutivo a ele: $P\hat{A}B$ ou $\hat{a}$, $Q\hat{B}C$ ou $\hat{b}$, $R\hat{C}D$ ou $\hat{c}$, $S\hat{D}E$ ou $\hat{d}$, $T\hat{E}F$ ou $\hat{e}$, $U\hat{F}A$ ou $\hat{f}$.

Em qualquer polígono convexo, o número de vértices, de lados, de ângulos internos e de ângulos externos é o mesmo.

Exercícios

28. No polígono *ABCDEF* representado acima, conte quantos são os vértices, quantos são os lados, quantos são os ângulos internos e quantos são os ângulos externos.

29. Faça um desenho de um triângulo *EFG* e comprove nele a afirmação do quadro acima.

Nome dos polígonos quanto ao número de lados

- Triângulo (tri = três): 3 lados
- Quadrilátero (quadri = quatro): 4 lados
- Pentágono (penta = cinco): 5 lados
- Hexágono (hexa = seis): 6 lados
- Heptágono (hepta = sete): 7 lados
- Octógono (octo = oito): 8 lados
- Eneágono (enea = nove): 9 lados
- Decágono (deca = dez): 10 lados
- Undecágono (um + dez): 11 lados
- Dodecágono (dois + dez): 12 lados
- Pentadecágono (cinco + dez): 15 lados
- Icoságono (icos = vinte): 20 lados

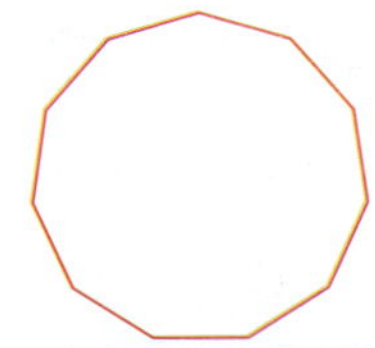
Undecágono

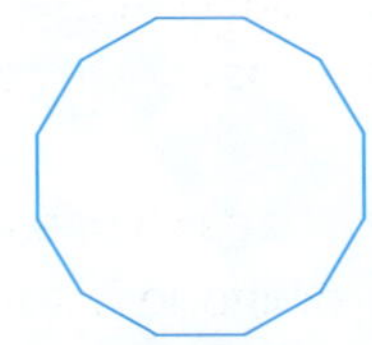
Dodecágono

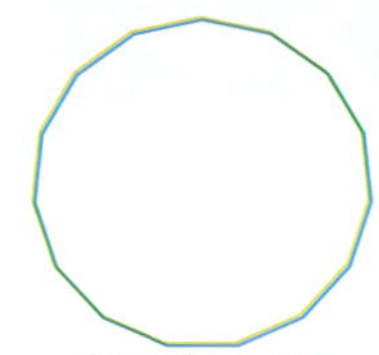
Pentadecágono

Icoságono

Exercícios

30. Desenhe um heptágono convexo e um heptágono não convexo.

31. Responda:

a) Quantos vértices tem um dodecágono?

b) Qual é o polígono convexo que tem o número de lados igual ao número de diagonais?

32. Examine o polígono convexo ao lado com seus ângulos internos e externos.

a) Quanto vale a soma da medida de um ângulo interno com a medida do ângulo externo no mesmo vértice?

b) Com base na resposta do item anterior, como são chamados os ângulos internos com seus externos no mesmo vértice?

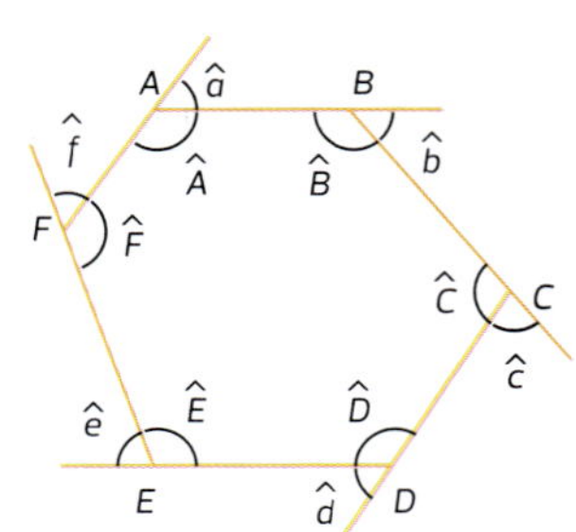

33. Em um $\triangle ABC$, $\hat{A}$ mede 30° a mais do que $\hat{B}$, e $\hat{C}$ mede 15° a menos do que $\hat{B}$. Qual é a medida do ângulo externo adjacente a $\hat{C}$?

34. Calcule a soma dos ângulos assinalados no polígono da figura ao lado:

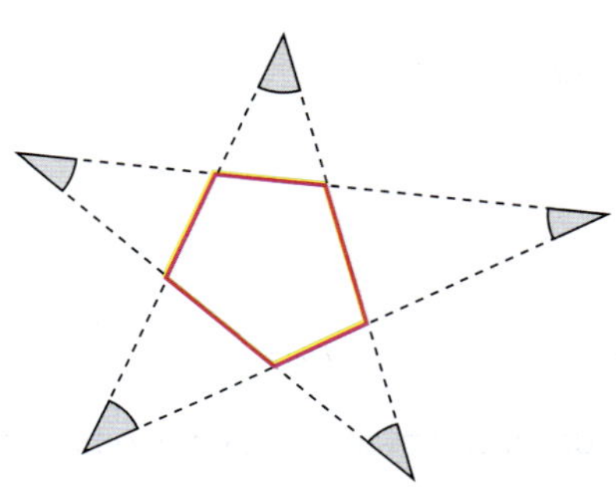

Polígonos regulares

Relembrando:

Um polígono convexo é chamado de **polígono regular** quando tem todos os lados com a mesma medida e também todos os ângulos internos com a mesma medida.

Boris15/Shutterstock/Glow Images

Detalhe de um favo de mel

Cada cavidade do favo de mel dá ideia de um polígono regular de 6 lados, o hexágono regular.

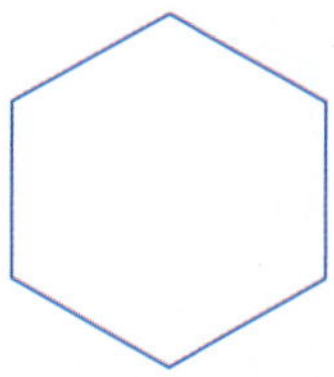

Exercícios

35. Responda: dos polígonos abaixo, quais são polígonos regulares?

a) 

b) 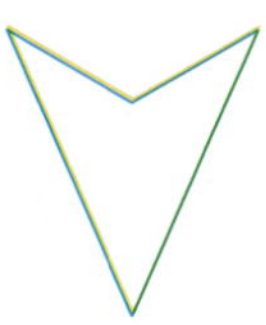

c) 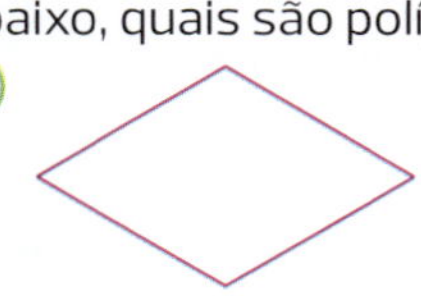

d) 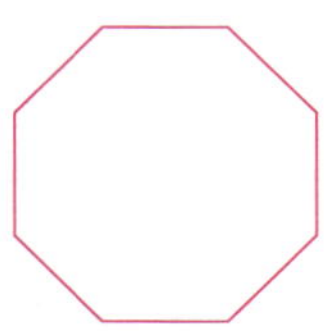

e) 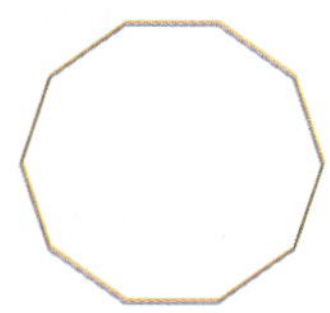

f) 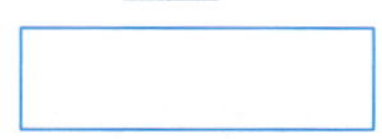

g) 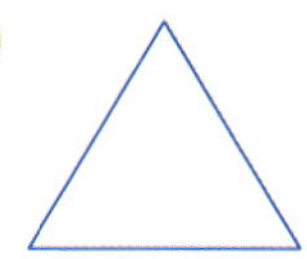

h) 

36. Os contornos das duas praças têm a forma de polígono regular. Qual deles tem maior perímetro?

Ilustrações: Paulo Manzi/Arquivo da editora

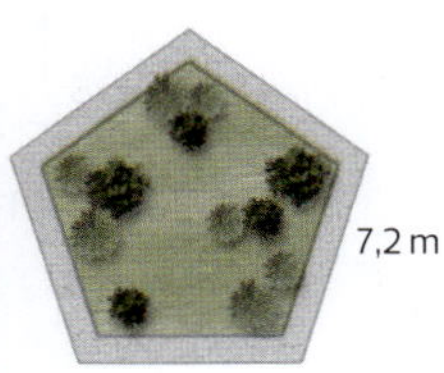

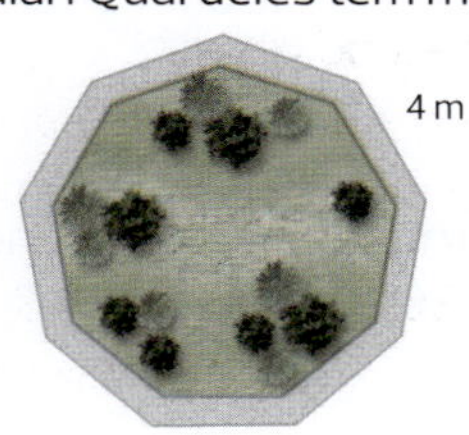

37. Examine a sequência de polígonos regulares:

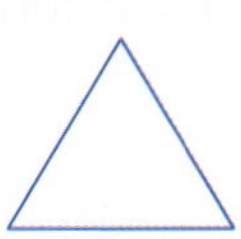

Triângulo equilátero

Quadrilátero regular (quadrado)

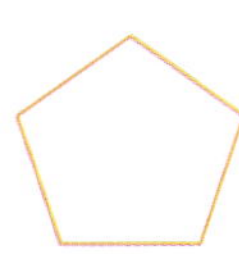

Pentágono regular

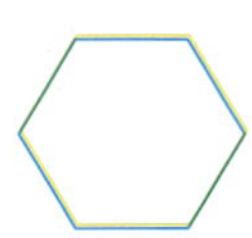

Hexágono regular

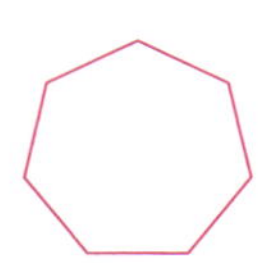

Heptágono regular

...

Icoságono regular

...

À medida que o número de lados vai aumentando, o polígono regular tende a ficar parecido com que figura geométrica?

Soma das medidas dos ângulos internos de um polígono convexo (S_i)

A partir da soma das medidas dos ângulos internos de um triângulo, que você estudou na página 81, vamos relembrar o que acontece nos demais polígonos convexos.

Já demonstramos que:

- **no triângulo** (3 lados):

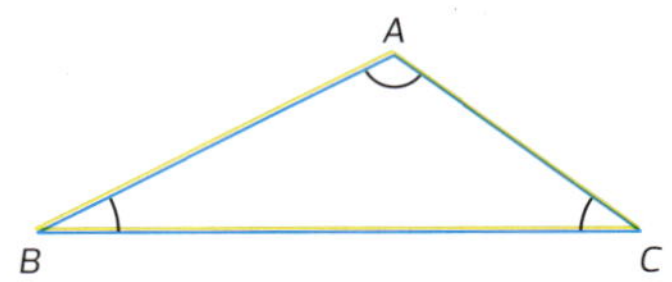

$S_i = 180° = 1 \cdot 180°$

↑

3 − 2

(número de lados menos 2)

$m(\hat{A}) + m(\hat{B}) + m(\hat{C}) = 180°$

- **no quadrilátero** (4 lados):

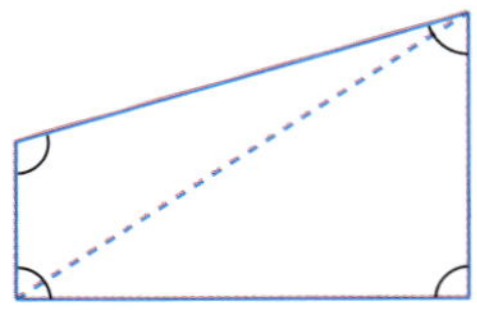

$S_i = 2 \cdot 180° = 360°$

↑

4 − 2

(número de lados menos 2)

Examine agora nestes polígonos convexos:

- **no pentágono** (5 lados)

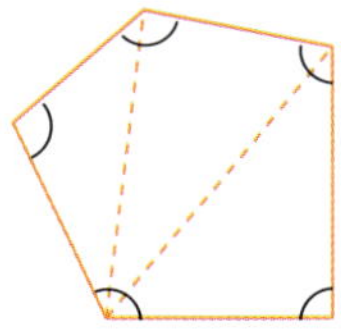

$S_i = 3 \cdot 180° = 540°$

↑

5 − 2

(número de lados menos 2)

- **no hexágono** (6 lados)

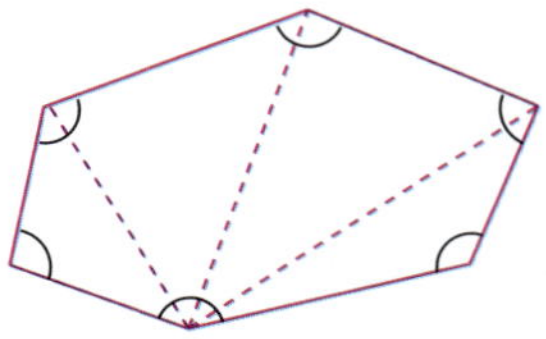

$S_i = 4 \cdot 180° = 720°$

↑

6 − 2

(número de lados menos 2)

A partir de um polígono de 4 lados, se o polígono convexo tem n lados, ele pode ser decomposto em $(n - 2)$ triângulos (veja as figuras anteriores). E, como a soma das medidas dos ângulos internos de cada triângulo é 180°, chegamos à fórmula $S_i = (n - 2) \cdot 180°$.

De modo geral:

Se um polígono convexo tem n lados, a soma das medidas de seus ângulos internos (S_i) é dada pela fórmula:

$$S_i = (n - 2) \cdot 180°$$

Soma das medidas dos ângulos externos de um polígono convexo (S_e)

Vejamos agora qual é o valor da soma das medidas dos ângulos externos de um polígono convexo ($\mathbf{S_e}$). Examine o que ocorre no pentágono convexo:

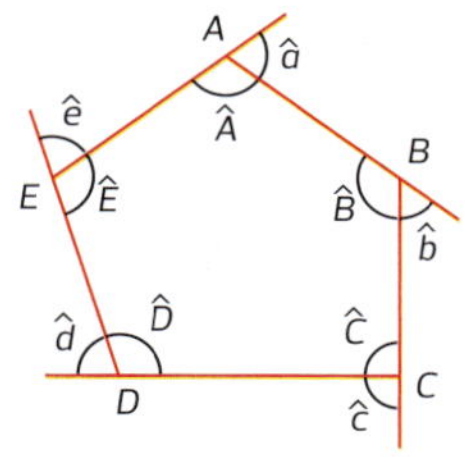

$$m(\hat{A}) + m(\hat{a}) = 180°$$
$$m(\hat{B}) + m(\hat{b}) = 180°$$
$$m(\hat{C}) + m(\hat{c}) = 180°$$
$$m(\hat{D}) + m(\hat{d}) = 180°$$
$$m(\hat{E}) + m(\hat{e}) = 180°$$

$$\underbrace{m(\hat{A}) + m(\hat{B}) + m(\hat{C}) + m(\hat{D}) + m(\hat{E})}_{S_i} + \underbrace{m(\hat{a}) + m(\hat{b}) + m(\hat{c}) + m(\hat{d}) + m(\hat{e})}_{S_e} = \underset{\uparrow \atop 5 \cdot 180°}{900°}$$

Já estudamos que:

$$S_i = (5 - 2) \cdot 180° = 3 \cdot 180° = 540°$$

Assim, temos:

$$540° + S_e = 900 \Rightarrow S_e = 900° - 540° \Rightarrow S_e = 360°$$

Podemos provar que o que ocorreu nesse pentágono convexo ocorre em **qualquer polígono convexo**.

Para isso, vamos considerar um **polígono convexo qualquer** de n lados.

Já estudamos que, em cada vértice, a soma da medida do ângulo interno com o externo é 180°. Como temos n vértices, teremos $n \cdot 180°$ ao todo ($S_i + S_e$).

Assim:

$$S_i + S_e = n \cdot 180°$$

Como $S_i = (n - 2) \cdot 180°$, podemos escrever:

$$(n - 2) \cdot 180° + S_e = n \cdot 180°$$
$$180°n - 360° + S_e = 180°n$$
$$S_e = \cancel{180°n} - \cancel{180°n} + 360°$$
$$S_e = 360°$$

Como queríamos provar.

Conclusão:

> Em qualquer polígono convexo, a soma das medidas dos ângulos externos é igual a 360°.

Exercícios

38. Calcule:

a) a soma das medidas dos ângulos internos de um heptágono convexo;

b) o número de lados de um polígono convexo no qual $S_i = 1440°$.

39. Qual é o valor de x nesta figura?

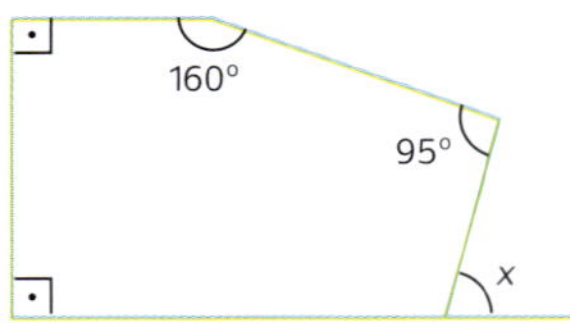

40. Calcule a soma das medidas dos ângulos internos de um:

a) decágono;

b) dodecágono;

c) pentadecágono;

d) icoságono.

41. Qual é o polígono cuja soma das medidas dos ângulos internos é igual à soma das medidas dos ângulos externos aumentada de 720°?

Ângulos internos e ângulos externos de polígonos regulares

Examine com atenção estas figuras que sugerem polígonos regulares:

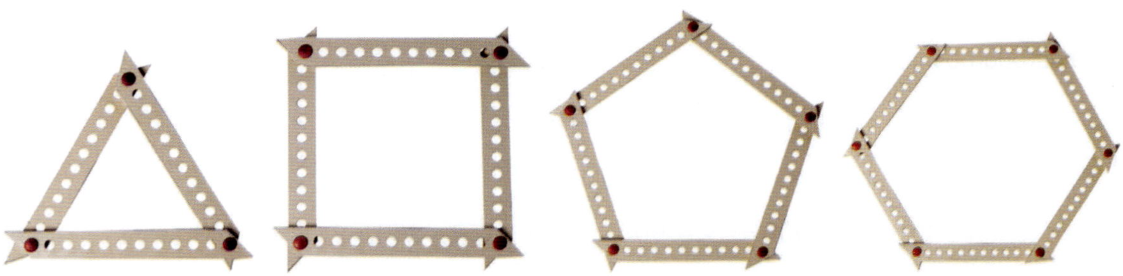

Fotos: Sérgio Dotta Jr./Arquivo da editora

Indicando por:

- a_i: medida de cada **ângulo interno** de um polígono regular, temos:

$$a_i = \frac{S_i}{n} = \frac{(n-2) \cdot 180°}{n}$$

- a_e: medida de cada **ângulo externo** de um polígono regular, temos:

$$a_e = \frac{S_e}{n} = \frac{360°}{n}$$

Observe, por exemplo, o octógono regular representado a seguir. Vamos determinar a medida de cada ângulo interno (a_i) e de cada ângulo externo (a_e) nesse polígono regular.

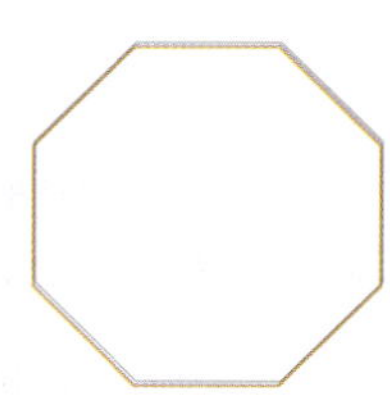

$$n = 8 \rightarrow \begin{cases} S_i = (8 - 2) \cdot 180° = 6 \cdot 180° = 1080° \\ S_e = 360° \end{cases}$$

- Cada ângulo interno: $a_i = \frac{1080°}{8} = 135°$

- Cada ângulo externo: $a_e = 180° - 135° = 45°$ ou $a_e = \frac{360°}{8} = 45°$

Exercícios

42. Complete o quadro abaixo.

Polígono regular	Soma das medidas de todos os ângulos internos	Medida de cada ângulo interno	Medida de cada ângulo externo
 Triângulo equilátero			
 Quadrado			
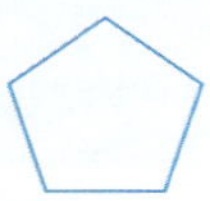 Pentágono regular			
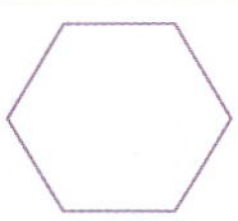 Hexágono regular			
 Decágono regular			
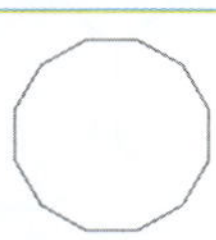 Polígono regular de *n* lados			

43.

44. Em um polígono regular, cada ângulo interno mede 160°. Quantos lados tem esse polígono?

45. Determine a medida do ângulo interno de um:

a) eneágono regular;

b) dodecágono regular.

46. Qual é o polígono cuja soma das medidas dos ângulos internos é igual a 2 340°?

47. Qual é a medida de cada ângulo externo de um polígono regular de 25 lados?

Leitura

Ladrilhamento: preenchimento de uma superfície plana

Em um **ladrilhamento**, as figuras geométricas planas, cujos contornos são polígonos, devem se encaixar sem que haja espaço entre elas e sem que haja superposição. Dessa maneira, elas podem ocupar toda a superfície de uma região plana considerada.

Usando apenas um tipo de região poligonal regular, há somente três regiões poligonais regulares com as quais é possível obter um ladrilhamento:

Yury Zap/Shutterstock/Glow Images

Ladrilhamento de calçada

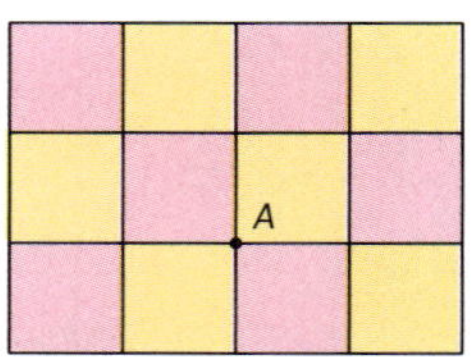

Com formas quadradas.

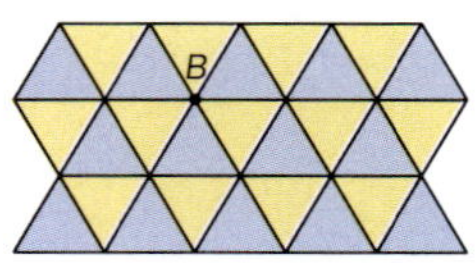

Com formas triangulares equiláteras.

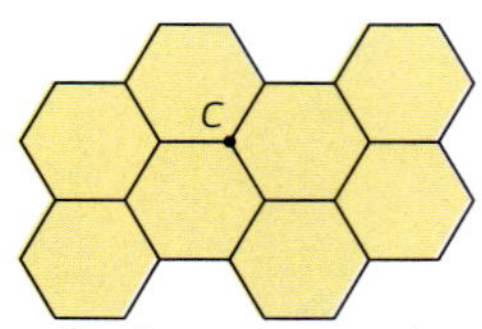

Com formas hexagonais regulares.

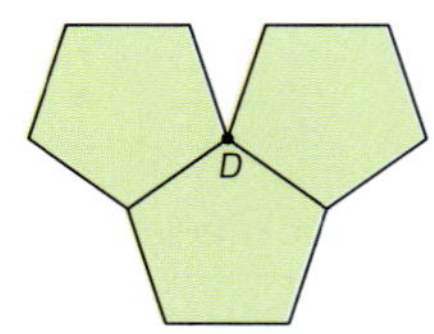

Não é possível obter ladrilhamento com formas pentagonais regulares.

1. Determine a soma das medidas de todos os ângulos com vértice em *A*, *B* e *C* das figuras dadas acima.
2. É possível obter um ladrilhamento só com formas pentagonais regulares? Por quê?
3. Examine a figura ao lado. É possível um ladrilhamento só com formas octogonais regulares?

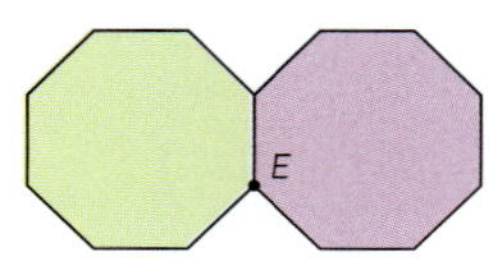

4. Há outros tipos de ladrilhamento formados pela combinação de duas ou mais regiões poligonais regulares. Veja ao lado um exemplo constituído por regiões quadradas e octogonais regulares.
   Reproduza as figuras abaixo várias vezes em uma folha de papel sulfite e recorte-as. Em seguida, use sua criatividade e faça um ladrilhamento com elas.

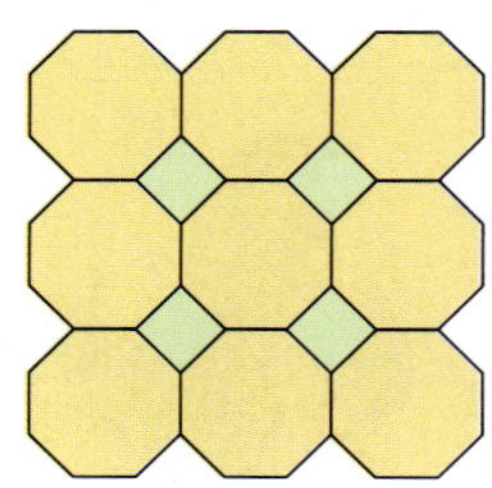

5. Cite uma forma poligonal que não seja regular e com a qual seja possível obter um ladrilhamento. Justifique a resposta com um desenho.

Número de diagonais de um polígono convexo

Vamos retomar o que você já estudou sobre o número de diagonais de um polígono convexo.

Dado um polígono convexo de n lados, de cada um dos seus vértices partem $(n - 3)$ diagonais. Como o polígono de n lados tem n vértices, pode parecer que teremos $n \cdot (n - 3)$ diagonais. Mas, pensando assim, cada diagonal foi contada duas vezes. Portanto, precisamos dividir $n \cdot (n - 3)$ por 2.

Daí, chegamos à fórmula do número d de diagonais de um polígono convexo de n lados:

$$d = \frac{n \cdot (n-3)}{2}$$

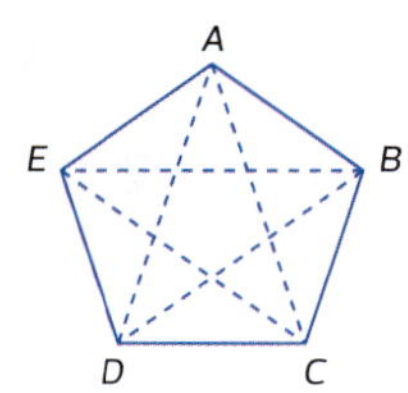

Exercícios e problemas

48. Determine o número de diagonais dos seguintes polígonos convexos:

a) dodecágono; b) icoságono.

49. Responda:

a) De qual polígono convexo saem 5 diagonais de cada vértice?

b) Qual é o total de diagonais desse polígono?

50. Faça o que se pede.

a) Calcule a soma do número de lados com o número de diagonais no triângulo, no quadrilátero, no pentágono e no icoságono.

b) Determine a expressão que indica essa soma para um polígono convexo de n lados.

c) Verifique os valores encontrados no item **a** usando a expressão obtida no item **b**.

51. Sete cidades estão localizadas de acordo com a representação ao lado. Se forem construídas estradas ligando-as duas a duas, quantas serão as estradas?

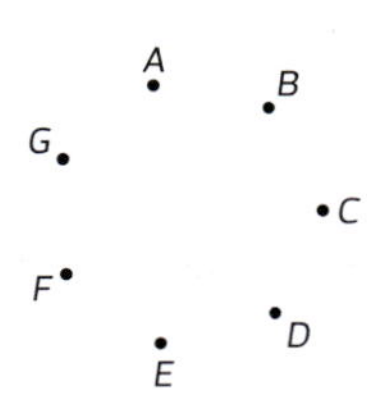

52.

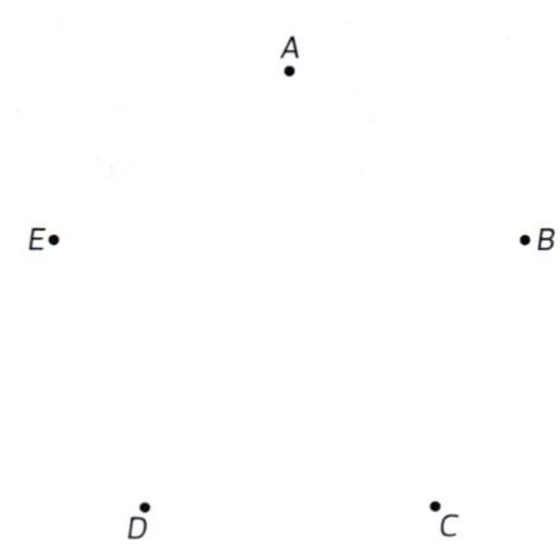

Quantos segmentos de reta podemos traçar unindo dois vértices não consecutivos? Trace os segmentos e confira sua resposta.

Jogos

Identifique o polígono convexo

Com o jogo a seguir você retomará o que estudou sobre polígonos convexos. Preste atenção às orientações e bom jogo!

Orientações:

Número de participantes: 2

Material necessário: um relógio ou outro instrumento para medição de tempo, e 12 papeizinhos, como estes:

A1, A2, A3, B1, B2, B3, C1, C2, C3, D1, D2 e D3

Como jogar:

Inicialmente combinem o tempo que cada participante, na sua vez, terá para "investigar" qual é o polígono convexo a que se refere a "pista".

Cada participante, na sua vez, retira um papel e localiza a "pista" de acordo com as coordenadas (coluna **A**, **B**, **C** ou **D** e linha 1, 2 ou 3).

O outro participante marca o tempo de "investigação". O aluno que está investigando tem esse tempo para identificar o polígono, que às vezes deve ser regular. Ele diz, por exemplo "hexágono", "pentágono regular", etc. Depois justifica sua escolha e, se acertar, marca 1 ponto.

Ganha quem conseguir mais pontos após 6 rodadas.

	A	B	C	D
3	De cada vértice saem 5 diagonais.	A medida de cada ângulo externo é igual a 72°.	Possui 5 diagonais.	Possui todos os lados com medidas iguais e todos os ângulos retos.
2	Possui exatamente 12 vértices.	A soma da medida de qualquer ângulo interno com a medida do ângulo externo adjacente a ele é igual a 180°.	A medida de cada ângulo interno é igual a 120°.	Possui exatamente 10 ângulos internos.
1	A soma das medidas dos ângulos externos é igual a 360°.	Não possui diagonais.	Possui exatamente 2 diagonais.	A soma das medidas dos ângulos internos é igual a 360°.

6 Ampliando o estudo dos triângulos

Uma das figuras geométricas mais conhecidas e usadas pela humanidade é o triângulo. Desde a Antiguidade até os dias atuais fazemos uso de objetos triangulares:

Mauro Souza/Arquivo da editora
Corda de nós utilizada pelos egípcios.

Meunierd/Shutterstock/Glow Images

As imagens desta página não estão representadas em proporção.

Cúpula geodésica construída na cidade de Montreal, Canadá. Foto de 2013.

Nordling/Shutterstock/Glow Images
Triângulo de sinalização

Bate-papo
Converse com seus colegas sobre onde mais o triângulo aparece no nosso dia a dia.

Você sabia?
Essa propriedade da rigidez do triângulo é muito utilizada nas estruturas metálicas, no madeiramento do telhado de casas, nas estruturas das pontes, torres, etc.

Características de um triângulo

Veja duas características próprias do triângulo:

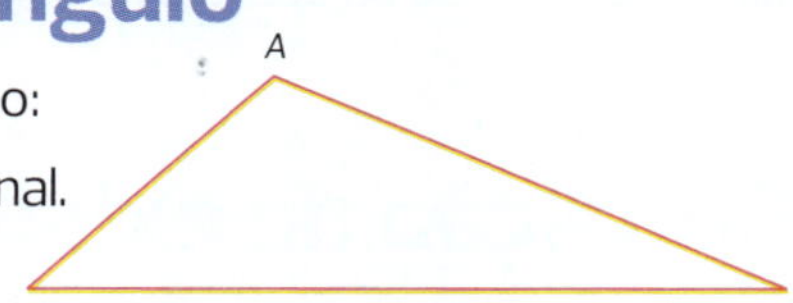

1ª) O triângulo é o único polígono que não tem diagonal.

2ª) O triângulo é o único **polígono rígido**.

Observe as figuras a seguir para entender a rigidez dos triângulos e a não rigidez dos demais polígonos.

- Não é possível "deformar" um triângulo, ou seja, mudar a sua forma mantendo-se as medidas dos lados.
- Os demais polígonos podem ser "deformados" mantendo-se as medidas dos lados.

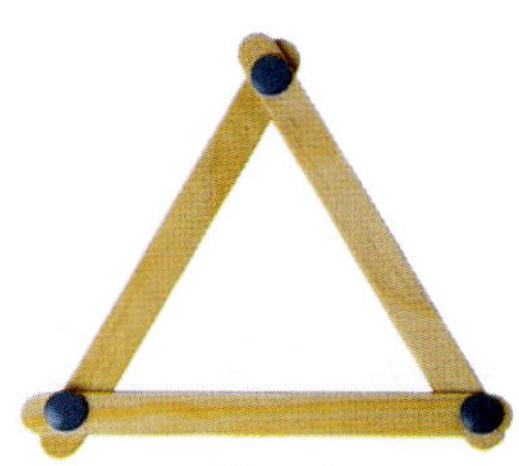
triângulo

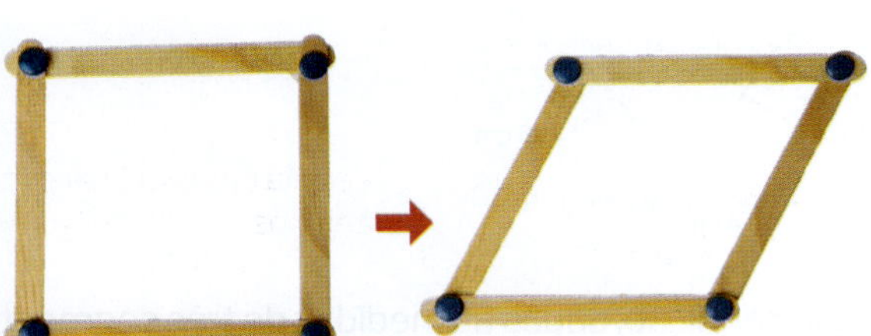
quadriláteros

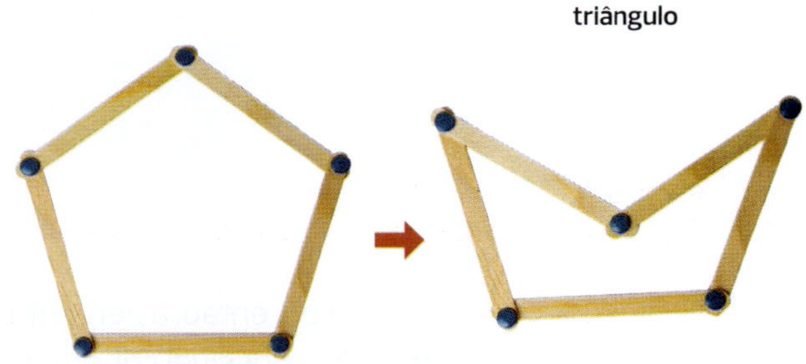
pentágonos

Fotos: Sérgio Dotta Jr./Arquivo da editora

Elementos de um triângulo

O triângulo da figura a seguir pode ser indicado por $\triangle ABC$.

Com ele, vamos recordar nomes relacionados a elementos de um triângulo.

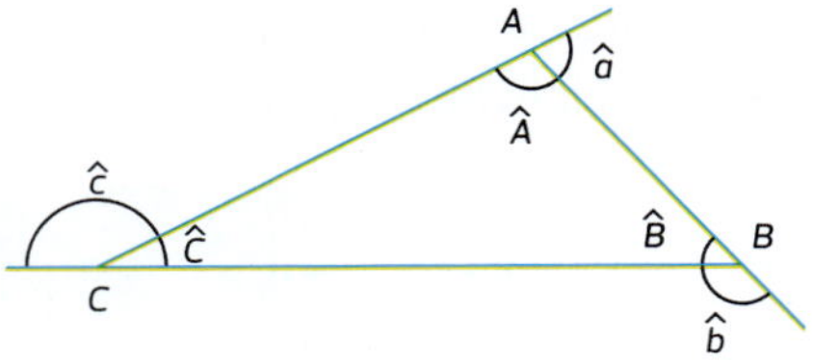

- **Vértices**: pontos A, B e C.
- **Lados**: segmentos de reta $\overline{AB}$, $\overline{BC}$ e $\overline{CD}$.
- **Ângulos internos**: $\hat{A}$, $\hat{B}$ e $\hat{C}$.
- **Ângulos externos**: $\hat{a}$, $\hat{b}$ e $\hat{c}$.

O lado oposto ao ângulo A é o lado $\overline{BC}$.

$\hat{B}$ é o ângulo oposto ao lado $\overline{AC}$.

Os ângulos internos não adjacentes ao ângulo externo a são $\hat{B}$ e $\hat{C}$.

$\hat{A}$ e $\hat{a}$ são **ângulos adjacentes suplementares** ($m(\hat{A}) + m(\hat{a}) = 180°$).

Exercício

53. Examinando a figura acima, responda:

a) Qual é o lado oposto ao ângulo C?

b) Qual é o ângulo oposto ao lado $\overline{AB}$?

c) Quais são os ângulos internos não adjacentes ao ângulo externo c?

d) Quais são os pares de ângulos adjacentes suplementares?

e) Quais são os ângulos internos não adjacentes ao ângulo externo b?

Condição de existência de um triângulo

Fábio construiu, com régua e compasso, um triângulo com lados de 4 cm, 3 cm e 2 cm, representado a seguir.

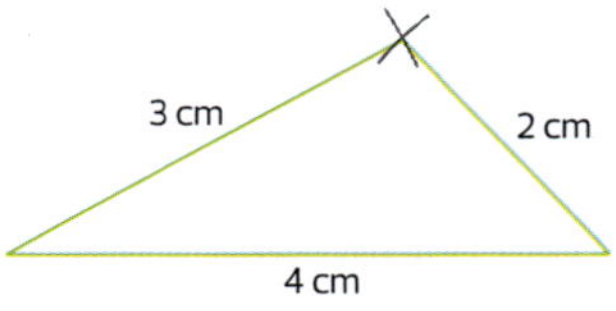

Denise tentou construir um triângulo com lados de 4 cm, 2 cm e 1,5 cm, mas não conseguiu.

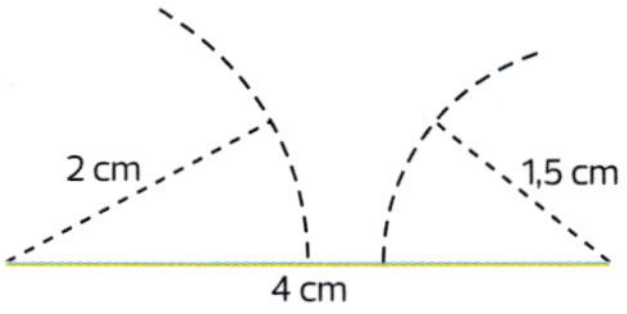

Ficou, então, a pergunta: "Em que condição, dadas as medidas de três segmentos de reta, é possível construir um triângulo cujos lados tenham essas medidas?". Procure encontrar a resposta fazendo o exercício a seguir.

Exercício

54. Use régua e compasso e tente construir um triângulo cujas medidas dos três lados são:

a) 6 cm, 8 cm e 4 cm;

b) 3,5 cm, 6 cm e 3,5 cm;

c) 7 cm, 4 cm e 2 cm;

d) 6 cm, 3 cm e 3 cm.

Bate-papo

Discuta com seu colega por que em alguns itens da atividade anterior não foi possível construir um triângulo.

Desigualdade triangular

CONTEÚDO DIGITAL

Observe, no exercício 54, que só é possível construir o triângulo quando a medida maior é menor do que a soma das outras duas medidas. Por exemplo: $8 < 6 + 4$ e $6 < 3{,}5 + 3{,}5$.

Se isso não ocorre ($7 > 4 + 2$ e $6 = 3 + 3$), não é possível construir o triângulo.

Em todo triângulo, a medida de um lado é sempre menor do que a soma das medidas dos outros dois lados.

Assim, se *a*, *b* e *c* são as medidas, na mesma unidade, dos três lados de um triângulo, podemos afirmar que:

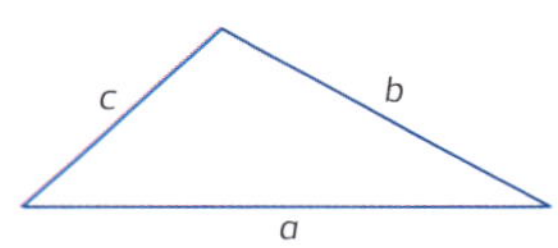

$a < b + c$ $\qquad$ $b < a + c$ $\qquad$ $c < a + b$

Exercícios

55. Verifique se é possível construir um triângulo nas condições dadas. Se sim, construa-o. Se não, explique por quê.

a) Lados de 4 cm, 4 cm e 4 cm;

b) Lados de 8 cm, 4 cm e 3 cm.

56. Volte agora ao *Bate-papo* e verifique se você e seu colega acertaram a resposta.

57. Se *x* centímetros é a medida do lado maior em um triângulo escaleno e 7 cm e 4 cm são as medidas dos outros dois lados, quais são os possíveis valores de *x*?

58. O maior lado de um triângulo mede 8 cm e um dos outros dois lados mede 4 cm. Que números inteiros podem ser a medida que o terceiro lado deve ter em centímetros?

59. Se um triângulo tem dois lados medindo 6 cm e 3 cm, qual é o maior número inteiro que pode indicar a medida do terceiro lado em centímetros? E o menor?

60. Determine as possíveis medidas do terceiro lado de um triângulo isósceles sabendo que as medidas dos outros lados são:

a) 8 cm e 5 cm;

b) 7 cm e 3,5 cm;

c) 10 cm e 3 cm;

d) 5 cm e 5 cm.

61. Considere um triângulo cujas medidas dos lados são $2x$, $(x + 1)$ e $(2x + 2)$. Se x é um número natural maior do que zero, qual deve ser seu menor valor?

Relação entre lados e ângulos de um triângulo

Examine as comparações com as medidas dos lados e dos ângulos dos triângulos a seguir:

$\triangle ABC$

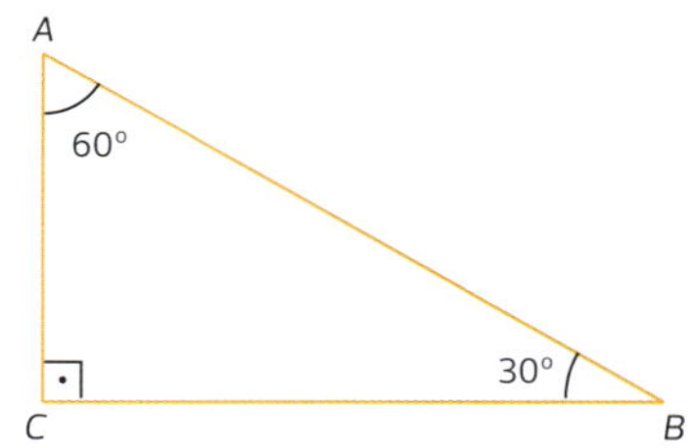

90°	>	60°	>	30°
↓		↓		↓
lado oposto a 90°		lado oposto a 60°		lado oposto a 30°
↓		↓		↓
$m(\overline{AB})$	>	$m(\overline{BC})$	>	$m(\overline{AC})$

Observe que ao maior ângulo opõe-se o maior lado, e ao menor ângulo opõe-se o menor lado.

$\triangle PQR$

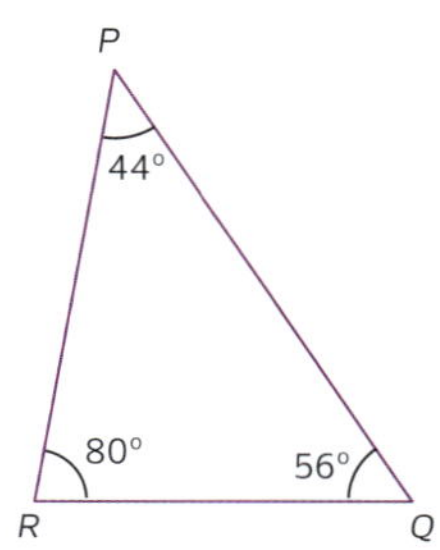

$m(\overline{PQ})$	>	$m(\overline{PR})$	>	$m(\overline{QR})$
↓		↓		↓
ângulo oposto ao lado $\overline{PQ}$		ângulo oposto ao lado $\overline{PR}$		ângulo oposto ao lado $\overline{QR}$
↓		↓		↓
80°	>	56°	>	44°

Observe que ao maior lado opõe-se o maior ângulo, e ao menor lado opõe-se o menor ângulo.

Os matemáticos já **provaram** que essas **relações de desigualdade entre lados e ângulos de um triângulo** valem para **qualquer** triângulo e podem ser enunciadas assim:

> Em todo triângulo, ao maior ângulo opõe-se o maior lado e, reciprocamente, ao maior lado opõe-se o maior ângulo. Da mesma forma, ao menor ângulo opõe-se o menor lado e, reciprocamente, ao menor lado opõe-se o menor ângulo.

Exercícios

62. Responda sem construir as figuras e justifique sua resposta.

a) Qual é o maior lado e o menor lado em um $\triangle EFG$ que tem $\hat{E}$ de 25°, $\hat{F}$ de 95° e $\hat{G}$ de 60°?

b) Qual é o maior ângulo e o menor ângulo em um $\triangle MHS$ que tem $\overline{MH}$ de 12 cm, $\overline{HS}$ de 10 cm e $\overline{MS}$ de 7 cm?

63. Em um triângulo que tem dois lados com medidas iguais, o que acontece com os dois ângulos opostos a esses lados?

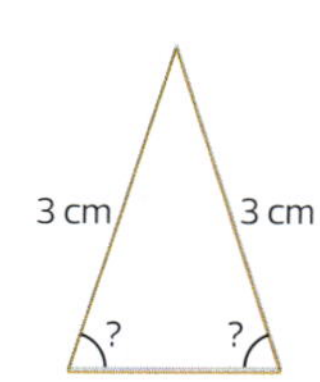

Figuras congruentes e congruência de triângulos

Figuras congruentes

Imagine duas figuras tais que seja possível transportar uma sobre a outra de modo que coincidam. Dizemos que essas figuras são **congruentes**.

Observe os segmentos de reta do primeiro quadro e os ângulos do segundo:

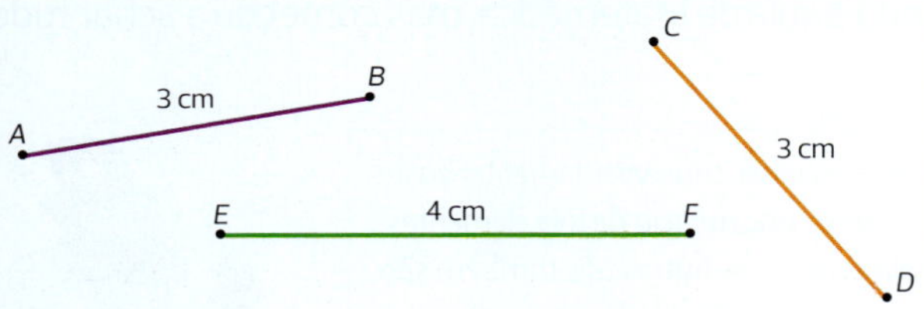

Entre os segmentos de reta acima, são congruentes $\overline{AB}$ e $\overline{CD}$. Indicamos assim: $\overline{AB} \cong \overline{CD}$.

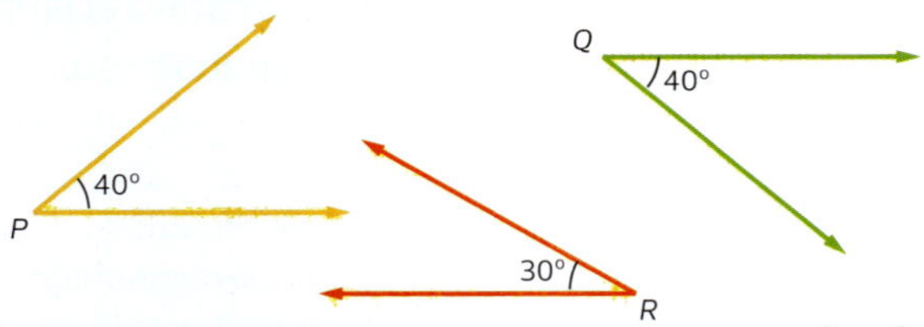

Entre os ângulos acima, são congruentes $\hat{P}$ e $\hat{Q}$. Indicamos assim: $\hat{P} \cong \hat{Q}$.

Bate-papo

Converse com seu colega e respondam:

- O que acontece com as medidas de dois segmentos de reta congruentes?
- O que acontece com as medidas de dois ângulos congruentes?

Congruência de triângulos

Dos três triângulos abaixo, dois deles podem coincidir por meio de um movimento no plano. Quais são eles? Vamos descobrir.

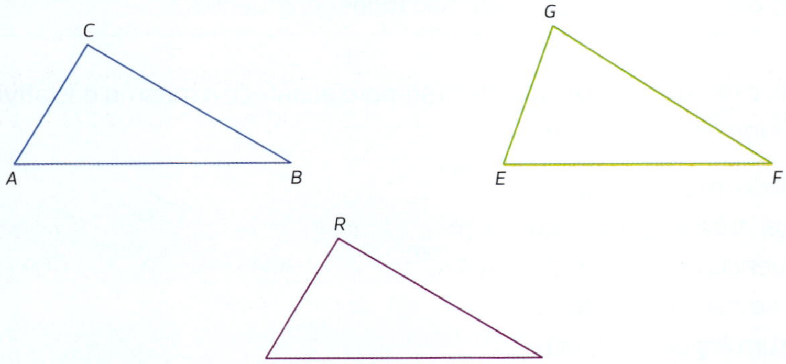

- $\triangle ABC$ e $\triangle PQR$ são triângulos congruentes. Indicamos assim: $\triangle ABC \cong \triangle PQR$.
- A, B e C são os vértices correspondentes aos vértices P, Q e R, respectivamente.
- $\overline{AB} \cong \overline{PQ}$ $\quad \hat{A} \cong \hat{P}$
  $\overline{AC} \cong \overline{PR}$ $\quad \hat{B} \cong \hat{Q}$
  $\overline{BC} \cong \overline{QR}$ $\quad \hat{C} \cong \hat{R}$

A congruência dos seis elementos (três lados e três ângulos) determina a congruência dos dois triângulos.

A congruência dos dois triângulos determina a congruência dos seis elementos.

Veja como podemos indicar nas figuras a congruência dos seis elementos:

Exercício

64. Os triângulos ABC e EFG representados ao lado são congruentes ($\triangle ABC \cong \triangle EFG$). Determine as medidas indicadas pelas letras c, z, y, e, x e w.

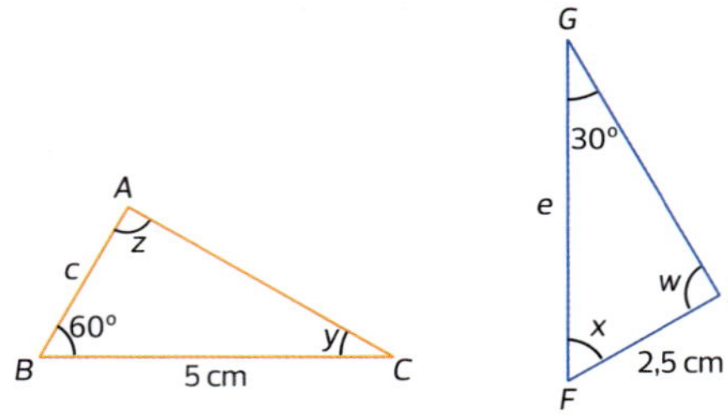

Casos de congruência de triângulos

Gustavo estava acompanhando a aula de Matemática, mas começou a achar tudo aquilo muito trabalhoso.

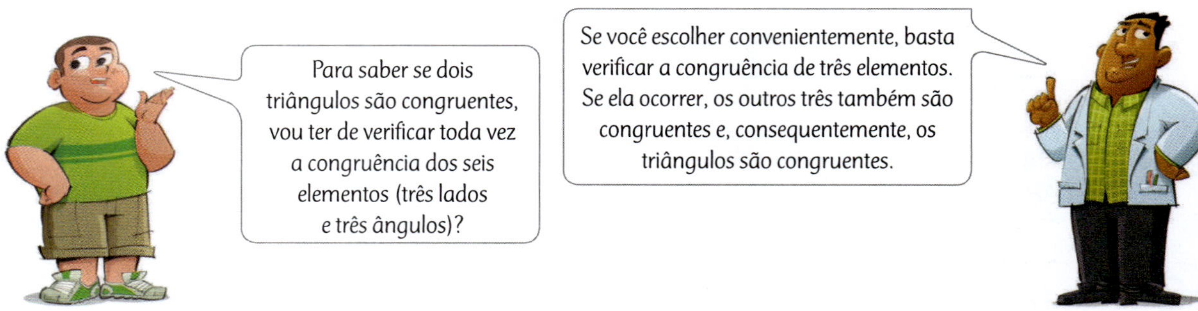

Oficina de Matemática

Atividade em equipe

a) Usem régua, transferidor e compasso para construir um triângulo no qual um dos ângulos meça 60° e esse ângulo seja formado por lados de 5 cm e 3 cm. Depois, comparem-no com os triângulos que seus colegas construíram e respondam: são todos congruentes?

b) Usem régua e compasso para construir um triângulo com lados de 8 cm, 5 cm e 7 cm. Comparem-no com os triângulos que seus colegas construíram e respondam: são todos congruentes?

Veja agora, nos exemplos abaixo, que nem sempre acontece o mesmo das atividades da seção *Oficina de Matemática*.

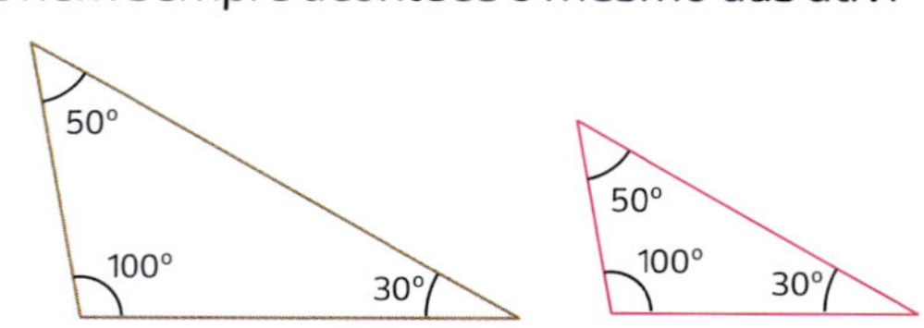

a) As figuras ao lado mostram que a congruência dos três ângulos não garante a congruência dos triângulos.

b) Os triângulos a seguir, apesar de terem dois lados e um ângulo congruentes, também não são congruentes.

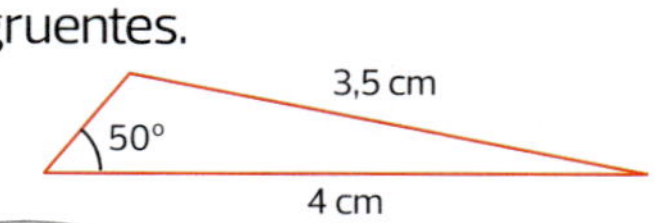

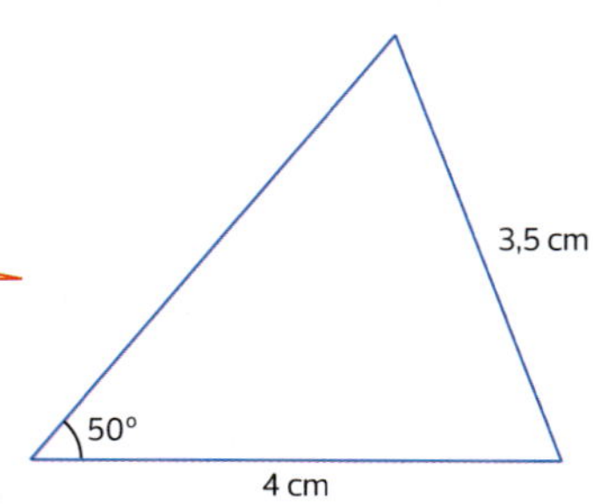

1º caso: **LAL (lado, ângulo, lado)**

Dois triângulos são congruentes quando possuem dois lados e o ângulo compreendido entre eles respectivamente congruentes.

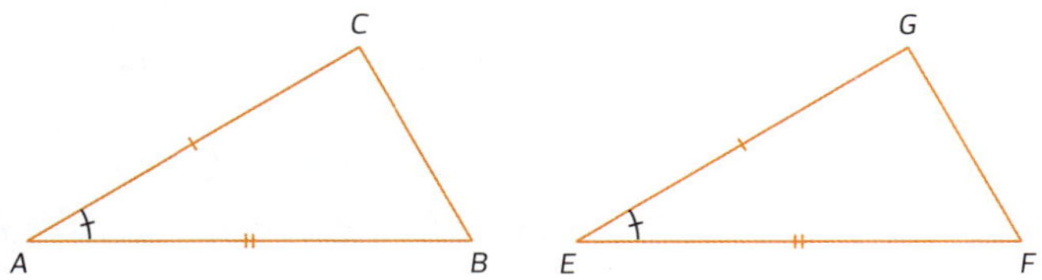

Se $\overline{AB} \cong \overline{EF}$, $\hat{A} \cong \hat{E}$ e $\overline{AC} \cong \overline{EG}$, então podemos garantir que $\triangle ABC \cong \triangle EFG$.

2º caso: **LLL (lado, lado, lado)**

Dois triângulos são congruentes quando possuem os três lados respectivamente congruentes.

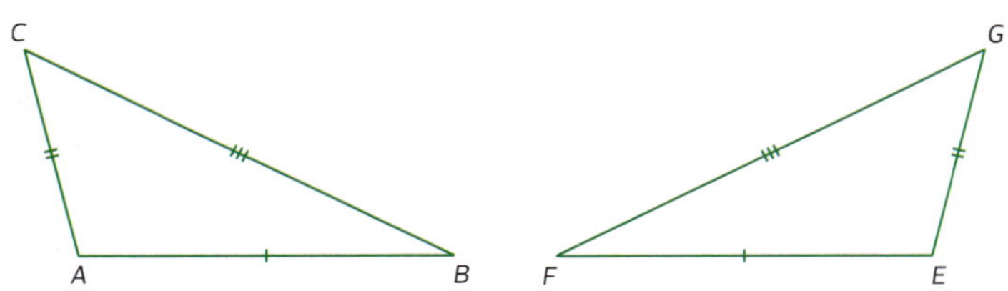

Se $\overline{AB} \cong \overline{EF}$, $\overline{AC} \cong \overline{EG}$ e $\overline{BC} \cong \overline{FG}$, então $\triangle ABC \cong \triangle EFG$.

3º caso: **ALA (ângulo, lado, ângulo)**

Dois triângulos são congruentes quando possuem um lado e os dois ângulos adjacentes a ele respectivamente congruentes.

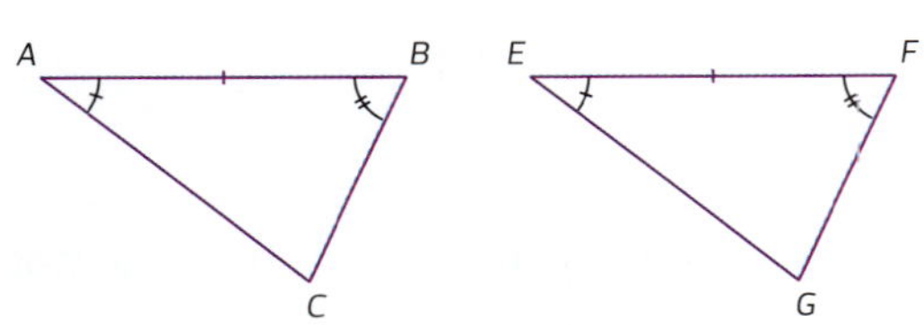

Se $\overline{AB} \cong \overline{EF}$, $\hat{A} \cong \hat{E}$ e $\hat{B} \cong \hat{F}$, então $\hat{C} \cong \hat{G}$, $\overline{AC} \cong \overline{EG}$ e $\overline{BC} \cong \overline{FG}$, ou seja, $\triangle ABC \cong \triangle EFG$.

4º caso: **LAA$_o$ (lado, ângulo, ângulo oposto)**

Dois triângulos são congruentes quando possuem um lado, um ângulo adjacente e o ângulo oposto a esse lado respectivamente congruentes.

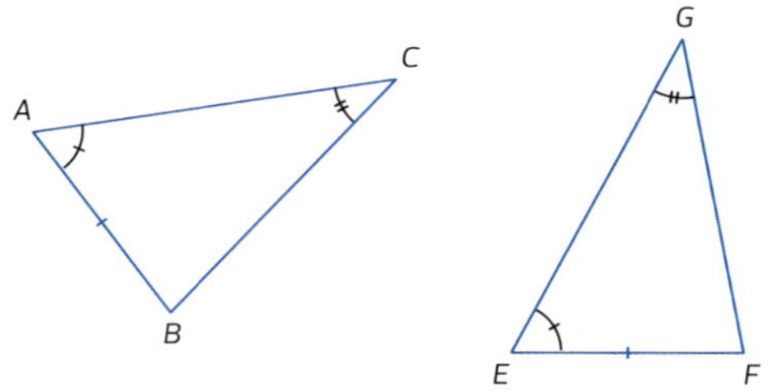

Se $\overline{AB} \cong \overline{EF}$, $\hat{A} \cong \hat{E}$ e $\hat{C} \cong \hat{G}$, então $\triangle ABC \cong \triangle EFG$.

Veja os exemplos:

a)

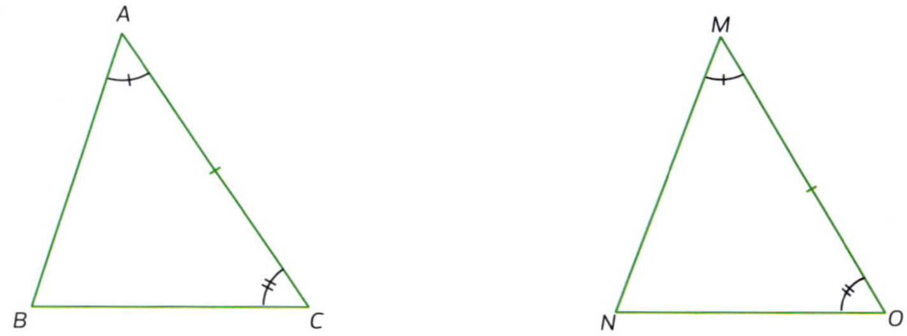

$\triangle ABC$ e $\triangle MNO$ têm $\overline{AC} \cong \overline{MO}$, $\hat{A} \cong \hat{M}$ e $\hat{C} \cong \hat{O}$.

Então, podemos afirmar que $\triangle ABC \cong \triangle MNO$ (caso ALA).

Assim, os demais elementos são congruentes: $\overline{AB} \cong \overline{MN}$, $\overline{BC} \cong \overline{NO}$ e $\hat{B} \cong \hat{N}$.

b)

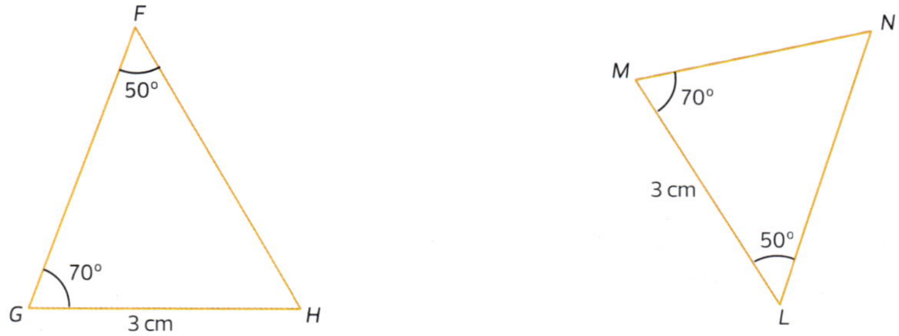

Não podemos garantir a congruência desses dois triângulos. Sabemos que são congruentes um lado e dois ângulos, mas isso não corresponde ao caso ALA nem ao caso LAA$_o$. Analise essa afirmação com seus colegas.

Exercícios

65. Sabendo que estes triângulos são congruentes, quais são os valores de x, y e z?

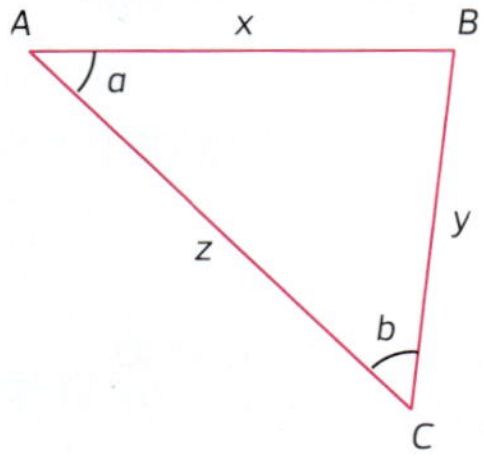

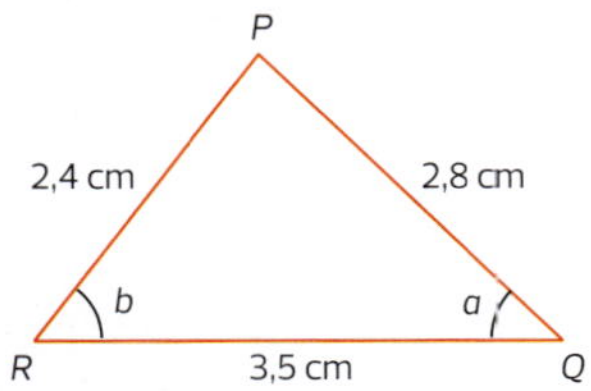

66. Verifique em cada item abaixo se é possível afirmar que os triângulos são congruentes. Em caso positivo, escreva qual caso garante a congruência dos triângulos e quais são os demais elementos congruentes.

a) $\triangle PQR$ tem ângulos de 75°, 90° e 15°. $\triangle XYZ$ tem ângulos de 75°, 90° e 15°.

b) Os lados do $\triangle RSP$ medem $\overline{RS}$: 8 cm, $\overline{RP}$: 10 cm e $\overline{SP}$: 13 cm. Os lados do $\triangle EFG$ medem $\overline{EG}$: 10 cm, $\overline{FG}$: 13 cm e $\overline{EF}$: 8 cm.

c) $\triangle EFG$ e $\triangle XYZ$ são tais que $\overline{EF} \cong \overline{XY}$, $\overline{EG} \cong \overline{XZ}$ e $\hat{F} \cong \hat{Y}$.

d) $\triangle PQR$ e $\triangle MNO$ têm $\hat{R}$ reto, $\hat{O}$ reto, $\overline{PR} \cong \overline{MO}$ e $\overline{QR} \cong \overline{NO}$.

e) $\triangle EFG$ é equilátero com 12 cm de perímetro e $\triangle PQR$ é equilátero com 12 cm de perímetro.

f)

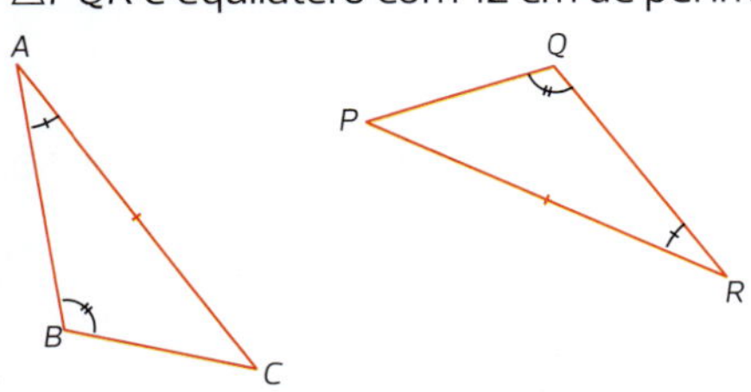

g)

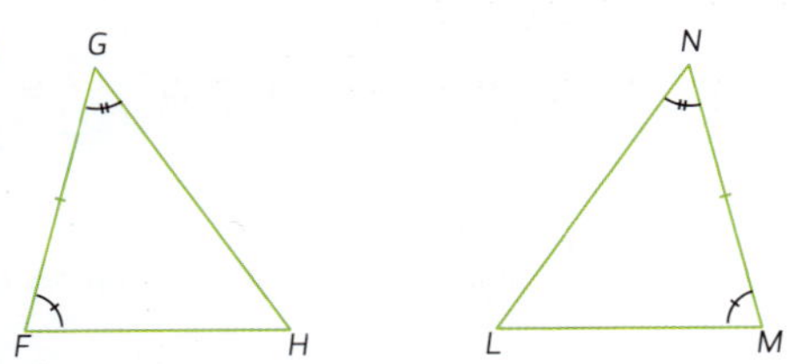

67. Qual é o caso que garante a congruência destes dois triângulos? Qual é o valor de a, b e x?

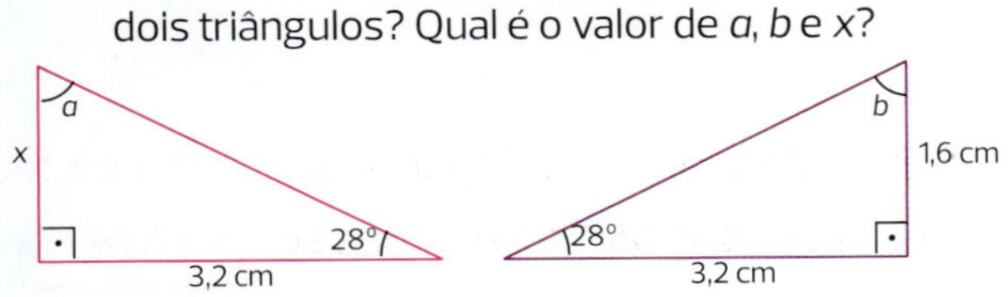

68. Verifique em cada item se podemos ou não garantir que os triângulos são congruentes sem efetuar medições. Em caso positivo, indique o caso que garante a congruência (LLL, LAL, ALA ou LAA_o).

a)

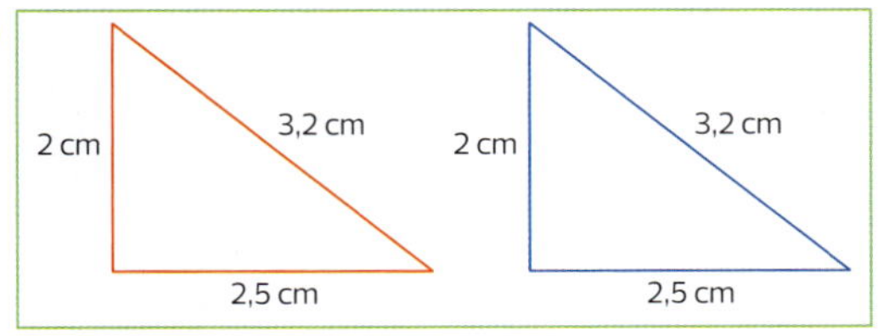

b)

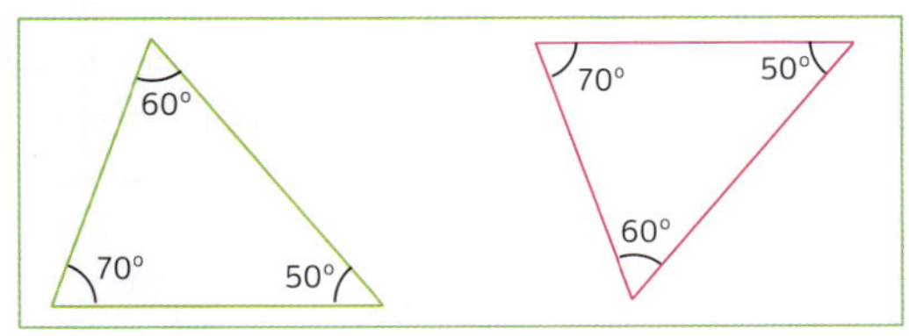

c)

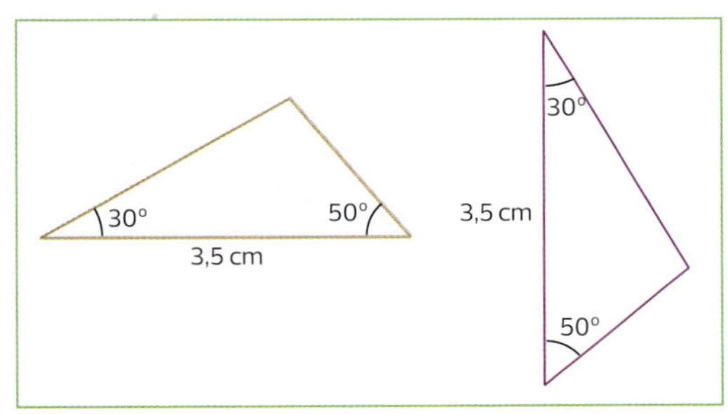

d)

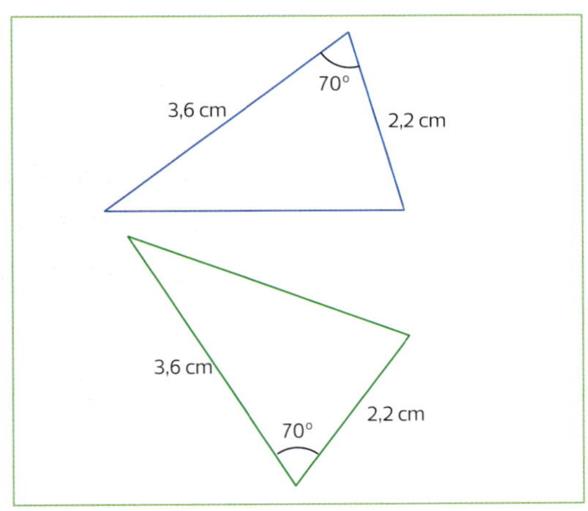

e)

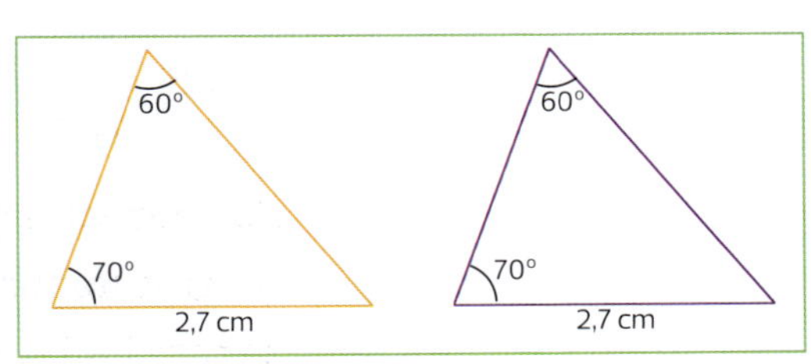

Aplicação de um caso de congruência de triângulos

Você já deve ter percebido que podemos chegar às propriedades geométricas sem necessidade de efetuar medições. Esse método de raciocínio é chamado **demonstração**.

Para demonstrar uma propriedade geométrica, devemos seguir alguns passos.

Vamos, por exemplo, demonstrar que:

Em todo triângulo isósceles, os ângulos opostos aos lados congruentes são também congruentes.

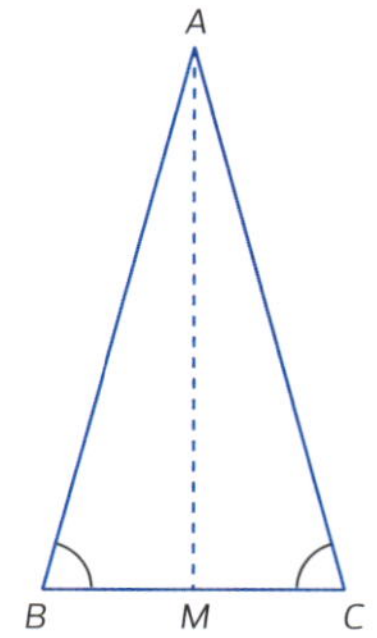

Sabemos que $\overline{AB} \cong \overline{AC}$ e **queremos provar** que $\hat{B} \cong \hat{C}$.

Para isso, vamos usar o segmento de reta AM, que liga o vértice A ao ponto médio de $\overline{BC}$ (ponto M) e verificar que $\triangle ABM \cong \triangle ACM$.

- $\overline{AB} \cong \overline{AC}$ (dado inicial)
- $\overline{BM} \cong \overline{CM}$ (M é o ponto médio de $\overline{BC}$)
- $\overline{AM} \cong \overline{AM}$ (segmento comum aos $\triangle ABM$ e $\triangle ACM$)

Pelo caso LLL, podemos afirmar que $\triangle ABM \cong \triangle ACM$ e, a partir disso, concluir que $\hat{B} \cong \hat{C}$.

Observações:

1ª) Essa propriedade dos triângulos isósceles pode ser enunciada assim:

Em um triângulo isósceles, os ângulos da base são congruentes.

2ª) O triângulo equilátero é um caso particular de triângulo isósceles. Nele, qualquer lado pode ser considerado base.

Podemos, então, enunciar:

Em um triângulo equilátero, os três ângulos são congruentes e cada um deles mede 60° (180° : 3).

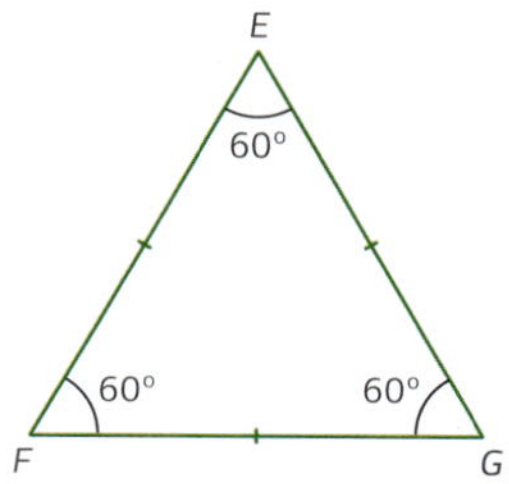

Por exemplo, se $\triangle EFG$ é equilátero, podemos escrever:

$m(\overline{EF}) = m(\overline{FG}) = m(\overline{EG})$ e $m(\hat{E}) = m(\hat{F}) = m(\hat{G}) = 60°$.

Exercícios

69. Responda.

a) Quais são as medidas dos lados $\overline{AB}$ e $\overline{AC}$ no $\triangle ABC$, isósceles de base $\overline{BC}$ e com perímetro de 20 cm?

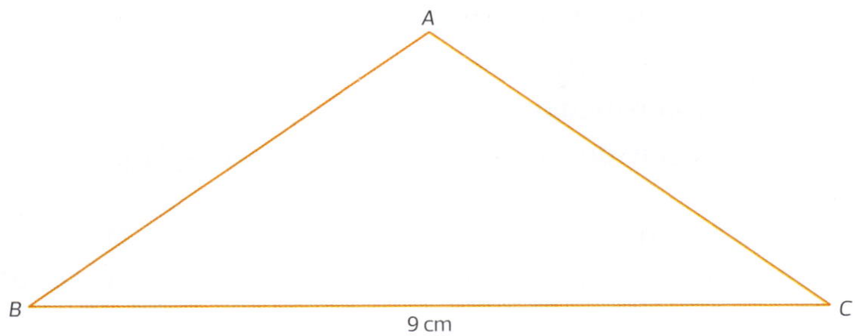

b) Se um triângulo isósceles tem perímetro de 30 cm e um dos lados mede 11 cm, quais as medidas dos três lados?

c) Quais são as medidas dos ângulos internos de um triângulo retângulo e isósceles?

d) Em um triângulo isósceles, um dos ângulos internos mede 80°. Quais são as medidas dos três ângulos internos?

e) Se um dos ângulos internos de um triângulo isósceles mede 120°, quanto medem os três ângulos internos desse triângulo?

70. No triângulo isósceles PQR, temos $\overline{PQ} \cong \overline{PR}$. Qual é o valor de x, em graus?

a)

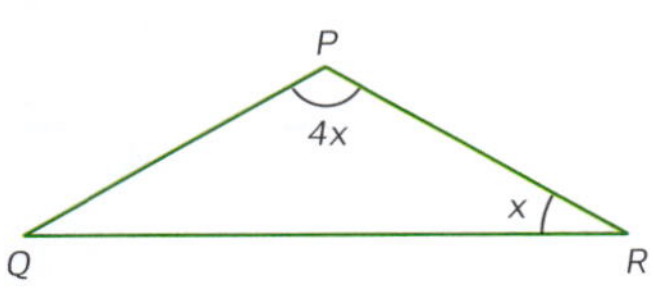

b)

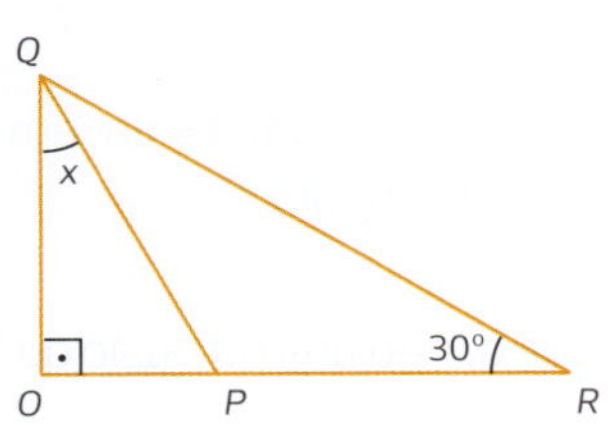

c)

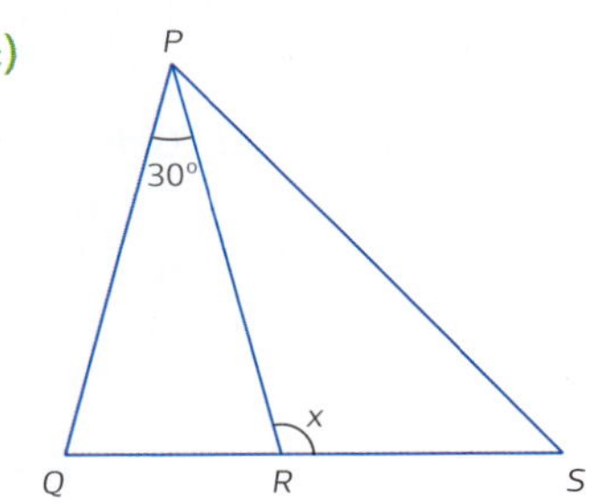

d)

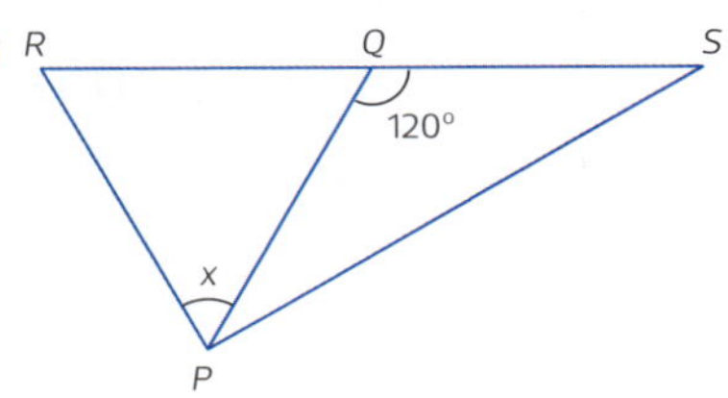

71. Cálculo mental

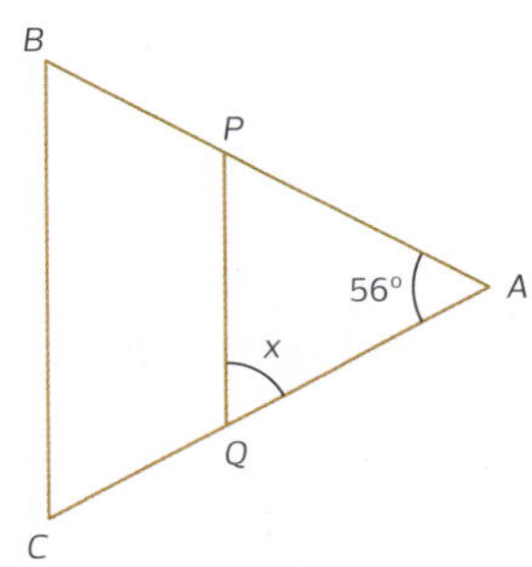

Mediana, bissetriz e altura de um triângulo

Além dos vértices, lados e ângulos (internos ou externos), os triângulos possuem outros importantes elementos: **medianas**, **bissetrizes** e **alturas**.

Mediana de um triângulo

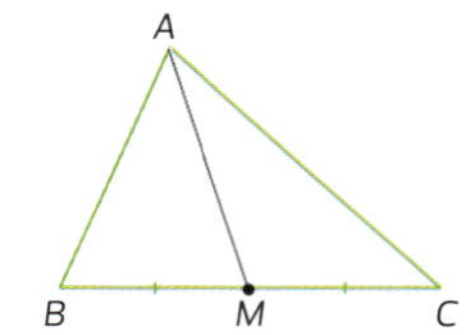

Observe o $\triangle ABC$ da figura.

M é o **ponto médio** do lado $\overline{BC}$, ou seja, $\overline{BM} \cong \overline{CM}$.

O segmento de reta AM é uma **mediana** do $\triangle ABC$.

> Mediana de um triângulo é o segmento que tem como extremidades um vértice do triângulo e o ponto médio do lado oposto a esse vértice.

Exercícios

72. Construa um $\triangle ABC$ no qual $m(\overline{AB}) = 6$ cm, $m(\overline{AC}) = 4$ cm e $m(\overline{BC}) = 3$ cm. Em seguida, trace a mediana $\overline{CM}$ desse triângulo.

73. Quantas medianas possui um triângulo? Converse com um colega e tentem descobrir.

Sergio Dotta Jr./Arquivo da editora

O baricentro é conhecido como **ponto de equilíbrio** do triângulo.
Suspensa pelo baricentro, uma região triangular fica equilibrada, paralela ao plano da mesa.

Baricentro de um triângulo

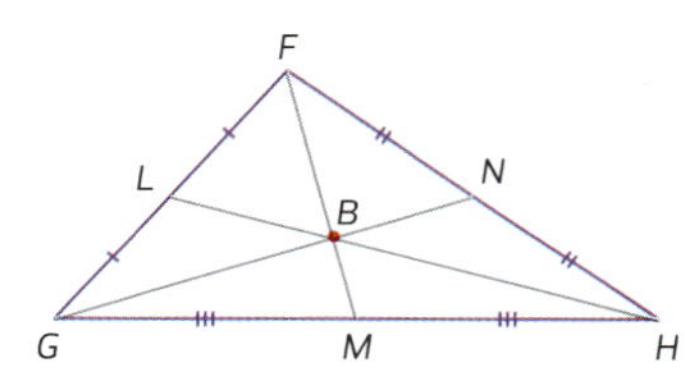

As **três medianas** de um triângulo se cruzam em um mesmo ponto. Esse ponto é chamado de **baricentro** do triângulo.

$\overline{FM}$, $\overline{GN}$ e $\overline{HL}$ são as medianas do $\triangle FGH$.

O ponto B é o baricentro do $\triangle FGH$.

Assim:

> Em todo triângulo, as três medianas cruzam-se em um mesmo ponto, chamado baricentro do triângulo.

O baricentro de qualquer triângulo divide a mediana na razão de 1 para 2. No $\triangle FGH$ da figura acima, temos:

$$\frac{MB}{FB} = \frac{NB}{GB} = \frac{LB}{HB} = \frac{1}{2}$$

Exercício

74. Considere o triângulo FGH acima. Depois, complete as afirmações a seguir.

a) Se $GH = 15$ cm, então $MH =$ __________.

b) Se $FN = 8$ mm, então $FH =$ __________.

c) Se $LB = 4$ m, então $BH =$ ________ e $LH =$ __________.

d) Se $GN = 45$ cm, então $NB =$ ________ e $GB =$ ________.

Bissetriz de um triângulo

Observe o $\triangle ABC$ da figura.

O segmento de reta AS divide o $\hat{A}$ em dois ângulos congruentes, ou seja, $B\hat{A}S \cong C\hat{A}S$, e o ponto S pertence ao lado $\overline{BC}$.

O segmento de reta AS é uma **bissetriz** do $\triangle ABC$.

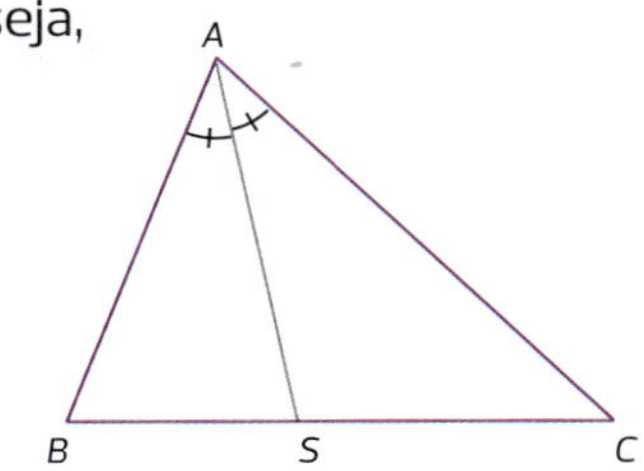

> Bissetriz de um triângulo é o segmento que tem uma extremidade em um vértice do triângulo, divide o ângulo interno ao meio e tem a outra extremidade no lado oposto a esse vértice.

Exercícios

75. Use régua e transferidor para construir um $\triangle ABC$ no qual $m(\overline{AB}) = 6$ cm, $m(\hat{A}) = 50°$ e $m(\hat{B}) = 70°$. Em seguida, trace a bissetriz $\overline{BS}$ desse triângulo.

76. Converse com um colega e respondam: quantas **bissetrizes** há em um triângulo?

Desafio

No $\triangle MSD$ ao lado, $\overline{SB}$ é uma bissetriz.

Descubra os valores de x e y e depois a medida de $S\hat{B}M$.

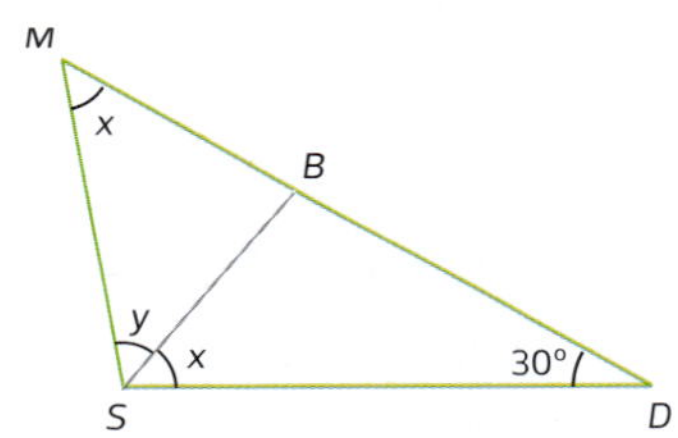

Incentro de um triângulo

Agora examine a figura abaixo.

Veja o que acontece com as três bissetrizes do $\triangle ABC$: elas se cruzam no mesmo ponto, chamado **incentro**.

- $\overline{AE}$ é bissetriz do $\triangle ABC$.
- $\overline{BF}$ é bissetriz do $\triangle ABC$.
- $\overline{CG}$ é bissetriz do $\triangle ABC$.
- I é o incentro do $\triangle ABC$.

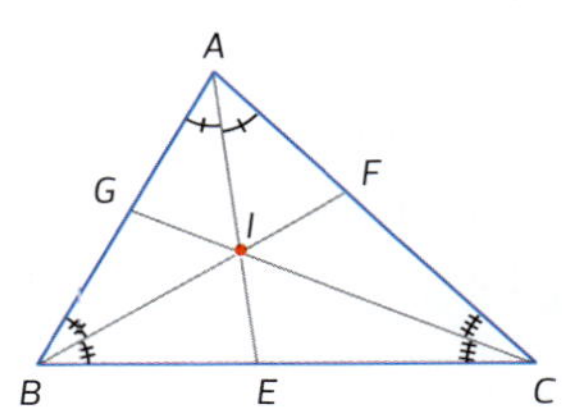

Assim:

> Em todo triângulo, as três bissetrizes cruzam-se em um mesmo ponto, chamado incentro do triângulo.

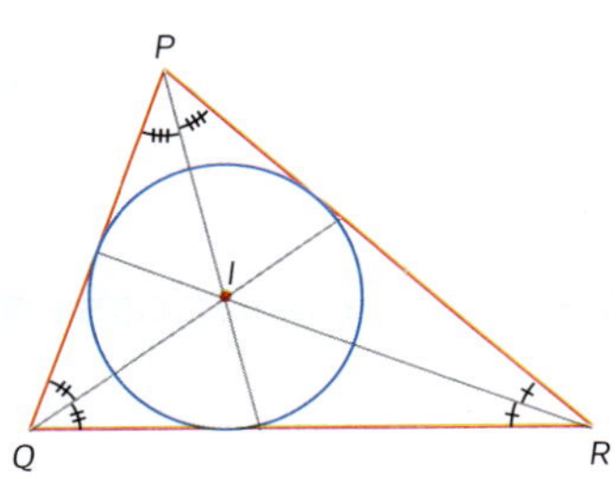

Exercício

77. Observe o triângulo ABC representado ao lado. Considere as informações abaixo e calcule $m(B\hat{I}E)$.

- I é o incentro do $\triangle ABC$.
- $m(\hat{A}) = 82°$
- $m(\hat{B}) = 62°$

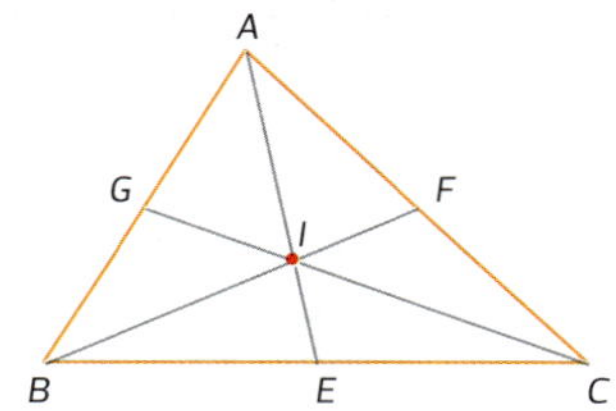

Você se lembra? **Altura de um triângulo** é o segmento de reta com uma extremidade em um vértice e a outra extremidade no lado oposto ou no seu prolongamento, formando com ele ângulos retos.

Altura de um triângulo

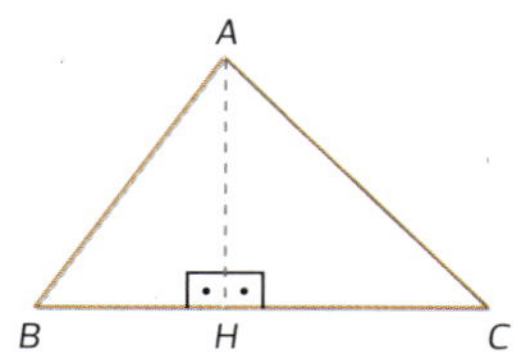

$\overline{AH}$ é uma altura do $\triangle ABC$, relativa à base $\overline{BC}$.

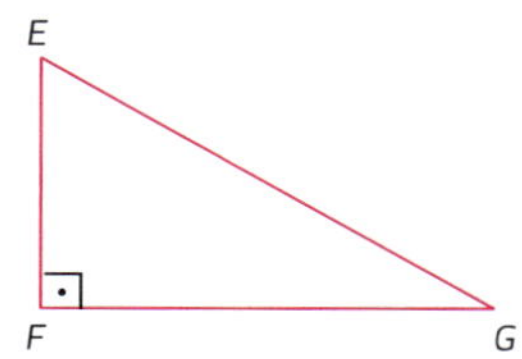

O lado $\overline{EF}$ é uma altura do $\triangle EFG$, relativa à base $\overline{FG}$.

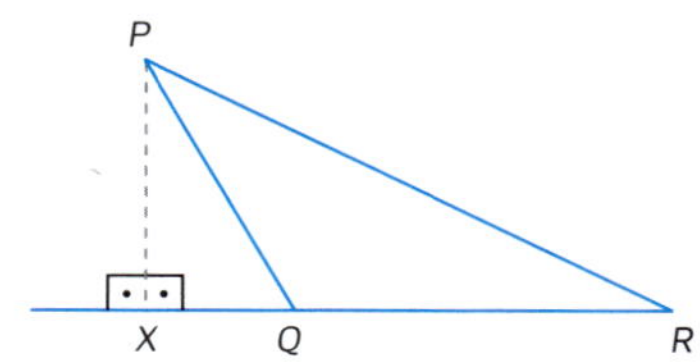

$\overline{PX}$ é uma altura do $\triangle PQR$, relativa à base $\overline{QR}$.

Exercícios

78. Calcule o valor de x e y com base nas figuras e nas informações dadas.

a) $\overline{AN}$ é uma bissetriz do $\triangle ABC$.

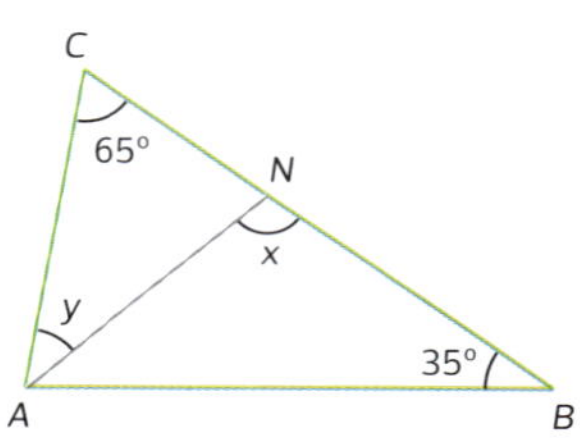

b) $\overline{FP}$ é uma altura do $\triangle EFG$.

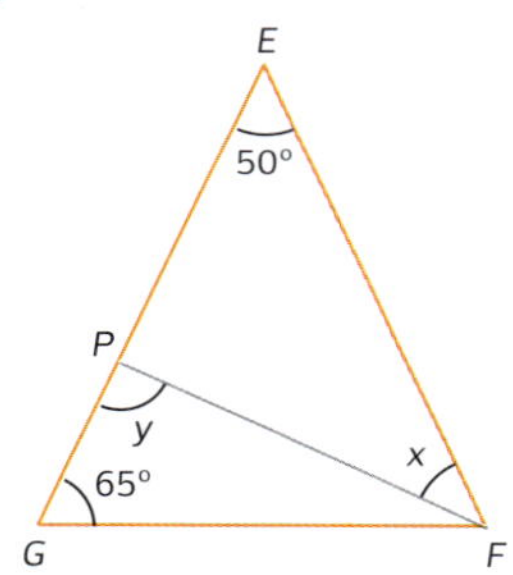

79. Em um $\triangle EFG$, $\hat{E}$ mede 100° e $\hat{F}$ mede 20°. O ponto O é o encontro da altura $\overline{EH}$ com a bissetriz $\overline{GS}$ desse triângulo. Determine a medida do ângulo $E\hat{O}G$.

80. No $\triangle ABC$ ao lado, o ponto R é o encontro da bissetriz $\overline{AS}$ com a altura $\overline{CH}$. Sabe-se que $\hat{B}$ mede 70° e $\hat{C}$ mede 30°. Determine as medidas dos seguintes ângulos:

a) $A\hat{H}C$
b) $S\hat{A}C$
c) $A\hat{R}C$
d) $A\hat{S}B$
e) $A\hat{C}H$
f) $B\hat{C}H$

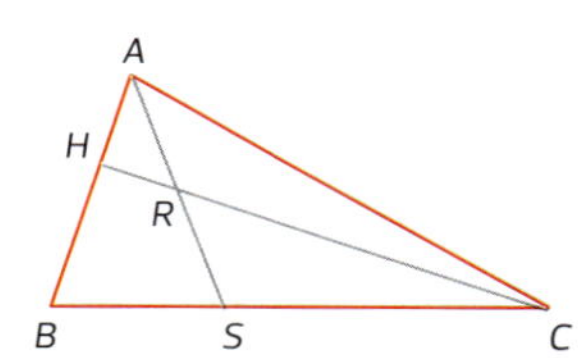

81. O triângulo da figura ($\triangle ABC$) é isósceles de base $\overline{BC}$ e o segmento de reta AM é mediana. Demonstre que $\overline{AM}$ é também bissetriz e altura desse triângulo, ou seja, demonstre a seguinte propriedade:

Em todo triângulo isósceles, a mediana relativa à base é também bissetriz e altura.

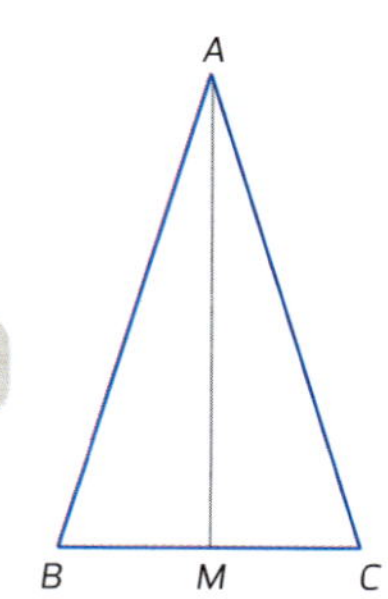

Ortocentro de um triângulo

Em cada triângulo abaixo, estão traçadas as **três alturas**.

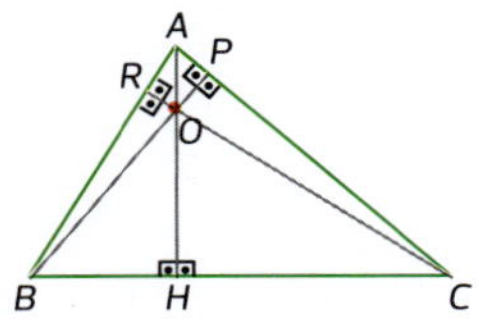

O $\triangle ABC$ é acutângulo.
$\overline{AH}$, $\overline{BP}$ e $\overline{CR}$ são suas alturas.
As três alturas cruzam-se no ponto O, chamado **ortocentro** do $\triangle ABC$.

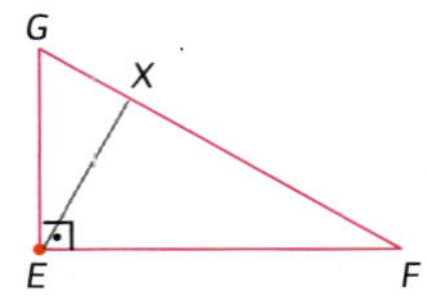

O $\triangle EFG$ é retângulo em E.
$\overline{GE}$, $\overline{EX}$ e $\overline{FE}$ são suas alturas.
O ponto E é o **ortocentro** do $\triangle EFG$, pois é comum às três alturas.

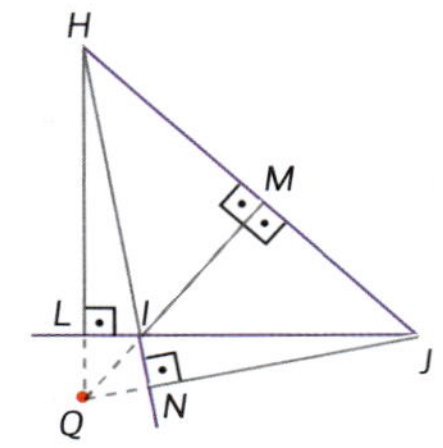

O $\triangle HIJ$ é obtusângulo.
$\overline{HL}$, $\overline{IM}$ e $\overline{JN}$ são suas alturas.
O ponto Q, **ortocentro** do $\triangle HIJ$, é o encontro dos prolongamentos das três alturas.

Em todo triângulo, as três alturas ou seus prolongamentos cruzam-se em um mesmo ponto, chamado de ortocentro do triângulo.

Exercício

82. No $\triangle ABC$ do quadro acima, se $m(\hat{A}) = 77°$ e $m(\hat{B}) = 56°$, calcule $m(H\hat{O}C)$.

Mediatriz de um segmento de reta e circuncentro de um triângulo

Mediatriz de um segmento de reta

Dado um segmento de reta de extremidades A e B, chama-se **mediatriz** de $\overline{AB}$ a reta perpendicular a esse segmento que passa pelo seu ponto médio.

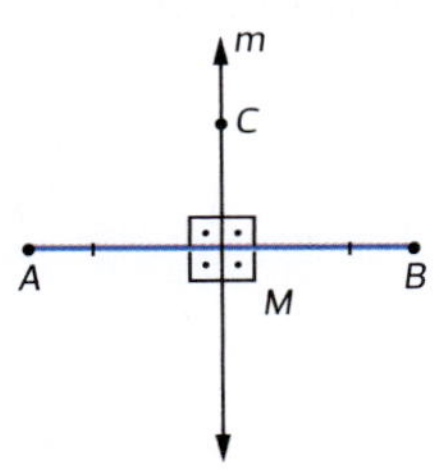

- a reta m é mediatriz de $\overline{AB}$.
- $\overline{AM} \cong \overline{BM}$ e $C\hat{M}B$ é reto.

Exercícios

83. Das três figuras abaixo, em qual delas a reta *r* é mediatriz de $\overline{EF}$? Justifique.

a) 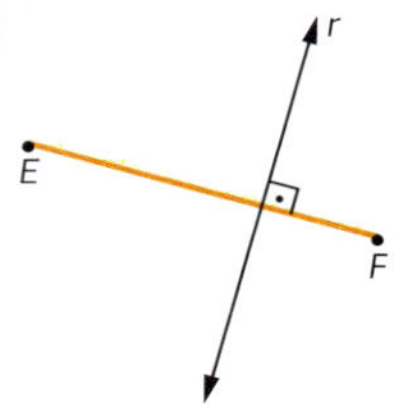

b) 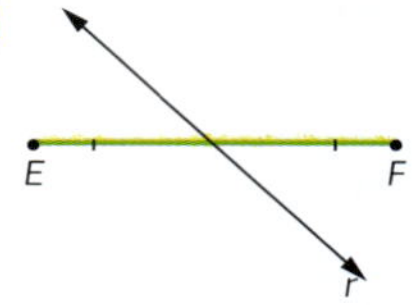

c) 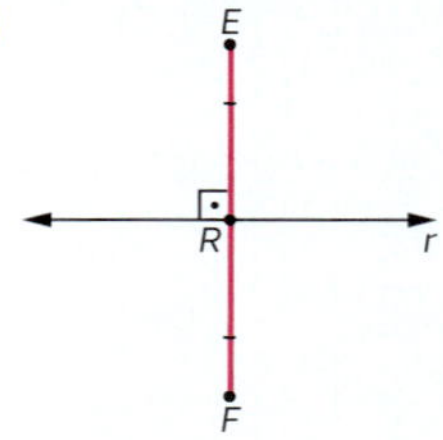

84. Traçado da mediatriz de um segmento de reta com uso de régua e compasso

Atividade em equipe

Analisem esta sequência de figuras para traçar a mediatriz de $\overline{AB}$. Em seguida, reproduzam-na no caderno. Conversem com os colegas sobre qual deve ser a abertura do compasso.

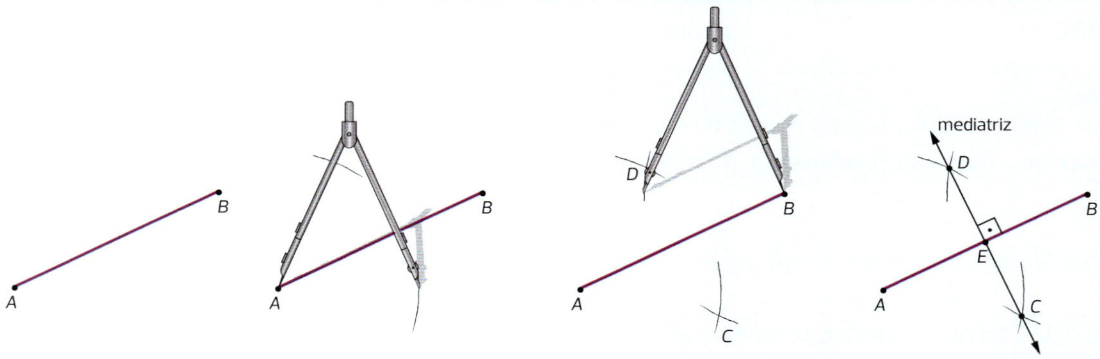

85. Em uma cidade, a prefeitura (*P*), o cinema (*C*) e a igreja (*I*) ficam na rua Margarida (*m*). O cinema está situado no ponto médio entre a prefeitura e a igreja e está também na rua Orquídea (*o*), que é paralela à rua Violeta (*v*). Complete o desenho abaixo, usando régua e compasso, localizando o ponto *C*, correspondente ao cinema, e a reta *o*, que representa a rua Orquídea.

Ilustrações: Paulo Manzi/Arquivo da editora

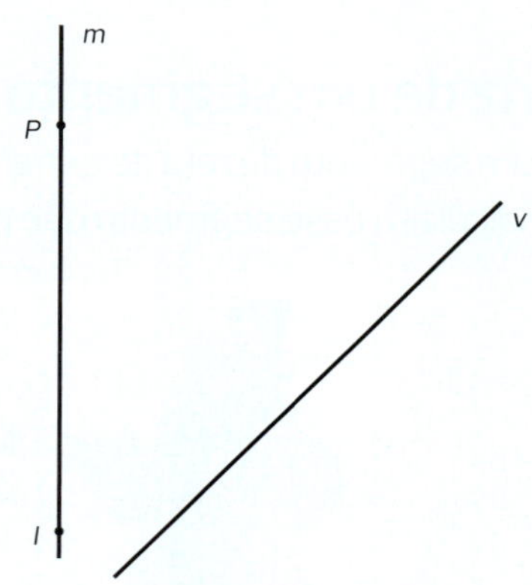

Desafio

Faça a demonstração da seguinte proposição:
Se *P* é um ponto da mediatriz (*m*) de $\overline{AB}$, então *P* é equidistante de *A* e *B*, ou seja, $\overline{PA} \cong \overline{PB}$.

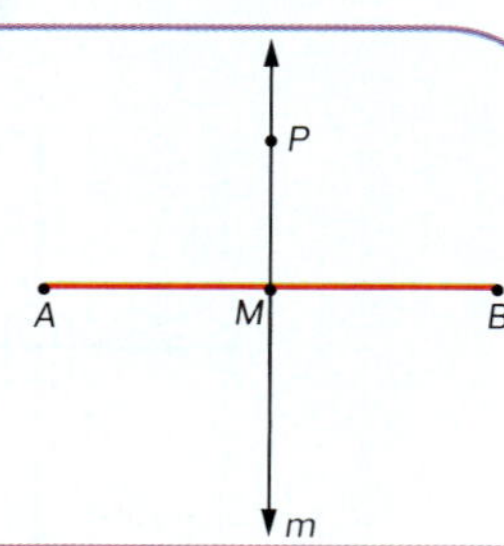

Circuncentro de um triângulo

Em uma cidade, será construído o prédio de uma agência bancária. Para a escolha do local, pensou-se no seguinte: ele deve ficar à mesma distância da prefeitura (P), do fórum (F) e do centro de saúde (C).

Observe a figura abaixo, converse com seus colegas e respondam: onde deve ser construída a agência bancária (B)?

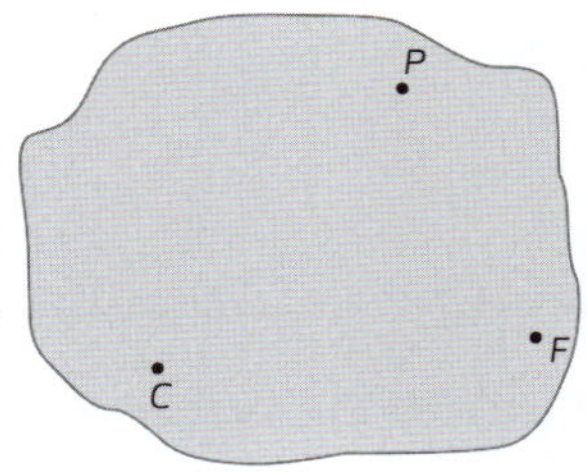

Veja como localizar o ponto B e converse com os colegas sobre essa construção.

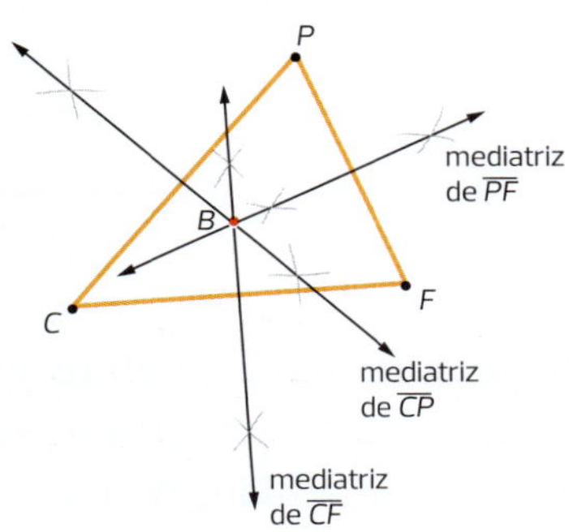

O ponto B, encontro das mediatrizes dos lados do $\triangle PFC$, é chamado de **circuncentro** do $\triangle PFC$. Veja por que ele tem esse nome: o circuncentro do $\triangle PFC$ é o centro da circunferência circunscrita ao $\triangle PFC$, ou seja, da circunferência que passa pelos três vértices.

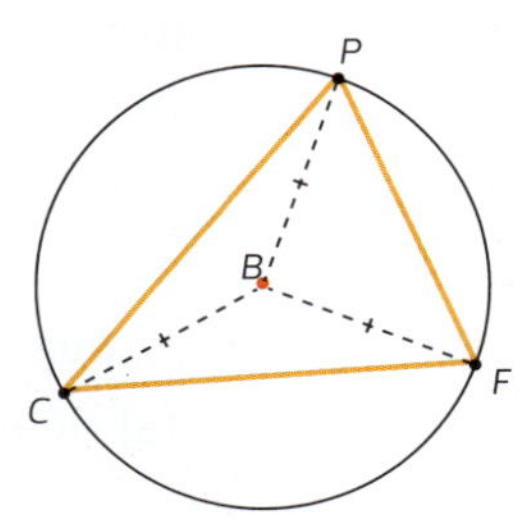

No exemplo visto, o circuncentro está localizado no interior da região determinada pelo triângulo. Isso nem sempre acontece. Observe nestes exemplos a localização do circuncentro C:

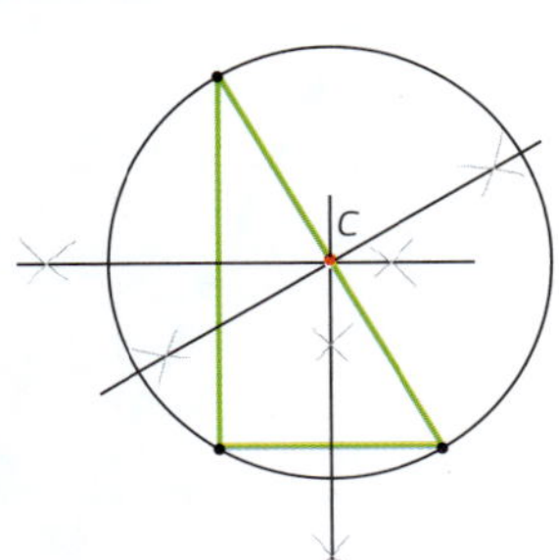

O circuncentro fica sobre o triângulo.

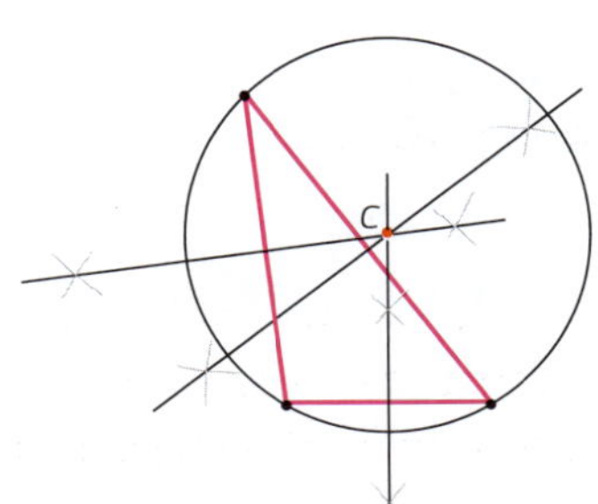

O circuncentro fica fora da região determinada pelo triângulo.

Você sabia?

Dada a grande importância do **ortocentro** (encontro das alturas), do **incentro** (encontro das bissetrizes), do **baricentro** (encontro das medianas) e do **circuncentro** (encontro das mediatrizes), esses pontos são chamados de **pontos notáveis de um triângulo**.

Exercícios

86. **Atividade em dupla**

Relacionem a posição do circuncentro com o tipo do triângulo quanto aos ângulos.

87. Construa um triângulo com lados de 7 cm, 6 cm e 4 cm, localize seu circuncentro *C* e trace a circunferência circunscrita a esse triângulo.

88. Troque ideias com seus colegas e justifiquem a seguinte afirmação: é sempre possível traçar uma circunferência que passa por três pontos não alinhados.

Oficina de Matemática

Construindo e investigando

Reúna-se com seus colegas e construam um triângulo equilátero em uma folha de papel sulfite. Nele, localizem o ortocentro, o incentro, o baricentro e o circuncentro usando régua e transferidor. O que vocês podem observar em relação a esses quatro pontos em um triângulo equilátero?

Leitura

Triangulação

Triangulação é um termo usado em diversas áreas da atividade humana. Ele define, por exemplo, a divisão de uma superfície terrestre em uma rede de triângulos cujos vértices são pontos bem visíveis e fixos (torres de igrejas, capelas ou outros edifícios, pirâmides ou marcos geodésicos, chaminés, etc.). Esses vértices estão situados em lugares mais ou menos elevados, de modo que de cada um se avistem os dois outros vértices.

A partir dessa rede de triângulos, mede-se a menor distância entre dois pontos, ou efetua-se o levantamento da carta de um país ou de uma região.

No futebol a triangulação descreve o lance em que os jogadores se movimentam formando linhas supostamente triangulares.

No voo livre, é uma modalidade de competição em que se estipula um percurso que passa por vários pontos de contorno.

A triangulação de satélites monitora o sistema GPS (sigla de *Global Positioning System*, sistema de posicionamento global), um receptor que indica exatamente a direção, o local e a velocidade de um veículo (barco, navio, avião, carro) ou de uma pessoa (mergulhador, por exemplo).

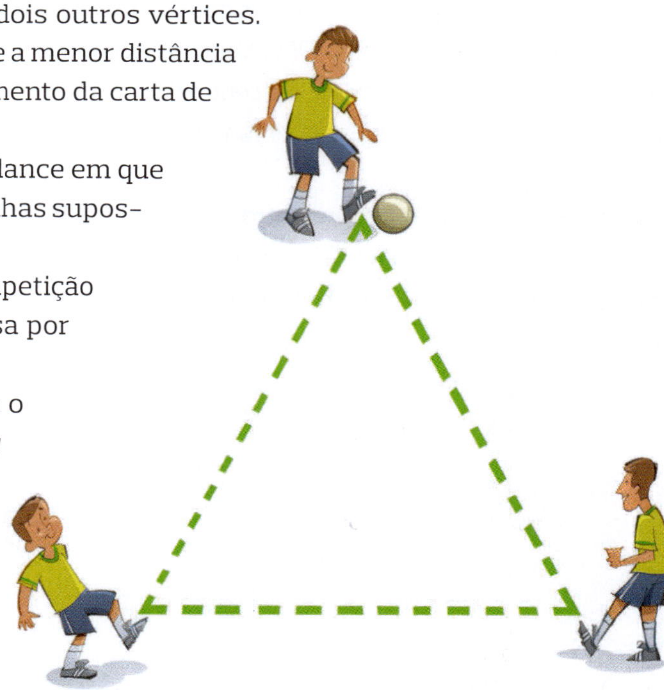

Giz de Cera/Arquivo da editora

7 Ampliando o estudo dos quadriláteros

Você já estudou a definição e os tipos de quadriláteros:

Quadrilátero é todo polígono de quatro lados.

Paralelogramos

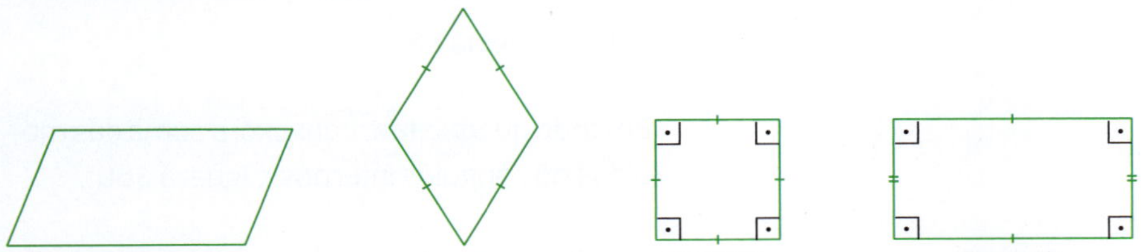

Paralelogramo qualquer — Losango — Quadrado — Retângulo

Trapézios

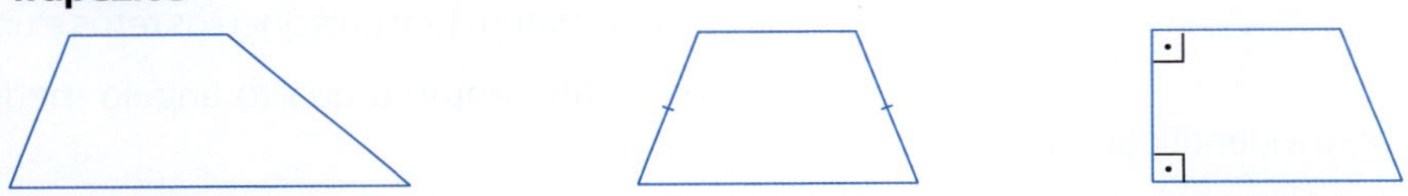

Trapézio qualquer — Trapézio isósceles — Trapézio retângulo

Quadriláteros que não são nem paralelogramos nem trapézios.

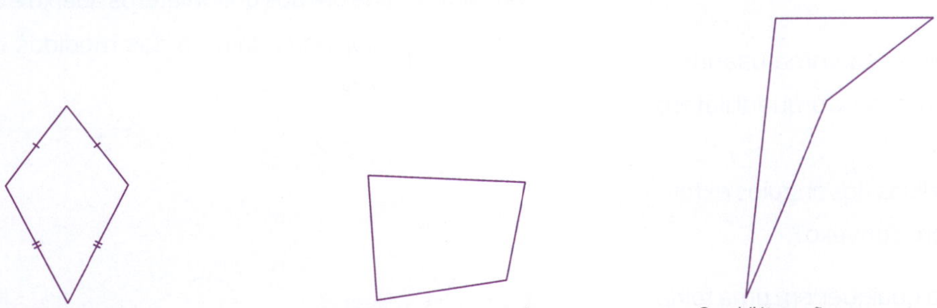

"Pipa" ou "papagaio" — Quadrilátero convexo qualquer — Quadrilátero não convexo

Bate-papo
Conversem sobre as características dos paralelogramos e dos trapézios.

Exercícios

89. Desenhe um quadrilátero:

a) qualquer;
b) que seja paralelogramo;
c) que seja trapézio;
d) que não seja nem paralelogramo nem trapézio.

90. Indique apenas as afirmações verdadeiras.

a) Todo retângulo é paralelogramo.
b) Todo quadrado é retângulo.
c) Todo paralelogramo é losango.
d) Todo quadrado é losango.

Características de um quadrilátero convexo

Amplie e aplique seus conhecimentos sobre os quadriláteros convexos fazendo estes exercícios.

Exercícios

91. Considerando o quadrilátero *ABCD* abaixo, responda quantos(as) e quais são:

a) os seus lados;

b) os seus vértices;

c) as suas diagonais;

d) os seus ângulos internos.

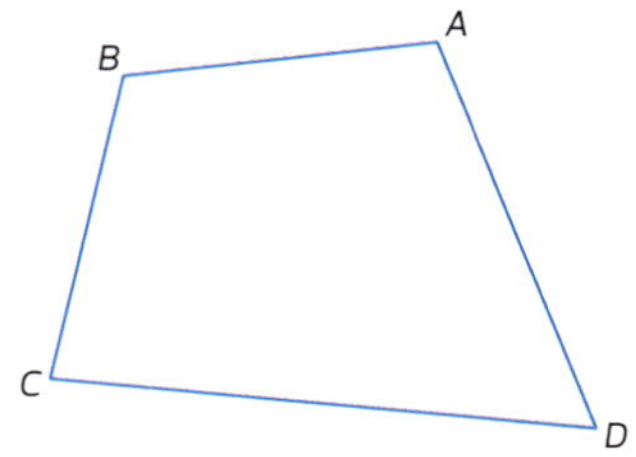

92. Desenhe um quadrilátero convexo e identifique os ângulos externos.

93. Responda:

a) Qual é a fórmula que indica a soma das medidas dos ângulos internos de um polígono convexo de *n* lados?

b) Como podemos obter essa soma usando a fórmula do item **a** no caso do quadrilátero convexo?

c) Qual é a soma das medidas dos ângulos externos em um quadrilátero convexo?

94. Desenhe um quadrilátero qualquer em uma folha de papel sulfite. Pinte, recorte os ângulos e faça colagens para verificar a soma das medidas dos quatro ângulos internos.

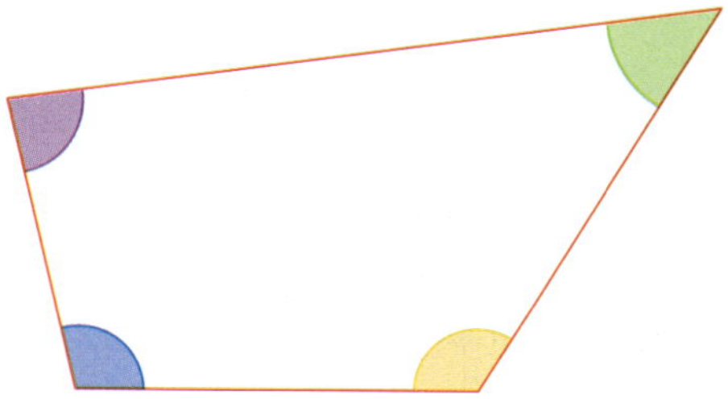

95. O quadrilátero que você desenhou no exercício anterior é um caso particular. Mas a propriedade que você verificou vale sempre, conforme foi mostrado na página 88:

> Em todo quadrilátero convexo, a soma das medidas dos ângulos internos é igual a 360°.

Complete.

a) Se em um quadrilátero *ABCD* o ângulo *A* mede 45°, o $\hat{B}$ mede 100° e o $\hat{C}$ mede 48°, então $\hat{D}$ mede __________.

b) Se um quadrilátero tem dois ângulos retos e um ângulo de 66°, então o quarto ângulo mede __________.

c) Se em um quadrilátero *MNOP* temos $m(\hat{M}) + m(\hat{N}) = 205°$, então $m(\hat{O}) + m(\hat{P}) =$ __________.

96. Considere cada um dos quadriláteros abaixo e determine o valor de cada uma das medidas dos ângulos internos:

a)

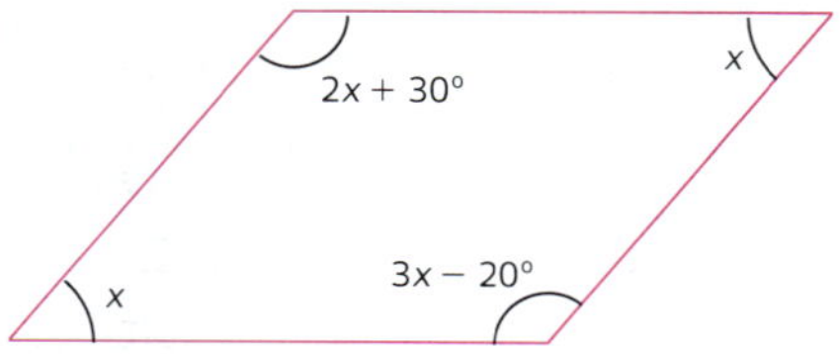

b)

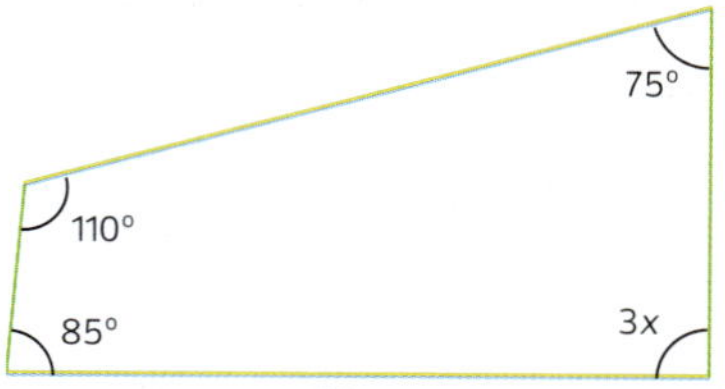

97. Quais são as medidas dos ângulos internos de um quadrilátero sabendo-se que um dos ângulos mede *x* graus e os outros ângulos medem o dobro, o triplo e o quádruplo de *x*?

Paralelogramos

Você já estudou:

Paralelogramo é todo quadrilátero cujos lados opostos são paralelos.

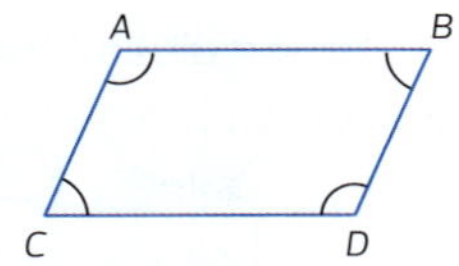

$\overline{AB} // \overline{CD}$ e $\overline{AC} // \overline{BD}$

Propriedades dos paralelogramos

Acompanhe a demonstração de algumas propriedades dos paralelogramos.

1ª propriedade

Em todo paralelogramo, dois ângulos opostos são congruentes (medidas iguais) e dois ângulos não opostos são suplementares (soma das medidas: 180°).

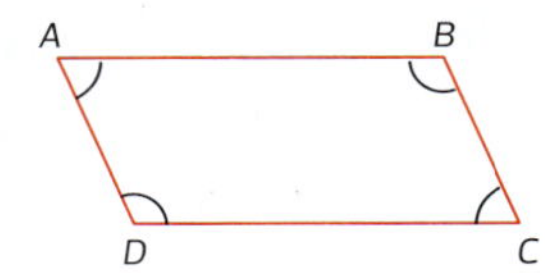

Demonstração:

Se $ABCD$ é um paralelogramo, temos $\overline{AB}//\overline{CD}$ e podemos considerar $\overline{AD}$ uma transversal. Então, $\hat{a}$ e $\hat{d}$ são ângulos colaterais internos.

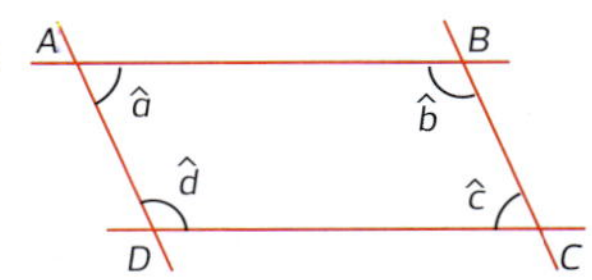

Com base nisso, podemos afirmar que $m(\hat{a}) + m(\hat{d}) = 180°$ ou que $\hat{a}$ e $\hat{d}$ são suplementares (I).

Da mesma forma, considerando:

- $\overline{AB}//\overline{CD}$ e a transversal $\overline{BC}$, concluímos que $m(\hat{b}) + m(\hat{c}) = 180°$ (II);
- $\overline{AD}//\overline{BC}$ e a transversal $\overline{AB}$, concluímos que $m(\hat{a}) + m(\hat{b}) = 180°$ (III);
- $\overline{AD}//\overline{BC}$ e a transversal $\overline{CD}$, concluímos que $m(\hat{c}) + m(\hat{d}) = 180°$ (IV).

Usando essas afirmações, complete a demonstração e conclua que $m(\hat{a}) = m(\hat{c})$ e $m(\hat{b}) = m(\hat{d})$.

2ª propriedade

Em todo paralelogramo, os lados opostos são congruentes.

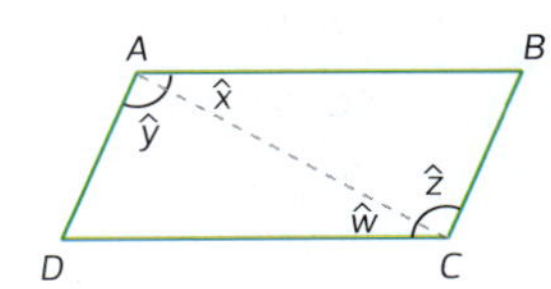

Devemos demonstrar que $\overline{AB} \cong \overline{DC}$ e $\overline{AD} \cong \overline{BC}$.

Traçamos $\overline{AC}$. Em $\triangle ABC$ e $\triangle ADC$, temos:

- $m(\hat{x}) = m(\hat{w})$ (medidas de ângulos alternos internos, com $\overline{AB} // \overline{DC}$)
- $m(\hat{y}) = m(\hat{z})$ (medidas de ângulos alternos internos, com $\overline{AD} // \overline{BC}$)
- $\overline{AC} \cong \overline{AC}$ (lado comum)

Pelo caso ALA, concluímos que $\triangle ABC \cong \triangle ADC$. Logo, $\overline{AB} \cong \overline{DC}$ e $\overline{AD} \cong \overline{BC}$.

3ª propriedade

Em todo paralelogramo, as diagonais cortam-se ao meio.

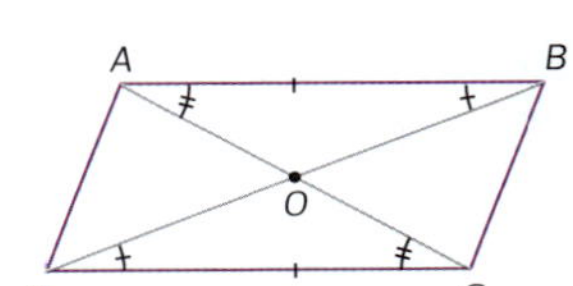

Considerando o paralelogramo $ABCD$ e as diagonais $\overline{AC}$ e $\overline{DB}$, temos: $\triangle AOB \cong \triangle COD$ (caso ALA).

Da congruência desses triângulos, deduzimos que $\overline{AO} \cong \overline{CO}$ e $\overline{BO} \cong \overline{DO}$, ou seja, o ponto O, cruzamento das diagonais, é o ponto médio das duas diagonais.

Exercícios

98. Calcule as medidas dos quatro ângulos internos dos seguintes paralelogramos:

a) 

b) 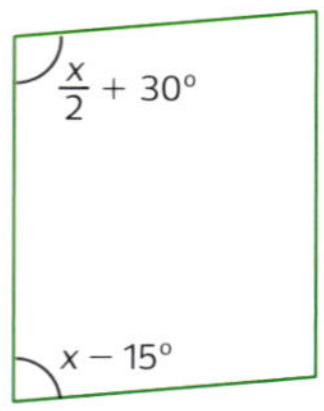

99. Calcule a medida de cada uma das diagonais do paralelogramo da figura.

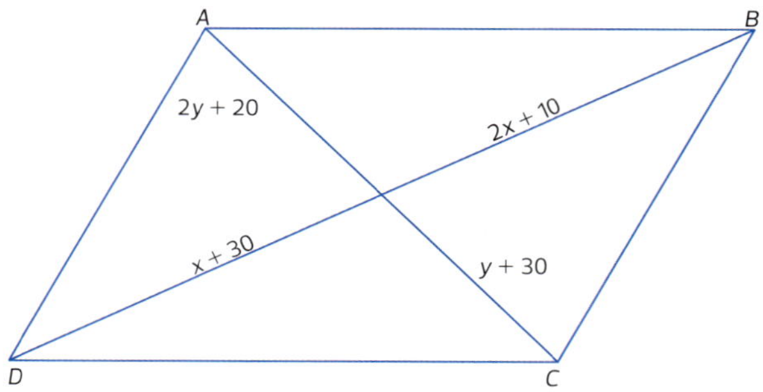

100. As três propriedades que demonstramos para os paralelogramos são válidas para o retângulo, para o losango e para o quadrado? Justifique.

101. Indique apenas as afirmações verdadeiras:

a) As diagonais do retângulo cortam-se ao meio.

b) As diagonais do trapézio cortam-se ao meio.

c) As diagonais do quadrado cortam-se ao meio.

d) As diagonais do losango cortam-se ao meio.

102. No paralelogramo da figura abaixo, determine o valor de x e y.

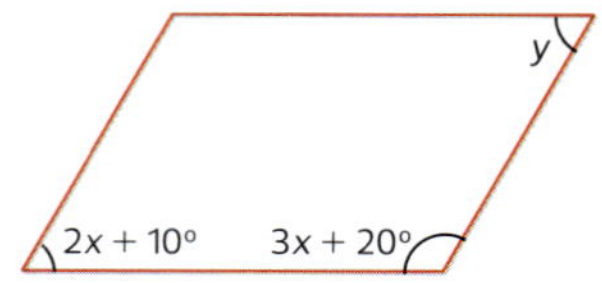

103. No $\triangle ABC$ abaixo, M é ponto médio de $\overline{AB}$ e N é ponto médio de $\overline{AC}$. Demonstre que a medida de $\overline{MN}$, chamada de base média do $\triangle ABC$, é a metade da medida de $\overline{BC}$.

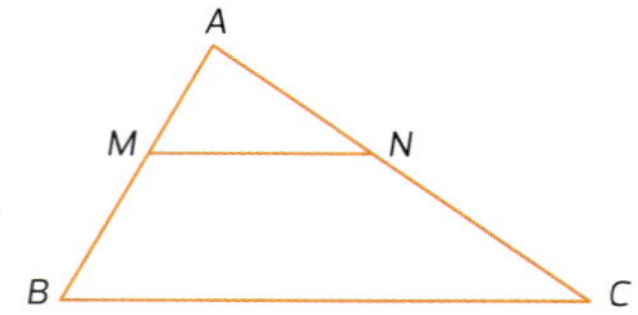

Sugestão: Traçar a reta r que passa por C e é paralela a $\overline{AB}$ e prolongar $\overline{MN}$ até encontrar r em D, formando o paralelogramo $MBCD$. Nesse caso, $\overline{MD} \cong \overline{BC}$.

Propriedade dos retângulos

Vamos demonstrar que:

> As diagonais de um retângulo são congruentes.

Consideremos o retângulo $ABCD$ abaixo. Devemos demonstrar que $\overline{AC} \cong \overline{BD}$.
Analisando os elementos do $\triangle ADC$ e do $\triangle BCD$, temos:

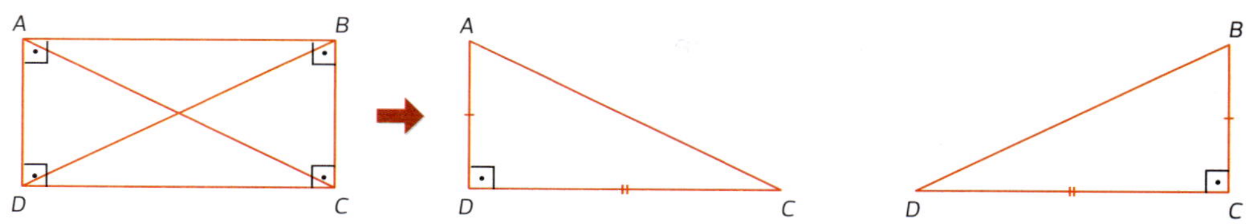

- $\overline{AD} \cong \overline{BC}$ (lados opostos de um retângulo, que é um paralelogramo)
- $\hat{D} \cong \hat{C}$ (retos)
- $\overline{DC} \cong \overline{DC}$ (lado comum)

Pelo caso LAL, temos $\triangle ADC \cong \triangle BCD$.
Portanto, $\overline{AC} \cong \overline{BD}$.
Considerando as propriedades demonstradas, podemos afirmar:

> As diagonais de um retângulo são congruentes e cortam-se ao meio.

Propriedade dos losangos

Agora, acompanhe a demonstração de uma propriedade dos losangos (paralelogramos que têm os quatro lados congruentes).

> As diagonais de um losango são perpendiculares entre si e estão contidas nas bissetrizes dos ângulos internos do losango.

Considere o losango *ABCD* da figura abaixo.

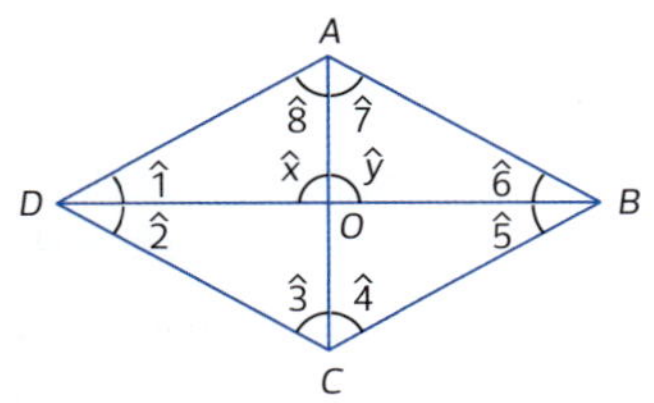

Demonstração:

1ª parte

$\triangle AOB$ e $\triangle AOD$ têm:

- $\overline{AB} \cong \overline{AD}$ (lados do losango)
- $\overline{OB} \cong \overline{OD}$ (*O* é ponto médio da diagonal, pois o losango é um paralelogramo)
- $\overline{AO} \cong \overline{AO}$ (lado comum)

Pelo caso LLL, temos $\triangle AOB \cong \triangle AOD$ e daí temos $m(\hat{x}) = m(\hat{y})$.

Como $m(\hat{x}) + m(\hat{y}) = 180°$, então $m(\hat{x}) = 90°$ e $m(\hat{y}) = 90°$.

Logo, $\overline{BD}$ e $\overline{AC}$ são perpendiculares entre si.

2ª parte

$\triangle ABC$ e $\triangle ADC$ têm:

- $\overline{AB} \cong \overline{AD}$ (lados do losango)
- $\overline{BC} \cong \overline{DC}$ (lados do losango)
- $\overline{AC} \cong \overline{AC}$ (lado comum)

Pelo caso LLL, temos $\triangle ABC \cong \triangle ADC$ e daí temos $\hat{7} \cong \hat{8}$ e $\hat{4} \cong \hat{3}$.

Então, $\overline{AC}$ está sobre as bissetrizes de $\hat{A}$ e de $\hat{C}$.

Da mesma forma, usando $\triangle ABD$ e $\triangle CBD$ podemos mostrar que $\hat{1} \cong \hat{2}$ e $\hat{6} \cong \hat{5}$, ou seja, a diagonal $\overline{BD}$ está sobre as bissetrizes de $\hat{B}$ e $\hat{D}$.

Observação: com essa propriedade podemos justificar a construção com régua e compasso da mediatriz de um segmento de reta.

Veja:

> *ACBD* é um losango e $\overline{AB}$ e $\overline{CD}$ são suas diagonais.
>
> Logo, $\overline{AE} \cong \overline{BE}$ e $C\hat{E}B$ é reto, pois as diagonais do losango cortam-se ao meio e são perpendiculares.
>
> Podemos então afirmar que $\overleftrightarrow{CD}$ (*m*) é a mediatriz de $\overline{AB}$.

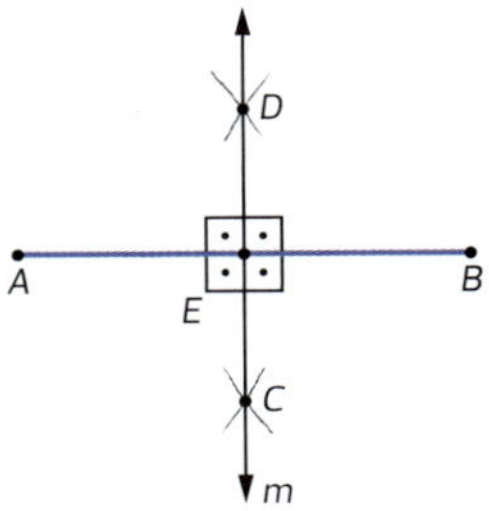

Exercícios

104. Observe o losango *RHMP* e depois indique apenas as afirmações que são corretas para ele e para qualquer outro losango.

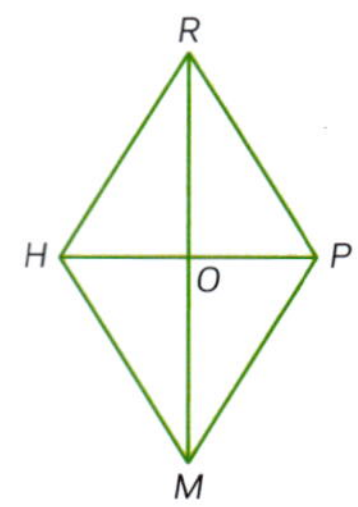

a) $\hat{R}$ é reto.

b) $\hat{R} \cong \hat{M}$

c) $\overline{RM} \perp \overline{HP}$

d) $\overline{RM} \cong \overline{HP}$

e) $\overline{OH} \cong \overline{OP}$

f) $M\hat{O}P$ é reto.

g) $H\hat{M}P \cong M\hat{P}R$

h) $R\hat{P}O \cong M\hat{P}O$

i) $\overline{RP} \cong \overline{PM}$

j) $\overline{RH} \,//\, \overline{PM}$

k) $\overline{OP} \cong \overline{OM}$

l) $\overline{OR}$ mede a metade de $\overline{RM}$.

105. Com base nas definições e demonstrações já feitas e lembrando que todo quadrado é um quadrilátero convexo, um paralelogramo, um retângulo e um losango, responda:

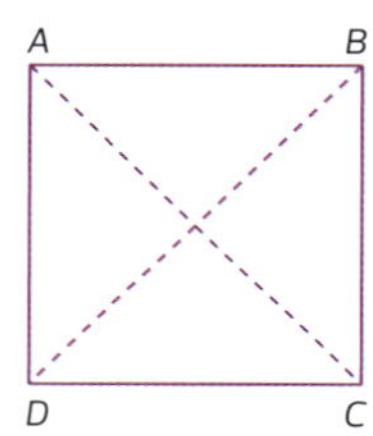

a) Como são os lados opostos em um quadrado?

b) O quadrado é um polígono regular?

c) Qual é a soma das medidas dos ângulos internos de um quadrado?

d) Qual é a medida de cada ângulo externo em um quadrado?

e) As diagonais de um quadrado são congruentes?

f) As diagonais de um quadrado cortam-se ao meio?

g) As diagonais de um quadrado são perpendiculares?

h) As diagonais de um quadrado estão sobre as bissetrizes dos ângulos internos?

106. Escreva:

a) uma propriedade dos losangos que não vale para todos os retângulos;

b) uma propriedade dos retângulos que não vale para todos os losangos.

107. Determine o valor da medida *x* no retângulo abaixo.

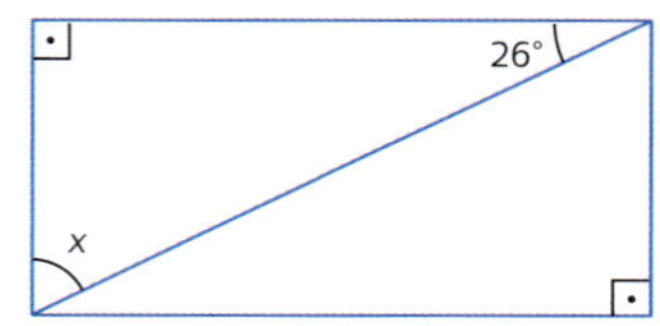

108. Os ângulos opostos agudos de um losango medem 60°. A diagonal maior desse losango separa-o em dois triângulos congruentes. Quais são as medidas dos ângulos internos desses triângulos?

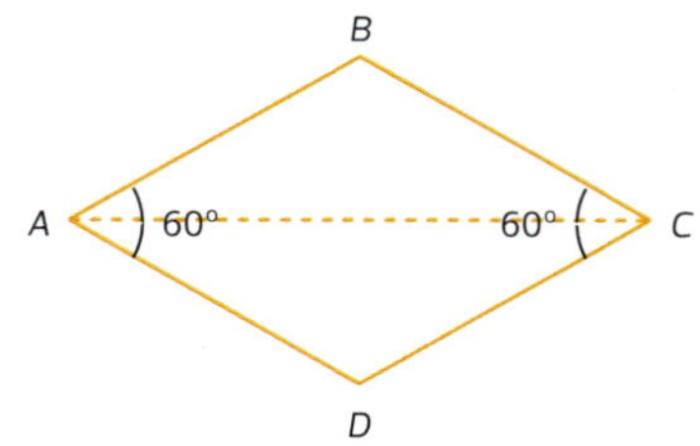

109. Considere o quadrado *PQRS* e determine o valor das medidas *x* e *y* dos ângulos indicados.

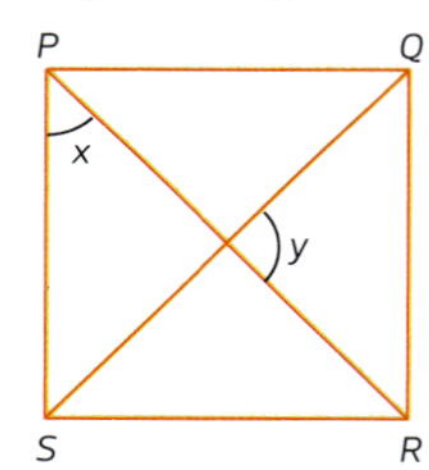

110. No losango *ABCD*, determine o valor das medidas *x* e *y*.

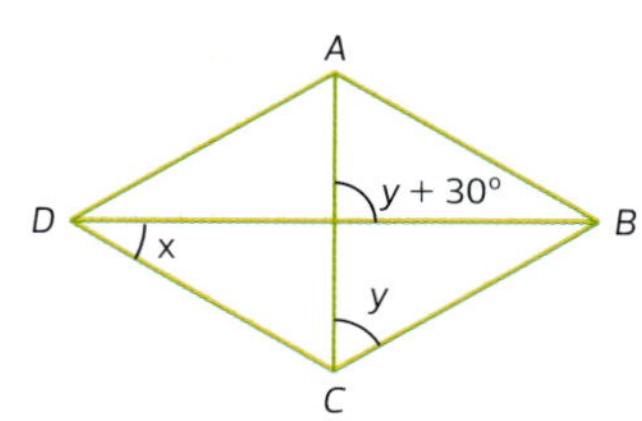

111. No losango *PQRS*, determine o valor da medida *x* do ângulo indicado.

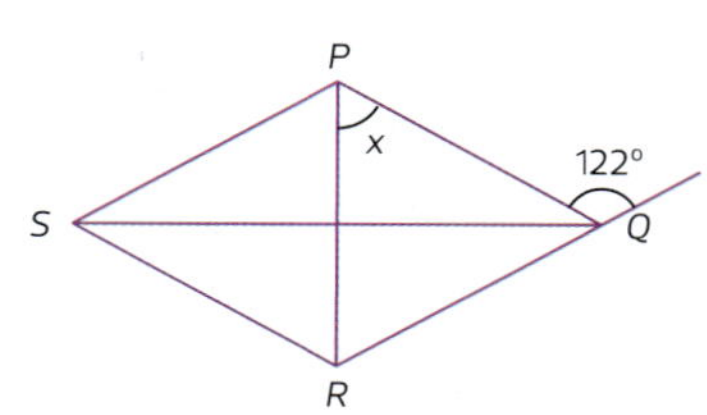

Trapézios

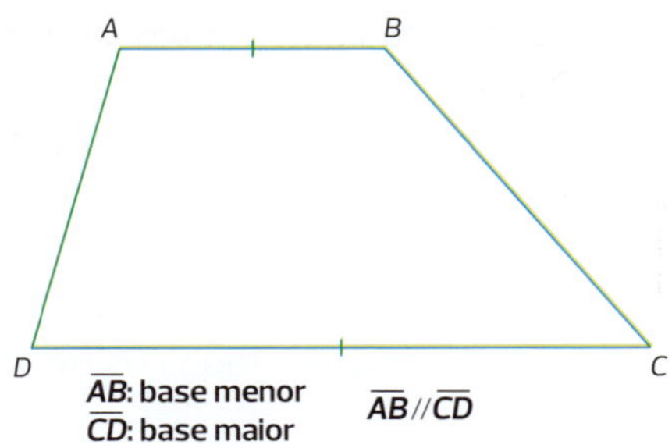

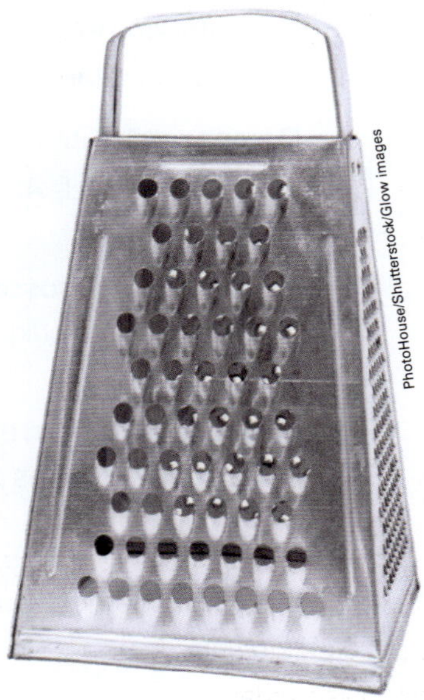

Ralador cujas laterais lembram a forma de um trapézio.

Exercícios

112. Responda considerando o trapézio *ABCD* da figura acima.

a) $\hat{A}$ e $\hat{D}$ são congruentes, complementares ou suplementares? Justifique.

b) $\hat{B}$ e $\hat{C}$ são congruentes, complementares ou suplementares? Justifique.

c) As respostas dos itens **a** e **b** nos mostram uma propriedade dos trapézios. Como você enunciaria essa propriedade?

113. Determine o valor das letras que aparecem nos trapézios abaixo.

a) 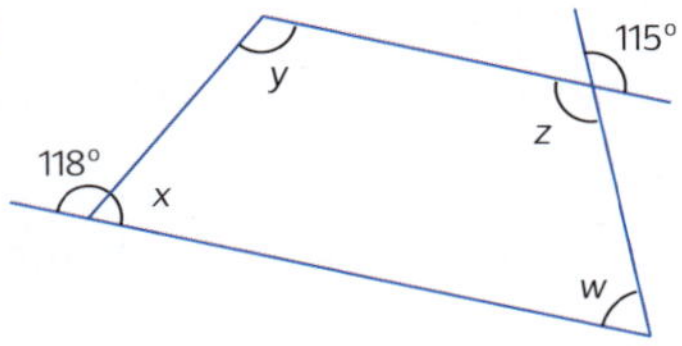

b) 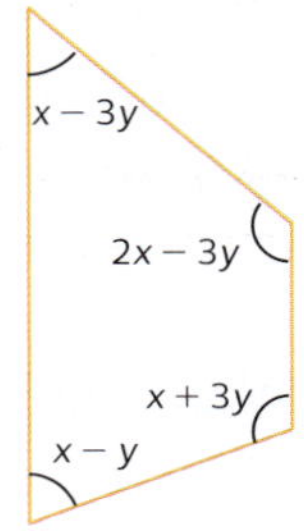

114. O quadrilátero abaixo é um trapézio ($\overline{AB} // \overline{CD}$). Registre apenas as afirmações verdadeiras.

a) $m(\hat{A}) + m(\hat{B}) + m(\hat{C}) + m(\hat{D}) = 360°$

b) $m(\hat{B}) = m(\hat{D})$

c) $m(\hat{B}) + m(\hat{C}) = 180°$

d) $m(\hat{D}) + m(\hat{C}) = 180°$

e) $m(\hat{A}) + m(\hat{D}) = 180°$

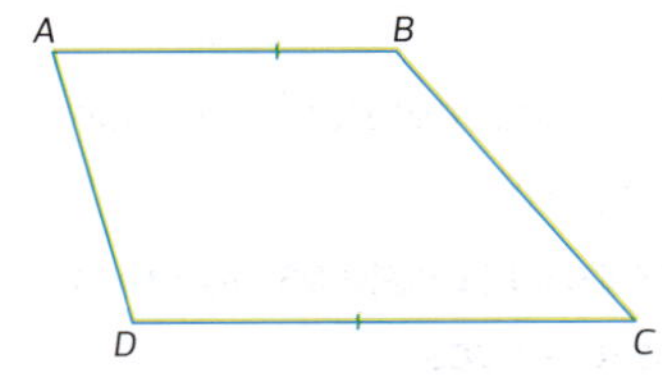

Tipos de trapézio

Vamos analisar dois importantes tipos de trapézio.

> **Trapézio retângulo** é aquele que tem dois ângulos internos retos.

No trapézio retângulo, um dos lados que não é base é perpendicular às duas bases.

O trapézio *ABCD* ao lado é um trapézio retângulo: $\hat{A}$ e $\hat{D}$ são retos ($\overline{AD} \perp \overline{AB}$ e $\overline{AD} \perp \overline{DC}$).

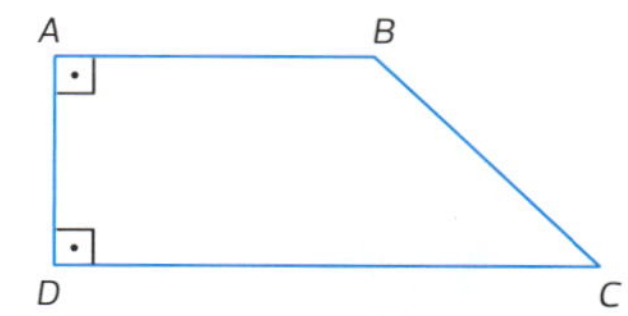

$\overline{AB}$ e $\overline{DC}$ são as bases do trapézio *ABCD*.

> **Trapézio isósceles** é aquele que tem os dois lados não paralelos congruentes, isto é, de medidas iguais.

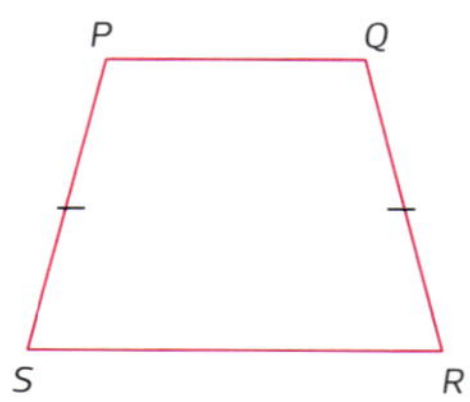

PQRS **é um trapézio isósceles de bases** $\overline{PQ}$ **e** $\overline{RS}$**. Então,** $\overline{PS} \cong \overline{QR}$**.**

Você pode verificar, experimentalmente, medindo ângulos e segmentos de reta, que, no trapézio isósceles ao lado, também temos:

$$\hat{P} \cong \hat{Q},\ \hat{S} \cong \hat{R} \text{ e } \overline{PR} \cong \overline{SQ}$$

É possível demonstrar que esses fatos acontecem em todos os trapézios isósceles, ou seja:

> Em um trapézio isósceles, os ângulos adjacentes a uma mesma base são congruentes e as diagonais também são congruentes.

Exercícios

115. Responda:

a) Em um trapézio retângulo, um dos ângulos internos mede 53°. Quanto medem os outros três?

b) Em um trapézio retângulo *EFGH*, o ângulo obtuso $\hat{E}$ mede o triplo do ângulo agudo $\hat{F}$. Quanto medem $\hat{E}$, $\hat{F}$, $\hat{G}$ e $\hat{H}$?

116. No trapézio isósceles *PQRS* dado acima, classifique em (*V*) ou (*F*) as afirmações seguintes:

a) $\overline{PQ} \cong \overline{RS}$

b) $\overline{PQ}\ //\ \overline{RS}$

c) $\overline{PR} \cong \overline{SQ}$

d) $\hat{P} \cong \hat{Q}$

e) $\hat{P}$ e $\hat{S}$ são suplementares.

f) $\hat{R}$ e $\hat{S}$ são suplementares.

117. Um trapézio é isósceles e a medida de um dos seus ângulos agudos corresponde a $\frac{2}{3}$ da medida de um dos seus ângulos obtusos. Quais são as medidas dos quatro ângulos internos desse trapézio?

118. Analise as seguintes afirmações referentes a trapézios:

A) Têm apenas dois lados paralelos.

B) Têm dois ângulos retos.

C) Têm congruentes os dois lados que não são bases.

D) Têm dois pares de ângulos suplementares.

E) Têm as duas diagonais congruentes.

F) Têm os dois ângulos de cada base congruentes.

G) Têm um lado perpendicular às duas bases.

Agora, responda:

a) Quais afirmações valem para todos os trapézios?

b) Quais afirmações valem apenas para trapézios retângulos?

c) Quais afirmações valem apenas para trapézios isósceles?

Base média de um trapézio

Observe o trapézio *ABCD* abaixo, no qual $\overline{AB}$ e $\overline{CD}$ são as bases, e *M* e *N* são os pontos médios dos lados $\overline{AD}$ e $\overline{BC}$.

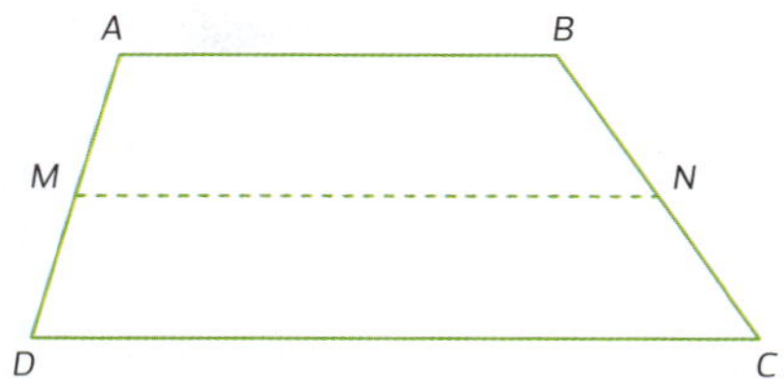

Em todo trapézio, a medida da base média é igual à média aritmética das medidas das bases maior e menor do trapézio.

$$MN = \frac{AB + CD}{2}$$

Acompanhe a demonstração:

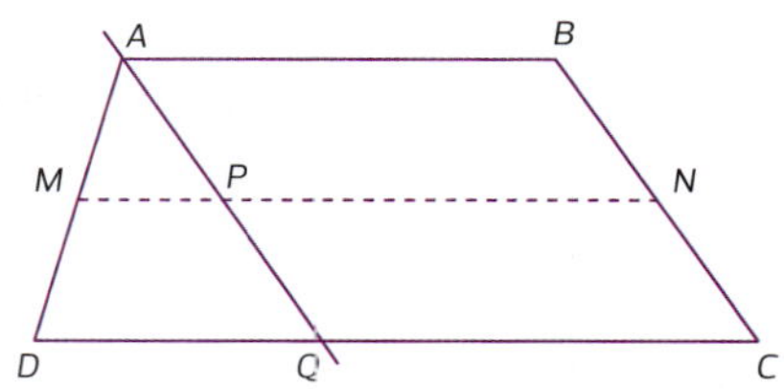

- Traçamos $\overline{AQ}//\overline{BC}$ e obtemos três paralelogramos: *ABNP*, *PNCQ* e *ABCQ*. Daí temos que:

$$AB = PN = QC$$

- $MP = \frac{DQ}{2}$ (base média do triângulo)
- $MN = MP + PN = \frac{DQ}{2} + PN = \frac{DQ + 2PN}{2} = \frac{DQ + PN + PN}{2} = \frac{DQ + QC + AB}{2}$

Como $DQ + QC = CD$ é a medida da base maior e $\overline{AB}$ é a base menor, temos que

$$MN = \frac{AB + CD}{2}$$

CONTEÚDO DIGITAL

Exercícios

119. Meça as bases maior, menor e média no trapézio *ABCD* representado acima e confira a propriedade enunciada.

120. Determine a medida da base média de um trapézio sabendo que a medida da base maior é 8,25 cm e a medida da base menor é 6,15 cm.

121. Sabendo que a base média de um trapézio mede 6,5 cm e a base maior mede 8 cm, qual é a medida da base menor?

122. Determine o valor de *x* no trapézio abaixo, sendo $\overline{MN}$ a base média:

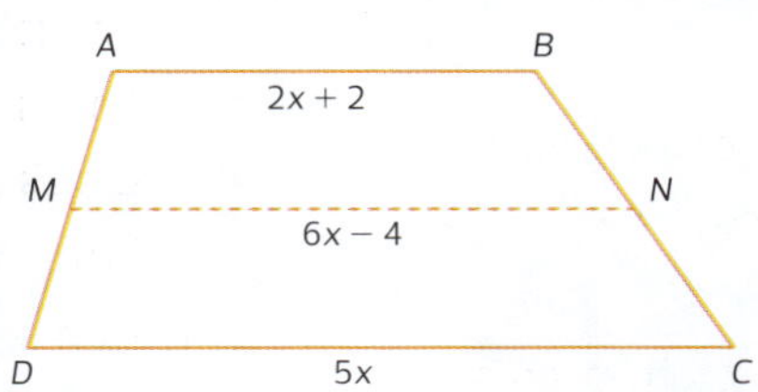

Raciocínio lógico

Copie e complete logicamente.

Nenhum quadrilátero é triângulo.

Todo quadrado é um quadrilátero. Portanto, ______________________.

Conexões

Cúpula geodésica

A cúpula geodésica é uma estrutura arquitetônica que se caracteriza por sua leveza e resistência, em razão do formato esférico e dos "triângulos" que compõem sua estrutura. Os "triângulos", juntos, formam "pentágonos" e "hexágonos". A invenção das cúpulas geodésicas deve-se a Richard Buckminster Füller (1895-1983), inventor e arquiteto estadunidense. Essas cúpulas podem ser feitas de materiais diversos, como o bambu ou a fibra de carbono.

Suzanne Vlamis/AP Photo/Glow Images

Richard Füller.

Em Harrogate, Reino Unido, as cúpulas geodésicas foram usadas para proteger os equipamentos de vigilância (e espionagem) da rede global Echelon. Tal rede foi formada por Estados Unidos, Canadá, Austrália, Nova Zelândia e Reino Unido, que ficaram conhecidos como os "Cinco Olhos".

Na Patagônia chilena é possível se hospedar no primeiro Hotel Cúpula Geodésica Sustentável do mundo, inaugurado em 2000.

A arte também já fez uso dessa estrutura. Na obra "De Lama Lâmina" (2004-2009), Matthew Barney inseriu dentro da cúpula geodésica de vidro e aço um trator florestal (1978) e uma escultura de polietileno, representando uma árvore. Essa obra está exposta no Instituto Inhotim (Brumadinho, MG).

O arquiteto japonês Shigeru Ban, nascido em Tóquio em 1957, utiliza materiais de baixo custo, como tubos de papelão, para desenvolver diversas estruturas. Uma de suas obras mais notáveis é a Geodésica de papelão, localizada na Holanda. Shigeru Ban recebeu o prêmio Pritzker 2014, o maior prêmio internacional de arquitetura.

Em 2012, alunos do curso de arquitetura da Universidade Federal de Uberlândia construíram uma cúpula geodésica usando tubos e papelão, inspirados no trabalho de Shigeru.

Pedro Motta/Instituto Inhotim

Cúpula geodésica do artista Matthew Barney, exposição "De Lama Lâmina", Instituto Inhotim, Brumadinho (MG). Foto de 2009.

1. Converse com seus colegas sobre os diferentes usos das cúpulas geodésicas, presentes no texto.

2. As cúpulas geodésicas são essencialmente geométricas. Que polígonos foram citados no texto?

3. Segundo o texto, o que permite às cúpulas geodésicas apresentar leveza associada à resistência?

4. Em duplas, pesquisem outros locais no mundo onde é possível encontrar cúpulas geodésicas.

5. Leia o trecho da reportagem "O sistema Echelon de vigilância global":

"Em 2000, parte do Parlamento Europeu esteve reunido para discutir e votar a favor da realização de um relatório que procurava analisar e compreender uma prática que vinha sendo realizada por alguns países ao redor do globo, desde o final da Segunda Guerra Mundial, de captura de dados planetariamente. O chamado sistema Echelon de escuta e vigilância global fora aí pela primeira vez alvo de especulações de fontes oficiais. O estímulo para a investigação vinha da constatação, cada vez mais segura, de que cinco países – Estados Unidos, Canadá, Reino Unido, Austrália e Nova Zelândia – estavam utilizando sistemas de interceptação de satélite para não somente apurar dados militares e de segurança nacional, mas, muito provavelmente, para ter vantagem econômica sobre outros países ou empresas, assim como coletar qualquer espécie de informação que lhes fosse útil, inclusive de civis."

BRITTOS, Valério Cruz; FINGER, Jéssica M. G. *Jornal de debates*. 24 abr. 2012. Ed. 691. Disponível em: <http://observatoriodaimprensa.com.br/news/view/_ed691_o_sistema_echelon_de_vigilancia_global>. Acesso em: 4 maio 2015.

Christopher Furlong/Getty Images/ Agência France Presse

Harrogate, no Reino Unido (Inglaterra), base da Agência Nacional de Segurança da Grã-Bretanha. Foto de 2007.

Você conhecia o sistema de vigilância global Echelon? Em caso afirmativo, escreva os objetivos dessa rede global, formada pelos cinco países citados no texto. Em caso negativo, faça uma pesquisa sobre esse tema e procure identificar os objetivos desse sistema de vigilância.

Tratamento da informação

Interpretação de gráficos de colunas

123. Excesso de peso na população brasileira

A obesidade é um dos maiores problemas da atualidade. As pesquisas indicam que cada vez mais pessoas adquirem excesso de peso (ou seja, IMC $\geqslant$ 25 kg/m^2) ou se tornam obesas (IMC $\geqslant$ 30 kg/m^2). Observe os gráficos abaixo. Eles indicam os percentuais de homens e mulheres com 18 anos de idade ou mais, residentes nas capitais brasileiras e no Distrito Federal, que apresentavam excesso de peso em 2010.

Percentual de homens de 18 anos ou mais com excesso de peso segundo as capitais brasileiras e o Distrito Federal (2010)

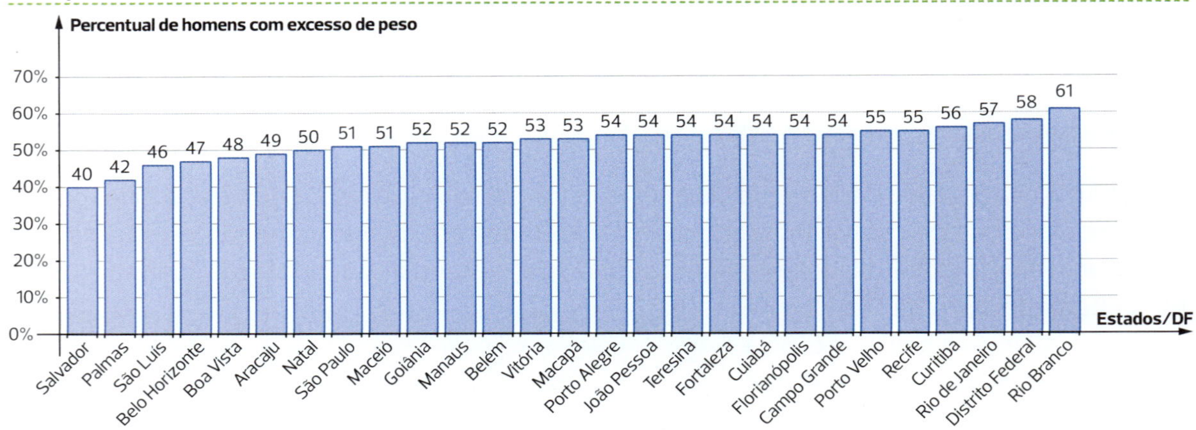

Percentual de mulheres de 18 anos ou mais com excesso de peso segundo as capitais brasileiras e o Distrito Federal (2010)

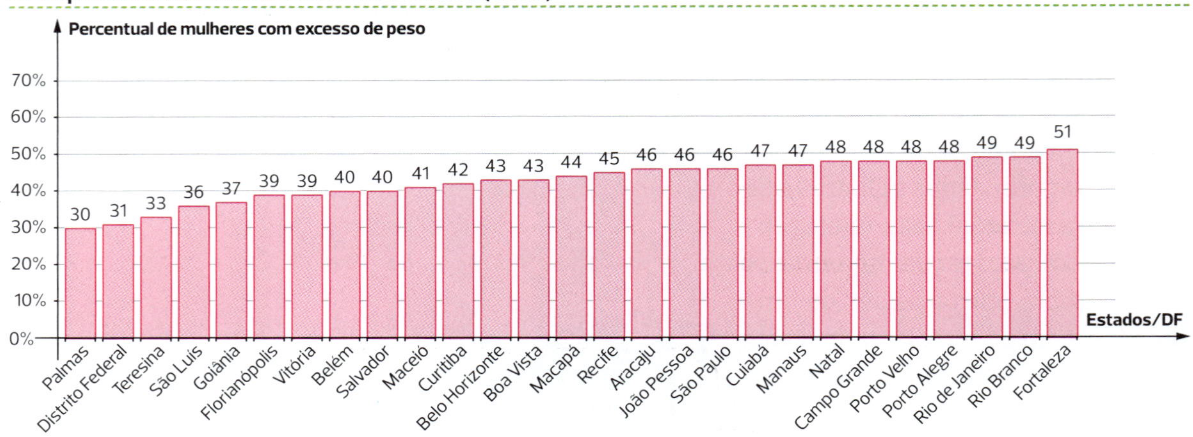

Fonte: Biblioteca virtual em saúde. Disponível em: <http://bvsms.saude.gov.br/bvs/publicacoes/vigitel_2010.pdf>. Acesso em: 4 maio 2015.

Supondo que esses percentuais valem para todas as faixas etárias de homens e mulheres, analise os gráficos acima e responda às questões a seguir. Use calculadora.

a) Sabendo que a população masculina de Macapá em 2010 era de 195 518 habitantes e que a população feminina era de 202 686 habitantes, quantos homens e quantas mulheres apresentavam excesso de peso nessa capital?

b) Qual a razão entre o número de mulheres com excesso de peso e o número de homens com excesso de peso em Teresina, sabendo-se que, nessa capital, em 2010, havia 433 618 mulheres e 380 612 homens?

c) Qual o percentual médio de mulheres com excesso de peso nas capitais da região Sudeste?

Fonte: Instituto Brasileiro de Geografia e Estatística. Disponível em: <www.cidades.ibge.gov.br/>. Acesso em: 27 mar. 2015.

Outros contextos

124. **Brincando com barbante**

Clarissa recortou dois pedaços de barbante: um com 5 cm e outro com 16 cm. Para que ela forme um triângulo tendo os dois como lados, qual é o menor valor inteiro que deve ter outro pedaço, em centímetros, para ser o terceiro lado?

125. **Informações ausentes**

Gustavo e Mariana, alunos do 8º ano **A**, perderam a aula de Matemática do professor Sérgio sobre triângulos. No dia seguinte, ao entrarem na sala, perceberam que o quadro ainda continha alguns dados da aula que haviam perdido: uma figura, cuja parte superior havia sido apagada, e um comentário.

Veja o que os dois alunos disseram após analisar a figura e o comentário e responda:

Qual dos dois tem razão? Justifique.

Casa de Tipos/Arquivo da editora

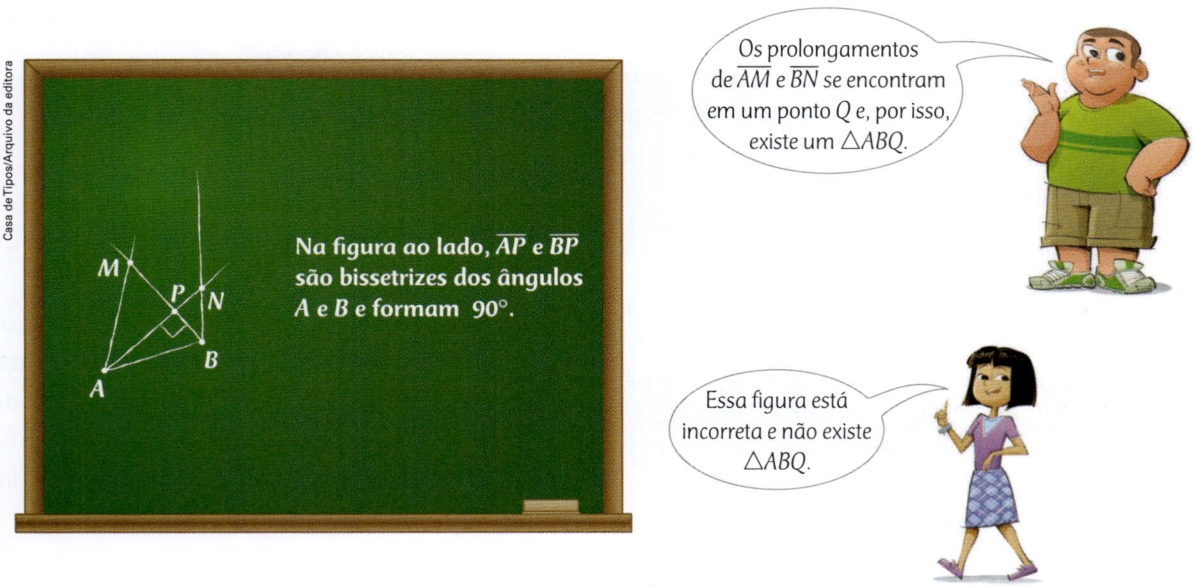

126. **Urbanismo**

Uma praça tem a forma de um paralelogramo como representado abaixo.

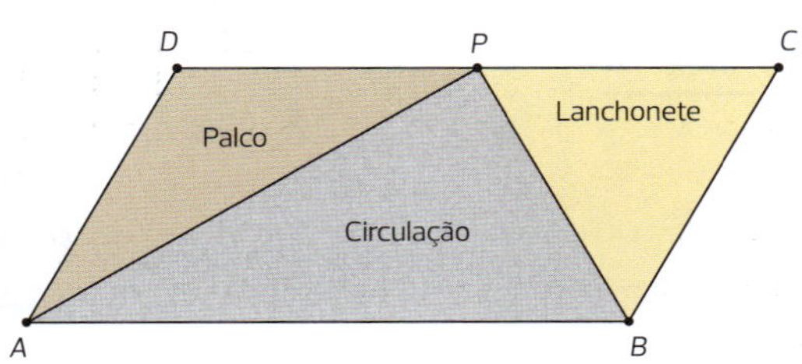

Nessa praça, serão construídos um palco, na parte correspondente ao $\triangle ADP$, e uma lanchonete, na parte correspondente ao $\triangle BCP$. A parte correspondente ao $\triangle ABP$ será o espaço de circulação das pessoas. Sabe-se que a área total da praça é de 520 m^2 e que as bissetrizes dos ângulos A e B se encontram no ponto P de $\overline{CD}$. Considerando 4 pessoas por metro quadrado, calcule quantas pessoas cabem no espaço reservado para a circulação.

Praticando um pouco mais

1. (Inep) Cristina desenhou quatro polígonos regulares e anotou dentro deles o valor da soma de seus ângulos internos.

Qual é a medida de cada ângulo interno do hexágono regular?

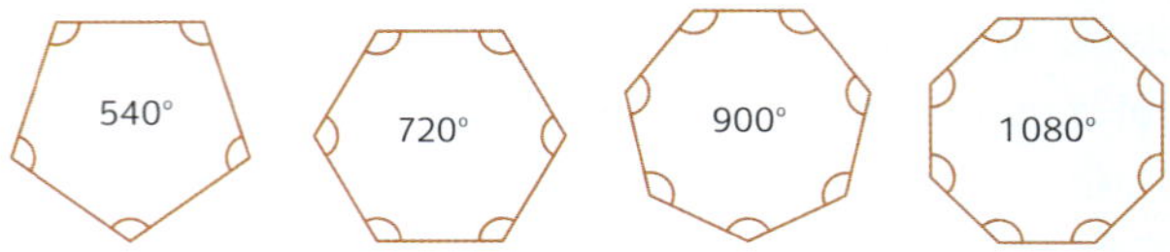

a) 60°
b) 108°
c) 120°
d) 135°

2. A professora Carla escondeu alguns ângulos de triângulos e pediu que seus alunos determinassem apenas a soma dos ângulos escondidos pela nuvem dos triângulos retângulos. A resposta encontrada foi:

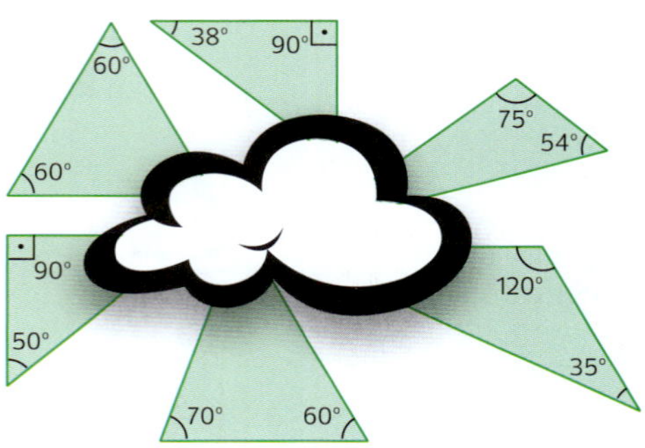

a) 88°
b) 90°
c) 92°
d) 94°

3. (Saresp) Na figura abaixo, as paralelas *r* e *s* são cortadas pelas transversais *t* e *v*.

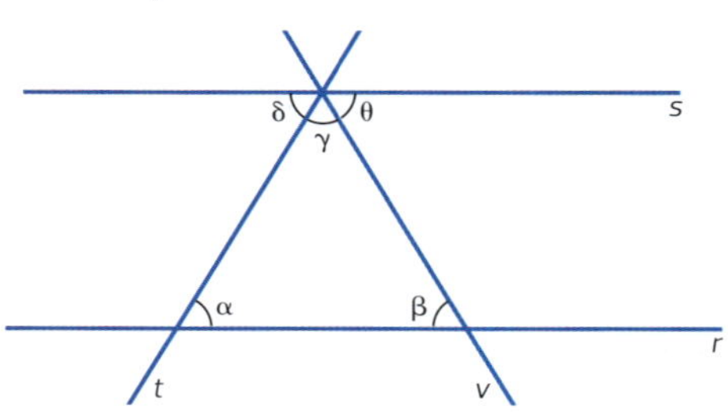

É correto afirmar que:

a) $\alpha + \beta = \delta + \theta$
b) $\gamma + \beta = 90°$
c) $\beta + \gamma + \theta = 180°$
d) $\gamma + \theta = \beta$

4. (UEL-PR) Seja o heptágono irregular, ilustrado na figura seguinte, onde seis de seus ângulos internos medem 120°, 150°, 130°, 140°, 100° e 140°.

A medida do sétimo ângulo é:

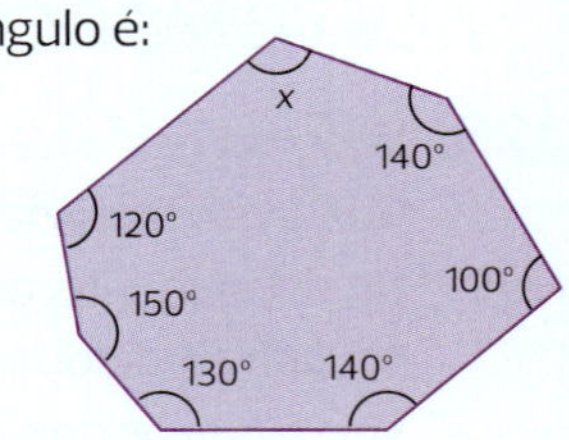

a) 110°.
b) 120°.
c) 130°.
d) 140°.
e) 150°.

5. (Ufes) Na figura abaixo, as retas *r* e *s* são paralelas. A soma $\alpha + \beta + \gamma + \delta$ das medidas dos ângulos indicados na figura é:

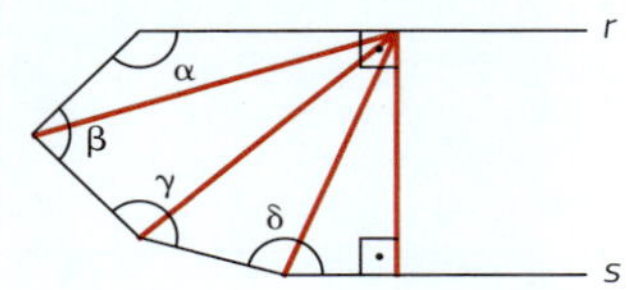

a) 180°.
b) 270°.
c) 360°.
d) 480°.
e) 540°.

6. (Unioeste-PR) Um pentagrama é uma figura que pode ser construída por uma linha fechada única entrelaçada, sendo considerado símbolo da perfeição. O nome pentagrama se dá em virtude da formação de um pentágono regular no seu interior, conforme ilustra a figura a seguir.

Com base nessas informações, pode-se afirmar que a medida do ângulo α é:

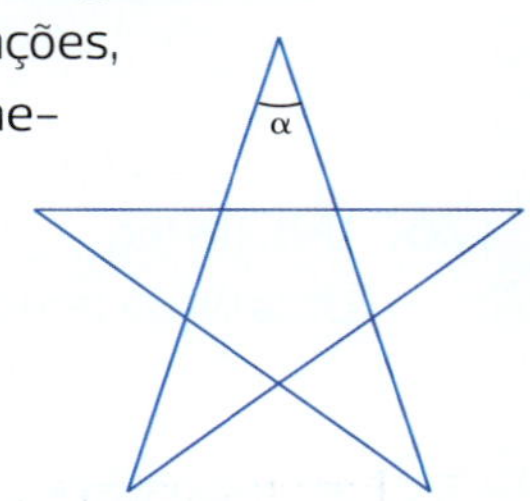

a) 108°.
b) 45°.
c) 36°.
d) 180°.
e) 72°.

7. (OBM) O arranjo a seguir, composto de 32 hexágonos, foi montado com varetas, todas com comprimento igual ao lado do hexágono. Quantas varetas, no mínimo, são necessárias para montar o arranjo?

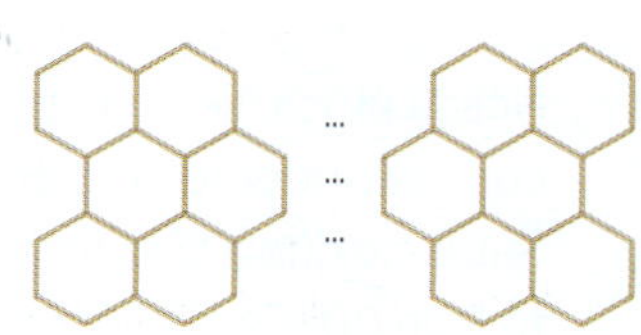

a) 113
b) 123
c) 122
d) 132
e) 152

Revisão cumulativa

1. Examine a figura abaixo. As retas *r* e *s* são paralelas. Determine as medidas dos ângulos internos do triângulo (*a*, *b* e *c*).

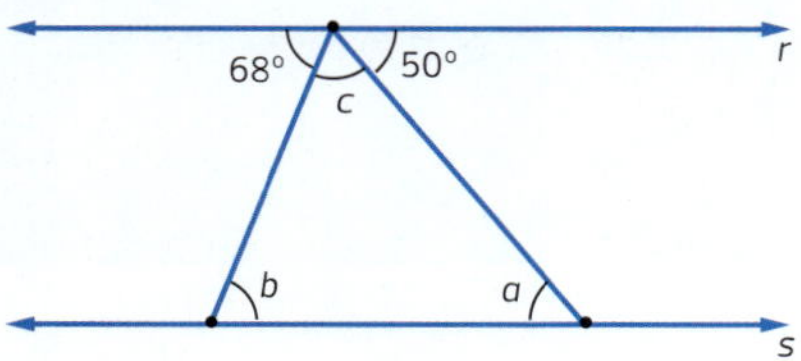

2. Os ângulos desta figura têm lados paralelos. Calcule as medidas dos ângulos *x* e *y*.

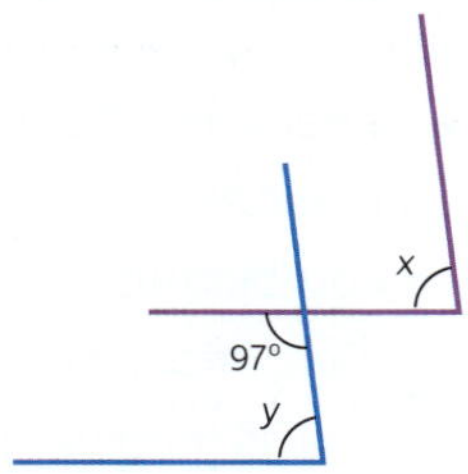

3. Qual é a medida de cada ângulo interno de um dodecágono regular (polígono regular de 12 lados)?

4. Calcule as medidas de *x*, *y* e *z* no triângulo da figura abaixo sabendo que $\overline{EB}$ é bissetriz do $\triangle EFG$.

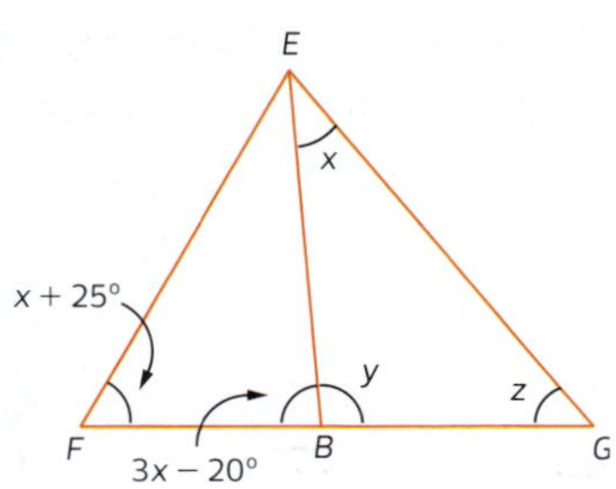

5. Em uma escola particular, 60% dos alunos são do Ensino Médio, e cada um deles paga R$ 400,00 de mensalidade. Os alunos restantes são do Ensino Fundamental, e cada um deles paga R$ 300,00 por mês. Como a arrecadação mensal é de R$ 216 000,00, descubra o número de alunos no Ensino Médio e no Ensino Fundamental dessa escola.

6. Um produto custava R$ 200,00, teve um aumento de 10% e, em seguida, uma redução de 10%. Agora, quanto custa esse produto?

7. De quantas formas podemos fazer um pagamento de R$ 120,00 usando apenas cédulas de R$ 50,00, R$ 20,00 e R$ 10,00?

Construa uma tabela com todas as possibilidades.

8. Calcule cada uma das probabilidades usando uma fração irredutível e uma porcentagem.

a) No lançamento de um dado, a probabilidade de sair um divisor de 15.

b) No sorteio de uma letra da palavra ARARA, a probabilidade de sair **R**.

c) Retirando-se uma bolinha de um saquinho que contém 3 bolas vermelhas, 5 azuis e 2 brancas, a probabilidade de sair uma vermelha.

9. As retas *r* e *s* são paralelas.

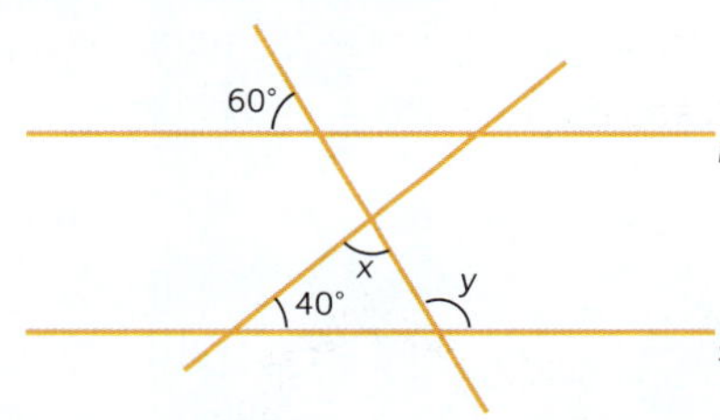

Então, o valor de $x + y$ é igual a:

a) 220°. b) 190°. c) 210°. d) 200°.

10. Na bandeira do Brasil podemos identificar o retângulo no contorno da região verde e o losango no contorno da região amarela.

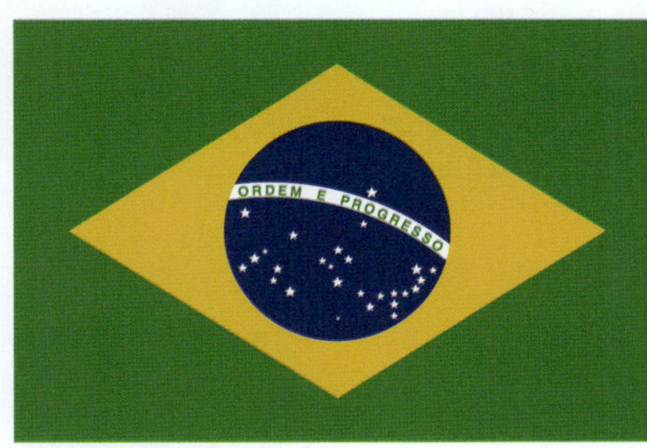

Reprodução/Arquivo da editora

Bandeira do Brasil.

Assinale a afirmação correta.

a) O losango tem todos os ângulos iguais.

b) O retângulo tem todos os lados iguais.

c) O retângulo possui quatro diagonais.

d) O retângulo e o losango possuem como soma dos ângulos internos 360°.

Capítulo 4

Cálculo algébrico

Frans Hals/Museu do Louvre, Paris/Foto: André Hatala/Wikipedia

René Descartes (1596-1650).

1 Introdução

Você já estudou as expressões algébricas. Sabia que, muitas vezes, precisamos fazer cálculos com elas?

No século XVII, o filósofo e matemático francês René Descartes acreditava que o cálculo com expressões algébricas era um método poderoso e universal para resolver problemas.

Vejamos uma situação que exemplifica isso.

Uma quadra de basquete possui as medidas indicadas na região retangular representada abaixo.

Casa de Tipos/Arquivo da editora

As medidas do comprimento e da largura dessa região retangular estão representadas por expressões algébricas, ambas em metros.

Assim:

- $x + 13$ representa a medida do comprimento;
- x representa a medida da largura.

Como podemos indicar o perímetro dessa quadra? E a área?

Para resolver essa situação-problema, precisamos efetuar cálculos com expressões algébricas. Esse tipo de cálculo é chamado de **cálculo algébrico**, que é o assunto deste capítulo.

2 Expressões algébricas inteiras

$4x + 6$ $\quad \dfrac{x-1}{x+5}$ $\quad 8x^2y$ $\quad \sqrt{3x}$ $\quad ab$ ou $1ab$

$\dfrac{3}{x^2}$ $\quad 8$ ou $8x^0$ $\quad 5x^{-1}$ ou $\dfrac{5}{x}$ $\quad a^2 - a + 4$ $\quad \dfrac{3x}{10}$

Chamamos de **expressões algébricas inteiras** as expressões que não têm letra (ou variável) em seus denominadores nem dentro de um radical.

Exercícios

1. Identifique as expressões dos quadros acima e separe-as em dois grupos: expressões algébricas inteiras e expressões algébricas não inteiras.

2. Crie e registre mais algumas expressões algébricas.

a) Uma expressão inteira com uma só variável.

b) Uma expressão fracionária.

c) Uma expressão não inteira com letra dentro de radical.

d) Uma expressão inteira com duas variáveis.

3 Monômios

Para você descobrir o que é um monômio, responda antes às questões abaixo. Use os conhecimentos que você já tem.

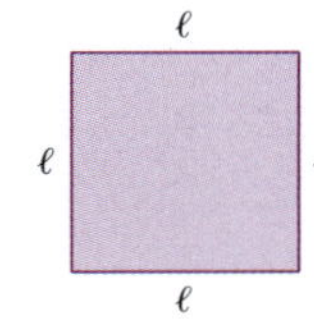

- Que expressões algébricas representam o perímetro e a área da região quadrada ao lado?
- Qual é a expressão algébrica que representa a área de uma região retangular cuja medida de comprimento é o dobro da medida da altura?
- Use a região retangular da figura **1** abaixo como unidade de área. Qual é a expressão algébrica que representa a área da região retangular da figura **2**?

unidade de área: 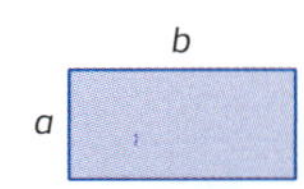

figura **1**

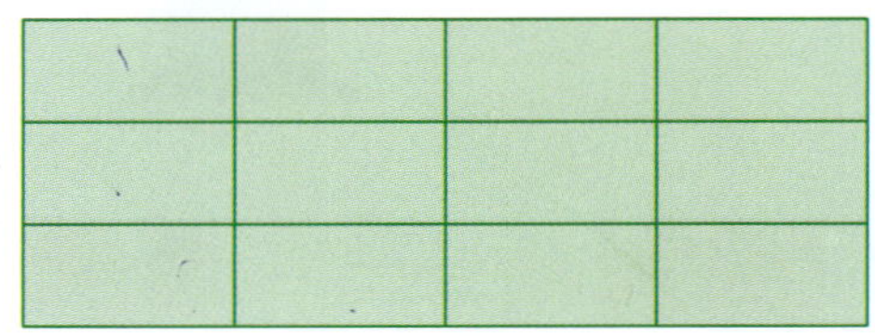

figura **2**

Observe que as expressões algébricas 4ℓ, ℓ^2, $2x^2$ e $12ab$ são **inteiras** e apresentam **somente multiplicações entre números e letras**. Nelas, as letras têm apenas números naturais como expoentes. Essas expressões algébricas recebem o nome de **monômios** ou **termos algébricos**.

Em geral, um monômio é formado por uma **parte numérica** (**coeficiente**) e uma **parte literal**.

Em $2x^2$, o coeficiente é 2 e a parte literal é x^2.

Exercícios

3. Examine os monômios de nossos exemplos:

4ℓ	ℓ^2	$2x^2$	$12ab$
parte literal; coeficiente	parte literal; coeficiente: 1	parte literal; coeficiente	parte literal; coeficiente

Agora escreva o coeficiente e a parte literal de mais estes monômios:

a) xy b) $-\frac{2}{3}t^2$ c) $-c^2d^3$ d) $\frac{a^2}{5}$

4. Examine esta sequência de cubos.

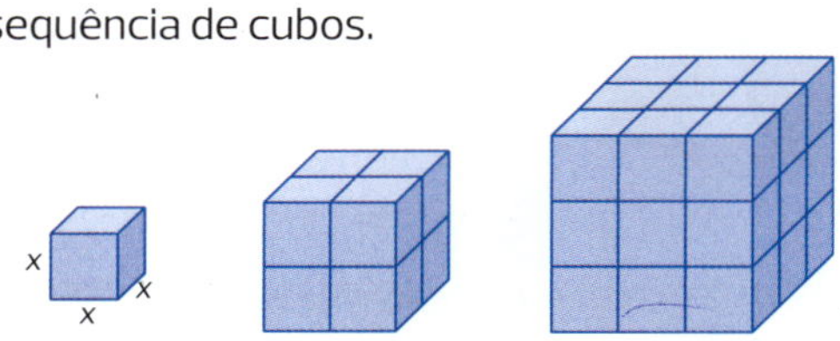

a) Quais são os próximos dois cubos? Desenhe-os.

b) Agora, determine a medida do volume de cada um dos cinco cubos.

c) O que ocorre com a parte literal de todos os monômios encontrados?

Bate-papo

As expressões algébricas $3\sqrt{x}$ ou $3x^{\frac{1}{2}}$ e $\frac{2}{x}$ ou $2x^{-1}$ não são consideradas monômios. Converse com um colega e justifiquem o porquê disso.

Grau de um monômio

Se um monômio não é nulo, então o seu grau é dado pela soma dos expoentes da parte literal. Por exemplo, o monômio $-5x^3y^4$ é de grau 7. O grau também pode ser dado em relação a uma das letras da parte literal.

$-5x^3y^4$ — 3º grau referente a x; 4º grau referente a y

Exercícios

5. Escreva o grau de cada monômio:

a) $2a^5b^3$

b) $\frac{2}{3}x^4y^2$

c) $\sqrt{5}\ p^1q^8r^2$

d) $-\frac{3}{7}m^2n^3$

e) $-10xp$

f) ab^2cd^3

6. Considerando os monômios a seguir, dê o grau do monômio, o grau do monômio em relação a a e em relação a b.

a) $-\frac{2}{5}a^3b^2$.

b) $\sqrt[5]{7}\ a^2b^3$.

7. Escreva o monômio de variáveis x e y em cada caso:

a) Tem coeficiente 12 e é do 3º grau em relação a x e a y.

b) Tem coeficiente $-\frac{3}{7}$ e é do 1º grau em relação a x e do 7º grau em relação a y.

Monômios semelhantes ou termos semelhantes

Os monômios ou termos algébricos x^3, $8x^3$, $27x^3$, $64x^3$ e $125x^3$ apresentam a mesma parte literal: x^3. Por essa razão, são chamados de **monômios semelhantes** ou **termos semelhantes**.

Veja outro exemplo de monômios semelhantes: $2ab$; $-\frac{1}{5}ab$; $3{,}5ab$ e $20ab$.

Mais um exemplo: $-\frac{1}{2}ab^2$ e $-\frac{2}{3}b^2a$ também são semelhantes porque $-\frac{2}{3}b^2a$ é igual a $-\frac{2}{3}ab^2$.

Observe agora os monômios $2x$ e $3xy$. Eles **não são semelhantes**, pois não têm a mesma parte literal.

Exercícios

8. Analise os monômios de cada item e escreva se eles são ou não semelhantes.

a) $4x^2$ e $4x^3$

b) $5xy^2$ e $7xy^2$

c) $9y$ e $-2y$

d) $\frac{3x}{5}$ e $-x$

e) $7ab$ e $6ba$

f) $4xy^3$ e $4x^3y$

g) $9x$ e $9y$

h) $\frac{8a}{3}$ e $\frac{3a}{8}$

i) xy e $-xy$

j) $10mn$ e $10nm$

9. $\frac{3x}{4}$ e $\frac{2}{7x}$ são monômios semelhantes? Justifique.

10. Escreva o que se pede nos itens abaixo.

Depois, confira com um colega os seus exemplos e os dele.

a) Dois monômios semelhantes cujos coeficientes são números opostos.

b) Dois monômios semelhantes cujos coeficientes são números inversos.

c) Dois monômios semelhantes a $5ax^2$.

d) Um monômio que não é semelhante a $5ax^2$.

Operações com monômios

As expressões algébricas indicam números, por isso, podemos efetuar com elas as operações conhecidas. Inicialmente, veremos as operações com monômios.

Adição e subtração de monômios semelhantes

Observe como podemos efetuar a adição dos monômios semelhantes $2x$ e $3x$:

$$2x + 3x = (2 + 3)x = 5 \cdot x = 5x$$

Logo, $2x + 3x = 5x$.

Podemos também constatar essa operação geometricamente.

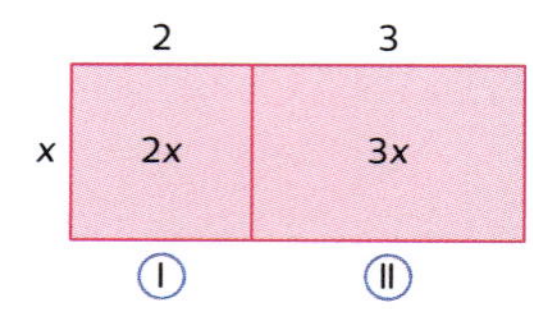

Para calcular toda a área da região retangular, você pode fazer de duas maneiras.

1ª maneira	**2ª maneira**
Usando as áreas das figuras: Área de (I) $= 2x$ Área de (II) $= 3x$ Área de (I) e (II) juntas: $2x + 3x = 5x$	Usando a propriedade distributiva da multiplicação em relação à adição: $2x+3x=\underbrace{(2+3)}_{5}x=5x$

Então temos: $2x + 3x = 5x$.

Veja mais alguns exemplos com adição e também com subtração de monômios semelhantes, usando a propriedade distributiva da multiplicação em relação à adição e à subtração. Procure descobrir uma forma prática para obter o resultado diretamente.

- $4x^2 + 3x^2 = (4 + 3)x^2 = 7x^2$
- $9xy - 2xy = (9 - 2)xy = 7xy$
- $3a^2b - a^2b = (3 - 1)a^2b = 2a^2b$
- $7x + 7x = (7 + 7)x = 14x$

Multiplicação de monômios

Dados dois monômios, **semelhantes ou não**, podemos sempre obter um novo monômio pela multiplicação dos dois. Para isso, usamos propriedades da multiplicação e da potenciação. Veja este exemplo:

$$(9x^2) \cdot (5x^3) = (9 \cdot 5)\,(x^2 \cdot x^3) = 45x^{2+5} = 45x^5$$

propriedades comutativa e associativa da multiplicação

propriedade do produto de potências de mesma base

Observe mais exemplos:

a) $(3a) \cdot (-4b) = -12ab$

b) $(5x) \cdot (3x) = 15x^{1+1} = 15x^2$

c) $(-a^2) \cdot (2ab) = -2a^3b$

d) $\left(\frac{3}{4}x^4\right)\left(\frac{1}{2}x^3\right) = \frac{3}{8}x^7$

e) $(-x)(-7x^2) = 7x^3$

f) $(7ab)(2ab^2c) = 14a^2b^3c$

Divisão de monômios

Dados dois monômios, **considerando que o segundo represente um número diferente de zero**, podemos efetuar a divisão do primeiro pelo segundo.

Nesse caso, na divisão de uma mesma variável, usamos a propriedade da divisão de potências de mesma base.

Analise os exemplos e procure desenvolver um processo prático. Lembre-se de que o 2º monômio está sendo considerado diferente de zero.

a) $(12x^6) : (3x^2) = \frac{12x^6}{3x^2} = 4x^{6-2} = 4x^4$ (12 : 3)

b) $(-9x^2) : (3x) = \frac{-9x^2}{3x} = -3x^{2-1} = -3x$ ((−9) : 3)

c) $(28a^2) : (4a^2) = 7a^{2-2} = 7a^0 = 7$ (28 : 4; 1)

d) $\frac{21x^3y}{7xy} = 3x^2$

e) $(10x^2) : (2x^3) = 5x^{2-3} = 5x^{-1} = 5 \cdot \frac{1}{x} = \frac{5}{x}$

f) $(5a) : (15b) = \frac{5a}{15b} = \frac{a}{3b}$

Atenção!

Os dois últimos exemplos mostram que o quociente de um monômio por outro monômio pode não ser um monômio. As expressões $\frac{5}{x}$ e $\frac{a}{3b}$ não são monômios, pois têm variável no denominador, ou seja, elas são frações algébricas.

Potenciação de monômios

Aqui, vamos usar propriedades já conhecidas da potenciação: potência de um produto e potência de potência.

Veja os exemplos:

a) $(5x^3)^2 = 5^2 \cdot (x^3)^2 = 25x^{3 \cdot 2} = 25x^6$

b) $(-2xy^2)^3 = (-2)^3 \cdot x^3 \cdot (y^2)^3 = -8x^3y^6$

c) $(4x^2)^{-1} = 4^{-1} \cdot (x^2)^{-1} = \frac{1}{4} \cdot x^{-2} = \frac{1}{4} \cdot \frac{1}{x^2} = \frac{1}{4x^2}$, com $x \neq 0$

d) $(2x)^{-2} = 2^{-2} \cdot x^{-2} = \frac{1}{4x^2}$, com $x \neq 0$

e) $(5a^3b^2)^4 = 625a^{12}b^8$

Nos exemplos em que o resultado foi $\frac{1}{4x^2}$ devemos considerar $x \neq 0$ para que esse resultado indique um número real.

Exercícios

11. Efetue as adições e subtrações reduzindo os monômios semelhantes:

a) $8x^3 + 4x^3$

b) $17ab - 6ab$

c) $3a^2b^2 - 4a^2b^2$

d) $\frac{3}{7}x^2 + \frac{2}{7}x^2$

e) $3x + 6x - x$

f) $\frac{x^2}{6} - \frac{2x^2}{9} + x^2$

g) $5a^2 - 4a - (2a^2 - 3a)$

h) $\frac{p - q}{2} + \frac{2p - 3q}{4}$

i) $\sqrt{2}abc + \sqrt{3}abc$

12. Indique:

a) a soma de $9xy$ e $5xy$;

b) a soma de $3a^2$ e $9a$;

c) a diferença entre $4{,}5x$ e $3y$;

d) a diferença entre $8{,}6x^2$ e $4{,}1x^2$.

13. Efetue as multiplicações de monômios:

a) $(7x^5) \cdot (-3x^2)$

b) $\left(\frac{x}{5}\right) \cdot 3x$

c) $(-9x^2y) \cdot (-2xy^2)$

d) $(4a^3b)(3b)$

e) $(-a^2) \cdot a$

f) $\left(\frac{2}{3}xy^3\right) \cdot \left(\frac{1}{4}x^2y^2\right)$

14. Efetue as divisões de monômio por monômio e, em cada item, escreva se o resultado é um monômio ou uma fração algébrica. Considere o divisor não nulo.

a) $(35x^8) : (5x^2)$

b) $(7a^2) : (7a)$

c) $(8x) : (4x^3)$

d) $\frac{30x^3}{5x^3}$

e) $(6a^2) : (3ab)$

f) $(20a^2bc^3) : (4a^2b^2c^2)$

15. Efetue as potenciações de monômios:

a) $(9x^9)^2$

b) $(-3x^2y)^4$

c) $(7y)^2$

d) $(2a^2b)^5$

e) $(3x^2)^{-1}$, com $x \neq 0$

f) $(10x)^{-3}$, com $x \neq 0$

g) $\left(\frac{3x^3}{5}\right)^2$

h) $(-2x^4)^3$

i) $\left(\frac{x}{2}\right)^4$

16. Efetue mais estas operações com monômios:

a) $3x^4 + 12x^4$

b) $3x - 2y + y$

c) $9xy - xy$

d) $(3x^3) \cdot (2x^2)$

e) $(16x^{10}) : (2x^2)$

f) $(3x^3)^4$

g) $(-2xy^2)^3$

h) $\frac{25x}{5x}$, para $x \neq 0$

i) $6x^2 - 10x^2$

j) $\left(\frac{2}{3}x\right)^{-1}$, para $x \neq 0$

k) $9x^2y + 3x^2y$

l) $7x^2 + 3x$

m) $(6r) \cdot (4s)$

n) $(12x^2) \div 6$

o) $7x + 3x - 4x$

p) $(-2xy^2)^4$

4 Polinômios

A figura a seguir representa o terreno que Mariano e Lucélia compraram para construir um imóvel.

Vamos representar a área desse terreno considerando todas as medidas na mesma unidade de comprimento.

Para isso, vamos representar a área de cada uma das partes Ⓘ, Ⓘⓘ e Ⓘⓘⓘ e adicioná-las.

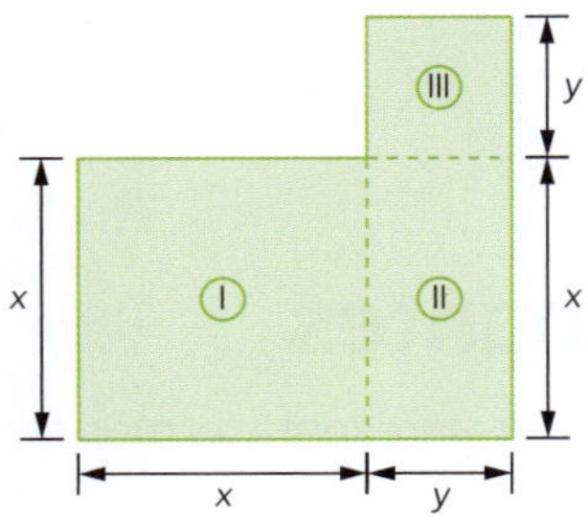

Área Ⓘ $= x^2$
Área Ⓘⓘ $= xy$
Área Ⓘⓘⓘ $= y^2$
Área do terreno $= x^2 + xy + y^2$

A expressão $x^2 + xy + y^2$ indica uma adição de monômios não semelhantes. Ela é um exemplo de **polinômio**. Nesse caso, é um polinômio de **três termos**, que chamamos de **trinômio**.

> Toda expressão que indica uma soma algébrica (adição ou subtração) de monômios não semelhantes é chamada de polinômio.

São polinômios as seguintes expressões algébricas:

$5a^2 - 3a + 1$ $\quad 4x^2 - 2xy + 3x$ $\quad 2x + 6$ $\quad \frac{2}{3}x - \frac{1}{2}y + 5$ $\quad a^2 - 2ab + b^2 - a^2b^2$

Conforme o número de parcelas ou termos com partes literais diferentes, um polinômio recebe nomes especiais. Veja:

Número de termos	Nome	Exemplo
1	**Monô**mio	$2xy$
2	**Bi**nômio	$a^2 - 2ab$
3	**Tri**nômio	$x^2 + 2xy + y^2$
Um número qualquer	**Poli**nômio	$a^3 - 3a^2b + 3ab^2 + b^3$

Exercício

17. Dê o nome dos polinômios de acordo com o número de termos:

a) $6x^2 - 4x + 9$

b) $7x^2 + 5x$

c) $4x^4$

d) $-3r + \frac{1}{2}s$

e) $-2abc$

f) $x^3 + x^2 - x + 1$

g) $-\frac{2}{5}a^2b$

h) $a + b - 5$

i) $3x - y$

Bate-papo

Você sabe o significado de ginásio poliesportivo? E de poliedro? E de polígono? Agora você já conhece a palavra **polinômio**. Converse com um colega sobre o que quer dizer o prefixo **poli** e sobre os significados dessas palavras.

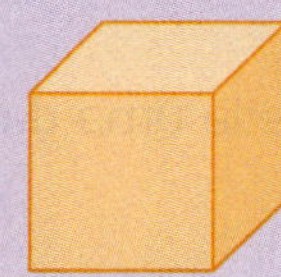

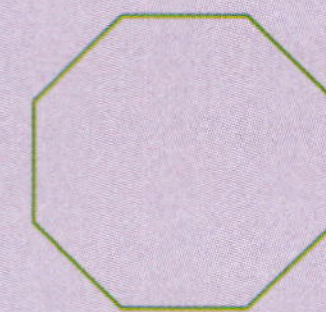

Redução de termos semelhantes

Podemos simplificar uma expressão algébrica que apresenta termos semelhantes determinando sua **forma reduzida**.

Veja, por exemplo, como podemos indicar o perímetro de um canteiro de jardim, representado pela região poligonal a seguir:

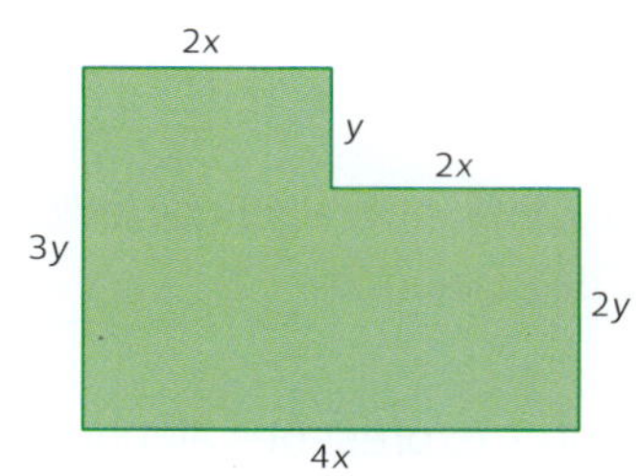

$$2x + y + 2x + 2y + 4x + 3y$$

ou

$$\underbrace{(2x + 2x + 4x)}_{8x} + \underbrace{(y + 2y + 3y)}_{6y}$$

Usando as propriedades comutativa e associativa da adição.

ou

$$8x + 6y$$

Reduzindo os termos semelhantes.

A expressão $8x + 6y$ indica o perímetro do canteiro. Ela está escrita na forma reduzida.

Examine estes outros exemplos de redução de termos semelhantes:

a) $3y - 7y + 5y = (3 - 7 + 5)y = 1y = \underbrace{y}_{\text{forma reduzida}}$

b) $xy + \frac{1}{5}xy = \left(1 + \frac{1}{5}\right)xy = \underbrace{\frac{6}{5}xy}_{\text{forma reduzida}}$

c) $2ab^2 + xy - ab^2 - 3xy + 3ab^2 = \underbrace{4ab^2 - 2xy}_{\text{forma reduzida}}$

d) $r + s - 5 - s = \underbrace{r - 5}_{\text{forma reduzida}}$

Exercícios e problemas

18. Escreva cada polinômio em sua forma reduzida.

a) $2x^2 - 5x + 3 - 3x^2 - 3 + 7x$

b) $3y^3 + 2y^2 + y - 1 - 3y^3 - y^2 - 5y + 3$

c) $-5xy + 2y^2 + xy - 3y^2 + 2 + 3xy - 1$

d) $4x^3 - 5y - 6x^3 + 7y + 3x^3 - 2y$

19. A figura a seguir representa a planta de um conjunto de três escritórios. Escreva o monômio que indica a área desse conjunto:

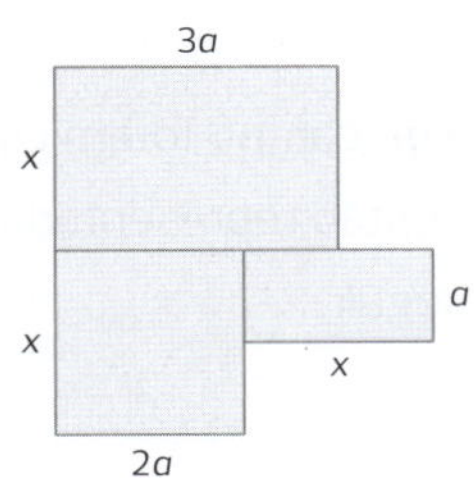

20. A prefeitura de uma cidade construiu quatro jardins em torno de uma praça quadrada, conforme indicado na figura abaixo. As partes coloridas representam a área ocupada por esses jardins.

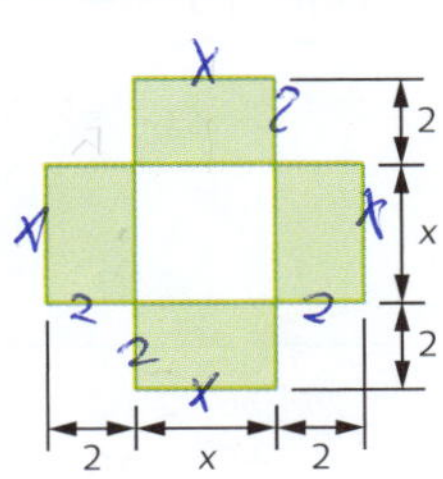

Considerando os valores dados em metros, responda:

a) Qual é a área de todos os jardins juntos, em metros quadrados?

b) Para qual valor de x todos os jardins juntos têm área igual a 72 m²?

21. Alguns dos polinômios abaixo não podem ser reduzidos. Escreva quais são e por que não podem ser simplificados.

a) $2x^3 + x^2 + x$

b) $3y^3 + y^2 - 1 - y^2 - y^3 + 1$

c) $3ab + 2xy + 2a + x$

d) $2xy + y + xy - 2y + 3y$

22. Indique a expressão correspondente a cada item na sua forma mais reduzida possível e escreva se é um monômio, um binômio ou um trinômio.

a) Perímetro de um quadrado com cada lado medindo $3x$.

b) Área de uma região retangular com dimensões $3a$ e $5b$.

c) Perímetro de uma região retangular com dimensões $2x$ e y.

d) Volume de um cubo com arestas medindo $2a$.

e) Volume de um paralelepípedo com dimensões x, $3y$ e $2z$.

f) Perímetro de um triângulo com lados medindo a, $2b$ e 5.

g) Perímetro de um losango com lados medindo $2xy$.

h) Área de uma região retangular de comprimento x e largura $2y$.

i) Perímetro de um triângulo com lados medindo 5, 7 e x.

j) Perímetro do triângulo representado abaixo.

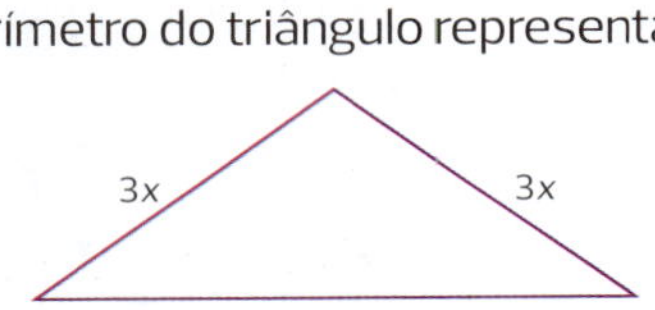

Grau de um polinômio

Agora, vamos ver o significado de **grau** para um **polinômio qualquer**.

O grau de um polinômio é numericamente igual à soma dos expoentes da parte literal do seu termo de maior grau depois de reduzidos seus termos semelhantes.

Veja estes exemplos:

a) $4x^3 - 3x^2 + 5$ é um polinômio do 3º grau, pois $4x^3$ é seu termo de maior grau.

b) $2x + xy - 6y$ é um polinômio do 2º grau, pois xy é seu termo de maior grau.

Exercícios e problemas

23.

a) $9x^5$

b) $8x^2y^3$

c) 6

d) $19abc$

e) $\frac{x^2}{7}$

f) 18

g) $4x - 2$

h) $5x^4 + 3x^2 - 5$

i) $2xy^2 - 4x^2y$

j) $2ab - 5a$

k) $3y^2 - y^3$

l) $x^2 + 4x - x^2 + 10$

24. Considerando as medidas dadas em centímetros, responda:

a) Qual é o monômio que expressa o perímetro desta figura em cm? Qual é o seu grau?

b) Qual deve ser o valor de y para que o perímetro dessa figura seja 7 cm?

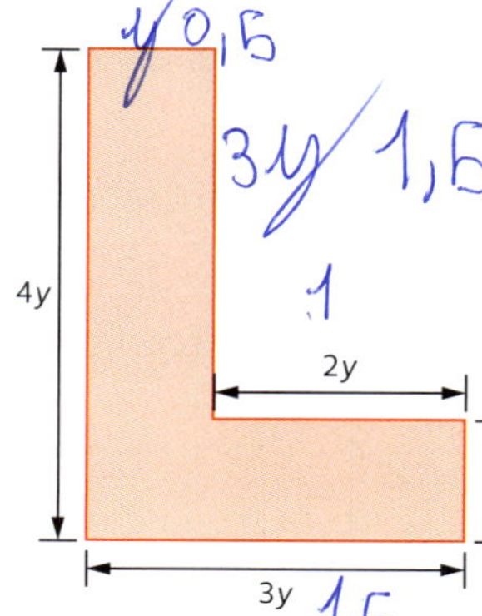

25. Em um clube de campo foram construídas duas piscinas, que estão representadas pelas regiões poligonais a seguir.

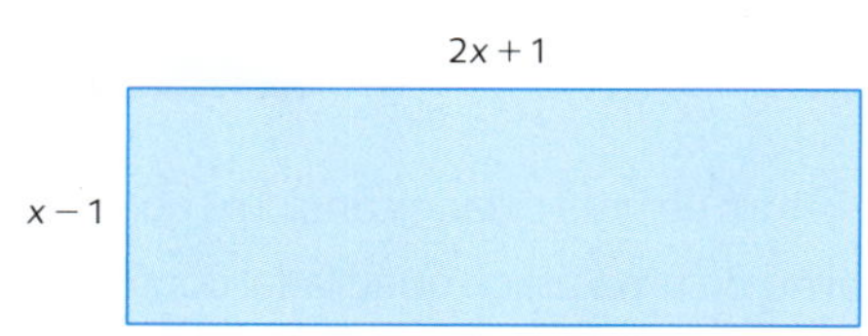

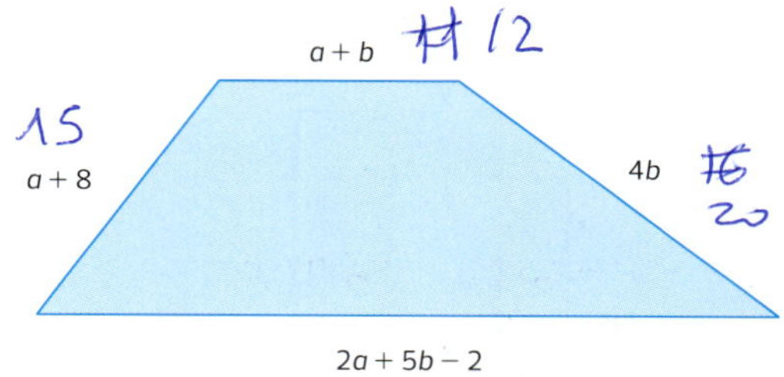

a) Escreva os perímetros das piscinas na forma reduzida usando polinômios.

b) Se o perímetro da piscina retangular é de 24 m, qual é o valor de x?

c) Se a outra piscina tem perímetro de 84 m e $a = 7$ m, qual é o valor de b?

Operações com polinômios

Da mesma forma que operamos com monômios, também podemos efetuar operações entre dois ou mais polinômios.

Adição e subtração de polinômios

Dados os polinômios $A = 3x^2 + 2x$ e $B = 2x^2 + x$, vamos indicar a soma por $A + B$ e a diferença por $A - B$. Para calculá-las, eliminamos os parênteses e reduzimos os termos semelhantes:

- $A + B = (3x^2 + 2x) + (2x^2 + x) = 3x^2 + 2x + 2x^2 + x = 5x^2 + 3x$
  Assim, $A + B = 5x^2 + 3x$.
- $A - B = (3x^2 + 2x) - (2x^2 + x) = 3x^2 + 2x - 2x^2 - x = x^2 + x$
  Assim, $A - B = x^2 + x$.

  Observe mais este exemplo:
- $2A = A + A = (3x^2 + 2x) + (3x^2 + 2x) = 3x^2 + 2x + 3x^2 + 2x = 6x^2 + 4x$
  Assim, $2A = 6x^2 + 4x$.

Para efetuar a subtração
$A - B = (3x^2 + 2x) - (2x^2 + x)$,
é preciso atenção especial. Lembre-se:
$-(2x^2 + x) = -1(2x^2 + x) = -2x^2 - x$.

Polinômios opostos ou simétricos

Considere os polinômios $P = 3x^2 - 5x + 10$ e $Q = -3x^2 + 5x - 10$. Vamos fazer a adição desses dois polinômios. Veja abaixo.

$$\begin{array}{r} 3x^2 - 5x + 10 \\ \underline{-3x^2 + 5x - 10} \\ 0x^2 + 0x + 0 \end{array}$$

Como podemos observar, obtivemos um **polinômio nulo**, pois todos os seus coeficientes são iguais a zero.

Assim, toda vez que adicionarmos dois polinômios e resultar no polinômio nulo, diremos que adicionamos dois **polinômios opostos** ou **simétricos**.

Observe que, para obtermos o oposto de certo polinômio não nulo, basta trocar os sinais de todos os seus termos. Por exemplo, o oposto de $-3x + 2y + 5$ é $3x - 2y - 5$.

Exercícios

26. Efetue estas adições e subtrações:

a) $(x^2 + 3x - 1) + (-2x + 3)$

b) $(-ab^2 + ab - 4) + (2ab^2 - ab - 5)$

c) $(-x^3 - 3x^2 + x) - 3(x^3 + 2x^2)$

d) $(a^3 + 2a^2 - 5) - (a^3 - a^2 - 5)$

27. Se $A = x^2 + 1$ e $B = -2x^2 + x + 2$, determine o valor de:

a) $A + B$

b) $A - B$

c) $B - A$

28. Elimine os parênteses e reduza os termos semelhantes:

a) $(3x^3 + 5x^2 + x - 3) + (x^3 - 3x^2 + 2x + 4)$

b) $(4x^3 - 4x^2 + 2x + 1) - (2x^3 - 3x^2 + x + 2)$

c) $(-x^2 + 2xy + y^2 + 2) + (x^2 - 2xy + y^2 - 2)$

d) $(-x^2 - 2xy - y^2 - 1) - (-x^2 - 2xy + y^2 + 1)$

29. Dê um exemplo de uma adição de dois polinômios do 2º grau cuja soma é um polinômio do 1º grau.

Multiplicação de polinômios

Multiplicação de monômio por polinômio

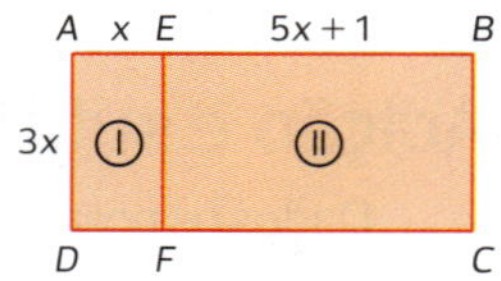

A região retangular *ABCD* ao lado representa a planta da casa de Osvaldo. A parte Ⓘ representa o quintal (parte externa) e a parte Ⓘⅈ, a parte interna da casa. As medidas indicadas estão na mesma unidade de comprimento.

Vamos determinar a área da casa de Osvaldo (considerando o quintal e a parte interna) de duas maneiras, usando a multiplicação de polinômios.

1ª) Calculando a área de cada uma das regiões, (I) e (II), e, depois, adicionando-as.

Área de (I): $3x \cdot x = 3x^2$

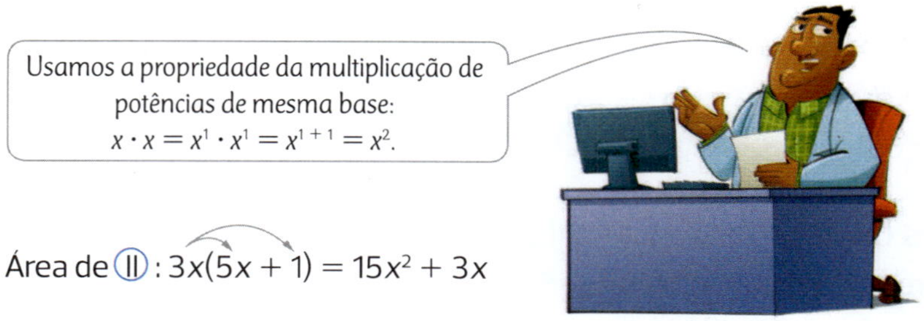

Área de (II): $3x(5x + 1) = 15x^2 + 3x$

Assim, a área da casa de Osvaldo (considerando o quintal e a parte interna) corresponde a:

área da região *ABCD* = área de (I) + área de (II)

ou

$$A_{ABCD} = 3x^2 + 15x^2 + 3x$$

Reduzindo os termos semelhantes, temos:

$$A_{ABCD} = 18x^2 + 3x$$

2ª) Calculando a área total da região retangular *ABCD*.

Suas dimensões são: $3x$ e $(x + 5x + 1)$.

$$A_{ABCD} = 3x(\underbrace{x + 5x}_{6x} + 1) = 3x(6x + 1) = 18x^2 + 3x$$

Portanto, a área da casa de Osvaldo, considerando-se o quintal e a parte interna da casa, é $18x^2 + 3x$.

Exercícios e problemas

30. Determine a área da região retangular representada ao lado usando duas maneiras distintas.

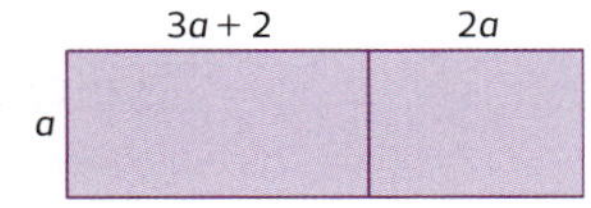

31. Efetue as seguintes multiplicações:

a) $3ab(2a + 4b)$

b) $(2x + y)3x^2$

c) $-y(y^2 - 2y)$

d) $3(2x^3 - x^2 + 2x + 1)$

e) $-2x(x^2 - 3x + 2)$

f) $(a^2 + 2ab + b^2)3a^2$

32. Retome e resolva a situação-problema da introdução deste capítulo, na página 128.

Multiplicação de binômio por binômio

Você se lembra destas duas formas de efetuar a multiplicação de 15 por 16?

1ª) Decompondo os números e aplicando a propriedade distributiva.

$15 \cdot 16 = (10 + 5) \cdot (10 + 6) =$

$= 10 \cdot 10 + 10 \cdot 6 + 5 \cdot 10 + 5 \cdot 6 =$

$= 100 + 60 + 50 + 30 = 240$

Logo, $15 \cdot 16 = 240$.

2ª) Geometricamente, usando áreas de regiões retangulares.

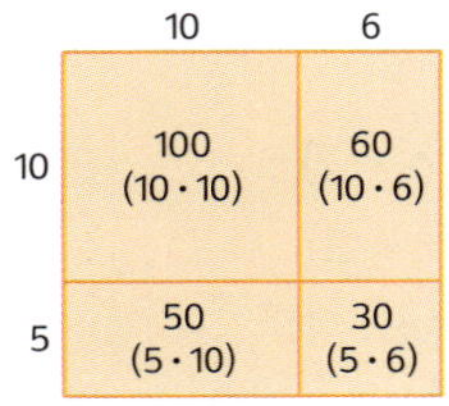

$15 \cdot 16 = 100 + 60 + 50 + 30 = 240$

Você pode usar os mesmos processos para multiplicar, por exemplo, $(x + 2)$ por $(x + 5)$ e indicar a área da região retangular *ABCD*. Em seguida, pode desenvolver um método prático para esse cálculo.

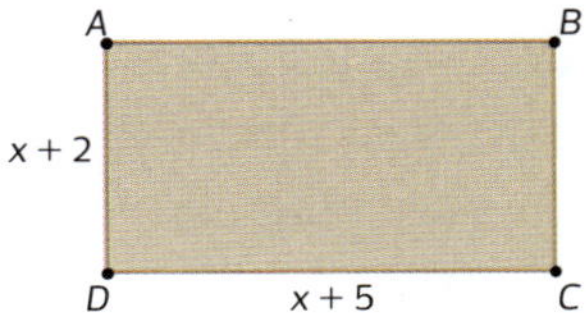

Acompanhe três maneiras de fazer essa multiplicação:

1ª) Aplicando a propriedade distributiva e reduzindo os termos semelhantes:

$$A_{ABCD} = (x + 2)(x + 5) = x \cdot x + \underbrace{5 \cdot x + 2 \cdot x}_{7x} + 2 \cdot 5 = x^2 + 7x + 10$$

2ª) Geometricamente:

$A_{ABCD} = (x + 2)(x + 5)$

$A_{ABCD} = x^2 + 5x + 2x + 10 = x^2 + 7x + 10$

Assim, $(x + 2)(x + 5) = x^2 + 7x + 10$.

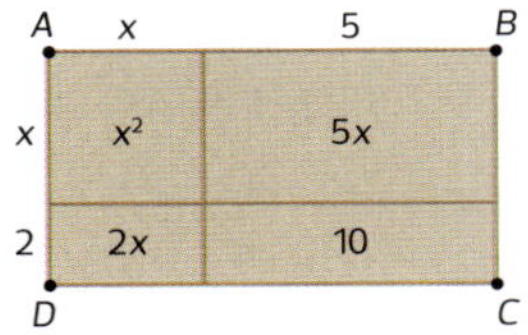

3ª) Método prático:

$$\begin{array}{r} x + 5 \\ x + 2 \\ \hline x^2 + 5x \quad\quad \\ 2x + 10 \\ \hline x^2 + 7x + 10 \end{array}$$

Multiplicação de dois polinômios quaisquer

Os mesmos processos que você estudou para a multiplicação de binômios podem ser utilizados para multiplicar polinômios com mais de dois termos. Nesses casos, o método prático é o mais conveniente. Veja os exemplos:

a) $(3x - 2) \cdot (x^2 - 4x + 6)$

$$\begin{array}{r} x^2 - 4x + 6 \\ \times \quad 3x - 2 \\ \hline 3x^3 - 12x^2 + 18x \quad\quad\; \\ - 2x^2 + 8x - 12 \\ \hline 3x^3 - 14x^2 + 26x - 12 \end{array}$$

b) $(a^2 - a + 3)(a + b - 1)$

$$\begin{array}{r} a^2 - a + 3 \quad\quad\quad\quad\quad\quad\quad\quad\quad \\ \times \; a + b - 1 \quad\quad\quad\quad\quad\quad\quad\quad\quad \\ \hline a^3 - a^2 + 3a \quad\quad\quad\quad\quad\quad\quad\quad\quad \\ + a^2b - ab + 3b \quad\;\; \\ - a^2 + a \quad\quad\quad\quad\quad\quad\quad\quad\quad - 3 \\ \hline a^3 - 2a^2 + 4a + a^2b - ab + 3b - 3 \end{array}$$

Exercícios e problemas

33. Efetue estas multiplicações. Use o processo que preferir.

a) $(a + 1)(a + 2)$
b) $(r + 5)(r - 3)$
c) $(x + 3)(x + 4)$
d) $(3m - 5)(2m - 1)$
e) $(y + 2)^2$
f) $(x + 6)(x - 6)$

34. **Avaliação de resultados**

Alessandra calculou o produto $(x + 1)(x + 3)$ em seu caderno.

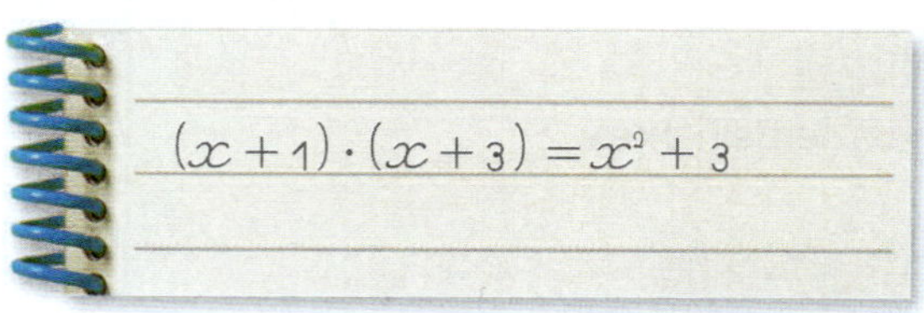

Paulo Manzi/Arquivo da editora

A multiplicação que ela fez está correta? Por quê?

35. Efetue as multiplicações.

a) $(a + 5)(a^2 + 3a + 2)$
b) $(x^2 - x + 3)(x^2 - 4x + 1)$
c) $(3x - y)(x + y - 2)$
d) $(x^2 - 2x + 1)^2$

36. Efetue as seguintes multiplicações:

a) $\frac{x^2}{2}(8x^3 - 4x^2 + x - 2)$
b) $0{,}2x(10x^2 - 100x + 200)$
c) $\frac{x^2}{3}\left(0{,}9x^2 + 2{,}7x + \frac{3}{2}\right)$
d) $ab^2c^3(2abc - 3a^2b + 3a^3b^2c)$
e) $(-3xy)\left(-x^2y^2 + \frac{x^2y}{3} - x^2\right)$

37. A figura abaixo mostra a planta de um estacionamento e a quantidade de carros que podem estacionar na direção indicada. Determine a expressão *E* que indica quantos carros cabem nesse estacionamento e depois calcule essa quantidade para $x = 10$.

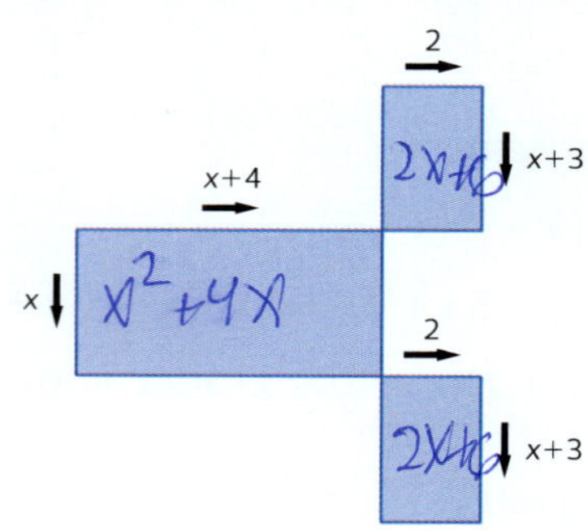

Desafio

Agora que você está craque em multiplicação de binômios, resolva esta.
Sabendo que um produto de binômios é $x^2 + 5x + 6$, quais são os fatores?

Divisão de polinômios

Vamos estudar a divisão de dois polinômios também em casos, considerando sempre o polinômio divisor não nulo.

Divisão de polinômio por monômio

Podemos simplificar expressões efetuando uma divisão de um polinômio por um monômio.

A expressão $\frac{6x^3 - 12x}{3x}$ é equivalente à divisão $(6x^3 - 12x) : (3x)$ e aqui podemos aplicar a propriedade distributiva, pois a divisão está à direita.

$$(6x^3 - 12x) : (3x) = (6x^3) : (3x) - (12x) : (3x) = 2x^2 - 4$$

ou, de outra maneira:

$$\frac{6x^3 - 12x}{3x} = \frac{6x^3}{3x} - \frac{12x}{3x} = 2x^2 - 4$$

Assim:

$$\frac{6x^3 - 12x}{3x} = 2x^2 - 4$$

Observe como podemos efetuar a simplificação da expressão a seguir.

$$\frac{6x^3y^2 + 8x^4y^5 + 10x^2y^4}{2xy^2}$$

$$\frac{6x^3y^2 + 8x^4y^5 + 10x^2y^4}{2xy^2} = \frac{6x^3y^2}{2xy^2} + \frac{8x^4y^5}{2xy^2} + \frac{10x^2y^4}{2xy^2} =$$

$$= 3x^2\underbrace{y^0}_{1} + 4x^3y^3 + 5xy^2 = 3x^2 + 4x^3y^3 + 5xy^2$$

Divisão de polinômio por polinômio

Analise os exemplos com atenção. Junto com um colega, procure justificar cada etapa da resolução.

Vamos usar o processo da chave, que está descrito no quadro abaixo.

a) $(15x^2 + 2x - 8) : (5x + 4)$

1º) Dividimos o 1º termo do dividendo pelo 1º termo do divisor:

$(15x^2) : (5x) = 3x$

$$\begin{array}{r|l} 15x^2 + 2x - 8 & 5x + 4 \\ \cline{2-2} & 3x \end{array}$$

2º) Multiplicamos $3x \cdot (5x + 4) = 15x^2 + 12x$ e subtraímos o valor obtido de $15x^2 + 2x$. Para isso, mudamos os sinais de $15x^2 + 2x$ e adicionamos a $15x^2 + 2x$:

$$\begin{array}{r|l} \cancel{15x^2} + \ 2x - 8 & 5x + 4 \\ \cline{2-2} -\cancel{15x^2} - 12x & 3x \\ \hline -10x - 8 & \end{array}$$

3º) Repetimos o processo dividindo o 1º termo de $-10x - 8$ pelo 1º termo de $5x + 4$, ou seja, $(-10x) : (5x) = -2$:

$$\begin{array}{r|l} 15x^2 + \ 2x - 8 & 5x + 4 \\ \cline{2-2} -15x^2 - 12x & 3x - 2 \\ \hline -10x - 8 & \quad -2(5x + 4) = -10x - 8 \\ +10x + 8 & \\ \hline 0 & \end{array}$$

Tomando o oposto: $+10x + 8$

4º) Então, $(15x^2 + 2x - 8) : (5x + 4) = 3x - 2$.

Como o resto é zero, a verificação fica assim:

$$\underbrace{(3x - 2)}_{\text{quociente}} \cdot \underbrace{(5x + 4)}_{\text{divisor}} = 15x^2 + 12x - 10x - 8 = \underbrace{15x^2 + 2x - 8}_{\text{dividendo}}$$

b) $(6x^4 - x^3 - 13x^2 + 5x - 16) : (6x^2 - x + 5)$

$$\begin{array}{r|l} \cancel{6x^4} - \cancel{x^3} - 13x^2 + 5x - 16 & 6x^2 - x + 5 \\ \cline{2-2} -\cancel{6x^4} + \cancel{x^3} - \ \ 5x^2 & x^2 - 3 \\ \hline -\cancel{18x^2} + 5x - 16 & \\ 18x^2 - 3x + 15 & \\ \hline 2x - 1 & \end{array}$$

$(6x^4) : (6x^2) = x^2$

$x^2(6x^2 - x + 5) = 6x^4 - x^3 + 5x^2$

$(-18x^2) : (6x^2) = -3$

$(-3) \cdot (6x^2 - x + 5) = -18x^2 + 3x - 15$

$(6x^4 - x^3 - 13x^2 + 5x - 16) : (6x^2 - x + 5) = x^2 - 3$, com resto $2x - 1$

Verificação:

- $(x^2 - 3) \cdot (6x^2 - x + 5) = 6x^4 - x^3 + 5x^2 - 18x^2 + 3x - 15 =$
  $= 6x^4 - x^3 - 13x^2 + 3x - 15$
- $(6x^4 - x^3 - 13x^2 + 3x - 15) + (2x - 1) = 6x^4 - x^3 - 13x^2 + 5x - 16$

Observação: É importante que os termos dos polinômios sejam colocados na ordem decrescente dos expoentes da variável e que os termos que estão faltando sejam colocados com coeficiente zero.

$(3x^3 - 12x - 5x^2 + 20) : (x^2 - 4)$

Escrevemos $3x^3 - 12x - 5x^2 + 20$ como $3x^3 - 5x^2 - 12x + 20$ e $x^2 - 4$ como $x^2 + 0x - 4$

$$\begin{array}{rrrr|l} 3x^3 & -5x^2 & -12x & +20 & x^2 + 0x - 4 \\ \cline{5-5} -3x^3 & -0x^2 & +12x & & 3x - 5 \\ \cline{1-4} & -5x^2 & & +20 & \\ & +5x^2 & +0x & -20 & \\ \cline{2-4} & & & 0 & \end{array}$$

$(3x^3) : x^2$ → $3x$; $(-5x^2) : x^2$ → -5

Então:

$(3x^3 - 12x - 5x^2 + 20) : (x^2 - 4) = 3x - 5$

Verificação:

$(3x - 5)(x^2 - 4) = 3x^3 - 12x - 5x^2 + 20$

Exercícios

38. Você já viu os vários casos de divisão de polinômios. Neste exercício, vamos retomar a divisão de monômio por monômio. Considere os divisores diferentes de zero e efetue:

a) $(8x^8) : (2x^2)$

b) $(9x^5) : (7x^3)$

c) $(12x^2) : (4x^2)$

d) $(-8x^2y) : (2xy)$

e) $(-5x) : (-9x)$

f) $\dfrac{16x^3y^5}{2xy^2}$

g) $\dfrac{8x}{2x}$

h) $\dfrac{10xy}{5xy^2}$

39. Simplifique estas expressões algébricas, considerando os denominadores diferentes de zero:

a) $\dfrac{10a^3b^3 + 8ab^2}{2ab^2}$

b) $\dfrac{9x^2y^3 - 6x^3y^2}{3x^2y}$

c) $\dfrac{2x^4 + 3x^3 - 2x^2 + x}{x}$

d) $\dfrac{3x + 6x^2 + 9x^4}{3x}$

40. Qual é o polinômio que, multiplicado por $2x$, resulta $2x^3 + 2x^2y + 2xy^2$?

41. Invente uma divisão de polinômio por monômio com quociente $5x^2 - 2x + 4$.

42. Relacione cada expressão a seguir com o seu valor correspondente. Considere os denominadores diferentes de zero.

A) $\dfrac{(21x^3 - x^2) - (6x^3 + 9x^2)}{3x^2 + 2x^2}$

B) $\dfrac{3x^2 - 6x + 2x + 6x^2 + 4x}{9x}$

C) $\dfrac{(2x - 1) + (5x - 2) - (4x - 9)}{4x - 1 + x + 3 - 2x - 2}$

D) $\dfrac{4x^2 - x + x^2 + x}{5x + 2x}$

a) x b) $\dfrac{5x}{7}$ c) $3x - 2$ d) $x + \dfrac{2}{x}$

43. Pratique mais um pouco a divisão de expressões algébricas considerando o divisor diferente de zero. Nos itens **e**, **f** e **g** use o processo da chave que você acabou de estudar.

a) $\dfrac{12x^3 + 4x^2 - 8x}{4x}$

b) $(18a^2b) : (3ab)$

c) $(6y^3 - 4y + 10) : 2$

d) $(25x^2) : (5x^2)$

e) $(10x^2 - 43x + 40) : (2x - 5)$

f) $(3x^4 - 17x^2 + x + 20) : (x^2 - 4)$

g) $(6x^4 - 10x^3 + 9x^2 + 9x - 5) : (2x^2 - 4x + 5)$

Exercícios

44. Qual é o polinômio que multiplicado por $3x^2 - 7$ dá $15x^3 - 6x^2 - 35x + 14$?

45. Qual é o polinômio que dividido por $x - 7$ dá quociente $x^2 - 4x + 9$ e resto 5? Descubra o polinômio e depois efetue a divisão para confirmar sua resposta.

46. A área da região retangular ao lado pode ser indicada por $3x^2 - 4x + 1$.

a) Descubra a expressão que indica a largura.

b) Descubra o valor de x para o qual o perímetro é de 52 unidades.

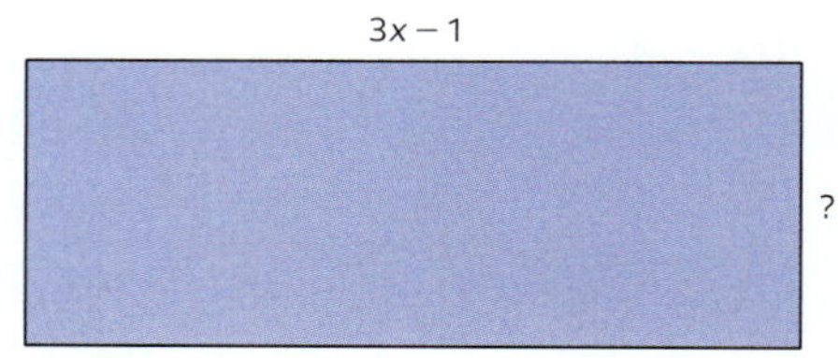

Produtos notáveis

Algumas multiplicações que envolvem polinômios apresentam uma regularidade (padrão) em seus resultados (produtos). Por isso, são conhecidas como **produtos notáveis**. Conhecendo-os, podemos economizar muitos cálculos.

Vamos estudar os produtos notáveis conhecidos por **quadrado da soma**, **quadrado da diferença**, **produto da soma pela diferença**, **cubo da soma** e **cubo da diferença**.

Quadrado da soma: $(a + b)^2$ ou $(a + b)(a + b)$

$$(a + b)^2 = (a + b)(a + b) = a \cdot a + \underbrace{a \cdot b + b \cdot a}_{2ab} + b \cdot b = a^2 + 2ab + b^2$$

Assim, $(a + b)^2 = a^2 + 2ab + b^2$.

Geometricamente, é o mesmo que calcular a área de uma região quadrada de lado $(a + b)$.

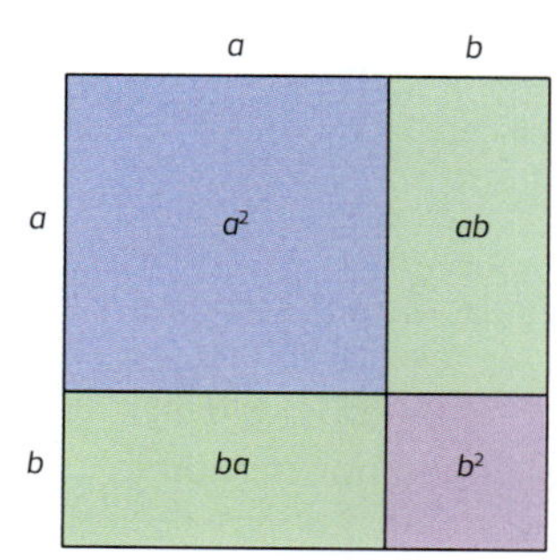

Ao dividir o lado do quadrado em duas partes de medidas a e b, a região quadrada fica dividida em quatro partes: duas retangulares de área ab cada uma, uma quadrada de área a^2 e outra quadrada de área b^2.

Dizemos que $a^2 + 2ab + b^2$ é um **trinômio quadrado perfeito**.

Veja por que temos aqui um produto notável: existe um padrão no resultado que pode ser utilizado sempre que aparecer uma soma elevada ao quadrado.

$$(a + b)^2 = a^2 + 2ab + b^2$$

- a: 1º termo da soma
- b: 2º termo da soma
- a^2: quadrado do 1º termo
- $2ab$: o dobro do produto do 1º pelo 2º termo
- b^2: quadrado do 2º termo

O quadrado da soma de dois termos é igual ao quadrado do 1º termo mais o dobro do produto do 1º termo pelo 2º termo mais o quadrado do 2º termo.

Veja outros exemplos:

a) $(3x + 5)^2 = 9x^2 + 30x + 25$

$9x^2 = (3x)^2$; $30x = 2 \cdot (3x) \cdot 5$; $25 = 5^2$

b) $(y + 6)^2 = y^2 + 12y + 36$

c) $(5x + y)^2 = 25x^2 + 10xy + y^2$

d) $(a + 22)(a + 22) = (a + 22)^2 = a^2 + 44a + 484$

Exercícios

47. Use a regularidade que você acabou de estudar e calcule o resultado de cada quadrado da soma.

a) $(a + 5)^2$

b) $(x + 3)^2$

c) $(y + 10)^2$

d) $(x + 7)(x + 7)$

e) $(a + 4)(a + 4)$

f) $(x + 1)(x + 1)$

48. Escreva o polinômio $x^2 + 6x + 9$ na forma de uma multiplicação em que os dois fatores são iguais.

49. Calcule mais estes quadrados das somas.
Você pode fazer todos os cálculos ou aplicar a regularidade que já conhece.

a) $(2x + y)^2$

b) $(3a + 4)^2$

c) $(5 + 3x)^2$

d) $(x^2 + a^2)^2$

50. Desenvolva o quadrado da soma e depois reduza os termos semelhantes.

a) $(x + 3)^2 + x^2 - 7x$

b) $(x + 2)^2 - (x + 4)^2 + 4x + 12$

51. Sendo $x^2 + y^2 = 20$ e $xy = 8$, determine o valor de $(x + y)^2$.

52. Verifique que $\left(\sqrt{2} + \sqrt{8}\right)^2$ é um número racional, sabendo que $\sqrt{2} \cdot \sqrt{8} = 4$.

53. Calcule o quadrado das seguintes expressões:

a) $\frac{a}{2} - \frac{b}{3}$

b) $3x^2y + \frac{2z}{5}$

Quadrado da diferença: $(a - b)^2$ ou $(a - b)(a - b)$

$$(a - b)^2 = (a - b)(a - b) = a \cdot a \underbrace{- a \cdot b - b \cdot a}_{-2ab} + b \cdot b = a^2 - 2ab + b^2$$

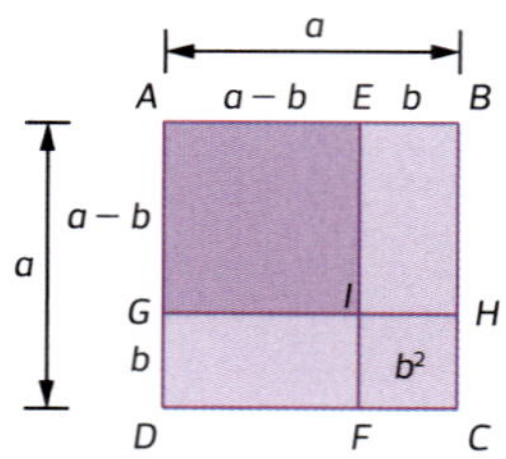

Geometricamente, equivale a calcular a área de uma região quadrada de lado $(a - b)$.

Para obter a área da região quadrada *AEIG*, determinamos a área de *ABCD* (a^2) e dela subtraímos as áreas de *EBCF* e de *GHCD* ($2ab$). Ao subtrair essas duas últimas áreas, subtraímos duas vezes a área de *IHCF*. Por isso, precisamos adicionar de novo uma vez a área de *IHCF* (b^2). Assim, $(a - b)^2 = a^2 - 2ab + b^2$.

Veja que aqui também temos uma regularidade e que, por isso, o quadrado da diferença também é um produto notável.

$$(a - b)^2 = a^2 - 2ab + b^2$$

quadrado do 1º termo — o oposto do dobro do produto dos dois termos — quadrado do 2º termo

O quadrado da diferença de dois termos é igual ao quadrado do 1º termo menos o dobro do produto do 1º termo pelo 2º termo mais o quadrado do 2º termo.

Veja outros exemplos:

a) $(x - 4)^2 = x^2 - 8x + 16$

b) $(3x - y)^2 = 9x^2 - 6xy + y^2$

c) $(7x - 3)^2 = 49x^2 - 42x + 9$

d) $(x - 1)(x - 1) = (x - 1)^2 = x^2 - 2x + 1$

Exercícios

54. Use a regularidade do quadrado da diferença e calcule:

a) $(a - 3)^2$

b) $(x - 2)^2$

c) $(5 - y)^2$

d) $(t - 6)^2$

e) $(9 - x)^2$

f) $\left(a - \frac{1}{3}\right)^2$

55. Calcule mais estes quadrados das diferenças aplicando o padrão que você já conhece.

a) $(2a - b)^2$

b) $(3x - 5)^2$

c) $(3 - 2x)^2$

d) $(a^2 - x^2)^2$

e) $(-2x^3 + 5)$

56. Desenvolva os quadrados das diferenças e reduza os termos semelhantes.

a) $(3x - 1)^2 - 6x^2 + 6x$

b) $(x - 5)^2 - (x - 3)^2 - 16$

57. Desenvolva estes quadrados:

a) $\left(x + \frac{1}{2}\right)^2$

b) $(x - 0{,}1)^2$

c) $(0{,}5 + x)^2$

d) $\left(\frac{1}{3} - x\right)^2$

58. Prove que $4ab + (a - b)^2$ é igual a $(a + b)^2$. Essa igualdade foi demonstrada geometricamente pelo matemático grego Euclides (c. 330 a.C.-260 a.C.) no livro II de sua obra *Os Elementos*.
(Sugestão: desenvolva cada um separadamente e chegue ao mesmo valor nos dois.)

Produto da soma pela diferença: $(a + b)(a - b)$

$$(a + b)(a - b) = a^2 - ab + ba - b^2 = a^2 - \cancel{ab} + \cancel{ab} - b^2 = a^2 - b^2$$

Assim, $(a + b) \cdot (a - b) = a^2 - b^2$.

Geometricamente equivale a calcular a área de uma região retangular de lados $(a + b)$ e $(a - b)$:

área de $ABCD$ = área de $ABFE$ + área de $EFCD$

$$\begin{aligned}(a + b)(a - b) &= a(a - b) + b(a - b)\\ &= a^2 - \cancel{ab} + \cancel{ba} - b^2\\ &= a^2 - b^2\end{aligned}$$

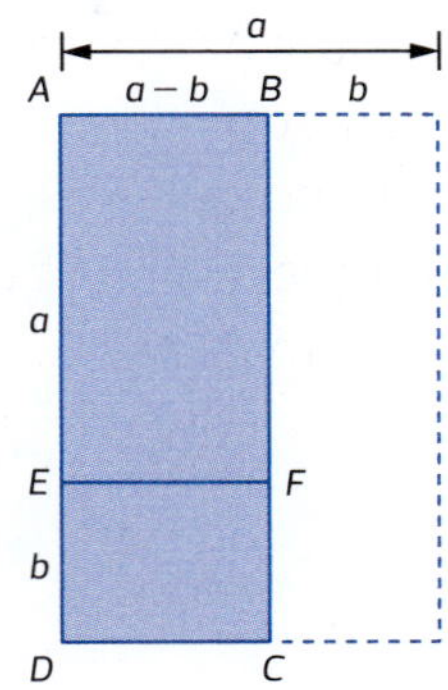

Logo, $(a + b)(a - b) = a^2 - b^2$.

Temos aqui mais um produto notável, pois há uma regularidade no resultado. Observe:

$$(a + b)(a - b) = a^2 - b^2$$

a^2: quadrado do 1º termo

$- b^2$: oposto do quadrado do 2º termo

O produto da soma pela diferença dos mesmos termos é igual ao quadrado do 1º termo menos o quadrado do 2º termo.

Outros exemplos:

a) $(x + 5)(x - 5) = x^2 - 25$

b) $(5x + y)(5x - y) = 25x^2 - y^2$

c) $(x^2 + x)(x^2 - x) = x^4 - x^2$

d) $(m + 3p)(m - 3p) = m^2 - 9p^2$

Exercícios

59. Use a regularidade que você acabou de ver e calcule estes produtos:

a) $(a + 2)(a - 2)$

b) $(y - 4)(y + 4)$

c) $(x + 3)(x - 3)$

d) $(x - 5)(x + 5)$

e) $(a - 1)(a + 1)$

f) $(t + 6)(t - 6)$

60. Calcule mais estes produtos:

a) $(2a + b)(2a - b)$

b) $(2x + 2y)(2x - 2y)$

61. Desenvolva estes produtos e reduza os termos semelhantes.

a) $(x + 7)(x - 7) - x^2 + 50$

b) $\left(x + \frac{1}{2}\right)\left(x - \frac{1}{2}\right) + \frac{3}{4}$

62. As diferenças abaixo podem ser escritas como produto da soma pela diferença dos mesmos termos. Determine quais são esses produtos.

a) $x^2 - 900$

b) $16x^2 - y^2$

c) $64 - 25a^2$

Desafio

Se x é um número real não nulo, $a = 2^x + 2^{-x}$, $b = 2^x - 2^{-x}$ e $c = 4^x - 4^{-x}$, qual é o valor da expressão $\frac{2ab}{c}$?

Cubo da soma: $(a + b)^3$

$$(a + b)^3 = (a + b) \cdot (a + b)^2 = (a + b) \cdot (a^2 + 2ab + b^2) =$$

$$= a^3 + 2a^2b + ab^2 + ba^2 + 2ab^2 + b^3 = a^3 + 3a^2b + 3ab^2 + b^3$$

Assim:

$$(a + b)^3 = a^3 + 3a^2b + 3ab^2 + b^3$$

Geometricamente $(a + b)^3$ indica o volume de um cubo com arestas medindo $a + b$.

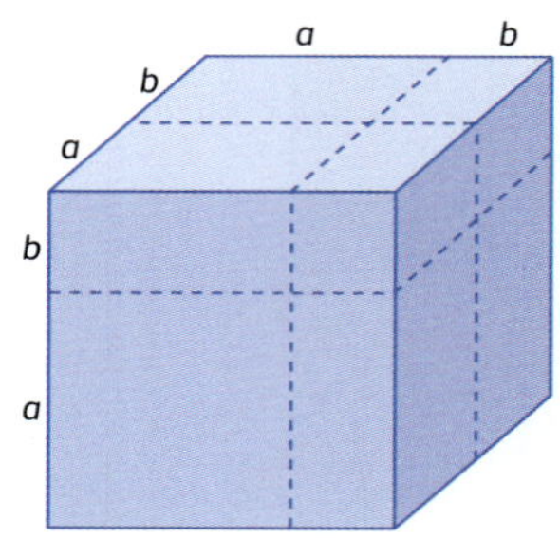

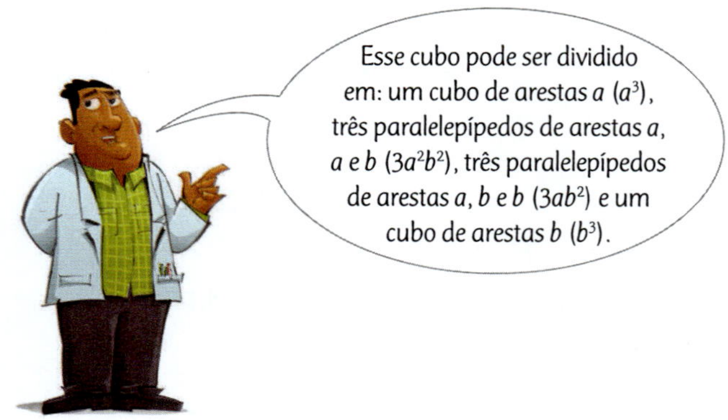

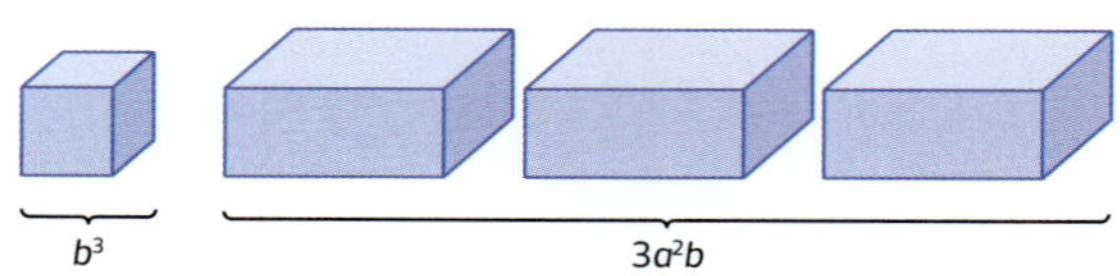

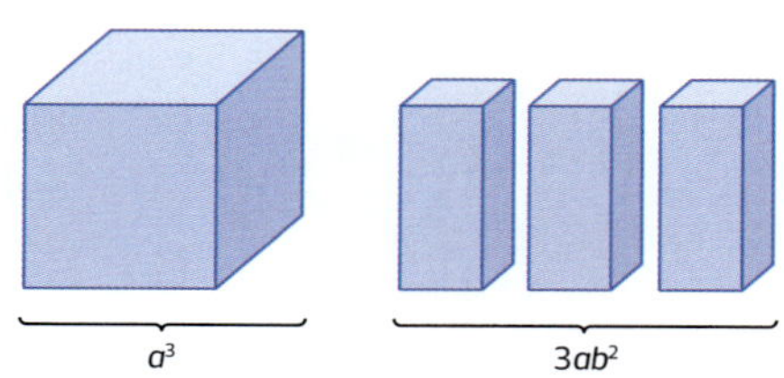

Logo, $(a + b)^3 = a^3 + 3a^2b + 3ab^2 + b^3$.

Observe a regularidade no resultado:

$$(a + b)^3 = a^3 + 3a^2b + 3ab^2 + b^3$$

- a^3: cubo do 1º termo
- $3a^2b$: triplo do produto do quadrado do 1º pelo 2º termo
- $3ab^2$: triplo do produto do 1º pelo quadrado do 2º termo
- b^3: cubo do 2º termo

O cubo da soma de dois termos é igual ao cubo do 1º termo mais o triplo do produto do quadrado do 1º termo pelo 2º termo mais o triplo do produto do 1º termo pelo quadrado do 2º termo mais o cubo do 2º termo.

Exemplo:

$$(x + 4)^3 = x^3 + 3 \cdot x^2 \cdot 4 + 3 \cdot x \cdot 4^2 + 4^3 = x^3 + 12x^2 + 48x + 64$$

Cubo da diferença: $(a - b)^3$

$$(a - b)^3 = (a - b) \cdot (a - b)^2 = (a - b) \cdot (a^2 - 2ab + b^2) =$$
$$= a^3 - 2a^2b + ab^2 - a^2b + 2ab^2 - b^3 = a^3 - 3a^2b + 3ab^2 - b^3$$

Observe a irregularidade no resultado:

$$(a - b)^3 = a^3 - 3a^2b + 3ab^2 - b^3$$

- a^3: cubo do 1º termo
- $-3a^2b$: oposto do triplo do produto do quadrado do 1º pelo 2º termo
- $+3ab^2$: triplo do produto do 1º pelo quadrado do 2º termo
- $-b^3$: oposto do cubo do 2º termo

O cubo da diferença de dois termos é igual ao cubo do 1º termo menos o triplo do produto do quadrado do 1º termo pelo 2º termo mais o triplo do produto do 1º termo pelo quadrado do 2º termo menos o cubo do 2º termo.

Veja outros exemplos:

a) $(x - 4)^3 = x^3 - 3 \cdot x^2 \cdot 4 + 3 \cdot x \cdot 4^2 - 4^3 = x^3 - 12x^2 + 48x - 64$

b) $(3x - y)^3 = (3x)^3 - 3 \cdot (3x)^2 \cdot y + 3 \cdot (3x) \cdot y^2 - y^3 = 27x^3 - 27\,x^2y + 9xy^2 - y^3$

Observe o quadro-resumo com os produtos notáveis estudados:

$$(a + b)^2 = a^2 + 2ab + b^2$$
$$(a - b)^2 = a^2 - 2ab + b^2$$
$$(a + b) \cdot (a - b) = a^2 - b^2$$
$$(a + b)^3 = a^3 + 3a^2b + 3ab^2 + b^3$$
$$(a - b)^3 = a^3 - 3a^2b + 3ab^2 - b^3$$

Exercícios

63. Efetue:

a) $(x + 2)^3$
b) $(x - 2)^3$
c) $(5x + 3y)^3$
d) $(a - 4b)^3$
e) $(1 - 10x)^3$
f) $(x + y)^3$

64. Pratique mais um pouco as operações já estudadas com expressões algébricas. Não se esqueça de que nos produtos notáveis o resultado pode ser colocado diretamente.

a) $(3x - 2) + (x - 4)$
b) $(5x - 1) \cdot (x + 3)$
c) $(2x^3y)^4$
d) $(5y + 4)^2$
e) $(x^2 - 2x) - (3x - 5)$
f) $(3a - b)^2$
g) $6a \cdot (a^2 - 2a + 7)$
h) $7xy - 9xy$
i) $(-6x)^2$
j) $(x + 6)(x - 5)$
k) $(x + 6)(x - 6)$
l) $(3x^2 - 6x + 1) + (x^2 + 6x - 9)$
m) $(2a) \cdot (-3b)$
n) $(6x^3 - 9x^2 + 3x) : 3x$
o) $(3x - 5)^3$

65. Efetue as multiplicações:

a) $(x + 2) \cdot (x^2 + 2x + 3)$
b) $(x^2 - 2x + 1) \cdot (x^2 - 3x + 3)$
c) $(2x - 5y) \cdot (x + y) \cdot (3x - y)$
d) $(5x^2 - 7x^3 + 8 - x) \cdot (-5x + 2x^2 - 1)$

66. Se $x - y = 20$, qual é o valor de $x^2 - 2xy + y^2$?

67. Efetue a divisão: $(6x^2 + 19x) : (2x + 7)$

Fatoração de polinômios

Analise a questão proposta pelo professor e a resposta dada por Emílio:

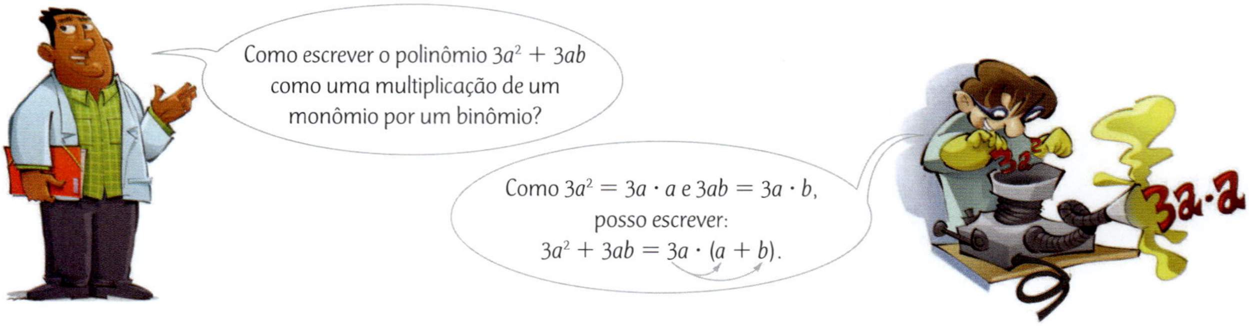

Mauro Souza/Arquivo da editora

O que Emílio fez foi transformar o polinômio $3a^2 + 3ab$ em uma multiplicação de $3a$ por $a + b$. Nesse caso, dizemos que foi feita uma **fatoração** de $3a^2 + 3ab$ ou que $3a^2 + 3ab$ foi **fatorado**.

Fazer a **fatoração** ou **fatorar** um polinômio é expressá-lo por meio de uma multiplicação de dois ou mais polinômios.

Existem vários casos de fatoração que devem ser utilizados de acordo com as características do polinômio a ser fatorado.

1º caso de fatoração: fator comum (colocação de um termo em evidência)

Veja abaixo o processo para a fatoração de $3a^2 + 3ab$ (1º caso de fatoração):

$$3a^2 + 3ab = \underbrace{3a \cdot a + 3a \cdot b}_{\text{fator comum}} = \underbrace{3a}_{\text{fator comum}} \cdot (a + b)$$

$3a$ é o **fator comum** às duas parcelas de $3a^2 + 3ab$. Ele é um dos fatores da fatoração. Pense em como obter o outro fator $(a + b)$.

Assim, $3a^2 + 3ab = \underbrace{3a(a + b)}_{\text{forma fatorada}}$.

Verificação:

Para verificar se a fatoração está correta, basta desenvolver o produto $3a(a + b) = 3a^2 + 3ab$ e observar se volta ao polinômio na forma inicial $(3a^2 + 3ab)$.

> Quando escrevemos $3a^2 + 3ab = 3a(a + b)$ destacando o **fator comum** $3a$, dizemos que o colocamos **em evidência**.

Veja que, para encontrar o fator comum, às vezes precisamos escrever os termos do polinômio de outra forma. Por exemplo, o polinômio $10x^2 - 15x$ pode ser escrito assim:

$$10x^2 - 15x = \underbrace{2x \cdot 5x - 3 \cdot 5x}_{\text{fator comum}} = 5x(2x - 3)$$

O fator comum $5x$ foi colocado em evidência.

Observe outros exemplos de fatoração em que são colocados termos em evidência.

a) $6x - 10y = 2 \cdot (3x - 5y)$

$\underline{2} \cdot 3 \cdot x$ $\underline{2} \cdot 5 \cdot y$ fator comum

b) $5a^2b + 6ab = ab \cdot (5a + 6)$

$5 \cdot \underline{a} \cdot a \cdot \underline{b}$ $2 \cdot 3 \cdot \underline{a} \cdot \underline{b}$ fator comum

c) $9x^3 - 6x^2 + 3x = 3x \cdot (3x^2 - 2x + 1)$

$\underline{3} \cdot 3 \cdot \underline{x} \cdot x \cdot x$ $2 \cdot \underline{3} \cdot \underline{x} \cdot x$ $\underline{3} \cdot \underline{x}$ fator comum

d) $x(x + 2) + 3(x + 2) = (x + 2)(x + 3)$

fator comum

Exercícios

68. Faça o que se pede.

a) Escreva o polinômio $8x^2 - 6x$ de tal forma que apareça um fator comum em ambos os termos.

b) Escreva esse polinômio como uma multiplicação de dois fatores.

c) Por fim, faça a verificação.

69. Qual é o monômio que multiplicado por $3a + b^2$ resulta no polinômio $12a^2 + 4ab^2$?

70. Fatore os polinômios, colocando em evidência o fator comum em cada um deles.

a) $4r + 12$

b) $5x - 20$

c) $15x^3 + 10x^2 - 5xy$

d) $x^2 - xy$

e) $a^2 + ab + a$

f) $x(x - 4) + 6(x - 4)$

g) $24x - 12y + 6z$

h) $3x^2y + 6xy^2 - 9z$

71. Fatore os polinômios colocando o fator comum em evidência.

a) $\frac{1}{4}x^2 - \frac{1}{8}x$

b) $35x^8y^4 - 10x^6y^5 + 15x^3y^7$

c) $(a + b)x + (a + b)y$

d) $24x^2y^5 - 32x^2y^6 + 8x^2y^2 - 16x^2y^3$

2º caso de fatoração: agrupamento

Analise a expressão $ax + 2a + 5x + 10$, um polinômio de quatro termos. Não existe um fator comum aos quatro termos. Mas, **agrupando-os** de forma conveniente, podemos fazer a sua fatoração aplicando duas vezes o 1º caso de fatoração. Veja:

$ax + 2a + 5x + 10$

$a(x + 2) + 5(x + 2)$

$(x + 2) \cdot (a + 5)$

Veja outros exemplos:

a) $ab + a - bx - x$

$a(b + 1) - x(b + 1)$

$(b + 1)(a - x)$

b) $a^2 - 5a + a - 5$

$a(a - 5) + 1(a - 5)$

$(a - 5)(a + 1)$

c) $x^3 - 2x^2 + x + x^2y - 2xy + y$

$x(x^2 - 2x + 1) + y(x^2 - 2x + 1)$

$(x^2 - 2x + 1)(x + y)$

Exercícios

72. Fatore as expressões seguintes agrupando convenientemente os termos:

a) $2x^2 - 4x + 3xy - 6y$

b) $x^2 + xy + x + y$

c) $ab + 3b - 7a - 21$

d) $a^2 - a - ab + b$

e) $3xy - 6x + by - 2b$

f) $vy + y^2 + uv + uy$

73. Somente uma das três expressões abaixo pode ser fatorada por agrupamento. Indique qual é e faça a fatoração.

$x^2 - 2x + xy + 2y$ $\quad$ $x^2 - 2x - xy + 2y$

$x^2 + 2x + xy - 2y$

74. (ESPM-SP) O valor da expressão algébrica $\dfrac{x^{-2} - y^{-2}}{\dfrac{1}{x} + \dfrac{1}{y}}$ para $x = 1{,}6$ e $y = 6{,}25$ é:

a) 0,0654 b) 0,465 c) 4,56 d) 54,6 e) 456

Bate-papo

Por que o nome de trinômio quadrado perfeito? Pense um pouco. Troque ideias com os colegas.

3º caso de fatoração: trinômio quadrado perfeito

No estudo dos produtos notáveis, o quadrado da soma e o quadrado da diferença de dois termos nos dão **trinômios quadrados perfeitos** como resultados. Por exemplo:

a) $(x + 5)^2 = x^2 + 10x + 25$

b) $(3x + 10)^2 = 9x^2 + 60x + 100$

c) $(a - 7)^2 = a^2 - 14a + 49$

d) $(4x - 9y)^2 = 16x^2 - 72xy + 81y^2$

O caminho inverso do que aparece acima é a **fatoração do trinômio quadrado perfeito**. Veja:

a) $x^2 + 10x + 25 = (x + 5)^2$

- x^2: quadrado de x
- $10x$: o dobro do produto de x e 5
- 25: quadrado de 5

c) $a^2 - 14a + 49 = (a - 7)^2$

- a^2: quadrado de a
- $-14a$: oposto do dobro do produto de a e 7
- 49: quadrado de 7

b) $9x^2 + 60x + 100 = (3x + 10)^2$

- $9x^2$: $(3x)^2$
- $60x$: $2 \cdot (3x) \cdot 10$
- 100: 10^2

d) $16x^2 - 72xy + 81y^2 = (4x - 9y)^2$

- $16x^2$: $(4x)^2$
- $-72xy$: $-2 \cdot (4x) \cdot (9y)$
- $81y^2$: $(9y)^2$

Exercícios

75. Entre os quatro trinômios abaixo, há dois que são quadrados perfeitos. Indique-os e faça a fatoração de cada um.

a) $x^2 + 16x + 64$

b) $4x^2 + 6xy - 8y^2$

c) $16x^2 + 8xy + 2y^2$

d) $9x^2 + 12xy + 4y^2$

76. Escreva estes trinômios na forma de um quadrado.

a) $x^2 + 2x + 1$

b) $a^2 - 6a + 9x$

c) $x^2 + 20x + 100$

d) $n^2 - 10n + 25$

e) $y^2 - 22y + 121$

f) $x^2 - 16x + 64$

77. **Avaliação de resultados**

Fábio escreveu em seu caderno:

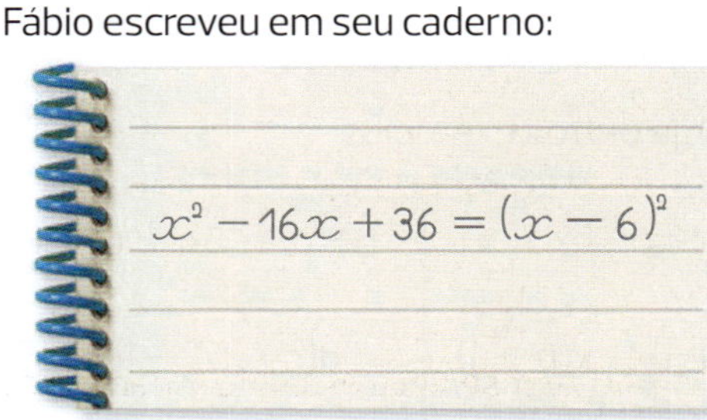

Paulo Manzi/Arquivo da editora

Você acha que ele acertou? Por quê?

4º caso de fatoração: diferença entre dois quadrados

Você estudou que o produto da soma pela diferença dos mesmos termos é um produto notável e que seu resultado é igual à diferença entre o quadrado do 1º termo e o quadrado do 2º termo. Por exemplo:

a) $(x + 8)(x - 8) = x^2 - 64$

b) $(5x + 9)(5x - 9) = 25x^2 - 81$

c) $(7x - y)(7x + y) = 49x^2 - y^2$

d) $(10 + a)(10 - a) = 100 - a^2$

Veja:

a) $x^2 - 64 = (x + 8)(x - 8)$ — x^2: quadrado de x; 64: quadrado de 8

b) $25x^2 - 81 = (5x + 9)(5x - 9)$ — $25x^2$: $(5x)^2$; 81: 9^2

c) $49x^2 - y^2 = (7x + y)(7x - y)$ — $49x^2$: quadrado de $7x$; y^2: quadrado de y

d) $100 - a^2 = (10 + a)(10 - a)$ — 100: 10^2; a^2: a^2

Exercícios

78. Escreva as diferenças abaixo como produto de uma soma por uma diferença dos mesmos termos:

a) $x^2 - 1$

b) $y^2 - 81$

c) $1 - a^2$

d) $x^2 - 144$

e) $64x^2 - 9$

f) $36 - \frac{x^2}{49}$

79. Fatore as expressões:

a) $169a^2 - \frac{1}{4}b^2$

b) $(x + y)^2 - (x - y)^2$

c) $(2x - 1)^2 - x^2$

d) $\frac{1}{16} - \frac{x^4}{9}$

80. Hélen escreveu em seu caderno:

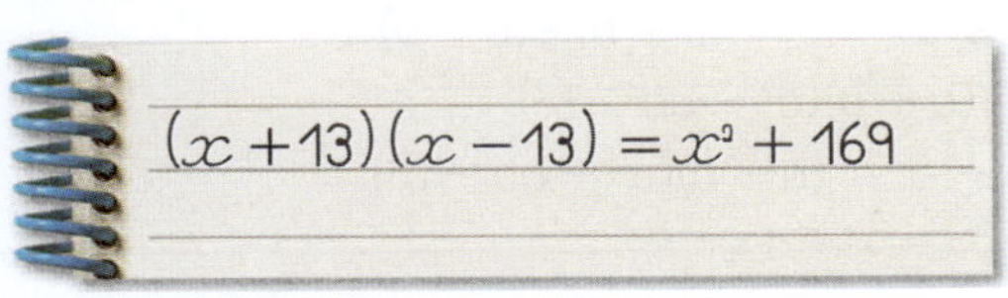

Paulo Manzi/ Arquivo da editora

Ela acertou? Por quê?

81. Faça a fatoração das expressões abaixo usando os quatro casos estudados.
(Sugestão: para descobrir que caso usar, siga a ordem em que foram estudados.)

a) $3x^2 - 15x$

b) $5a^2 - a + 10ab - 2b$

c) $x^2 + 40x + 400$

d) $9x^2 - 25$

e) $y^2 - 3\,600$

f) $2a^2 - 6ab + 4a$

g) $16a^2 - 8a + 1$

h) $r^2 - 2rs + s^2$

i) $10x^3 + 35y$

j) $m^2 - n^2$

k) $49x^2 - 144y^2$

82. Fatore a expressão $4x^2 - 12xy + 9y^2$.

Desafio

Vamos ver se você está "dominando" operações com polinômios.
Fatore esta expressão: $(3x + 4)^2 - (2x - 1)^2$.

5º caso de fatoração: soma de dois cubos

Veja o que acontece quando multiplicamos a soma de dois termos por um trinômio formado pelo quadrado do 1º termo, menos o produto do 1º pelo 2º e mais o quadrado do 2º termo:

$$(x + y)(x^2 - xy + y^2) = x^3 - \cancel{x^2y} + \cancel{xy^2} + \cancel{yx^2} - \cancel{xy^2} + y^3 = x^3 + y^3$$

cubo de x cubo de y

$$(5x + 2)(25x^2 - 10x + 4) = 125x^3 - \cancel{50x^2} + \cancel{20x} + \cancel{50x^2} - \cancel{20x} + 8 = 125x^3 + 8$$

cubo de $5x$ cubo de 2

O caminho inverso do que aparece acima é mais um caso de fatoração (soma de dois cubos).

Veja:

$$x^3 + y^3 = (x + y)(x^2 - xy + y^2)$$

cubo de x cubo de y

$$125x^3 + 8 = (5x + 2)(25x^2 - 10x + 4)$$

$(5x)^3$ 2^3

6º caso de fatoração: diferença entre dois cubos

O raciocínio é o mesmo do caso anterior:

$$(x - y)(x^2 + xy + y^2) = x^3 + \cancel{x^2y} + \cancel{xy^2} - \cancel{yx^2} - \cancel{xy^2} - y^3 = x^3 - y^3$$

cubo de x cubo de y

$$(3x - 5)(9x^2 + 15x + 25) = 27x^3 + \cancel{45x^2} + \cancel{75x} - \cancel{45x^2} - \cancel{75x} - 125 = 27x^3 - 125$$

$(3x)^3$ 5^3

Fazendo o caminho inverso temos o caso de fatoração para expressões que indicam a diferença entre dois cubos:

$$x^3 - y^3 = (x - y)(x^2 + xy + y^2)$$

cubo de x cubo de y

$$27x^3 - 125 = (3x - 5)(9x^2 + 15x + 25)$$

$(3x)^2$ 5^3

Observe um quadro-resumo dos casos de fatoração:

Fator comum: $ax + bx = x(a + b)$
Agrupamento: $ax + bx + ay + by = x(a + b) + y(a + b) = (a + b) \cdot (x + y)$
Trinômio quadrado perfeito: $a^2 + 2ab + b^2 = (a + b)^2$ e $a^2 - 2ab + b^2 = (a - b)^2$
Diferença entre dois quadrados: $a^2 - b^2 = (a + b) \cdot (a - b)$
Soma de dois cubos: $a^3 + b^3 = (a + b)(a^2 - ab + b^2)$
Diferença entre dois cubos: $a^3 - b^3 = (a - b)(a^2 + ab + b^2)$

Exercícios

83. Fatore as expressões da soma de dois cubos:
a) $a^3 + 1000$
b) $27x^3 + 1$
c) $8x^3 + y^3$

84. Faça a fatoração das diferenças entre dois cubos:
a) $x^3 - 64$
b) $8a^3 - 1$
c) $27a^3 - 125y^3$

Outras fatorações

a) $3x^2 - 75 = 3(x^2 - 25) = 3(x + 5)(x - 5)$
   colocando o 3 em evidência; fatorando a diferença entre dois quadrados

b) $4x^3 + 4x^2 + x = x(4x^2 + 4x + 1) = x(2x + 1)^2$

c) $x^4 - 81 = (x^2 + 9)(x^2 - 9) = (x^2 + 9)(x + 3)(x - 3)$

d) $x^2 - y^2 + 3x + 3y = (x + y)(x - y + 3)$
   $(x + y)(x - y) + 3(x + y)$

Bate-papo

Converse com um colega e justifiquem as passagens dos exemplos de fatoração nos itens **b**, **c** e **d** ao lado.

Exercício

85. **Atividade em dupla**

Fatorem as expressões abaixo até não ser mais possível fatorar.

a) $45x^3 - 5xy^2$
b) $a^4 - b^4$
c) $xy - 5x + 4y - 20$
d) $y^3 - 9y$
e) $x^2 + 2xy + y^2 + 5x + 5y$
f) $a^2 - 3a - ab + 3b$

Aplicações dos produtos notáveis e da fatoração

Uma dúvida que muitos estudantes de Matemática têm é: para que serve isso que estou quebrando a cabeça para entender?

Pode ter certeza: tudo o que você aprende em Matemática é para facilitar e não para complicar.

São inúmeras as aplicações dos produtos notáveis e da fatoração. Com elas, podemos tornar mais simples alguns cálculos e algumas expressões. Acompanhe.

Aplicação em cálculos com números

Sem usar a calculadora, responda rápido: qual o valor de $(1003)^2$?

Veja como calcular, usando o padrão que estudamos:

$$1003^2 = (1000 + 3)^2 = 1\,000\,000 + 6\,000 + 9 = 1\,006\,009$$

- $1\,000\,000$: quadrado de 1000
- $6\,000$: o dobro do produto de 1000 por 3
- 9: o quadrado de 3

Examine mais alguns exemplos:

a) $99^2 = (100 - 1)^2 = 10\,000 - 200 + 1 = 9\,801$

b) $101^2 - 99^2 = (101 + 99) \cdot (101 - 99) = 400$
   $200 \cdot 2$

c) $10\,001^2 - 9\,999^2 = (10\,001 + 9\,999)(10\,001 - 9\,999) = 20\,000 \cdot 2 = 40\,000$

Exercício

86. Faça estes cálculos usando produtos notáveis e fatoração. Depois, confira o resultado usando calculadora.

a) 108^2
b) 999^2
c) $1001^2 - 999^2$
d) $105^2 - 95^2$
e) $100\,001^2 - 99\,999^2$

Aplicação na resolução de equação-produto

A equação $(x + 2)(x - 3) = 0$ é denominada **equação-produto**. Pense por quê.

Veja sua resolução:

Se $(x + 2)(x - 3) = 0$, então, $x + 2 = 0$ ou $x - 3 = 0$.

Para $x + 2 = 0$, temos $x = -2$, e, para $x - 3 = 0$, temos $x = 3$.

Logo, a equação-produto $(x + 2)(x - 3) = 0$ tem duas soluções ou raízes: -2 e 3.

Verificação:

$(x + 2)(x - 3)$, para $x = -2 \rightarrow (-2 + 2)(-2 - 3) = 0(-5) = 0$

$(x + 2)(x - 3)$, para $x = 3 \rightarrow (3 + 2)(3 - 3) = 5 \cdot 0 = 0$

Veja, agora, outros exemplos de resolução de equação-produto. Observe que, às vezes, é necessário fazer a fatoração antes.

a) $(3x - 1)(x + 4) = 0$

$3x - 1 = 0$ ou $x + 4 = 0$

$3x = 1$ $\qquad x = -4$

$x = \frac{1}{3}$

Raízes da equação: -4 e $\frac{1}{3}$.

b) $9x^2 - 25 = 0$

Fatorando o 1º membro:

$(3x + 5)(3x - 5) = 0$

$3x + 5 = 0$ ou $3x - 5 = 0$

$3x = -5$ $\qquad 3x = 5$

$x = -\frac{5}{3}$ $\qquad x = \frac{5}{3}$

Raízes da equação: $-\frac{5}{3}$ e $\frac{5}{3}$.

c) $x^2 - 20x + 100 = 0$

Fatorando o 1º membro:

$(x - 10)^2 = 0$

Se uma expressão elevada ao quadrado é igual a zero, então seu valor é zero:

$x - 10 = 0$

$x = 10$

Única raiz da equação: 10.

Bate-papo

Com um colega, comente e justifique cada passagem nas resoluções feitas de equação-produto.

Exercícios

87. Resolva as seguintes equações-produto.

a) $(y + 7)(y - 3) = 0$

b) $(4x - 3)(x + 5) = 0$

c) $(3n + 2)(4n + 5) = 0$

d) $(t - 1)(t + 5)(2t - 1) = 0$

88. Em cada item, fatore o 1º membro e depois resolva a equação-produto resultante.

a) $5x^2 - 15x = 0$

b) $n^2 - 121 = 0$

c) $t^2 + 12t + 36 = 0$

d) $3x^3 - 48x = 0$

Aplicação no cálculo do mínimo múltiplo comum (mmc) de polinômios

Mínimo múltiplo comum de números naturais (revisão)

Você já estudou o mmc de números naturais. O mmc de 18 e 30, por exemplo, é o menor número natural, diferente de zero, que é divisível por 18 e 30 ao mesmo tempo.

Para chegar a ele podemos fazer a decomposição dos dois números em fatores primos (fatoração completa) e multiplicar todos os fatores obtidos sem repetir os fatores comuns, porém utilizando os de maiores expoentes.

$$\begin{array}{r|l} 18 & 2 \\ 9 & 3 \\ 3 & 3 \\ 1 & \end{array} \qquad \begin{array}{r|l} 30 & 2 \\ 15 & 3 \\ 5 & 5 \\ 1 & \end{array}$$

Processo prático

$$\begin{array}{r|l} 18, 30 & 2 \\ 9, 15 & 3 \\ 3, 5 & 3 \\ 1, 5 & 5 \\ \hline 1, 1 & 2 \cdot 3^2 \cdot 5 = 90 \end{array}$$

$18 = 2 \cdot 3^2$

$30 = 2 \cdot 3 \cdot 5$

$\text{mmc}\,(18, 30) = 2 \cdot 3^2 \cdot 5 = 90$

Mínimo múltiplo comum de polinômios

Também é possível determinar o mmc de dois ou mais polinômios: devemos encontrar o polinômio mais simples que seja divisível (divisão exata) por todos eles.

O raciocínio é o mesmo do mmc de números naturais: fatorar o máximo possível cada expressão e depois multiplicar todos os fatores obtidos, sem repetir os fatores comuns, porém utilizando os maiores expoentes.

Veja alguns exemplos:

a) mmc de dois monômios: $45x^3y$ e $18xyz$

$$\begin{array}{r|l} 45 & 3 \\ 15 & 3 \\ 5 & 5 \\ 1 & \end{array} \qquad \begin{array}{r|l} 18 & 2 \\ 9 & 3 \\ 3 & 3 \\ 1 & \end{array}$$

A fatoração completa de $45x^3y$ é: $3^2 \cdot 5 \cdot x^3 \cdot y$

A fatoração completa de $18xyz$ é: $2 \cdot 3^2 \cdot x \cdot y \cdot z$

mmc: $2 \cdot 3^2 \cdot 5 \cdot x^3 \cdot y \cdot z = 90x^3yz$

Podemos dividir:

$(90x^3yz) : (45x^3y) = 2z$

$(90x^3yz) : (18xyz) = 5x^2$

b) mmc de um monômio com um trinômio: $35x$ e $5x^4 + 15x^3 - 10x^2$

$$\begin{array}{r|l} 35 & 5 \\ 7 & 7 \\ 1 & \end{array}$$

Em $35x = 5 \cdot 7 \cdot x$, os fatores são: 5, 7 e x.

Em $5x^4 + 15x^3 - 10x^2 = 5 \cdot x^2(x^2 + 3x - 2)$, os fatores são: 5, x^2 e $(x^2 + 3x - 2)$.

mmc: $5 \cdot 7 \cdot x^2(x^2 + 3x - 2) = 35x^2 (x^2 + 3x - 2) = 35x^4 + 105x^3 - 70x^2$

c) mmc de um binômio com um trinômio: $x^2 - 9$ e $x^2 + 6x + 9$

A fatoração completa de $x^2 - 9$ é: $(x + 3)(x - 3)$

A fatoração completa de $x^2 + 6x + 9$ é: $(x + 3)^2$

mmc: $(x + 3)^2 \cdot (x - 3)$ ou $(x^2 + 6x + 9)(x - 3)$ ou $x^3 + 3x^2 - 9x - 27$

d) mmc de dois polinômios: $x^2 - 3x + xy - 3y$ e $x^3 - xy^2$

A fatoração completa de $x^2 - 3x + xy - 3y$ é: $x(x - 3) + y(x - 3) = (x - 3)(x + y)$

A fatoração completa de $x^3 - xy^2$ é: $x(x^2 - y^2) = x(x + y)(x - y)$

mmc: $x(x - 3)(x + y)(x - y)$

Exercícios

89. Calcule o mmc(60, 280) fatorando os dois números separadamente. Depois, confira calculando pelo processo prático.

90. Determine o mínimo múltiplo comum dos polinômios indicados:

a) $6x^3$ e $20x^2$

b) $9xy$ e $12xy^2$

c) $5ab^2c$ e $3b^3c$

d) $18x$ e $6x^2$

e) $15x^2y^2$ e $20xy$

f) $6x^3$, $10xy$ e $4y^2$

g) $9y$, $12y$ e $6y^2$

h) $6x$ e $2x^3 + 10x^2$

i) $x^2 - 1$ e $x^2 - 2x + 1$

j) $3x$ e $x - 5$

k) $x^2 - 3x + xy - 3y$ e $x^2 - y^2$

l) $x^3 + 8$ e $x^2 + 4x + 4$

91. Veja o cálculo do mmc de $4x^2 - 2x$ e $12x^2 - 12x + 3$:

$4x^2 - 2x = 2x(2x - 1)$

$12x^2 - 12x + 3 = 3(4x^2 - 4x + 1) = 3(2x - 1)^2$

→ mmc: $2 \cdot 3 \cdot x \cdot (2x - 1)^2$

Determine o quociente da divisão do mmc obtido pelos polinômios dados.

92. Calcule o mmc dos polinômios dados e depois o quociente do mmc obtido por eles.

a) $12x^3y$ e $20xy$

b) $10x$ e $5x^2 - 15x$

c) $x^2 - 49$ e $x^2 + 14x + 49$

5 Frações algébricas

Examine as expressões algébricas dadas na forma de fração:

$\frac{1}{x}$ $\frac{a+b}{b-2}$ $\frac{x}{x^2-2xy+y^2}$ $\frac{ax}{2by}$ $\frac{n}{m-3n}$

Todas elas indicam o quociente de dois polinômios. Nelas, uma ou mais variáveis aparecem no denominador.

Essas expressões recebem o nome de **frações algébricas**.

Como não existe divisão por zero, o denominador de uma fração algébrica necessariamente tem de ser diferente de zero. Caso contrário, ela não representa um número real. Fica, então, estabelecido que, daqui em diante, todas as frações algébricas que usarmos têm denominador diferente de zero.

Por exemplo:

a) na fração $\frac{1}{x}$, necessariamente, temos $x \neq 0$;

b) na fração $\frac{a+b}{b-2}$, necessariamente, temos $b - 2 \neq 0$, ou seja, $b \neq 2$.

Exercícios e problemas

93. Em uma festa junina beneficente foram arrecadados x reais. Como as despesas ficaram em y reais e o lucro deve ser repartido igualmente entre n instituições de caridade, indique a fração algébrica que representa quanto cada uma vai receber.

94. Escreva cada uma das frações algébricas, com as respectivas restrições ao denominador:

a) Numerador: 10.
Denominador: o dobro de um número real x.

b) Numerador: o sucessor de um número natural n.
Denominador: o triplo desse número.

c) Numerador: um número real x.
Denominador: esse número aumentado de 1.

d) Numerador: $\sqrt{2}$
Denominador: o quadrado de um número real x, diminuído de 1.

95. O preço de um litro de gasolina é de x reais. Com R$ 100,00, até quantos litros de gasolina podemos colocar no carro?

96. Lembrando: a densidade (d) de um corpo é dada pela fórmula $d = \frac{m}{V}$, em que m é a massa do corpo (em g) e V é o volume desse corpo (em cm^3).
Dois corpos têm a mesma massa: 200 g. Um deles tem volume x cm^3 e outro $2x$ cm^3.
Escreva a fração algébrica que indica a densidade de cada um desses corpos.

97. Qual restrição devemos fazer ao denominador para que cada fração algébrica abaixo represente um número real?

a) $\frac{x}{x-1}$

b) $\frac{y}{2x+6}$

c) $\frac{n}{m-3n}$

d) $\frac{x}{x^2-1}$

e) $\frac{10}{2x}$

f) $\frac{x}{x-y}$

Leitura

A densidade demográfica de um município, estado ou país é dada pela razão $\frac{\text{número de habitantes}}{\text{número de km}^2}$.

Segundo dados de 2014, entre os estados e o Distrito Federal, os de maior densidade demográfica eram: Distrito Federal: 444,66 hab./km²; Rio de Janeiro: 365,23 hab./km²; e São Paulo: 166,23 hab./km².

Os estados de menor densidade demográfica eram: Roraima: 2,01 hab./km²; Amazonas: 2,23 hab./km²; e Mato Grosso: 3,36 hab./km².

Brasil: estados com maiores e menores densidades demográficas

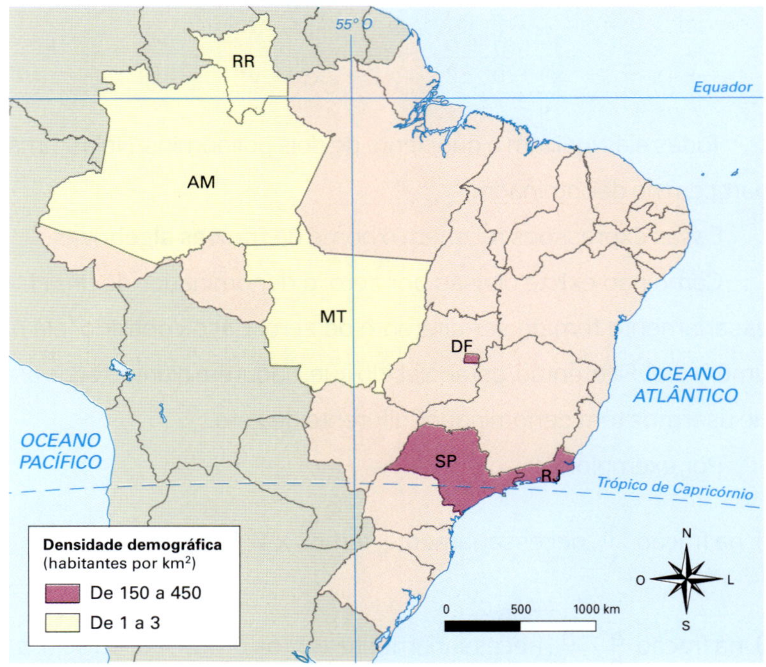

Adaptado de: IBGE. *Atlas geográfico escolar*. 6. ed. Rio de Janeiro, 2012.

Agora é você!

Escreva a fração algébrica que indica a densidade demográfica de:

a) um município de 30 000 habitantes que tenha x quilômetros quadrados de área;

b) um município de 50 000 habitantes que tenha 100 km² a mais do que o estado anterior.

Simplificação de frações algébricas

Na simplificação de frações dividimos o numerador e o denominador pelo mesmo número (diferente de zero). Isso equivale a cancelar os fatores comuns e obter uma fração mais simples equivalente à fração dada. Por exemplo:

- $\frac{15}{20} = \frac{3 \cdot \cancel{5}}{2 \cdot 2 \cdot \cancel{5}} = \frac{3}{4}$
- $\frac{42}{252} = \frac{\cancel{2} \cdot \cancel{3} \cdot \cancel{7}}{2^{\cancel{2}} \cdot 3^{\cancel{2}} \cdot \cancel{7}} = \frac{1}{2 \cdot 3} = \frac{1}{6}$

Usando esse mesmo procedimento, podemos simplificar uma fração algébrica quando ela apresenta um fator comum, não nulo, ao numerador e ao denominador. Por exemplo, vamos simplificar as frações algébricas:

a) $\frac{4xy^2}{6x^2y} = \frac{\cancel{2} \cdot 2 \cdot \cancel{x} \cdot \cancel{y} \cdot y}{\cancel{2} \cdot 3 \cdot \cancel{x} \cdot x \cdot \cancel{y}} = \frac{2y}{3x}$

b) $\frac{x^2 - y^2}{x + y}$ O numerador é uma diferença entre dois quadrados. Podemos fatorar e depois simplificar.

$$\frac{x^2 - y^2}{x + y} = \frac{\cancel{(x + y)}(x - y)}{\cancel{(x + y)}} = x - y$$

c) $\frac{4a + 8a^2}{2a}$ Como $4a$ é um fator comum das parcelas do numerador, podemos colocá-lo em evidência e simplificar:

$$\frac{4a + 8a^2}{2a} = \frac{{}^{2}\cancel{4}\cancel{a}(1 + 2a)}{\cancel{2}\cancel{a}} = 2(1 + 2a) = 2 + 4a$$

d) $\dfrac{y^2 + 4y + 4}{y^2 - 4}$

O numerador é um trinômio quadrado perfeito, e o denominador é uma diferença de dois quadrados. Fatorando e simplificando, temos:

$$\frac{y^2 + 4y + 4}{y^2 - 4} = \frac{(y + 2)^2}{(y + 2)(y - 2)} = \frac{\cancel{(y + 2)}(y + 2)}{\cancel{(y + 2)}(y - 2)} = \frac{y + 2}{y - 2}$$

e) $\dfrac{x^2 - y^2}{x^2 + xy} = \dfrac{(x + y)(x - y)}{x(x + y)} = \dfrac{x - y}{x}$

f) $\dfrac{x - 5}{x + 1}$

Não é possível simplificar, pois não existe fator comum ao numerador e ao denominador.

Exercícios

98. Simplifique as frações algébricas quando for possível. Considere os denominadores diferentes de zero.

a) $\dfrac{5xy}{10x}$

b) $\dfrac{16a^2b}{12ab^2}$

c) $\dfrac{2x^2y^3z}{x^3y^3}$

d) $\dfrac{4m^5n^4}{20m^4n^3}$

e) $\dfrac{2xy}{5ab}$

f) $\dfrac{a + a^2}{a}$

99. Simplifique mais estas frações algébricas, quando possível. Considere os denominadores diferentes de zero.

a) $\dfrac{x + xy}{x - xz}$

b) $\dfrac{x^3 + 8}{x^2 - 4}$

c) $\dfrac{3a^3 - 3a}{a - 1}$

d) $\dfrac{a + 3}{a - 2}$

e) $\dfrac{x^2 - 5x + xy - 5y}{7x + 7y}$

f) $\dfrac{16 - t^2}{8 + 2t}$

g) $\dfrac{2y^2 - 10y}{y - 5}$

h) $\dfrac{a^3 - b^3}{a^3 + a^2b + ab^2}$

100. Efetue as operações e, depois, simplifique. Considere os denominadores diferentes de zero.

a) $\dfrac{(x + y)(x + y) - y^2}{x + 2y}$

b) $\dfrac{(x^2 + 1) - (x + 1)}{(x^3 + 1) - (1 + x)}$

c) $\dfrac{2ax - y(a + b) + bx - ax}{ax - ay}$

101. Simplifique cada fração.

a) $\dfrac{(x - 3)^3 + (x + 3)^3}{x^2 + 27}$, $x \in \mathbb{R}$

b) $\dfrac{5x - 25}{x^2 - 10x + 25}$, $x \in \mathbb{R}$ e $x \neq 5$

c) $\dfrac{x^2 + 6x + 9}{2x + 6}$, $x \in \mathbb{R}$ e $x \neq -3$

d) $\dfrac{12a^2y^2 - 27b^2y^2}{2axy - 3bxy}$, $x \in \mathbb{R}$ e $x \neq 0$

Adição e subtração de frações algébricas

Adicionamos e subtraímos frações algébricas da mesma maneira que adicionamos e subtraímos números na forma fracionária:

- obtemos frações equivalentes e de mesmo denominador;
- o denominador comum pode ser o produto ou o mmc dos denominadores;
- adicionamos ou subtraímos os numeradores e conservamos o denominador comum.

Por exemplo, vamos efetuar:

a) $\frac{1}{2x} + \frac{3}{4y} - \frac{2}{3}$

- Usando o produto dos denominadores: $2x \cdot 4y \cdot 3 = 24xy$.

$$\frac{1}{2x} + \frac{3}{4y} - \frac{2}{3} = \frac{12y}{24xy} + \frac{18x}{24xy} - \frac{16xy}{24xy} = \frac{12y + 18x - 16xy}{24xy} =$$

$$= \frac{2(6y + 9x - 8xy)}{24xy} = \frac{\cancel{2}(6y + 9x - 8xy)}{\cancel{2} \cdot 12xy} = \frac{6y + 9x - 8xy}{12xy}$$

- Usando o mmc dos denominadores: $\text{mmc}(2x, 4y, 3) = 12xy$.

$$\frac{1}{2x} + \frac{3}{4y} - \frac{2}{3} = \frac{6y}{12xy} + \frac{9x}{12xy} - \frac{8xy}{12xy} = \frac{6y + 9x - 8xy}{12xy}$$

b) $\frac{1}{x - y} + \frac{x}{x^2 - y^2}$

Fazemos: $\text{mmc}(x - y, x^2 - y^2) = (x + y)(x - y)$

$$\frac{x + y}{(x + y)(x - y)} + \frac{x}{(x + y)(x - y)} = \frac{x + y + x}{(x + y)(x - y)} = \frac{2x + y}{(x + y)(x - y)} = \frac{2x + y}{x^2 - y^2}$$

Exercícios

102. Efetue e, se possível, simplifique os resultados.

a) $\frac{1}{2a} + \frac{2}{3a} - \frac{3}{6a}$

b) $\frac{1}{x} + \frac{3}{4y} + \frac{1}{6xy}$

c) $\frac{a}{3} + \frac{b}{a} - \frac{ab}{4a^2}$

103. Efetue $\frac{1}{x} - \frac{x^2 - 9}{x^2 + 3x}$ e determine o valor numérico dessa expressão para $x = 2$.

104. Efetue $\frac{x}{x^2 - 16} + \frac{3}{x + 4}$ e determine o valor numérico dessa expressão para $x = 5$.

105. Atividade em dupla

Obtenha uma expressão equivalente ao que é dado e confira as respostas com um colega.

a) $\frac{x}{x^2 - 4} - \frac{5}{x + 2}$

b) $\frac{a}{a^2 - b^2} + \frac{1}{a + b}$

c) $\frac{x}{x + y} + \frac{y}{x + y}$

d) $\frac{1 + x}{1 - x} - \frac{1 - x}{1 + x}$

e) $\frac{a}{a - b} - \frac{b}{b + a}$

f) $\frac{a^2 - 4}{a^2 + 2a} + \frac{1}{a}$

Multiplicação de frações algébricas

Multiplicamos frações algébricas da mesma maneira que multiplicamos números na forma fracionária.

Examine os exemplos, sempre considerando os denominadores diferentes de zero.

a) $\frac{3}{4} \cdot \frac{12}{15} \quad \frac{{}^{1}\cancel{3} \cdot {}^{3}\cancel{12}}{{}_{1}\cancel{4} \cdot \cancel{15}_{5}} = \frac{3}{5}$

b) $\frac{3x}{4y} \cdot \frac{8y^2}{7x^3} = \frac{3 \cdot \cancel{x} \cdot {}^{2}\cancel{8} \cdot \cancel{y} \cdot y}{{}_{1}\cancel{4} \cdot \cancel{y} \cdot 7 \cdot \cancel{x} \cdot x \cdot x} = \frac{6y}{7x^2}$

c) $\frac{6xy}{x^2 - y^2} \cdot \frac{x + y}{2x} = \frac{6xy}{(x + y)(x - y)} \cdot \frac{x + y}{2x} = \frac{{}^{3}\cancel{6}\cancel{x}y \cdot \cancel{(x + y)}}{\cancel{(x + y)} \cdot (x - y) \cdot {}_{1}\cancel{2x}} = \frac{3y}{x - y}$

Exercícios

106. Efetue as multiplicações e, se possível, simplifique o produto.

a) $\frac{1}{a} \cdot \frac{a^2}{2}$

b) $\frac{a + a^2}{6} \cdot \frac{18}{a + 1}$

c) $\frac{x + 3}{5} \cdot \frac{10}{a^2 - 9}$

d) $\frac{x + 2xy}{x^2 - 16} \cdot \frac{x^2 + 4x}{2y + 1}$

107. Simplifique, efetue e determine o valor numérico do produto para $a = 5$: $\frac{a^2 + 5a}{a + 1} \cdot \frac{a^2 - 1}{a + 5}$

108. Por meio de frações algébricas, indique o perímetro e a área da região retangular ao lado.

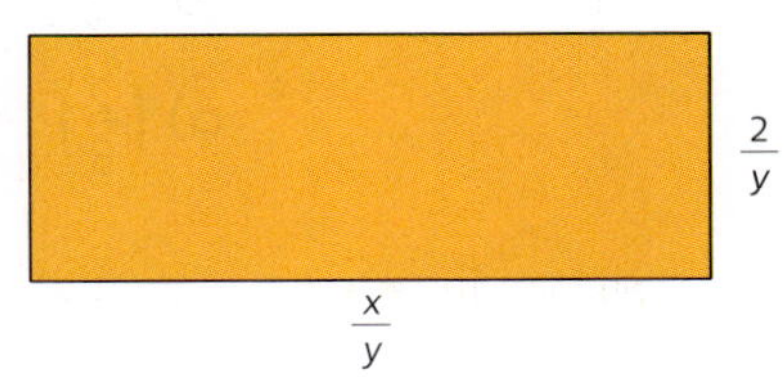

Divisão de frações algébricas

Dividimos frações algébricas da mesma maneira que dividimos números na forma de fração: multiplicando a primeira pelo inverso da segunda.

Exemplos:

a) $\frac{21}{6} : \frac{3}{8} = \frac{\overset{7}{\cancel{21}}}{\underset{3}{\cancel{6}}} \cdot \frac{\overset{4}{\cancel{8}}}{\underset{1}{\cancel{3}}} = \frac{28}{3} = 9\frac{1}{3}$

b) $\frac{4xy}{z^2} : \frac{4x}{5z} = \frac{4xy}{z^2} \cdot \frac{5z}{4x} = \frac{\cancel{4x}y \cdot 5\cancel{z}}{z^{\cancel{2}} \cdot \cancel{4x}} = \frac{5y}{z}$

c) $\frac{x^2 - 4}{x + 2xy} : \frac{x^2 + 2x}{2y + 1} = \frac{x^2 - 4}{x + 2xy} \cdot \frac{2y + 1}{x^2 + 2x} = \frac{\cancel{(x + 2)}(x - 2)\cancel{(2y + 1)}}{x\cancel{(1 + 2y)} \cdot x\cancel{(x + 2)}} = \frac{x - 2}{x^2}$

Lembrando que o traço de fração indica divisão, a expressão $\frac{1}{1 + \frac{1}{x}}$ significa $1 : \left(1 + \frac{1}{x}\right)$, então: $\frac{1}{1 + \frac{1}{x}} = 1 : \left(1 + \frac{1}{x}\right) = 1 : \left(\frac{x + 1}{x}\right) = 1 \cdot \frac{x}{x + 1} = \frac{x}{x + 1}$

Exercícios

109. Efetue as divisões e, se possível, simplifique o quociente.

a) $\frac{1}{x} : \frac{2}{x^2}$

b) $\frac{y^2}{a+b} : \frac{y^3}{a+b}$

c) $\frac{2x^4}{a^5 + a^4} : \frac{8x^2}{2a+2}$

d) $\frac{y+1}{x} : \frac{y^2-1}{x^4}$

110. Calcule, lembrando sempre que todo denominador é diferente de zero:

a) $\dfrac{\frac{a^2}{xy^2}}{\frac{a}{x^2y}}$

b) $\dfrac{\frac{x^2-y^2}{2xy}}{\frac{x+y}{xy}}$

c) $\dfrac{a^2 + 2ab + b^2}{\frac{ab+b^2}{a}}$

d) $\dfrac{1-\frac{1}{a^2}}{1-\frac{1}{a}}$

Potenciação de frações algébricas

Determinamos a potência de uma fração algébrica da mesma maneira que elevamos um número na forma de fração a um expoente.

Exemplos:

a) $\left(\frac{2}{3}\right)^3 = \frac{2^3}{3^3} = \frac{8}{27}$

b) $\left(\frac{2x}{3y}\right)^2 = \frac{(2x)^2}{(3y)^2} = \frac{4x^2}{9y^2}$

c) $\left(\frac{2}{3}\right)^{-3} = \left(\frac{3}{2}\right)^3 = \frac{3^3}{2^3} = \frac{27}{8}$

d) $\left(\frac{a+b}{3x}\right)^{-2} = \left(\frac{3x}{a+b}\right)^2 = \frac{9x^2}{(a+b)^2}$ ou $\frac{9x^2}{a^2+2ab+b^2}$

Exercícios

111. Efetue as potenciações.

a) $\left(\frac{x}{2y}\right)^3$

b) $\left(\frac{2a^2b}{3c^3}\right)^2$

c) $\left(\frac{2x}{y}\right)^{-1}$

d) $\left(\frac{3a}{b^2}\right)^{-2}$

e) $\left(\frac{x}{x+y}\right)^2$

112. Simplifique a fração algébrica $\frac{x^{-1}+y^{-1}}{(xy)^{-1}}$.

6 Demonstrações

Usando o que estudou neste capítulo, você poderá **demonstrar** ou **provar** algumas propriedades numéricas.

Acompanhe a situação a seguir, para entender o que significa isso.

Gustavo e Cibele estavam ansiosos para mostrar ao professor o que descobriram brincando com alguns números. Sabiam que era algo interessante, mesmo sem entender o que realmente significava. Veja o que descobriram:

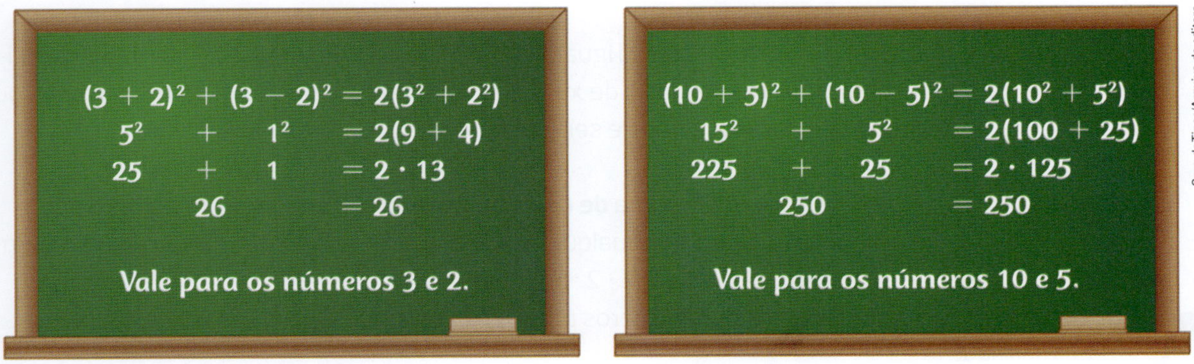

Casa de Tipos/Arquivo da editora

Faça você com os números 9 e 2.

Essas descobertas com determinados números são muito interessantes e intrigantes. Elas podem indicar uma regularidade. Podem inspirar uma regra geral. Mas, **para uma propriedade ser válida, não basta constatar que ela é verdadeira para alguns números. É preciso provar que ela é verdadeira para todos os números reais**, fazendo uma demonstração ou prova.

Em primeiro lugar, escolhemos x e y para representar dois **números reais quaisquer**.

Vamos verificar que, para esses dois números quaisquer, é verdadeira a igualdade:

$$(x + y)^2 + (x - y)^2 = 2(x^2 + y^2)$$

Vejamos:

$$(x + y)^2 + (x - y)^2 = \underline{x^2 + \cancel{2xy} + y^2} + \underline{x^2 - \cancel{2xy} + y^2} = 2x^2 + 2y^2 = 2(x^2 + y^2)$$

De fato, mostramos que a igualdade $(x + y)^2 + (x - y)^2 = 2(x^2 + y^2)$ é verdadeira para quaisquer valores reais de x e y que você escolher, ou seja, **demonstramos** ou **provamos** que essa igualdade é sempre verdadeira.

Outro exemplo:

Vamos provar que **a soma de dois números inteiros pares é um número par**.

Um número inteiro par qualquer pode ser escrito na forma $2n$, em que n é um número inteiro, pois $2 \cdot 1 = 2$; $2 \cdot 2 = 4$; $2 \cdot 3 = 6$; etc.

Consideremos dois números pares $2p$ e $2q$, em que p e q são números inteiros.

$$2p + 2q = 2\underbrace{(p + q)}_{m} = 2m$$

Como p e q são inteiros, $p + q = m$ também é um número inteiro. Assim, a soma de dois números inteiros pares $(2p + 2q)$ é um número inteiro par $(2m)$, como queríamos demonstrar.

Exercícios

113. Um número inteiro ímpar pode ser escrito na forma $2n + 1$, em que n é um número inteiro. Demonstre que a soma de dois números inteiros ímpares é um número par.

114. Demonstre que a soma de dois números inteiros consecutivos é igual à diferença entre seus quadrados.

115. Prove que a soma de cinco números inteiros consecutivos é múltiplo de 5.
Sugestão: nomeie os números de $(n - 2)$, $(n - 1)$, n, $(n + 1)$ e $(n + 2)$.

116. Observe estas igualdades:

$7 + 8 + 9 = 24 = 3 \cdot 8$

$20 + 21 + 22 = 63 = 3 \cdot 21$

$(-8) + (-7) + (-6) = -21 = 3 \cdot (-7)$

Pelos exemplos, podemos **conjecturar** que a soma de três números inteiros consecutivos é um múltiplo de 3.

Nomeie os três números inteiros consecutivos assim: $(n - 1)$, n e $(n + 1)$ e demonstre que a propriedade acima vale para quaisquer três números inteiros consecutivos.

Leitura

Cuidado com as generalizações!

Para mostrar como é **perigoso generalizar com base em alguns casos particulares**, veja o exemplo a seguir.

Considere a expressão algébrica $n^2 + n + 41$, com n representando um número natural.

Para $n = 0$, temos: $0^2 + 0 + 41 = 41$ (é um número primo).

Para $n = 1$, temos: $1^2 + 1 + 41 = 43$ (é um número primo).

Verifique agora se, para $n = 2$, $n = 3$, $n = 4$ e $n = 5$, o resultado é um número primo.

E então?

Para $n = 6$, $n = 7$, $n = 8$, ... até $n = 39$, o número $n^2 + n + 41$ também é primo. Assim, muitos poderiam afirmar que, para qualquer número natural n, $n^2 + n + 41$ é primo.

Porém, veja que interessante:

Para $n = 40$, temos

$n^2 + n + 41 = 40^2 + 40 + 41 = 1681$,

que é múltiplo de 41 ($1681 : 41 = 41$).

Portanto, o número $40^2 + 40 + 41 = 1681$ tem como divisores: 1, 41 e 1681.

Logo, não é primo.

Esse exemplo mostra claramente que não se deve generalizar um resultado ou uma propriedade com base apenas em alguns casos particulares.

Em qualquer área do conhecimento, muitas vezes descobertas importantes surgem do reexame de erros cometidos. Leia mais sobre erros em generalizações na seção *Ponto de chegada* da página 176.

Curiosidade matemática

2 = 3?

Analise as igualdades e descubra o que está errado.

Partindo de **0 = 0**, vamos "provar" que **2 = 3**.

0 = 0

Substituindo cada zero da igualdade por uma subtração que resulte em zero, temos, por exemplo:

$\mathbf{2 - 2 = 3 - 3}$

Em cada membro da igualdade obtida, vamos colocar o termo comum em evidência:

$\mathbf{2 \cdot (1 - 1) = 3 \cdot (1 - 1)}$

Dividindo ambos os membros pelo termo comum $(1 - 1)$, obtemos:

2 = 3

Conseguiu descobrir onde está o erro?

Exercício

117. **Projeto em equipe: "desenhando" os produtos notáveis**

Elaborem vários cartões como estes a seguir no caso de optarem por colagens. Em lugar de colagens, também podem ser feitos desenhos.

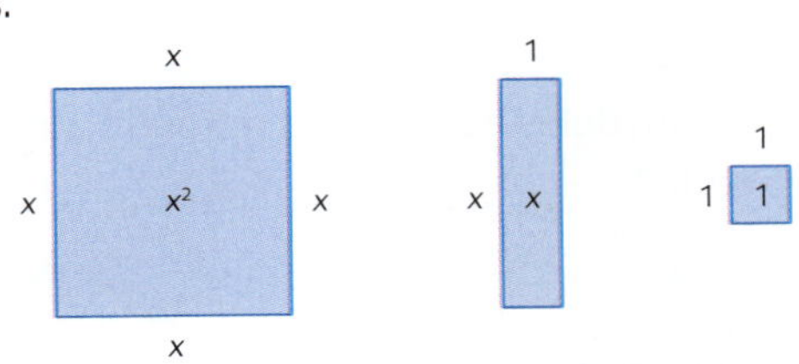

Em uma folha de papel sulfite, elaborem representações geométricas dos seguintes casos de fatoração: fator comum em evidência, diferença de dois quadrados e trinômio quadrado perfeito. Veja os exemplos e procurem fazer outras fatorações com pelo menos uma de cada caso. O objetivo é juntar as peças de modo que forme uma região retangular ou uma região quadrada.

a) Colocar um termo em evidência

Dada a expressão algébrica $x^2 + x$, peguem os cartões 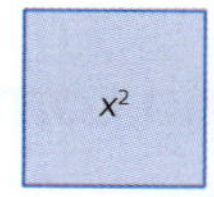 e 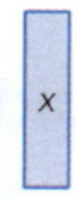 e montem com eles uma região retangular: 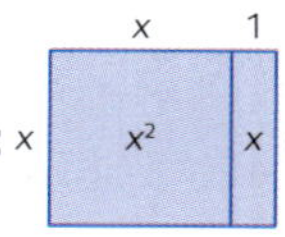 cuja área é $x(x + 1)$. Assim, $x^2 + x = x(x + 1)$.

(expressão fatorada: $x(x + 1)$)

Outro exemplo: $2x + 2$ 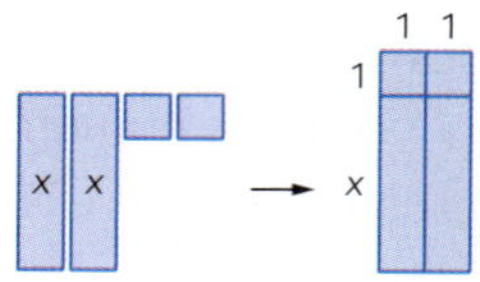 Área: $2(x + 1)$

Assim, $2x + 2 = 2(x + 1)$.

(expressão fatorada: $2(x + 1)$)

b) Diferença de dois quadrados

Exemplo:

Fatorar $x^2 - 4$.

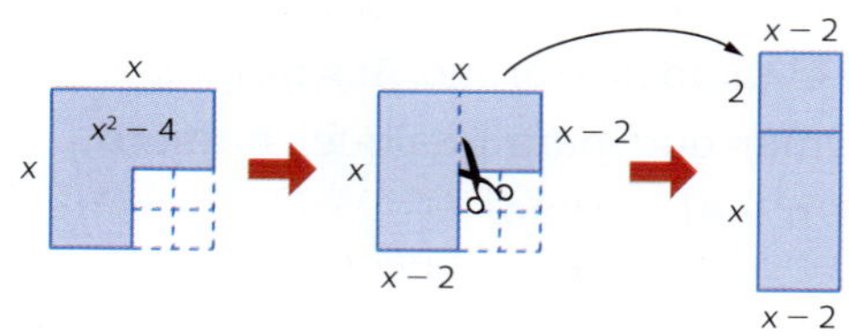

Área: $(x + 2)(x - 2)$

Assim, $x^2 - 4 = (x + 2)(x - 2)$.

(expressão fatorada: $(x + 2)(x - 2)$)

c) Trinômio quadrado perfeito

Exemplo:

Fatorar $x^2 + 4x + 4$.

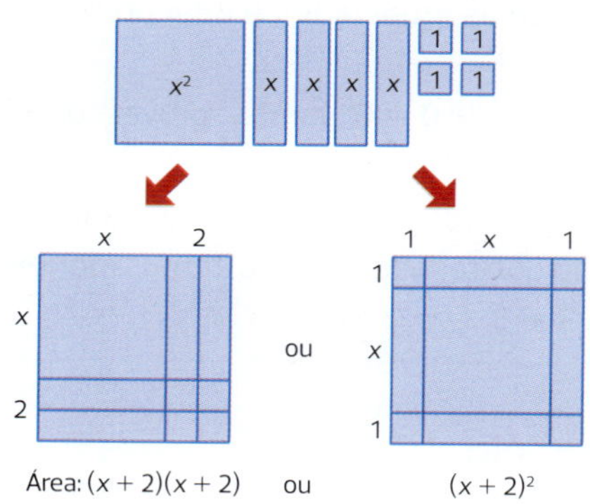

Assim: $x^2 + 4x + 4 = (x + 2)(x + 2)$ ou $(x + 2)^2$.

(expressão fatorada: $(x + 2)(x + 2)$ ou $(x + 2)^2$)

Raciocínio lógico

Uma pessoa tem dois relógios. Um deles está parado e o outro atrasa uma hora por dia. Qual deles mostrará mais frequentemente a hora certa?

Casa de Tipos/Arquivo da editora

Tratamento da informação

Interpretação de gráfico de segmentos

118. Camada de ozônio

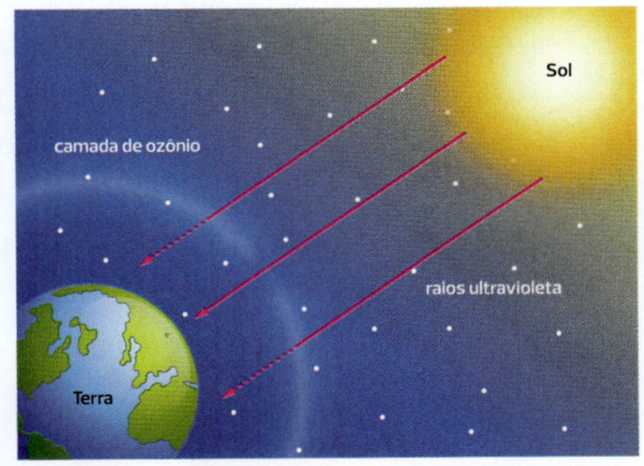

Esta ilustração está fora de escala. Cores fantasia.

Além de luz e calor, o Sol também emite uma radiação chamada ultravioleta (UV), extremamente prejudicial à saúde. Essa radiação pode causar envelhecimento precoce, câncer de pele e até mesmo problemas de visão.

A Terra é envolta por uma camada gasosa chamada **camada de ozônio**, que absorve parte dos raios UV, impedindo que grande parte deles atinja a superfície terrestre.

No entanto, décadas atrás, cientistas descobriram que essa camada estava sendo destruída pelos seres humanos, apresentando, inclusive, um enorme "buraco" acima da Antártida. O principal agente responsável por essa destruição é um gás chamado CFC (clorofluorcarboneto), presente em aerossóis e geladeiras.

Nos últimos anos, as emissões de CFC foram drasticamente reduzidas, graças à conscientização da população mundial e a políticas proibitivas sobre a produção e importação desse gás, o que tem contribuído para a redução do "buraco" na camada de ozônio. Porém, ainda há em circulação outras substâncias que, apesar de menos agressivas do que o CFC, também agridem a camada protetora do planeta, como os HCFC (hidroclorofluorcarbonetos), utilizados em refrigeradores e aparelhos de ar condicionado. Esses gases foram muito usados nos últimos anos como alternativa ao CFC, até pesquisadores descobrirem que também são nocivos à camada de ozônio. Recentemente, vários países têm proposto planos de ação que visam reduzir as emissões de hidroclorofluorcarbonetos.

Observe, no gráfico abaixo, o consumo de CFC e HCFC no Brasil, de 1992 a 2012, de acordo com dados do Ministério do Meio Ambiente.

* tonelada PDO: tonelada de Potencial de destruição da Camada de Ozônio, unidade de medida utilizada para substância destruidora dessa camada.

Consumo de CFC e HCFC no Brasil, de 1992 a 2012

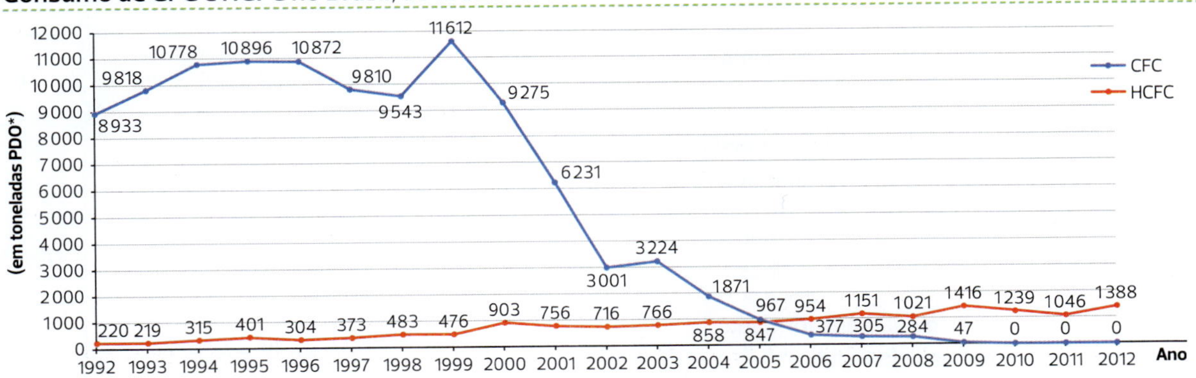

Fonte: Ministério do Meio Ambiente. Disponível em: <www.mma.gov.br/clima/protecao-da-camada-de-ozonio/>. Acesso em: 5 maio 2015.

Analise o gráfico acima e responda:

a) Em que ano o consumo de CFC e HCFC foi quase o mesmo?

b) Quando houve a maior redução no consumo de CFC de um ano para o ano seguinte? De quanto?

c) Qual deveria ter sido a redução percentual no consumo de HCFC em 2009 para que se iguale ao consumo de CFC nesse ano?

d) Qual foi a média de consumo de CFC de 2008 a 2012, em toneladas PDO?

Outros contextos

119. Construção

A piscina de Tadeu, representada pelo desenho ao lado, tem o formato de uma região quadrada de ℓ metros de lado. Ela será revestida com azulejos quadrados azuis de medida x centímetros de lado. A borda dessa piscina será revestida com azulejos vermelhos iguais aos azulejos azuis.

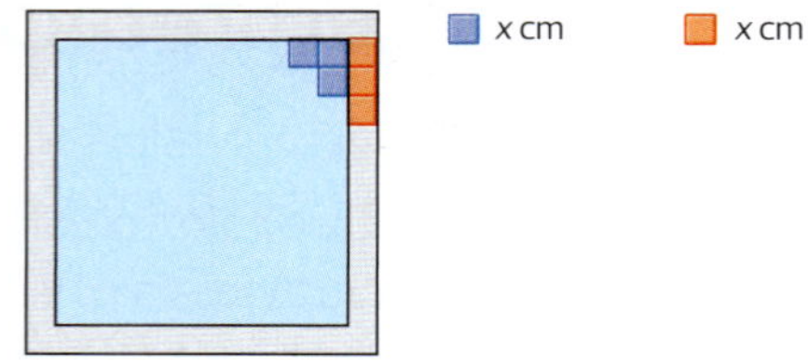

Qual é a expressão algébrica, de variável ℓ, que determina o número de azulejos vermelhos que serão utilizados para construir a borda dessa piscina? Para responder a essa pergunta, observe, inicialmente, a sequência de figuras abaixo:

Lado da região quadrada formada por azulejos azuis	1	2	3	4
Lado da região quadrada formada por azulejos azuis e vermelhos	3	4	5	6

a) Observe que o lado da região quadrada formada por azulejos azuis e vermelhos nada mais é do que o lado da região quadrada formada por azulejos azuis mais duas unidades. Então, se o lado da região quadrada formada por azulejos azuis mede ℓ metros, quanto mede o lado da região quadrada formada por azulejos azuis e vermelhos?

b) Observe também que a quantidade de azulejos vermelhos é igual à diferença entre a área da região quadrada formada por azulejos azuis e vermelhos e a área da região quadrada formada por azulejos azuis. Sabendo disso, complete:

Lado da região quadrada formada por azulejos azuis	1	2	3	4	5	ℓ
Lado da região quadrada formada por azulejos azuis e vermelhos	3	4	5	6	7	
Área da região quadrada formada por azulejos azuis e vermelhos	9	16	25	36	49	$(\ell + 2)^2$
Área da região quadrada formada por azulejos azuis	1	4		16		
Número de azulejos vermelhos	$9 - 1 = 8$	$16 - 4 = 12$				

c) Agora podemos responder à pergunta feita no início da atividade: qual é a expressão algébrica, de variável ℓ, que determina o número de azulejos vermelhos que serão utilizados para construir a borda da piscina? Desenvolva o produto notável, reduza os termos semelhantes e fatore por evidência o binômio encontrado.

120. **História da Matemática e demonstrações**

Diofanto de Alexandria (c. 221-305) é considerado o maior algebrista da Grécia antiga. Apesar de desconhecer os números negativos, ele chegou a realizar uma demonstração geométrica que, de certo modo, pode ser considerada como precursora da regra de sinais que afirma que o produto entre dois números negativos é igual a um número positivo, ou seja, $(-) \times (-) = +$.

Acompanhe a seguir essa demonstração, destacada pelo escritor Gilberto Garbi, no livro *O romance das equações algébricas* (3. ed., São Paulo, Livraria da Física, 2009, p. 66), para mostrar que $(-b) \cdot (-d) = +bd$.

Considere a figura abaixo, em que os valores a, b, c e d são representados por segmentos de reta.

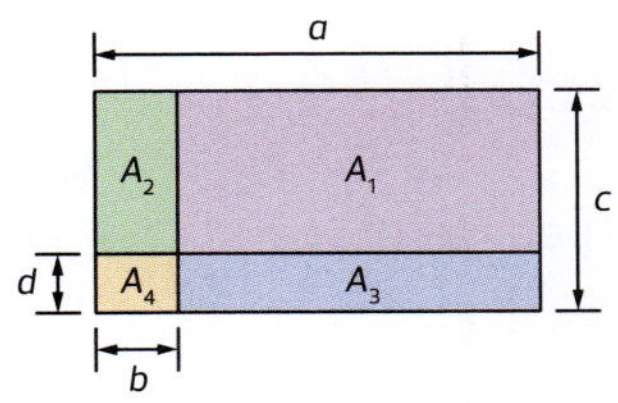

Nessa figura, temos as seguintes áreas: $A_1 = (a - b)(c - d)$

$A_2 = b(c - d)$

$A_3 = d(a - b)$

$A_4 = bd$

Observe que a área da região retangular maior é a soma das áreas das quatro regiões retangulares que estão contidas nela, ou seja:

$$A_1 + A_2 + A_3 + A_4 = ac$$

Desenvolvendo, temos o seguinte:

$(a - b)(c - d) + b(c - d) + d(a - b) + bd = ac$

$(a - b)(c - d) + bc - bd + ad - \cancel{bd} + \cancel{bd} = ac$

$(a - b)(c - d) + bc - bd + ad = ac$

$(a - b)(c - d) = ac - ad - bc + bd$

Isso mostra que, ao desenvolvermos $(a - b)(c - d)$, o produto $(-b)(-d)$ é igual a $+bd$, como se queria demonstrar.

a) Vamos aproveitar a demonstração acima para trabalhar com fatoração de expressões algébricas. Mostre que, na figura acima, $ac - (A_2 + A_3 + A_4) = A_1$.

b) Veja esta outra figura:

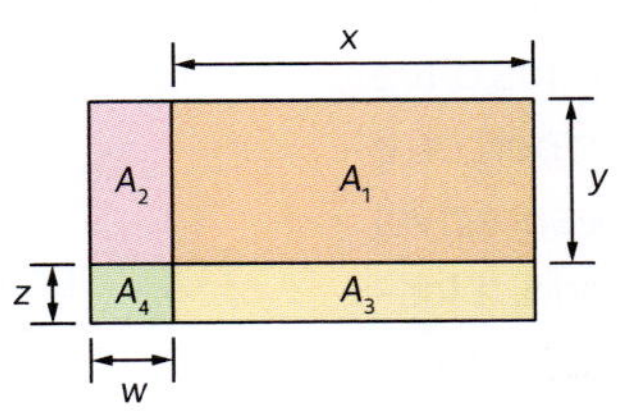

Considere $x = 8$, $y = 5$, $z = 1$ e $w = 2$. Mostre, numericamente, que a adição $A_1 + A_2 + A_3 + A_4$ é igual à área do retângulo maior.

c) Ainda considerando a figura do item **b**, mostre, algebricamente, que a adição $A_1 + A_2 + A_3 + A_4$ é igual à área do retângulo maior.

Praticando um pouco mais

1. (Prova Brasil) A professora de Matemática propôs como exercício a expressão $\left(1+\frac{1}{3}\right)\left(1-\frac{1}{3}\right)$.

Os alunos que resolveram corretamente a expressão encontraram como resultado:

a) $-\frac{8}{9}$. b) 0. c) $\frac{8}{9}$. d) 2.

2. (Universidade de Coimbra – Portugal) O perímetro da figura ao lado é igual a:

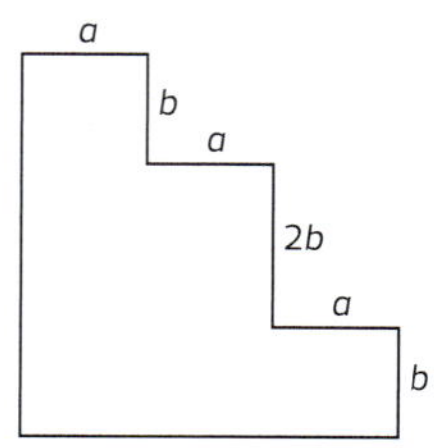

a) $3a + 4b$.
b) $3a + 8b$.
c) $6a + 4b$.
d) $6a + 6b$.
e) $6a + 8b$.

3. (FGV-SP) Seja n o resultado da operação $365^2 - 364^2$. A soma dos algarismos de n é:

a) 18. b) 19. c) 20. d) 21.

4. Ao ser perguntado em qual número Pedrinho estava pensando, Carlos obteve a seguinte resposta:
— O número em que estou pensando é o resultado do cálculo $[(14^2 - 13^2) + 6 : 2] \times 10$.
O número pensado por Pedrinho foi:

a) 100. b) 200. c) 300. d) 400.

5. (Faap-SP) Simplificando a expressão

$$\frac{ax - ay}{x(x-y) - y(x-y)}$$ obtemos:

a) a. b) $\frac{1}{x-y}$. c) $\frac{a}{x-y}$. d) $\frac{a}{x+y}$.

6. (Unifor-CE) Um raio cai a d metros de uma pessoa. Ela vê a luz do relâmpago e após t segundos ouve o som resultante. Sabendo-se que a luz percorre a distância d metros em um tempo desprezível e que o som percorre 340 m por segundo, a fórmula que dá aproximadamente a distância d em função do tempo t é:

a) $d = 300\,000t$.
b) $d = 340t$.
c) $d = 340t^2$.
d) $d = (300\,000 - 340) \cdot t$.
e) $d = 340 \cdot t + 300\,000$.

7. (UFPI) Um criador de aves verificou que, após colocar $(n + 2)$ aves em cada um dos n viveiros disponíveis, sobraria apenas uma ave. O número total de aves, para qualquer valor de $n \in \mathbb{N}$, é sempre:

a) um número par.
b) um número ímpar.
c) um quadrado perfeito.
d) um número divisível por 3.

8. Considere a figura e as medidas indicadas ao lado. Sabendo que n é um número natural com $n \geqslant 2$, podemos afirmar que a área azul é dada pela expressão:

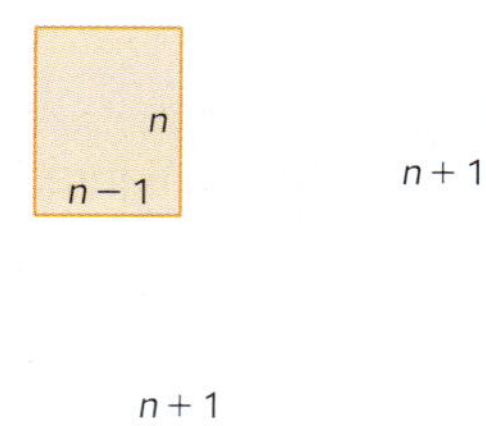

a) $3n + 1$. c) $n^2 + 1$. e) $2n^2 - 1$.
b) $2n + 1$. d) $3n + 2$.

9. (Vunesp) A unidade usual de medida para a energia contida nos alimentos é kcal (quilocaloria). Uma fórmula aproximada para o consumo diário de energia (em kcal) para meninos entre 15 e 18 anos é dada pela função $F = 17 \cdot h$, onde h indica a altura em cm e, para meninas nessa mesma faixa de idade, pela função $g = (15{,}3) \cdot h$. Paulo, usando a fórmula para meninos, calculou seu consumo diário de energia e obteve 2 975 kcal. Sabendo-se que Paulo é 5 cm mais alto que sua namorada Carla (e que ambos têm idade entre 15 e 18 anos), o consumo diário de energia para Carla, de acordo com a fórmula, em kcal, é:

a) 2 501. c) 2 770. e) 2 970.
b) 2 601. d) 2 875.

10. (Obmep) Joãozinho inventou uma operação matemática com números inteiros, para a qual ele usa o sinal *. Ela funciona assim: $a * b = (a + 1)(b - 1)$. Por exemplo, $3 * 5 = (3 + 1) \times (5 - 1) = 16$. Se a e b são inteiros positivos tais que $a * b = 24$ e $b * a = 30$, quanto vale $a + b$?

a) 11 c) 15 e) 18
b) 12 d) 16

Revisão cumulativa

1. Considere as expressões algébricas:

$3x^4$ | $5x + y^2$ | $9x - 4$ | $x^2 - 10x + 25$

$5xy^2$ | $x^2 + 5x + 16$ | $x^3 - 1$ | $x^2 - 1$

Indique:

a) todos os trinômios;
b) todos os monômios;
c) todos os binômios;
d) um trinômio quadrado perfeito;
e) um monômio com duas variáveis;
f) um monômio com uma variável;
g) um binômio com duas variáveis;
h) um binômio do 2º grau com uma variável;
i) uma expressão equivalente a $(x + 1)(x - 1)$.

2. Um retângulo *A* tem comprimento de medida *x* e largura de medida $(x - 3)$. Um retângulo *B* é obtido de *A* aumentando 5 unidades no comprimento e dobrando a largura.

- Indique por meio de expressões algébricas:

a) o perímetro de *A*;
b) o perímetro de *B*;
c) a área de *A*;
d) a área de *B*;
e) quanto o perímetro de *B* tem a mais do que o perímetro de *A*;
f) quanto a área de *B* tem a mais do que a área de *A*.

- Considerando $x = 10$ cm, calcule os valores indicados nos itens de **a** a **f**.

3. Considere um paralelepípedo de dimensões *a*, *b* e *c*.

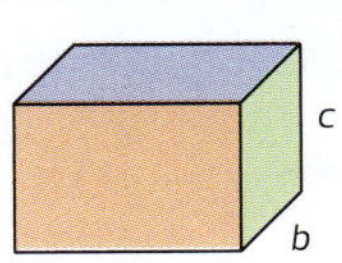

Escreva o polinômio mais simples que indica a área total de sua superfície.

4. Para $x \neq \pm 3$, simplificando a fração $\dfrac{x^2 + 6x + 9}{x^2 - 9}$, obtemos:

a) $\dfrac{x - 3}{x + 3}$. b) $\dfrac{x + 3}{3}$. c) $\dfrac{x - 3}{3}$. d) $\dfrac{x + 3}{x - 3}$.

5. Qual das figuras abaixo não é planificação de um cubo?

a)

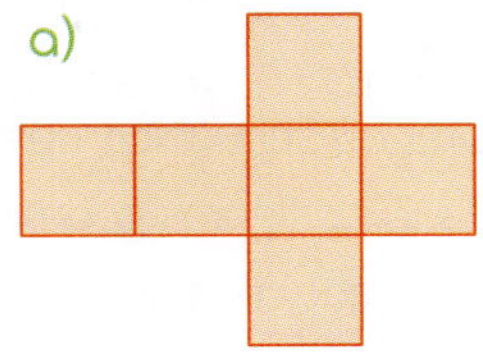

c)

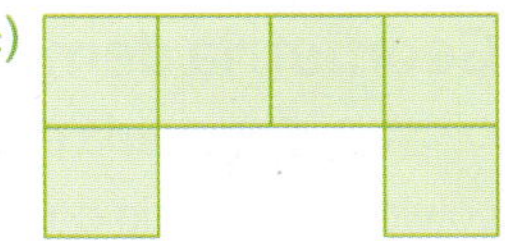

b)

d)

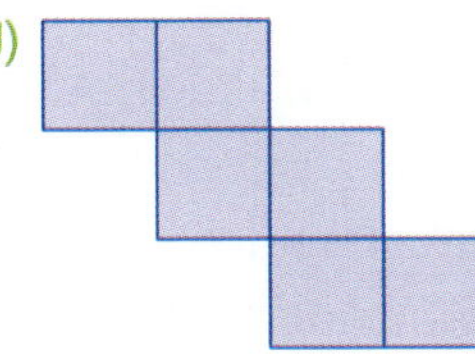

6. Quais são as soluções da equação $(2x - 1)(2x + 3) = 0$?

7. (UFCE) Se $a = \left(1 + \dfrac{2}{3}\right)^{-1}$ e *b* é tal que $ab = 1$, então o valor de *b* é:

a) $\dfrac{5}{2}$. c) $\dfrac{5}{3}$. e) $\dfrac{2}{3}$.

b) $\dfrac{3}{5}$. d) $\dfrac{2}{5}$.

8. Observe a figura abaixo.

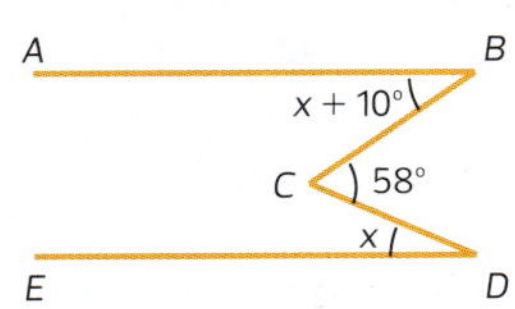

$\overline{AB} \, // \, \overline{DE}$

O ângulo $\hat{B}$ mede:

a) 33°. c) 35°.
b) 34°. d) 36°.

9. Pensei em um número, dividi-o por 4 e tirei $\dfrac{2}{3}$, obtendo $\dfrac{5}{6}$. Em que número pensei?

10. Reduza as expressões à sua forma mais simples. Depois, faça a fatoração do resultado obtido em cada item.

a) $(x + 2)^2 - 4(x + 10)$
b) $(x + 1)(x - 1) + 4x + 5$
c) $\dfrac{15x^2}{5} - \dfrac{12x}{2} + \dfrac{21}{7}$

Ponto de chegada

A Matemática nos textos

Geometria demonstrativa

Na Geometria experimental, ou seja, física, desenvolvida até o início do século VI a.C., as figuras geométricas eram vistas da mesma maneira que consideramos os objetos físicos. Com base nas aparências e nas medidas aproximadas dessas figuras, eram tomadas decisões sobre suas propriedades e sobre as relações entre elas.

Contudo, as aparências podem enganar. Por exemplo, na figura abaixo, qual segmento de reta é maior: $\overline{AB}$ ou $\overline{CD}$? Meça e confira sua estimativa.

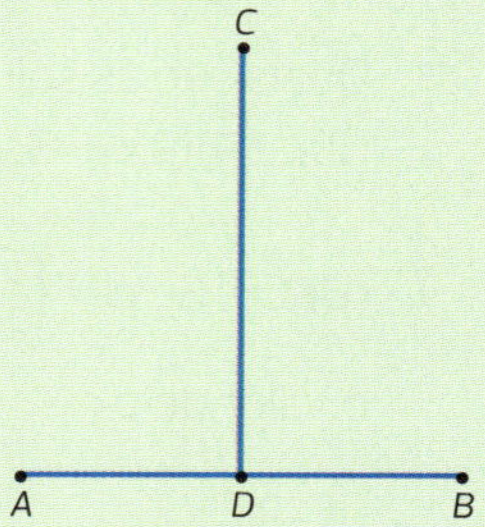

Na primeira metade do século VI a.C., surgiu um novo modo de ver a Geometria. Pelo que sabemos, o matemático grego Tales de Mileto (640 a.C.-550 a.C.) foi um dos primeiros a afirmar que os conhecimentos de Geometria deveriam ser estabelecidos por raciocínio lógico, em vez de serem estabelecidos por meio de observação, experimentação, tentativa e erro. Ele foi o fundador da **Geometria demonstrativa**, e seus esforços serviram de base para o incomparável trabalho de Euclides (c. 330 a.C.-260 a.C.), chamado *Os Elementos*, obra que teve grande influência sobre o conhecimento geométrico produzido posteriormente.

Museu Capitolino, Roma/Foto: NYPL/Science Source/Photoresearchers/Latinstock

Busto de Tales de Mileto, fundador da Geometria demonstrativa

Trabalhando com o texto

1. Explique com suas palavras a ideia principal do texto.
2. Qual foi a mudança feita pelo matemático grego Tales de Mileto na maneira de se estabelecer o conhecimento geométrico?

O perigo de generalizar conhecendo apenas alguns exemplos: o "escorregão" de Fermat

Os números da forma $f_n = 2^{2^n} + 1$, para $n = 0, 1, 2, ...,$ são chamados **números de Fermat**, em homenagem ao matemático francês Pierre de Fermat (1601-1665).

Observe que f_n é primo para $n = 0, 1, 2, 3$ e 4.

$f_0 = 2^{2^0} + 1 = 2^1 + 1 = 3$ (primo)

$f_1 = 2^{2^1} + 1 = 2^2 + 1 = 5$ (primo)

$f_2 = 2^{2^2} + 1 = 2^4 + 1 = 17$ (primo)

$f_3 = 2^{2^3} + 1 = 2^8 + 1 = 257$ (primo)

$f_4 = 2^{2^4} + 1 = 2^{16} + 1 = 65\,537$ (primo)

Essa análise fez com que Fermat conjecturasse que todos os f_n fossem primos, para qualquer n natural. No entanto, ele se enganou, pois o matemático suíço Leonhard Euler (1707-1783) verificou, um século mais tarde, que $f_5 = 2^{2^5} + 1 = 4\,294\,967\,297$ é divisível por 641 ($4\,294\,967\,297 : 641 = 6\,700\,417$ e resto 0). Além disso, até hoje nenhum f_n primo foi obtido para $n > 4$.

Entretanto, o trabalho de Fermat não foi em vão. Hoje em dia, sabe-se muito sobre os números de Fermat. Eles são utilizados para testar sistemas e apontar erros em computadores de grande porte.

Trabalhando com o texto

1. Explique com suas palavras a ideia principal do texto.
2. Reúna-se com seus colegas e pesquisem alguns dados da biografia de Pierre de Fermat. Selecione as informações e escreva um breve resumo.

Suryara Bernardi/Arquivo da editora

Verifique o que estudou

Capítulo 3

1. Duas retas paralelas cortadas por uma transversal formam ângulos alternos internos cujas medidas, em graus, são dadas por $3x - 20°$ e $2x + 40°$. Determine a medida desses ângulos.

2. Crie um exercício em que seja dado o número de vértices de um polígono convexo e seja necessário descobrir o número de diagonais que ele possui. Passe para um colega resolver.

3. Utilizando régua e transferidor, construa, quatro vezes, em uma folha de papel sulfite, um triângulo isósceles ABC em que $AB = 7$ cm, $BC = 6$ cm e $AC = 6$ cm. Depois, faça o que se pede.

a) Localize os pontos notáveis desse triângulo e nomeie-os. Um em cada figura.

b) Indique qual ponto você tomaria como centro para a circunferência inscrita no triângulo.

c) Qual seria o centro da circunferência circunscrita a esse triângulo?

4. Em um quadrilátero $ABCD$, $\hat{A}$ mede 20° a mais do que $\hat{B}$, $\hat{C}$ mede 20° a menos do que $\hat{B}$, e $\hat{D}$ mede o dobro da medida de $\hat{C}$. Quantos ângulos agudos tem esse quadrilátero?

Capítulo 4

5. Represente geometricamente o trinômio $25x^2 + 30xy + 9y^2$ e escreva qual o significado dessa representação.

6. Reproduza as figuras abaixo completando os valores das dimensões que estão faltando (indicadas por A e B nos desenhos) e colocando essas figuras em ordem. Elas devem mostrar a sequência dos procedimentos usados para, a partir de um quadrado de lado $5x$, obtermos a representação geométrica de $25x^2 - 9y^2$.

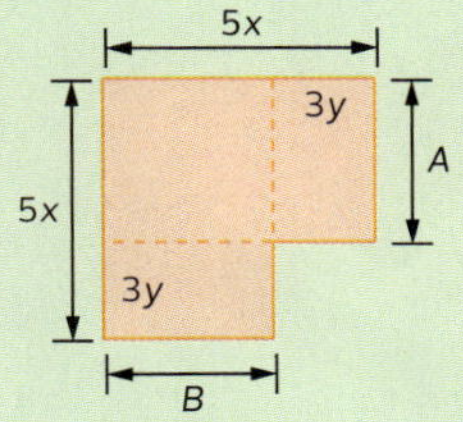

Figura 1

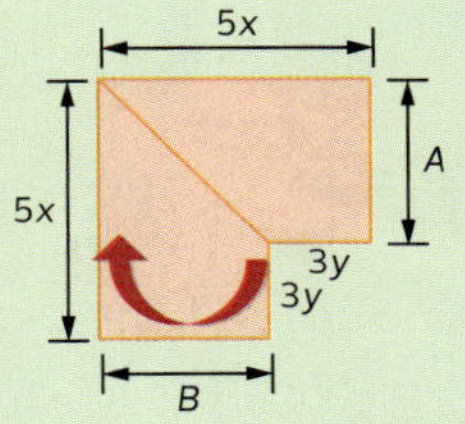

Figura 2

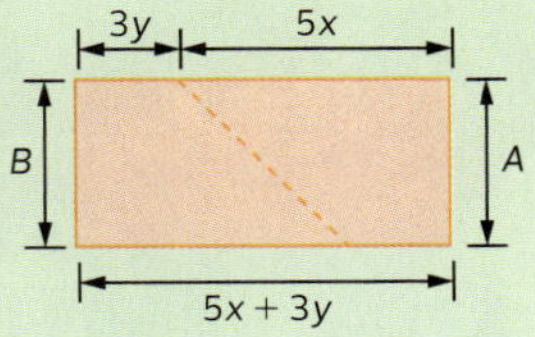

Figura 3

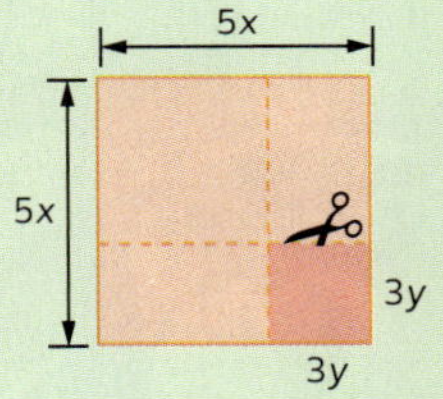

Figura 4

ATENÇÃO!

Retome os assuntos que você estudou nesta Unidade. Verifique em quais teve dificuldade e converse com seu professor, buscando formas de reforçar seu aprendizado.

Autoavaliação

Algumas atitudes são fundamentais para melhorar seu aprendizado e a convivência na escola. Questione-se e reflita sobre elas.

- Colaborei com o professor e os colegas nas atividades em sala de aula e nas atividades extraclasse?
- Tomei atitudes visando resolver minhas dúvidas sobre o conteúdo e ajudando os colegas naquilo que sei?
- Realizei as leituras do livro com atenção e resolvi os exercícios?
- Ampliei os meus conhecimentos de Matemática?

Kanwarjit Singh Boparai/Shutterstock/Glow Images

Corrida de bicicletas

Álgebra e Geometria

Há milhares de anos, os seres humanos usam formas circulares em suas máquinas. Nos meios de transporte, por exemplo, elas são fundamentais. Estima-se que, dos tradicionais carros de boi aos modernos aviões, haja atualmente cerca de 5 bilhões de rodas girando pelo mundo. A imagem ao lado representa um modelo antigo de bicicleta, que apresenta rodas de tamanhos diferentes estruturadas com raios de arame.

Modelo antigo de bicicleta

Paulo Manzi/Arquivo da editora

Ponto de partida

Sob a orientação do professor, converse com seus colegas e responda às questões:

1. O contorno de uma roda pode ser representado por uma circunferência. Esse contorno é um polígono? Justifique.
2. No modelo de bicicleta antiga, os raios de arame da roda maior dividem-na em 15 partes iguais. Quanto mede cada ângulo formado por dois raios consecutivos?
3. Quantos pontos comuns podem ter duas circunferências de raios diferentes localizadas no mesmo plano?
4. Suponha que a soma das medidas dos diâmetros de duas circunferências seja 1,60 m, e a diferença entre seus raios seja 0,60 m. Se x é o diâmetro da maior e y o da menor, quanto valem x e y?

Capítulo 5

Equações, sistemas de equações e inequações

1 Introdução

Nos anos escolares anteriores você já deve ter estudado equações do 1º grau com uma e duas incógnitas e sistemas de equações do 1º grau com duas incógnitas.

Vamos conhecer um pouco sobre a história dos sistemas de equações.

Na história da Matemática ocidental antiga, há poucos registros sobre sistemas de equações. Esse assunto, no entanto, acabou recebendo uma atenção maior no Oriente, principalmente na Babilônia e na China.

Os chineses, por exemplo, que tinham um gosto especial por diagramas, escreviam sistemas de equações representando os coeficientes com barras de bambu sobre um tabuleiro. Para os coeficientes positivos, utilizavam uma coleção de barras de bambu vermelhas e, para os coeficientes negativos, uma coleção de barras pretas.

Nos *Nove capítulos sobre a arte matemática* (250 a.C.), o mais influente texto chinês de Matemática, há registros de resolução de sistemas de equações.

Mauro Souza/Arquivo da editora

Ilustração artística dando a ideia de como poderia ter sido a representação dos coeficientes indicada no texto.

Equações do 1º grau com uma incógnita, **sistemas de equações do 1º grau com duas incógnitas** e **inequações** são os assuntos que você vai estudar neste capítulo. Você vai retomar e aprofundar seus conhecimentos sobre eles, aplicando-os na resolução de problemas.

2 Equações do 1º grau com uma incógnita

Utilizando alguns exemplos, vamos recordar a resolução de equações do 1º grau com uma incógnita, agora no conjunto dos números reais.

a) Vamos resolver a equação $2(x + 5) = 2 - 3(2 + 3x) + 15$ no conjunto $\mathbb{R}$.

$2(x + 5) = 2 - 3(2 + 3x) + 15$

Eliminamos os parênteses usando a propriedade distributiva.

$2x + 10 = 2 - 6 - 9x + 15$

Adicionamos $9x$ e -10 a ambos os membros.

$2x + 9x = 2 - 6 + 15 - 10$

$11x = 17 - 16$

$11x = 1$

Dividimos ambos os membros por 11, o que equivale a multiplicá-los por $\frac{1}{11}$.

$x = \frac{1}{11}$

Assim, $x = \frac{1}{11}$ é a solução da equação, em $\mathbb{R}$.

b) Vamos determinar a solução real da equação $7x - \sqrt{3} = 3x - 2$.

$7x - \sqrt{3} = 3x - 2$

Adicionamos $(-3x)$ a ambos os membros da equação, que equivale a subtrair $3x$ em ambos os membros.

$7x - 3x - \sqrt{3} = -2$

Adicionamos $\sqrt{3}$ aos dois membros da igualdade.

$7x - 3x = -2 + \sqrt{3}$

$4x = -2 + \sqrt{3}$

Multiplicamos os dois membros da igualdade por $\frac{1}{4}$, que equivale a dividir os dois membros por 4.

$x = \frac{-2 + \sqrt{3}}{4}$

Portanto, $x = \frac{\sqrt{3} - 2}{4}$ é a solução ou raiz real dessa equação.

Usando para $\sqrt{3}$ o valor aproximado 1,7, temos $x \simeq -0{,}075$ $\left(\frac{1{,}7 - 2}{4} = \frac{-0{,}3}{4} = -0{,}075\right)$.

c) Vamos obter a solução real da equação $\frac{x-1}{4} - \frac{2x+1}{2} = \frac{2x-1}{8} - 1$.

$$\frac{x-1}{4} - \frac{2x+1}{2} = \frac{2x-1}{8} - 1$$

Reduzimos todos os termos ao mesmo denominador.

$$\frac{2(x-1)}{8} - \frac{4(2x+1)}{8} = \frac{2x-1}{8} - \frac{8}{8}$$

Multiplicamos todos os termos por 8, eliminando os denominadores. Daqui para a frente, o procedimento é análogo ao da equação do item **a**.

$$2(x-1) - 4(2x+1) = 2x - 1 - 8$$

$$2x - 2 - 8x - 4 = 2x - 1 - 8$$

$$-8x = -1 - 8 + 2 + 4$$

$$-8x = -9 + 6$$

$$-8x = -3 \cdot (-1)$$

Multiplicamos ambos os membros por -1.

$$8x = 3$$

$$x = \frac{3}{8}$$

Portanto, $\frac{3}{8}$ é a solução real da equação.

Exercícios e problemas

1. Resolva as seguintes equações do 1º grau com uma incógnita em $\mathbb{R}$:

a) $3x + 7 = x - 3$

b) $4x - 1 = 3x + 2$

c) $2(x - 1) = 7 + x$

d) $2(x - 1) - 2(x - 2) = -(x - 3)$

e) $3 - (2x - 1) = 3(-2x - 1)$

2. Determine a solução real de cada uma das equações:

a) $\frac{y}{4} + 1 = 7 - \frac{y}{2}$

b) $\frac{x-2}{4} + \frac{x-3}{2} = \frac{x-1}{3} + \frac{x}{6}$

c) $\frac{2(x-1)}{3} - \frac{3(x+1)}{2} = -\frac{(x+2)}{6}$

3. Para qual valor real de y a expressão $\frac{y}{2} + \frac{2(y+1)}{3}$ é igual a -3?

4. Em uma sala retangular, o comprimento é 3 m maior do que a largura. Sabendo que seu perímetro é de 26 m, quanto medem a largura e o comprimento dessa sala?

5. Na classe de Fábio, $\frac{1}{3}$ dos alunos pratica esportes, $\frac{1}{6}$ dos alunos cuida das festividades e os 15 alunos restantes cuidam da biblioteca. Qual é o total de alunos dessa classe?

6. Em um dia, Rosângela gastou 20% do seu dinheiro em uma loja, 30% no supermercado e 10% na farmácia. Ainda ficou com R$ 24,00. Quanto Rosângela possuía inicialmente?

7. Um número acrescido de 30% do seu valor dá como resultado 195. Qual é o número?

8. A área de uma região triangular é igual a 12 cm². Sabendo que a medida da altura é de 3 cm, qual é a medida da base dessa região triangular?

9. Calcule as medidas de $E\hat{P}F$ e $E\hat{P}H$.

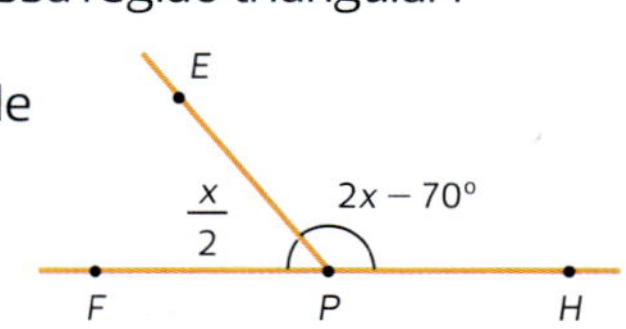

10. **Avaliação de resultados**

Na resolução da atividade anterior, Renata chegou a esses valores: 40° e 80°. Converse com os colegas sobre como ela poderia perceber que a resposta estava incorreta.

Equações literais do 1º grau com incógnita *x*

As equações:

$2bx = 8$ $\qquad ax + 3a = bx$ $\qquad mx + n = p$

contêm outras letras além da incógnita x. Tais letras representam números reais conhecidos que são chamados de constantes, coeficientes ou parâmetros. A essas equações damos o nome de **equações literais do 1º grau com incógnita *x***.

Resolução de uma equação literal

Vejamos alguns exemplos de resolução desse tipo de equação.

a) Vamos resolver a equação literal $3x + 2m = x + 6m$, sendo x a incógnita.

$$3x + 2m = x + 6m$$
$$3x - x = 6m - 2m$$
$$2x = 4m$$
$$x = \frac{4m}{2} = 2m$$

Portanto, $x = 2m$ é a solução da equação.

b) Vamos resolver a equação literal $2ax - 4(ax + b) = 3b + x$, sendo x a incógnita.

$$2ax - 4(ax + b) = 3b + x$$
$$2ax - 4ax - 4b = 3b + x$$
$$2ax - 4ax - x = 3b + 4b$$
$$-2ax - x = 7b$$
$$-x(2a + 1) = 7b \quad \cdot(-1)$$
$$x(2a + 1) = -7b$$

$x = \frac{-7b}{2a+1}$, para $2a + 1 \neq 0$, ou seja, para $a \neq -\frac{1}{2}$, pois não há divisão por zero.

Portanto, $x = \frac{-7b}{2a+1}\left(a \neq -\frac{1}{2}\right)$ é a solução da equação.

c) Vamos resolver a equação literal $\frac{x}{m} - n = m - \frac{x}{n}$ $(m \neq 0; n \neq 0)$, sendo x a incógnita.

$$\frac{x}{m} - n = m - \frac{x}{n}$$
$$\frac{nx}{mn} - \frac{mn^2}{mn} = \frac{m^2n}{mn} - \frac{mx}{mn}$$
$$nx - mn^2 = m^2n - mx$$
$$nx + mx = m^2n + mn^2$$
$$(n + m)x = m^2n + mn^2$$
$$x = \frac{m^2n + mn^2}{n+m} = \frac{mn\,\cancel{(m+n)}}{\cancel{(n+m)}} = mn, \text{ para } n + m \neq 0$$

Portanto $x = mn$ é a solução da equação, para $m \neq 0$, $n \neq 0$ e $n + m \neq 0$.

Exercícios

11. Resolva as seguintes equações literais sendo x a incógnita:

a) $ax - 2x = a + 2$

b) $ax = 3 + bx$

c) $x - a = \frac{x}{a} (a \neq 0)$

12. Resolva as equações literais, sendo x a incógnita:

a) $\frac{x}{a} = \frac{1}{ab} - \frac{x}{b} \ (a \neq 0; b \neq 0)$

b) $\frac{x}{a - b} = 2 - \frac{x}{a + b} \ (a \neq b; a \neq -b)$

c) $\frac{ax}{b} = \frac{1}{b} + \frac{bx - 1}{a} \ (a \neq 0; b \neq 0)$

13. Qual deve ser o valor de x para que $\frac{x}{m} + \frac{x}{n}$ seja igual a $\frac{1}{mn}$?

14. Qual é o número real x que torna a expressão $a^2 + bx$ igual à expressão $ax - b^2 + 2ab$?

15. Resolva a equação literal: $2x + 2a = 20$, de incógnita x.

16. Sendo x a incógnita, resolva a equação literal:

$$\frac{x + a}{a - b} = \frac{x - a}{a + b} + \frac{4a^2}{a^2 - b^2} \ (a \neq b; a \neq -b)$$

Equações fracionárias

Acompanhe a situação a seguir.

A massa de 68 g de mercúrio ocupa certo volume, em cm^3, e a massa de 39 g de vidro ocupa o triplo desse volume. Veja como calcular a densidade do mercúrio e a densidade do vidro sabendo que a diferença entre elas é de 11 g/cm^3.

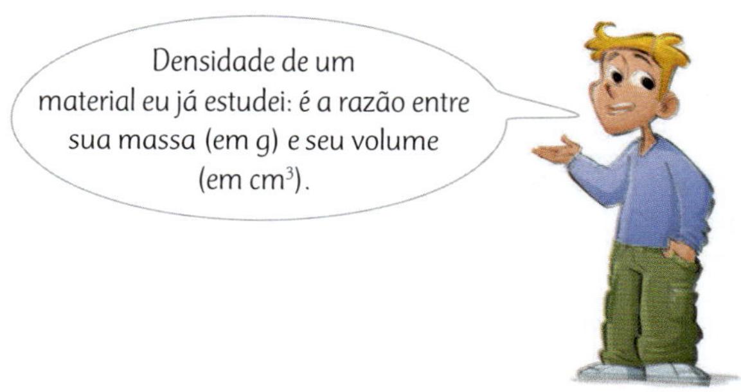

Representações:

- Volume do mercúrio (em cm^3): x
- Volume do vidro (em cm^3): $3x$
- Densidade do mercúrio (em g/cm^3): $\frac{68}{x}$
- Densidade do vidro (em g/cm^3): $\frac{39}{3x}$

Equação correspondente à situação dada:

$$\frac{68}{x} - \frac{39}{3x} = 11$$

Essa equação recebe o nome de **equação fracionária**, pois apresenta incógnita no denominador.

A resolução dessa equação deve ser feita da mesma maneira que a resolução de uma equação inteira. Apenas devemos tomar o cuidado de observar as restrições referentes ao problema e as restrições para não termos divisão por zero. No exemplo acima, a restrição é $x > 0$.

Vamos resolver a equação:

$$\frac{68}{x} - \frac{39}{3x} = 11$$

Reduzimos ao mesmo denominador.

$$\frac{204}{3x} - \frac{39}{3x} = \frac{33x}{3x}$$

Eliminamos os denominadores, multiplicando ambos os membros por $3x$.

$$204 - 39 = 33x$$

$$33x = 165$$

$$x = \frac{165}{33} = 5$$

Como $5 > 0$, a solução da equação é 5.

- Densidade do mercúrio: $\frac{68}{5}$ g/cm³ = 13,6 g/cm³
- Densidade do vidro: $\frac{39}{15}$ g/cm³ = 2,6 g/cm³

Neste estudo vamos resolver equações fracionárias que, eliminados os denominadores, ficam reduzidas a equações do 1º grau com as devidas restrições ao valor da incógnita.

Resolução de equações fracionárias

Acompanhe mais dois exemplos:

a) Vamos calcular o valor de x da equação fracionária: $\frac{3}{4} + \frac{2}{x} = \frac{1}{3}$, para x real e $x \neq 0$.

$$\frac{3}{4} + \frac{2}{x} = \frac{1}{3}$$

Reduzimos ao mesmo denominador e depois o eliminamos, usando o princípio multiplicativo da igualdade.

$$\frac{9x}{12x} + \frac{24}{12x} = \frac{4x}{12x}$$

$$9x + 24 = 4x$$

Usamos o princípio aditivo da igualdade.

$$9x - 4x = -24$$

$$5x = -24$$

$$x = -\frac{24}{5}$$

Como $-\frac{24}{5} \neq 0$, então $x = -\frac{24}{5}$ é a solução da equação.

b) $\frac{x}{x-3} = \frac{1}{x+3} + \frac{x^2+1}{x^2-9}$, para $x \neq 3$ e $x \neq -3$.

$$\frac{x(x+3)}{(x-3)(x+3)} = \frac{x-3}{(x-3)(x+3)} + \frac{x^2+1}{(x-3)(x+3)}$$

$$x(x+3) = x - 3 + x^2 + 1$$

$$x^2 + 3x = x - 3 + x^2 + 1$$

$$\cancel{x^2} - \cancel{x^2} + 3x - x = -3 + 1$$

$$2x = -2$$

$$x = -\frac{2}{2} = -1$$

Como $-1 \neq 3$ e $-1 \neq -3$, a solução da equação é $x = -1$.

Exercícios e problemas

17. Resolva as seguintes equações fracionárias:

a) $\frac{3}{x} + \frac{2}{5} = \frac{3}{4}\ (x \neq 0)$

b) $\frac{1}{3} + \frac{2}{x+1} = \frac{1}{6}\ (x \neq -1)$

c) $\frac{3}{2x+1} = \frac{2}{x-1}\left(x \neq -\frac{1}{2};\ x \neq 1\right)$

d) $\frac{2}{x^2-4} = \frac{-1}{x+2}\ (x \neq 2;\ x \neq -2)$

e) $\frac{1}{x-3} = \frac{2}{x^2-9} + \frac{3}{x+3}\ (x \neq -3;\ x \neq 3)$

f) $\frac{2}{x-2} = \frac{5}{x^2-2x} + \frac{3}{x}\ (x \neq 2;\ x \neq 0)$

18. Determine o número real x, de modo que:

a) seu inverso adicionado a 3 dê 3,25;

b) o triplo do seu inverso mais 4 seja igual a $\frac{31}{7}$.

19. Vão ser repartidas igualmente 96 figurinhas em um grupo de crianças. Se chegarem mais duas crianças, a quantidade que cada uma vai receber será $\frac{3}{4}$ da quantidade da situação inicial. Quantas crianças há no grupo?

Mauro Souza/Arquivo da editora

20. Faça a verificação da situação anterior.

21. Um carro, com certa velocidade média, percorre os 400 km que separam Taubaté (SP) de Ribeirão Preto (SP) em x horas. Outro carro, com a mesma velocidade média do primeiro, percorre os 800 km de Araraquara (SP) a Brasília (DF) em $(x + 4)$ horas. Determine o número x de horas.

22. Uma torneira enche um tanque em 9 horas e outra enche o mesmo tanque em x horas. Juntas, elas enchem o tanque em 4 horas. Descubra o número x de horas que a segunda torneira demora para encher o tanque.

23. Uma torneira enche um tanque em 3 horas. Outra torneira enche o mesmo tanque em 6 horas. Juntas, elas demorarão quanto tempo para encher o tanque?

24. Uma empresa executou um trabalho em 8 dias. Outra empresa executou o mesmo trabalho em x dias. Juntas, elas executaram o mesmo trabalho em 4 dias. Qual é o valor de x?

25. Uma fábrica produzia diariamente 200 peças. Com a admissão de mais 20 funcionários, a produção diária passou a ser de 240 peças. Quantos funcionários trabalhavam nessa fábrica antes dessa admissão?

Levent Konuk/Shutterstock/Glow Images

Funcionários trabalhando em fábrica.

3 Equações do 1º grau com duas incógnitas

Observe estas equações:

$x + y = 10$ $x - y = 3$ $x = 5y + 5$ $3y = x + 2$

Elas são **equações do 1º grau com duas incógnitas**, pois podem ser escritas, na forma geral, assim:

$$ax + by = c, \text{ com } a \neq 0 \text{ e } b \neq 0$$

Por exemplo:

a) $x + y = 10 \Rightarrow a = 1, b = 1$ e $c = 10$

b) $x - y = 3 \Rightarrow a = 1, b = -1$ e $c = 3$

c) $x = 5y + 5 \Rightarrow x - 5y = 5 \Rightarrow a = 1, b = -5$ e $c = 5$

d) $3y = x + 2 \Rightarrow -x + 3y = 2 \Rightarrow a = -1, b = 3$ e $c = 2$

Lembre-se de que as **soluções** de uma equação do 1º grau com duas incógnitas são **pares ordenados**. Por exemplo, a equação $x + y = 10$ tem como soluções os pares ordenados (1, 9); (2, 8); $\left(\frac{3}{2}, \frac{17}{2}\right)$; (−1, 11); (4, 6); etc.

Exercícios

26. Escreva, para cada item, cinco pares ordenados que sejam soluções da equação correspondente:

a) $x - y = 2$

b) $2x + y = 12$

27. Escreva cinco pares ordenados que sejam soluções de cada uma das equações:

a) $x + y = 8$

b) $x + 2y = 20$

c) $x - y = 5$

d) $\frac{x}{2} + y = 4$

e) $5x + y = 20$

f) $x + \frac{y}{3} = 1$

g) $2x + 2y = 10$

h) $y = \frac{x}{5}$

28. Determine três soluções para cada uma das equações:

a) $2x + 3y = 12$

b) $3x - y = 6$

c) $5x + 6y = 60$

29. Indique apenas os pares ordenados que são soluções da equação $2x + 3y = 7$.

a) (2, 1)

b) (5, −1)

c) (−1, 3)

d) (1, 1)

e) (3, 3)

f) $\left(-2, \frac{11}{3}\right)$

30. **Cálculo mental**

Determine em cada item o par ordenado que é, ao mesmo tempo, solução das duas equações:

a) $x + y = 11$ e $x - y = 5$

b) $x + y = 11$ e $x - y = 3$

c) $x + y = 12$ e $y = 2x$

Como determinar soluções de equações do 1º grau com duas incógnitas

Como você já deve ter estudado no ano anterior, para encontrar pares ordenados que são soluções de equações do 1º grau com duas incógnitas, atribuímos qualquer valor a uma das incógnitas e encontramos o valor da outra. Examine o exemplo.

Vamos determinar quatro pares ordenados que sejam soluções da equação $3x + 2y = 10$.

Fazendo $x = 0$:

$$3 \cdot 0 + 2y = 10$$
$$0 + 2y = 10$$
$$2y = 10$$
$$y = \frac{10}{2}$$
$$y = 5$$

Logo, o par ordenado $(0, 5)$ é uma solução de $3x + 2y = 10$.

Fazendo $x = 3$:

$$3 \cdot 3 + 2y = 10$$
$$9 + 2y = 10$$
$$2y = 10 - 9$$
$$2y = 1$$
$$y = \frac{1}{2}$$

Outra solução de $3x + 2y = 10$ é o par ordenado $\left(3, \frac{1}{2}\right)$.

Fazendo $y = 0$:

$$3x + 2 \cdot 0 = 10$$
$$3x + 0 = 10$$
$$3x = 10$$
$$x = \frac{10}{3}$$

O par ordenado $\left(\frac{10}{3}, 0\right)$ é outra solução de $3x + 2y = 10$.

Fazendo $y = -1$:

$$3x + 2 \cdot (-1) = 10$$
$$3x - 2 = 10$$
$$3x = 10 + 2$$
$$3x = 12$$
$$x = \frac{12}{3}$$
$$x = 4$$

O par ordenado $(4, -1)$ é mais uma solução de $3x + 2y = 10$.

Exercícios

31. Determine três soluções para cada equação:

a) $7x - 4y = 14$

b) $\frac{2x}{3} + \frac{3y}{4} = \frac{1}{6}$

32. Calcule e complete os pares ordenados.

a) (3, _____) é solução da equação $2x + 5y = 16$.

b) (_____, 3) é solução da equação $2x + 5y = 16$.

c) (_____, −1) é solução da equação $3x - y = 1$.

d) (−1, _____) é solução da equação $3x - y = 1$.

Gráfico das soluções de uma equação do 1º grau com duas incógnitas

Vamos determinar algumas soluções da equação $3x + y = 1$, sendo x e y números reais, e representar graficamente os pares ordenados obtidos em um sistema de eixos cartesianos.

- Para $x = 0$, temos $y = 1$ e o par ordenado $(0, 1)$.
- Para $x = 1$, temos $y = -2$ e o par ordenado $(1, -2)$.
- Para $x = -1$, temos $y = 4$ e o par ordenado $(-1, 4)$.
- Para $x = \frac{1}{3}$, temos $y = 0$ e o par ordenado $\left(\frac{1}{3}, 0\right)$.
- Para $x = -2$, temos $y = 7$ e o par ordenado $(-2, 7)$.

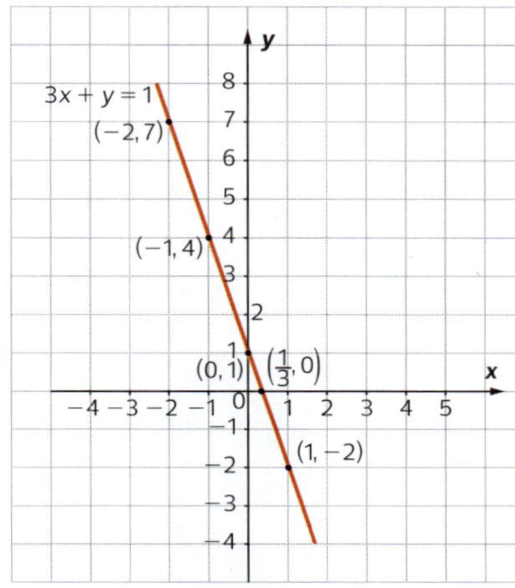

Logo, $(0, 1)$; $(1, -2)$; $(-1, 4)$; $\left(\frac{1}{3}, 0\right)$ e $(-2, 7)$ são algumas soluções da equação $3x + y = 1$.

Observe, no gráfico, que os pontos que correspondem a esses pares ordenados estão alinhados, ou seja, estão sobre uma mesma reta. O que ocorreu neste exemplo os matemáticos já provaram que ocorre com todas as equações do 1º grau com duas incógnitas. Como x e y são números reais, podemos escrever:

> Os pontos correspondentes a todos os pares de números reais que são soluções de uma equação do 1º grau com duas incógnitas formam uma **reta**.

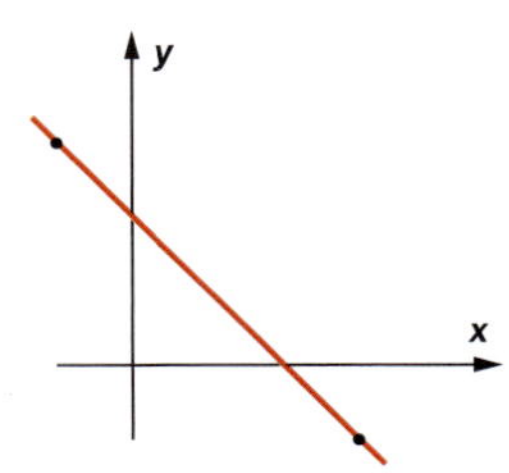

Observação: Como bastam dois pontos para traçar uma reta, precisamos apenas de duas soluções de uma equação do 1º grau com duas incógnitas para traçar a reta que contém todas as soluções.

Exercícios

33. Determine algumas soluções no conjunto dos números reais da equação $x - y = 2$. Represente os pares ordenados em um gráfico e verifique em que posição ficaram.

34. Faça o que se pede nos itens a seguir.

a) Determine duas soluções da equação $4x + 2y = 12$.

b) Trace o gráfico das soluções no conjunto dos números reais.

c) O ponto $(3, 0)$ pertence ao gráfico?

d) O ponto $(0, 4)$ pertence ao gráfico?

e) O par ordenado $(1, 4)$ é solução da equação?

f) O par ordenado $(-17, 40)$ é solução da equação?

4 Sistemas de duas equações do 1º grau com duas incógnitas

Valentina_S/Shutterstock/Glow Images

Galinha

Zhukov Oleg/Shutterstock/Glow Images

Coelho

As imagens desta página não estão representadas em proporção.

Veja se você conhece este problema tradicional.
"Em um quintal há galinhas e coelhos.
Há 7 cabeças e 22 pernas.

Quantas são as galinhas? E os coelhos?"

Há várias maneiras de resolver esse problema. Observe o que cada aluno fez.

1º) Luís fez por tentativas:

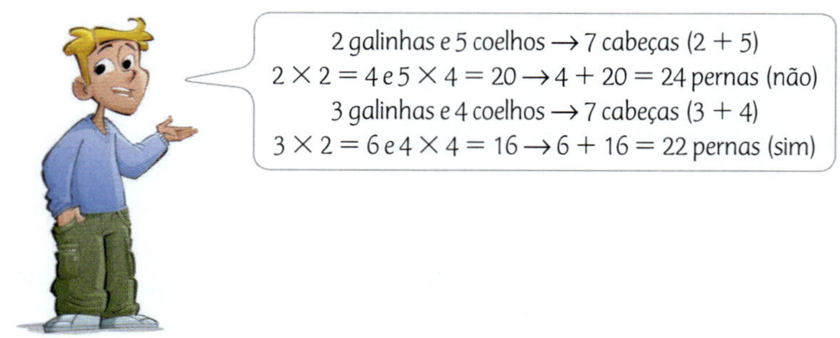

2º) Cibele construiu um quadro:

Galinhas	Coelhos	Cabeças	Pernas	
6	1	7	16	não
5	2	7	18	não
4	3	7	20	não
3	4	7	22	SIM

3º) Gustavo montou um sistema de equações:

x: número de galinhas
y: número de coelhos
x + y = 7 (São 7 cabeças, ou seja, 7 animais ao todo.)
Cada galinha tem duas pernas: $2x$.
Cada coelho tem 4 pernas: $4y$.
Então, **2x + 4y = 22** (total de pernas).
As duas equações têm de ser satisfeitas ao mesmo tempo:

$$x + y = 7 \text{ e } 2x + 4y = 22$$

ou

$$\begin{cases} x + y = 7 \\ 2x + 4y = 22 \end{cases} \Rightarrow x = 3 \text{ e } y = 4$$

Casa de Tipos/Arquivo da editora

Dependendo dos números envolvidos na situação, o procedimento de Gustavo é mais prático e mais eficiente.

Você vai agora recordar e aprofundar o que já estudou sobre os sistemas de equações do 1º grau com duas incógnitas e resolver problemas com eles.

Soluções de um sistema de duas equações do 1º grau com duas incógnitas

Ao equacionar o problema sobre galinhas e coelhos, Gustavo chegou a duas equações do 1º grau com duas incógnitas (as mesmas para as duas equações). Por isso, ele montou um sistema de equações.

$$\begin{cases} x+y=7 \\ 2x+4y=22 \end{cases}$$

Solução de um sistema de duas equações do 1º grau com duas incógnitas é um par ordenado que **satisfaz**, **simultaneamente**, **as duas equações**.

No sistema acima, temos:

- Soluções da equação $x + y = 7 \rightarrow (1, 6); (2, 5); (3, 4); (4, 3); (5, 2); (6, 1)$; etc.
- Soluções da equação $2x + 4y = 22 \rightarrow (1, 5); (3, 4); (5, 3); (7, 2); (9, 1)$; etc.

O **par ordenado** $(3, 4)$ é a **solução do sistema**, pois é o **único par ordenado** que é **solução**, **ao mesmo tempo**, **das duas equações**.

Sistema: $\begin{cases} x+y=7 \\ 2x+4y=22 \end{cases}$ Verificação: $\begin{cases} 3+4=7 \\ 2 \cdot 3+4 \cdot 4=6+16=22 \end{cases}$

Vamos considerar este mesmo sistema, mas agora com x e y números reais e ver, gráfica ou geometricamente, que a solução de um sistema de duas equações do 1º grau com duas incógnitas é o **ponto de intersecção** das duas retas correspondentes às duas equações.

Observe o gráfico a seguir, que mostra a solução do sistema $\begin{cases} x+y=7 \\ 2x+4y=22 \end{cases}$:

x + y = 7	
x	**y**
0	7
7	0

Pares ordenados: (0, 7); (7, 0)

2x + 4y = 22	
x	**y**
1	5
5	3

Pares ordenados: (1, 5); (5, 3)

Solução gráfica do sistema

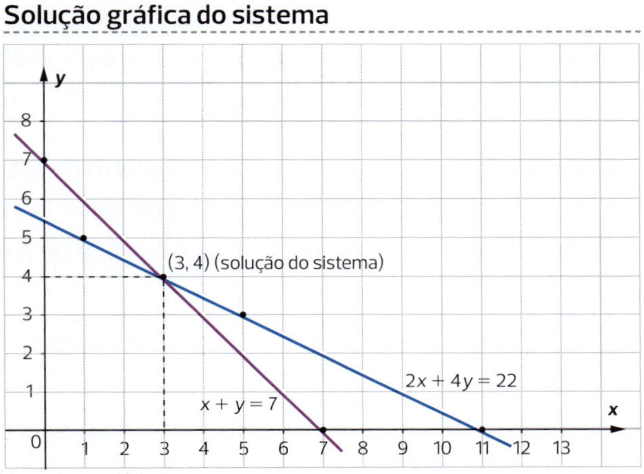

Solução de um sistema usando cálculo mental

Podemos resolver alguns sistemas mentalmente. Por exemplo, para resolver mentalmente o sistema $\begin{cases} x+y=9 \\ x-y=1 \end{cases}$, basta pensar em dois números cuja soma é 9 e cuja diferença é 1.

São os números 5 e 4, pois $5 + 4 = 9$ e $5 - 4 = 1$.

Exercícios

35. Determine mentalmente as soluções dos sistemas para x e y números naturais e registre o par ordenado.

a) $\begin{cases} x+y=12 \\ x-y=2 \end{cases}$

b) $\begin{cases} x=2y \\ x+y=12 \end{cases}$

c) $\begin{cases} x+y=5 \\ x+3y=11 \end{cases}$

d) $\begin{cases} y=3x \\ x-y=-6 \end{cases}$

36. Construa as duas retas e encontre graficamente a solução de cada um dos sistemas para x e y números reais.

a) $\begin{cases} x+y=7 \\ 2x-y=-1 \end{cases}$

b) $\begin{cases} x+2y=5 \\ 2x+y=-2 \end{cases}$

37. Atividade em dupla

Dos pares ordenados abaixo, sendo x e y números inteiros, qual é a solução do sistema $\begin{cases} 2x+5y=-14 \\ 4x-3y=24 \end{cases}$?

a) (2, 1)

b) (−3, 4)

c) (3, −4)

d) (−3, −4)

Comparem com a resposta de outra dupla e vejam como foi a resolução.

38. Crie um sistema de duas equações do 1º grau com duas incógnitas cuja solução é o par ordenado (1, 2).

39. Arredondamentos, cálculo mental e resultado aproximado

Teresa gastou R$ 19,60 na compra de 1 metro de tecido e 1 metro de fita. O metro de tecido custa R$ 9,90 a mais do que o metro de fita. Faça arredondamentos, monte um sistema, resolva-o mentalmente e registre usando os valores aproximados obtidos. Qual dos valores abaixo é o preço de 2 m de tecido e 3 m de fita?

a) R$ 42,05

b) R$ 39,05

c) R$ 44,05

d) R$ 48,05

Métodos de resolução de um sistema de duas equações do 1º grau com duas incógnitas

Nem sempre podemos resolver mentalmente um sistema de equações. Por isso, além do método geométrico (gráfico), foram desenvolvidos outros métodos de resolução. A seguir, vamos estudar o **método da substituição**, o **método da comparação** e o **método da adição**, que são métodos algébricos de resolução.

Método da substituição

Considere o seguinte problema:

A soma das idades de Janaína e Marisa é 55 anos. A idade de Janaína mais o dobro da idade de Marisa resulta 85 anos. Qual é a idade de cada uma?

1º) Representamos:

- idade de Janaína: x
- idade de Marisa: y

2º) Montamos o sistema a partir das informações do problema: $\begin{cases} x + y = 55 \\ x + 2y = 85 \end{cases}$

3º) Resolvemos o sistema pelo método da substituição:

Ariwasabi/Shutterstock/Glow Images

Marisa

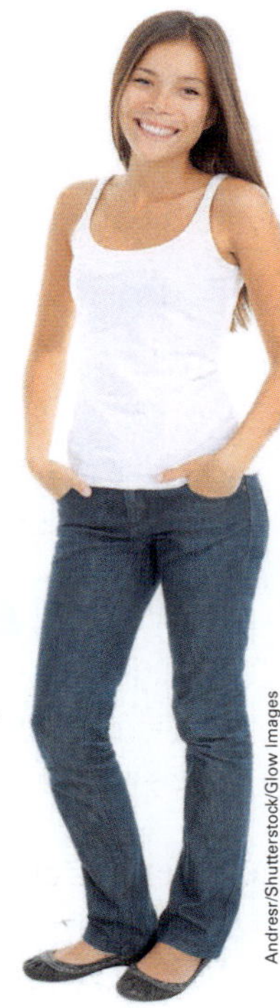

Andresr/Shutterstock/Glow Images

Janaína

1ª etapa

"Isolamos", no 1º membro, uma das incógnitas em uma das equações. Por exemplo, o x na 1ª equação:

$$x + y = 55$$

$$x = 55 - y$$

2ª etapa

Na outra equação, substituímos x por $(55 - y)$ e determinamos o valor de y:

$$x + 2y = 85$$

$$55 - y + 2y = 85$$

$$-y + 2y = 85 - 55$$

$$y = 30$$

3ª etapa

Voltamos a $x = 55 - y$, substituímos y por 30 e determinamos o valor de x:

$$x = 55 - y$$

$$x = 55 - 30$$

$$x = 25$$

A solução do sistema é o par ordenado (25, 30).

Logo, Janaína tem 25 anos e Marisa tem 30 anos.

Verificando:

- A soma das idades: $25 + 30 = 55$; 55 anos
- A idade de Janaína mais o dobro da idade de Marisa: $25 + 60 = 85$; 85 anos

Examine agora mais alguns exemplos de resolução de sistemas pelo método da substituição. Considere x e y números reais.

a) $\begin{cases} 3x+4y=1 \\ 2x-5y=16 \end{cases}$

1ª etapa

$3x + 4y = 1$

$3x = 1 - 4y$

$x = \dfrac{1-4y}{3}$

2ª etapa

$2x - 5y = 16$

$2\left(\dfrac{1-4y}{3}\right) - 5y = 16$

$\dfrac{2-8y}{3} - 5y = 16$

$\dfrac{2-8y}{3} - \dfrac{15y}{3} = \dfrac{48}{3}$

$2 - 8y - 15y = 48$

$-8y - 15y = 48 - 2$

$-23y = 46 \quad \cdot(-1)$

$23y = -46$

$y = \dfrac{-46}{23}$

$y = -2$

3ª etapa

$x = \dfrac{1-4y}{3}$ e $y = -2$

$x = \dfrac{1-4(-2)}{3}$

$x = \dfrac{1+8}{3}$

$x = \dfrac{9}{3}$

$x = 3$

A solução do sistema é o par ordenado $(3, -2)$.

b) $\begin{cases} 3(x-1) + 4(y-3) = 4 \\ \dfrac{x}{3} + \dfrac{y}{6} = 1 \end{cases}$

Neste exemplo, é conveniente transformar inicialmente as equações para a forma $ax + by = c$.

1ª equação:

$3(x - 1) + 4(y - 3) = 4$

$3x - 3 + 4y - 12 = 4$

$3x + 4y = 4 + 3 + 12$

$3x + 4y = 19$

2ª equação:

$\dfrac{x}{3} + \dfrac{y}{6} = 1$

$\dfrac{2x}{6} + \dfrac{y}{6} = \dfrac{6}{6}$

$2x + y = 6$

Nesse caso, é mais conveniente começar obtendo o valor de y na segunda equação:

1ª etapa

$2x + y = 6$

$y = 6 - 2x$

2ª etapa

$$3x + 4y = 19$$
$$3x + 4(6 - 2x) = 19$$
$$3x + 24 - 8x = 19$$
$$3x - 8x = 19 - 24$$
$$-5x = -5 \quad \cdot(-1)$$
$$5x = 5$$
$$x = \frac{5}{5}$$
$$x = 1$$

3ª etapa

$y = 6 - 2x$ e $x = 1$

$y = 6 - 2 \cdot 1$

$y = 6 - 2$

$y = 4$

A solução do sistema é o par ordenado (1, 4).

c) $\begin{cases} \dfrac{x+y}{4} - \dfrac{x-y}{3} = 10 \\ \dfrac{x+y}{8} + \dfrac{x-y}{6} = 5 \end{cases}$

Inicialmente, preparamos o sistema, transformando cada uma das suas equações em uma equação da forma $ax + by = c$:

1ª equação:

$$\frac{x+y}{4} - \frac{x-y}{3} = 10$$
$$\frac{3(x+y)}{12} - \frac{4(x-y)}{12} = \frac{120}{12}$$
$$3(x+y) - 4(x-y) = 120$$
$$3x + 3y - 4x + 4y = 120$$
$$-x + 7y = 120$$

2ª equação:

$$\frac{x+y}{8} + \frac{x-y}{6} = 5$$
$$\frac{3(x+y)}{24} + \frac{4(x-y)}{24} = \frac{120}{24}$$
$$3x + 3y + 4x - 4y = 120$$
$$7x - y = 120$$

Agora, resolvemos o sistema $\begin{cases} -x + 7y = 120 \\ 7x - y = 120 \end{cases}$, formado com as equações obtidas, que é equivalente ao primeiro:

1ª etapa

$-x + 7y = 120$

$-x = 120 - 7y \quad \cdot(-1)$

$x = 7y - 120$

2ª etapa

$$7x - y = 120$$
$$7(7y - 120) - y = 120$$
$$49y - 840 - y = 120$$
$$49y - y = 120 + 840$$
$$48y = 960$$
$$y = \frac{960}{48}$$
$$y = 20$$

3ª etapa

$x = 7y - 120$ e $y = 20$

$x = 7 \cdot 20 - 120$

$x = 140 - 120$

$x = 20$

A solução do sistema é o par ordenado (20, 20).

Exercícios e problemas

40. Carlos estava resolvendo um sistema pelo método da substituição quando interrompeu seu trabalho. Ajude-o a retomar seu estudo e a encontrar a solução desse sistema.

Mauro Souza/ Arquivo da editora

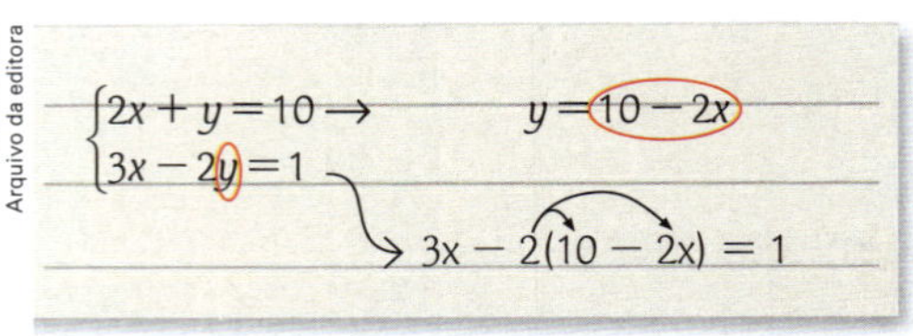

Paulo Manzi/ Arquivo da editora

41. Determine a solução de cada um dos seguintes sistemas de equações pelo método da substituição:

a) $\begin{cases} 5x + y = -1 \\ 3x + 4y = 13 \end{cases}$

b) $\begin{cases} x + \dfrac{y}{2} = 12 \\ \dfrac{x+y}{2} + \dfrac{x-y}{3} = 10 \end{cases}$

c) $\begin{cases} 2(x-3) + y = -15 \\ \dfrac{x}{4} = \dfrac{x+y}{6} + \dfrac{2}{3} \end{cases}$

d) $\begin{cases} 2x - 5 = y - 4 \\ 7x - y = y + 3 \end{cases}$

42. Resolva os problemas a seguir:

a) A diferença entre dois números reais é 7. Sabe-se também que a soma do dobro do primeiro com o quádruplo do segundo é 11. Quais são esses números?

b) Josias comprou 5 canetas e 3 lápis e gastou R$ 21,10. Mariana comprou 3 canetas e 2 lápis e gastou R$ 12,90. Fernando comprou 2 canetas e 5 lápis. Quanto ele gastou?

Africa Studio/Shutterstock/Glow Images — NoomHH/Shutterstock/Glow Images

Lápis **Canetas**

c) Em uma sala de aula retangular, o perímetro é de 44 m e a diferença entre a metade da medida do comprimento e a quarta parte da medida da largura é 5 m. Determine a área dessa sala de aula.

d)

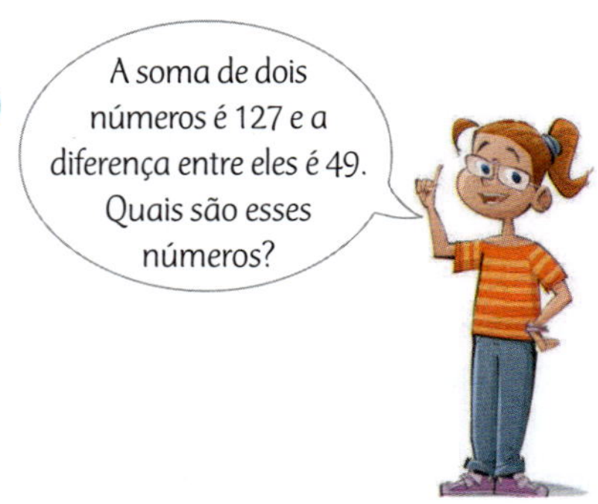

Bate-papo

Converse com seus colegas sobre esta afirmação:

Quando adicionamos os membros correspondentes de duas igualdades, obtemos uma nova igualdade.

$$\begin{array}{rcl} 2+3 & = & 5 \\ 7-3 & = & 4 \\ \hline 9+0 & = & 9 \\ 9 & = & 9 \end{array} \qquad \begin{array}{rcl} 3+7 & = & 10 \\ 4+5 & = & 9 \\ \hline 7+12 & = & 19 \\ 19 & = & 19 \end{array} \qquad \begin{array}{rcl} x+3 & = & 5 \\ x+1 & = & 3 \\ \hline 2x+4 & = & 8 \end{array}$$

Método da adição

Examine a seguinte situação: quando Ricardo nasceu, seu pai tinha 23 anos. Hoje, a soma das idades de Ricardo e de seu pai é 59. Qual a idade atual de cada um?

1º) Representamos:

- idade atual do pai: x
- idade atual de Ricardo: y

2º) Escrevemos o sistema $\begin{cases} x + y = 59 \\ x - y = 23 \end{cases}$

3º) Vamos usar o **método da adição** para encontrar a solução desse sistema.

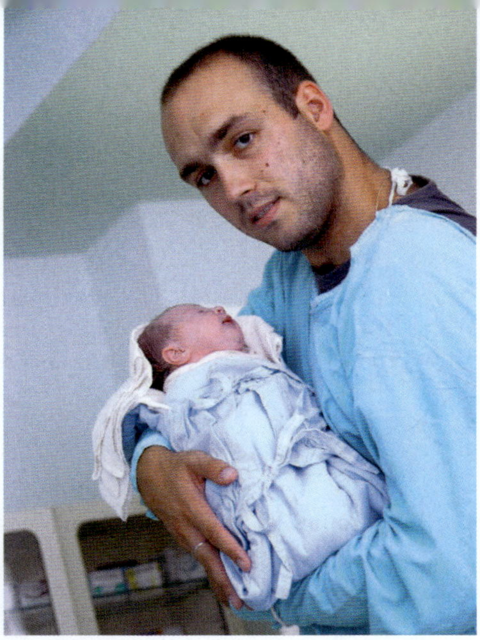

Profimedia Internacional S. R.O./Alamy/Other Images

Pai segurando filho recém-nascido.

Observe:

Como você viu no *Bate-papo*, adicionando os membros correspondentes de duas igualdades, obtemos uma nova igualdade.

Na soma de $(x + y)$ com $(x - y)$, $+y$ e $-y$ se anulam e $x + x = 2x$. A soma de 59 com 23 é 82.

$$\begin{cases} x + y = 59 \\ x - y = 23 \end{cases}$$
$$2x = 82$$
$$x = \frac{82}{2}$$
$$x = 41 \rightarrow \text{idade do pai}$$

Substituindo x por 41 em uma das equações do sistema, temos:

$$x + y = 59$$
$$41 + y = 59$$
$$y = 59 - 41$$
$$y = 18 \rightarrow \text{idade de Ricardo}$$

Portanto, Ricardo tem hoje 18 anos, e seu pai, 41 anos.

Exercícios e problemas

43. Resolva estes sistemas pelo método da adição.

a) $\begin{cases} 3x - 2y = 10 \\ 5x + 2y = 22 \end{cases}$

b) $\begin{cases} -a + 2b = 7 \\ a - 3b = -9 \end{cases}$

c) $\begin{cases} a + 3b = 5 \\ 2a - 3b = -8 \end{cases}$

d) $\begin{cases} 2a - b = -3 \\ 6a + b = 7 \end{cases}$

44. Transforme o sistema abaixo em um sistema equivalente mais simples e resolva-o pelo método da adição.

$$\begin{cases} \dfrac{x + y}{8} = \dfrac{x + y}{3} \\ \dfrac{5x}{3} = -2y - 1 \end{cases}$$

45. O professor de Cibele retomou com a classe uma importante propriedade da igualdade:

Veja como Cibele usou essa propriedade e transformou o sistema de equações abaixo em um sistema equivalente para depois resolvê-lo pelo método da adição, eliminando uma das incógnitas.

Paulo Manzi/Arquivo da editora

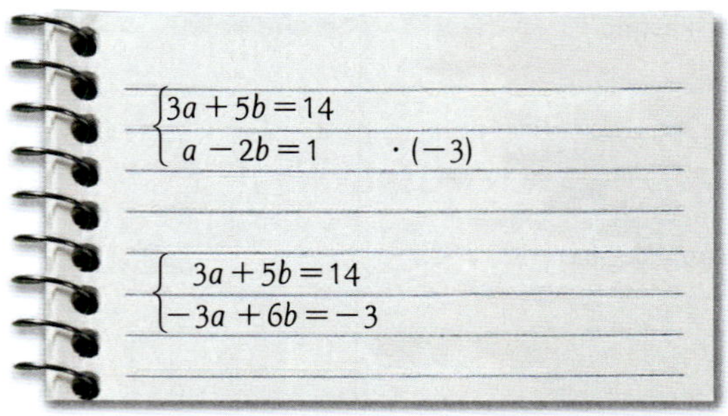

Agora ajude Cibele. Determine a solução do sistema de equações que ela criou.

46. Vamos resolver este sistema de equações $\begin{cases} 2x - 5y = 11 \\ 3x + 6y = 3 \end{cases}$ pelo método da adição.

Pense um pouco: por quanto devemos multiplicar os dois membros da primeira equação e por quanto devemos multiplicar os dois membros da segunda equação para obtermos $6x$ na primeira equação e $-6x$ na segunda? Veja como indicar:

$$\begin{cases} 2x - 5y = 11 \quad \cdot 3 \\ 3x + 6y = 3 \quad \cdot(-2) \end{cases} \Rightarrow \begin{cases} 6x - 15y = 33 \\ -6x - 12y = -6 \end{cases}$$

Adicionamos membro a membro para "eliminar o x":

$$\begin{cases} \cancel{6x} - 15y = 33 \\ \cancel{-6x} - 12y = -6 \end{cases}$$
$$-27y = 27$$

Agora você termina. Determine a solução desse sistema.

47. Resolva os sistemas a seguir pelo método da adição:

a) $\begin{cases} 3x - 4y = -11 \\ 4x + 3y = 2 \end{cases}$

b) $\begin{cases} 2x + 3y = -5 \\ 5x - 6y = 28 \end{cases}$

c) $\begin{cases} 3x - 4y = 10 \\ 5x - 3y = 2 \end{cases}$

d) $\begin{cases} \dfrac{2x}{3} + y = \dfrac{31}{3} \\ \dfrac{x}{4} - \dfrac{y}{2} = -\dfrac{1}{2} \end{cases}$

e) $\begin{cases} \dfrac{x + y}{7} = \dfrac{2}{13}(2x - y) \\ x + y = 14 \end{cases}$

f) $\begin{cases} 2(x - 5) = 7(3 - y) \\ \dfrac{x - y}{3} - \dfrac{x + y}{4} = \dfrac{-37}{12} \end{cases}$

Método da comparação

Um sistema de duas equações do 1º grau com duas incógnitas pode ser resolvido pelo **método da comparação**. Nesse método determinamos o valor de uma mesma incógnita em ambas as equações e, depois, igualamos os resultados.

Acompanhe como resolver o sistema de equações a seguir pelo método da comparação:

$$\begin{cases} 3x - 5y = 1 \\ 2x + 3y = 7 \end{cases}$$

Determinamos o valor de x na primeira equação:

$$3x - 5y = 1 \Rightarrow 3x = 1 + 5y \Rightarrow x = \frac{1+5y}{3} \quad \text{(I)}$$

Determinamos o valor de x na segunda equação:

$$2x + 3y = 7 \Rightarrow 2x = 7 - 3y \Rightarrow x = \frac{7-3y}{2} \quad \text{(II)}$$

Igualamos os valores de x obtidos em (I) e (II) para obter o valor de y:

$$\frac{1+5y}{3} = \frac{7-3y}{2}$$

$$\frac{2(1+5y)}{6} = \frac{3(7-3y)}{6}$$

$$2(1+5y) = 3(7-3y)$$

$$2 + 10y = 21 - 9y$$

$$10y + 9y = 21 - 2$$

$$19y = 19$$

$$y = 1$$

Substituímos esse valor em $x = \frac{1+5y}{3}$ e obtemos o valor de x:

$$x = \frac{1+5 \cdot 1}{3} = \frac{1+5}{3} = \frac{6}{3} = 2 \Rightarrow x = 2$$

Exercícios e problemas

48. Resolva os sistemas abaixo pelo método da comparação.

a) $\begin{cases} x = 3y - 1 \\ x = -5y + 7 \end{cases}$

b) $\begin{cases} y = 2x + 1 \\ 2x + 3y = 27 \end{cases}$

c) $\begin{cases} 3x - 4y = 0 \\ 5x + 7y = 41 \end{cases}$

d) $\begin{cases} 2x + 5y = 21 \\ 3x - y = -11 \end{cases}$

49. Crie um sistema de equações cuja solução seja (10, 7). Troque com um colega. Você resolve o dele e ele resolve o seu.

50. Resolva os sistemas de equações abaixo utilizando o método que considerar mais conveniente. Considere números reais para x e y.

a) $\begin{cases} \dfrac{x+y}{2} - 3 = -2 \\ \dfrac{x}{3} - y = 2 \end{cases}$

b) $\begin{cases} \dfrac{x}{5} + \dfrac{y}{3} = \dfrac{2}{15} \\ 2(x-3) + 3(y-2) = -12 \end{cases}$

c) $\begin{cases} 2x - 3y = 0 \\ 4x + 3y = 3 \end{cases}$

d) $\begin{cases} \dfrac{3x-1}{2} + \dfrac{y-5}{3} = \dfrac{15}{2} \\ x - 3y = 0 \end{cases}$

e) $\begin{cases} 4(2-y) = 3x \\ 4 - 5x = 2y \end{cases}$

f) $\begin{cases} x - \dfrac{1}{3}y = 3 \\ \dfrac{1}{4}x + 2y = 7 \end{cases}$

51. Determine os valores escondidos no sistema que o professor escreveu no quadro de giz:

Casa de Tipos/Arquivo da editora

52. **Cálculo mental**

Luís estava escrevendo sistemas de equações e as soluções correspondentes. Mas, distraído, misturou as equações. Faça os cálculos mentalmente e registre os quatro sistemas e suas respectivas soluções.

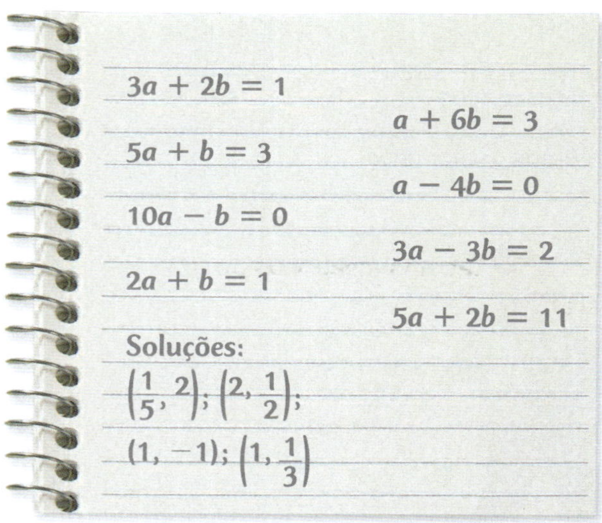

Paulo Manzi/Arquivo da editora

Desafio

Resolva a situação abaixo de duas maneiras: usando uma equação com uma incógnita e usando um sistema de duas equações com duas incógnitas.

Em um concurso, a prova era constituída por 80 testes. Todos os testes deveriam ser respondidos. Cada resposta certa valia $+3$ pontos e cada resposta errada valia -2 pontos. Se um candidato fez 155 pontos, quantos testes ele acertou e quantos ele errou?

Classificação de sistemas de duas equações do 1º grau com duas incógnitas quanto ao número de soluções

Vamos analisar algumas situações-problema que nos levarão aos vários tipos de sistemas.

1ª) Antônio comprou tela de arame para cercar um terreno de formato retangular. Gastou 48 metros para cercá-lo e verificou que o comprimento do terreno tinha o triplo da largura. Quais são as dimensões desse terreno?

Para resolver essa situação, podemos representá-la por meio de um sistema de duas equações do 1º grau com duas incógnitas, considerando apenas números reais positivos para x e y:

$$\begin{cases} 2x+2y=48 \\ y=3x \end{cases} \Rightarrow \begin{cases} x+y=24 \\ y=3x \end{cases}$$

Esse sistema pode ser resolvido utilizando um dos **métodos algébricos** ou o **método gráfico**. Vamos fazê-lo das duas maneiras.

Método algébrico

Vamos usar o **método de substituição**:

$$\begin{cases} x+y=24 \\ y=3x \end{cases}$$

Substituindo y por $3x$ na primeira equação, podemos obter o valor de x. Depois, com esse valor, obtemos y usando a segunda equação:

$$x+3x=24 \qquad y=3x$$
$$4x=24 \qquad y=3\cdot 6$$
$$x=6 \qquad y=18$$

O par ordenado (6, 18) é, portanto, a solução do sistema $\begin{cases} x+y=24 \\ y=3x \end{cases}$.

Método gráfico

Vamos fazer dois quadros, um para cada equação:

$x + y = 24$	
x	**y**
12	12
10	14

$y = 3x$	
x	**y**
0	0
3	9

Representando no plano cartesiano apenas as partes das retas correspondentes a x e y números reais positivos, temos:

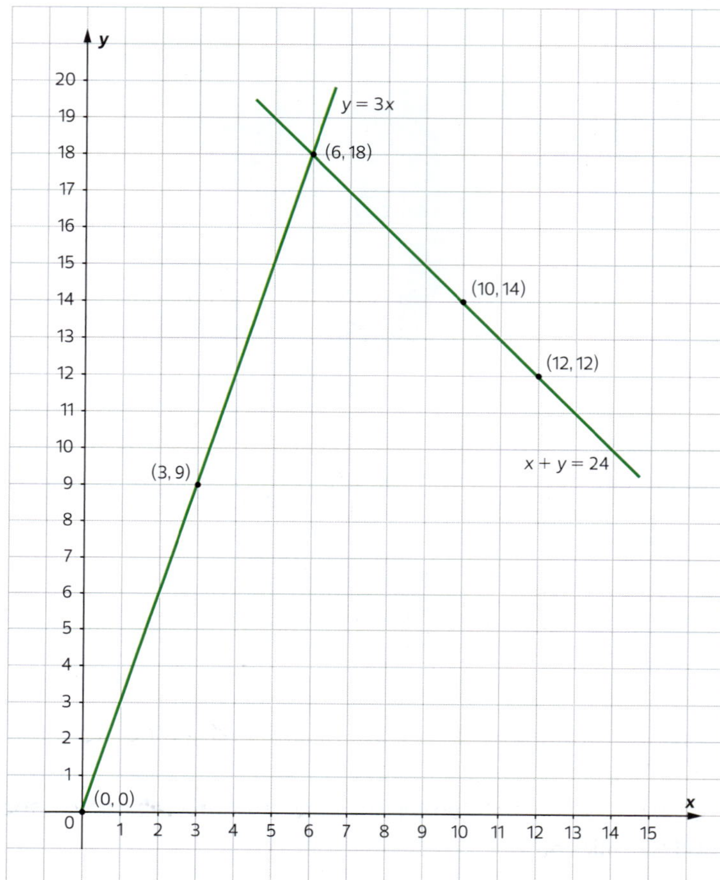

O par ordenado (6, 18) é a solução do sistema (seu ponto é comum às duas retas).

Assim, o terreno de Antônio tem 6 m por 18 m.

Veja que o perímetro é de 48 m ($6 + 18 + 6 + 18 = 48$) e que o comprimento mede o triplo da largura ($18 = 3 \cdot 6$).

Dizemos que o **sistema** $\begin{cases} 2x + 2y = 48 \\ y = 3x \end{cases}$ é **possível e determinado**, pois tem uma única solução. As retas que representam as equações se intersectam em um único ponto, que indica a solução do sistema.

2ª) Vamos analisar agora o sistema $\begin{cases} x+y=5 \\ 2x+2y=6 \end{cases}$, para x e y reais.

$x + y = 5 \Rightarrow x = 5 - y$

$2x + 2y = 6 \Rightarrow 2(5 - y) + 2y = 6 \Rightarrow 10 - \cancel{2y} + \cancel{2y} = 6 \Rightarrow 10 = 6$ (sentença falsa)

Quando isso ocorre, dizemos que não existe solução para o sistema ou que o sistema é **impossível**.

Método gráfico

x + y = 5	
x	**y**
0	5
5	0

2x + 2y = 6	
x	**y**
0	3
3	0

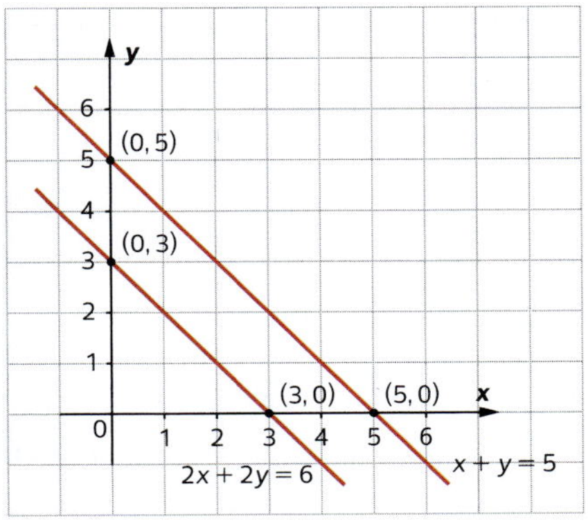

Quando o sistema é impossível, as retas que representam as equações são distintas e paralelas (não têm ponto comum).

3ª) Vamos resolver agora o sistema $\begin{cases} x+2y=5 \\ 2x+4y=10 \end{cases}$, para x e y reais.

$$\begin{cases} x+2y=5 & \cdot\ (-2) \\ 2x+4y=10 \end{cases} \Rightarrow \begin{cases} -2x-4y=-10 \\ 2x+4y=10 \end{cases}$$

$$0x+0y=0$$

Note que **qualquer** par de números reais (x, y) satisfaz a equação $0x + 0y = 0$.
Há, portanto, infinitas soluções.
Nesse caso, dizemos que o **sistema** é **possível e indeterminado** ou apenas que o **sistema** é **indeterminado**.

Método gráfico

x + 2y = 5	
x	**y**
5	0
1	2

2x + 4y = 10	
x	**y**
5	0
1	2

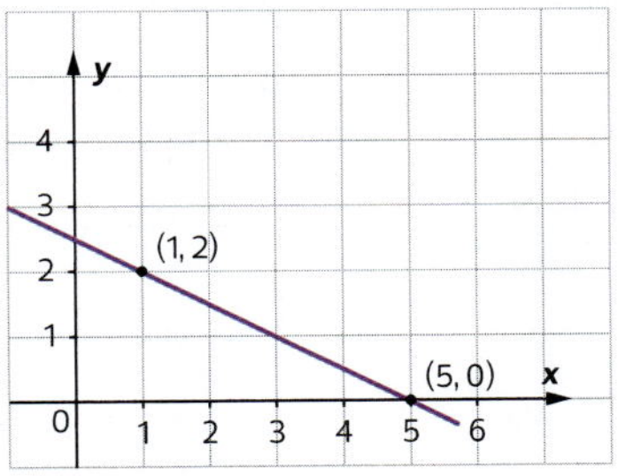

$\begin{cases} x + 2y = 5 \\ 2x + 4y = 10 \end{cases}$ → Equações equivalentes (basta verificar que a 2ª equação é a 1ª multiplicada por 2).

Quando o sistema é indeterminado, as retas que representam as equações são retas coincidentes.

Exercícios

53. Classifique cada um dos sistemas abaixo em determinado, indeterminado ou impossível, para x e y números reais.

a) $\begin{cases} x - 2y = 3 \\ 3x - 6y = 9 \end{cases}$ b) $\begin{cases} 3x - 2y = 1 \\ 6x - 4y = 3 \end{cases}$ c) $\begin{cases} x - 2y = 3 \\ x + 2y = 7 \end{cases}$ d) $\begin{cases} 2x - y = 5 \\ -2x + y = -5 \end{cases}$

54. **Avaliação de resultados**

Ao resolver um sistema proposto pelo professor, Alex usou um processo algébrico e chegou à solução (3, 1). Mauro usou o processo geométrico e construiu o gráfico abaixo. Troquem ideias com os colegas e respondam: há a possibilidade de os dois terem acertado? Justifique.

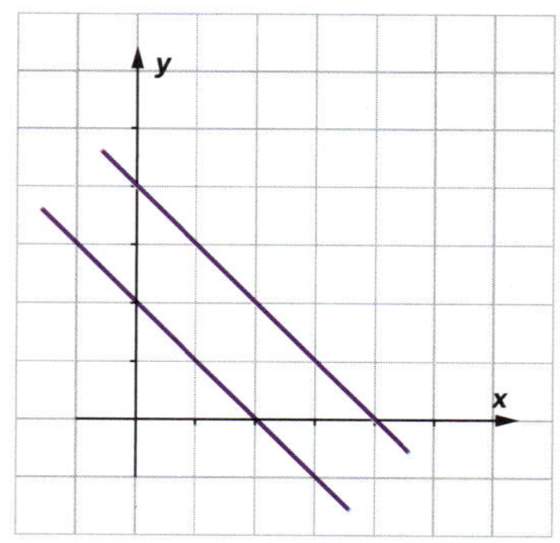

Resolução de problemas que envolvem sistemas de equações

Você utilizou sistemas de equações para encontrar a solução de vários problemas. Resolva mais algumas situações.

Problemas

55. Uma herança de R$ 50 000,00 foi deixada para dois irmãos. No testamento, ficou estabelecido que o mais novo deveria receber R$ 18 000,00 a mais do que o mais velho. Qual a parte de cada um?

56. Leia o que afirmaram Cibele, Mariana e Gustavo sobre compras de cadernos e canetas em uma papelaria:

a) Escreva um sistema correspondente às duas primeiras afirmações.

b) Será que a afirmação de Gustavo está correta?

c) Determine o preço de cada caderno e de cada caneta.

57. O "peso" de Camila e de seu gato Tico, juntos, é de 32 kg. O "peso" de Camila é 7 vezes o de Tico. Qual o "peso" de cada um?

58. Sandra comprou um conjunto de calça e blusa. Pela calça, pagou o dobro do preço que pagou pela blusa. Deu em pagamento uma nota de R$ 50,00 e duas de R$ 10,00, recebendo de troco uma nota de R$ 5,00 e duas moedas de R$ 1,00. Quanto custou cada peça de roupa comprada por Sandra?

Crystalfoto/Shutterstock/Glow Images

Manequim de loja

59. Em um triângulo isósceles, o perímetro é de 15 centímetros. Sabe-se que um dos lados tem a metade da medida de cada um dos outros dois. Quanto medem os lados desse triângulo? Desenhe-o.

60. Determine o comprimento (c) e a largura (ℓ) de um retângulo áureo cujo perímetro é 26 centímetros.

61. Beto fez uma prova de Matemática com o seguinte sistema de avaliação: em cada questão certa, o aluno ganha 5 pontos e, em cada questão errada, são descontados 3 pontos. Na prova com 10 questões, a pontuação de Beto foi de 26 pontos.

Mauro Souza/Arquivo da editora

Responda:

a) Quantas questões Beto acertou? Quantas ele errou?

b) Qual foi a pontuação máxima dessa prova?

c) Qual seria a pontuação de Beto se ele acertasse 5 questões e errasse 5?

62. Reginaldo criava 75 animais em sua fazenda, entre cabras e marrecos. Quando um visitante perguntava quantos animais de cada espécie ele tinha, ele respondia: "Na última contagem, havia registrado 210 pernas...". Mostre como decifrar a charada de Reginaldo usando um sistema de equações e calcule o número de cabras e de marrecos que Reginaldo criava.

Mauro Souza/Arquivo da editora

63. Cibele e Mariana gostam muito de suas coleções de papéis de carta. Trocam, destrocam, e a coleção vai sempre aumentando e se diversificando. Elas conversam o tempo todo sobre a coleção. Veja, por exemplo, o diálogo das duas.

E agora? Quantos papéis de carta tem cada uma?

64. Uma fração é equivalente a $\frac{4}{6}$. Diminuindo 1 no seu numerador e aumentando 2 no seu denominador, obtém-se uma nova fração, equivalente a $\frac{3}{5}$. Quais são as duas frações citadas no problema?

65. A soma de dois números é $1\frac{1}{4}$, e a diferença entre eles é $\frac{1}{4}$. Quais são esses números?

66. No terreno retangular abaixo, o perímetro é de 78 m, e a diferença entre as medidas do comprimento e da largura é de 11 m. Qual é a área desse terreno?

67. Em um aquário há 8 peixes, entre pequenos e grandes. Se o número dos peixes pequenos aumentasse mais um, eles seriam o dobro dos grandes. Quantos são os pequenos? E os grandes?

Innaphoto/Shutterstock/Glow Images

Peixes em aquário

68. Luís comprou um livro e um DVD para seu neto e pagou R$ 35,00. Roberto comprou dois livros e um DVD do mesmo tipo e pagou R$ 55,00. Qual o preço do DVD? E do livro?

Grintan/Shutterstock/Glow Images

Livro

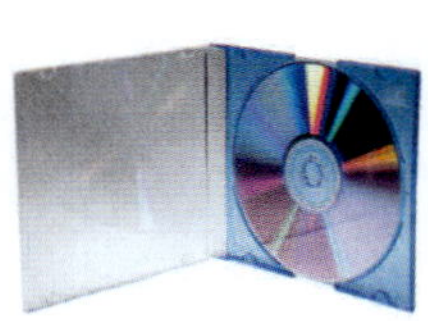
Discpicture/Shutterstock/Glow Images

DVD

As imagens desta página não estão representadas em proporção.

69. Ane e Marcelo economizaram suas mesadas para comprar um presente para seu pai. Juntando a quantia dos dois, é possível comprar um par de tênis e não sobra troco. A quantia que Ane tem ultrapassa em R$ 21,00 a quantia de Marcelo. Quantos reais tem cada um?

Sérgio Dotta Jr./Arquivo da editora

70. Ronaldo foi ao banco e retirou R$ 270,00 para pagar o aluguel. Ao todo, o caixa eletrônico lhe deu 11 cédulas, entre cédulas de R$ 10,00 e R$ 50,00. Quantas cédulas de R$ 10,00 o caixa lhe deu? O caixa poderia ter lhe dado uma cédula de R$ 50,00 a mais? Qual seria então o número de cédulas de R$ 50,00 e de R$ 10,00?

Iloveimages/Diomedia

Rapaz utilizando caixa eletrônico. É possível fazer várias transações financeiras em um caixa eletrônico.

Desafio

No início de uma reunião, o número de homens era 3 a menos do que o de mulheres. Duas horas depois, o número de homens havia aumentado em 8, o de mulheres havia dobrado e a quantidade de homens e de mulheres era a mesma. Quantos homens e quantas mulheres havia no início da reunião?

Sistemas com equações fracionárias

Considere estas duas situações:

1ª) Uma distância de 400 km foi percorrida por dois carros.

Sabe-se que o primeiro carro gastou 1 hora a mais do que o segundo e que a velocidade média do primeiro carro corresponde a $\frac{4}{5}$ da velocidade do segundo.

Descubra a velocidade média de cada carro.

Representações:

- Tempo gasto pelo primeiro carro (em horas): x
- Tempo gasto pelo segundo carro (em horas): y

Sistema com uma equação fracionária:

$$\begin{cases} x = y + 1 \\ \frac{400}{x} = \frac{4}{5} \cdot \frac{400}{y} \end{cases}$$

Mauro Souza/Arquivo da editora

2ª) A soma de dois números é 60 e o produto dos dois é 675. O quociente do 5 pelo primeiro número mais o quociente do 9 pelo segundo número é $\frac{8}{15}$. Quais são esses números?

Representações:

- Primeiro número: x
- Segundo número: y
- Quociente do 5 pelo primeiro número: $\frac{5}{x}$
- Quociente do 9 pelo segundo número: $\frac{9}{y}$

Sistema de equações: $\begin{cases} x + y = 60 \\ \frac{5}{x} + \frac{9}{y} = \frac{8}{15} \end{cases}$, sabendo que $x \cdot y = 675$.

Quando pelo menos uma das equações do sistema contém incógnita no denominador, o sistema é chamado de **sistema com equações fracionárias**.

Resolução de sistemas com equações fracionárias

Vejamos com exemplos como resolver sistemas com equações fracionárias.

a) Vamos resolver este sistema: $\begin{cases} \dfrac{2x}{y} + 3 = \dfrac{21}{5} \\ \dfrac{1}{x} + \dfrac{2}{y-1} = \dfrac{5}{6x} \end{cases}$

Devemos impor as restrições $y \neq 0$, $x \neq 0$ e $y \neq 1$.

Preparamos o sistema escrevendo as equações na forma $ax + by = c$:

$$\frac{2x}{y} + 3 = \frac{21}{5}$$

$$\frac{10x}{5y} + \frac{15y}{5y} = \frac{21y}{5y}$$

$$10x + 15y = 21y$$

$$10x + 15y - 21y = 0$$

$$10x - 6y = 0$$

$$\frac{1}{x} + \frac{2}{y-1} = \frac{5}{6x}$$

$$\frac{6(y-1)}{6x(y-1)} + \frac{12x}{6x(y-1)} = \frac{5(y-1)}{6x(y-1)}$$

$$6(y-1) + 12x = 5(y-1)$$

$$6y - 6 + 12x = 5y - 5$$

$$12x + 6y - 5y = -5 + 6$$

$$12x + y = 1$$

Resolvemos, agora, o sistema $\begin{cases} 10x - 6y = 0 \\ 12x + y = 1 \end{cases}$, que é equivalente ao primeiro, dentro das restrições impostas.

$$\begin{cases} 10x - 6y = 0 \\ 12x + y = 1 \quad (\cdot 6) \end{cases} \Rightarrow \begin{cases} 10x - \cancel{6y} = 0 \\ 72x + \cancel{6y} = 6 \end{cases}$$

$$82x = 6$$

$$x = \frac{6}{82}$$

$$x = \frac{3}{41}$$

$$10x - 6y = 0$$

$$10 \cdot \frac{3}{41} - 6y = 0$$

$$\frac{30}{41} = 6y$$

$$30 = 246y$$

$$y = \frac{30}{246}$$

$$y = \frac{5}{41}$$

Como $\frac{3}{41} \neq 0$, $\frac{5}{41} \neq 0$ e $\frac{5}{41} \neq 1$, a solução do sistema é o par ordenado $\left(\frac{3}{41}, \frac{5}{41}\right)$.

b) Vamos retomar o sistema da segunda situação da página 207:

$$\begin{cases} x + y = 60 \\ \dfrac{5}{x} + \dfrac{9}{y} = \dfrac{8}{15} \end{cases}$$, sabendo que $x \cdot y = 675$.

Restrições: $x \neq 0$ e $y \neq 0$.

"Preparando" a 2ª equação:

$$\frac{5}{x} + \frac{9}{y} = \frac{8}{15}$$

$$\frac{75y}{15xy} + \frac{135x}{15xy} = \frac{8xy}{15xy}$$

$$75y + 135x = 8xy \longrightarrow xy = 675$$

$$135x + 75y = 8 \cdot 675$$

$$135x + 75y = 5\,400 \quad : 15$$

$$9x + 5y = 360$$

Ficamos, então, com o sistema:

$$\begin{cases} x + y = 60 \\ 9x + 5y = 360 \end{cases}$$

Vamos resolvê-lo pelo método da substituição:

$$x + y = 60$$

$$y = 60 - x$$

$$9x + 5y = 360$$
$$9x + 5(60 - x) = 360$$
$$9x + 300 - 5x = 360$$
$$4x = 60$$
$$x = 15$$

$$y = 60 - x$$
$$y = 60 - 15$$
$$y = 45$$

Como $15 \neq 0$ e $45 \neq 0$, a solução do sistema é o par ordenado (15, 45). Assim, os números procurados são 15 e 45. Note que $15 + 45 = 60$, $15 \cdot 45 = 675$ e $\frac{5}{15} + \frac{9}{45} = \frac{15}{45} + \frac{9}{45} = \frac{8}{15}$.

c) Vamos resolver o sistema $\begin{cases} \dfrac{2}{x} + \dfrac{3}{y} = 3 \\ \dfrac{1}{x} - \dfrac{5}{y} = -\dfrac{2}{3} \end{cases}$, com $x \neq 0$ e $y \neq 0$.

Nesse caso, precisamos usar um artifício: substituir $\frac{1}{x}$ por a e $\frac{1}{y}$ por b, recaindo, então, em outro sistema. Veja:

$$\begin{cases} 2a + 3b = 3 \\ a - 5b = -\dfrac{2}{3} \end{cases} \Rightarrow \begin{cases} 2a + 3b = 3 \quad \cdot 5 \\ 3a - 15b = -2 \end{cases} \Rightarrow \begin{cases} 10a + \cancel{15b} = 15 \\ 3a - \cancel{15b} = -2 \end{cases}$$

$$13a = 13$$
$$a = \frac{13}{13}$$
$$a = 1$$

$$2a + 3b = 3$$
$$2 \cdot 1 + 3b = 3$$
$$2 + 3b = 3$$
$$3b = 3 - 2$$
$$3b = 1$$
$$b = \frac{1}{3}$$

Agora, calculamos x e y:

$$\frac{1}{x} = a \Rightarrow \frac{1}{x} = 1 \Rightarrow x = 1$$

$$\frac{1}{y} = b \Rightarrow \frac{1}{y} = \frac{1}{3} \Rightarrow y = 3$$

Como $1 \neq 0$ e $3 \neq 0$, a solução do sistema inicial é o par ordenado (1, 3).

Exercícios

71. Resolva os seguintes sistemas de equações fracionárias:

a) $\begin{cases} x + y = 6 \\ \dfrac{x}{y} = \dfrac{1}{2} \end{cases}$

b) $\begin{cases} \dfrac{3x}{y} + 1 = \dfrac{14}{5} \\ \dfrac{1}{x} + \dfrac{3}{y-1} = \dfrac{13}{4x} \end{cases}$

c) $\begin{cases} \dfrac{2}{x-2} = \dfrac{10}{y-3} \\ 3x - 4y = 11 \end{cases}$

72. Retome e resolva o sistema que aparece na primeira situação da página 207.

73. Determine a solução (x, y) dos sistemas:

a) $\begin{cases} \dfrac{1}{x} - \dfrac{1}{y} = -\dfrac{5}{4} \\ \dfrac{3}{x} + \dfrac{2}{y} = -\dfrac{5}{2} \end{cases}$

b) $\begin{cases} \dfrac{10}{x} + \dfrac{9}{y} = 8 \\ \dfrac{4}{x} + \dfrac{6}{y} = 4 \end{cases}$, sabendo que $xy = 6$.

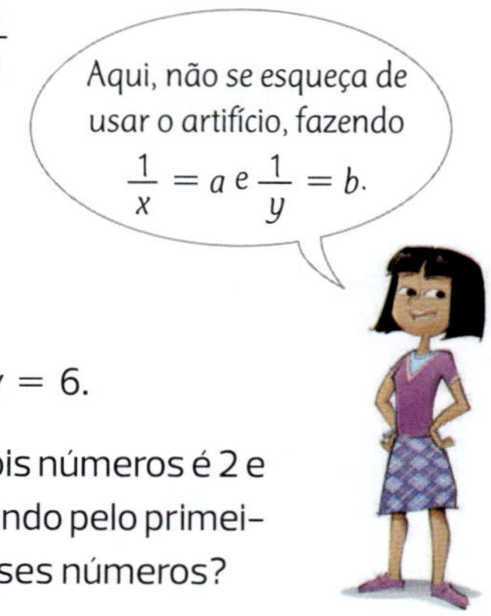

74. A diferença entre dois números é 2 e o quociente do segundo pelo primeiro é 3. Quais são esses números?

5 Revendo as inequações e sistemas de inequações do 1º grau

Você já deve ter estudado **inequações** e **sistemas de inequações** nos anos anteriores.

Vamos rever esses assuntos com exemplos e exercícios.

a) $3 - 2x \geqslant x - 12$, em $\mathbb{R}$.

$$3 - 2x \geqslant x - 12$$
$$-2x - x \geqslant -12 - 3$$
$$-3x \geqslant -15 \cdot (-1)$$
$$3x \leqslant 15$$
$$x \leqslant \frac{15}{3}$$
$$x \leqslant 5$$

O conjunto solução é dado por $S = \{x \in \mathbb{R} \text{ tal que } x \leqslant 5\}$.

Representação na reta numerada:

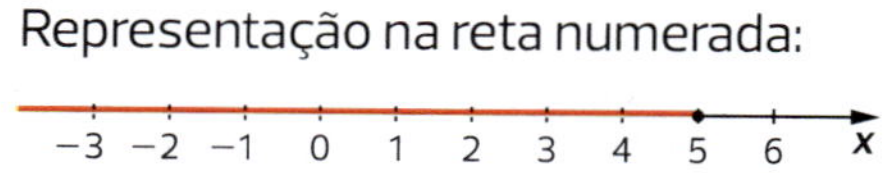

b) $\dfrac{3x-1}{2} - x > \dfrac{x+4}{3}$, em $\mathbb{R}$.

$$\frac{3x-1}{2} - x > \frac{x+4}{3}$$
$$\frac{3(3x-1)}{6} - \frac{6x}{6} > \frac{2(x+4)}{6}$$
$$3(3x-1) - 6x > 2(x+4)$$
$$9x - 3 - 6x > 2x + 8$$
$$9x - 6x - 2x > 8 + 3$$
$$x > 11$$

O conjunto solução é dado por $S = \{x \in \mathbb{R} \text{ tal que } x > 11\}$.

Representação na reta numerada:

Exercícios e problemas

75. Resolva as inequações em $\mathbb{R}$.

a) $5(2 - x) \geqslant 4(2x - 7) - 1$

b) $2(x - 3) > 5(x + 1)$

c) $3x - 4(2x + 1) > 10 - x + 2$

d) $3(2 - x) < 5x - (4x + 1) + 2$

e) $4(x + 1) - 2(2 - x) \leqslant 5 + x$

f) $-2(x + 1) + 5x < 4 - 3(2x + 1)$

76. Resolva em $\mathbb{R}$ as seguintes inequações:

a) $\frac{x-2}{3} < \frac{3x+1}{3} + \frac{1}{5}$

b) $\frac{x+2}{4} > \frac{x}{2} + \frac{x}{4}$

c) $\frac{x+2}{3} + \frac{3x+1}{4} \geqslant \frac{2x+1}{6}$

d) $\frac{4x-3}{8} > 1 - \frac{x+3}{2}$

e) $\frac{x}{4} - \frac{3(x-1)}{10} \leqslant 1$

f) $\frac{3x-1}{4} \leqslant 2 - \frac{2x+1}{2}$

g) $\frac{x-1}{2} - \frac{2(x+2)}{3} < \frac{3x+1}{6}$

h) $\frac{2x-1}{5} - 3(4 - x) < -12 + \frac{5x+1}{3}$

77. Um comerciante teve uma despesa de R$ 230,00 na compra de algumas unidades de certa mercadoria. Ele vai vender cada unidade por R$ 5,00.

a) Quantas unidades deve vender para ter um lucro de R$ 315,00?

b) Quantas unidades deve vender para que seu lucro seja maior do que R$ 280,00?

78. As medidas do triângulo abaixo são dadas em centímetros.
Sabendo-se que em todo triângulo a medida de cada lado é menor que a soma das medidas dos outros dois lados, determine:

a) os possíveis valores para x;

b) os possíveis valores para o perímetro do triângulo.

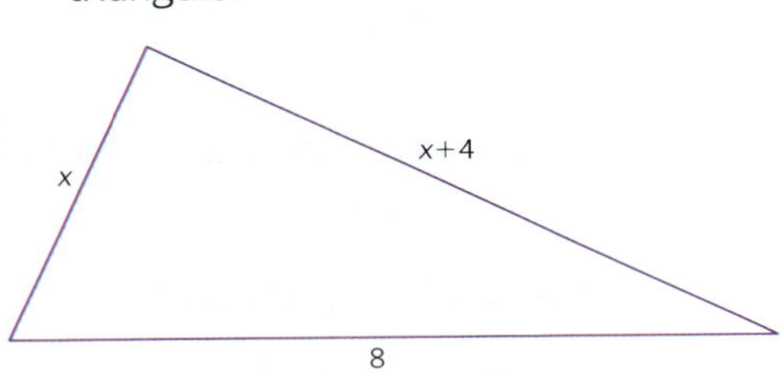

79. Quais são os valores possíveis para x na figura abaixo para que o seu perímetro seja maior ou igual a 40 cm?

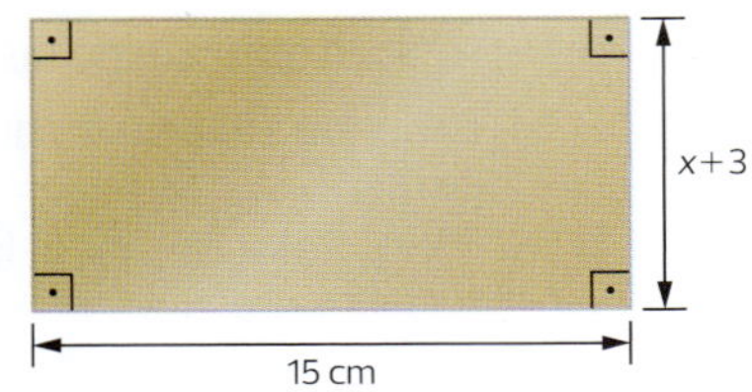

80. Uma locadora **A** de veículos de passeio cobra R$ 50,00 pela diária e mais R$ 0,50 por quilômetro rodado. Já a locadora **B** cobra R$ 80,00 pela diária e mais R$ 0,20 por quilômetro rodado. Em uma diária, quantos quilômetros deve percorrer um carro para que seja mais vantajoso para um cliente optar pela locadora **B**?

81. Duas empresas de telefonia, Fale Muito e Fale Demais, apresentam os seguintes planos mensais:

- Fale Muito → R$ 30,00 (por 100 minutos de utilização) + R$ 0,20 por minuto excedente;
- Fale Demais → R$ 20,00 (por 100 minutos de utilização) + R$ 0,25 por minuto excedente.

Quantos minutos deve utilizar um cliente para que seja mais vantajoso para ele optar pela operadora Fale Muito?

82. Em 2014, a japonesa Misao Okawa foi eleita pelo *Guinness Book* (Livro dos Recordes) a mulher viva mais velha do mundo, com 116 anos. Quantos anos precisa ter uma pessoa no dia 31/12/2015 para que ela tenha nascido no século XIX?

Kyodo/Reuters/Latinstock

Misao Okawa, oficialmente a pessoa mais velha do mundo em 2014, com 116 anos. Foto de 2014.

Sistemas de inequações

Vejamos alguns exemplos de resolução de sistemas de inequações.

a) Vamos resolver o sistema $\begin{cases} 3x - 4 > 0 \\ -x + 5 \geqslant 0 \end{cases}$, para $x \in \mathbb{R}$.

A solução do sistema será dada pela intersecção das soluções das duas inequações, ou seja, pelos números reais que satisfazem as duas inequações ao mesmo tempo.

Soluções da 1ª inequação $(S_1) \rightarrow 3x - 4 > 0 \Rightarrow 3x > 4 \Rightarrow x > \dfrac{4}{3}$

Portanto, $S_1 = \left\{x \in \mathbb{R} \text{ tal que } x > \dfrac{4}{3}\right\}$.

Soluções da 2ª inequação $(S_2) \rightarrow -x + 5 \geqslant 0 \Rightarrow -x \geqslant -5 \cdot (-1) \Rightarrow x \leqslant 5$

Portanto, $S_2 = \{x \in \mathbb{R} \text{ tal que } x \leqslant 5\}$.

A intersecção de S_1 e S_2 é dada por S:

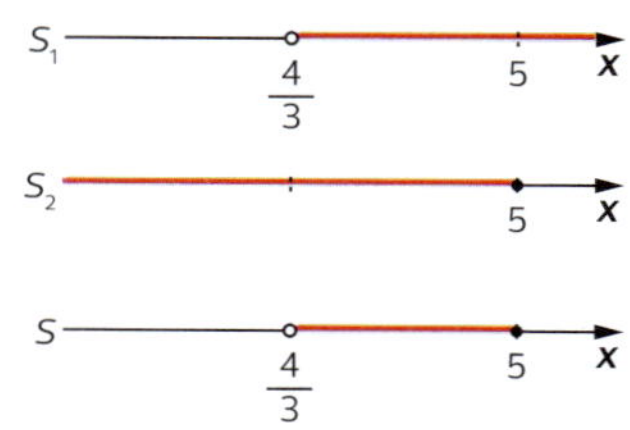

$S = \left\{x \in \mathbb{R} \text{ tal que } x > \dfrac{4}{3} \text{ e } x \leqslant 5\right\}$ ou, escrevendo de outra maneira:

$$S = \left\{x \in \mathbb{R} \text{ tal que } \frac{4}{3} < x \leqslant 5\right\}$$

b) Vamos resolver o sistema $-3 \leqslant x + 2 \leqslant 5$ para $x \in \mathbb{R}$.

Essas desigualdades simultâneas constituem uma outra maneira de escrever o sistema:

$$\begin{cases} x + 2 \geqslant -3 \\ x + 2 \leqslant 5 \end{cases}$$

$$x + 2 \geqslant -3 \Rightarrow x \geqslant -5 \rightarrow S_1 = \{x \in \mathbb{R} \text{ tal que } x \geqslant -5\}$$

$$x + 2 \leqslant 5 \Rightarrow x \leqslant 3 \rightarrow S_2 = \{x \in \mathbb{R} \text{ tal que } x \leqslant 3\}$$

A intersecção de S_1 e S_2 é dada por S:

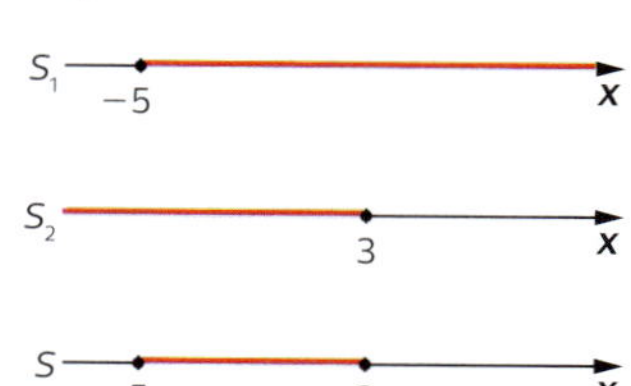

$S = \{x \in \mathbb{R} \text{ tal que } x \geqslant -5 \text{ e } x \leqslant 3\}$ ou $S = \{x \in \mathbb{R} \text{ tal que } -5 \leqslant x \leqslant 3\}$

Vamos agora resolver mais este sistema: $\begin{cases} \dfrac{x}{3} + 2 \geqslant \dfrac{x+1}{2} \\ \dfrac{x}{2} + \dfrac{x}{4} < \dfrac{5}{4} \end{cases}$.

1ª inequação: $\dfrac{x}{3} + 2 \geqslant \dfrac{x+1}{2}$

$$\frac{2x}{6} + \frac{12}{6} \geqslant \frac{3(x+1)}{6}$$

$$2x + 12 \geqslant 3(x+1)$$

$$2x + 12 \geqslant 3x + 3$$

$$2x - 3x \geqslant 3 - 12$$

$$-x \geqslant -9 \cdot (-1)$$

$$x \leqslant 9$$

Logo, $S_1 = \{x \in \mathbb{R} \text{ tal que } x \leqslant 9\}$.

2ª inequação: $\dfrac{x}{2} + \dfrac{x}{4} < \dfrac{5}{4}$

$$\frac{2x}{4} + \frac{x}{4} < \frac{5}{4}$$

$$2x + x < 5$$

$$x < \frac{5}{3}$$

Logo, $S_2 = \left\{x \in \mathbb{R} \text{ tal que } x < \dfrac{5}{3}\right\}$.

A intersecção de S_1 com S_2 é dada por S:

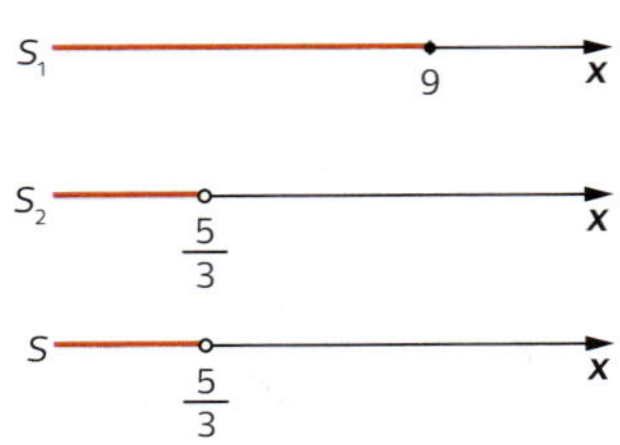

Portanto, $S = \left\{x \in \mathbb{R} \text{ tal que } x < \dfrac{5}{3}\right\}$, ou seja, as soluções do sistema são os números reais menores do que $\dfrac{5}{3} = 1\dfrac{2}{3}$.

Bate-papo

Converse com os colegas e relacione cada sistema de inequações com as respectivas soluções em $\mathbb{R}$.

A) $\begin{cases} x > 5 \\ x < 5 \end{cases}$ B) $\begin{cases} x \geqslant 5 \\ x \leqslant 5 \end{cases}$ C) $\begin{cases} x > 5 \\ x > 3 \end{cases}$ D) $\begin{cases} x < 5 \\ x > 3 \end{cases}$

a) $x = 5$ b) $x > 5$ c) $3 < x < 5$ d) Nenhum número real.

Exercícios

83. Resolva os sistemas de inequações em $\mathbb{R}$:

a) $\begin{cases} 3x - 5 < x + 7 \\ 6(x - 2) - 3x > 0 \end{cases}$

b) $\begin{cases} 6x + 8 < 7x + 2 \\ \dfrac{3x}{2} - 5 > \dfrac{x - 1}{3} \end{cases}$

c) $\begin{cases} 5 - 2x \leqslant 4 \\ x - 5 < 1 - x \end{cases}$

84. Resolva os sistemas de inequações em $\mathbb{R}$, dados por:

a) $1 \leqslant x + 1 < 5$

b) $2x < x + 4 < 3x$

c) $5 - 2x \leqslant 2(x + 2) \leqslant 4x$

d) $3(1 - x) > 2(1 + x) \geqslant -x + 2$

85. Atividades físicas

Nos últimos anos, houve um aumento considerável na prática de exercícios físicos. A preocupação com a estética e, principalmente, com a saúde fez com que jovens e adultos se matriculassem em academias, clubes ou mesmo procurassem áreas para caminhadas, corridas, ciclismo ou outras atividades físicas. A medição da frequência cardíaca é uma ótima maneira de se monitorar a intensidade do esforço aeróbico. Usamos as fórmulas $FC_{Máx.} = (220 - x)$ e $FC_{Mín.} = 70\%\ FC_{Máx.}$, em que x indica a idade do indivíduo em anos, $FC_{Máx.}$, a frequência cardíaca máxima e $FC_{Mín.}$, a frequência cardíaca mínima, sendo os dois últimos fornecidos em batimentos por minuto (BPM). Se um indivíduo tem 40 anos, então, de acordo com as fórmulas, qual o intervalo de frequência cardíaca recomendado para a prática de exercícios?

a) $126 \leqslant \text{BPM} \leqslant 180$

b) $140 \leqslant \text{BPM} \leqslant 190$

c) $120 \leqslant \text{BPM} \leqslant 170$

d) $150 \leqslant \text{BPM} \leqslant 200$

e) $180 \leqslant \text{BPM} \leqslant 220$

86. Marco e Antônio precisavam representar, na gincana da escola, um triângulo formado por cordas. Para isso, tinham à sua disposição diversos pedaços de cordas. Marco escolheu um pedaço com o comprimento de 4 metros e Antônio escolheu um pedaço com o comprimento de 8 metros. Qual a soma dos valores inteiros possíveis para o terceiro lado, em metros, de tal forma que cada corda represente um lado de um triângulo?

87. A Organização Mundial de Saúde utiliza o índice de massa corporal (IMC), que é obtido a partir da fórmula $\text{IMC} = \dfrac{m}{h^2}$, em que m é a massa do indivíduo em quilogramas e h é a sua altura em metros.

Classificação	IMC
Magreza	$\text{IMC} < 18{,}5$
Normal	$18{,}5 \leqslant \text{IMC} \leqslant 24{,}9$
Sobrepeso	$25 \leqslant \text{IMC} \leqslant 29{,}9$
Obesidade	$30 \leqslant \text{IMC} \leqslant 39{,}9$
Obesidade grave	$\text{IMC} \geqslant 40$

Qual deverá ser o "peso" (massa) de um indivíduo que tem 2 m de altura para que ele seja considerado normal?

Raciocínio lógico

Luís Felipe ganhou 4 selos para sua coleção, mas está confuso sobre a origem de cada um.
Vamos ajudá-lo a classificar seus selos?
Observe as dicas abaixo:

- O selo com a figura de um trem é vermelho.
- O selo alemão tem a figura de um corredor.
- O selo cuja figura é uma flor não é francês.
- O selo da Suíça não é vermelho.
- O selo que tem a figura de um avião não é amarelo.
- O selo dos Estados Unidos é azul.
- O selo com a figura de uma flor é verde.

Sugestão: complete as lacunas a seguir totalmente.

País: ________ ________ ________ ________

Cor: ________ ________ ________ ________

Figura: ________ ________ ________ ________

Tratamento da informação

Interpretação de gráfico de colunas

88. Saneamento básico e iluminação elétrica no Brasil

Alguns serviços são essenciais para garantir a qualidade de vida da população. Um deles é o saneamento básico, que corresponde ao conjunto de medidas que visam preservar ou modificar as condições do meio ambiente com a finalidade de prevenir doenças e promover a saúde (por exemplo, abastecimento de água tratada, disposição adequada da rede de esgotos, coleta de lixo, etc.). Vários esforços do governo e de outros setores da sociedade têm sido implementados com sucesso para mudar essa realidade; no entanto, ainda há famílias que carecem desse atendimento, mesmo nas grandes metrópoles.

Outro serviço essencial à qualidade de vida é a iluminação elétrica. Cada vez mais pessoas têm sido atendidas por esse serviço, mas, assim como no caso do saneamento básico, várias residências brasileiras ainda não têm acesso a uma rede elétrica adequada.

O gráfico abaixo mostra o percentual de domicílios brasileiros com acesso a serviços relacionados ao saneamento básico e à iluminação elétrica nos anos de 2008 a 2013, de acordo com dados do IBGE.

Cesar Diniz/Pulsar Imagens

Córrego poluído no centro da cidade Ruy Barbosa (BA). Foto de 2014.

Percentual de domicílios brasileiros com acesso a saneamento e iluminação elétrica – 2008 a 2013*

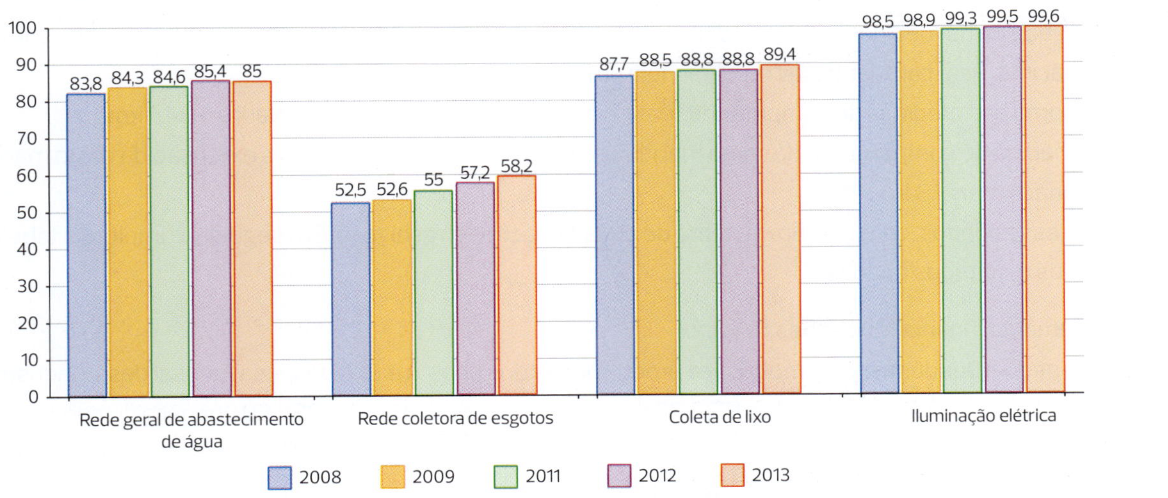

* Em 2010 não foi realizada a síntese de indicadores sociais devido à realização do Censo neste mesmo ano.

Fonte: IBGE / Pnad 2013 – Síntese de Indicadores Sociais. Disponível em: <www.ibge.gov.br/home/estatistica/populacao/trabalhoerendimento/pnad2013/default.shtm>. Acesso em: 6 maio 2015.

Analise o gráfico acima e responda:

a) Qual dos serviços analisados é aquele que atingiu menor número de residências no período descrito?

b) Em quantos pontos percentuais aumentou o acesso à coleta de lixo de 2008 a 2013?

c) Em 2013, 55,3 milhões de domicílios tinham acesso à rede geral de abastecimento de água. Quantos domicílios havia no Brasil nesse ano, aproximadamente?

d) Qual a porcentagem média anual de domicílios com acesso à iluminação elétrica no período de 2008 a 2013*?

Outros contextos

89. As menores costas marítimas do mundo

Observe, na tabela abaixo, os países que possuem as menores costas marítimas do mundo e as respectivas extensões em quilômetros.

As menores costas marítimas do mundo

Ordem	País	Continente em que se localiza	Extensão
1º	 Mônaco	Europa	________ km
2º	 Bósnia-Herzegóvina	Europa	20 km
3º	 Jordânia	Ásia	26 km
4º	 Nauru	Oceania	________ km
5º	 Eslovênia	Europa	46,6 km

Fonte: CIA – Central Intelligence Agency. The World Factbook. Disponível em: <www.cia.gov/library/publications/the-world-factbook>. Acesso em: 6 maio 2015.

Perceba que as medidas das extensões marítimas das costas de Mônaco e Nauru não foram descritas na tabela acima. Para calcular essas medidas, leia as informações a seguir.

- A soma das medidas de comprimento das costas marítimas de Mônaco e Nauru é 34,1 km.
- A medida de comprimento da costa marítima de Nauru é igual a sete vezes a extensão da costa marítima de Mônaco mais 1,3 km.

Com esses dados, construa um sistema de duas equações e resolva-o. Em seguida, complete a tabela acima com os resultados obtidos.

90. Matemática financeira: despesa e lucro

Uma pequena indústria automobilística produz peças dos tipos *A* e *B*. A despesa mensal dessa indústria inclui um valor fixo de R$ 2 000,00 mais R$ 2,00 por peça fabricada do tipo *A* e R$ 1,50 por peça do tipo *B*. Cada peça do tipo *A* é vendida por R$ 3,50, e cada peça do tipo *B* é vendida por R$ 2,50. No mês de janeiro de 2016, essa indústria teve uma despesa total de R$ 20 000,00 na produção de 10 000 peças. Calcule:

a) o lucro total desse mês, sabendo que toda produção foi vendida;

b) a porcentagem desse lucro em relação à despesa.

91. Matemática financeira: descontos

Na banca da feira de Alfredo, todo dia, depois das 13 horas, ele dá um desconto de 10% sobre o preço das frutas e de 15% sobre o preço das verduras. Iolanda, Lúcia e Raul são fregueses de Alfredo. Em certo dia, Iolanda foi à feira de manhã e gastou R$ 14,00 na compra de 2 kg de maçãs e 3 maços de espinafre. No mesmo dia, Lúcia foi à feira às 14 horas e gastou R$ 7,00 na compra de 1 kg de maçãs e 2 maços de espinafre. Amanhã, Raul vai comprar 3 kg de maçãs e 5 maços de espinafre. Quanto Raul vai gastar nessa compra?

92. Dívidas

Um condomínio residencial é formado por três edifícios e nele há moradores que não conseguem pagar em dia suas taxas de condomínio. Para discutir esse assunto em uma assembleia, foi feito um balanço das dívidas. Veja as tabelas abaixo:

Quantidade de taxas em atraso

Edifício	Mês		
	Maio	Junho	Julho
Figueira	5	8	7
Carvalho	3	2	2
Oliveira	1	5	6

Total acumulado em dívidas	Maio R$ 4 400,00	Junho R$ 7 469,00	Julho R$ 7 633,00

Dados fictícios.

Considerando essas informações, responda:

a) Que motivos podem levar um morador a não pagar suas taxas de condomínio?

b) Que sugestões você daria em uma assembleia para solucionar ou, ao menos, amenizar esse problema de falta de pagamento?

c) O valor do condomínio é diferente para cada um dos edifícios e não houve reajuste nos meses em questão. O condomínio mensal do Edifício Carvalho é de R$ 562,00. Descubra o valor do condomínio dos outros dois edifícios e complete a tabela abaixo.

Dívida total

Edifício	Valor mensal do condomínio	Mês		
		Maio	Junho	Julho
Figueira				
Carvalho	R$ 562,00	R$ 1686,00	R$ 1124,00	
Oliveira				

Dados retirados da tabela

93. Estacionamento

(OMABC-SP) Num estacionamento temos carros e motos totalizando 23 veículos. Contando o número de rodas dos carros e das motos, verifica-se que existem 14 rodas de carro a mais do que rodas de moto. Portanto, o número total de rodas no estacionamento é:

a) 54
b) 66
c) 74
d) 80
e) 84

94. Arrumação

Amanda arrumou as latas de conserva de sua despensa em três prateleiras. No total, o "peso" em cada prateleira não pode passar de 5 kg (5 000 g). As latas são de três tamanhos: grande (*G*), média (*M*) e pequena (*P*). Veja:

1ª)

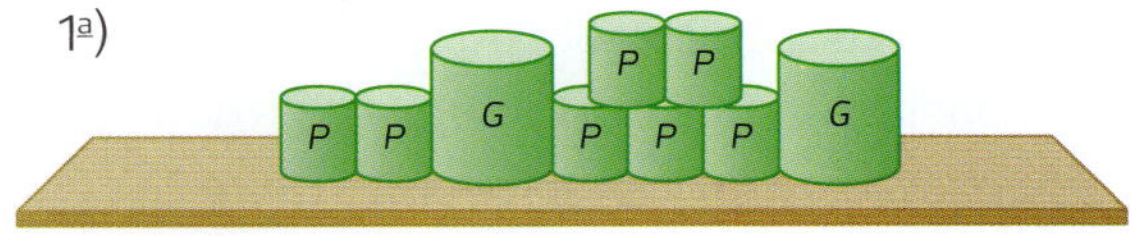

Total: 3,2 kg

2ª)

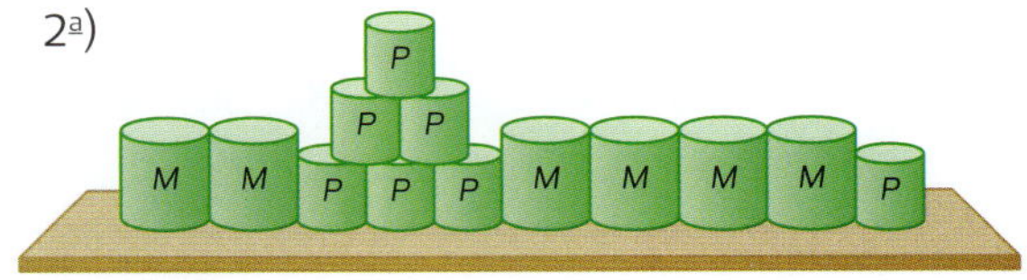

Total: 5 kg

3ª)

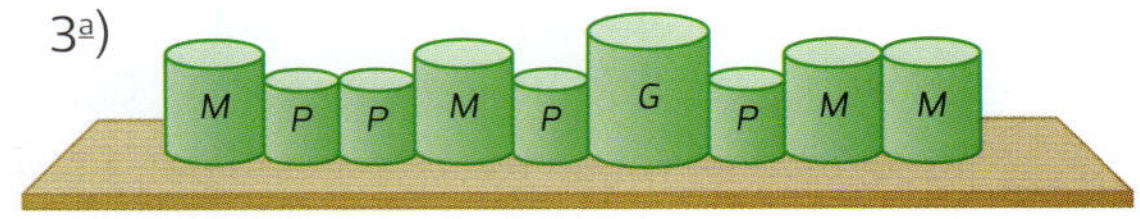

Total: 4,1 kg

Agora, responda:

a) Quanto pesa cada uma das latas de conserva?

b) Assinale as alternativas nas quais o peso total não ultrapasse 5 kg.

( ) 3 grandes, 3 médias e 3 pequenas.
( ) 4 grandes, 1 média e 3 pequenas.
( ) 2 grandes, 4 médias e 4 pequenas.
( ) 4 grandes e 4 médias.

c) Escreva mais uma arrumação com "peso" total de 5 kg, em que haja pelo menos uma lata de cada tipo.

d) Escreva a arrumação que tem o menor número possível de latas e cujo "peso" total é 5 kg.

95. Trocas

(Universidade de Coimbra - Portugal) No mercado da Troca, as mercadorias devem ser trocadas de acordo com o indicado na tabela. No mínimo, quantas galinhas terá o Sr. João de levar para o mercado, para que possa levar para casa um ganso, um peru e um galo?

Tabela de trocas		
1 peru	↔	5 galos
1 ganso + 2 galinhas	↔	3 galos
4 galinhas	↔	1 galo

a) 36
b) 35
c) 34
d) 30
e) 28

Praticando um pouco mais

1. (Inep) João e Pedro foram a um restaurante almoçar e a soma da conta deles foi de R$ 28,00. A conta de Pedro foi o triplo do valor de seu companheiro. O sistema de equações do 1º grau que melhor traduz o problema é:

a) $\begin{cases} x + y = 28 \\ x - y = 7 \end{cases}$

b) $\begin{cases} x + 3y = 28 \\ x = y \end{cases}$

c) $\begin{cases} x + y = 28 \\ x = 3y \end{cases}$

d) $\begin{cases} x + y = 28 \\ x = y + 3 \end{cases}$

2. (Inep) Paulo é dono de uma fábrica de móveis. Para calcular o preço V de venda de cada móvel que fabrica, ele usa a seguinte fórmula: $V = 1{,}5C + 10$, sendo C o preço de custo desse móvel. Considere que o preço de custo de um móvel que Paulo fabrica é R$ 100,00. Então, ele vende esse móvel por:

a) R$ 110,00.
b) R$ 150,00.
c) R$ 160,00.
d) R$ 210,00.

3. (CBM-RJ) Dona Estela saiu de casa com R$ 360,00, gastando toda essa quantia nos três estabelecimentos: padaria, açougue e farmácia, como mostra a figura. Estela gastou na farmácia o triplo do que gastou no açougue e no açougue o dobro do que gastou na padaria.

Mauro Souza/Arquivo da editora

O valor pago por Estela na padaria foi de:

a) R$ 40,00
b) R$ 60,00
c) R$ 120,00
d) R$ 180,00

4. (OMABC-SP) A um aluno propuseram o seguinte problema: um número é tal que:

I. multiplicado por $\frac{3}{4}$, diminui de 5 unidades;

II. dividido por $\frac{4}{5}$, aumenta de 5 unidades;

III. adicionando-lhe 10 unidades, obtém-se outro número que é $\frac{3}{2}$ do número dado.

Qual é o número?

a) 30
b) 40
c) 20
d) 50
e) 60

5. (UFT-TO) Um produtor estava vendendo ovos de galinha na feira de seu bairro em uma cesta. O primeiro cliente que o vendedor atendeu fez o seguinte pedido: quero a metade dos ovos que estão na cesta mais meio ovo. O vendedor prontamente o atendeu e lhe entregou a quantidade solicitada. Sabendo que o feirante não quebrou nenhum ovo para atender seu cliente e que restou apenas um ovo na cesta, pode-se afirmar que o cliente levou:

a) 2 ovos.
b) 3 ovos.
c) 4 ovos.
d) 5 ovos.
e) 6 ovos.

6. (Epcar-MG) Um estudante, preparando-se para o Exame de Admissão ao CPCAR, resolveu todas as N questões de uma prova. Ele acertou 8 das 18 primeiras e acertou $\frac{5}{6}$ das restantes.

Sabe-se que o estudante acertou 75% do total de questões da prova.

A quantidade de questões que ele errou nessa prova é um número compreendido entre:

a) 5 e 10.
b) 10 e 15.
c) 15 e 20.
d) 20 e 25.

Revisão cumulativa

1. A soma de três números pares consecutivos é igual a 132. Quais são esses números?

2. Determine a solução da equação

$$\frac{t+2}{4}-\frac{t-2}{6}=\frac{2}{3}+t.$$

3. Considerando $\sqrt{2} \simeq 1{,}41$ e $\sqrt{3} \simeq 1{,}73$, determine a solução aproximada, com duas casas decimais, de cada equação.

a) $3x = 2x + 2\sqrt{2}$

b) $8x - 2 = 7x + \sqrt{3}$

4. Nesta figura, a medida indicada por z é igual a:

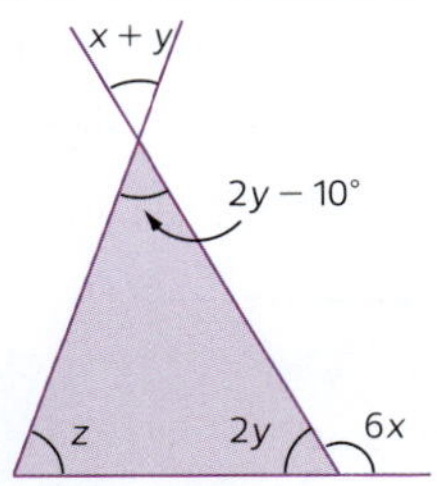

a) 70°. b) 68°. c) 71°. d) 69°.

5. O sistema $\begin{cases} 3x - y = 10 \\ 6x - 2y = 1 \end{cases}$, com x e y reais, é:

a) determinado com solução $(2, -4)$.

b) determinado com solução $\left(0, -\frac{1}{2}\right)$.

c) impossível.

d) indeterminado.

6. Observe a capacidade de cada vasilha e responda: para encher a vasilha **A**, quantas vasilhas **B** são necessárias?

Vasilha **A** Vasilha **B**

7. Resolva os sistemas de equações mentalmente e registre as suas soluções:

a) $\begin{cases} x + y = 8 \\ x - y = 2 \end{cases}$ b) $\begin{cases} x + y = 20 \\ x - y = 8 \end{cases}$

8. Considerando o sistema $\begin{cases} 3a - 2b = 20 \\ a + 5b = 1 \end{cases}$, qual é o valor de $2a + 3b$?

9. A expressão $(x + 8)(x - 2) - (x - 4)^2$ é equivalente a $2(7x - 16)$, $-14x$, $-2x$ ou $2(x^2 - x)$?

10. Na escola de Raul, há aula em três períodos: manhã, tarde e noite. Com base nos dados que aparecem no gráfico, descubra quantos alunos frequentam cada um dos períodos e o número total de alunos na escola. Em seguida, complete o gráfico, indicando também os alunos do período da noite.

Quantidade de alunos por período

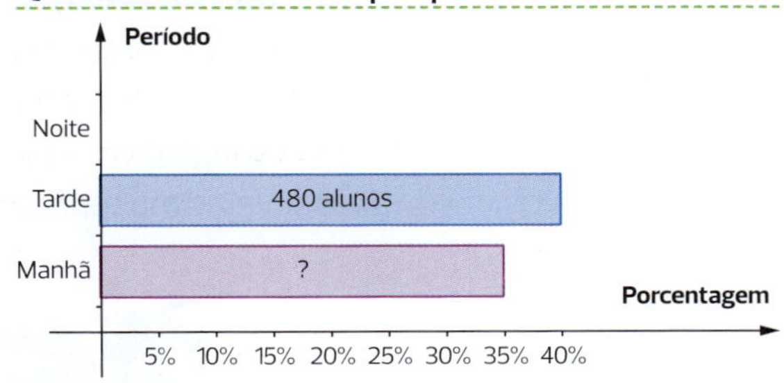

Dados fictícios.

11. Calcule e depois confira com uma calculadora: que número aparecerá no visor digitando

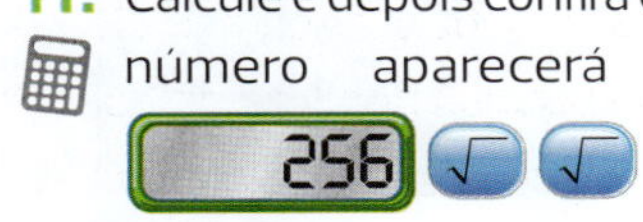

12. Uma formiga fez o percurso:
$A \rightarrow B \rightarrow C \rightarrow A$, com $A(-4, 3)$, $B(1, -2)$ e $C(4, 1)$.
Esse percurso tem a forma de um triângulo escaleno e retângulo.
Já um besouro fez $D \rightarrow E \rightarrow F \rightarrow D$, com $D(3, 2)$, $E(-2, 3)$ e $F(4, -3)$.

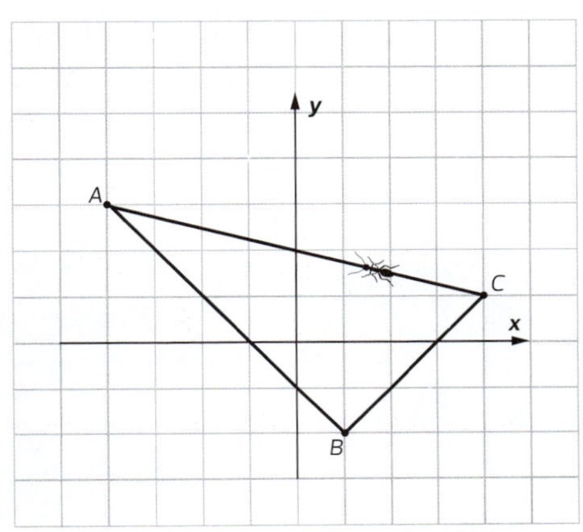

Desenhe o percurso do besouro e escreva o tipo de figura correspondente.

Capítulo 6

Circunferências e círculos

1 Introdução

É possível imaginar a humanidade sem a circunferência ou o círculo? Já pensou, por exemplo, como seria o mundo sem a roda?

A roda foi uma das maiores invenções da humanidade e surgiu há vários milênios.

O antigo povo egípcio já fazia uso de toras de madeira para transportar grandes pesos. Veja uma representação dessa situação.

Mauro Souza/Arquivo da editora

Veículos com rodas puxados por animais já eram usados na antiga Mesopotâmia. Um dos vestígios deixados pelas civilizações que habitaram essa região é uma pedra de argila, datada de 3500 a.C., com o desenho de uma carroça que usava discos de madeira como rodas.

Com o tempo, para que a roda se tornasse mais leve e veloz, foram-se fazendo aberturas, o que deu origem à roda com raios. Por volta de 2000 a.C., sumérios e persas usavam rodas feitas de madeira com aros e protegidas por uma circunferência de metal para evitar o desgaste.

Paulo Manzi/Arquivo da editora

Representação da evolução da roda.

A partir daí, a roda foi se desenvolvendo, encontrando cada vez mais diferentes aplicações ao longo da História.

Paulo Manzi/Arquivo da editora

Com seu movimento giratório, a roda tornou-se parte de engrenagens que movimentam máquinas e motores.

Bettmann/Corbis/Latinstock

Fotografia realizada durante a filmagem de *Tempos modernos*, em 1936, mostra Charles Chaplin, no papel de Carlitos, lubrificando uma máquina cheia de engrenagens.

SSPL/Getty Images

No século XIX, surgem as bicicletas com raios de arame nas rodas.

Atualmente, a roda continua presente nas mais diversas situações do dia a dia.

Como você pôde ver, a circunferência e o círculo, que estão presentes não só na roda, mas também em muitos outros objetos do cotidiano, são extremamente importantes na vida do ser humano. Neste capítulo, vamos estudar as características e propriedades dessas figuras geométricas, ampliando os conhecimentos que você tem sobre elas.

Cheechew/Deposit Photos/Glow Images

Roda-gigante às margens do lago Titiwangsa, Kuala Lumpur, Malásia. Foto de 2012.

2 Circunferência e círculo

Observe as fotografias abaixo.

Clive Stewart/Gallo Images/Getty Images

Egídio está segurando uma bola que lembra a forma de uma **esfera**.

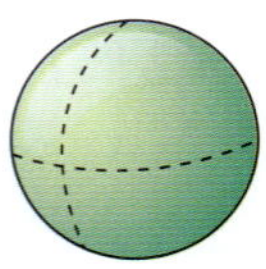

Sérgio Dotta Jr./Arquivo da editora

Regina está segurando um cilindro. A face que está apoiada na palma de sua mão lembra um **círculo**.

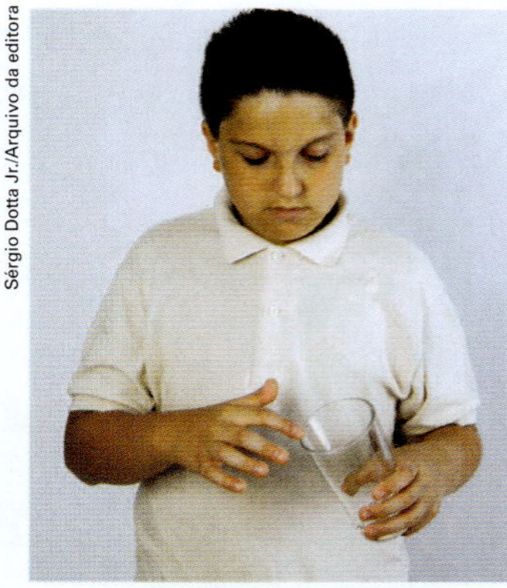

Sérgio Dotta Jr./Arquivo da editora

Caio está deslizando o dedo pela borda de um copo. Essa borda lembra a forma de uma **circunferência**.

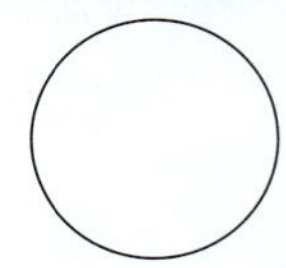

Agora, leia as informações a seguir:

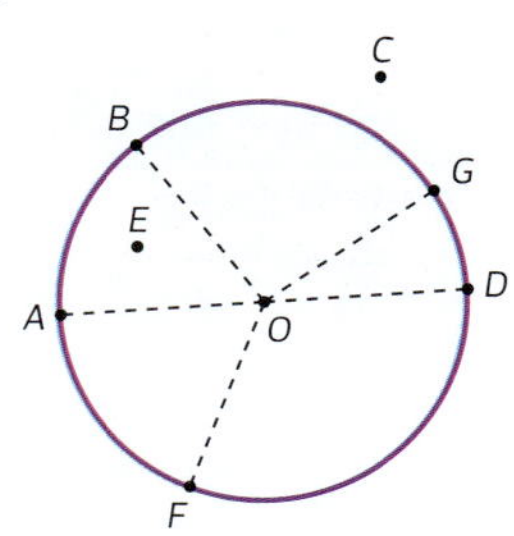

Exercícios

1. Observe a circunferência e os pontos assinalados com letras.

a) Qual desses pontos é o centro da circunferência?

b) Quais desses pontos pertencem à circunferência?

c) Quais dos segmentos assinalados são raios da circunferência?

d) Qual dos segmentos assinalados é um diâmetro da circunferência?

e) Quanto mede o raio dessa circunferência? E o diâmetro?

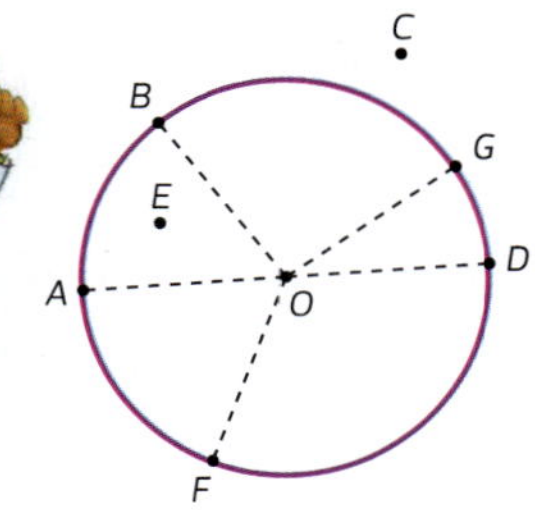

2. Responda.

a) Se o raio de uma circunferência mede 9 cm, quanto mede seu diâmetro?

b) Se o diâmetro de uma circunferência mede 9 cm, quanto mede seu raio?

Você sabia?

O símbolo olímpico é formado por cinco circunferências. Cada uma delas representa um dos cinco continentes.

Oleksiy Maksymenko/Alamy/Other Images

3. Há várias maneiras de traçar uma circunferência. Veja algumas delas.

Ilustrações: Paulo Manzi/Arquivo da editora

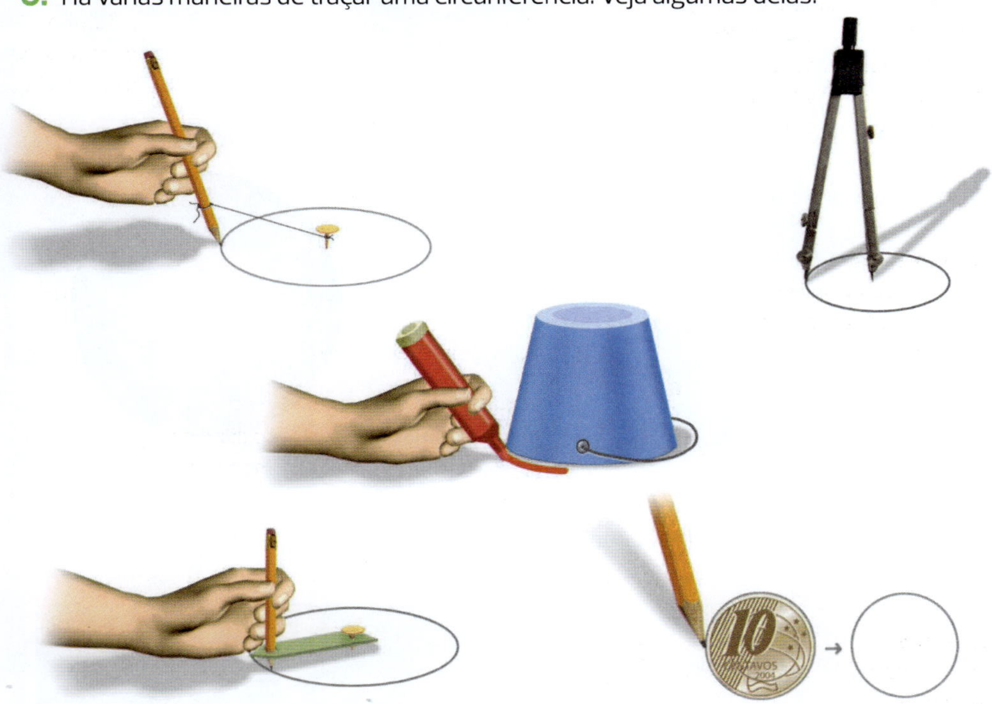

Escolha a maneira que quiser e trace quatro circunferências de tamanhos diferentes.

4. Use duas moedas de tamanhos diferentes para traçar em seu caderno:

a) duas circunferências com dois pontos comuns;

b) duas circunferências com um só ponto comum;

c) duas circunferências sem ponto comum.

Bate-papo

Converse com seus colegas sobre diferentes objetos que têm a forma de circunferência ou círculo. Depois, registrem pelo menos três exemplos.

5. Marque um ponto *O*, que será o centro de uma circunferência. Use o compasso e trace uma circunferência com raio de 3 cm. Em seguida, marque também:

a) um raio $\overline{OR}$;

b) um diâmetro $\overline{AB}$;

c) uma corda $\overline{LS}$ (segmento de reta com extremidades na circunferência), mas que não seja um diâmetro.

6. Use o compasso e trace em seu caderno:

a) uma circunferência com raio de 2,5 cm;

b) uma circunferência com diâmetro de 6 cm;

c) duas circunferências concêntricas (de mesmo centro) e raios de 2 cm e 3 cm;

d) duas circunferências tais que o centro de uma seja ponto da outra;

e) duas circunferências tais que o diâmetro de uma seja o raio da outra.

7. Geometria e arte

Veja os mosaicos construídos com circunferências. Use papel quadriculado e compasso, copie um deles e crie mais alguns. Depois, recorte e cole-os em seu caderno.

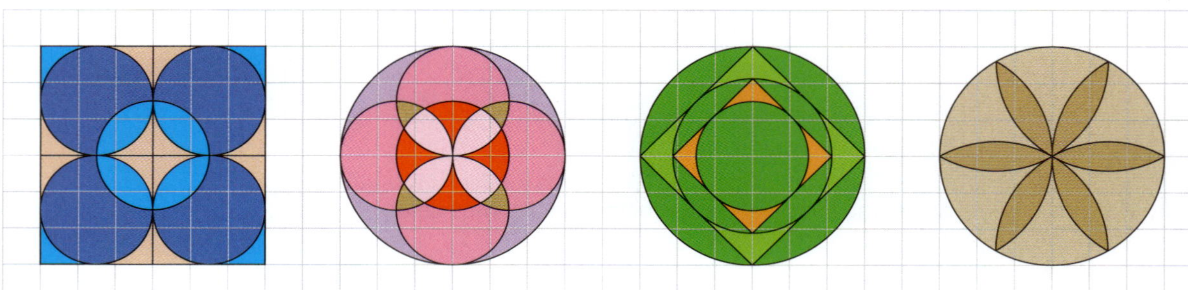

Você sabia?

O tiro com arco (arco e flecha) é um esporte olímpico. Conheça um pouco sobre ele:

- O alvo tem 1,22 m de diâmetro.
- Nele, há dez circunferências de mesmo centro.
- A cada duas circunferências, há mudança de cor.
- O círculo amarelo é conhecido por mosca e tem 12,2 cm de diâmetro.

Dmitry Naumov/Shutterstock/Glow Images

Alvo utilizado no esporte arco e flecha.

8. Quanto mede o raio do alvo citado no *Você sabia* acima?

Você sabia?

A vitória-régia, planta característica da Amazônia, possui folhas circulares e flutuantes que chegam a medir até 2 metros de diâmetro. Suas flores, as maiores das Américas, com 30 centímetros de diâmetro, possuem pétalas brancas ou rosadas que só abrem à noite.

Fabio Colombini/Acervo do fotógrafo

Vitória-régia

Circunferência, ângulo central, círculo e setor circular

Analise as figuras abaixo.

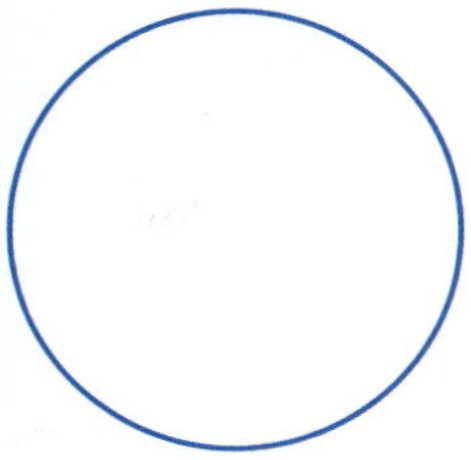

Circunferência

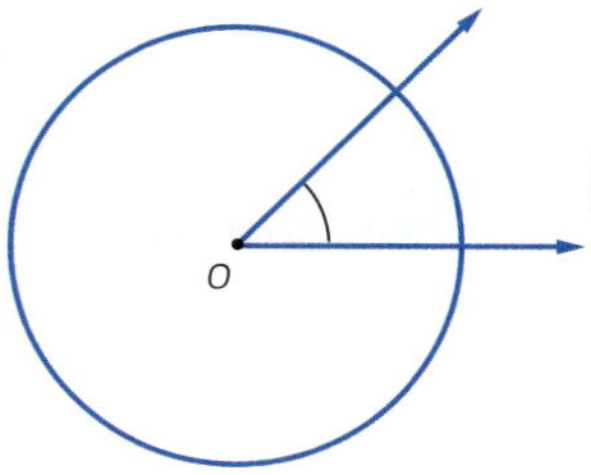

Ângulo central em uma circunferência

Pizza cortada em setores circulares.

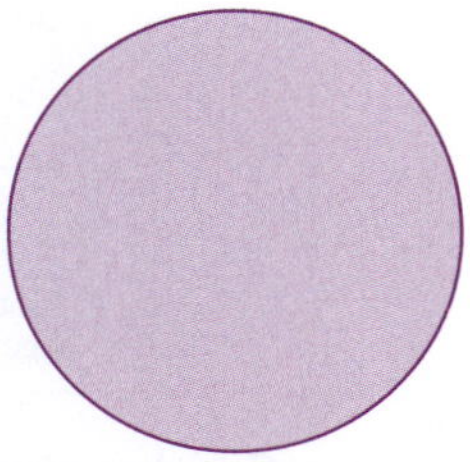

Círculo

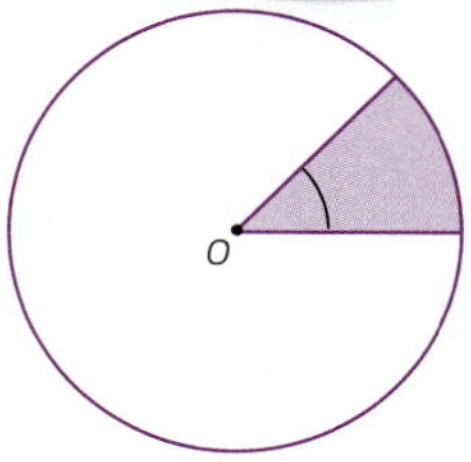

Setor circular

Exercícios

9. Cálculo mental

Atividade em equipe

Em cada item, um aluno determina mentalmente as medidas indicadas pelas letras e justifica o procedimento. Os demais conferem a resposta.

a) 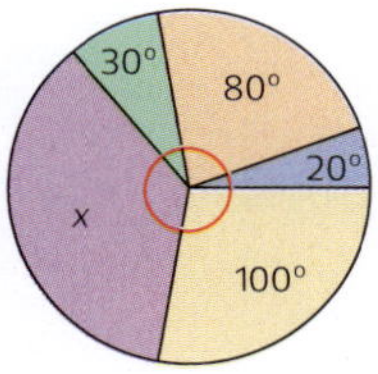

b) 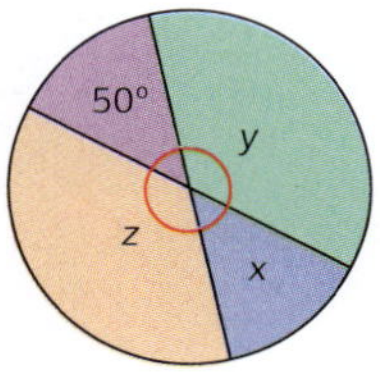

c) 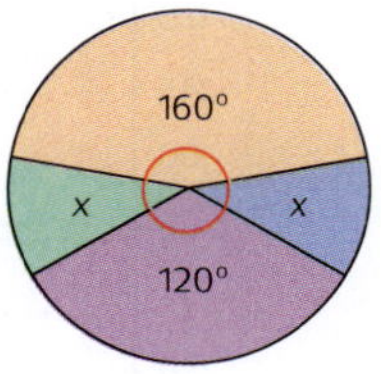

d) 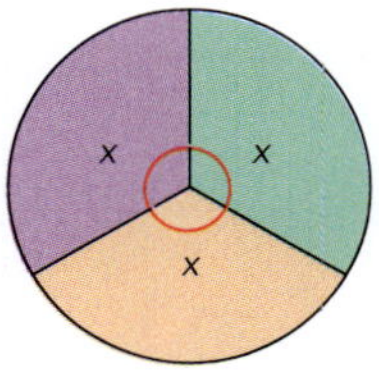

10. Usando régua, compasso e transferidor, construa:

a) uma circunferência com centro O e raio de 3 cm. Trace nela um raio $\overline{OA}$.

b) uma circunferência com centro M e raio de 4 cm. Trace nela um diâmetro $\overline{EF}$.

c) uma circunferência com raio de 2 cm. Trace nela um ângulo central de 40°.

d) uma circunferência com raio de 2,5 cm. Pinte nela um setor circular com ângulo de 110°.

③ Gráfico de setores

Os gráficos são importantes recursos para a transmissão de dados e informações. Por isso, é comum encontrarmos gráficos em jornais, revistas, na televisão ou na internet.

Existem vários tipos de gráfico; cada um é usado de acordo com a conveniência. Veja os exemplos abaixo.

Gráfico de colunas ou de barras

Países mais extensos do mundo

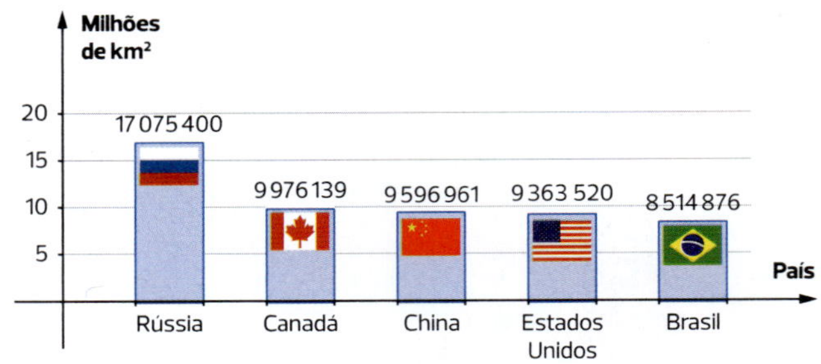

Fonte: IBGE – Instituto Brasileiro de Geografia e Estatística. Disponível em: <http://7a12.ibge.gov.br/images/7a12/mapas/mundo/continentes.pdf>. Acesso em: 6 maio 2015.

Gráfico de setores

Composição do solo ideal

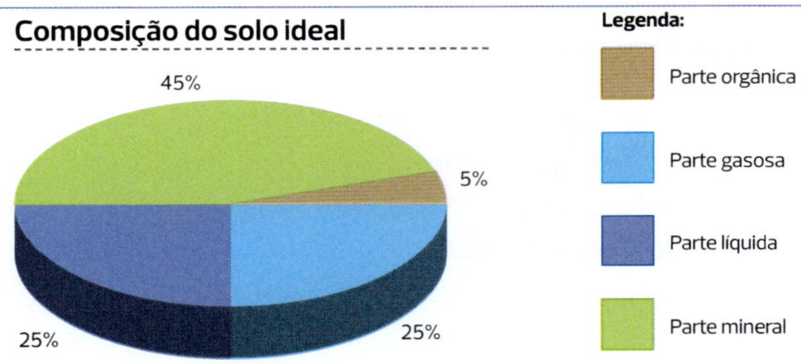

Fonte: Empresa Brasileira de Pesquisa Agropecuária – Embrapa. Disponível em: <http://sistemasdeproducao.cnptia.embrapa.br/FontesHTML/Melao/SistemaProducaoMelao/manejo_do_solo.html>. Acesso em: 6 maio 2015.

Gráfico de segmentos

Crescimento da população brasileira de 1950 a 2010

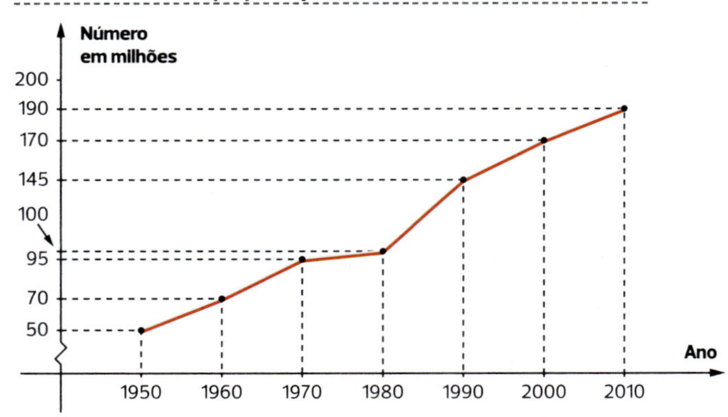

Fonte: IBGE – Censo 2010. Disponível em: <www.censo2010.ibge.gov.br/index.php>. Acesso em: 6 maio 2015.

Neste capítulo, pela natureza do seu assunto, vamos abordar apenas os gráficos de setores (ou de *pizza*).

A construção de gráficos de setores requer conhecimentos que envolvem circunferência e ângulos, conforme veremos na situação a seguir.

A escola em que Paula estuda está organizando uma campanha de doação de livros para montar uma biblioteca em um bairro de João Pessoa, na Paraíba.

Sérgio Dotta Jr./Arquivo da editora

Alunos organizando livros para doação.

Foram doadas, de segunda-feira a sábado, as seguintes quantidades de livros: 25 livros na segunda-feira, 20 na terça-feira, 35 livros na quarta-feira, 25 na quinta-feira, 45 na sexta-feira e 50 livros no sábado.

Para registrar as doações, os professores de Matemática e os alunos montaram um gráfico de setores usando proporcionalidade.

Veja como ficou a distribuição das doações de livros durante a semana.

Calcularam o total de livros: $25 + 20 + 35 + 25 + 45 + 50 = 200$.

Depois, determinaram os ângulos de cada setor e, usando transferidor, construíram os setores.

:10	200 livros	⟶	360°	:10
	20 livros	⟶	36°	
:4	5 livros	⟶	9°	:4

Segunda-feira	$5 \cdot 5 = 25$ livros	⟶	$5 \cdot 9° = 45°$
Terça-feira	$4 \cdot 5 = 20$ livros	⟶	$4 \cdot 9° = 36°$
Quarta-feira	$7 \cdot 5 = 35$ livros	⟶	$7 \cdot 9° = 63°$
Quinta-feira	$5 \cdot 5 = 25$ livros	⟶	$5 \cdot 9° = 45°$
Sexta-feira	$9 \cdot 5 = 45$ livros	⟶	$9 \cdot 9° = 81°$
Sábado	$10 \cdot 5 = 50$ livros	⟶	$10 \cdot 9° = 90°$

Doação de livros durante a semana

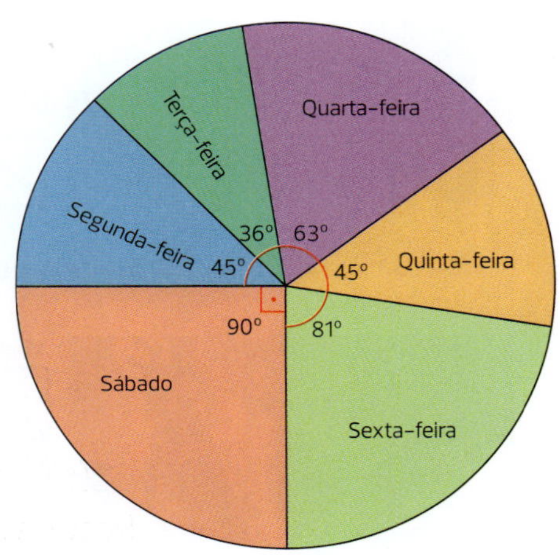

Dados fictícios.

Exercícios

11. Com base nas informações da página anterior, sobre os livros doados, faça o que se pede.

a) Calcule qual foi a média diária de livros doados.

b) Responda e justifique:

- Em que dia da semana o número de doações foi maior?
- Em que dia da semana o número de doações corresponde a 10% do total?
- O número de livros doados na sexta-feira corresponde a quanto por cento do total?

12. Observe o gráfico de setores abaixo:

Distribuição da população brasileira por regiões, de acordo com o Censo 2010

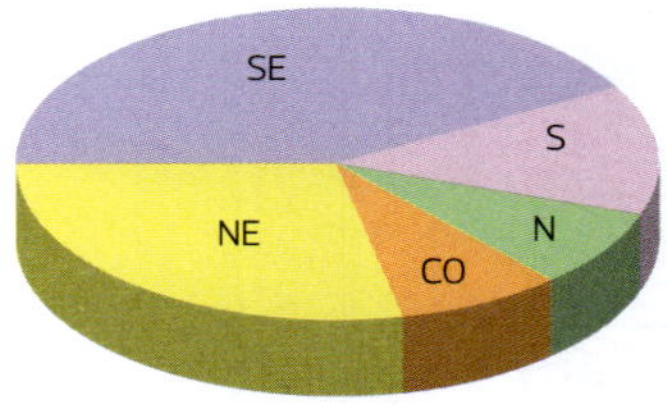

Fonte: IBGE. Censo Demográfico, 2010.

Brasil: divisão regional

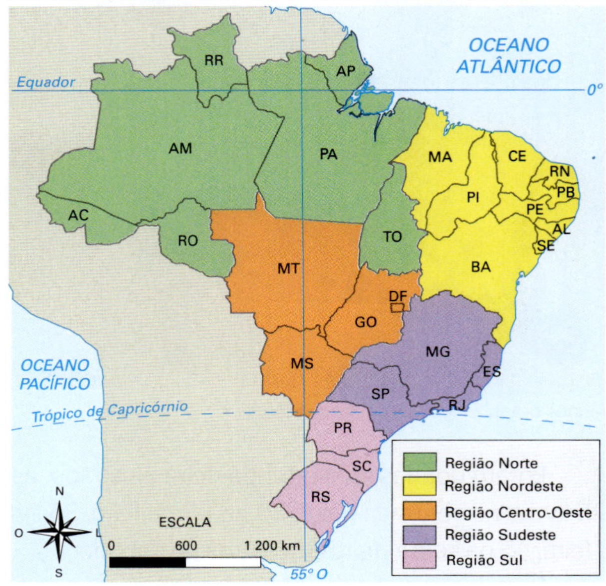

Allmaps/Arquivo da editora

Adaptado de: IBGE. *Atlas geográfico escolar*. Rio de Janeiro, 2012.

Converse com os colegas e depois, com base no gráfico, responda:

a) Qual é a região mais populosa?

b) Essa região detém mais ou menos do que 50% da população brasileira?

c) Qual região é mais populosa: a Norte ou a Centro-Oeste?

d) A região Nordeste reúne mais ou menos do que 25% da população brasileira?

e) Considerando a população total do Brasil em aproximadamente 191 milhões de habitantes no ano de 2010, faça uma estimativa da população da região Sudeste nesse ano.

f) Analisando o gráfico e o mapa, a região mais populosa é a de maior área?

13. Na escola de Osvaldo, vão ser promovidos torneios esportivos. Para isso, a diretoria fez uma pesquisa entre os alunos, perguntando: "Qual é o seu esporte favorito?". Veja o resultado da votação na classe de Osvaldo e, a partir dele, construa o gráfico de setores correspondente.

Muzsy/Shutterstock/Glow Images

Futebol:

Partida de futebol

Bonita R. Cheshier/Shutterstock/Glow Images

Tênis:

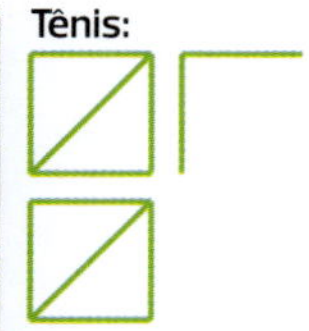

Partida de tênis

Sonderegger Christof/AGE Fotostock/Grupo Keystone

Vôlei:

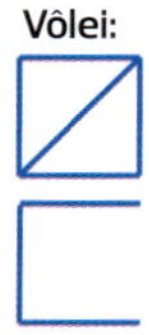

Partida de vôlei

Roy Morsch/Corbis/Latinstock

Basquete:

Partida de basquete

Gráfico de setores e porcentagem

Em uma eleição participaram três candidatos: **A**, **B** e **C**.
Veja o resultado da eleição em porcentagem de votos recebidos:

Paulo Manzi/Arquivo da editora

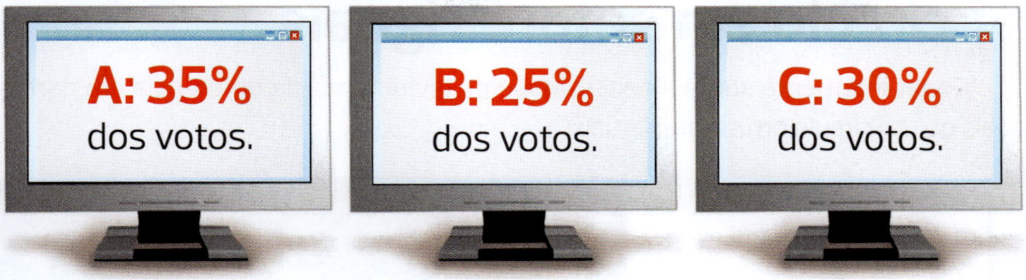

Votos em branco e votos nulos: **10%** dos votos.

Analise como foi construído o setor referente ao candidato **A**:

35% de 360° = 126°

$$\frac{35}{100} = \frac{7}{20}$$

$$\begin{array}{r|l} 360 & 20 \\ -20 & 18 \\ \hline 160 & \\ -160 & \\ \hline 0 & \end{array}$$

$$\begin{array}{r} \overset{5}{18} \\ \times\ 7 \\ \hline 126 \end{array}$$

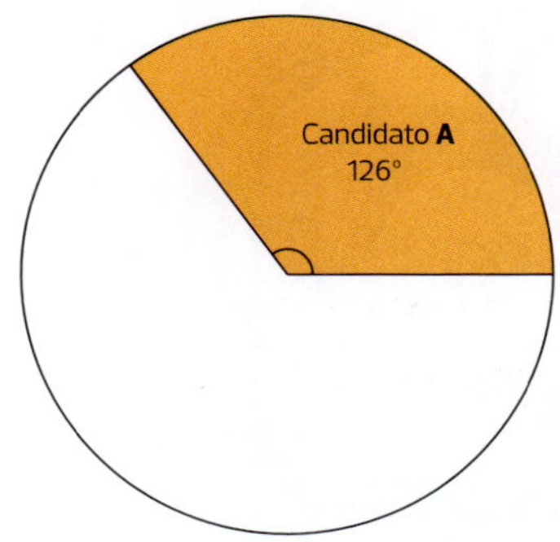

Exercícios

14. Complete o gráfico de setores acima com as votações de **B** e **C** e com os votos em branco e os votos nulos.

15. Os 400 alunos do 6º ao 9º ano do período da tarde da escola de João estão distribuídos de acordo com o gráfico de setores ao lado.
Com base no gráfico, determine a porcentagem e o número de alunos correspondentes a cada ano. Registre esses dados na tabela a seguir:

Alunos do 6º ao 9º ano no período da tarde

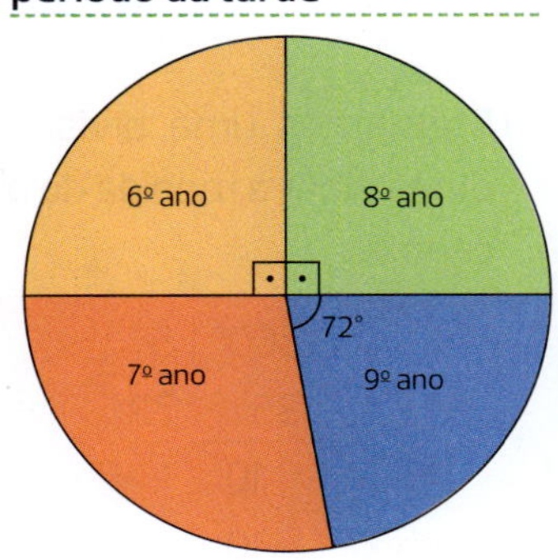

Dados fictícios.

Alunos do 6º ao 9º ano no período da tarde

Anos	Porcentagem	Número de alunos
6º		
7º		
8º		
9º		

Dados fictícios.

16. O gráfico de colunas ao lado registra a venda de livros de segunda a quinta-feira em uma livraria. Construa o gráfico de setores correspondente, só que indicando as porcentagens de cada dia.

Venda de livros de segunda a quinta-feira

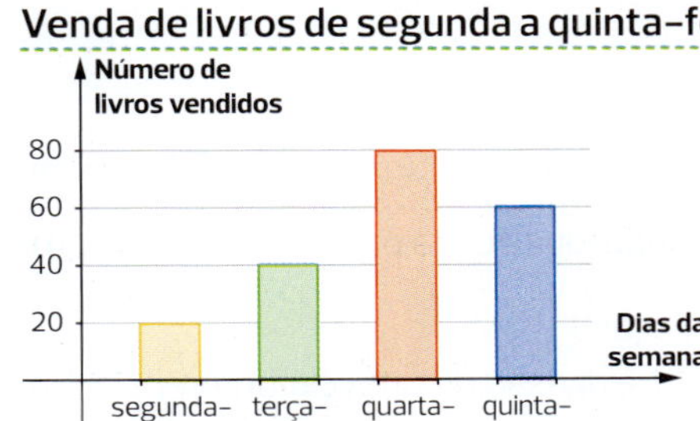

Dados fictícios.

4 Divisão da circunferência em partes iguais e do círculo em setores iguais

Constantemente surge a necessidade de dividir uma circunferência em partes iguais ou um círculo em setores iguais.

Woodyalibaba/Shutterstock/Glow Images

Roda do leme de barco.

Kelly Sillaste/Flickr/Getty Images

Vitral da Catedral de Estrasburgo, França. Foto de 2014.

Vamos aprender a fazer essa divisão usando régua, compasso e transferidor. Observe o exemplo com a divisão em cinco partes iguais.

1º) Efetuamos uma divisão para determinar a medida do ângulo central.

$$\begin{array}{r|l} 360^\circ & 5 \\ -35 & 72^\circ \\ \hline 10 & \\ -10 & \\ \hline 0 & \end{array}$$

2º) Traçamos uma circunferência e, usando um transferidor, marcamos um ângulo central.

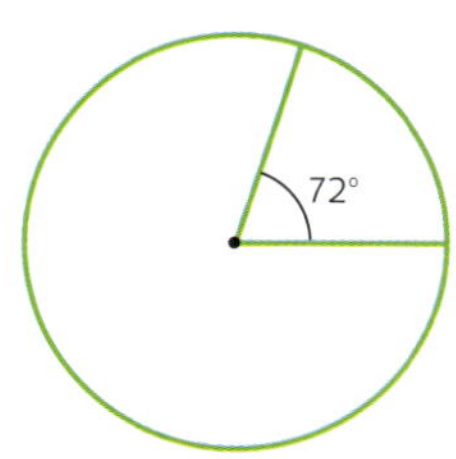

3º) Com o compasso, marcamos as demais divisões; ligando o centro com cada divisão, obtemos cinco setores iguais.

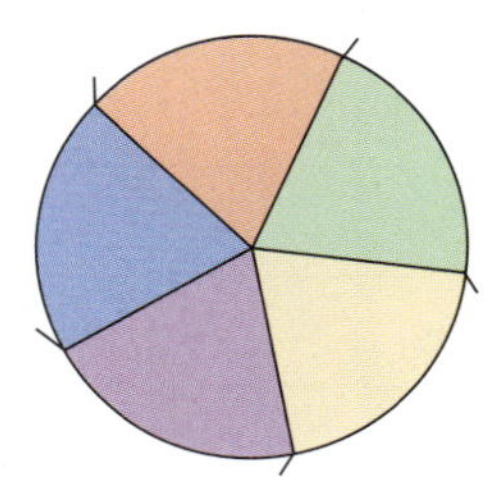

Exercícios

Use papel sulfite para fazer os exercícios a seguir.

17. Reproduza cada passo explicado acima para dividir a circunferência em cinco partes iguais.

18. Faça:

a) a divisão de uma circunferência em dez partes iguais;

b) a divisão de um círculo em seis setores iguais. Pinte cada um de uma cor.

Construção de polígonos regulares

Para montar um jogo, Felipe precisava construir um pentágono regular, ou seja, um polígono de 5 lados que tem todos os lados congruentes e todos os ângulos congruentes.

Felipe foi pedir ajuda à sua irmã mais velha, Mariana. Veja o que ela disse.

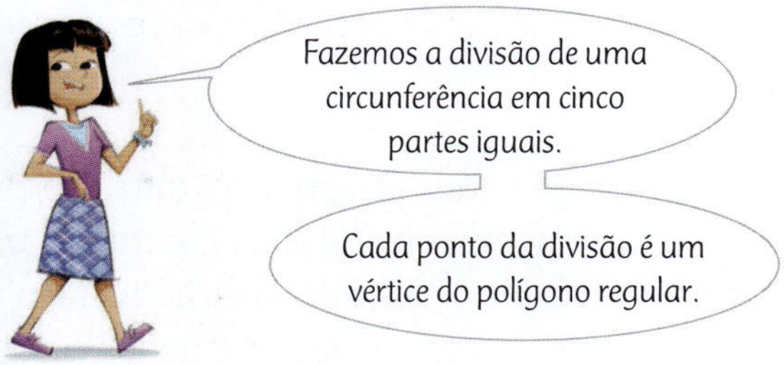

$$\begin{array}{r|l} 360° & 5 \\ -35 & 72° \\ \hline 10 & \\ -10 & \\ \hline 0 & \end{array}$$

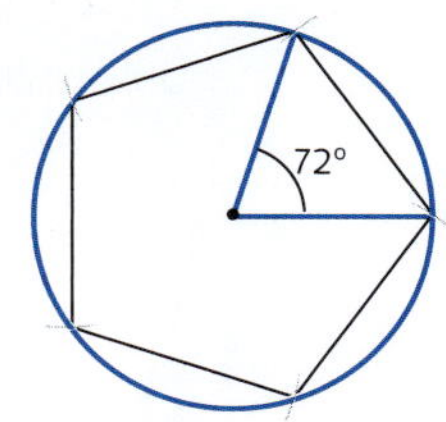

Exercícios

19. Construa um hexágono regular em uma folha de papel sulfite.

20. A estrela-do-mar é um animal invertebrado e carnívoro. Ela costuma se alimentar principalmente de moluscos, como mariscos e ostras. Com seus braços, ela força a abertura das conchas desses animais e se alimenta deles. Depois, ela permanece até dez dias em jejum. Geralmente, a estrela-do-mar é encontrada semienterrada no fundo do mar.

Observe a figura da estrela-do-mar e responda:

a) Que polígono será obtido ligando as "pontas" da estrela-do-mar?

b) Quanto mede aproximadamente o ângulo destacado?

Estrela-do-mar

Juan Carlos Tinjaca/Shutterstock/Glow Images

21. Construa uma placa como a representada na fotografia abaixo.

Jacek/Kino

Placa de trânsito em formato octogonal

Depois, escreva uma frase referente ao respeito à sinalização de trânsito e leia para seus colegas.

22. Descubra e escreva qual é a medida do ângulo central que tem seus lados passando por dois vértices consecutivos de cada polígono regular indicado:

a)

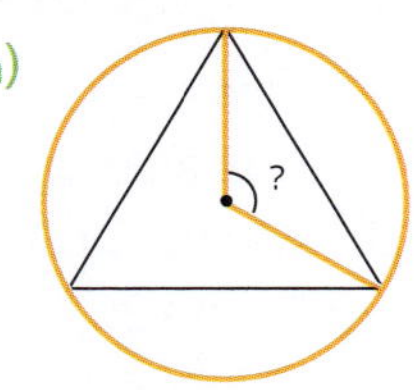

Triângulo equilátero (triângulo regular)

b)

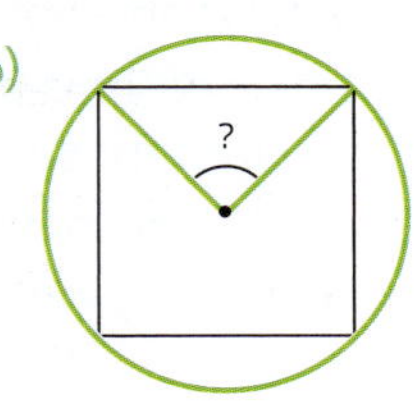

Quadrado (quadrilátero regular)

c)

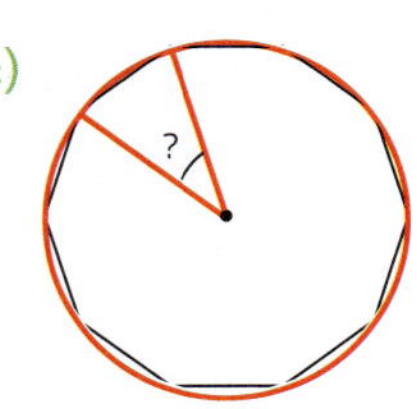

Decágono regular

d) Octógono regular

e) Eneágono regular

f) Dodecágono regular (12 lados)

g) Icoságono regular (20 lados)

23. Quantos lados tem um polígono regular cujo ângulo central mede 24°?

Conexões

Casos de dengue caem 80% no primeiro bimestre de 2014

James Gathany/SPL/Latinstock

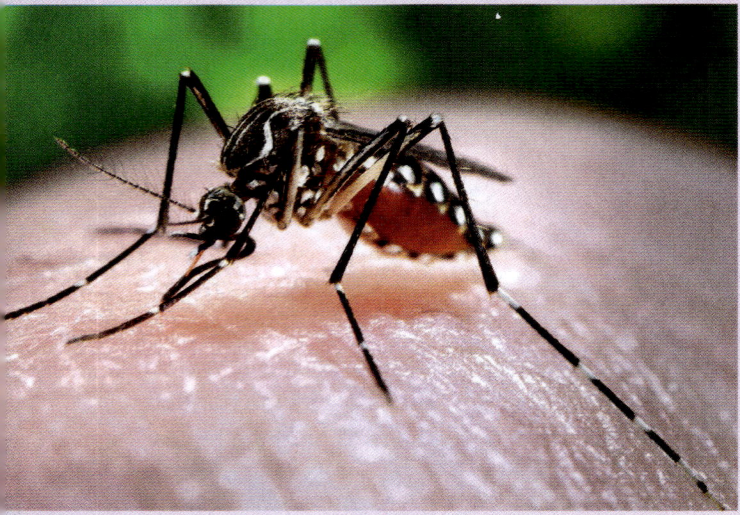

Aedes aegypti, mosquito transmissor da dengue.

O Ministério da Saúde registrou 87 mil notificações entre janeiro e fevereiro de 2014 contra 427 mil no mesmo período de 2013. A queda também foi observada em relação às ocorrências graves (84%) e óbitos (95%). Apesar da redução expressiva, o Ministério da Saúde ressalta a importância de manter-se o alerta e a necessidade de dar continuidade às ações preventivas.

Casos

Todas as regiões do país reduziram o número de casos no primeiro bimestre de 2014. A região Sudeste obteve a maior redução: passou de 232,5 mil notificações em 2013 para 36,9 mil [em 2014]. Em segundo lugar está o Centro-Oeste, que passou de 122,8 mil (2013) registros para 28,2 mil (2014), seguido do Nordeste, que teve queda de 29,6 mil (2013) para 7,9 mil (2014); Norte, de 22,3 mil (2013) para 6,9 mil (2014) e Sul, de 20,3 mil (2013) para 6,9 mil (2014).

Dez estados concentram 86% dos casos registrados em 2014. As cidades com o maior número são Goiânia (GO), 6 089; Luziânia (GO), 2 888; Aparecida de Goiânia (GO), 1 838; Campinas (SP), 1 739; Americana (SP), 1 692; Belo Horizonte (MG), 1 647; Maringá (PR), 1 540; São Paulo (SP), 1 536; Brasília (DF), 1 483; e Campo Belo (MG), 1 410.

Fonte: Portal Brasil. Disponível em: <www.brasil.gov.br/saude/2014/03/casos-de-dengue-caem-80-no-primeiro-bimestre-de-2014>. Acesso em: 6 maio 2015.

1. Calcule a redução em porcentagem dos casos de dengue de 2013 para 2014 e confira com a informação apresentada no título.

2. Construa uma tabela com os dados, por região, dos casos de dengue do período de janeiro e fevereiro de 2013 e de 2014.

3. Construa dois gráficos de setores, um para os casos de dengue de 2013 e outro para os casos de dengue de 2014, por região do Brasil. Indique a porcentagem dos casos em cada região.

4. De quanto foi a redução percentual nos casos de dengue em sua região?

Dia D contra a dengue mobiliza agentes de saúde em todo o país

Dia 6 de dezembro é o "Dia D de mobilização no combate à dengue", campanha nacional do Ministério da Saúde, que levou agentes às ruas de todo o país para conscientizar as pessoas sobre a importância de tomar cuidados e evitar a reprodução do *Aedes aegypti*, mosquito transmissor da doença.

Fonte: Jornal do Brasil. Disponível em: <www.jb.com.br/ciencia-e-tecnologia/noticias/2014/12/06/dia-d-contra-a-dengue-mobiliza-agentes-de-saude-em-todo-o-pais>. Acesso em: 6 maio 2015.

Mauro Souza/Arquivo da editora

***Aedes aegypti*, mosquito transmissor da dengue.**

5. Todos devemos fazer nossa parte na prevenção contra a dengue! Você sabe quais são os cuidados que devemos tomar para evitar a reprodução do mosquito transmissor da dengue? A melhor forma é combater os focos de acúmulo de água, locais propícios para a criação do mosquito transmissor da doença. Veja algumas dicas no cartaz abaixo.

Ilustrações: Mauro Souza/Arquivo da editora

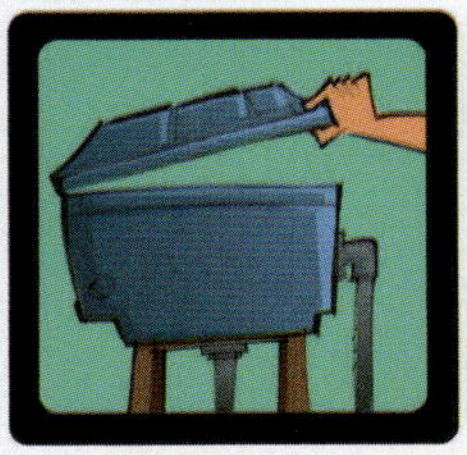

Mantenha a caixa d'água sempre fechada com tampa adequada.

Remova folhas, galhos e tudo que possa impedir a água de correr pelas calhas.

Não deixe a água da chuva acumulada sobre a laje.

Lave semanalmente por dentro, com escova e sabão, os tanques utilizados para armazenar água.

Mantenha bem tampados tonéis e barris d'água.

Encha de areia até a borda os pratinhos dos vasos de planta.

Se você tiver vasos de plantas aquáticas, troque a água e lave o vaso principalmente por dentro com escova, água e sabão pelo menos uma vez por semana.

Guarde garrafas sempre de cabeça para baixo.

Entregue seus pneus velhos ao serviço de limpeza urbana ou guarde-os sem água em local coberto e abrigados da chuva.

Coloque o lixo em sacos plásticos e mantenha a lixeira bem fechada. Não jogue lixo em terrenos baldios.

Fonte: *Site* da Dengue. Disponível em: <www.dengue.org.br/dengue_prevenir.html>. Acesso em: 6 maio 2015.

Após ler o cartaz, pesquise mais informações sobre a doença, como sintomas e formas de tratamento de uma pessoa infectada. Socialize as informações em sala de aula.

6. Reúna-se com os colegas e realizem uma campanha de prevenção contra a dengue. Elaborem folhetos explicativos e cartazes para orientar as outras turmas e aproveitem para levar informações para vizinhos, familiares e amigos.

Junte setores

Número de participantes: 2

Material necessário: 5 círculos com raios de 2 centímetros cada um e de cores diferentes, construídos por cada participante.

Como jogar:

Cada participante deve dividir os círculos, respectivamente, em 2, 4, 5, 8 e 10 partes iguais e recortar todos os setores circulares.

- Depois deve montar um círculo usando os setores. É necessário usar, no mínimo, 3 setores diferentes.
- O maior e o menor setor devem ser descartados e cada participante calcula a porcentagem correspondente à parte restante do círculo. Essa porcentagem definirá os pontos obtidos pelo participante na rodada.

Exemplo de uma rodada:

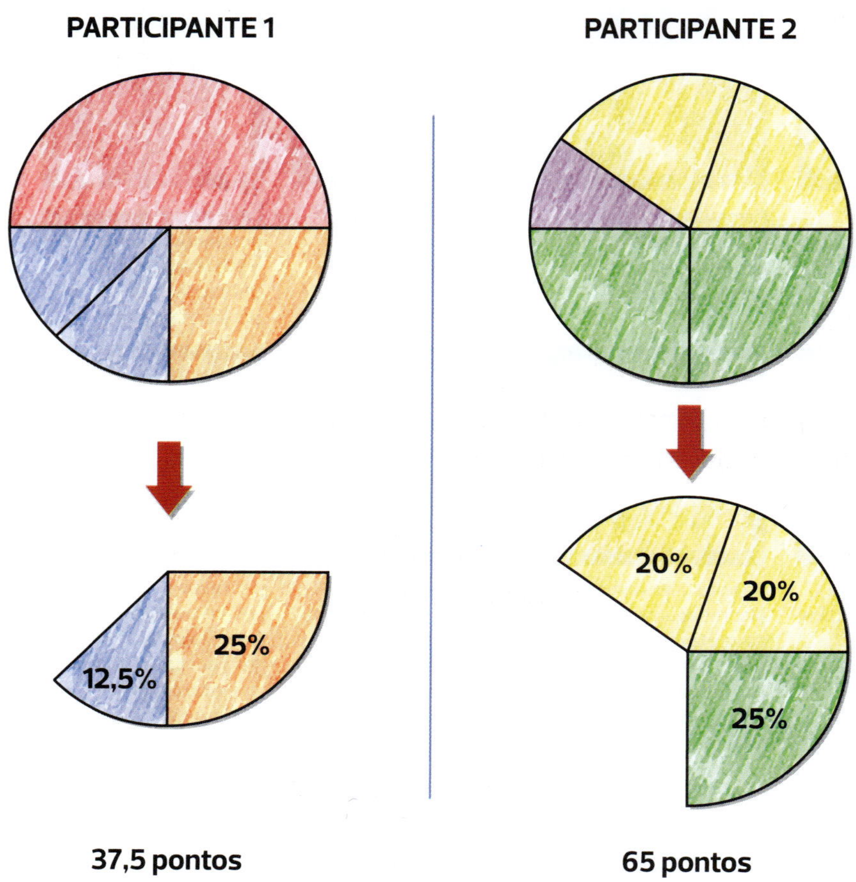

Ganha quem obtiver mais pontos ao final de três rodadas. Nesse caso, o participante 2 ganhou.

5 Posições relativas de uma reta e de uma circunferência

Em um mesmo plano, uma reta e uma circunferência podem ter um único ponto comum, dois pontos comuns ou não ter pontos comuns. Veja:

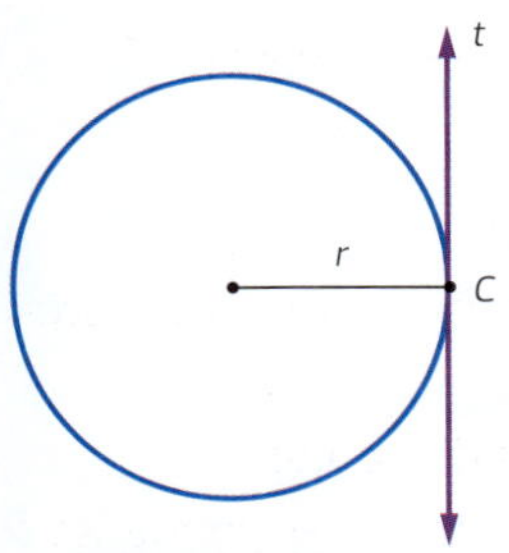

A reta *t* é tangente à circunferência.

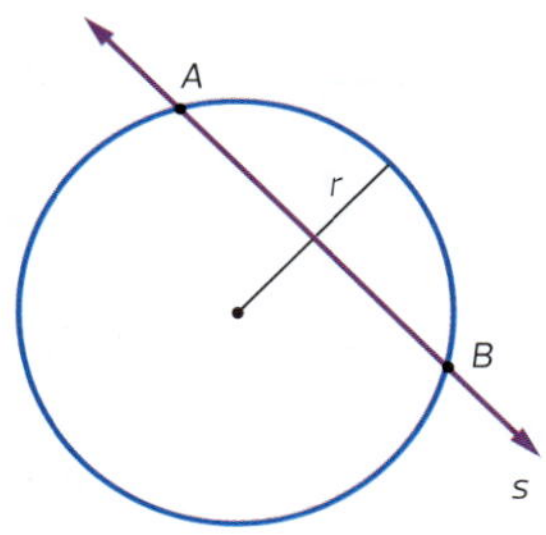

A reta *s* é secante à circunferência.

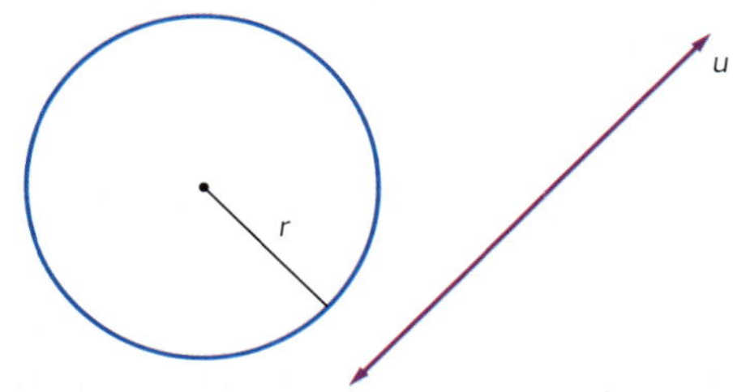

A reta *u* é externa à circunferência.

Qualquer reta tangente a uma circunferência é perpendicular ao raio no ponto de tangência: $t \perp \overline{CT}$.

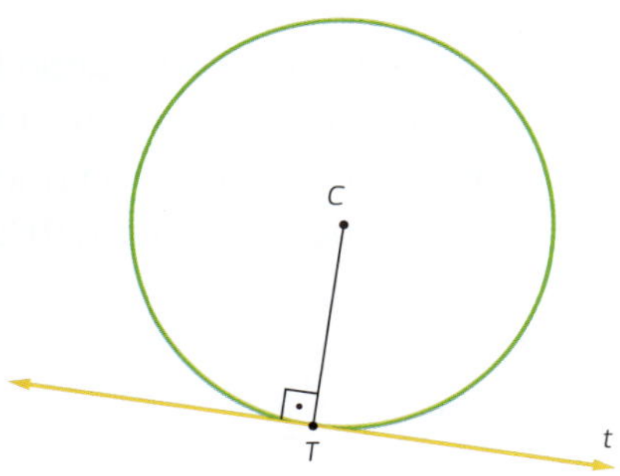

Considera-se como distância *d* de um ponto *P* a uma reta *m* a medida do segmento de reta que vai desse ponto até um ponto da reta, perpendicularmente.

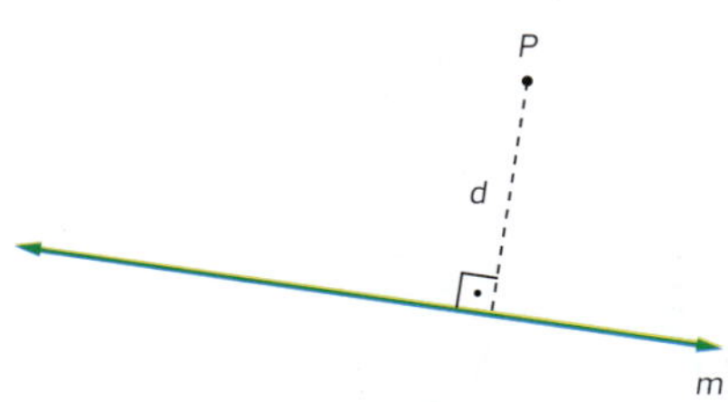

Considere *d* a distância do centro da circunferência à reta dada e *r* a medida do raio. Vamos comparar *d* e *r* nos três casos apresentados acima.

a) A reta é tangente à circunferência:

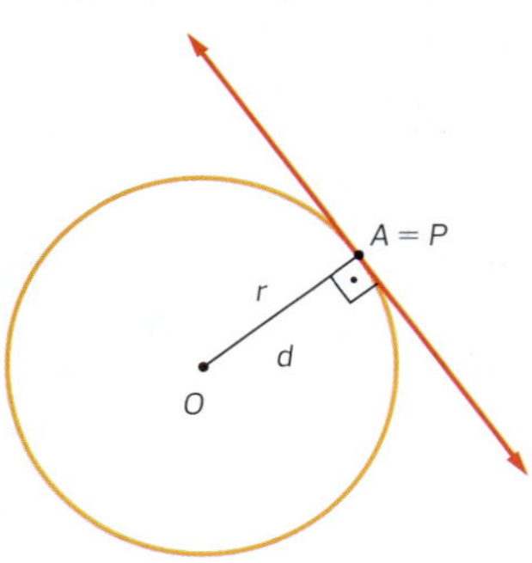

$d = r$

b) A reta é secante à circunferência:

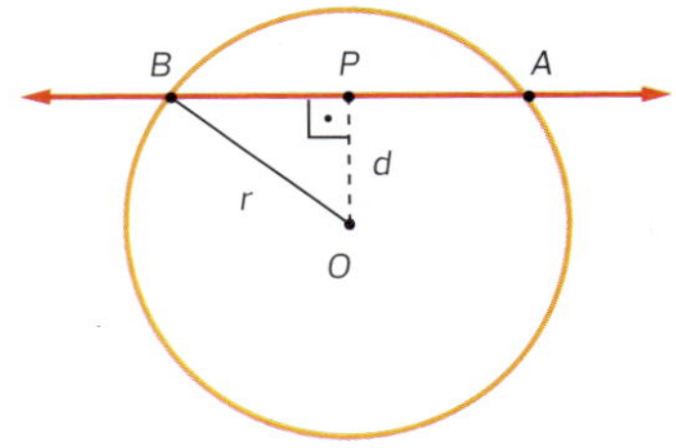

$d < r$

c) A reta é externa à circunferência:

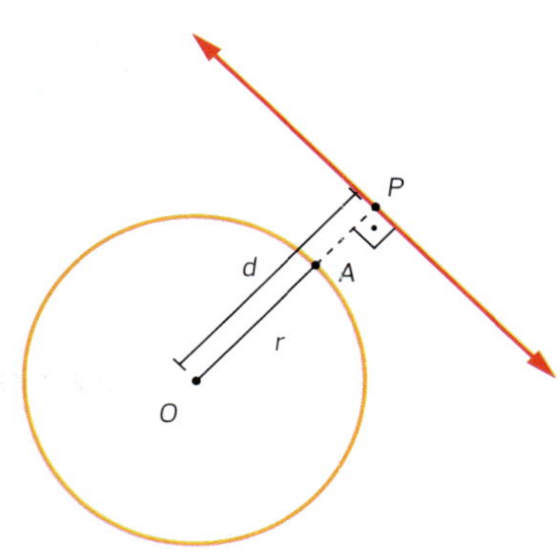

$d > r$

Circunferência inscrita em um polígono e circunferência circunscrita a um polígono

Se todos os lados de um polígono são tangentes a uma circunferência, dizemos que a **circunferência** está **inscrita** no polígono.

Se todos os vértices de um polígono pertencem à circunferência, dizemos que a **circunferência** está **circunscrita** ao polígono.

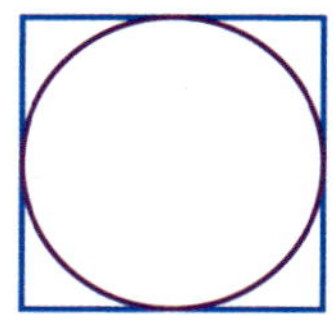

Circunferência inscrita no quadrado

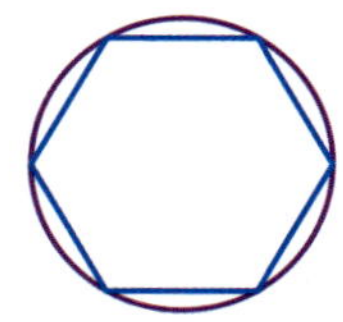

Circunferência circunscrita ao hexágono

Se a circunferência está inscrita no polígono, dizemos que o **polígono** está **circunscrito** à circunferência. E, se a circunferência está circunscrita ao polígono, dizemos que o **polígono** está **inscrito** na circunferência.

Exercícios

24. **Atividade em dupla**

Observem as figuras abaixo e respondam às questões.

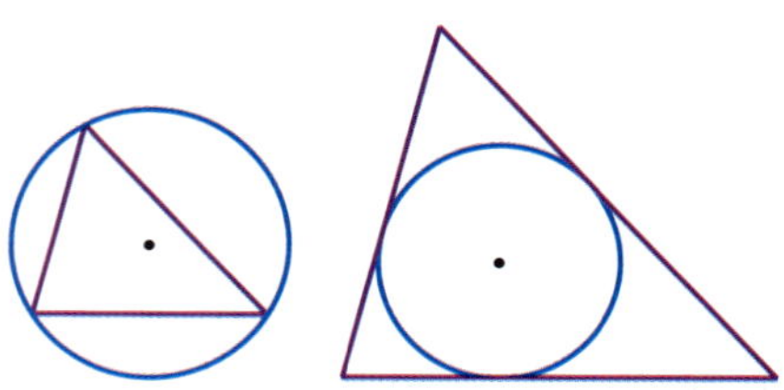

a) O que é circunferência circunscrita a um triângulo?

b) O que é e como se obtém o circuncentro de um triângulo?

c) O que é circunferência inscrita em um triângulo?

d) O que é e como se obtém o incentro de um triângulo?

e) Como se obtêm os pontos de tangência dos lados do triângulo com a circunferência inscrita?

25. Pode-se dizer que na figura abaixo a circunferência está inscrita no quadrilátero? Por quê?

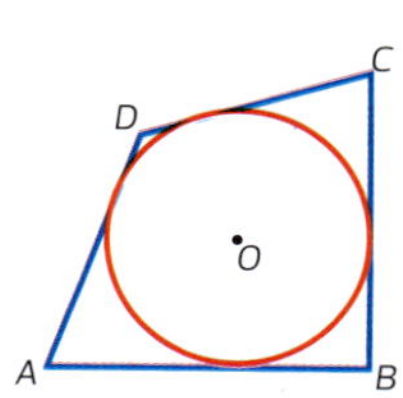

26. Sendo $\overline{PT}$ e $\overline{PQ}$ segmentos de reta congruentes e tangentes à circunferência, determine suas medidas sabendo que o raio da circunferência mede 3,5 cm e que o perímetro do quadrilátero *PTOQ* é de 28 cm.

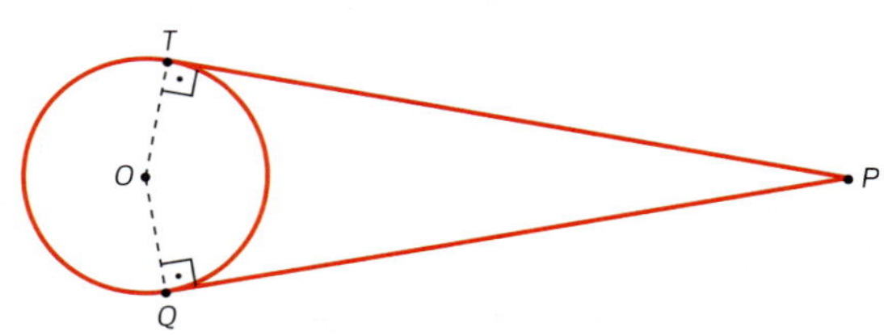

27. *A*, *B* e *C* representam três bairros de uma cidade. Se uma escola for construída para atender aos três bairros, qual é sua localização ideal?

Faça uma construção localizando o ponto em que deve ser construída a escola.

Paulo Manzi/Arquivo da editora

6 Posições relativas entre um ponto e uma circunferência

Em um mesmo plano, um ponto e uma circunferência podem estar nas seguintes posições:

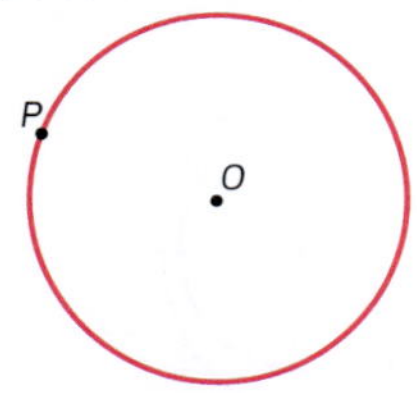

O ponto *P* é pertencente à circunferência.

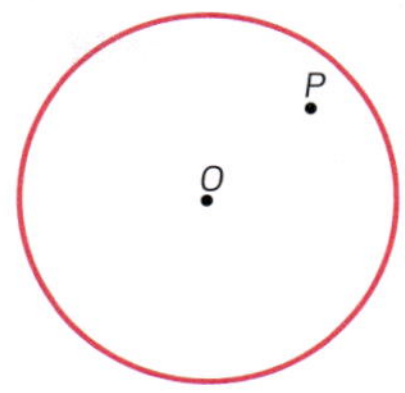

O ponto *P* é interno à circunferência.

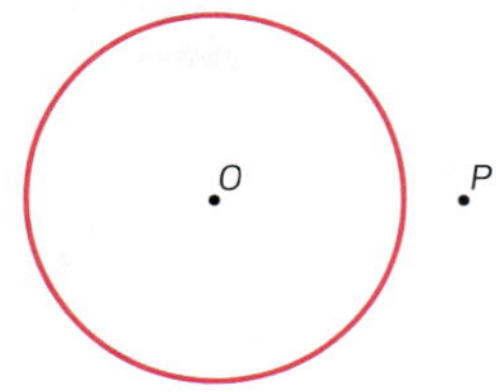

O ponto *P* é externo à circunferência.

Seja *d* a distância do centro da circunferência até o ponto *P* e *r* o raio da circunferência. Vamos comparar *d* e *r* nos três casos:

- *P* pertence à circunferência.

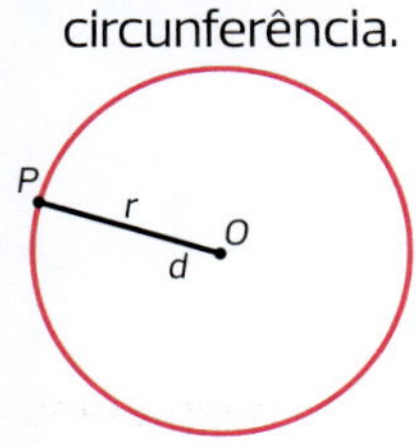

$d = r$

- *P* é interno.

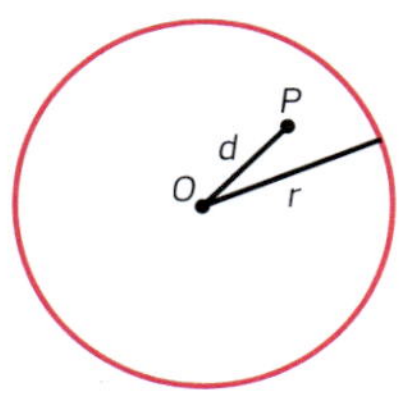

$d < r$

- *P* é externo.

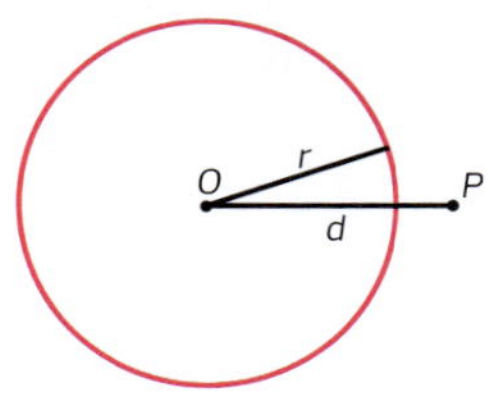

$d > r$

7 Posições relativas de duas circunferências

Duas circunferências que têm o mesmo centro são denominadas **circunferências concêntricas**.

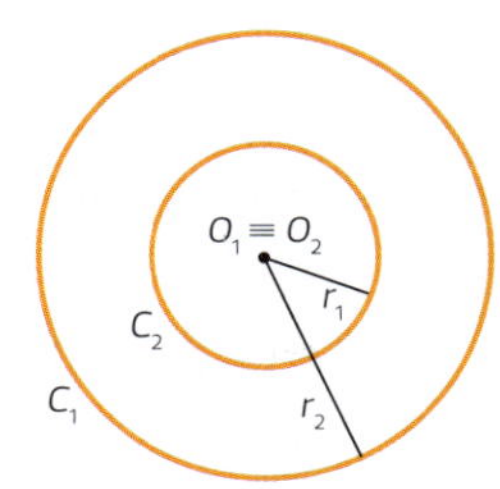

Na figura ao lado, C_1 (de centro O_1) e C_2 (de centro O_2) são circunferências concêntricas, pois os dois centros coincidem ($O_1 \equiv O_2$).

Veja agora as diferentes posições de duas circunferências distintas, quando consideramos o número de pontos comuns às duas:

1º caso: Circunferências com um só ponto comum (circunferências tangentes)

d **é a distância entre os centros.**

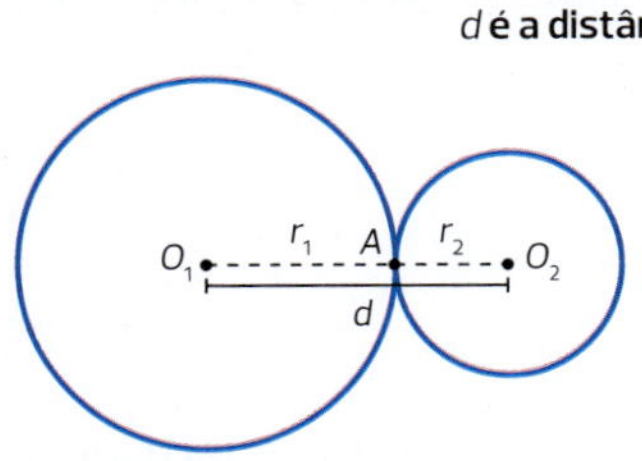

Tangentes externas:
$d = r_1 + r_2$

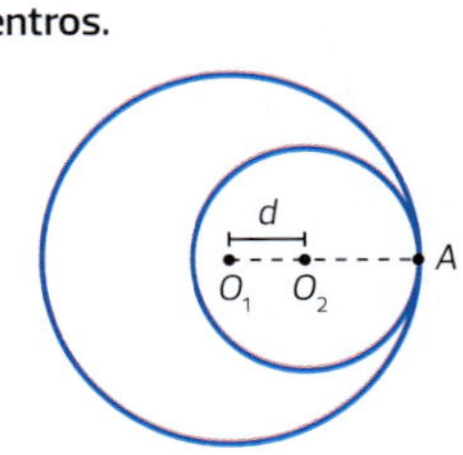

Tangentes internas:
$d = r_1 - r_2$, com $r_1 > r_2$

2º caso: Circunferências com dois pontos comuns (circunferências secantes)

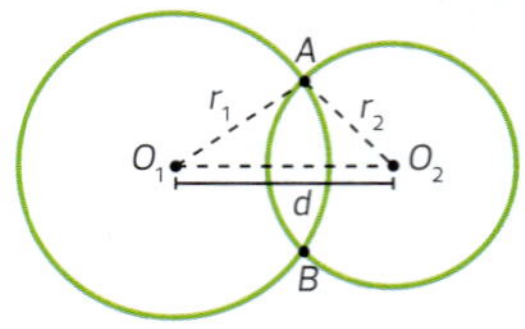

$r_1 - r_2 < d < r_1 + r_2$, com $r_1 \geq r_2$

3º caso: Circunferências sem ponto comum

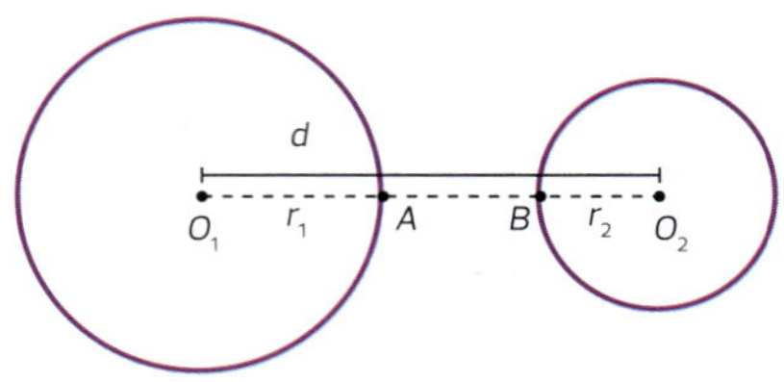

Externas: $d > r_1 + r_2$

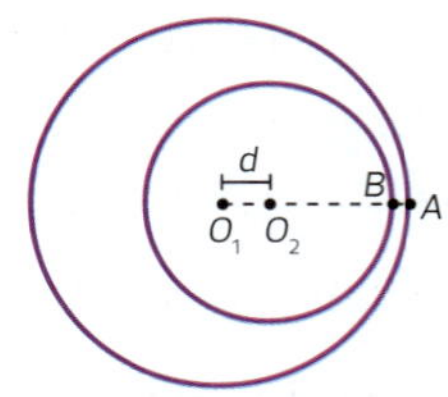

Internas: $d < r_1 - r_2$, com $r_1 > r_2$

Exercícios

28. Quais são as posições relativas das duas circunferências em cada caso?

a)

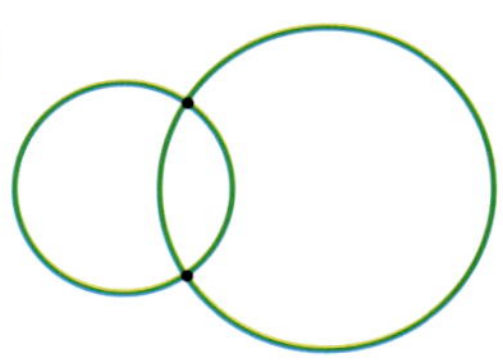

b)

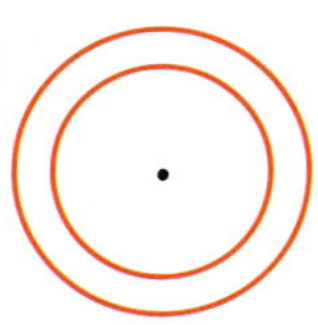

c)

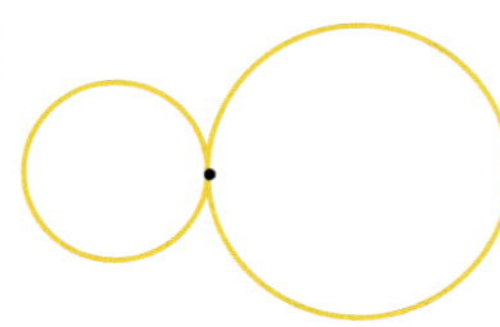

d)

e)

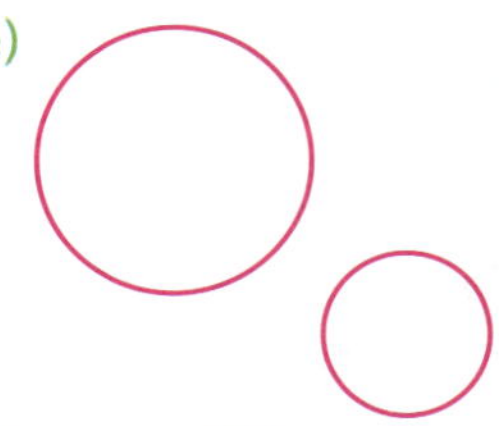

f)

29. Observe, na figura abaixo, as circunferências tangentes externas duas a duas. Sabendo que os raios medem 4 cm, 3 cm e 2 cm, calcule as medidas dos lados do triângulo $O_1O_2O_3$ com vértices nos centros das circunferências. Depois, classifique esse triângulo quanto às medidas de seus lados.

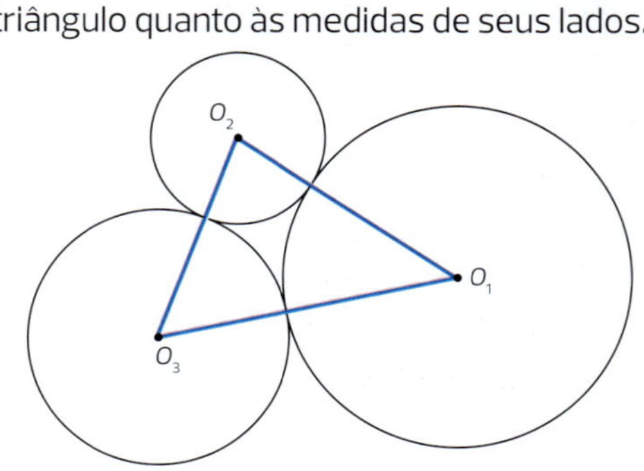

30. Duas circunferências de centros O e P são secantes e seus raios medem 4 cm e 9 cm. Determine os possíveis valores da distância entre O e P.

31. Duas circunferências tangenciam-se externamente e a distância entre os centros é de 10 cm. A medida do raio da circunferência menor é $\frac{2}{3}$ da medida do raio da circunferência maior. Quanto medem esses raios?

❽ Ângulos em uma circunferência

Ângulo central

Você já estudou o que é um ângulo central.

$A\hat{O}B$ é um **ângulo central**.

Suas características são:

- o vértice O é o centro da circunferência;
- seus lados determinam dois raios da circunferência ($\overline{OA}$ e $\overline{OB}$).

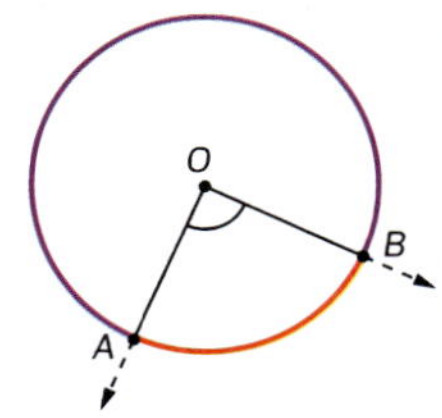

Examine este exemplo:

- $A\hat{O}B$: ângulo central de medida x
- $\overset{\frown}{AB}$ (em azul): arco de medida angular x
- $\overset{\frown}{ASB}$ (laranja): arco de medida angular $360° - x$

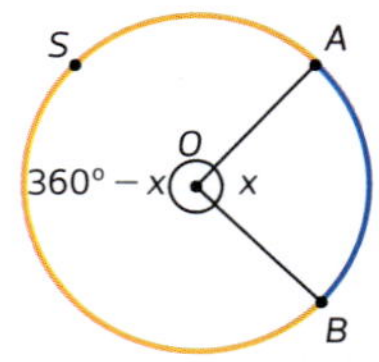

Uma aplicação do ângulo central: traçado do hexágono regular

Na página 231, você estudou como construir polígonos regulares utilizando transferidor. Vejamos agora como construir um hexágono regular sem o uso de transferidor.

A figura ao lado mostra um hexágono regular inscrito em uma circunferência. Ligando o centro O aos vértices, obtemos seis triângulos.

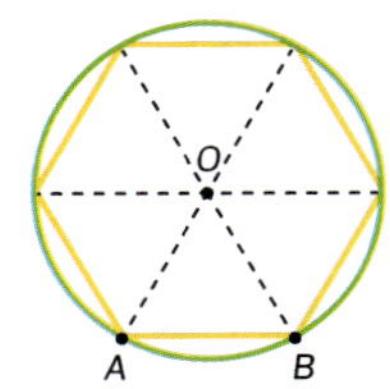

Analisando o $\triangle AOB$, deduzimos que ele é um triângulo equilátero, porque o ângulo central $A\hat{O}B$ mede 60° (360° : 6), e $\overline{AO} \cong \overline{BO}$, pois são raios. Logo, o $\triangle AOB$ é isósceles de base $\overline{AB}$.

Então, $m(O\hat{A}B) = m(O\hat{B}A) = \dfrac{180° - 60°}{2} = 60°$, ou seja, o $\triangle AOB$ é isósceles equilátero.

Analogamente, os outros triângulos também são equiláteros.

Se os seis triângulos são equiláteros, a medida do lado do hexágono regular é igual à medida do raio.

Acompanhe as etapas que devemos seguir.

a) Traçamos com compasso uma circunferência cujo raio mede ℓ.

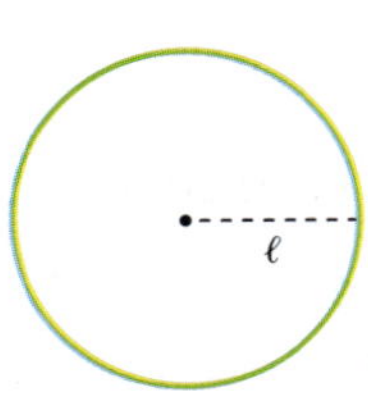

b) Com a mesma abertura do compasso, dividimos a circunferência em seis partes iguais.

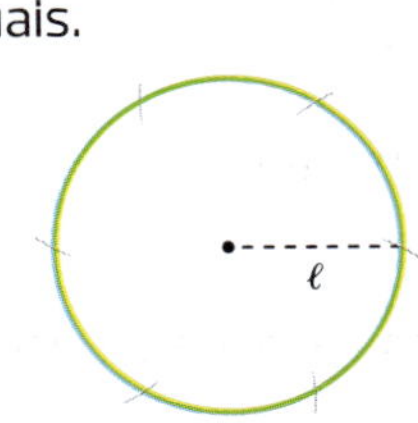

c) Ligamos os pontos obtidos de modo a traçar um hexágono regular cujo lado mede ℓ.

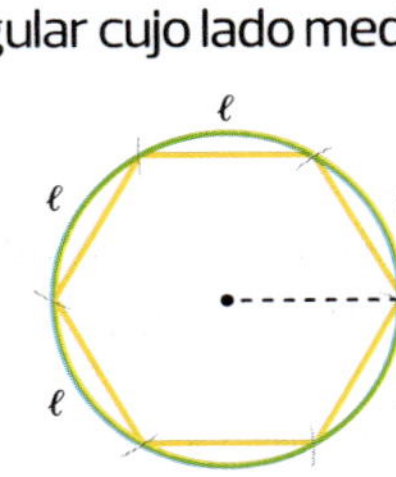

Exercícios

32. Observe a figura abaixo e responda: qual é a medida do arco $\widehat{AMB}$?

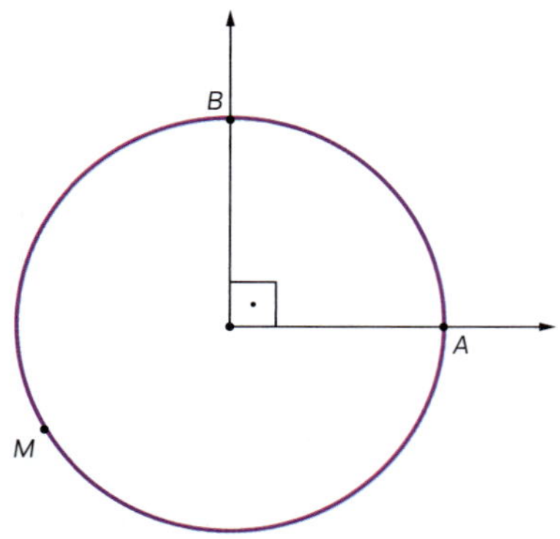

33. Em cada caso, calcule a medida do ângulo central determinado pelos ponteiros destes relógios que marcam horas exatas.

a)

b)

c)

d)

Ilustrações: Casa de Tipos/Arquivo da editora

34. Usando régua e compasso, construa um triângulo equilátero inscrito em uma circunferência com 4 cm de raio. (Sugestão: faça a construção do hexágono regular e escolha os vértices adequadamente.)

35. Geometria e arte

Use sua criatividade e construa um mosaico com hexágonos regulares. Pinte sua obra como quiser. Veja dois exemplos:

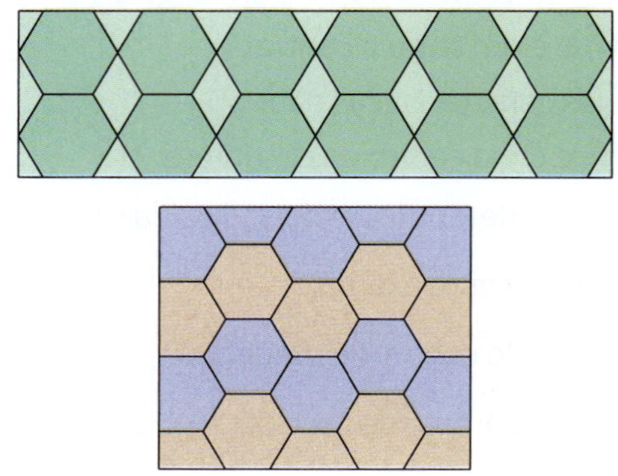

36. Construindo uma rosa dos ventos

Para isso, você vai precisar de uma folha de papel sulfite, compasso, lápis de cor e esquadro.

Desenhe dois círculos com o mesmo centro (círculos concêntricos): um com 1,5 cm de raio e outro com 5 cm de raio.

Trace um segmento de reta que contenha o diâmetro do círculo menor e o do círculo maior. Com o esquadro, faça outro diâmetro que seja perpendicular ao primeiro. Desenhe agora outros dois diâmetros formando ângulos de 45° com os dois primeiros que você já traçou. Marque as extremidades dos diâmetros dos dois círculos e ligue essas extremidades, obtendo assim o desenho da rosa dos ventos com os pontos cardeais e colaterais. Apague as linhas desnecessárias e pinte-o como quiser. (Este exercício foi extraído e adaptado de: SEE-SP/CENP. *Experiências matemáticas — 6ª série*. São Paulo, 1994.)

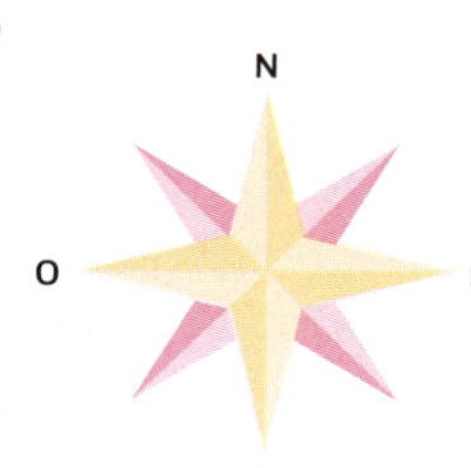

Ângulo inscrito

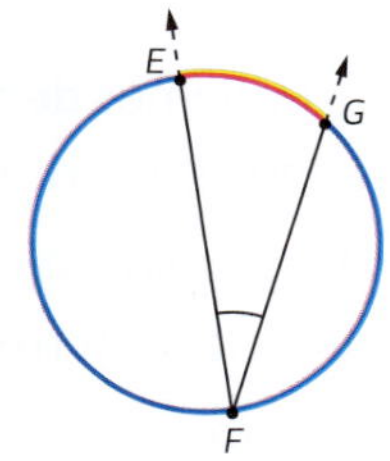

Suas características são:

- o vértice F é um ponto da circunferência;
- os lados determinam duas **cordas** na circunferência ($\overline{FE}$ e $\overline{FG}$);
- o arco $\widehat{EG}$ correspondente não contém o vértice.

Exercícios

37. Use régua, compasso e transferidor para construir:

a) um ângulo central de 100° em uma circunferência com 2 cm de raio;

b) um ângulo inscrito de 30° em uma circunferência de 3 cm de raio.

Agora, responda: no item **a**, quais são as medidas angulares dos dois arcos determinados pelo ângulo central?

38. Atividade em dupla

Em cada uma destas figuras, estão assinalados um ângulo central e um ângulo inscrito, com o mesmo arco correspondente em circunferências de centro O. Observem as três figuras, troquem ideias e respondam: qual é a relação entre as medidas desses dois ângulos?

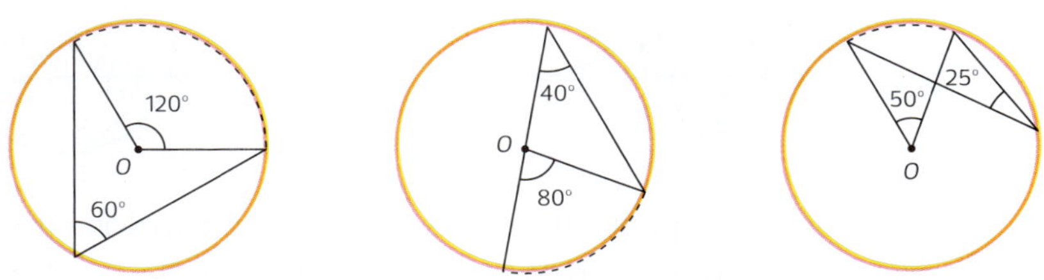

39. Examine os dois primeiros exemplos. Depois, determine as medidas nas outras duas figuras. Responda: como são as medidas dos dois ângulos inscritos de mesmo arco correspondente nas quatro figuras?

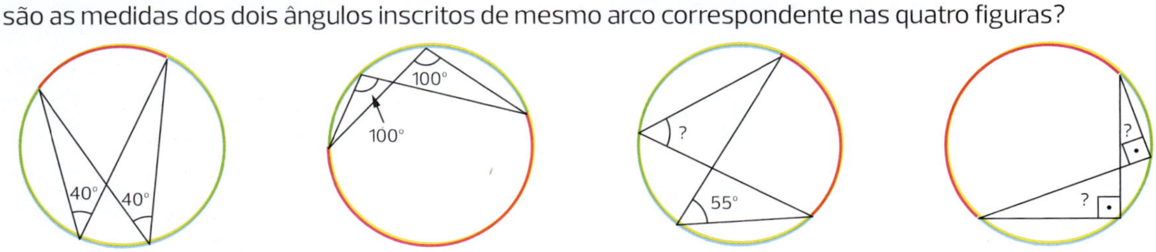

Bate-papo

Converse com um colega sobre as conclusões a que vocês chegaram nas atividades 38 e 39. Como garantir a validade dessas conclusões para todas as situações análogas?

Relação entre ângulo central e ângulo inscrito de mesmo arco

> Se um ângulo central e um ângulo inscrito em uma circunferência têm o mesmo arco correspondente, então a medida do ângulo central é o dobro da medida do ângulo inscrito.

Podemos **demonstrar** essa propriedade analisando três situações que envolvem os ângulos inscrito e central de mesmo arco.

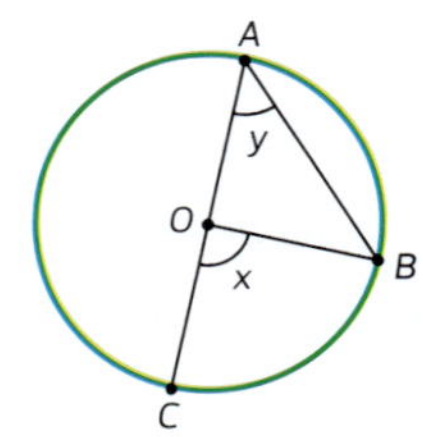

1ª) Vamos considerar a situação em que um dos lados do ângulo inscrito determina um diâmetro da circunferência.

Assim:

$C\hat{O}B$ é um ângulo central de arco $\widehat{BC}$ e medida x.

$C\hat{A}B$ é um ângulo inscrito também de arco $\widehat{BC}$ e medida y.

$\overline{AC}$ é um diâmetro da circunferência.

O $\triangle AOB$ é isósceles, pois $\overline{OA} \cong \overline{OB}$ (raios). Logo, $A\hat{B}O$ também mede y.

Como $C\hat{O}B$ é um ângulo externo do $\triangle AOB$, sua medida x é igual à soma das medidas dos dois ângulos internos não adjacentes a ele $(y + y)$.

Logo, $x = y + y$ ou $x = 2y$, como queríamos demonstrar.

2ª) Agora, vamos analisar esta outra situação, em que o ângulo inscrito e o ângulo central de mesmo arco estão em outra posição.

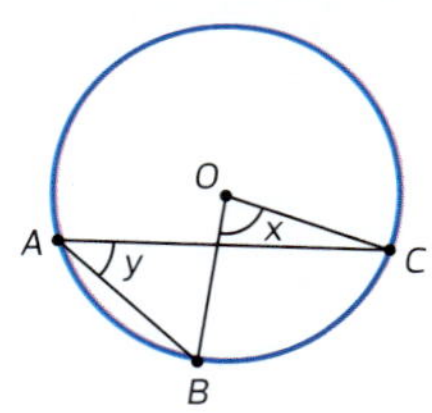

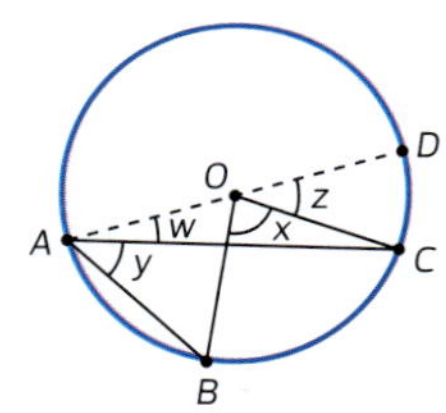

Para demonstrar a propriedade nesse caso, traçamos o diâmetro $\overline{AD}$ e usamos duas vezes o mesmo raciocínio da situação anterior:

$$z = 2w \quad \text{e} \quad x + z = 2(y + w)$$

Substituindo z por $2w$ na segunda igualdade, temos:

$$x + \cancel{2w} = 2y + \cancel{2w}$$

Portanto, $x = 2y$, como queríamos demonstrar.

3ª) Finalmente, analisaremos esta situação:

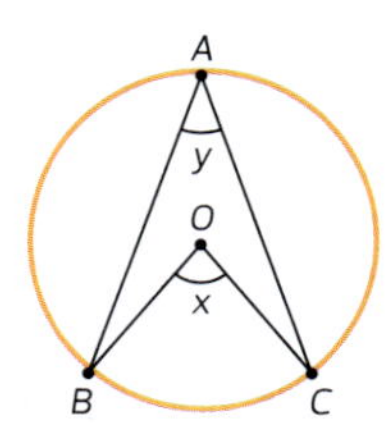

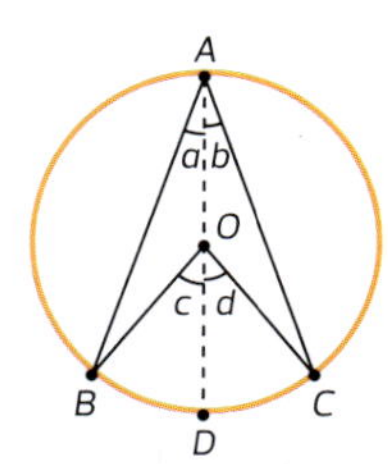

Traçamos o diâmetro $\overline{AD}$ de modo que $a + b = y$ e $c + d = x$.

Os triângulos AOB e AOC são isósceles, pois têm dois lados de mesma medida (raios). Nos triângulos isósceles, os ângulos da base têm a mesma medida. Daí, $A\hat{B}O$ mede a e $A\hat{C}O$ mede b.

$B\hat{O}D$ é um ângulo externo ao $\triangle AOB$. Então, $c = 2a$.

$C\hat{O}D$ é um ângulo externo ao $\triangle AOC$. Então, $d = 2b$.

Adicionando membro a membro, temos:

$c + d = 2a + 2b$

$\underbrace{c + d}_{x} = 2\underbrace{(a + b)}_{y}$

$x = 2y$, como queríamos demonstrar.

Exercícios

40. Meça os ângulos e confira a relação entre o ângulo inscrito e o central para os itens abaixo.

a)

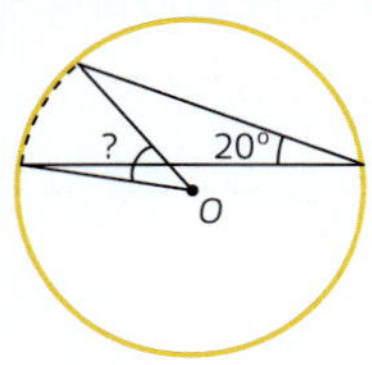

b)

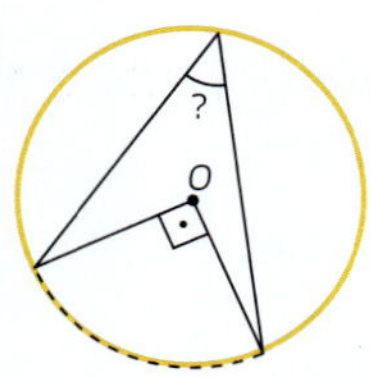

c)

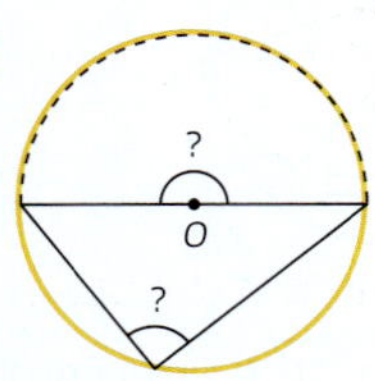

41. Considerando o que foi demonstrado, prove mais esta importante propriedade, cuja descoberta é atribuída a Tales de Mileto (c. 580 a.C.):

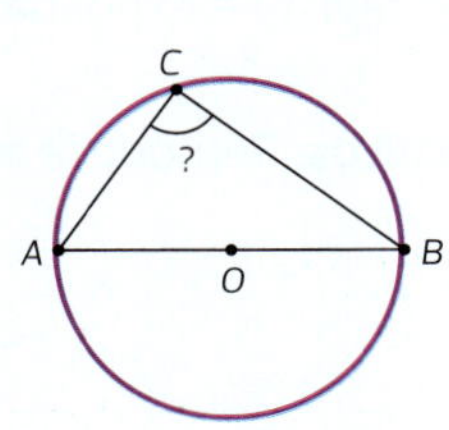

> Se $\overline{AB}$ é um diâmetro e C é um ponto qualquer da circunferência, distinto de A e B, então o $\triangle ABC$ é retângulo em C, isto é, $\hat{C}$ é reto.

42. Ainda usando o que foi demonstrado, prove que:

> Se dois ângulos inscritos têm o mesmo arco correspondente, então suas medidas são iguais.

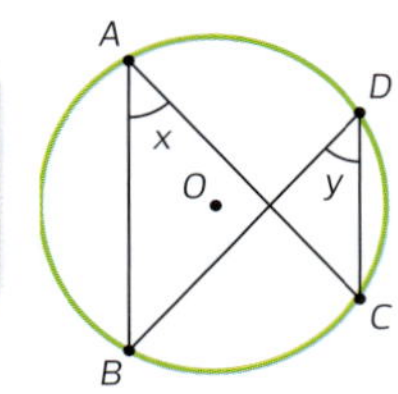

(Sugestão: compare x e y com a medida do ângulo central de arco $\overparen{BC}$.)

43. Considere O o centro da circunferência. Qual é o valor de x?

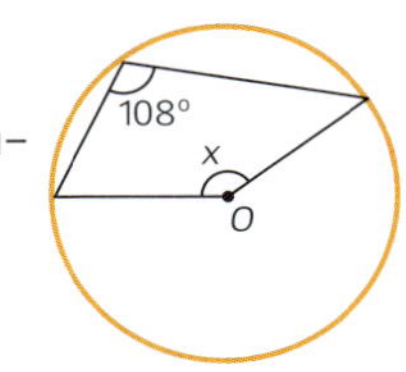

44. Calcule a medida x assinalada na figura.

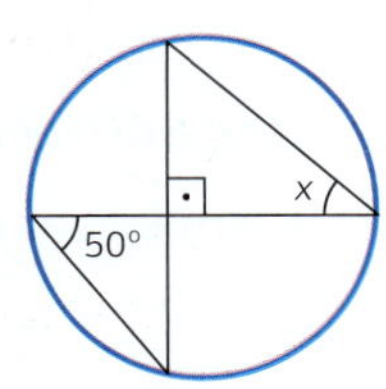

45. Na figura, $\overline{AC}$ e $\overline{BD}$ são diâmetros. Prove que o quadrilátero $ABCD$ é um retângulo.

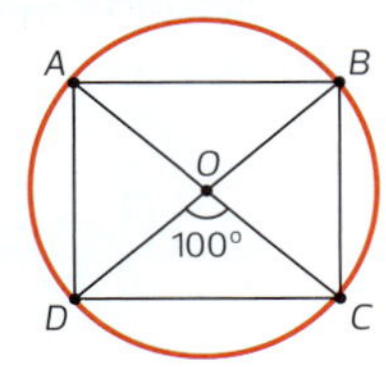

46. Em um octógono regular, o perímetro é de 96 cm. Calcule a medida de um lado, a medida de um ângulo interno e a medida de um ângulo central.

Ângulo de segmento

Um ângulo com o vértice na circunferência, um dos lados sobre uma tangente e o outro sobre uma secante, determinando uma corda, é chamado **ângulo de segmento**.

Na figura abaixo, $A\hat{B}C$ é um ângulo de segmento, e o arco correspondente é $\overset{\frown}{AB}$.

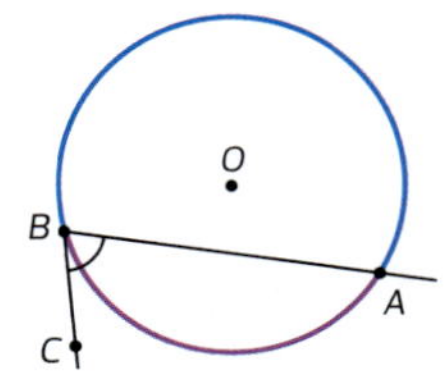

Exercícios

47. Justifique a seguinte afirmação: a medida de um ângulo de segmento é a metade da medida do ângulo central de mesmo arco.

48. Calcule a medida x do ângulo de segmento de cada figura.

a)
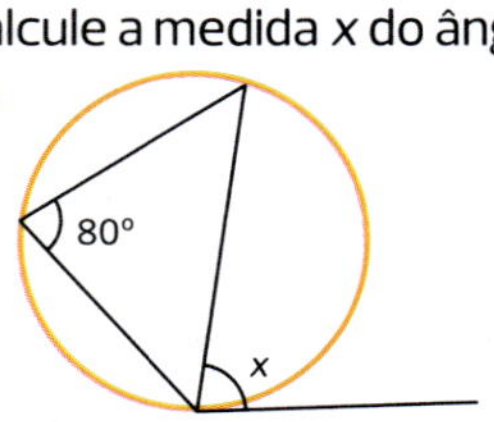

b)
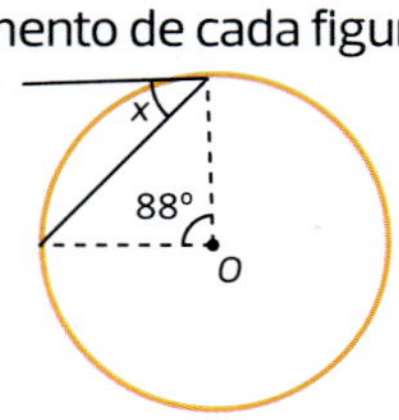

c)
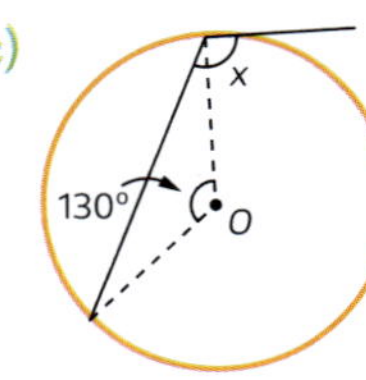

49. Responda:

a) Qual é a medida x do ângulo de segmento assinalado na figura?

b) Qual é a medida c do ângulo central?

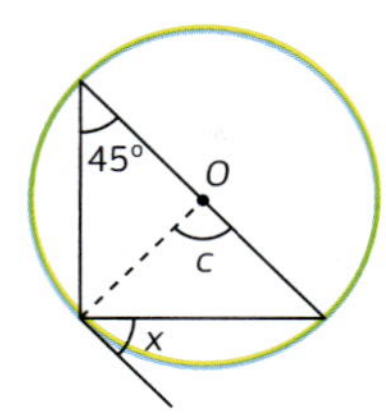

50. Em uma circunferência de centro O, a reta AB é tangente em A, o segmento de reta $\overline{AC}$ é uma corda e $C\hat{A}B$ mede 50°. Calcule as medidas de $O\hat{A}B$ e $C\hat{O}A$.

51. **Projeto em equipe**

Reúna-se com seus colegas para realizar as seguintes atividades.

a) Reproduzam em cartolina um gráfico de setor retirado de jornal ou revista e exponham-no para a classe, formulando cinco questões sobre ele.

b) Realizem uma pesquisa com a finalidade de coletar dados estatísticos. Reproduza esses dados em um gráfico de setores.

Raciocínio lógico

Reproduza esta figura em seu caderno e trace mais duas circunferências de tal modo que cada ponto fique isolado em uma das dez regiões formadas.

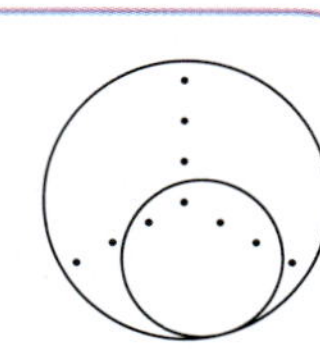

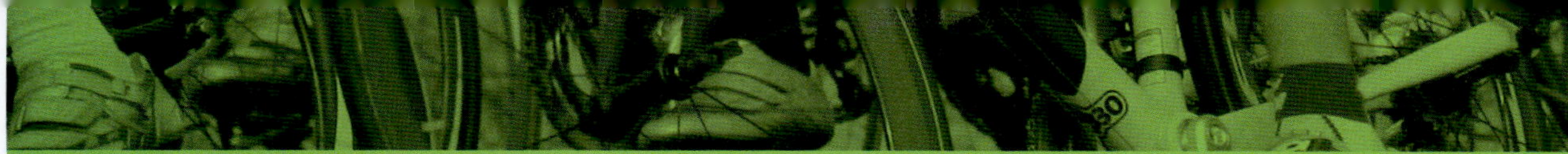

Tratamento da informação

Interpretação de gráficos de setores

52. **Urbanização da população brasileira**

Como acontece com qualquer país que se desenvolve, o Brasil está passando por um acentuado processo de urbanização de sua população. Observe, nos gráficos abaixo, a proporção entre a população urbana e a população rural no Brasil em 1940, 1950 e 2010.

Rubens Chaves/Pulsar Imagens

Vista aérea da zona urbana de Manaus (AM). Foto de 2014.

Urbanização da população brasileira – 1940 a 2010

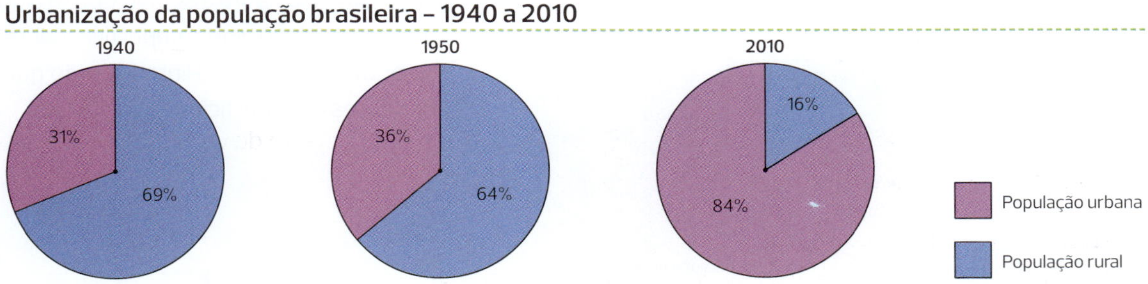

Fonte: IBGE. Dados aproximados. Disponível em: <http://seriesestatisticas.ibge.gov.br/series.aspx?vcodigo=POP122>. Acesso em: 6 maio 2015.

Analise os gráficos acima e resolva as atividades a seguir.

a) Em que ano foi registrado o menor valor percentual da população urbana em relação à população do Brasil? De quanto por cento?

b) Sabendo que a população brasileira em 1940 era de aproximadamente 41 000 000 de habitantes, calcule quantos destes residiam na zona rural.

c) Em 2010, a população brasileira alcançou cerca de 191 000 000 de habitantes. Qual a população rural do Brasil nesse ano? E a urbana?

d) Determine o ângulo central correspondente aos valores percentuais da população rural e da população urbana em 1940 e em 2010.

e) Que fração irredutível corresponde ao valor percentual da população rural em 1950? E da população urbana?

Outros contextos

53. Matemática e eclipses

Um eclipse acontece sempre que um corpo celeste projeta sua sombra sobre outro. Assim, quando a Terra projeta sua sombra sobre a Lua, ocorre um **eclipse lunar**. Já quando a Lua projeta sua sombra sobre a Terra, acontece um **eclipse solar**. Em ambos os casos, sempre são definidas duas regiões de sombra: a umbra e a penumbra. A umbra é a região que não recebe luz nenhuma do Sol; a penumbra é a região que recebe luz de alguns pontos do Sol.

Observe como isso se dá nas duas figuras abaixo, que representam eclipses lunares.

Figura 1

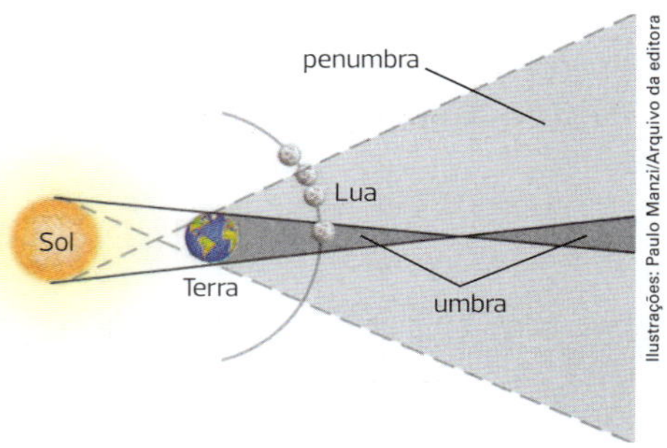

Figura 2

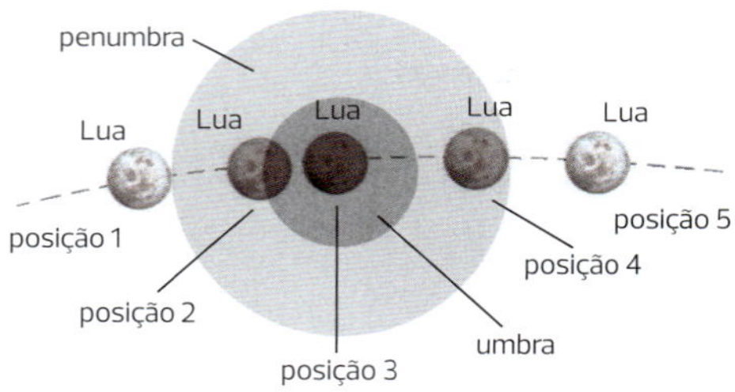

Fonte: Astronomia e Astrofísica – UFRGS-RS.
Disponível em: <http://astro.if.ufrgs.br/eclipses/eclipse.htm>.
Acesso em: 6 maio 2015.

Considere a figura 2. Classifique as posições relativas das circunferências que aparecem nessa figura para cada um dos casos abaixo:

a) Lua na posição 1 e penumbra;
b) Lua na posição 1 e umbra;
c) Lua na posição 2 e penumbra;
d) Lua na posição 2 e umbra;
e) Lua na posição 3 e umbra;
f) Lua na posição 4 e penumbra;
g) Lua na posição 5 e penumbra.

54. Publicidade

A Geometria é muito utilizada na publicidade, sobretudo na criação de logomarcas.

A figura a seguir representa a logomarca de uma corretora de imóveis. A forma básica dessa logomarca é constituída por um círculo e quatro quadriláteros não convexos congruentes, cujos lados menores têm medidas iguais.

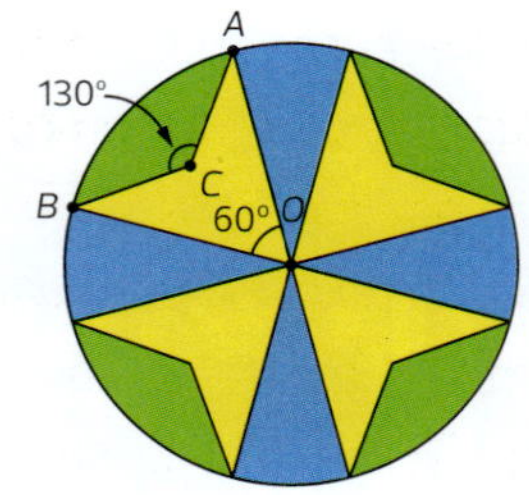

a) Qual é a medida dos ângulos A e B do quadrilátero OACB?
b) A área em cor azul corresponde a que fração da área do círculo?

55. Deslocamento

Um cachorro está preso por uma corda de 7 m à quina de uma construção quadrada de 4 m de lado, como mostra a figura a seguir. Com a ajuda de um compasso, determine a superfície sobre a qual o cão pode se deslocar. Pinte a região que corresponde a essa superfície.

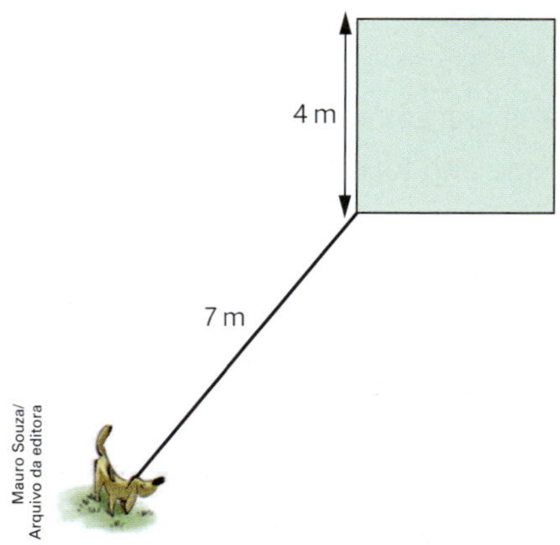

56. Reciclagem

Em 2015, uma cidade contabilizou a quantidade de material reciclável coletado. Observe a tabela a seguir.

Valor percentual de cada material em relação ao total reciclado

	% em relação ao total reciclado
Latas de alumínio	25
Papelão	20
Garrafas PET	x
Papel	y
Vidro	15

Dados fictícios.

Sabe-se que, nesse ano, o total coletado de garrafas PET foi o triplo do total coletado de papel.

a) Descubra as porcentagens de garrafas PET e de papel, usando três caminhos diferentes:
- sem usar equações.
- usando equação com uma incógnita.
- usando sistema com duas equações e duas incógnitas.

b) Construa um gráfico de setores que registre as porcentagens dos cinco materiais.

c) Responda: quantas toneladas de papel foram coletadas no caso de terem sido coletadas 6 toneladas de papelão?

57. Realidade como modelo

Observe que os pés das crianças da fotografia estão justapostos, formando uma circunferência, e a partir dela podemos criar um modelo matemático. Todo modelo matemático é uma interpretação da realidade e tem como finalidade a facilitação do cálculo e da análise numérica.

Portanto, temos:

Realidade

www.iplay.com.br/Arquivo da editora

Crianças do povo pigmeu Baka formando uma circunferência com os pés justapostos. Foto de 2009.

Modelo matemático

Na fotografia temos 22 crianças; suponha que cada pé tenha 7,85 cm de largura.

a) Qual é o comprimento dessa circunferência?

b) Se o comprimento $C = 2\pi r$ e $\pi \simeq 3{,}14$, qual é a medida aproximada do raio dessa circunferência?

Praticando um pouco mais

1. (Inep) Exatamente no centro de uma mesa redonda com 1 m de raio, foi colocado um prato de 30 cm de diâmetro, com doces e salgados para uma festa de final de ano. Qual a distância entre a borda desse prato e a pessoa que se serve dos doces e salgados?

a) 115 cm b) 85 cm c) 70 cm d) 20 cm

2. (UFPR) O gráfico de setores abaixo ilustra como a massa de um homem de 80 kg está distribuída entre músculos, gordura, ossos e outros. O ângulo de cada setor está mostrado em graus. Com base nesse gráfico, responda às perguntas:

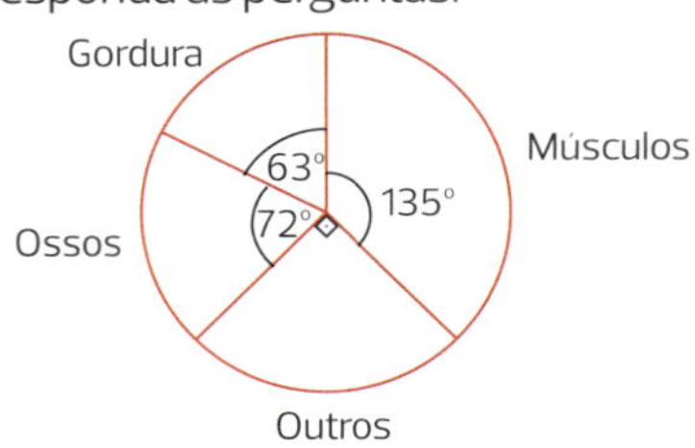

a) Quantos quilogramas de músculos esse homem possui?

b) Juntos, gorduras e ossos representam que percentual da massa desse homem?

3. Paulo convidou seus amigos para comemorar seu aniversário em uma pizzaria. Para isso pediu ao garçom 3 *pizzas* grandes. Em determinado instante Paulo estimou que ainda restavam algumas fatias de tamanhos diferentes a serem consumidas, a saber:

- 1 fatia de *pepperoni* na forma de um setor circular de ângulo 60° (ver figura).

- 1 fatia de calabresa na forma de um setor circular de ângulo 90°.
- 1 fatia de portuguesa na forma de um setor circular de ângulo 30°.

As fatias que ainda faltam ser consumidas equivalem a que fração de uma *pizza*?

a) $\frac{1}{2}$ b) $\frac{1}{3}$ c) $\frac{1}{4}$ d) $\frac{1}{5}$

4. (Fuvest-SP) A medida do ângulo $A\hat{D}C$ inscrito na circunferência de centro O é:

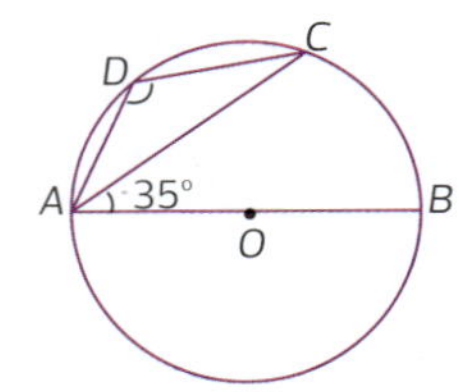

a) 125°. b) 110°. c) 120°. d) 100°. e) 135°.

5. De acordo com a figura abaixo, o valor de $\alpha + \beta$ é:

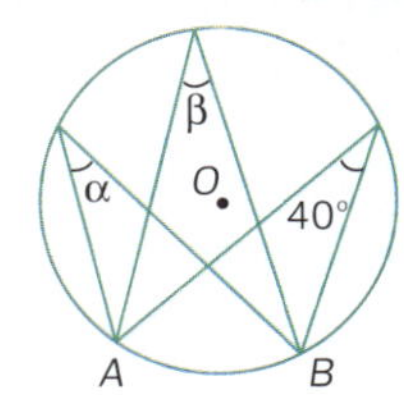

a) 80°. b) 70°. c) 60°. d) 50°. e) 40°.

6. Os ponteiros do relógio abaixo medem 10 cm (ponteiro dos minutos) e 7 cm (ponteiro das horas). Após 30 minutos a extremidade do ponteiro dos minutos terá percorrido qual distância?

a) 5π cm b) 10π cm c) 15π cm d) 20π cm

7. (Inep/PDE) Na figura abaixo, há um conjunto de setores circulares, cujos ângulos centrais são de 90°. Cada setor está com a medida do seu raio indicada.

Agrupando-se, convenientemente, esses setores, são obtidos:

a) 3 círculos.

b) no máximo um círculo.

c) 2 círculos e 2 semicírculos.

d) 4 círculos.

Revisão cumulativa

1. Rogério gravou 4 DVDs, colocou-os em caixas com cores diferentes e arrumou-os na prateleira da estante como indicado na figura. Se quiser variar a posição das caixas na prateleira, quantas arrumações diferentes Rogério pode fazer?

Mauro Souza/ Arquivo da editora

2. (UNIBH-MG) Se 120 operários constroem 600 m de estrada em 30 dias de trabalho, o número de operários necessários para construir 300 m de estrada em 300 dias é:

a) 6.
b) 24.
c) 240.
d) 600.
e) 2 400.

3. Descubra a medida de um ângulo sabendo que a soma das medidas do seu complemento e do seu suplemento é 130°.

4. Qual é a solução da equação $\frac{3x-1}{2} = \frac{2x+11}{3}$?

5. Na figura abaixo, temos $\overline{AB} \cong \overline{DC}$ e $\overline{AC} \cong \overline{BD}$. Prove que $m(\hat{1}) = m(\hat{2})$.

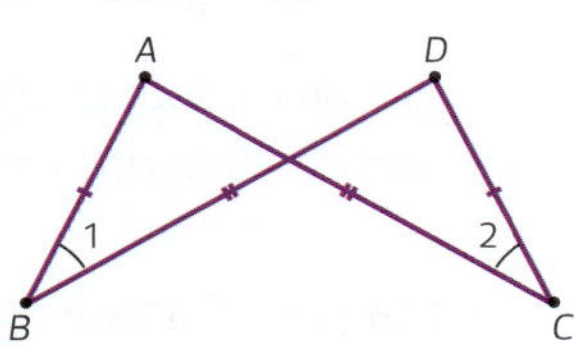

6. Considerando uma circunferência e uma reta, qual é a afirmação falsa?

a) Elas podem não ter ponto comum.
b) Elas podem ter um só ponto comum.
c) Elas podem ter dois pontos comuns.
d) Elas podem ter três pontos comuns.

7. Quantas faces triangulares tem uma pirâmide de base hexagonal?

a) 6
b) 12
c) 7
d) 8

8. Usando moedas de R$ 0,50, R$ 0,25 e R$ 0,10, de quantas maneiras diferentes podemos fazer um pagamento de R$ 1,00?

a) Seis
b) Quatro
c) Três
d) Cinco

9. Na circunferência da figura abaixo, O é o centro, $M\hat{R}H$ mede $2x - 1°$ e $M\hat{O}H$ mede $3x + 18°$.

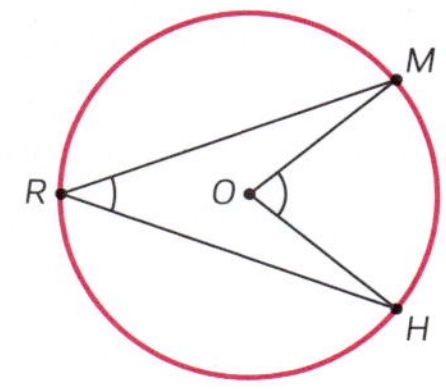

O valor de x é:

a) 35°.
b) 20°.
c) 18°.
d) 27°.

10. (Vunesp) Um botânico mede o crescimento de uma planta, em centímetros, todos os dias. Ligando os pontos colocados por ele num gráfico, obtemos a figura abaixo.

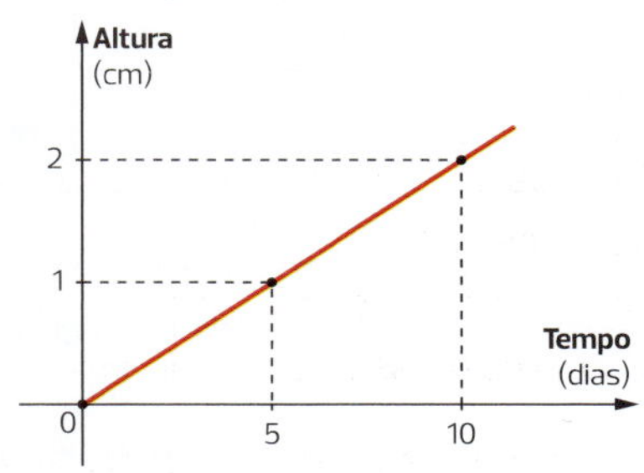

Se for mantida sempre essa relação entre tempo e altura, a planta terá, no 30º dia, uma altura igual a:

a) 5 cm.
b) 6 cm.
c) 3 cm.
d) 15 cm.
e) 30 cm.

11. Girando o ponteiro desta roleta, qual é a probabilidade de ele parar no amarelo?

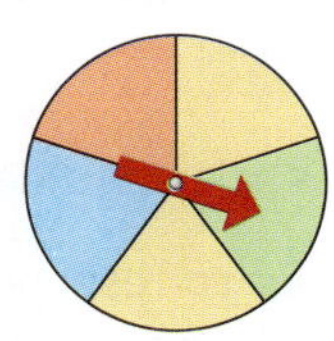

a) 20%
b) 50%
c) 40%
d) 2%

12. (UFRGS-RS) A razão entre a base e a altura de um retângulo é de 3 para 2 e a diferença entre elas é de 10 cm. A área desse retângulo é de:

a) 200 cm².
b) 300 cm².
c) 500 cm².
d) 600 cm².

Ponto de chegada

A Matemática no texto

Os babilônios e os sistemas de duas equações

As civilizações antigas da Mesopotâmia desempenharam um papel fundamental no desenvolvimento da Matemática, contribuindo em diversas áreas, como, por exemplo, na Álgebra e na Geometria.

A Mesopotâmia fazia parte de uma região do Oriente Médio onde hoje se encontram parte do Iraque, do Kuwait, da Síria, do Irã e da Turquia, como mostra o mapa ao lado.

A Mesopotâmia

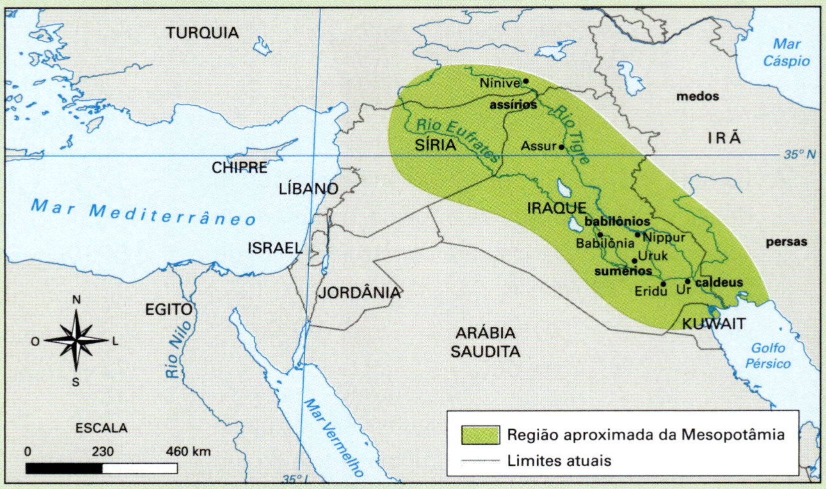

Allmaps/Arquivo da editora

Adaptado de: WORLD History Atlas: Mapping The Human Journey. London: Dorling Kindersley, 2005.

Essa região foi habitada por vários povos ao longo dos séculos, entre eles, os babilônios, os assírios, os sumérios e os caldeus. O povo babilônio (c. 1800 a.C-539 a.C.) teve grande importância no desenvolvimento dos sistemas de duas equações com duas variáveis. As equações babilônicas eram expressas na forma de problemas, como este:

> Um quarto da largura mais o comprimento é igual a 7 mãos, e o comprimento mais a largura é igual a 10 mãos.

No documento em que se encontra esse problema, a solução é encontrada, primeiro, substituindo cada "mão" por 5 "dedos". Observa-se, então, que uma largura de 20 dedos e um comprimento de 30 dedos satisfazem a ambas as equações.

Em seguida, a solução é obtida por uma maneira equivalente ao método da adição. Considerando as dimensões em "mãos", adota-se x como a medida da largura e y como a medida do comprimento. Desse modo, encontram-se $x = 4$ mãos e $y = 6$ mãos.

Trabalhando com o texto

1. Explique com suas palavras a ideia principal do texto.

2. Monte o sistema que corresponde à segunda resolução e verifique, pelo método da adição, a solução mencionada no texto em número de mãos.

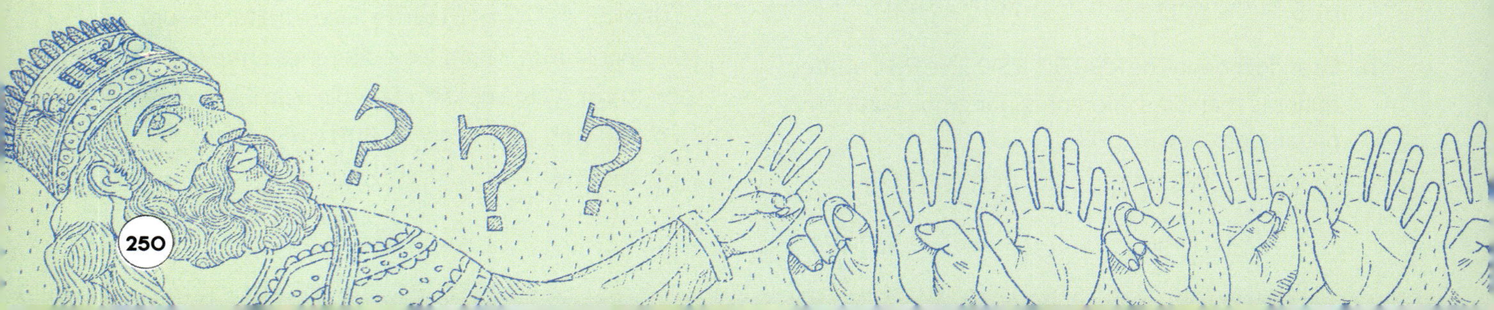

Verifique o que estudou

Capítulo 5

1. Determine o valor de x para que a expressão $\frac{3x-5}{2} - \frac{7x-8}{3}$ tenha valor numérico igual a 6.

2. A soma das áreas de duas regiões retangulares, A e B, é 80 cm². A medida da largura da região A é igual à terça parte da largura da região B, e a medida da altura de ambas é 4 cm. Determine o perímetro das regiões retangulares A e B.

Capítulo 6

3. De acordo com os dados da figura, calcule x e as medidas dos ângulos $A\hat{P}B$ e $A\hat{Q}B$.

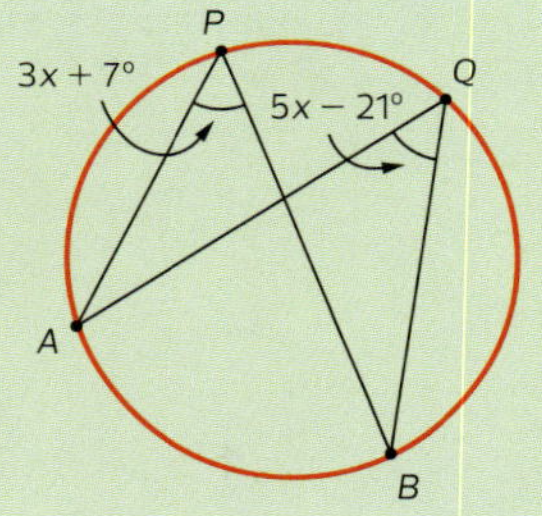

4. Na figura a seguir, a circunferência está inscrita no triângulo ABC, sendo P, Q e R pontos de tangência. As medidas estão em centímetros.

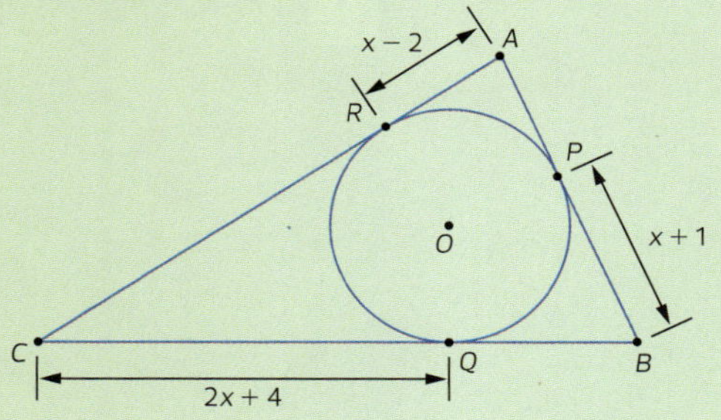

a) Calcule o valor de x para que o perímetro do triângulo seja 54 cm e determine a medida dos lados.

b) Para $x = 10$ cm, qual é o perímetro desse triângulo?

c) Se O é o centro da circunferência, o que o ponto O é do triângulo?

5. Em uma circunferência, $A\hat{P}B$, de medida $3(x + 1)$, é um ângulo inscrito, e $A\hat{O}B$, de medida $7x - 1$, é um ângulo central. Descubra as medidas de $A\hat{P}B$ e $A\hat{O}B$.

ATENÇÃO!

Retome os assuntos que você estudou nesta Unidade. Verifique em quais teve dificuldade e converse com seu professor, buscando formas de reforçar seu aprendizado.

Autoavaliação

Algumas atitudes são fundamentais para melhorar o seu aprendizado e a convivência na escola. Questione-se e reflita sobre elas.

- Participei das aulas com atenção, acompanhando as explicações e realizando as atividades?
- Tive atitudes solidárias com o professor e os colegas?
- Empenhei-me em consolidar meu conhecimento, resolvendo os exercícios do livro?
- Ampliei meus conhecimentos de Matemática?

Suryara Bernardi/Arquivo da editora

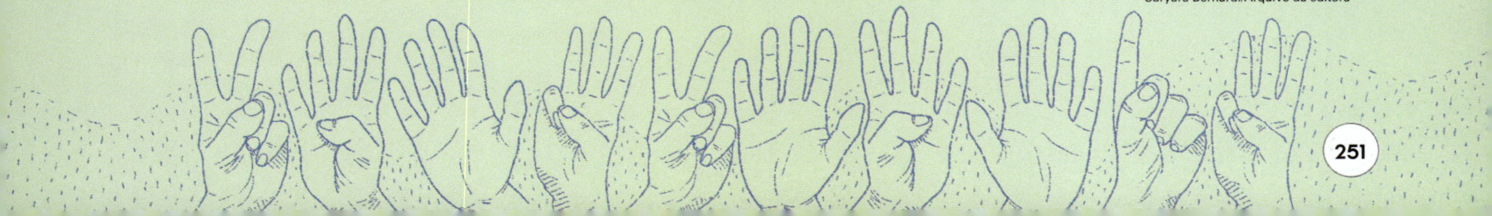

Unidade 4

TAO Images Limited/Getty Images

Centro Aquático Nacional de Pequim, China, 2013.

Grandezas e medidas, Geometria e Estatística

A fotografia da página anterior mostra o Centro Aquático Nacional de Pequim, popularmente conhecido como Cubo-d'água. Construído especialmente para as Olimpíadas de Pequim, em 2008, atualmente recebe competições de natação e atividades de cultura e lazer voltadas para o público local e turistas.

Já a fotografia ao lado mostra a versão mais comum do cubo mágico, com faces em cores diferentes. O objetivo desse quebra-cabeça é reorganizar as faces dos cubos menores de forma que cada face do cubo maior apresente uma única cor.

Museu de Ciências/Londres/Diomedia

Cubo mágico

Ponto de partida

Sob a orientação do professor, converse com seus colegas e responda:

1. Quantos cubos menores há no cubo mágico acima? Quantas faces esses cubos menores juntos têm no total? Quantas delas ficam visíveis a cada nova arrumação?
2. Ao se lançar esse cubo mágico na arrumação acima, como se fosse um dado, qual é a probabilidade de ele cair nessa posição?
3. O Cubo-d'água mostrado na fotografia da página anterior tem base com lados de 178 m e altura de 31 m. O nome do centro aquático é adequado à forma do prédio? Justifique.

Capítulo 7

Perímetros, áreas e volumes

1 Introdução

Em várias situações do cotidiano, precisamos calcular perímetros, áreas e volumes. Veja a seguir um exemplo de aplicação dessas noções na Geografia.

Um dos principais cartões postais do Rio de Janeiro é a lagoa Rodrigo de Freitas, localizada na Zona Sul da capital fluminense. Essa importante riqueza natural apresenta 7,8 km de perímetro, 2,2 km² de espelho-d'água (ou seja, a área da superfície) e um volume de aproximadamente 6 200 000 m³.

Observe a fotografia da lagoa Rodrigo de Freitas vista de cima e a representação do seu formato.

Ismar Ingber

Paulo Manzi/Arquivo da editora

Vista aérea da lagoa Rodrigo de Freitas, Rio de Janeiro (RJ). Foto de 2013.

Como você pode perceber, o contorno da lagoa corresponde a uma figura irregular. Você consegue imaginar como é possível calcular o perímetro e a área de figuras desse tipo, sejam elas grandes, sejam pequenas?

Esse é um dos assuntos que serão abordados para aprofundar o estudo de área, perímetro e volume e suas aplicações no dia a dia.

2 Perímetros

Você já ouviu falar em "perímetro urbano"? É a expressão usada para se referir ao contorno da parte urbana de um município.

Observe ao lado o perímetro urbano aproximado da cidade de Teresina (PI), representado com uma linha amarela na imagem de satélite.

© 2015 CNES/Astrium/© 2015 DigitalGlobe/Google™ earth

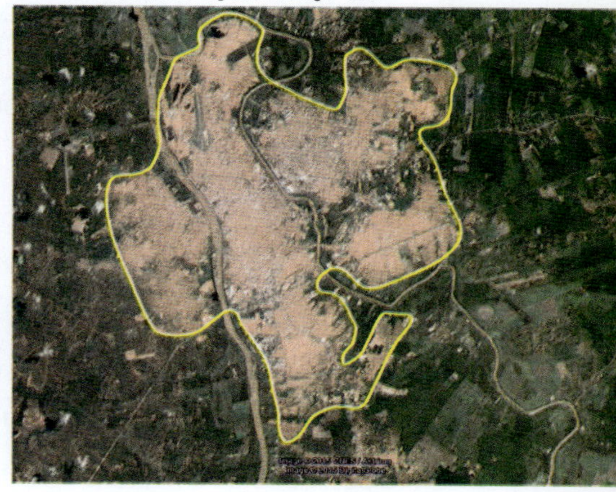

Imagem de satélite do perímetro urbano da cidade de Teresina (PI). Foto de 2015.

> Em Matemática, **perímetro** indica a medida do comprimento de um contorno.

Perímetro de um polígono

Reproduza os polígonos abaixo, meça todos os lados e responda às questões para descobrir o perímetro dos dois polígonos.

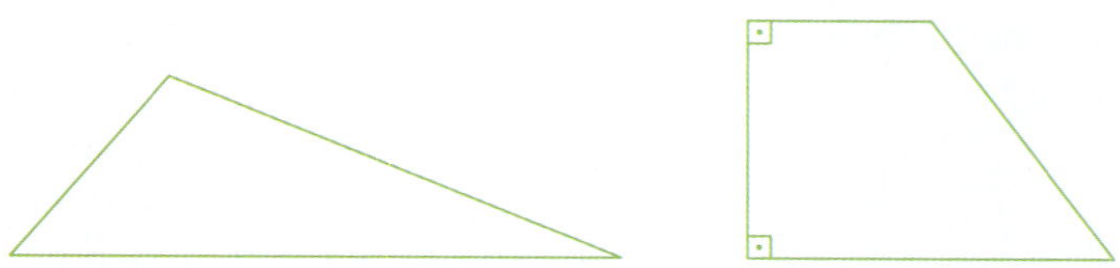

a) No triângulo:
- Quais são as medidas dos 3 lados?
- Qual é a soma dessas medidas?

b) No trapézio:
- Quais são as medidas dos 4 lados?
- Qual é a soma dessas medidas?

> Quando o contorno é um polígono, o perímetro é a **soma das medidas de comprimento de seus lados**.

Acompanhe alguns exemplos:

a) Perímetro do polígono *ABCD*: 6,5 cm + 2,0 cm + 7,0 cm + 3,5 cm = 19 cm

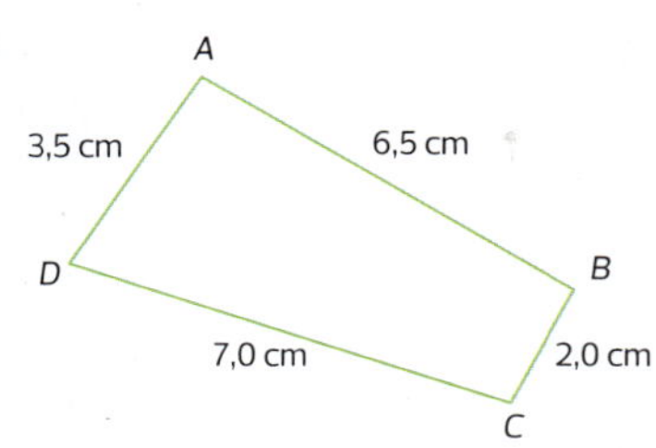

b) O perímetro do campo de futebol desenhado abaixo é obtido assim:

$$100 + 73 + 100 + 73 = 346 \text{ m}$$

ou

$$2 \cdot 100 + 2 \cdot 73 = 200 + 146 = 346 \text{ m}$$

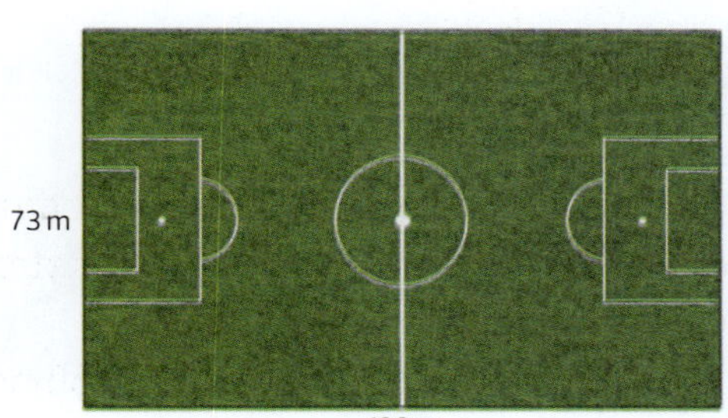

Paulo Manzi/Arquivo da editora

Exercícios e problemas

1. Determine o perímetro do polígono *ABCDE* representado abaixo.

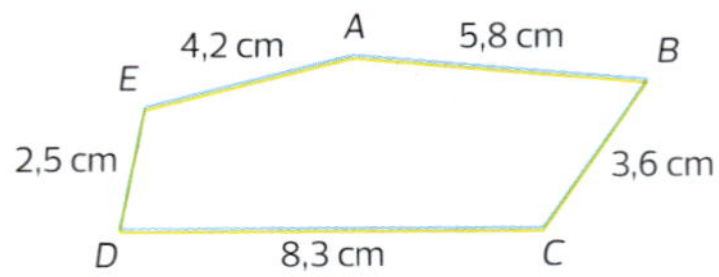

2. O perímetro de um quadrado é 14,4 cm. Qual é a medida do lado desse quadrado?

3. O perímetro de um retângulo é de 20 cm. A largura do retângulo é de 3,5 cm. Qual é o comprimento desse retângulo?

4. José vai cercar com uma tela um terreno que tem as medidas indicadas abaixo. Cada metro de tela custa R$ 6,50. Quanto ele vai gastar?

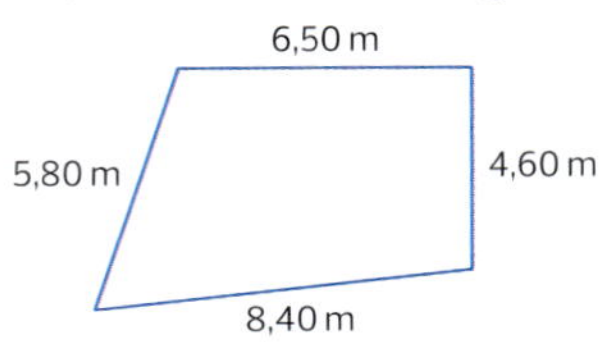

5. Estimativa

Estime o perímetro de cada um dos polígonos em centímetros. Depois, meça com uma régua, calcule e confira se sua estimativa foi boa ou não.

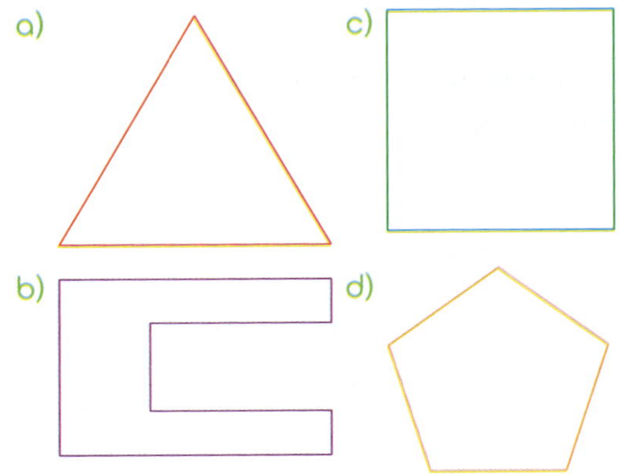

6. O perímetro de um retângulo *A* é de 68 cm. Aumentando 3 cm no comprimento e diminuindo 20% na largura, obtém-se outro retângulo *B* de mesmo perímetro. Quais são as dimensões dos dois retângulos?

Você sabia?

O estado de São Paulo faz divisa com os estados de Mato Grosso do Sul, Paraná, Rio de Janeiro e Minas Gerais e tem uma parte de seu território banhada pelo oceano Atlântico.

Localização do estado de São Paulo

Allmaps/Arquivo da editora

Adaptado de: IBGE. *Atlas geográfico escolar*. 6. ed. Rio de Janeiro, 2012.

7. Uso de escala

A extensão das divisas de São Paulo com esses quatro estados mais a extensão de seu litoral é um exemplo de perímetro. Analise a figura ao lado (mapa simplificado) e calcule o valor aproximado do perímetro do estado de São Paulo com base nas informações dadas.

Escala: cada milímetro no mapa simplificado corresponde a 22 km no tamanho real.

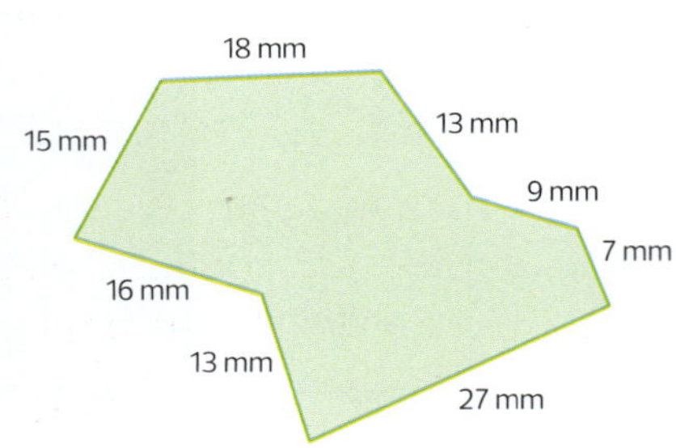

Comprimento da circunferência (perímetro do círculo)

Você já estudou este assunto no Capítulo 1. Vamos retomá-lo.

A professora pediu a seus alunos como lição de casa que encontrassem o perímetro (C) de algum objeto ligado ao dia a dia e que tivesse a forma circular. Em seguida, deviam determinar a medida do comprimento do diâmetro (d) e finalmente calcular o quociente de C por d ($C : d$).

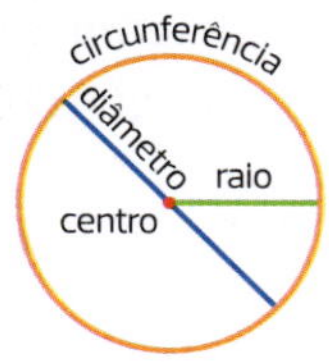

Observe como Nélson e Sônia fizeram:

- Nélson contornou o fundo de uma lata de leite em pó de forma circular com uma fita métrica e descobriu o seu perímetro, ou seja, o comprimento da circunferência. Mediu também o comprimento do seu diâmetro.

Mauro Souza/Arquivo da editora

- Para descobrir o comprimento da circunferência da roda traseira de sua bicicleta, Sônia fez uma marca de giz na roda, andou com a bicicleta em linha reta e mediu a distância entre as duas marcas deixadas no chão. Mediu também o comprimento do diâmetro da roda.

Mauro Souza/Arquivo da editora

No Capítulo 1, constatamos que:

Comprimento da circunferência (C) : medida do diâmetro (d) = π (pi), com $\pi \simeq 3{,}14$.

Fazendo a operação inversa, temos:

Comprimento da circunferência (C) = π (pi) · medida do diâmetro (d), ou seja, $C = \pi \cdot d$.

Como a medida do diâmetro (d) é o dobro da medida do raio (r), isto é, $d = 2r$, podemos escrever $C = \pi \cdot 2 \cdot r$ ou ainda: $C = 2\pi r$. Assim, a medida do comprimento de uma circunferência é dada por:

$$C = 2\pi r \quad \text{ou} \quad C = \pi \cdot d$$

Exercícios e problemas

8. Calcule a medida do comprimento de uma circunferência cujo raio mede 5 cm.

9. Qual é a distância aproximada percorrida por Natália quando dá uma volta completa na pista circular acima seguindo a linha tracejada? (Use $\pi = 3$.)

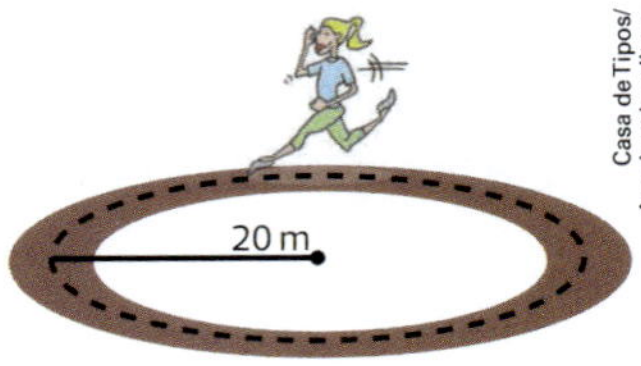

Casa de Tipos/Arquivo da editora

10. Uma roda-gigante tem 32 m de diâmetro. Aproximadamente, de quantos metros é o deslocamento de uma cadeirinha quando ela dá um giro completo? (Use $\pi = 3{,}14$.)

11. Considere uma pista circular de 24 m de diâmetro e os pontos *A*, *B*, *C* e *D* nas posições indicadas na figura. Use $\pi = 3{,}1$ e calcule a distância percorrida nos seguintes deslocamentos:

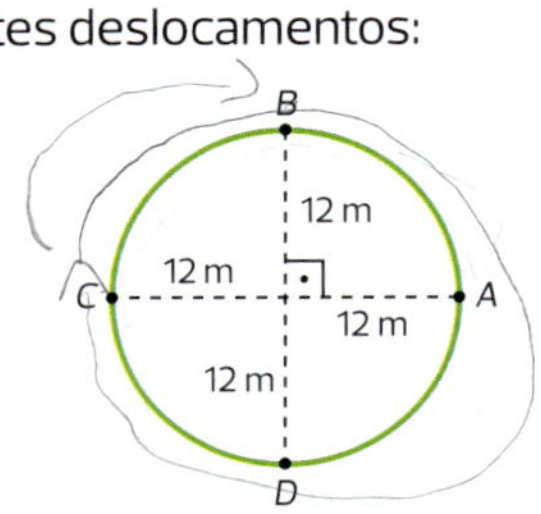

a) de *A* até *C*;
b) de *A* até *B*, no sentido anti-horário;
c) de *A* até *D*, no sentido anti-horário;
d) no sentido horário: sai de *C*, dá uma volta completa e vai até *B*.

Você sabia?

A forma do planeta Terra lembra uma esfera, mas com um leve achatamento nos polos. Por esse motivo, usamos as expressões **diâmetro equatorial** e **diâmetro polar** para diferenciar as duas distâncias indicadas nas figuras.

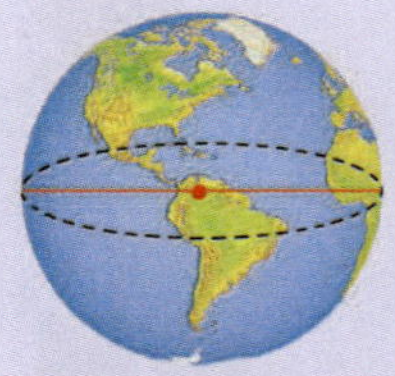

Diâmetro equatorial.
Valor aproximado: 12 756 km.

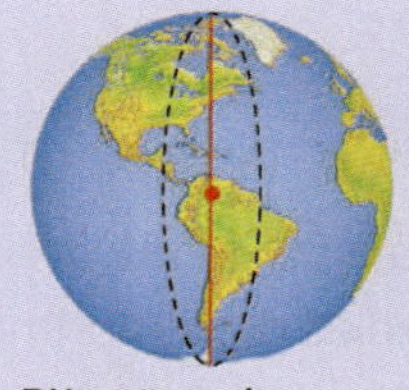

Diâmetro polar.
Valor aproximado: 12 714 km.

Paulo Manzi/Arquivo da editora

12. Com base nas informações dadas no *Você sabia?*, determine o comprimento da circunferência da Terra na linha do equador. (Use $\pi = 3{,}14$ e calculadora.)

13. O comprimento da circunferência máxima em volta da Lua mede, aproximadamente, 10 757 km. Determine o diâmetro e o raio da Lua. (Use $\pi = 3{,}1$ e calculadora.)

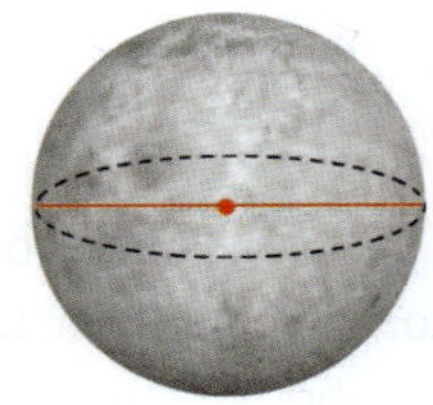

Paulo Manzi/Arquivo da editora

14. Determine o comprimento da curva que separa a parte pintada da parte em branco.

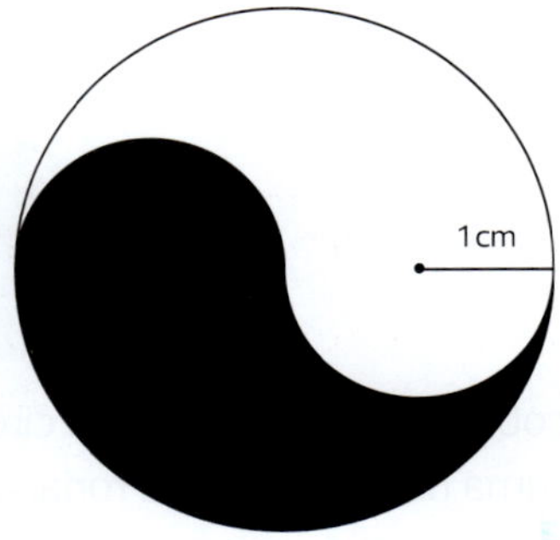

15. O comprimento da circunferência de uma moeda de R$ 1,00 é de aproximadamente 8,6 cm. Use $\pi = 3{,}1$ e calcule a medida do raio dessa moeda.

Casa da Moeda do Brasil/Ministério da Fazenda

16. Quantos metros são percorridos para ir de *A* até *B* pelo caminho:

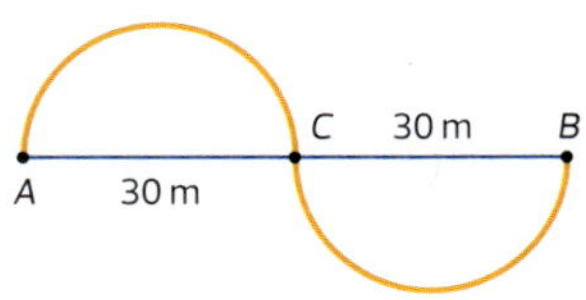

a) azul?
b) laranja?
c) laranja de *A* até *C* e azul de *C* até *B*?

Equivalência de perímetros

Nivaldo estava tentando explicar a Marcelo, seu irmão mais novo, o significado de perímetro. Para ficar mais claro, ele pegou uma fita adesiva e um pedaço de barbante de 8 centímetros e construiu com eles diversos contornos:

Paulo Manzi/Arquivo da editora

Contornos feitos de barbante.

Observe que são contornos diferentes, mas com uma característica comum: todos têm perímetro de 8 cm.

Exercícios e problemas

17. Faça como Nivaldo. Construa contornos diferentes, dos quais dois deles sejam retângulos, só que agora todos devem ter perímetro de 10 cm. (Use papel quadriculado em centímetros.)

18. Use uma folha de papel quadriculado e apenas números naturais. Quantos e quais retângulos você pode desenhar com um perímetro de 36 unidades? Um deles já está representado abaixo.

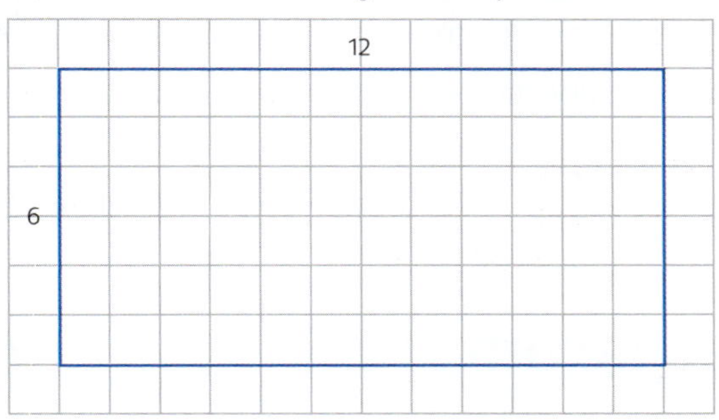

19. O perímetro de um terreno retangular é de 200 m. Para a construção de uma casa, será utilizada uma parte, também retangular, com perímetro de 124 m, que tem 70% do comprimento e 50% da largura do terreno todo. Descubra as dimensões do terreno todo e da parte a ser construída.

Paulo Manzi/Arquivo da editora

3 Área de uma superfície

Para revestir uma parede com azulejos, Adauto precisou exatamente de 360 azulejos.

Homem revestindo parede com azulejos.

Nesse caso, dizemos que a superfície da parede tem área de 360 unidades, considerando a superfície de cada azulejo como unidade.

Área é a medida de uma superfície.

Área de uma região plana irregular

Veja como Luciana fez para encontrar a **área aproximada** de uma região irregular.

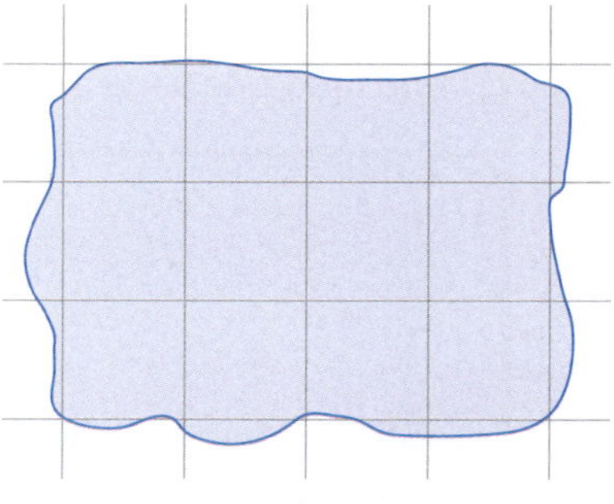

Área aproximada: 12 cm^2

Ela quadriculou a figura em centímetros quadrados, contou os quadradinhos e pôde obter o valor aproximado para a área dessa região: 12 cm^2.

Exercícios e problemas

20. Observe a representação do piso de um corredor e responda:

a) Quantas lajotas há nesse piso?

b) Qual é a área da superfície do corredor considerada a superfície da lajota como unidade?

21. Considerando o ▭ como unidade, determine a área aproximada da figura plana abaixo.

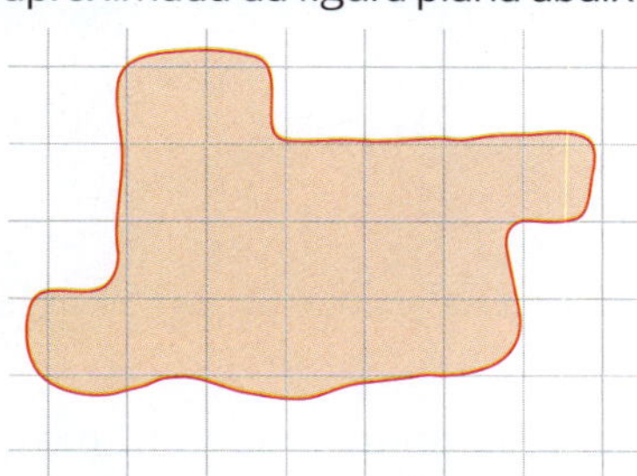

22. Atividade em dupla

Há várias situações nas quais está envolvida a ideia de área. Examinem os anúncios abaixo.

TERRENOS
Águas Claras – 3 600 m². Ótimo local, plano.
Alan Gray – 1000 m² (20 × 50), caminho I. R$ 90 000,00
Jd. S. Paulo – 400 m². R$ 600 000,00

CASAS
R$ 360 000,00 – Cd. Jardim – Casa totalmente reformada c/ abr., sala de estar, jantar, 2 dorms. sendo 1 suíte, wc social, coz., lavand., grande quintal. Ter. 10 × 30 m e 170 m² aprox. de constr.

SÍTIOS
B. Ferraz – 31 alqueires, casa, 3 barracões de granja p/ 30 000 frangos, estábulo novo, 3 represas.
B. dos Pereiras – Piraju: 26 alqueires.

Nesses anúncios, aparecem duas unidades de área diferentes. Pesquisem e descubram quais são e o seu significado.

Troquem ideias e registrem.

23. A superfície do globo terrestre tem área aproximada de 510 000 000 km².

Sabendo que aproximadamente $\frac{3}{4}$ da superfície do globo terrestre são cobertos por água, quantos km² não estão cobertos por água?

Paulo Manzi/Arquivo da editora

24. Estimativa

Faça uma estimativa e relacione a área da região quadrada *EFGH* com a área da região quadrada *ABCD*. Conte os quadrinhos e confira sua resposta.

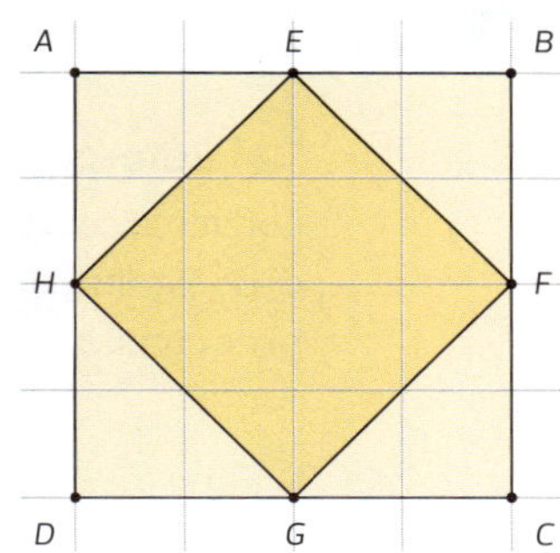

Observe agora a seguinte figura:

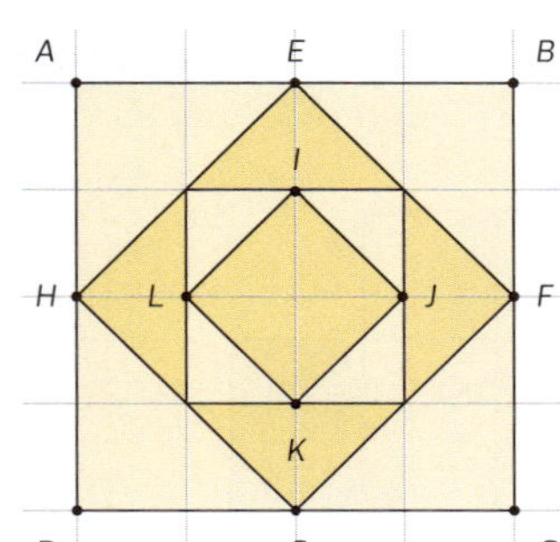

Responda:

a) A área da região quadrada *IJKL* corresponde a que fração da região *ABCD*?

b) E a área de *EFGH* em relação à área de *IJKL*?

Equivalência de áreas

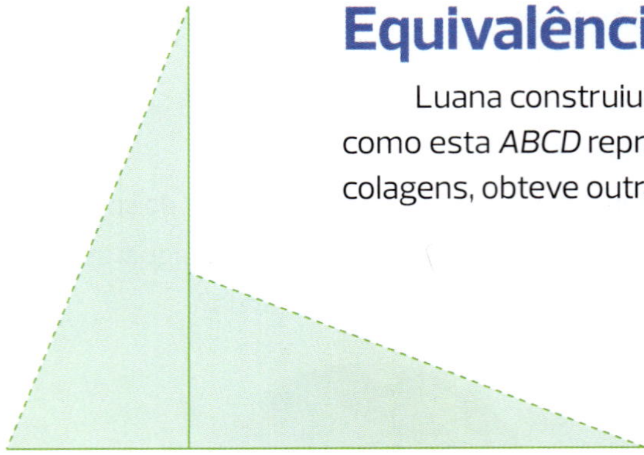

Luana construiu regiões planas retangulares com dimensões de 5 cm por 2 cm, como esta *ABCD* representada abaixo. A partir de cada uma delas, usando recortes e colagens, obteve outras regiões planas, conforme as ilustrações a seguir.

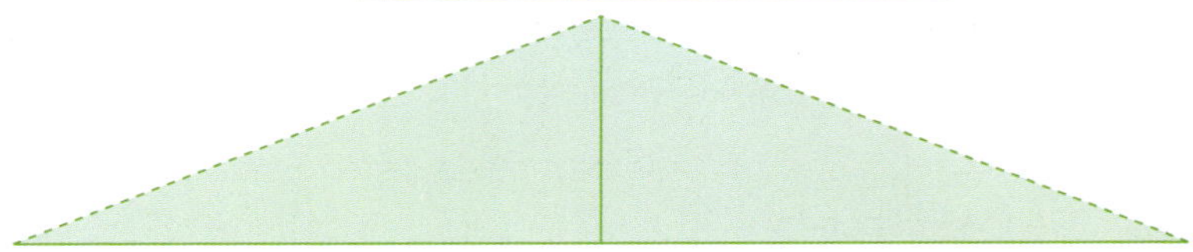

Observe que são regiões planas de formas diferentes, mas com uma característica comum: todas têm área de 10 cm².

> **Bate-papo**
>
> Converse com um colega e procurem se lembrar:
>
> a) do significado de centímetro quadrado (cm²);
>
> b) de como saber se essas formas planas têm área de 10 cm².

Exercícios e problemas

25. Considere ——— como unidade de medida de comprimento e , como unidade de área.

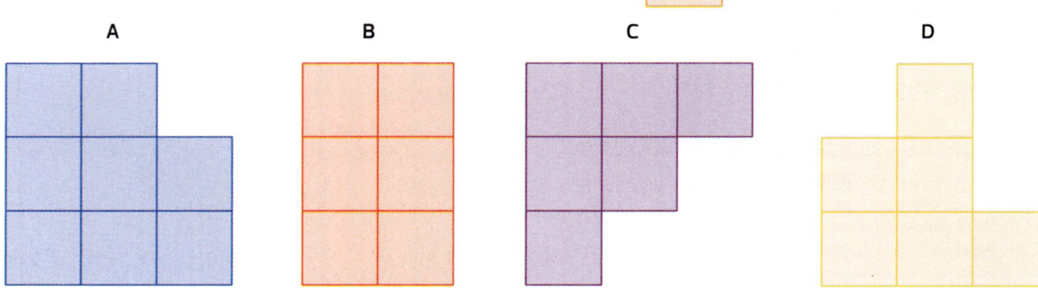

Agora, indique duas dessas regiões planas que tenham:

a) perímetros iguais e áreas diferentes;

b) áreas iguais e perímetros diferentes;

c) perímetros diferentes e áreas diferentes;

d) perímetros iguais e áreas iguais.

26. Observe a região retangular representada abaixo. Ela tem área de 24 cm^2.

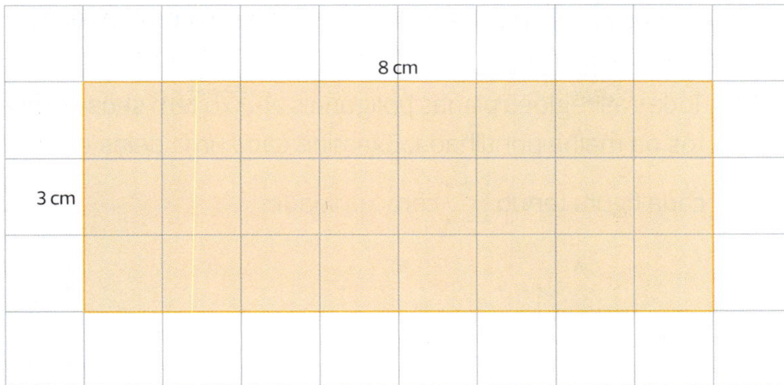

a) Usando apenas números naturais para medidas de comprimento em centímetros, escreva quantas e quais regiões retangulares podem ser construídas com área igual a 24 cm^2.
b) Desenhe uma delas em papel quadriculado, recorte e cole em seu caderno.
c) Escreva em ordem crescente os números naturais encontrados no item **a**.
d) Que números são esses?

27. Usando  como unidade de medida, determine a área de cada região plana.
Depois, responda:

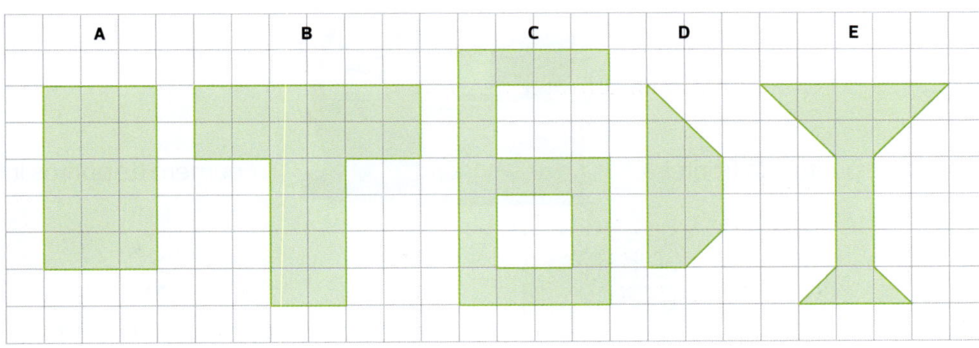

a) Qual é a região que tem a menor área?
b) Qual é a de maior área?

28. **Arredondamentos, cálculo mental e resultado aproximado**
Um terreno retangular tem 21,97 m de comprimento e 10,10 m de largura. Copie os valores mais próximos do perímetro e da área desse terreno, entre estes abaixo:
a) Perímetro: 32 m, 50 m ou 64 m?
b) Área: 110 m^2, 220 m^2 ou 2200 m^2?

29. Um corredor da casa de Gabriela foi revestido com lajotas quadradas. Veja uma parte dele representada ao lado.
Responda:
a) O corredor todo mede 1 m por 10 m. Quantas lajotas foram usadas para revesti-lo?
b) Se o metro quadrado de lajota custou R$ 6,20, quantos reais foram gastos para revestir o corredor?

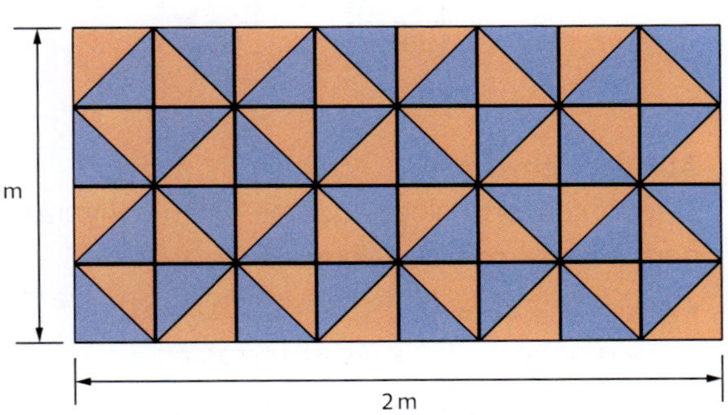

Uma curiosa forma de cálculo de área

Pontos da fronteira e pontos interiores

Todas as regiões planas poligonais abaixo têm seus vértices localizados em pontos da malha pontilhada. Examine cada uma delas e procure descobrir a área de cada figura tendo ▢ como unidade.

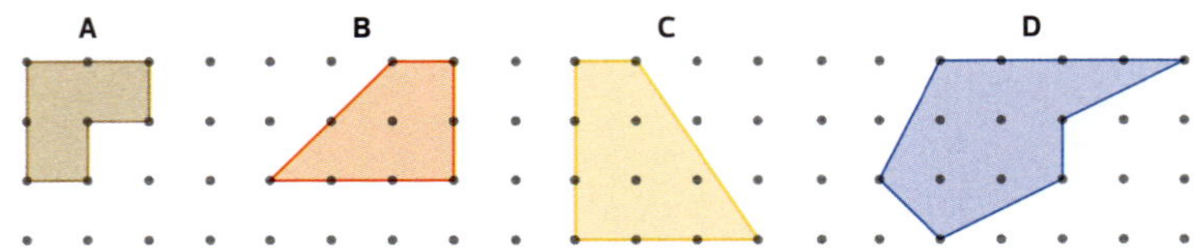

Você pode ter achado mais difícil determinar as áreas das regiões **C** e **D**. Nesses casos, temos o benefício de usar uma fórmula. Antes, veja o que são **pontos da fronteira** e **pontos interiores** de uma região poligonal.

f: número de pontos da fronteira

i: número de pontos interiores

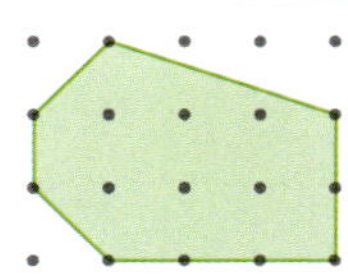

Na figura ao lado, temos $f = 9$ e $i = 6$.

Exercícios

30. Determine o número de pontos da fronteira (f), o número de pontos interiores (i) e a área de cada região poligonal abaixo.

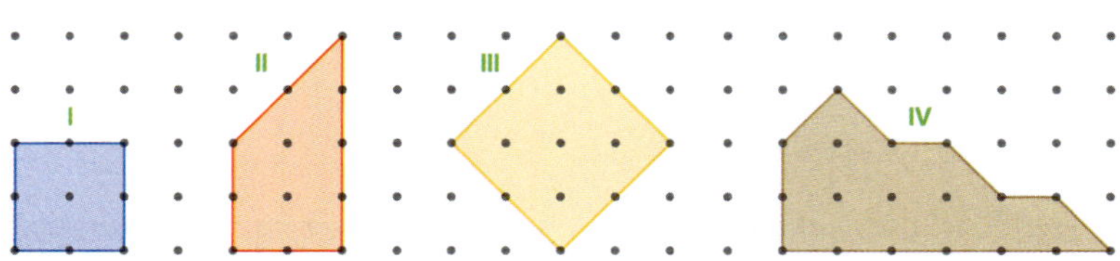

31. Atividade em dupla

Discuta com um colega e, juntos, usem as figuras da atividade 30 e descubram qual das fórmulas abaixo fornece a área A com os valores de f e de i.

- $A = \left(\frac{1}{2}i + f\right) - 1$
- $A = \left(\frac{1}{2}f + i\right) - 1$

A fórmula procurada

Vamos ver, por meio de um **fluxograma**, como obter a fórmula que fornece a área A de uma região poligonal em função de f e i sempre que os vértices são pontos de uma malha pontilhada.

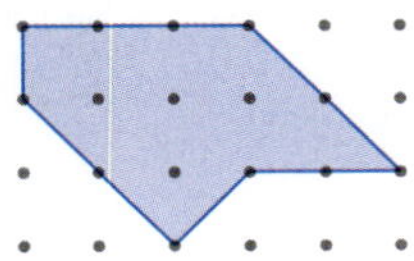

Fluxograma		Exemplo: $f = 11$ e $i = 4$
Início		
Escreva f.	f	11
Multiplique f por $\frac{1}{2}$.	$\frac{1}{2}f$	$\frac{11}{2}$
Adicione i a esse número.	$\frac{1}{2}f + i$	$\frac{11}{2} + 4$ ou $\frac{19}{2}$
Subtraia 1 do resultado.	$\left(\frac{1}{2}f + i\right) - 1$	$\frac{19}{2} - 1$ ou $\frac{17}{2}$ ou $8\frac{1}{2}$
Escreva esse número como sendo a área A.	$A = \left(\frac{1}{2}f + i\right) - 1$	A área é $8\frac{1}{2}$ unidades ou 8,5 unidades
Fim		

Com a fórmula obtida, podemos calcular a área de outras regiões planas. Veja nas regiões poligonais **C** e **D** da página anterior.

C: $f = 8$ e $i = 3 \rightarrow A = (4 + 3) - 1 = 6$ unidades;

D: $f = 9$ e $i = 4 \rightarrow A = \left(4\frac{1}{2} + 4\right) - 1 = 7\frac{1}{2}$ unidades ou 7,5 unidades.

Exercícios

32. Calcule as áreas das regiões **III** e **IV** do exercício 30 usando a fórmula determinada.

33. Use a mesma fórmula e determine a área destas figuras planas usando 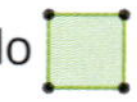 como unidade.

a) 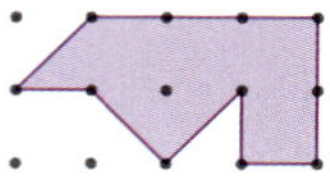

b) 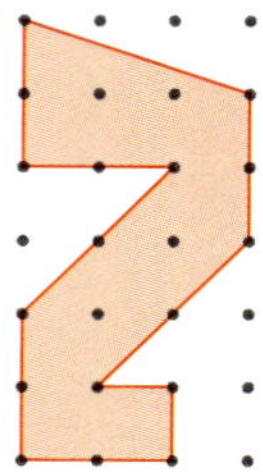

c) 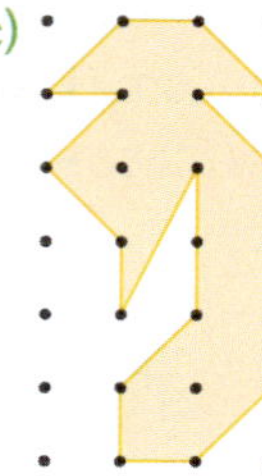

34. **Estimativa**

Estime a área desta região limitada por uma linha curva e registre sua estimativa.

unidade: 

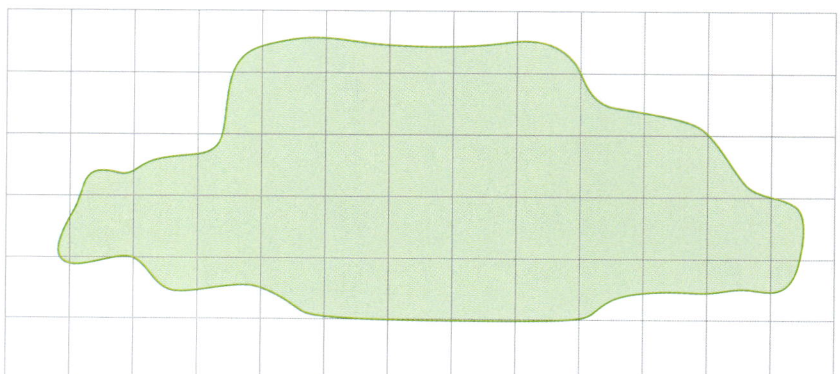

Vejamos como conferir essa estimativa.

a) Conte apenas as **unidades inteiras** que cabem na figura. Quantas são?

b) Conte todas as unidades parciais (partes da unidade) da figura. Quantas são?

c) Divida o número de unidades parciais por 2, pois uma parte pode ser um pouco maior ou um pouco menor do que a metade. Assim, temos um valor médio.

d) Adicione os números encontrados nos itens **a** e **c** e indique a área aproximada da figura.

e) Sua estimativa inicial aproximou-se desse valor?

35. Estime e depois determine a área aproximada destas regiões:

unidade: 

a) 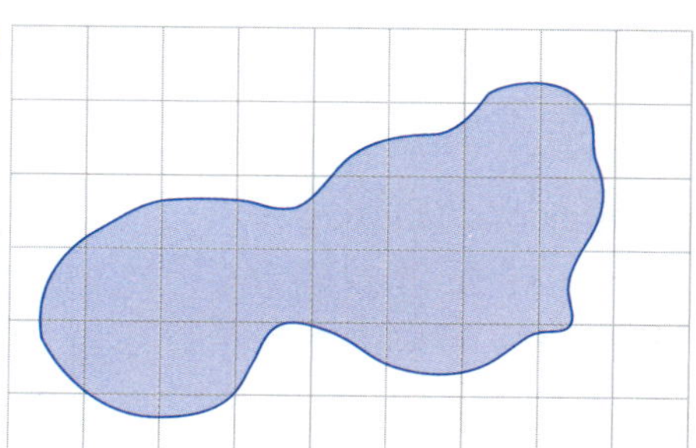

b) 

4 Volume de um sólido geométrico

Gustavo relacionou a aula de Matemática sobre volumes com uma situação que está vivendo: seu pai reclamou do excesso no consumo de água em sua casa. Gustavo ficou curioso para saber como se calcula a quantidade de água de uma caixa-d'água. No final do capítulo, você vai saber.

Antes, vamos recordar com Gustavo o significado de medida de volume.

Examine estas representações.

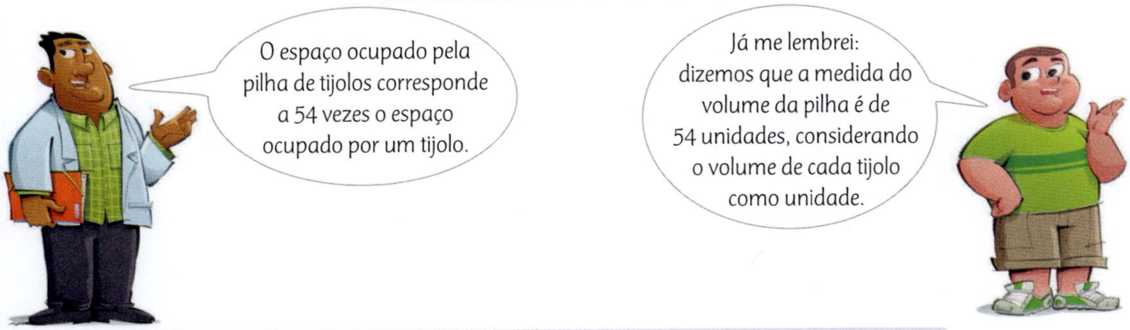

Você sabia?

A medida do volume do globo terrestre é de aproximadamente 1 083 207 000 000 km³, ou seja, um trilhão, oitenta e três bilhões e duzentos e sete milhões de quilômetros cúbicos.

Exercícios e problemas

36. Use o centímetro cúbico como unidade e calcule a medida do volume de cada um dos sólidos geométricos abaixo. O sólido geométrico laranja é um bloco retangular. Nos outros dois, considere apenas a parte visível.

37. Ainda usando o centímetro cúbico como unidade, faça o desenho de dois sólidos em uma folha de papel quadriculado (um deles deve ser um bloco retangular), ambos com volume de 10 cm³.

38. Lúcio queria saber o volume de uma vasilha cilíndrica. Para isso, ele montou um cubo com 2 cm de aresta, retirou a tampa e vedou-o com fita isolante. Em seguida, foi enchendo o cubo com areia e despejando na vasilha. Para enchê-la, foram necessários 4 cubos e meio. Qual o volume da vasilha?

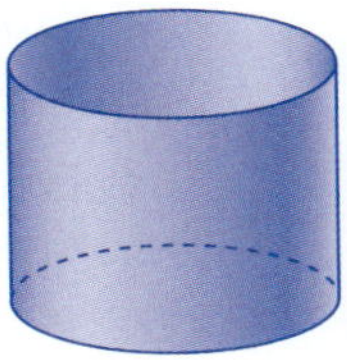

Equivalência de volumes

É possível construir sólidos geométricos com formas diferentes, mas com o mesmo volume.

Por exemplo, com 12 cubinhos de 1 cm^3 cada um, Marta construiu um bloco retangular. Depois, ela foi mudando a posição dos cubinhos e montou outros sólidos. Veja:

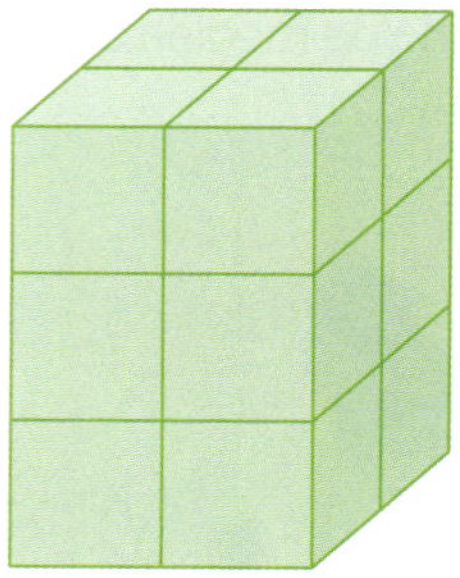

Esses são sólidos geométricos com formas diferentes, mas com uma característica comum: todos têm volume de 12 cm^3.

Exercícios

39. **Atividade em dupla**

Converse com seu colega e respondam: se a unidade de medida de volume fosse esta representada ao lado, qual seria o volume dos sólidos feitos por Marta?

40. Observe o sólido abaixo, construído com cubinhos de 1 cm^3. Ele foi formado juntando um cubo e um paralelepípedo.

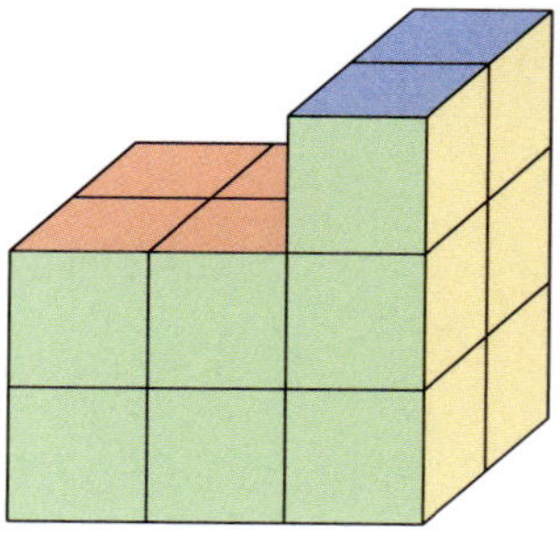

Determine, considerando esse sólido:

a) o número de faces, de vértices e de arestas;

b) o perímetro da face que aparece pintada de verde;

c) a área da face que aparece pintada de amarelo;

d) o volume do sólido.

Em seguida, faça a representação do sólido visto de cima.

5 Fórmulas para indicar perímetros

Você já estudou que o perímetro de uma região plana cujo contorno é um polígono é dado pela soma das medidas dos lados desse polígono.

Quando o polígono que determina a região poligonal é regular, podemos calcular o perímetro multiplicando o número de lados pela medida de um lado do polígono, já que as medidas dos lados são todas iguais.

Por exemplo: o perímetro de um triângulo equilátero com lados de medida *y* pode ser indicado pela fórmula $P = y + y + y$ ou $P = 3y$.

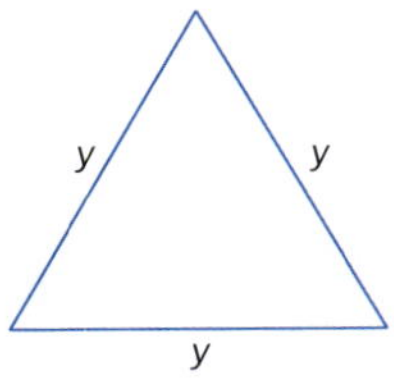

Exercícios

41. Escreva a fórmula que indica o perímetro de cada um dos polígonos abaixo.

a) Pentágono com dois lados de medida *x*, dois de medida *y* e um lado de medida *z*.

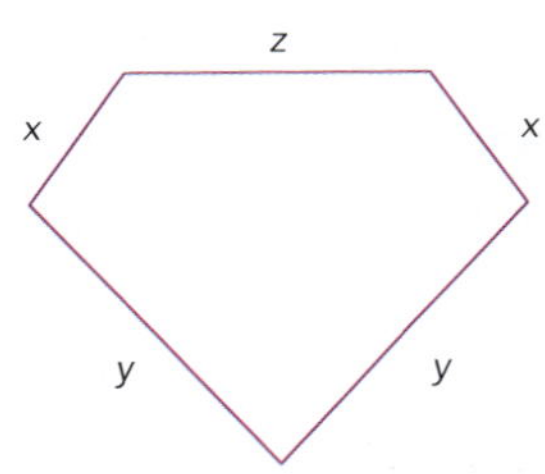

b) Quadrado com lado de medida *a*.

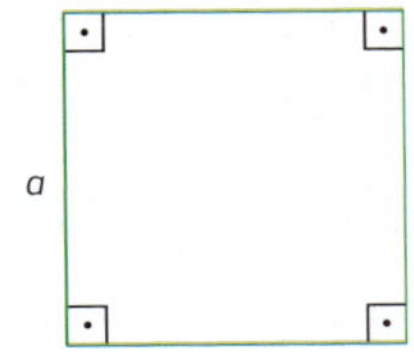

c) Hexágono regular com lados de medida ℓ.

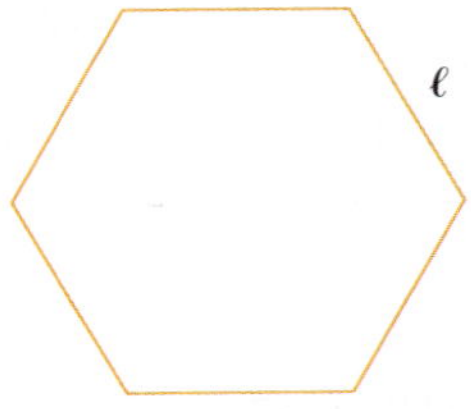

42. Em um $\triangle ABC$, o lado $\overline{AB}$ mede 4 cm a menos do que a medida do lado $\overline{AC}$, a medida do lado $\overline{BC}$ é igual a $\frac{3}{5}$ da medida do lado $\overline{AC}$ e o perímetro é de 22 cm. Determine a medida dos três lados desse triângulo.

6 Fórmulas para indicar áreas

Área de uma região retangular

Lembre-se de que a fórmula que fornece a área A da região retangular abaixo é:

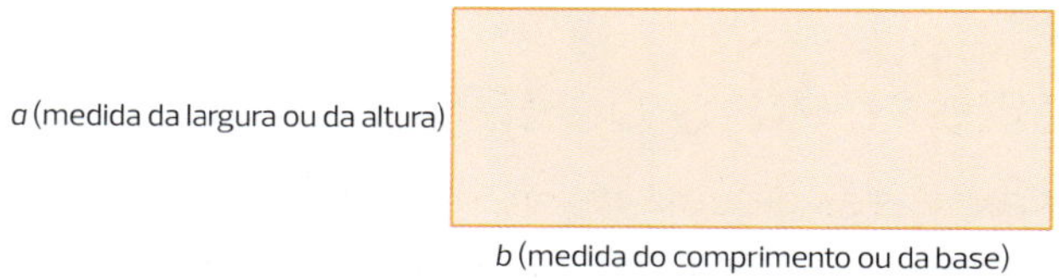

$$A = b \cdot a$$

E que o quadrado é um caso particular de retângulo. A fórmula que fornece a área da região quadrada ao lado é:

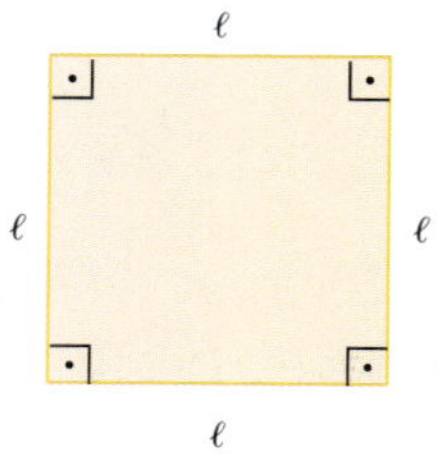

$$A = \ell \cdot \ell \quad \text{ou} \quad A = \ell^2$$

Área de uma região limitada por um paralelogramo

Lembre-se de que a fórmula que fornece a área A da região determinada por um paralelogramo cuja base mede b e a altura relativa a ela mede a é dada por:

$$A = b \cdot a$$

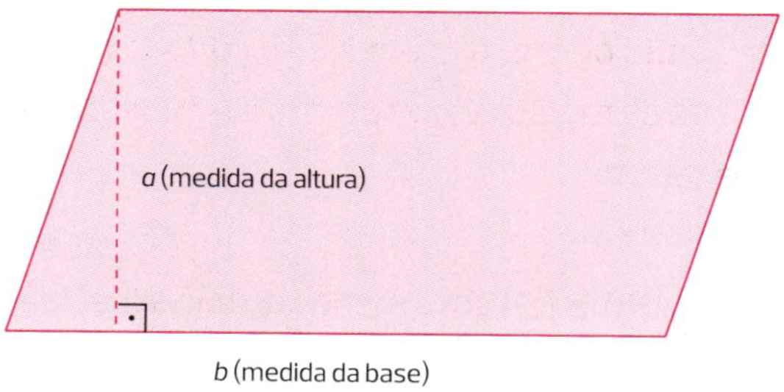

Área de uma região triangular

Examine a figura que Juliana e seu pai montaram.

Se você analisá-la com atenção, perceberá que duas regiões triangulares congruentes podem formar uma região com forma de paralelogramo, como você já deve ter estudado.

Como a área da região limitada pelo paralelogramo é $b \cdot a$, então a área da região triangular é dada por:

$$A = \frac{b \cdot a}{2}$$

Medida da base vezes medida da altura dividido por 2.

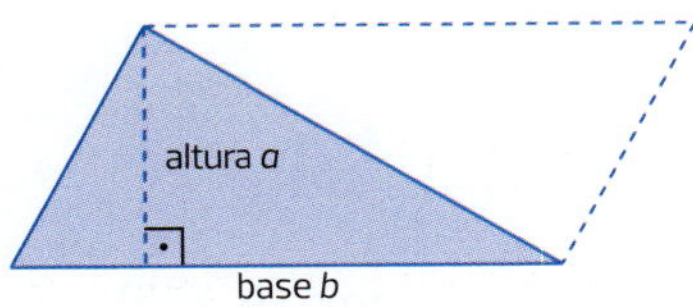

Sérgio Dotta Jr./Arquivo da editora

Pai e filha montando figuras geométricas.

Área de uma região poligonal regular

Para determinar a área de uma região poligonal regular de n lados, decompomos essa região em n regiões triangulares e, em seguida, determinamos a área total.

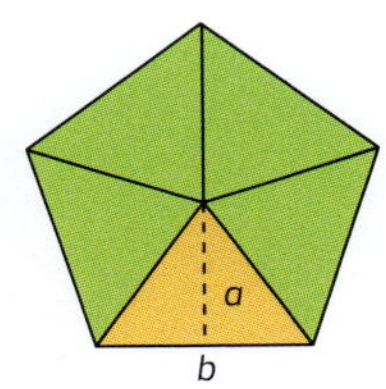

$$A = n \cdot \frac{b \cdot a}{2}$$

Área de uma região limitada por um losango

Como você já deve ter estudado, a área da região determinada por um losango é dada por:

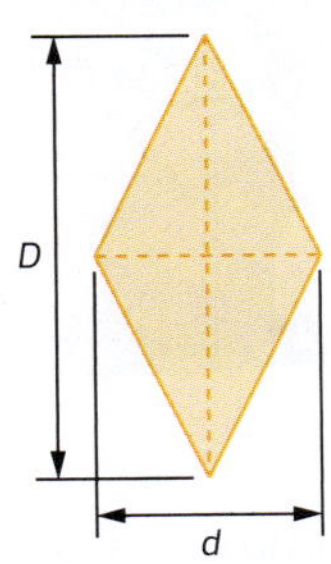

$$A = \frac{D \cdot d}{2}$$

D: medida da diagonal maior
d: medida da diagonal menor

Acompanhe uma maneira de chegar à fórmula da área da região determinada por um losango de diagonal maior D e diagonal menor d.

Traçamos apenas uma das diagonais, por exemplo, a menor, de medida d. A região fica, então, dividida em duas regiões triangulares iguais de base d e altura $\frac{D}{2}$, pois as diagonais em um losango são perpendiculares e se cortam ao meio.

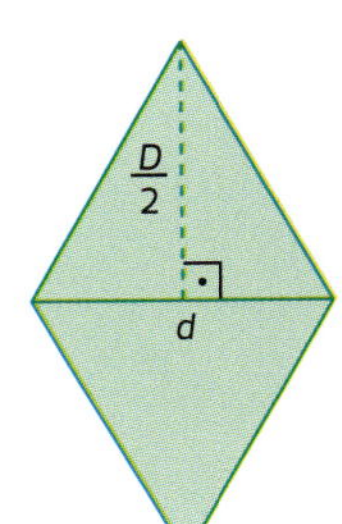

Dessa forma, a área A da região cujo contorno é um losango de diagonais medindo D e d pode ser obtida assim:

$$A = \cancel{2} \cdot \frac{d \cdot \frac{D}{2}}{\cancel{2}} = d \cdot \frac{D}{2} = \frac{d \cdot D}{2}, \text{ ou seja: } A = \frac{D \cdot d}{2}$$

Área de uma região limitada por um trapézio

Observe a região limitada por um trapézio.

Lembra-se? Duas dessas regiões podem formar uma região com forma de paralelogramo.

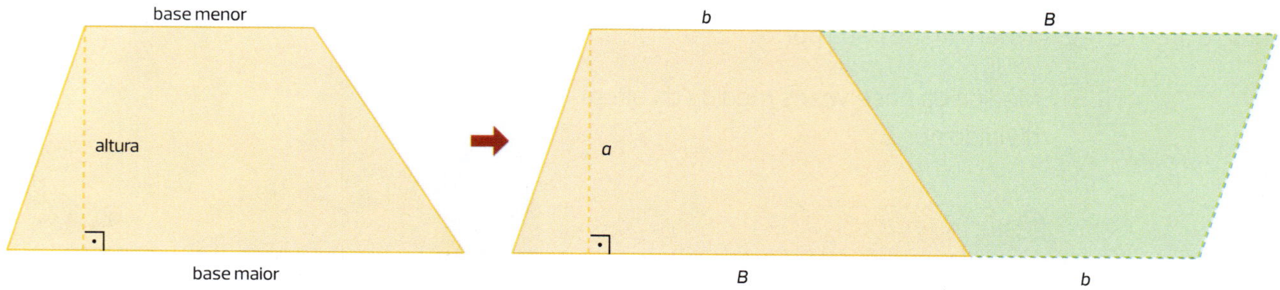

B: medida da base maior
b: medida da base menor
a: altura

Como a área da região limitada pelo paralelogramo é $(B + b) \cdot a$, então a área da região que tem a forma de trapézio é:

$$A = \frac{(B+b)\cdot a}{2}$$

Traçamos uma das diagonais da região trapezoidal.

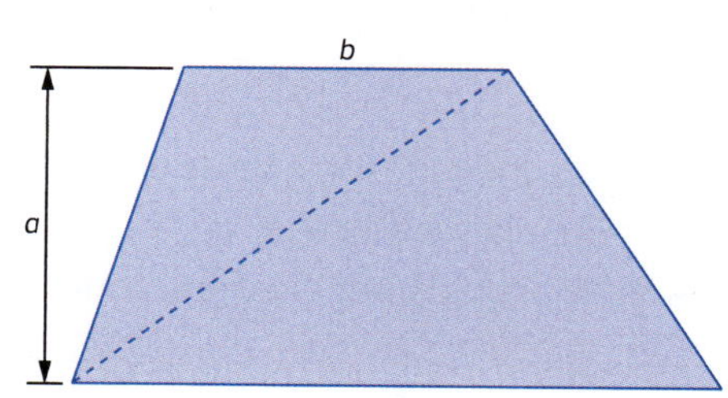

Essa região fica dividida em duas regiões triangulares, uma de base medindo B e altura a e outra de base b e altura a.

Assim, a área da região trapezoidal é dada por:

$$A = \frac{B\cdot a}{2} + \frac{b\cdot a}{2} = \frac{Ba+ba}{2} = \frac{(B+b)\cdot a}{2}$$

Exercícios e problemas

43. Um **hectare (ha)** é uma unidade agrária de área. Equivale à área de uma região quadrada cujo lado mede 100 m. Determine a área, em hectares, da chácara representada abaixo.

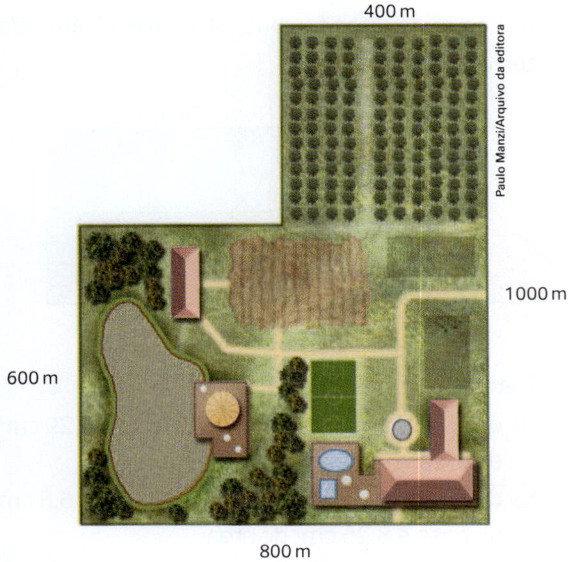

44. Uma lata de fertilizante é o suficiente para uma área de 600 m². Jéferson vai usá-lo em seu terreno retangular de 50 m por 75 m. Quantas latas de fertilizante ele gastará?

45. Determine a área da região abaixo.

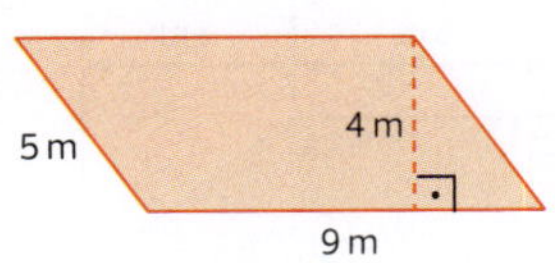

46. Um paralelogramo tem 18 cm de perímetro, 2 cm de altura e um dos lados mede o triplo da medida da altura.

a) Esboce o desenho desse paralelogramo com suas medidas.

b) Calcule a área da região determinada por ele.

47. Calcule a área da região destacada abaixo. Os valores são dados em centímetros.

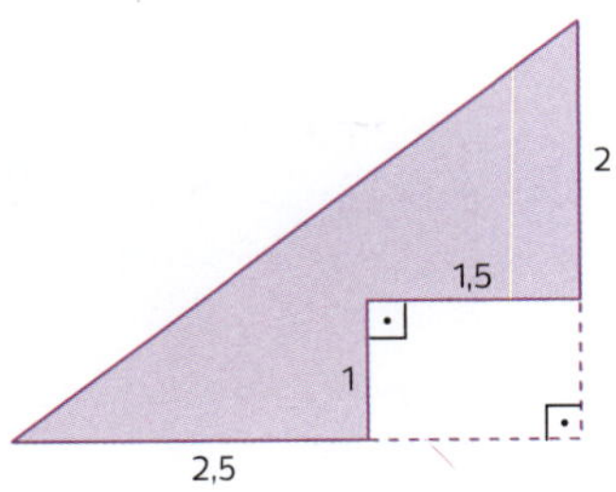

48. Doce lar!

Aproximadamente, de quantos metros quadrados de madeira Felipe precisará para construir uma casinha sem porta para seu cão Fight? (Considere as medidas abaixo e use calculadora.)

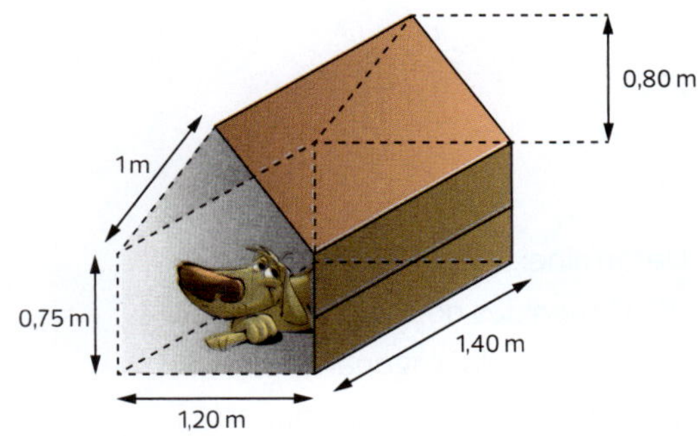

49. A figura abaixo representa o local onde será realizado um evento cultural.

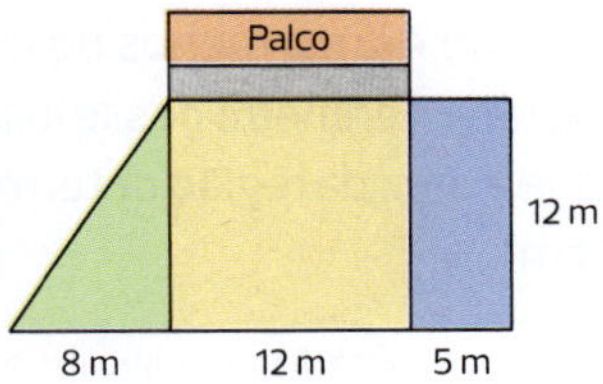

Calcule a quantia que será arrecadada com base nas seguintes informações, considerando que os três setores ficarão lotados:

- O setor amarelo abriga, quando lotado, 720 pessoas.
- O preço do ingresso varia de acordo com o setor, da seguinte forma:

Amarelo: R$ 15,00	Azul: R$ 10,00	Verde: R$ 12,00

50. Determine a área de cada uma destas regiões poligonais regulares, usando essas medidas aproximadas.

a)

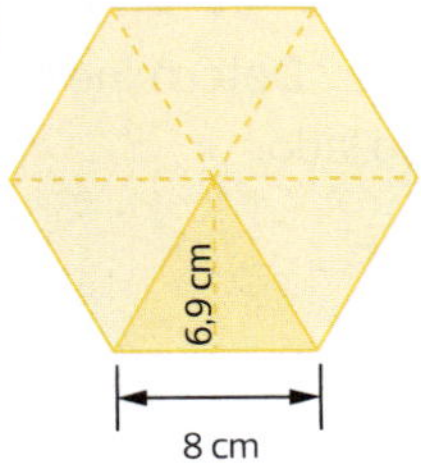

b)

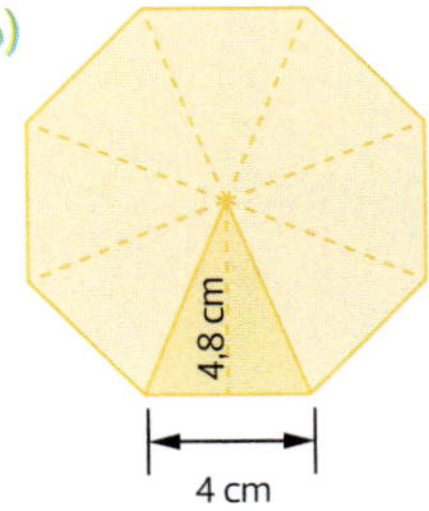

51. A figura abaixo representa uma região plana $ABCD$ cujo contorno é um losango, com as seguintes medidas: $AB = 13$ cm, $AC = 24$ cm e $BD = 10$ cm.

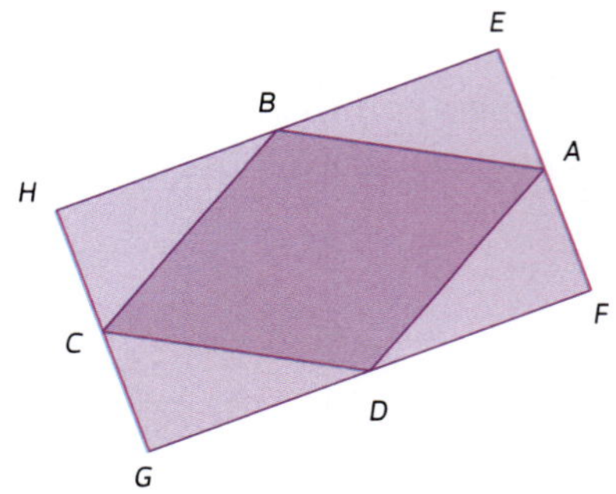

Determine:

a) as medidas dos lados $\overline{BC}$, $\overline{CD}$ e $\overline{DA}$;

b) a medida da diagonal maior;

c) a medida da diagonal menor;

d) a área da região plana $ABCD$;

e) a área da região plana $EFGH$.

52. Em um losango, a diagonal maior mede 32 cm, e cada lado mede 4 cm a menos do que a diagonal menor. Calcule o perímetro desse losango, sabendo ainda que a área da região determinada por ele é de 384 cm^2.

53. Use os valores indicados e calcule a área das regiões determinadas pelos trapézios.

a)

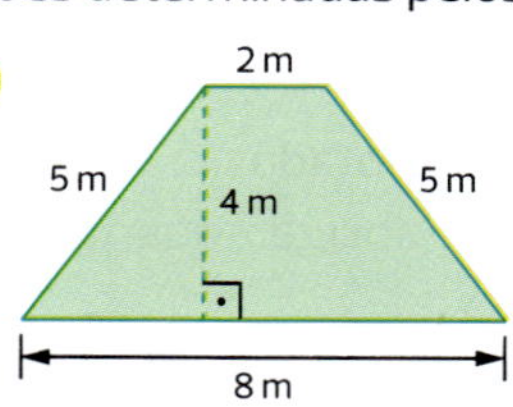

b)

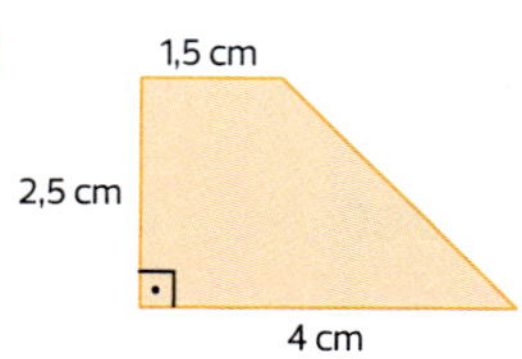

54. O terreno de Berenice foi dividido em três regiões para uma plantação, de acordo com o indicado na figura abaixo. A região laranja tem como contorno um paralelogramo; a verde, um triângulo; e a azul, um trapézio. Observe as medidas e os ângulos retos da figura. Calcule a área de cada região e, de duas formas diferentes, a área do terreno de Berenice.

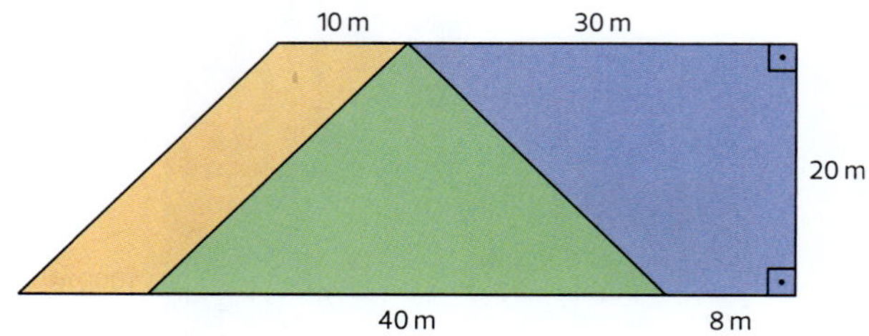

55. Determine a medida:

a) do lado de uma região quadrada com 151,29 cm^2 de área;

b) da altura de uma região triangular com 5,5 cm de base e 8,25 cm^2 de área;

c) da diagonal menor de uma região determinada por um losango que tem 7,6 cm de diagonal maior e 17,1 cm^2 de área.

56. Descubra a área da região representada abaixo.

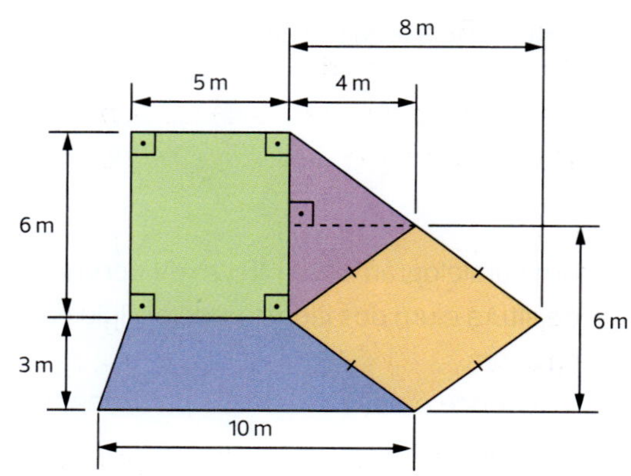

Desafio

Determine o perímetro e a área da região ao lado.

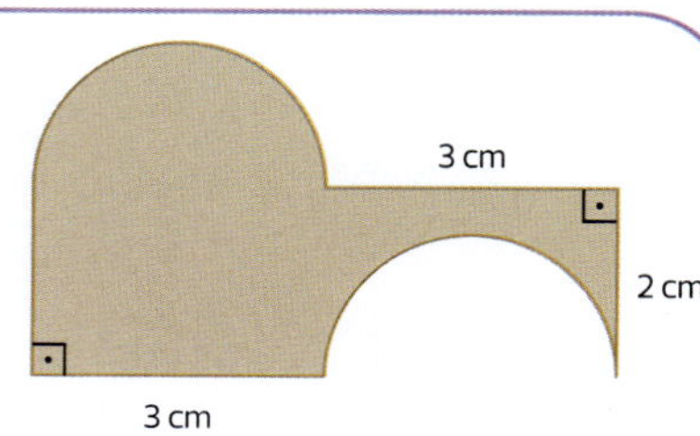

Uma grande descoberta que envolve área: a relação de Pitágoras

Há cerca de 2 500 anos, um famoso matemático, filósofo e astrônomo grego chamado Pitágoras (570 a.C.-475 a.C.) estudou uma interessante regularidade que se verifica com as medidas dos lados nos triângulos retângulos.

Examine o triângulo retângulo *ABC* abaixo. Ele tem um ângulo reto em *A* e lados de medidas *a*, *b* e *c*.

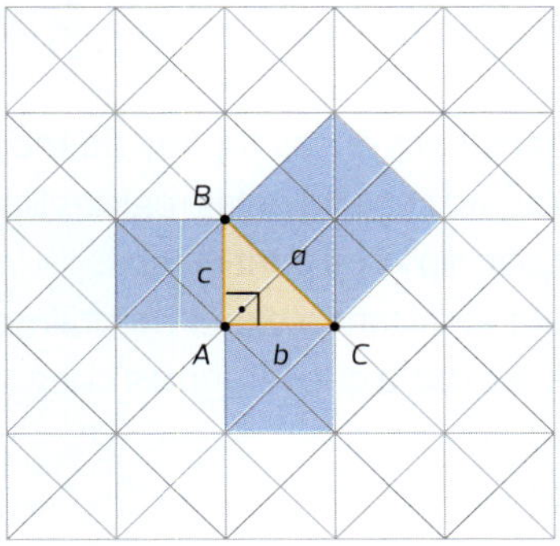

Observe que:

- a região quadrada em que cada lado mede *b* contém 4 regiões triangulares do papel. Indicamos sua área por b^2;
- a região quadrada em que cada lado mede *c* contém 4 regiões triangulares do papel. Indicamos sua área por c^2.

Responda:

- Quantas regiões triangulares formam a região quadrada de lado *a*? Como indicamos sua área?
- Compare a área da região quadrada de lado *a* com a soma das áreas das regiões quadradas de lados *b* e *c*. Como elas são?
- Podemos afirmar que $a^2 = b^2 + c^2$?

Esse fato pode ser demonstrado para **todos os triângulos retângulos**, ou seja:

Em todo triângulo retângulo, o quadrado da medida do lado maior é igual à soma dos quadrados das medidas dos outros dois lados.

Essa relação é chamada de **relação de Pitágoras**.

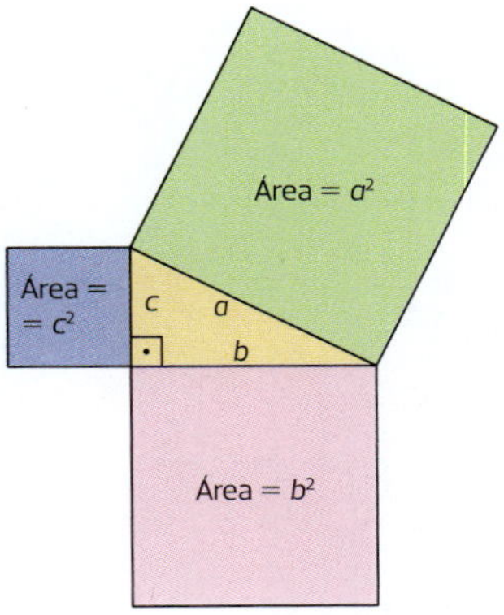

$$a^2 = b^2 + c^2$$

Você sabia?

Um famoso pensamento atribuído a Pitágoras é: "Educai as crianças e não será preciso punir os homens".

Pitágoras de Samos

Foto: Alfredo Dagli Orti/The Art Archive/ Corbis/ Latinstock
Museus Capitolinos, Roma/

Oficina de Matemática

Construa, em uma folha de papel sulfite, um triângulo retângulo qualquer. Indique as medidas dos dois lados menores por b e c e a do lado maior por a, como mostra a figura abaixo, à esquerda.

Em seguida, construa três regiões quadradas: uma com lado de medida a, outra com lado de medida b e outra com lado de medida c, como mostram as figuras abaixo, à direita.

Pinte a região quadrada de lado a de marrom, a de lado b de lilás e a de lado c de verde.

Faça recortes e colagens com essas figuras de modo que a região pintada de marrom (área a^2) seja totalmente coberta pelas regiões lilás (área b^2) e verde (área c^2).

Uma dica: recorte a região lilás nos pontilhados.

Sabe o que você estará verificando experimentalmente com essa montagem? Que $a^2 = b^2 + c^2$, ou seja, a relação a que Pitágoras chegou.

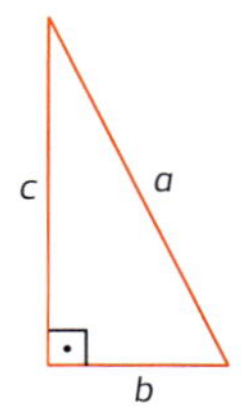

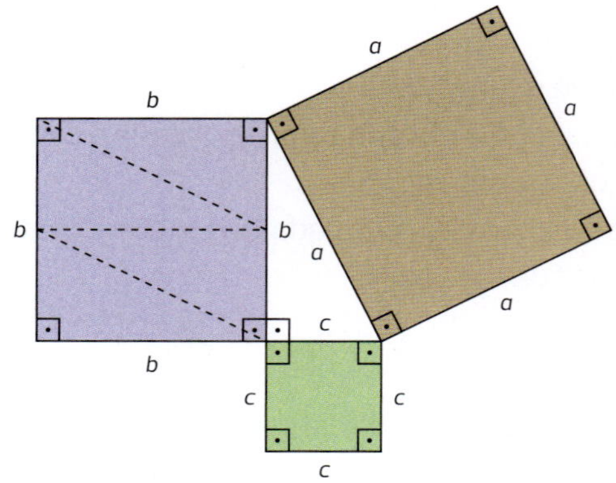

Exercícios e problemas

57. Verifique a relação de Pitágoras nestes triângulos retângulos:

a)

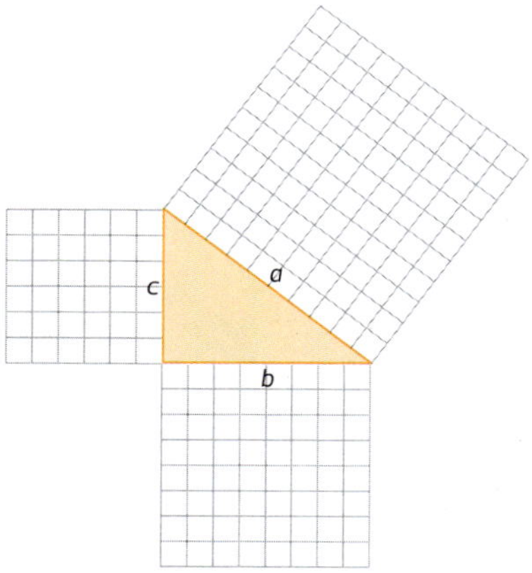

b)

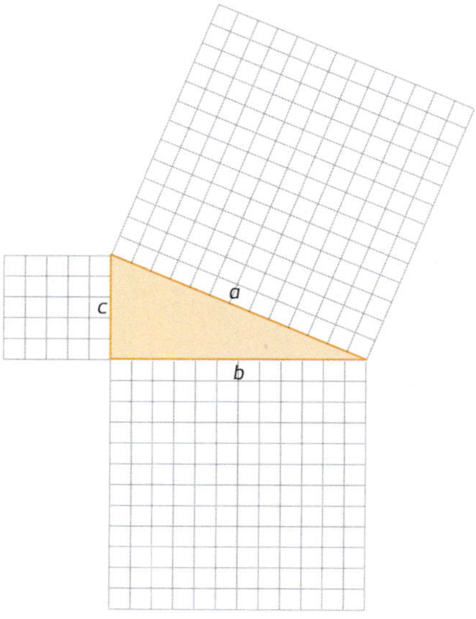

58. Complete o quadro a seguir, usando os triângulos das figuras abaixo. Registre o tipo de triângulo quanto aos ângulos: acutângulo, obtusângulo ou retângulo. Depois, constate que a relação de Pitágoras só vale no triângulo retângulo.

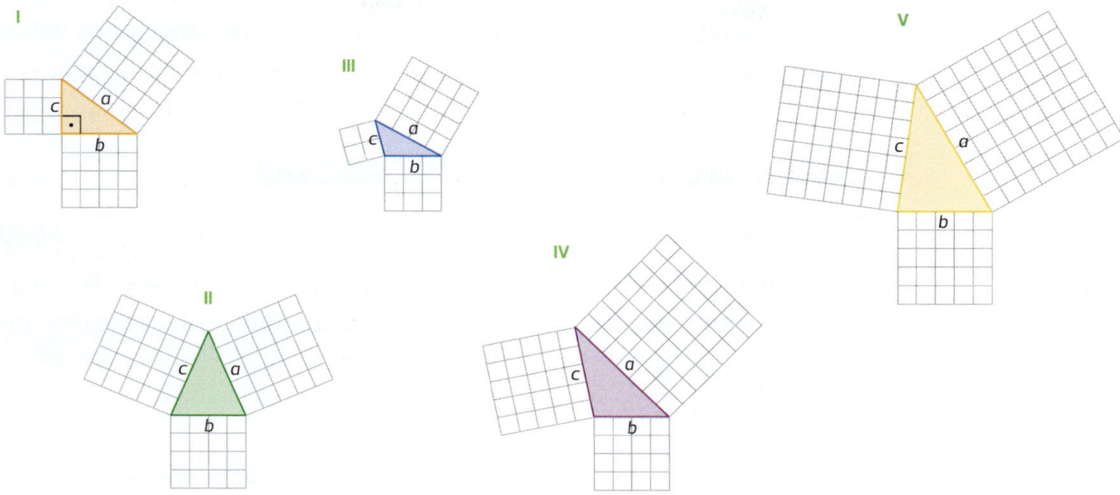

Triângulo	Tipo de triângulo	a^2	$b^2 + c^2$	a^2 é igual a $b^2 + c^2$?
I				
II				
III				
IV				
V				

59. Use a relação de Pitágoras para resolver estas situações.

a) Um fio vai ser esticado do topo deste prédio até um ponto no chão, como indica a figura. Qual deve ser o comprimento do fio?

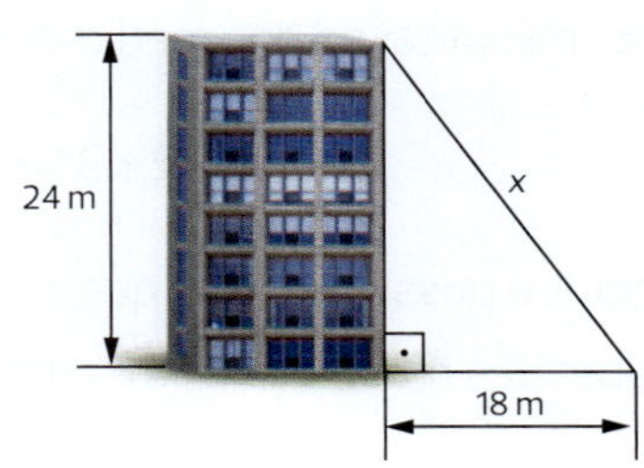

b) Um canteiro que tem a forma aproximadamente triangular e um ângulo reto vai ser cercado de tijolos. Qual é o valor de x? Qual é o perímetro do canteiro?

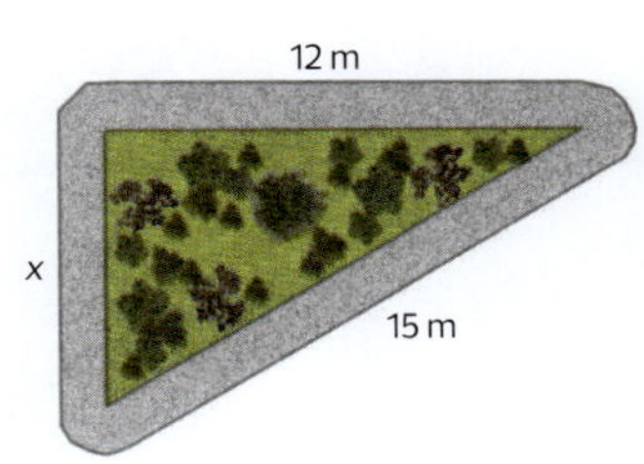

Ilustrações: Paulo Manzi/Arquivo da editora

7 Fórmulas para o cálculo da medida de volume

Vamos estudar as fórmulas que nos possibilitam achar a medida do volume dos principais tipos de poliedros.

Volume de um paralelepípedo

Você se lembra de como determinar a medida do volume de um paralelepípedo ou bloco retangular? Vamos recordar juntos. Você pode contar quantos cubinhos de 1 unidade cabem nele ou multiplicar as medidas de suas três dimensões (comprimento, largura e altura).

Acompanhe o exemplo a seguir.

Neste caso: 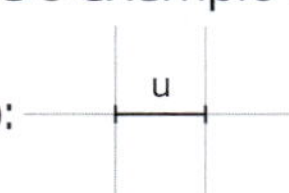

é a unidade de medida de comprimento.

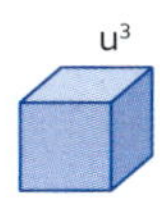

é a unidade de medida de volume.

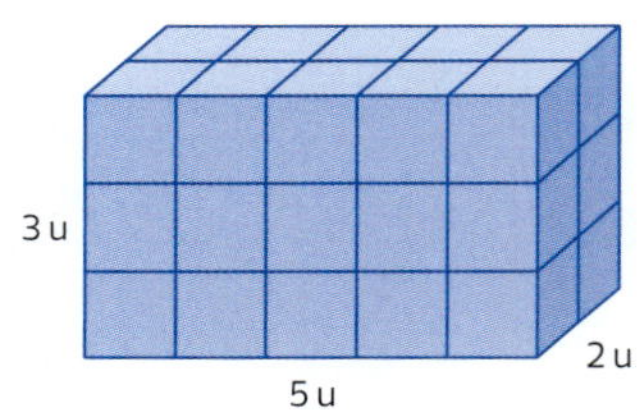

Contando os cubinhos, temos:

$$V = 30\ u^3$$

Efetuando a multiplicação das medidas das três dimensões, vem:

$$V = 5 \cdot 2 \cdot 3 \Rightarrow V = 30\ u^3$$

De modo geral, é possível provar que a medida do volume de um paralelepípedo é dada pelo produto das medidas das três dimensões:

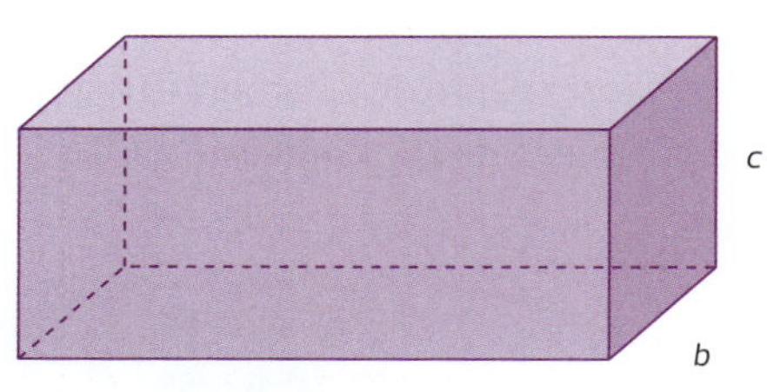

$$V = a \cdot b \cdot c$$

Exercícios e problemas

60. Qual é a medida do volume de um cubo de 10 cm de aresta?

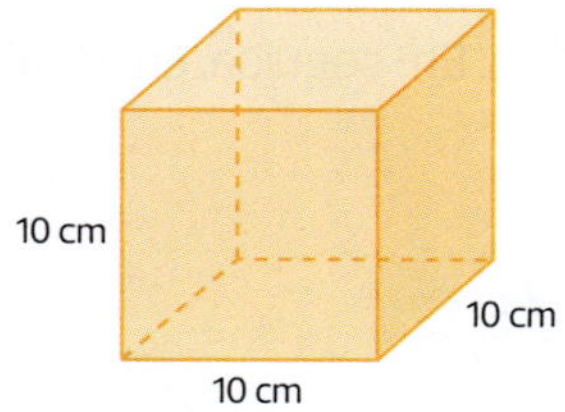

61. Escreva uma fórmula geral para determinar a medida do volume do paralelepípedo e do cubo abaixo.

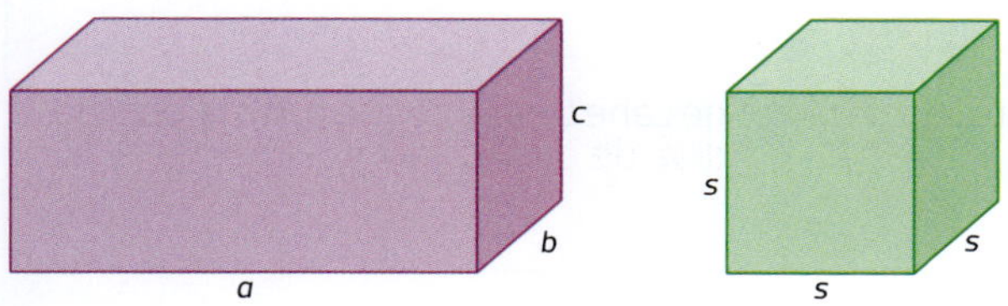

62. Qual é o volume da caixa, do aquário e da piscina representados abaixo?

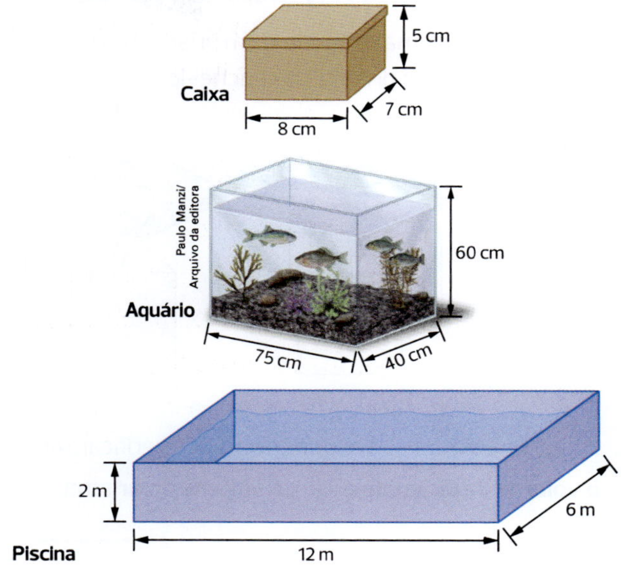

Volume de um prisma qualquer

Na atividade 61 você chegou a uma fórmula para o cálculo da medida do volume do paralelepípedo:

$V = B \cdot a$, sendo B a área da base e a, a medida da altura.

O paralelepípedo é um caso particular de prisma.

Os matemáticos já provaram que essa fórmula vale também para os demais prismas.

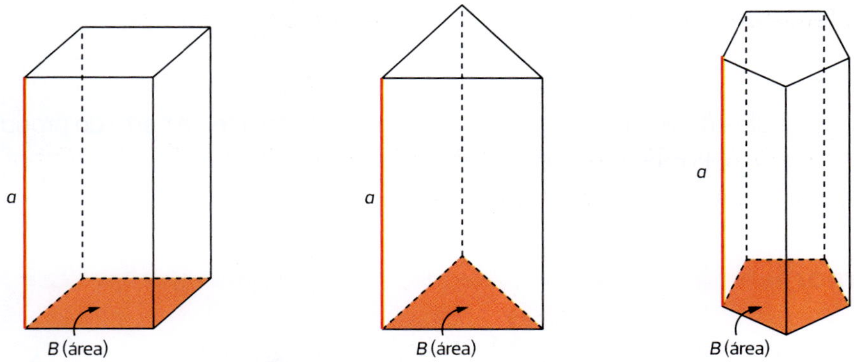

Podemos então escrever:

A medida do volume de qualquer prisma é igual ao produto da área da base pela medida da altura.

Em símbolos: $V = B \cdot a$, em que B é a área da base e a é a medida da altura.

Volume de uma pirâmide

Oficina de Matemática

Construa uma pirâmide e um prisma de mesma base e de mesma altura. Em seguida, encha a pirâmide de areia e despeje no prisma, até enchê-lo.

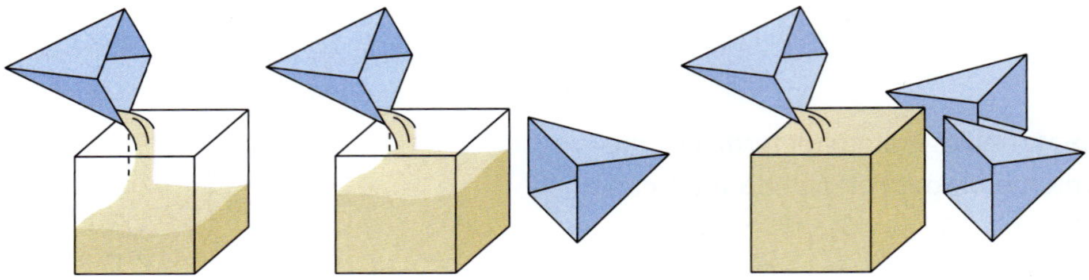

Ao realizar essa experiência, você verificará que o conteúdo da pirâmide cabe três vezes no prisma, ou seja, **o volume da pirâmide é $\frac{1}{3}$ do volume do prisma**.

O que aconteceu na atividade acima acontece com todas as pirâmides e já foi provado pelos matemáticos.

Podemos então escrever:

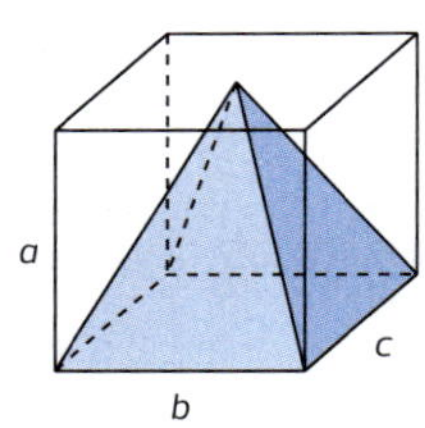

Área da base: $b \cdot c$

Volume do prisma: $V = B \cdot a$ (altura: a; área da base: B)

Volume da pirâmide: $V = \frac{1}{3} \cdot (B \cdot a)$ ou $V = \frac{B \cdot a}{3}$

B: área da base da pirâmide

a: medida da altura da pirâmide

A medida do volume de qualquer pirâmide é igual à terça parte do produto da área da base pela medida da altura.

Exercícios e problemas

63. Pedro ganhou uma pirâmide de acrílico com as seguintes características: a base é uma região retangular de 5 cm por 6 cm e a altura é de 9 cm. Qual é o volume dessa pirâmide?

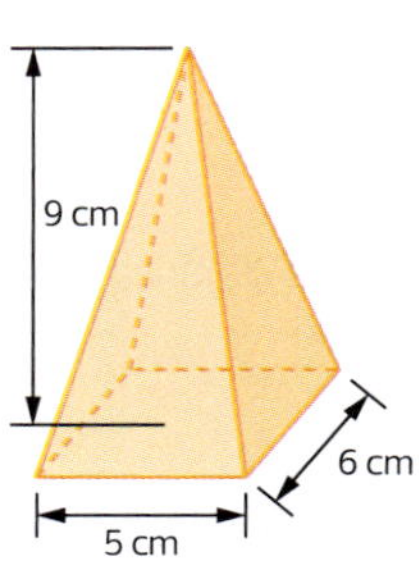

64. Arredondamentos, cálculo mental e resultado aproximado

A altura dessa pirâmide é de 8,95 cm. A medida de seu volume está mais próxima de 80 cm^3, 70 cm^3 ou 60 cm^3?

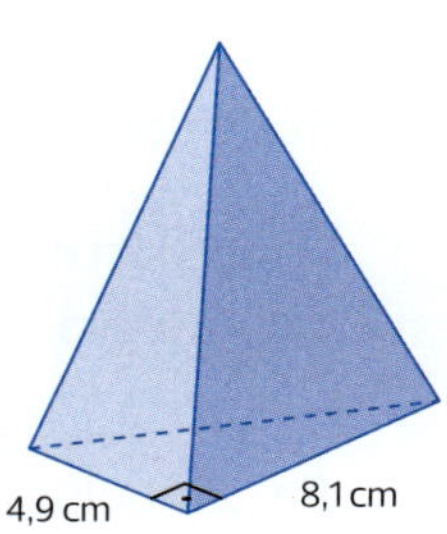

65. **Volume e capacidade**

Em uma caixa-d'água com 1 m^3 de volume cabem 1000 L de água. Calcule quantos litros de água cabem em um reservatório que tem a forma de um bloco retangular com dimensões de 2 m, 1,5 m e 70 cm.

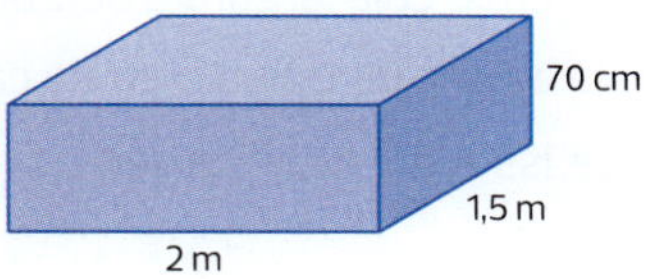

66. Um tanque com a forma de bloco retangular tem as dimensões indicadas na figura abaixo. Se uma torneira despeja 25 L de água por minuto, em quanto tempo ela encherá esse tanque?

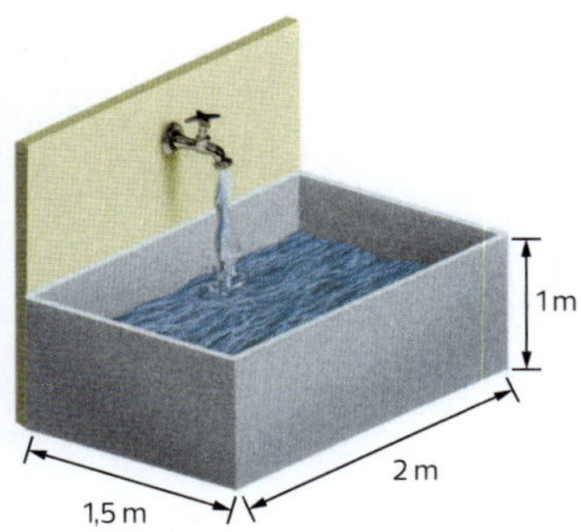

Mauro Souza/Arquivo da editora

67. Qual deve ser a medida da aresta de um reservatório cúbico para que sua capacidade seja de 8 000 L?

68. Um cubo de aresta 10 cm está com água até certa altura. Em seu interior, é colocada uma pedra que faz a altura da água subir 4 cm sem que a água derrame. Qual é o volume da pedra colocada em seu interior?

69. **Volume e massa**

Os dois recipientes mostrados nas figuras estão cheios de um mesmo material. A quantidade contida no recipiente cúbico tem massa de 600 g.

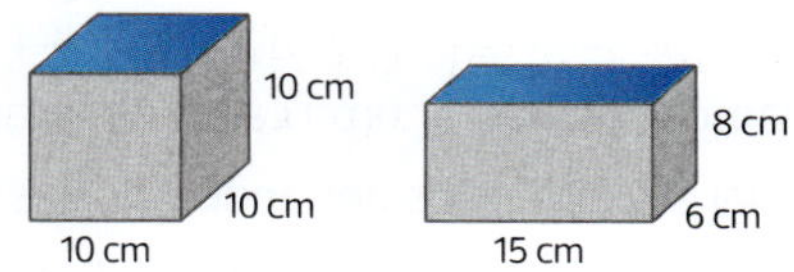

a) Qual é a massa da quantidade contida no outro recipiente?
b) Qual é a densidade desse material?
c) Quando colocado na água, ele flutua ou afunda?

70. **Projeto em equipe: perímetro, área e volume no dia a dia**

a) Pesquisem o valor do perímetro urbano do seu município. Pesquisem também a área do seu município e do seu estado.
b) Procurem descobrir o volume de água (em metros cúbicos) gasto mensalmente na casa de cada membro da equipe. Façam uma relação de procedimentos para economizar água.
c) Calculem o perímetro e a área do piso e também a medida do volume da sua sala de aula.
d) Para estimar quantas pessoas há em uma concentração, é usado o seguinte procedimento: calcular a área do local em metros quadrados e multiplicar essa área por 4 se as pessoas estão mais espaçadas umas das outras ou por 6 se estiverem mais juntas. Calculem quantas pessoas cabem na quadra de esportes da sua escola, nos dois casos.

Raciocínio lógico

Como você poderia recortar a figura em cinza de modo a preencher a região retangular abaixo?

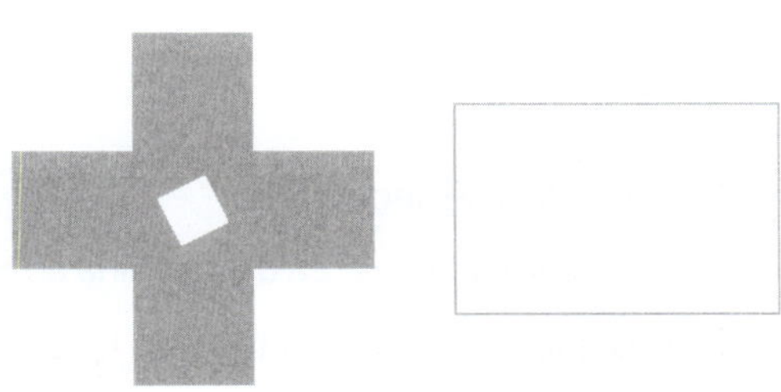

Reproduza as figuras em papel sulfite e confira.

Tratamento da informação

71. Variação da área de uma superfície plana

Vamos considerar uma cartolina retangular cujo comprimento é de 40 cm e cuja largura é de 20 cm. Para calcular sua área, nós dependemos dessas **duas medidas**, o que nos leva a concluir que a área da cartolina não é uma medida linear, ou seja, se reduzirmos suas dimensões pela metade, isso não significa que sua área também será reduzida à metade.

Observe: a área da cartolina é o produto de suas dimensões $(40 \cdot 20)$, resultando um total de 800 cm^2. Se reduzirmos essas dimensões para 20 cm e 10 cm, a nova área será de 200 cm^2 $(20 \cdot 10)$, ou seja, um quarto da área anterior (e não a metade!).

Consideremos, agora, a figura abaixo, que representa a mesma cartolina citada acima, mas da qual serão recortadas quatro regiões quadradas de lado x, uma em cada canto.

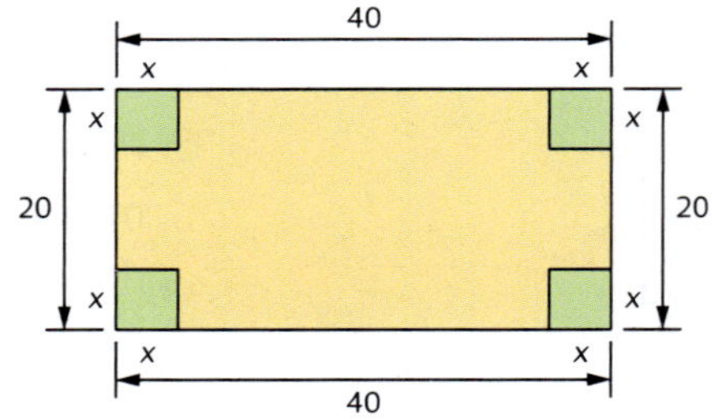

Variação da área da cartolina

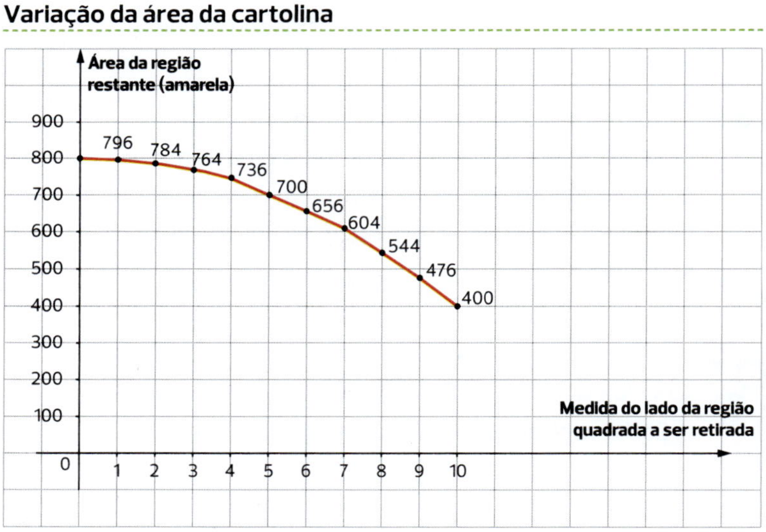

Dados experimentais.

Responda às questões abaixo. Use o gráfico se necessário.

a) Qual é a expressão algébrica E que representa a área da cartolina após a retirada dos cantos?

b) É possível retirar as quatro regiões quadradas dos cantos com lados de medida 11 cm? Justifique.

c) Qual deve ser a área de cada uma das quatro regiões quadradas para que a área restante corresponda a $\frac{7}{8}$ da área inicial? Dica: considere a área de cada região quadrada como x^2.

72. Variação do volume de um sólido geométrico

Após recortarmos as quatro regiões quadradas da cartolina citada na atividade anterior, obtemos a figura da esquerda. Depois de dobrada nas linhas tracejadas, obtemos a caixa mostrada na figura da direita.

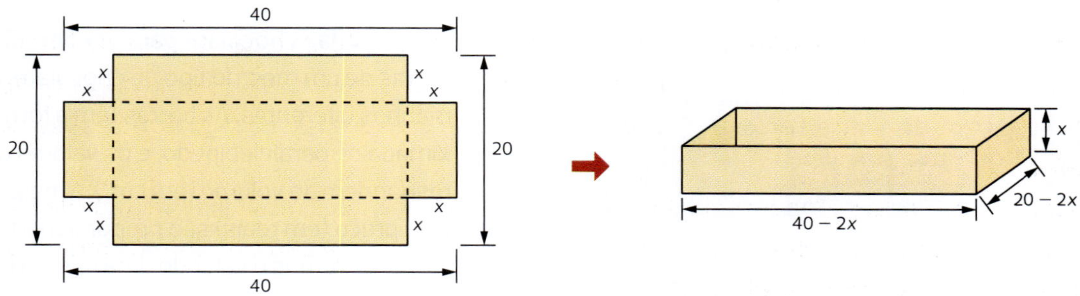

Variação do volume da caixa

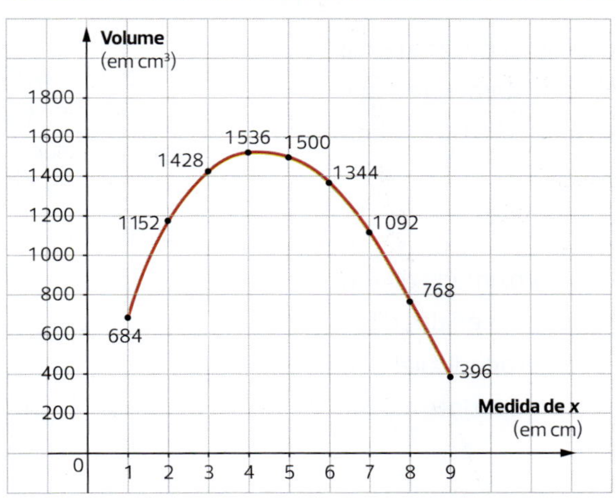

Dados experimentais.

Observe o gráfico e faça o que se pede.

a) Represente o volume da caixa com uma expressão algébrica.

b) O que aconteceria se tivéssemos $x = 0$ cm ou $x = 10$ cm?

c) Qual o volume da caixa para $x = 7$ cm?

d) Para um volume de 1400 cm³, qual é aproximadamente o valor de x?

Outros contextos

73. Engenharia

Uma cozinha retangular mede 3 m por 4,5 m.

Ilustrações: Paulo Manzi/Arquivo da editora

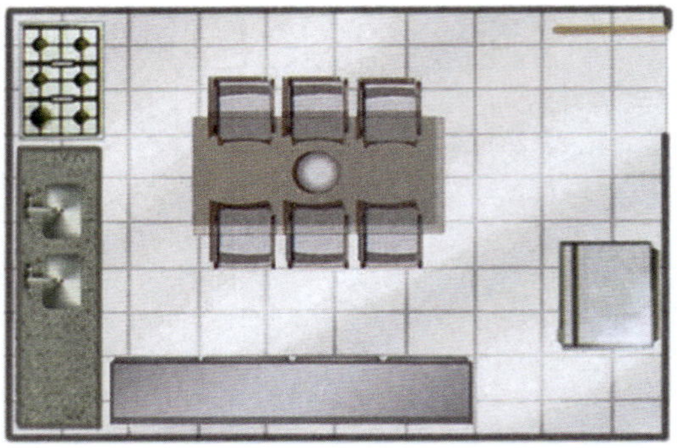

3 m

4,5 m

Responda:

a) Qual é sua área em metros quadrados?

b) Qual é sua área em centímetros quadrados?

c) Aproximadamente, quantos ladrilhos retangulares de 41 cm por 30 cm são necessários para revestir essa cozinha?

d) Sabendo-se que 1 m² de ladrilho custa R$ 6,90, quanto se gastará para revestir o piso da cozinha?

e) Sabendo-se que, nessa cozinha, há uma porta de 1 m de largura, quanto se gastará de rodapé, uma vez que cada peça custa R$ 1,00 e mede 34 cm de comprimento?

74. Agrimensura

Um lote de terra tem a forma aproximada de um quadrilátero com todos os lados de medidas diferentes. Se suas diagonais são perpendiculares e medem 50 m e 80 m, qual é a área do lote representado abaixo?

50 m

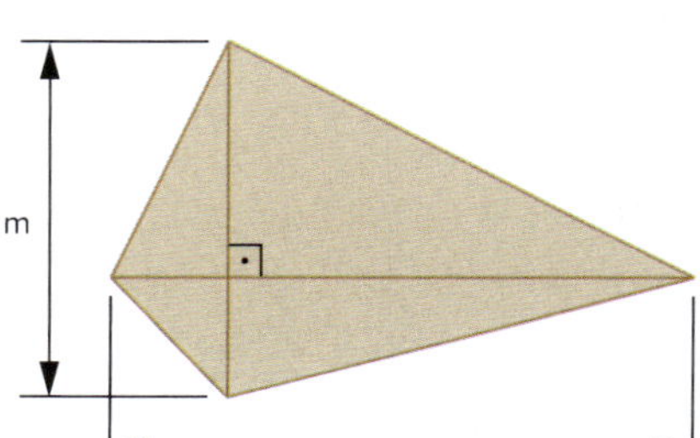

80 m

75. Fazendo chocolates

Elisabete faz chocolate para vender. Ela vende barras de um mesmo tipo de chocolate, com tamanhos diferentes. As barras têm a forma aproximada de paralelepípedo, e os valores que correspondem ao volume (em cm³), à massa (em g) e ao preço (em reais) são proporcionais.

- Abaixo, temos o valor de uma das barras. Analise-o e escreva os valores das outras duas barras.

6 cm; 15 cm; 1 cm

Volume: 90 cm³
Massa: 72 g
Preço: R$ 8,10

a)

4 cm; 10 cm; 2 cm

b)

3 cm; ?; 1,5 cm

Volume: 36 cm³

- Um quarto tipo de barra de chocolate tem a forma cúbica e será vendido por R$ 5,76. Determine o seu volume, a medida de cada aresta e o seu "peso", considerando que a proporcionalidade será mantida.

76. Mecânica

A figura abaixo representa a engrenagem de uma máquina industrial. Nessa engrenagem, enquanto a roda *A* dá 3 voltas no sentido anti-horário, a roda *B* dá 4 voltas no sentido horário. Qual é a razão entre o comprimento *x* e a largura *y* do retângulo?

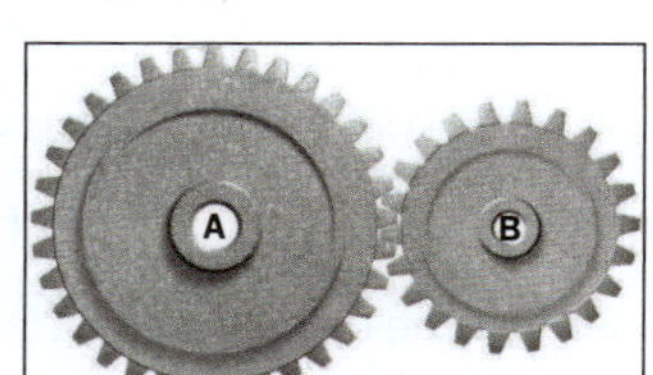

y

x

77. Pentaminó

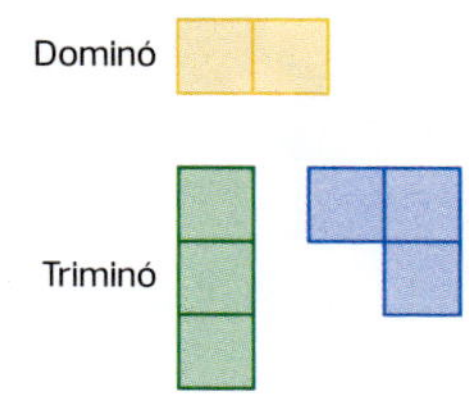

O dominó é um jogo bastante conhecido; já o triminó, desenvolvido a partir dele, nem tanto. Para os dominós temos somente um tipo de peça, formado por dois quadrados justapostos, enquanto para os triminós temos dois tipos, formados por três quadrados, como indicado ao lado. Existem também os pentaminós, cujas peças são formadas por cinco quadrados, em um total de 12 peças.

a) Na malha abaixo, 4 das peças do pentaminó já estão desenhadas. Desenhe as outras 8 peças.

b) Considere as unidades de medida indicadas ao lado e responda:
- Qual é o perímetro e qual é a área da peça de pentaminó desenhada abaixo?
- Todas as peças de pentaminó têm a mesma área?
- Todas as peças de pentaminó têm o mesmo perímetro?

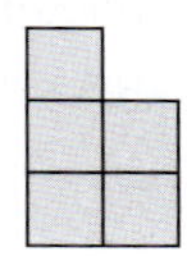

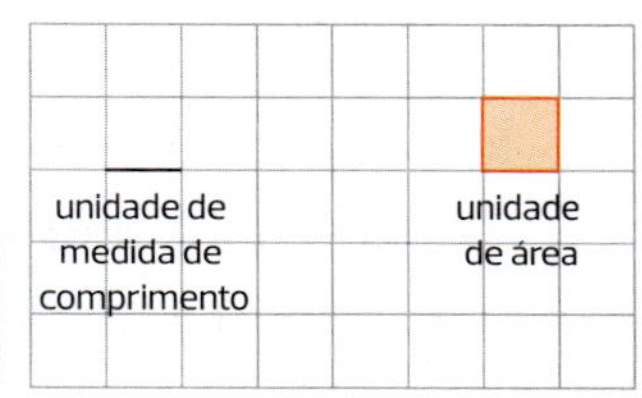

c) Desenhe dois pentaminós de perímetros iguais.

d) Desenhe duas peças de pentaminó de perímetros diferentes.

e) Com as quatro peças de pentaminó dadas no item **a**, foi composta a região retangular ao lado. Qual é o perímetro dessa região retangular? E qual sua área?

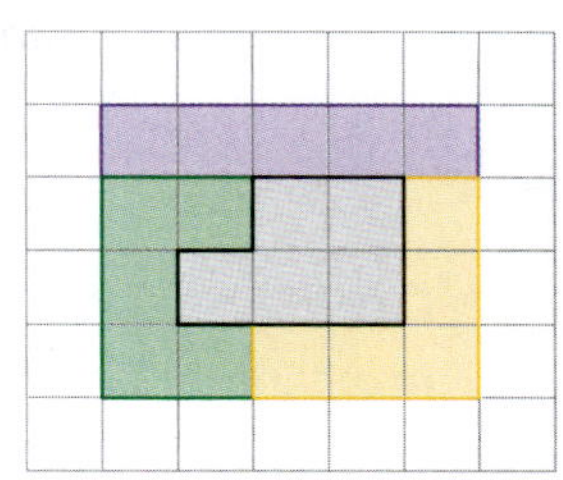

f) Componha agora as regiões planas abaixo usando sempre peças de pentaminó diferentes em cada uma delas. Indique também o número de peças de pentaminó usadas, assim como o perímetro e a área da região plana composta.

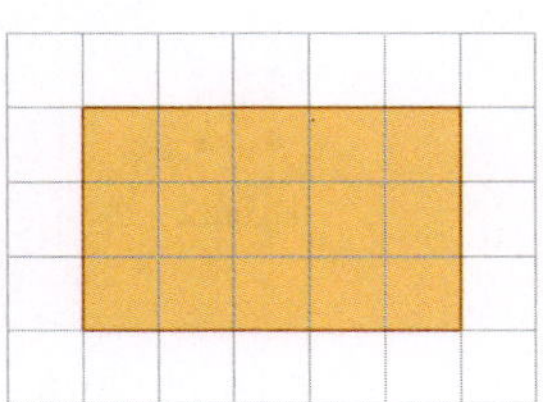

Número de peças: ____________________

Perímetro: ______ unidades de comprimento.

Área: ______ unidades de área.

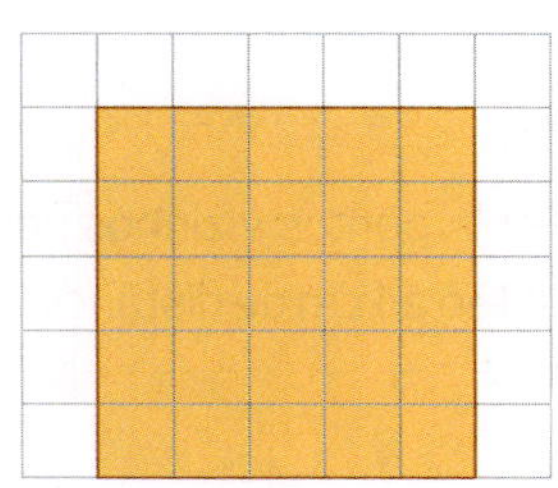

Número de peças: ____________________

Perímetro: ______ unidades de comprimento.

Área: ______ unidades de área.

g) É possível formar uma região quadrada com as 12 peças de pentaminó? Justifique sua resposta.

h) Agora um desafio! Componha a região retangular ao lado com as 12 peças de pentaminó. Para destacar as peças, pinte-as com cores diferentes.

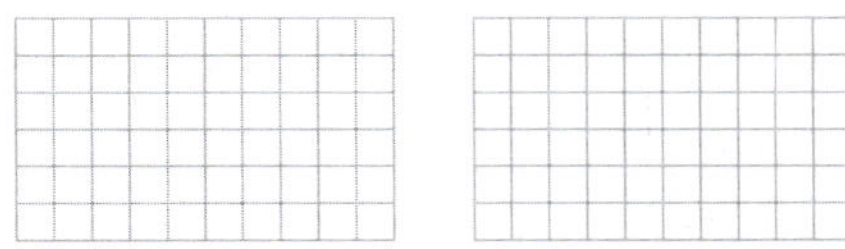

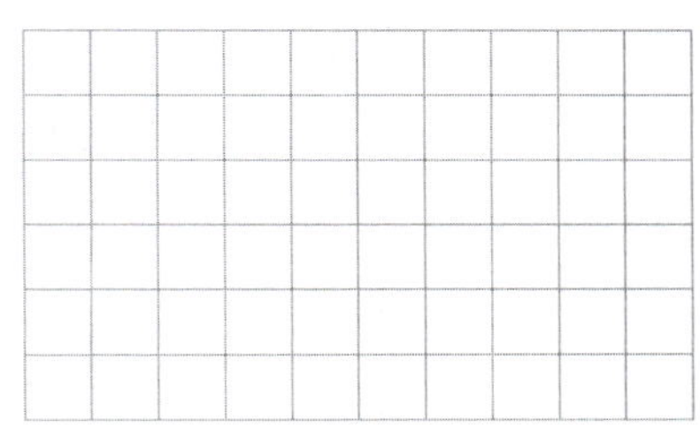

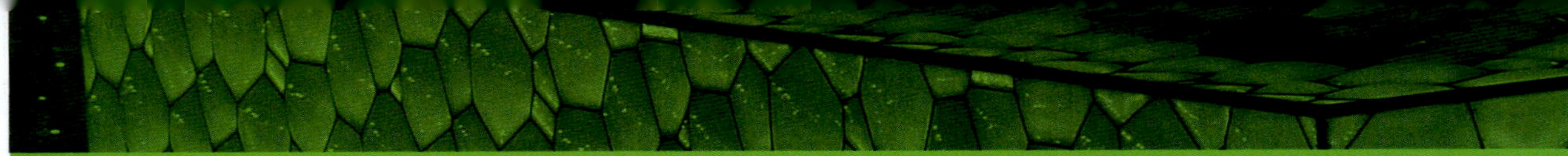

Praticando um pouco mais

1. (PDE-Saeb) Uma praça quadrada, que possui o perímetro de 24 metros, tem uma árvore próxima de cada vértice e fora dela. Deseja-se aumentar a área da praça, alterando-se sua forma e mantendo as árvores externas a ela, conforme ilustra a figura.

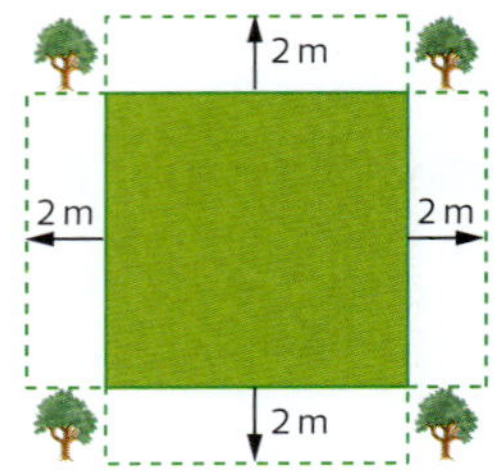

Casa de Tipos/Arquivo da editora

O novo perímetro da praça é:

a) 24 metros.
b) 32 metros.
c) 36 metros.
d) 40 metros.

2. (Enem) A siderúrgica "Metal Nobre" produz diversos objetos maciços utilizando o ferro. Um tipo especial de peça feita nessa companhia tem o formato de um paralelepípedo retangular, de acordo com as dimensões indicadas na figura que segue.

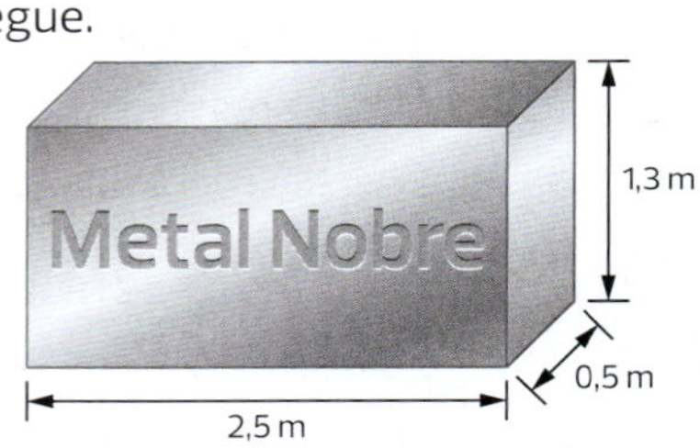

O produto das três dimensões indicadas na peça resultaria na medida da grandeza:

a) massa.
b) volume.
c) superfície.
d) capacidade.
e) comprimento.

3. (OBM) No reticulado a seguir, pontos vizinhos na vertical ou na horizontal estão a 1 cm de distância.

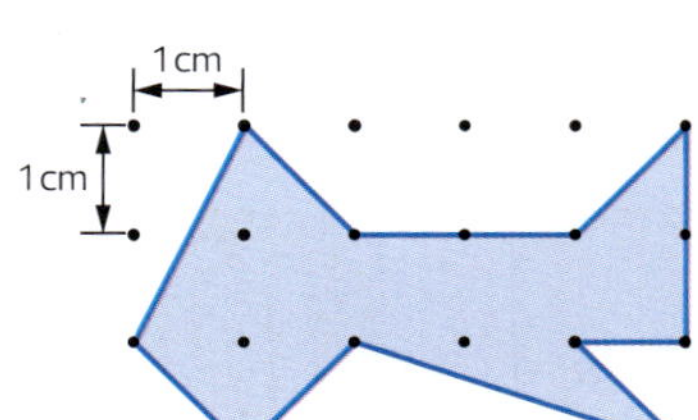

Qual é a área da região sombreada?

a) 7
b) 8
c) 8,5
d) 9
e) 9,5

4. (UFRR) Uma região de uma cidade possui o formato de um setor circular. Os pontos *A*, *B* e *C* são esquinas, a distância entre os pontos *A* e *B* é de 1 km e o ângulo formado pelas ruas 1 e 2 é de 120°, conforme mostra a figura abaixo. João e Marcos desejam ir do ponto *B* para o ponto *C*. Para tanto, João percorreu as ruas 1 e 2, passando inicialmente por *A*, enquanto Marcos seguiu o trajeto da rua 3. Podemos afirmar, considerando o valor de pi como 3,14, que João e Marcos percorreram, respectivamente, uma distância aproximada de:

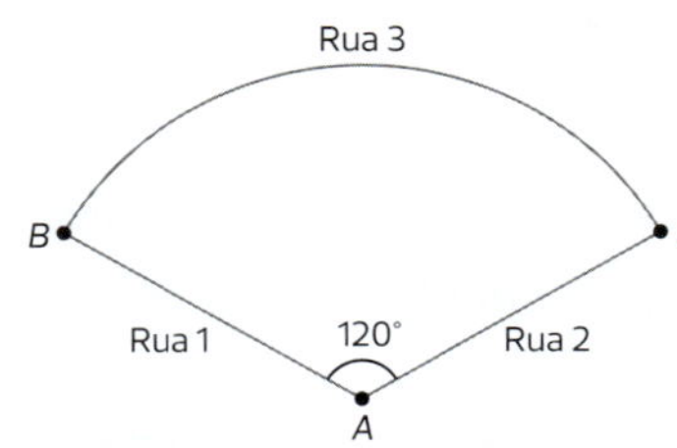

a) 2 km e 2,09 km
b) 2 km e 2 km
c) 1 km e 2 km
d) 2,09 km e 2,09 km
e) 2 km e 1 km

5. (UFF-RJ) Tentando desenhar um cachorro, uma criança esboçou em uma folha quadriculada o seguinte polígono (figura **1**):

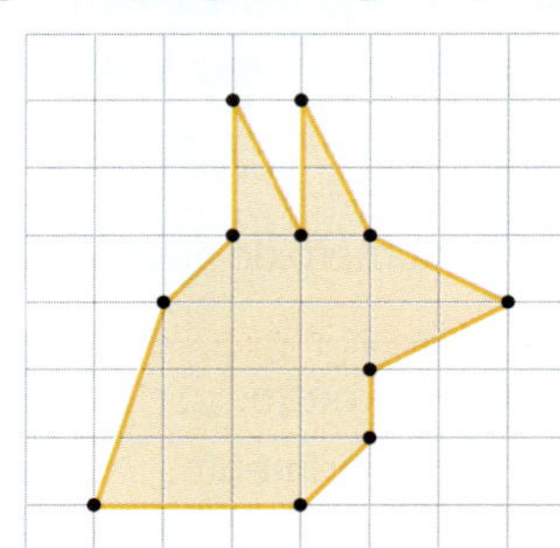

Figura **1**

Figura **2**

Considerando que todos os quadrados que compõem a folha quadriculada são congruentes ao quadrado *LMNO* (figura **2**), que tem 1 cm^2 de área, pode-se concluir que o "cachorro" desenhado pela criança tem área igual a:

a) 16 cm^2
b) 16,5 cm^2
c) 17 cm^2
d) 17,5 cm^2
e) 18 cm^2

Revisão cumulativa

1. De todos os retângulos de perímetro igual a 12 cm, o que determina região de maior área é o de:

a) 9 cm^2.
b) 8 cm^2.
c) 10 cm^2.
d) 12 cm^2.

2. (UFJF-MG) Em certo dia, a relação entre ouro e dólar era de 1 para 12, isto é, 1 g de ouro valia 12 dólares. A partir daí, houve um aumento de 40% no valor do dólar e de 20% no valor do ouro. A nova relação entre o ouro e o dólar passou a ser de:

a) 1 para 4.
b) 1 para 6.
c) 1 para 12.
d) 1 para 14.
e) 1 para 24.

3. (FGV-SP) A raiz da equação $\frac{2x+1}{4} - \frac{x-3}{5} = \frac{x}{3}$ é um número:

a) menor do que -2.
b) inteiro.
c) racional não inteiro.
d) negativo.

4. Considerando $x \neq 0$, a fração $\frac{3x^2+4x-x^2}{(2x)^2}$ é igual a:

a) $\frac{1}{x}$.
b) $\frac{1}{2} + \frac{1}{x}$.
c) $\frac{1}{2x}$.
d) $1 + \frac{1}{x}$.

5. Considere as seguintes afirmações:

- 80% de $50 = x$
- 20% de $y = x$

Então, o valor de $x + y$ é:

a) 160.
b) 100.
c) 240.
d) 220.

6. A expressão $(x + 5)(x - 1) - (x + 7)(x - 7)$ é equivalente a qual das expressões abaixo?

a) $2(2x - 27)$
b) $4(x + 11)$
c) 44
d) $2x^2 - 4x - 11$

7. Calcule o perímetro e a área de duas regiões quadradas em que o lado da segunda região mede o dobro do lado da primeira. Depois, responda às questões a seguir.

a) O que ocorre com o perímetro de uma região quadrada quando se dobra a medida do lado?
b) O que ocorre com a área de uma região quadrada quando se dobra a medida de seu lado?
c) O comprimento do lado e o perímetro são grandezas diretamente proporcionais?
d) O comprimento do lado e a área são grandezas diretamente proporcionais?

8. Calcule o volume de dois cubos, considerando que cada aresta do segundo mede o dobro da aresta do primeiro. Depois, responda às questões.

a) O que ocorre com o volume do cubo quando se dobra a medida de sua aresta?
b) O comprimento da aresta e o volume são grandezas diretamente proporcionais?

9. Uma pirâmide de 12 m de altura tem por base uma região retangular cujas dimensões são 5 m e 3 m, respectivamente. Determine o volume dessa pirâmide.

10. A soma das medidas de todas as arestas de um cubo é igual a 36 m. Calcule a medida do seu volume, em dm^3.

11. A vasilha **I** é cúbica com arestas de 10 cm. A vasilha **II** tem a forma de um bloco retangular com dimensões de 10 cm, 20 cm e 40 cm.

Enchendo a vasilha **I** de água e despejando na **II**, que está vazia, esta terá sua capacidade ocupada em quantos por cento?

Capítulo 8

Representação de sólidos geométricos no plano

1 Introdução

Você sabe o que é computação gráfica? Consegue imaginar o que imagens em terceira dimensão (3D) têm a ver com a Geometria? Vamos descobrir.

A computação gráfica é um ramo da computação que trabalha essencialmente com a geração de imagens com base em dados digitais. É uma área muito utilizada atualmente, com aplicações em diversos campos, como cinema, animações, *games*, entre outros.

Ilustrações: Paulo Manzi/Arquivo da editora

Na computação gráfica, os sólidos geométricos conhecidos como poliedros são utilizados como uma malha de controle para a representação de objetos tridimensionais.

O agrupamento de poliedros possibilita visualizar objetos por diferentes pontos de vista, propiciando vê-los no plano de uma tela (de computador, de *tablet*, etc.) como se fossem reais.

O aumento do número de faces dos poliedros melhora a resolução da imagem, como mostra o esquema abaixo.

A utilização da computação gráfica para compor imagens tridimensionais envolve a ideia da representação de sólidos geométricos no plano, que é o assunto que abordaremos neste capítulo. Vamos estudar a planificação de sólidos geométricos e algumas maneiras de representar essas figuras tridimensionais no plano. Teremos, também, o primeiro contato com desenhos em perspectiva.

2 Planificações de formas geométricas espaciais (ou sólidos geométricos)

Para montar formas geométricas espaciais (ou sólidos geométricos) com cartolina ou com papel-cartão, podemos primeiro **representá-las desmontadas no plano**, ou seja, podemos fazer sua **planificação**.

Veja, por exemplo, as planificações de um prisma e de um cilindro.

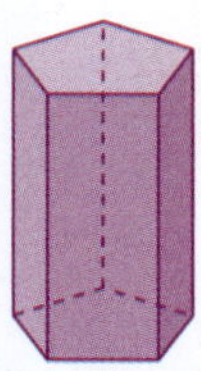

Prisma de base pentagonal

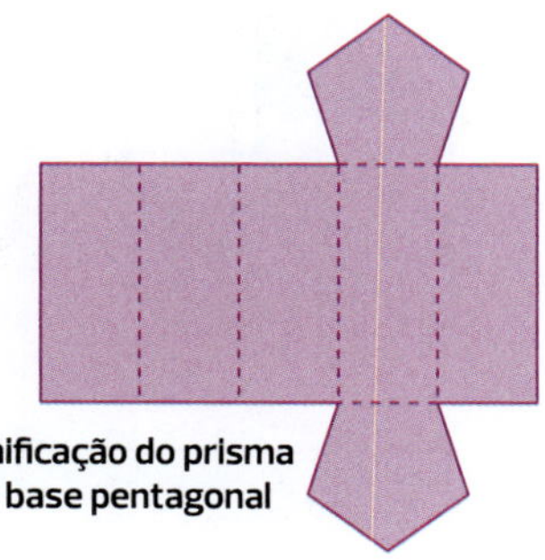

Planificação do prisma de base pentagonal

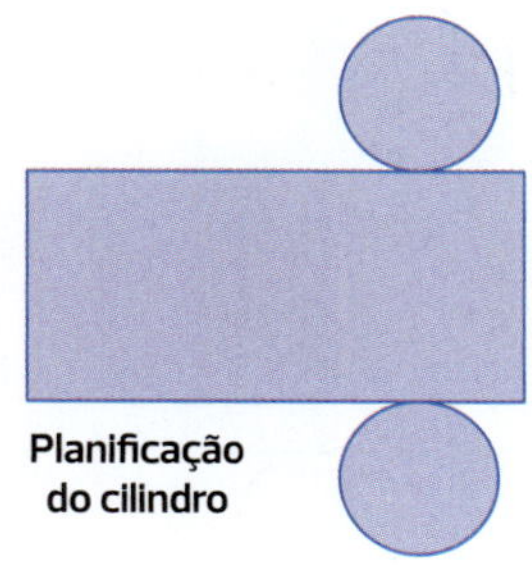

Planificação do cilindro

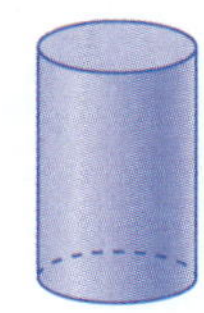

Cilindro

Faça o desenho da planificação de um bloco retangular com dimensões de 4 cm, 3 cm e 1 cm.

Exercícios

1. Faça o desenho da planificação de uma pirâmide de base quadrada, como a da figura ao lado, considerando as seguintes dimensões:
   - cada lado da base: 3 cm;
   - cada face lateral: região triangular isósceles com 2,5 cm de altura.

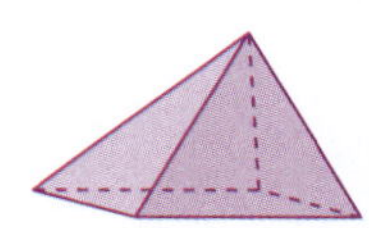

2. Observe a planificação de um sólido geométrico no desenho ao lado. Indique apenas os nomes que podem ser dados a esse sólido geométrico.
   a) Poliedro.
   b) Cilindro.
   c) Prisma de base pentagonal.
   d) Pirâmide de base hexagonal.
   e) Bloco retangular.
   f) Prisma de base hexagonal.

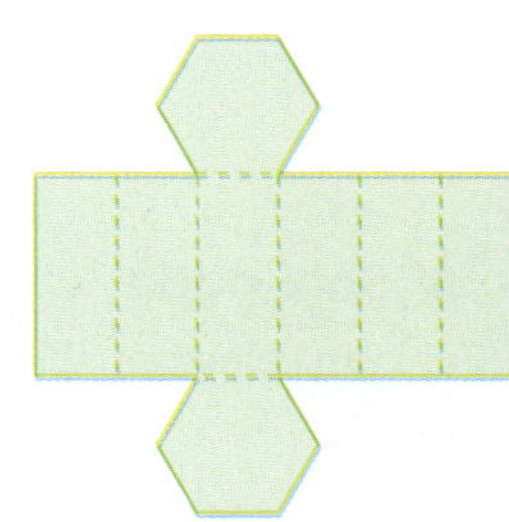

3. Veja a representação de um bloco retangular e de sua planificação. Coloque na planificação as letras no lugar adequado.

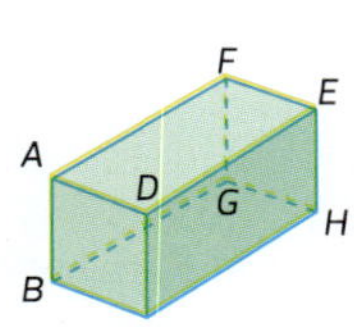

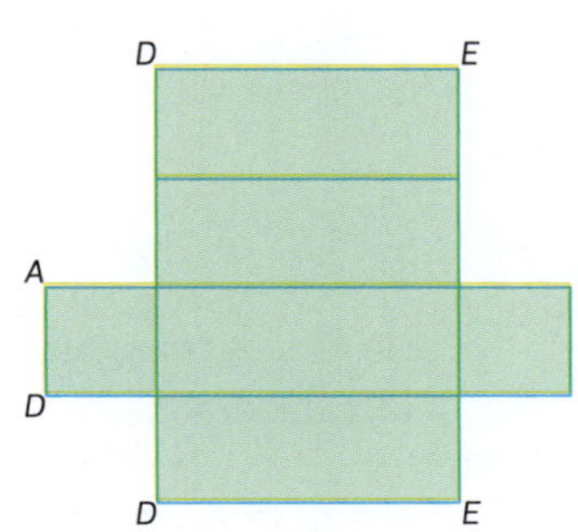

3 Poliedros regulares

Troque ideias com seus colegas e procurem responder ao que se pede a seguir.

- O que é um poliedro?
- Quais das figuras representadas abaixo são poliedros?

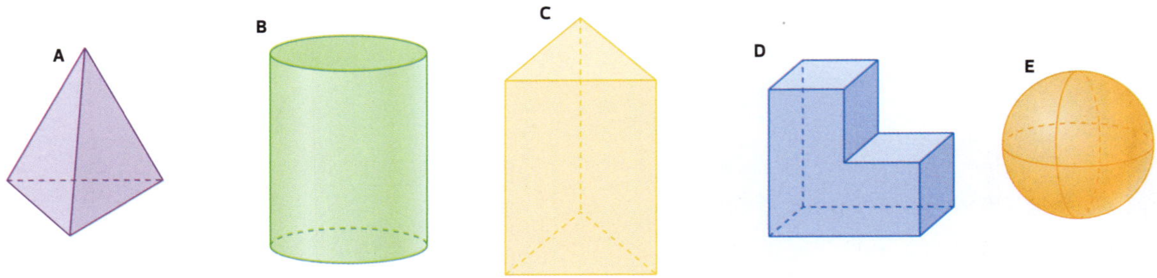

Você sabia?

Reentrância é um ângulo ou uma curva para dentro, isto é, uma cavidade.

As figuras **A**, **C** e **D** são poliedros. As figuras **B** e **E** não são poliedros, pois têm partes arredondadas.

Dos poliedros identificados acima, os poliedros **A** e **C** são **convexos** (aqueles que não têm reentrâncias), e o poliedro **D** é **não convexo** (tem reentrância).

Entre os poliedros convexos, temos os **poliedros regulares**.

> **Poliedros regulares** são os poliedros convexos cujas faces são regiões poligonais regulares iguais e, nos quais, para todo vértice, converge o mesmo número de arestas.
> **Região poligonal regular** é aquela que tem como contorno um polígono regular, ou seja, um polígono com lados de mesma medida e ângulos internos de mesma medida.

Bate-papo CONTEÚDO DIGITAL

Com um colega, analise as três figuras abaixo e verifique se cada uma delas é ou não um poliedro regular.

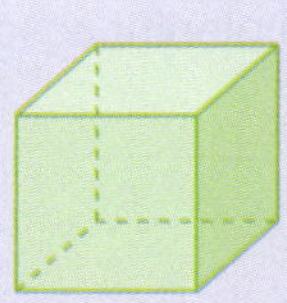

Todas as faces são regiões quadradas e, para cada vértice, convergem 3 arestas.

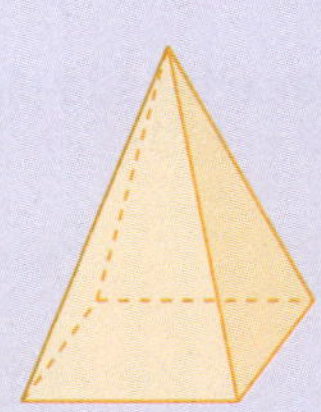

Há 4 faces triangulares e uma face quadrada.

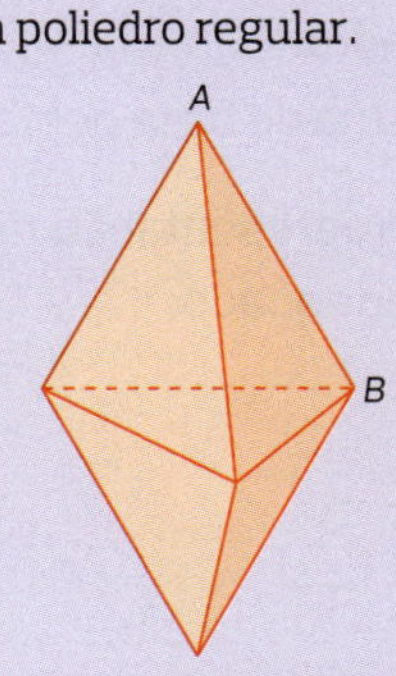

Para o vértice *A*, convergem 3 arestas e para o *B*, 4 arestas.

Poliedros regulares e suas planificações

Existem apenas cinco tipos de poliedros regulares. Vamos explorá-los e conhecer as suas características.

Recorte os moldes dos poliedros regulares que estão no final do livro. Monte-os, manipule-os e utilize-os para responder aos exercícios a seguir.

Exercícios

4. Cubo ou hexaedro regular

Examine o cubo e sua planificação e responda.

a) Quantas faces tem o cubo? Quantos vértices? E quantas arestas?

b) Por que o cubo também é chamado de hexaedro regular?

c) O cubo é um caso particular de bloco retangular? Explique.

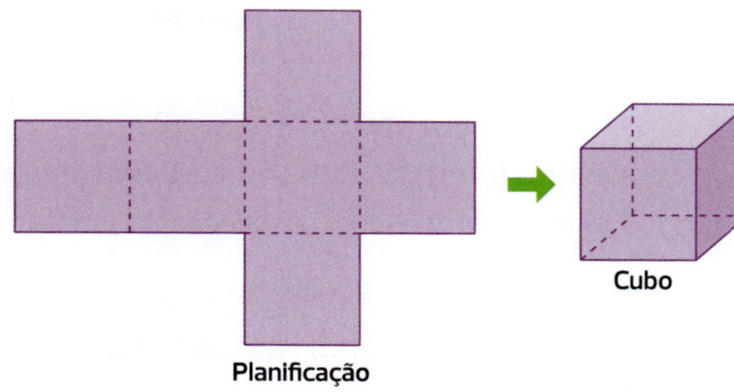

5. Tetraedro regular

Responda:

a) O tetraedro regular é uma pirâmide especial? Explique.

b) Qual é o significado do prefixo *tetra*?

c) Quantas faces tem o tetraedro regular? Quantos vértices? E quantas arestas?

d) O que ocorre com o número de faces e de vértices de um tetraedro? Isso acontece em qualquer pirâmide?

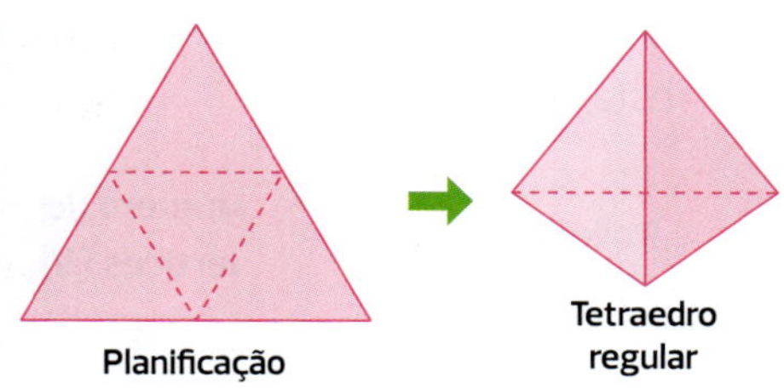

6. Octaedro regular

Responda:

a) O que significa a expressão octaedro regular?

b) Qual é a forma das faces do octaedro regular?

c) Quantos vértices, quantas arestas e quantas faces tem o octaedro?

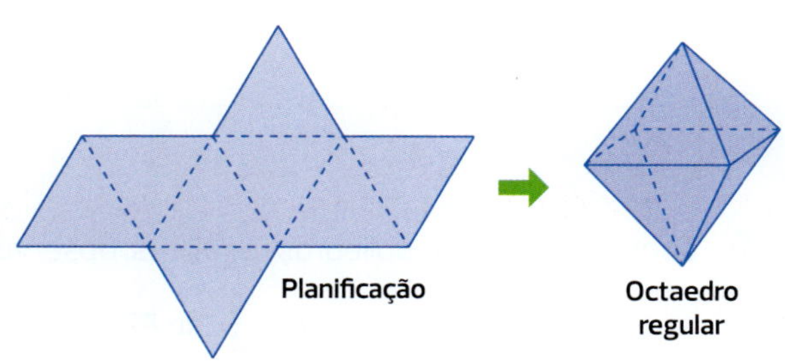

7. Dodecaedro regular

Responda:

a) O que significa dodecaedro regular?

b) Qual é a forma das faces do dodecaedro regular?

c) Quantos vértices tem o dodecaedro? Quantas arestas? E quantas faces?

8. Icosaedro regular

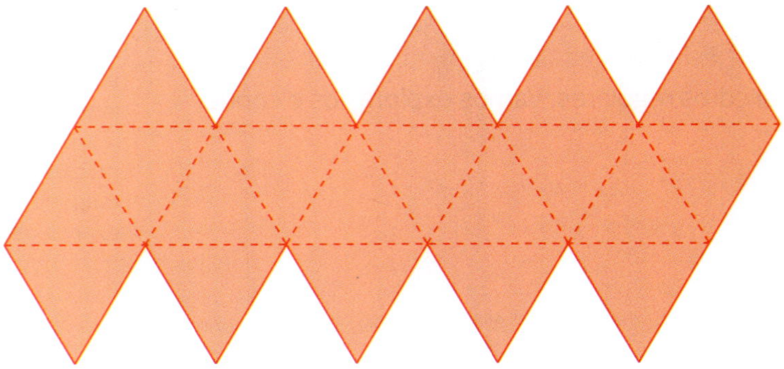

Planificação

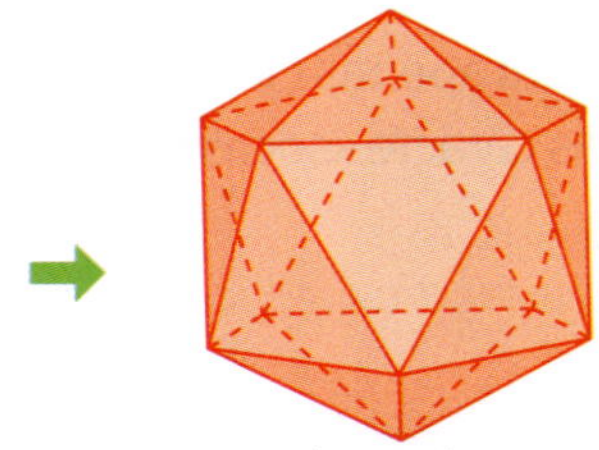

Icosaedro regular

Responda:

a) O que significa icosaedro regular?

b) Qual é a forma das faces do icosaedro regular?

c) Quantos vértices tem o icosaedro? Quantas arestas? E quantas faces?

9. A Relação de Euler nos poliedros regulares

Você se lembra da Relação de Euler? Ela se verifica em todos os poliedros convexos, entre os quais estão os poliedros regulares.

$$V + F = A + 2$$

V: número de vértices F: número de faces A: número de arestas

Complete este quadro, verificando a Relação de Euler em cada um dos poliedros regulares. A primeira linha já está preenchida.

Poliedros regulares	Número de vértices (*V*)	Número de faces (*F*)	Número de arestas (*A*)	Forma das faces	Relação de Euler
Tetraedro	4	4	6	Triangular	$4 + 4 = 6 + 2$

10. Considere os cinco poliedros regulares, observe o quadro do exercício anterior e responda.

a) Em quais deles temos $V = \frac{3}{4}$ de F?

b) Em quais deles temos $F = \frac{2}{3}$ de A?

c) Em quais deles temos $F = A$?

d) Em quais deles temos $\frac{2V + F + 3A}{2A + 7} = 2$?

11. Em um poliedro regular, o número de vértices é a metade do número de arestas e o número de faces é $\frac{2}{3}$ do número de arestas. Descubra quantos vértices, quantas faces e quantas arestas tem esse poliedro e qual é seu nome.

Jogos

Poliedros regulares

O jogo a seguir o ajudará a reforçar o que estudou sobre as relações entre o número de vértices, arestas e faces dos poliedros regulares. Preste atenção às orientações e bom jogo!

Orientações:

Número de participantes: 2

Material necessário: 1 dado e os poliedros regulares que foram construídos com os moldes do final do livro.

Como jogar:

Inicialmente os participantes devem preparar cinco pedaços de papel com as letras de **A** a **E** e, depois, dobrá-los para sorteio.

Descrição de uma rodada: Cada participante sorteia um papel e lança o dado. A letra escrita no papel indica o poliedro regular que deverá ser observado, e os pontos do dado indicam o cálculo que será realizado.

Veja a correspondência entre letras e poliedros e entre as quantidades de pontos e os cálculos a serem realizados:

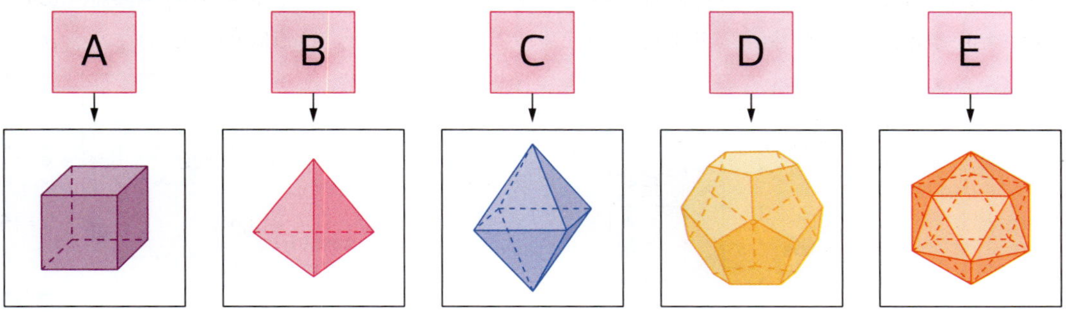

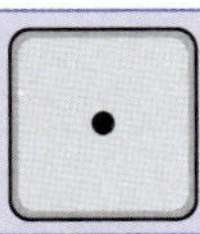	$V + F$
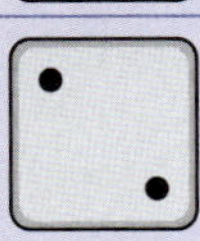	$V + F - A$

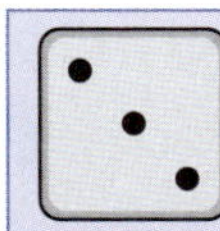	$A + 2$
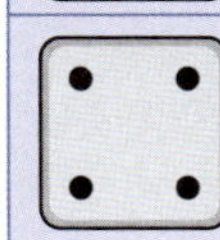	$A - F$

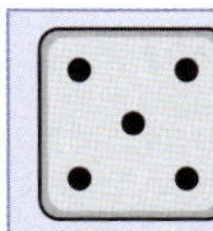	$A - V$
	$F + A$

F é o número de faces, V é o número de vértices e A é o número de arestas.

Os pontos obtidos nas rodadas e no total devem ser registrados no quadro de pontuação a seguir. Vence o jogo quem conseguir mais pontos após 5 rodadas.

Quadro de pontuação

Nome	Pontuação nas rodadas					Pontuação total

4 Algumas representações de sólidos geométricos no plano

Para facilitar a representação de figuras tridimensionais no plano, como é o caso dos sólidos geométricos, podemos utilizar vários tipos de malha (ou rede), como a pontilhada, a quadriculada e a triangular. Vamos estudar cada uma delas.

Malha pontilhada

Observe a sequência de procedimentos e a representação final destes sólidos:

Cubo

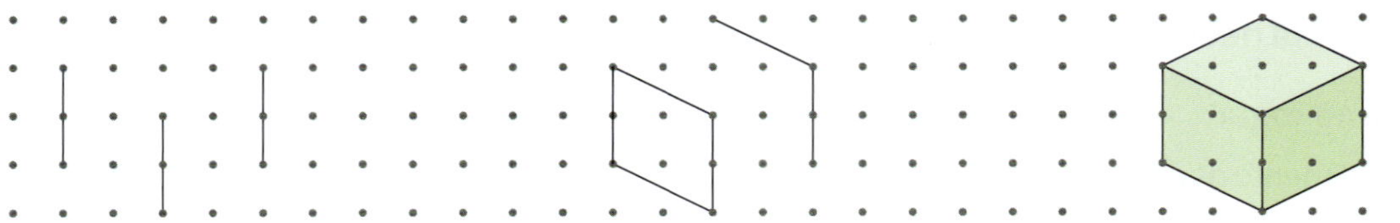

Bloco retangular

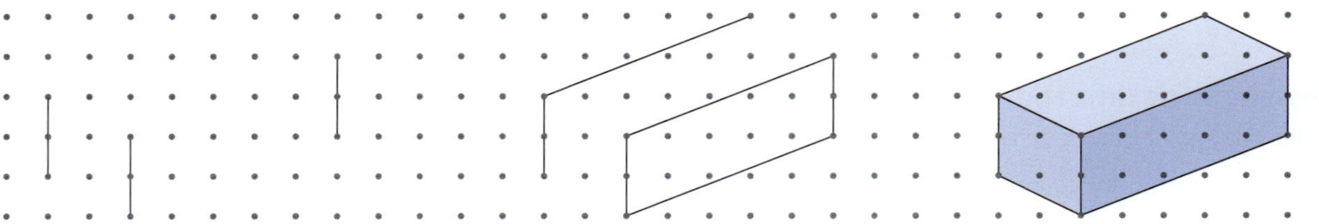

Dois cubos justapostos

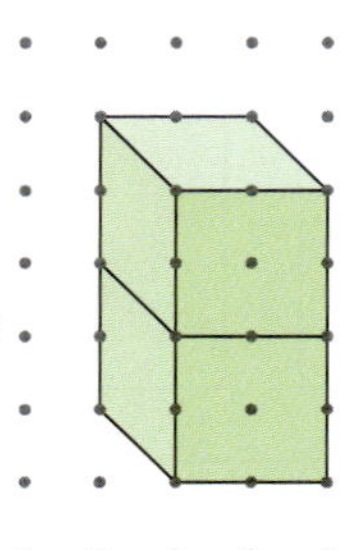

Letra L construída com 6 cubos

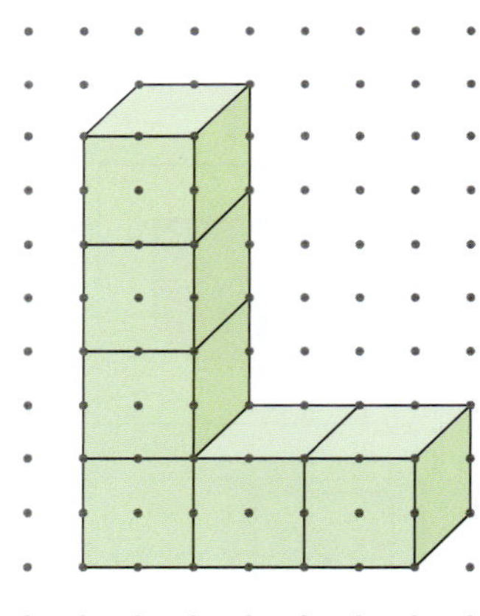

Exercícios

12. Represente em uma malha pontilhada, em qualquer posição:

a) três cubos justapostos;

b) dois blocos retangulares justapostos;

c) uma pilha de cubos formada com seis cubos;

d) uma pilha de cubos construída com quantos cubos você quiser.

Compare suas representações com as de seus colegas.

13. Atividade em equipe

Desenhe em uma malha pontilhada:

a) a letra U formada por 7 cubos;

b) a letra E formada por 10 cubos;

c) a letra H formada por 12 cubos;

d) uma letra a escolher formada por cubos.

Compare seus desenhos com os de seus colegas.

Malha quadriculada

Examine estes exemplos:

Um ou mais cubos

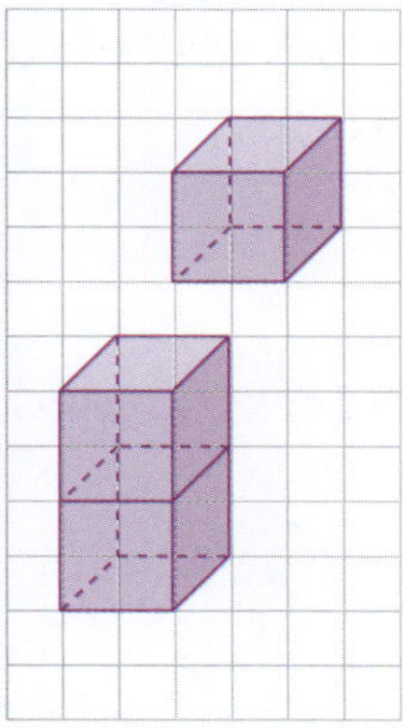

Bloco retangular ou paralelepípedo

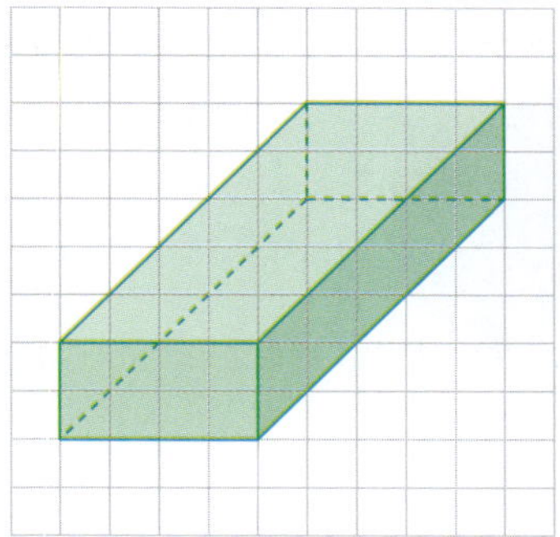

Letra C construída com 9 cubos

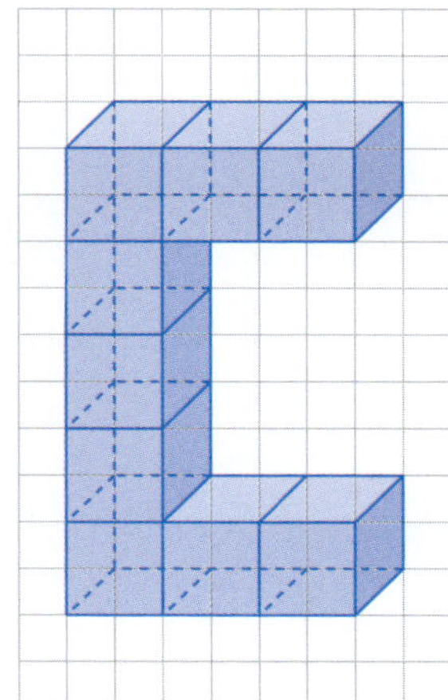

Exercícios

14. Escreva o nome de cada poliedro a seguir.

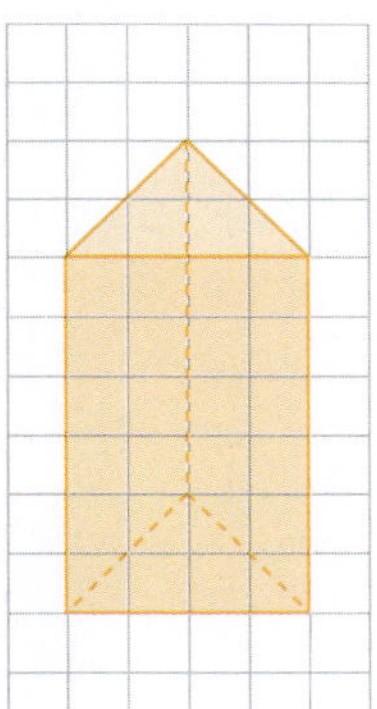

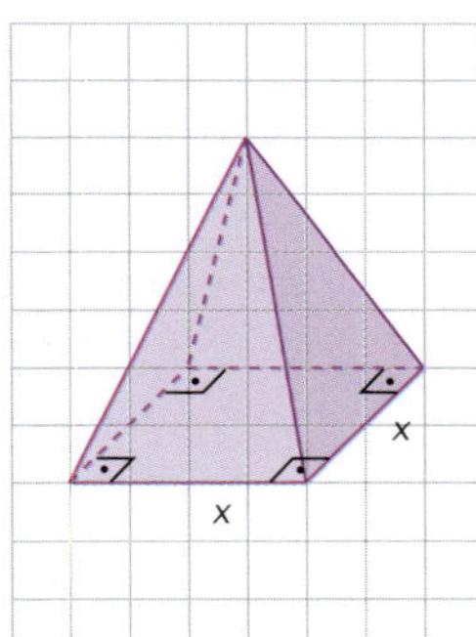

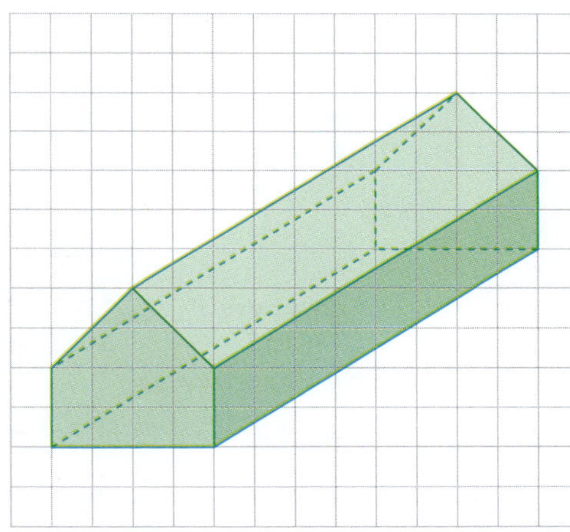

15. **Atividade em equipe**

Represente em uma malha quadriculada, em qualquer posição:

a) quatro cubos justapostos;

b) três blocos retangulares, um sobre o outro;

c) um prisma de base hexagonal;

d) uma pirâmide de base pentagonal.

Compare as suas representações com as de seus colegas.

16. Em uma malha quadriculada, represente:

a) uma pilha de cubos construída com 5 cubos;

b) a letra **O** com 12 cubos;

c) a letra **F** formada com 8 cubos;

d) uma pilha de cubos com quantos cubos você quiser.

17. Use sua imaginação e crie uma configuração espacial com sólidos geométricos. Represente-a em uma malha quadriculada.

Malha triangular

Observe alguns exemplos:

Cubo

Bloco retangular

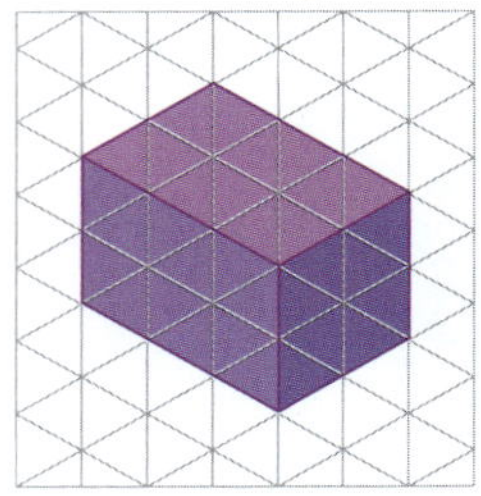

O número 4 com 11 cubos

Exercícios

18. Analise estas pilhas de sólidos geométricos representadas no plano em malha triangular. Escreva quantos cubinhos há em cada uma.

a)

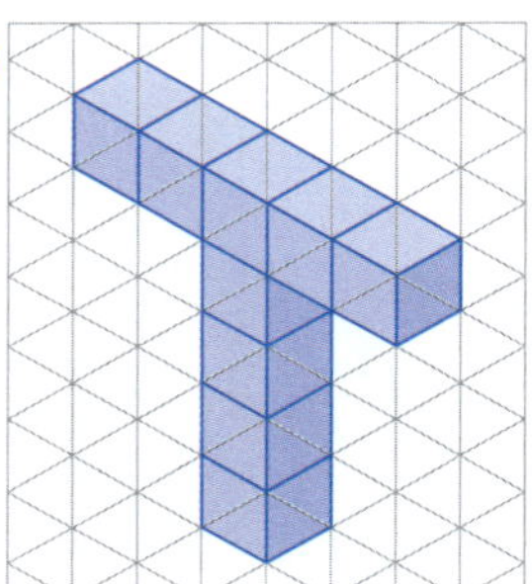

b)

c)

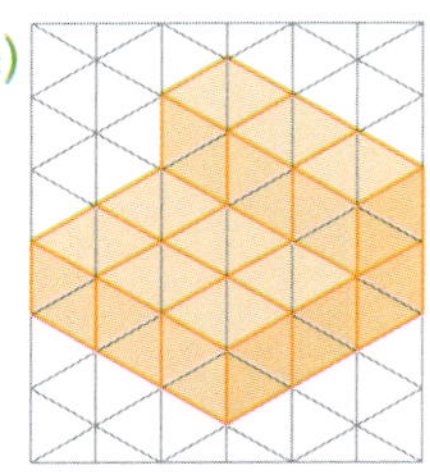

19. Represente em uma malha triangular:

a) cinco cubos justapostos;

b) quatro blocos retangulares, um sobre o outro;

c) a letra **L** construída com 6 cubos;

d) uma peça qualquer (represente-a e faça sua descrição).

20. Atividade em dupla

Em uma malha triangular, represente um bloco retangular formado com 16 cubos.
Compare a sua representação com a de um colega.

21. Previsão

Ao lado, há uma representação de peça formada por 3 cubos. Observe-a e responda: você acha que, se forem dobradas as medidas de todas as suas arestas, o seu volume dobrará?

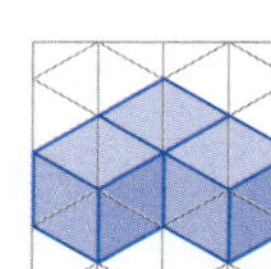

Agora, represente essa peça em uma malha triangular ampliando-a, de modo que todas as arestas tenham suas medidas dobradas. Calcule os volumes da peça inicial e da peça ampliada, usando o cubo como unidade, e verifique se sua previsão foi correta.

Vistas de um sólido geométrico

Podemos observar um sólido geométrico de várias posições. O desenho que registra o que vemos é conhecido como **vista** do sólido geométrico.

Examine o sólido geométrico a seguir e algumas de suas vistas.

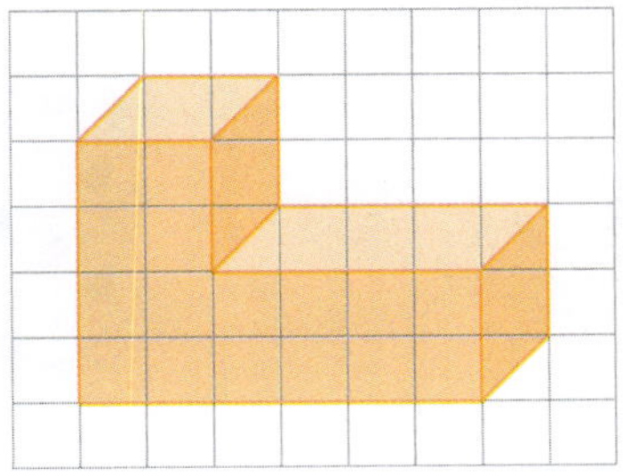

Vista lateral esquerda

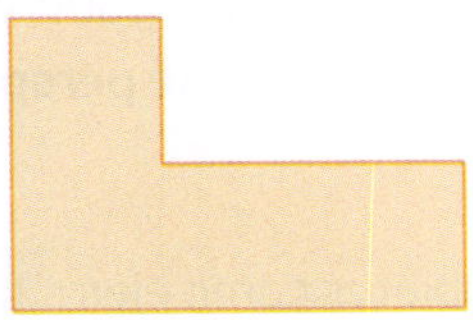

Vista de frente

Vista de baixo

Vista lateral direita

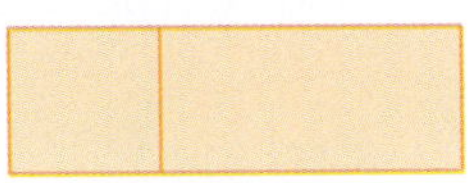

Vista de cima

Vista de trás

Exercícios

22. Nas figuras abaixo, você vê a representação de um sólido e duas de suas vistas. Escreva que vistas são essas e depois desenhe a vista de baixo e uma vista lateral.

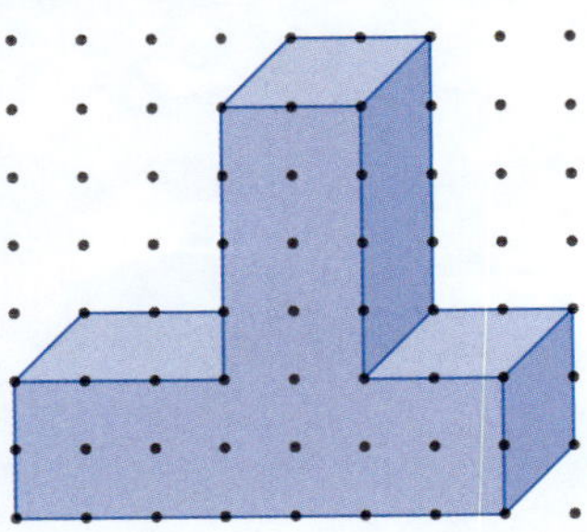

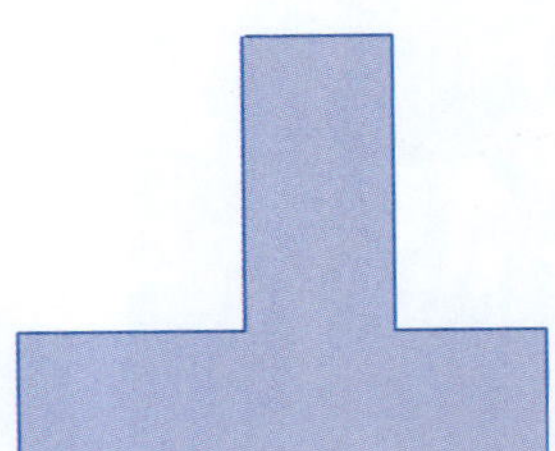

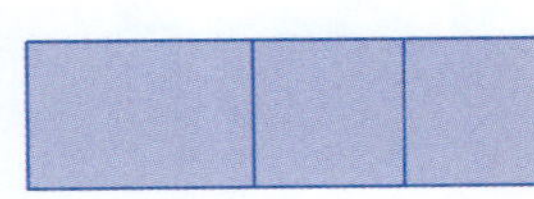

23. Observe a figura espacial representada abaixo e considere a figura ao lado como sua vista de frente.

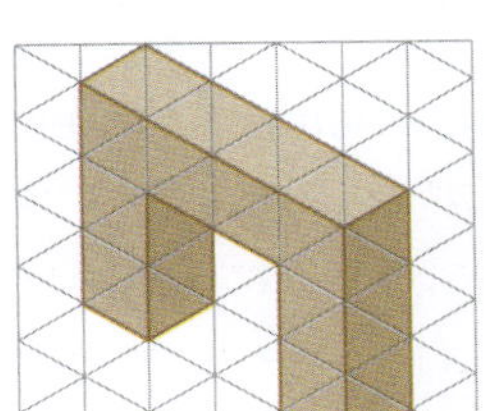

Desenhe as vistas de cima, de baixo e lateral dessa figura espacial.

5 Perspectiva: outra representação de figuras tridimensionais no plano

Observe duas vistas diferentes de um mesmo dado:

a)

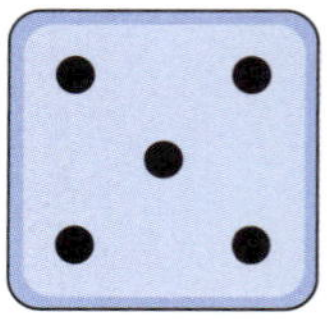

b)

Ilustrações: Casa de Tipos/Arquivo da editora

Na representação do item **b**, temos a ideia de profundidade, de volume. Por isso, dizemos que a representação do item **b** foi feita usando-se **perspectiva**. Já na representação do item **a** não se usou essa técnica.

Perspectiva é a representação dos objetos como eles são vistos. É uma representação tridimensional, como, por exemplo, uma fotografia, que dá a ideia de profundidade.

E agora, você já tem ideia do que é um objeto desenhado em perspectiva?

Exercícios

24. Em geral, nas pinturas, podemos identificar as que foram e as que não foram feitas com o uso de perspectiva. Você consegue identificar qual dos quadros a seguir foi pintado com o recurso da perspectiva?

João Candido Portinari/Museu Nacional de Belas Artes, Rio de Janeiro/Projeto Portinari

***O café*, 1934, óleo sobre tela, de autoria de Candido Portinari.**

Tarsila do Amaral/Tarsila do Amaral Empreendimentos

***Paisagem com touro*, 1925, óleo sobre tela, de autoria de Tarsila do Amaral.**

25. Veja estes outros exemplos e indique em que itens as letras estão representadas em perspectiva.

a)

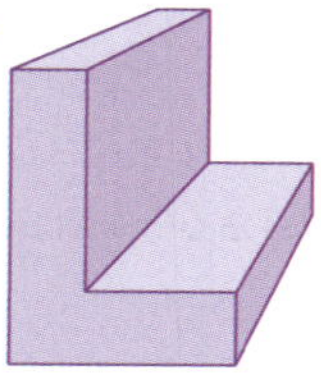

b)

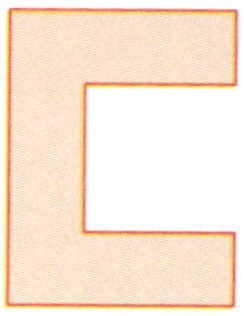

c)

As imagens desta página não estão representadas em proporção.

Leitura

As imagens desta página não estão representadas em proporção.

Perspectiva e arte

O uso da perspectiva na pintura se deu em grande escala no Renascimento, movimento artístico e científico do século XV.

Observe abaixo a reprodução de um quadro. Ele se chama *A flagelação de Cristo* e foi pintado pelo artista italiano Piero della Francesca. Nesta obra, podemos obervar o uso da perspectiva.

Alinari Archives/Corbis/Latinstock

***A flagelação de Cristo*, c. 1455-1460, óleo sobre tela de Piero della Francesca.**

No Brasil, as primeiras pinturas em perspectiva foram realizadas em tetos de igrejas em meados do século XVIII.

Veja, por exemplo, detalhe do teto da nave da Igreja de São Domingos, Salvador (BA), pintado por José Joaquim da Rocha (1737-1807), no qual é feito o uso da perspectiva.

José Joaquim da Rocha/*A escola bahiana de pintura*, Editor Emanoel Araújo/Arquivo da editora

Teto da nave da Igreja de São Domingos, Salvador (BA), 1781, de José Joaquim da Rocha.

Analise mais estas obras. Em todas elas foi usada a perspectiva.

Candido Portinari/Coleção particular, Rio de Janeiro/Projeto Portinari

***As moças de Arcozelo*, 1940, óleo sobre tela de Candido Portinari.**

Jean-François Millet/Museu d'Orsay, Paris

***As respigadoras*, 1857, óleo sobre tela de Jean-François Millet.**

Max Liebermann/The Bridgeman Art Library/Keystone

***A fiação de linho em Laren*, 1887, óleo sobre tela de Max Liebermann.**

Traga para a aula a reprodução de um quadro no qual o pintor tenha usado perspectiva. Selecione alguns dados importantes da obra (por exemplo, data, material utilizado, dimensões, etc.) e de seu autor e apresente para a classe.

Danita Delimont/Getty Images

Rota 23. Rodovia que cruza o deserto do Atacama no Chile. Foto de 2013.

Desenho em perspectiva

Examine a fotografia ao lado. Ao fundo, temos a **linha do horizonte**, uma linha imaginária em que o céu parece se encontrar com a terra. A linha do horizonte é sempre considerada no nível (altura) dos olhos do observador.

Veja que as faixas brancas da rodovia são paralelas, mas parecem se encontrar em um ponto da linha do horizonte. Esse ponto chama-se **ponto de fuga**. Entretanto, os acostamentos, que também são paralelos, continuam paralelos, e parece que vão diminuindo de tamanho. A distância entre eles também parece que vai ficando menor.

Desenhar objetos em perspectiva é desenhá-los como eles aparecem em uma fotografia.

Vamos representar em perspectiva um bloco retangular, cujo esboço aparece abaixo.

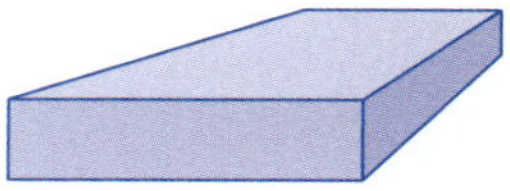

Esboço

Inicialmente, traçamos a linha do horizonte (*LH*) e marcamos nela um ponto de fuga (*PF*) qualquer. Pelo esboço acima, podemos perceber que o bloco retangular está abaixo da linha do horizonte e à esquerda do ponto de fuga. Desenhamos, então, a face frontal do bloco.

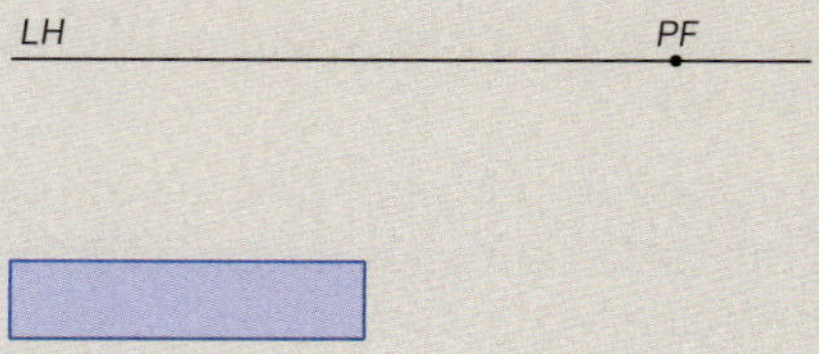

A partir dos vértices dessa face frontal, traçamos os segmentos de reta que convergem para o ponto de fuga.

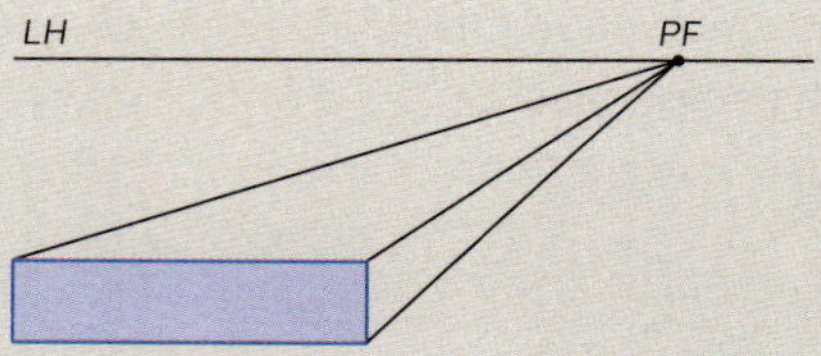

Traçamos segmentos de reta paralelos às arestas da face frontal de maneira conveniente e utilizando tamanho arbitrário. Reforçamos o traçado do bloco retangular.

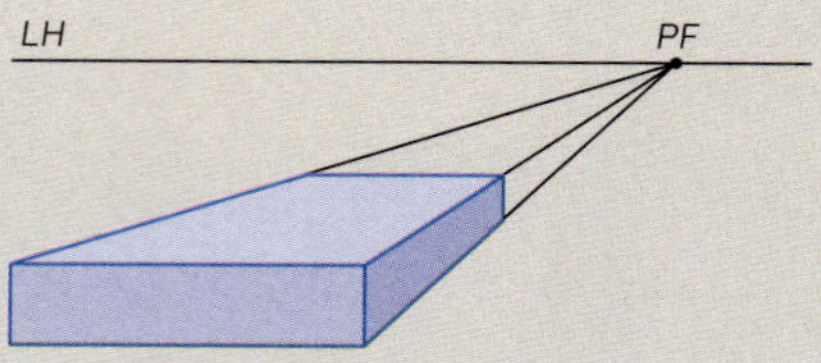

Agora, veja a representação em perspectiva de um cubo. Pelo esboço, você pode perceber que o cubo está acima da linha do horizonte e à esquerda do ponto de fuga.

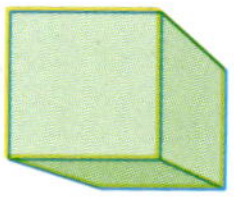

Esboço

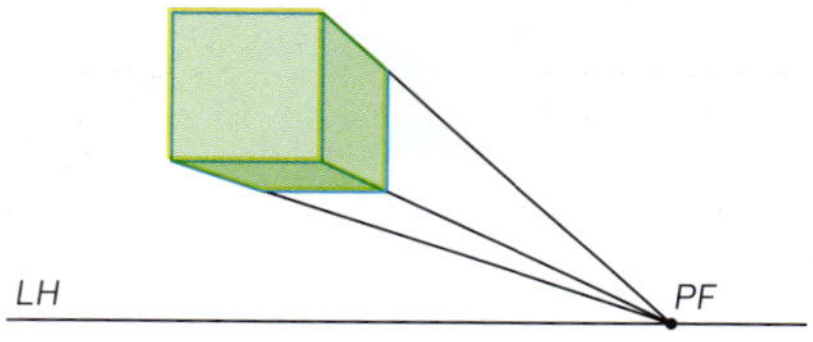

Perspectiva a partir de faces frontais

Agora, observe as faces frontais de três blocos retangulares, a linha do horizonte e o ponto de fuga.

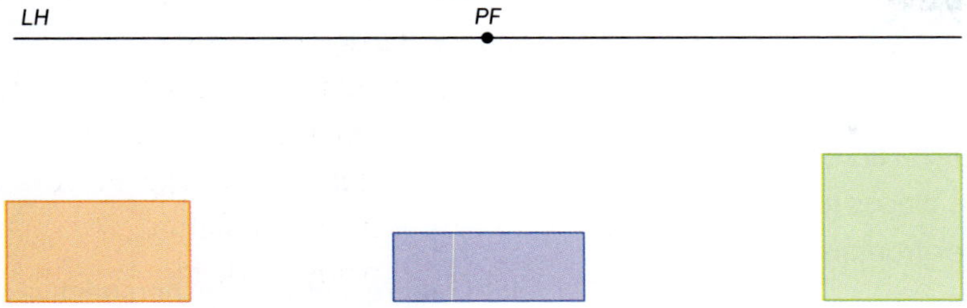

Faces frontais

Veja como podemos representá-los em perspectiva.

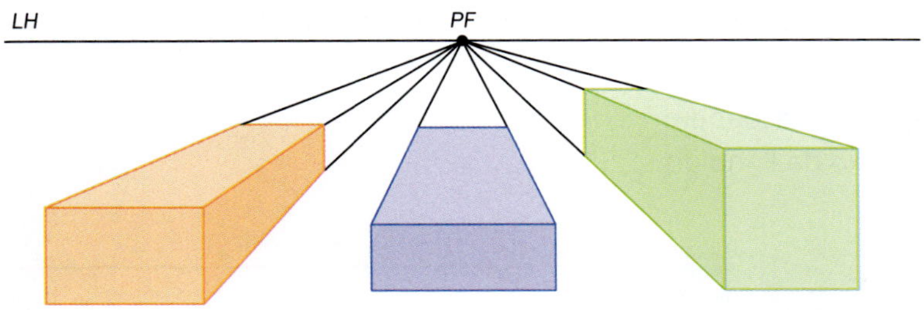

Representação em perspectiva na linha do horizonte

Até agora, vimos a representação em perspectiva de objetos que estão acima ou abaixo da linha do horizonte. Se um cubo estivesse na linha do horizonte, como poderíamos representá-lo? Veja três possibilidades abaixo.

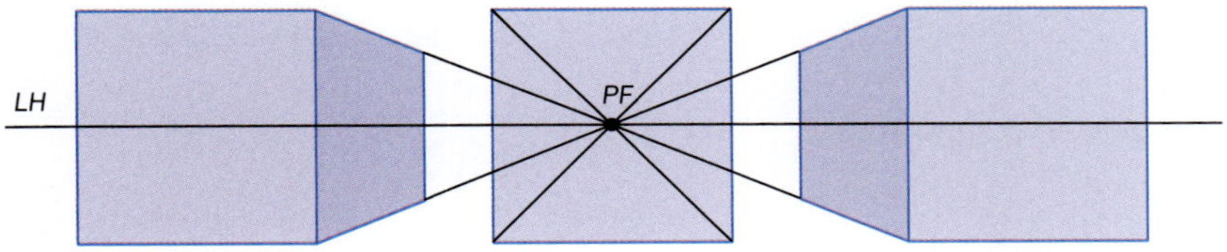

Perspectiva com dois pontos de fuga

Podemos também representar em perspectiva uma figura espacial no plano com dois pontos de fuga. Em lugar de uma face frontal, temos uma aresta frontal, à qual as demais linhas verticais são paralelas.

Veja um exemplo com um bloco retangular abaixo da linha do horizonte.

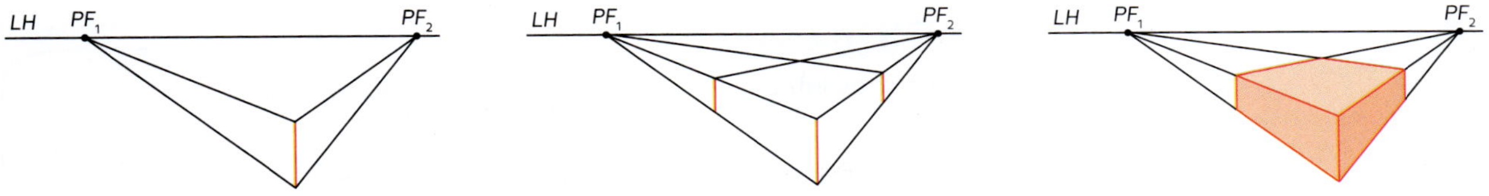

Exercícios

26. Represente em perspectiva o bloco retangular e o cubo destes esboços:

a) 

b) 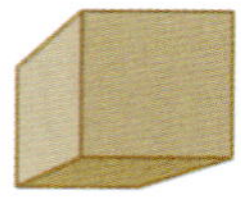

27. Utilize o procedimento visto na página anterior e represente em perspectiva os três blocos retangulares, em que são dados as faces frontais, a linha do horizonte e o ponto de fuga.

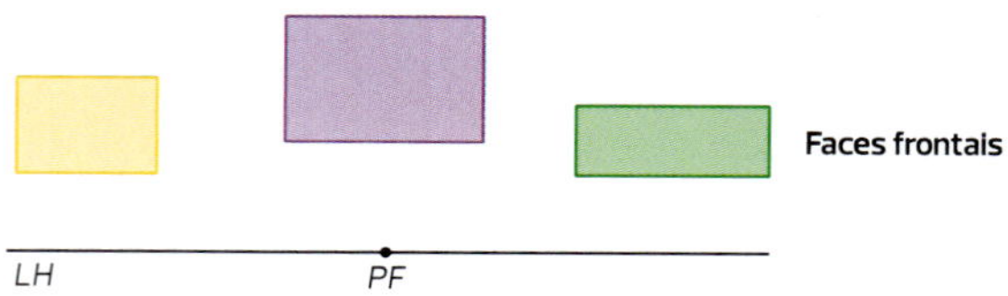

28. Verifique se cada uma destas representações em perspectiva está acima ou abaixo da linha do horizonte.

a) 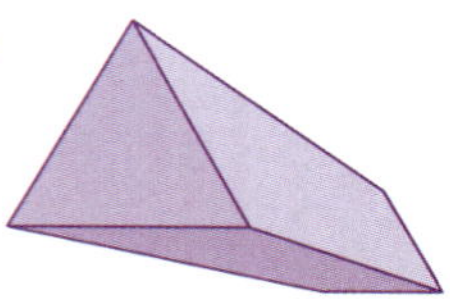

c) 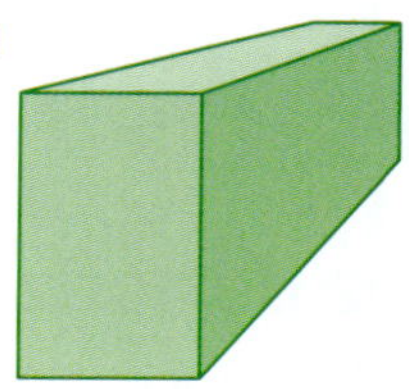

b) 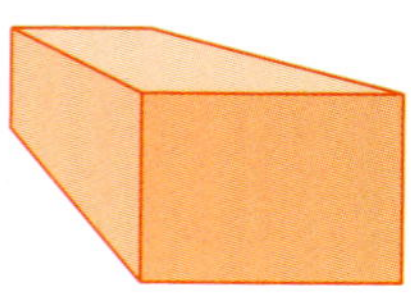

d) 

29. Desenhe em seu caderno três blocos retangulares na linha do horizonte.

30. Represente em perspectiva a pilha de cubos cujo esboço está ao lado. Coloque-a abaixo da linha do horizonte com o ponto de fuga à esquerda.

31. Determine o ponto de fuga e a linha do horizonte da representação em perspectiva a seguir.

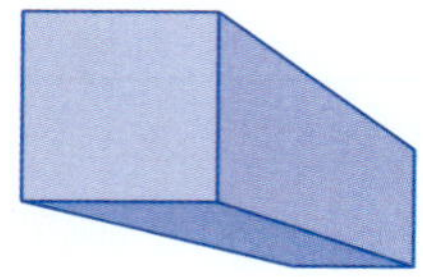

32. Complete a representação em perspectiva de um bloco retangular com dois pontos de fuga, em que a aresta frontal e os pontos de fuga já são dados abaixo.

33. Agora, complete a representação em perspectiva de três caixas em forma de bloco retangular com dois pontos de fuga, em que são dados a aresta frontal de cada caixa e os dois pontos de fuga.

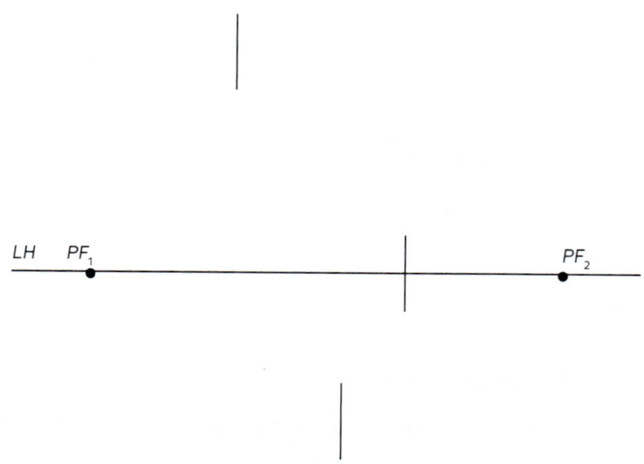

Raciocínio lógico

Usando 6 palitos inteiros e iguais, construa 4 triângulos equiláteros de mesmo tamanho.

Tratamento da informação

34. Alimentação saudável

Fabiana sabe que comer bem não significa necessariamente comer muito. O importante é saber equilibrar os diferentes grupos de alimentos, priorizando alimentos ricos em vitaminas e sais minerais, como frutas, legumes e verduras, e evitando doces e frituras.

Como Fabiana é muito preocupada com sua saúde e também com a de sua comunidade, decidiu abrir uma lanchonete especializada em lanches naturais e saudáveis. O gráfico abaixo, feito em malha quadriculada, representa a quantidade de sanduíches naturais que ela vendeu em uma semana, de terça-feira a sábado.

AmpFotoStudio/Shutterstock/Glow Images

Sanduíche natural

Quantidade de sanduíches naturais vendidos de terça-feira a sábado

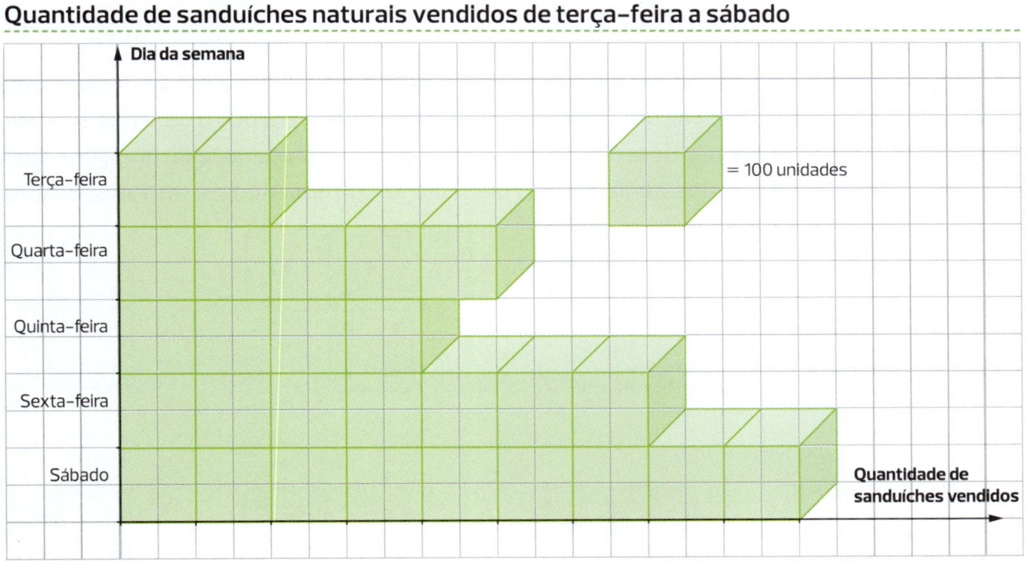

Dados fictícios.

Analise o gráfico e responda.

a) Se cada sanduíche custa R$ 3,00, qual foi o faturamento da lanchonete com os sanduíches no dia de menor movimento?

b) Qual foi a média diária de sanduíches vendidos?

c) Suponha que a lanchonete de Fabiana mantenha o mesmo faturamento representado no gráfico em todas as semanas de um mês. Se esse mês começa em uma quarta-feira e a lanchonete não abre nem no domingo nem na segunda-feira, em que dia do mês e da semana a lanchonete chegará ao faturamento de R$ 15 000,00 só com a venda de sanduíches?

d) Sabendo que, para cada sanduíche que Fabiana vendeu, ela obteve um lucro de 40%, qual foi o lucro que ela obteve, em reais, na semana representada no gráfico?

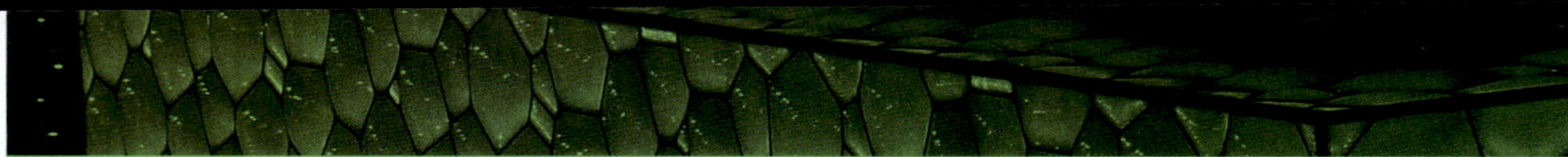

Outros contextos

35. Montando sólidos geométricos

Álvaro vai montar um sólido geométrico com fita adesiva e com algumas das regiões planas abaixo:

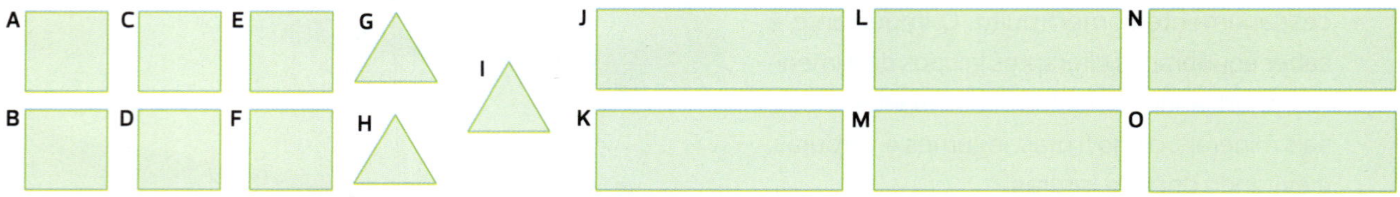

Registre o nome de cada sólido abaixo. Em seguida, indique todos os que podem ser montados só com as regiões planas acima e escreva as letras das peças que serão usadas em cada caso.

a) 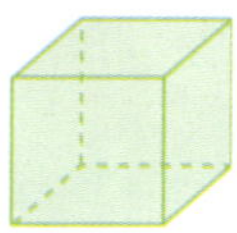

b) 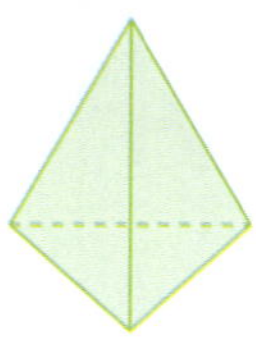

c) 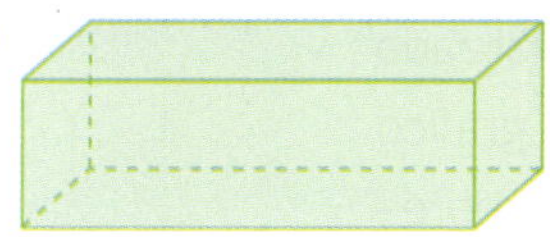

d) 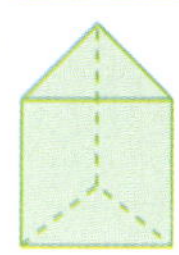

e) 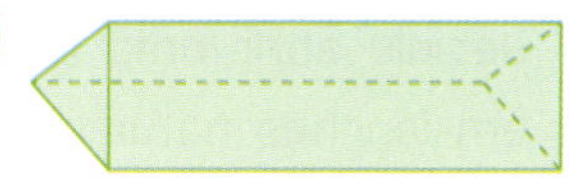

36. Vistas e previsões

Rafael e Marina estão criando uma atividade que ajuda muito no desenvolvimento da visão espacial e de sua representação no plano. Um deles faz uma arrumação com três dados e o outro desenha sua vista superior. Nos itens de **I** a **III** a seguir, observe o desenho da arrumação e faça uma previsão de qual será a vista superior correta. Depois, utilizando três dados, confira se sua previsão foi correta. Atenção na posição dos pontos!

I) 

a) 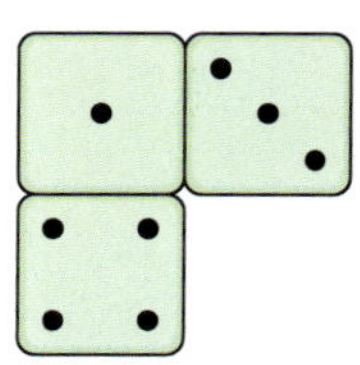

b) 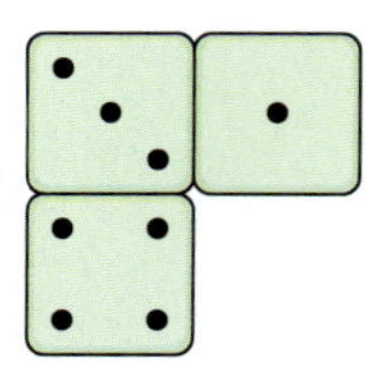

c) 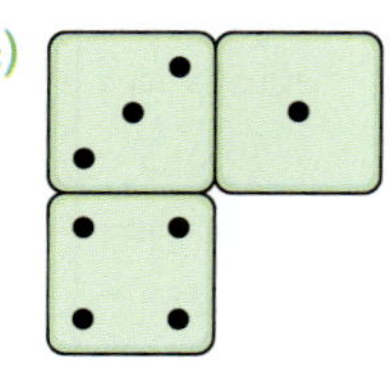

II) 

a) 

b) 

c) 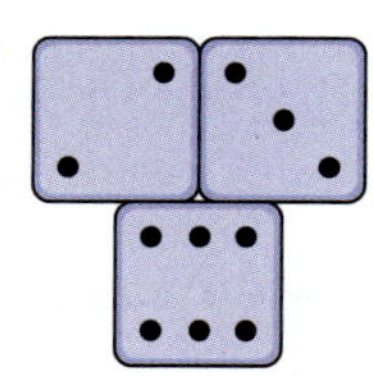

III) 

a) 

b) 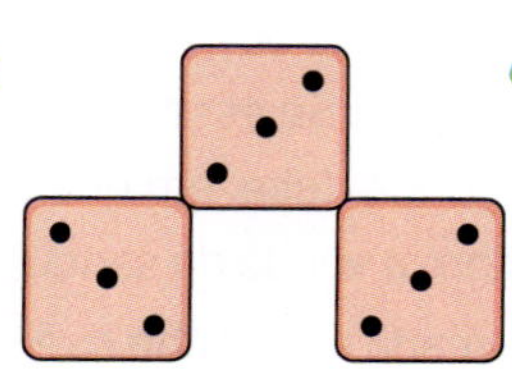

c) 

37. Copa do Mundo

Com a chegada da Copa do Mundo de Futebol, um fabricante de suvenir inventou um modelo de chaveiro de tecido, em formato de cubo, que sempre destaca as cores amarelo, verde e azul da seleção brasileira de futebol. O fabricante definiu que, em todo cubo, as cores das faces opostas e paralelas são iguais.

Modelo do chaveiro

Planificação do tecido do cubo

Mario Tama/Getty Images/Agência France-Presse

Pessoas comprando suvenirs do Brasil em uma loja.

a) Para otimizar a produção e minimizar os custos com o tecido na fabricação dos chaveiros, as faces dos cubos foram planificadas e justapostas de forma que não houvesse desperdícios no corte dos moldes.
A figura abaixo representa um pedaço do tecido utilizado na fabricação dos chaveiros. Observe a representação e determine quantos são os cubos dos chaveiros que poderão ser formados com esse pedaço de tecido.

b) Outros modelos de suvenir foram também criados usando-se a técnica anterior. Veja cada um dos sólidos abaixo e complete sua planificação obedecendo aos padrões das cores definidos pelo fabricante.

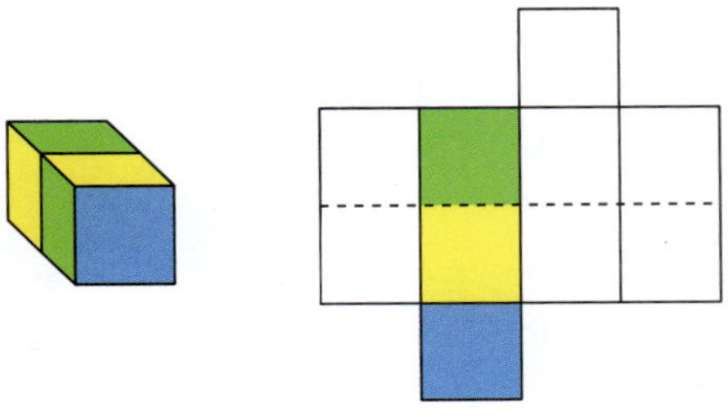

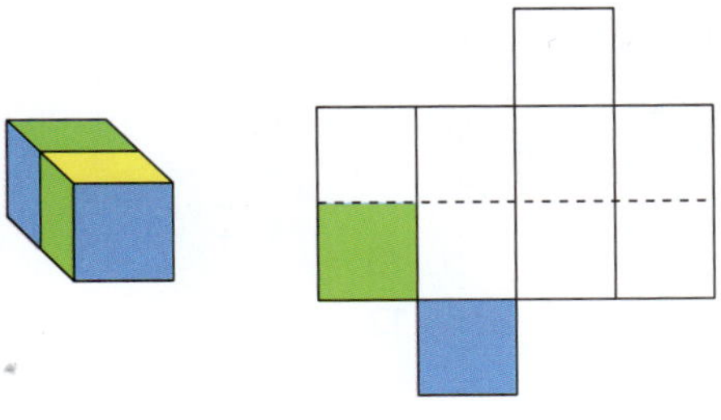

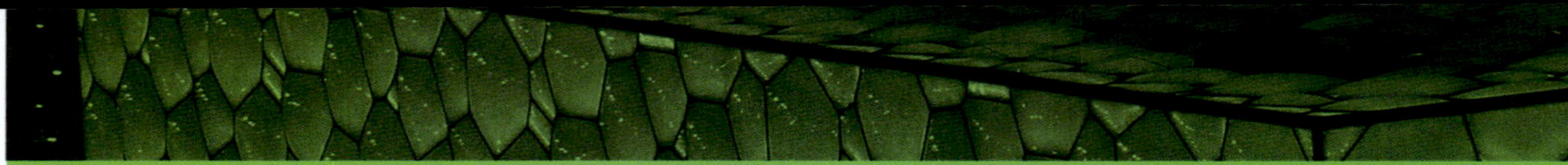

Praticando um pouco mais

1. (PUC-SP) O poliedro regular que possui 20 vértices, 30 arestas e 12 faces denomina-se:
   a) tetraedro.
   b) icosaedro.
   c) hexaedro.
   d) dodecaedro.
   e) octaedro.

2. Sabendo que todo poliedro convexo satisfaz a Relação de Euler, $V + F = A + 2$, em que V é o número de vértices, A é o número de arestas e F o número de faces, podemos afirmar que o número F de faces de um poliedro convexo que possui 12 arestas e 8 vértices é:
   a) 4.
   b) 6.
   c) 8.
   d) 10.
   e) 12.

3. (PUC-SP) Sobre as sentenças:
   I. Um octaedro regular tem 8 faces quadradas.
   II. Um dodecaedro regular tem 12 faces pentagonais.
   III. Um icosaedro regular tem 20 faces triangulares.

   É correto afirmar que apenas:
   a) I é verdadeira.
   b) II é verdadeira.
   c) III é verdadeira.
   d) I e II são verdadeiras.
   e) II e III são verdadeiras.

4. (UFCG-MS) Um professor de Matemática, em uma aula de Geometria, pediu que cada aluno construísse um poliedro convexo regular com 20 faces triangulares. Podemos afirmar que o número de vértices do poliedro construído pelos alunos é igual a:
   a) 28. b) 12. c) 19. d) 27. e) 41.

5. (OBM) No desenho abaixo, três cubos iguais estão apoiados sobre uma mesa. Cada cubo tem as faces numeradas por 0, 1, 3, 4, 5, 9, onde cada número aparece exatamente uma vez. Qual é a soma dos números das faces em contato com a mesa?

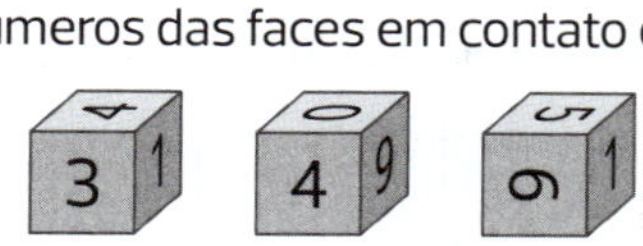

   a) 6
   b) 8
   c) 9
   d) 10
   e) 12

6. (Universidade de Coimbra – Portugal) Qual das peças seguintes permite construir um paralelepípedo a partir do objeto representado ao lado?

   a) 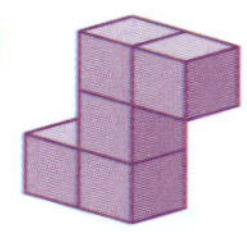
   d) 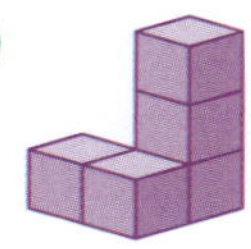
   b) 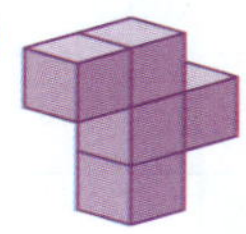
   e) 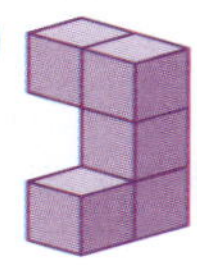
   c) 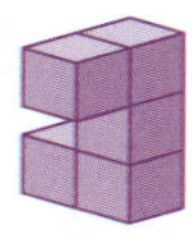

7. (Inep) Observe as figuras abaixo.

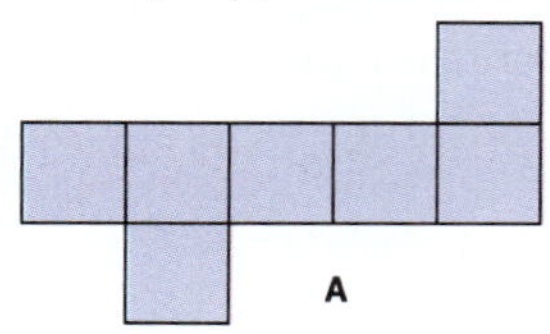
A

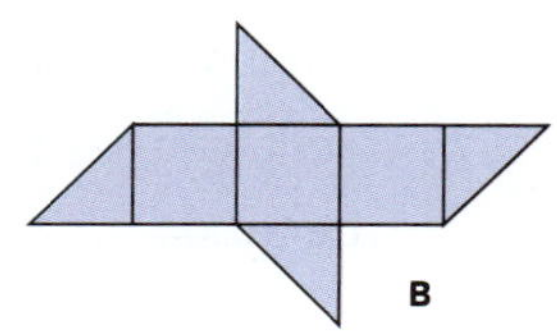
B

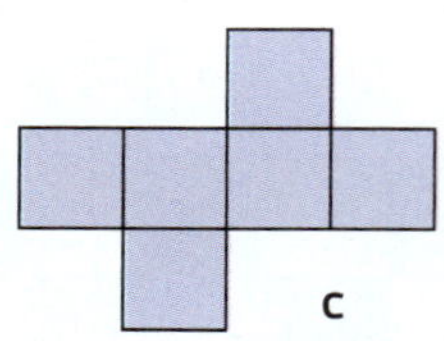
C

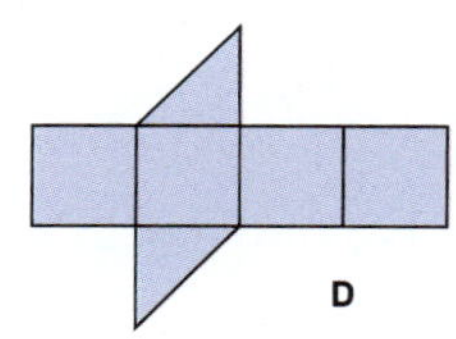
D

Entre elas, a planificação de uma caixa em forma de cubo é a figura:
   a) **A.** b) **B.** c) **C.** d) **D.**

8. (OBM) Um dado especial tem como faces triângulos equiláteros, numerados de 1 a 4, como no desenho. Colando dois dados, fazemos coincidir duas faces, com o mesmo número ou não. Qual dos números a seguir não pode ser a soma dos números das faces visíveis?
   a) 12
   b) 14
   c) 17
   d) 18
   e) 19

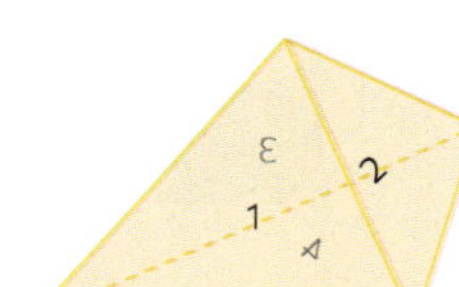

Revisão cumulativa

1. Depois de tudo o que você estudou, ficou muito mais fácil desenhar figuras geométricas espaciais em um plano.
Faça o desenho de uma cadeira na mesma posição que a da figura ao lado ou em outra posição ou, então, o desenho de outro objeto que você quiser em:

Paulo Manzi/ Arquivo da editora

a) malha quadriculada;
b) malha pontilhada;
c) malha triangular;
d) perspectiva.

2. (FCC-RJ) A média aritmética de 11 números é 45. Se o número 8 for retirado do conjunto, a média aritmética dos números restantes será:

a) 48,7.
b) 48.
c) 47,5.
d) 42.
e) 41,5.

3. O número de faces de um poliedro regular não pode ser:

a) 6.
b) 20.
c) 8.
d) 10.

4. Misturando 6 litros de água com 2 litros de suco, a porcentagem de água na mistura é de:

a) 60%.
b) 75%.
c) 80%.
d) 65%.

5. O volume de um bloco retangular é de 10 cm³. Dobrando-se todas as suas arestas, o volume do novo bloco será de:

a) 80 cm³.
b) 20 cm³.
c) 40 cm³.
d) 60 cm³.

6. A vista superior do prisma abaixo nesta posição é:

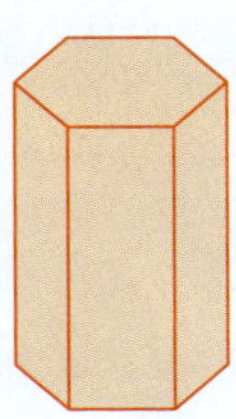

a)
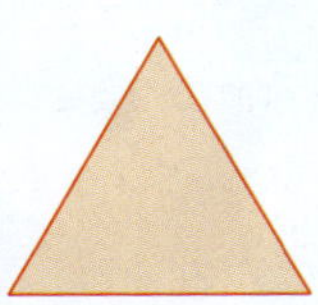

b)

c)
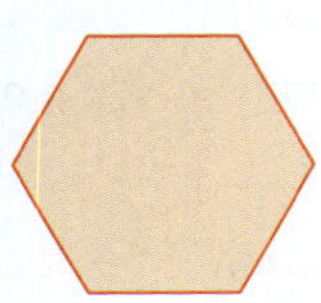

d)

7. O valor numérico da expressão $-8x^2 - 6x + 11$, para $x = \frac{1}{2}$, é um número:

a) menor do que -3.
b) entre -3 e 4.
c) entre 4 e 10.
d) maior do que 10.

8. Em qual item o resultado é maior?

a) $\frac{5}{6}$ de 30
b) $\frac{2}{7}$ de 280
c) $\frac{3}{5}$ de 200
d) $\frac{1}{4}$ de 400

9. Na representação em perspectiva abaixo, o paralelepípedo está:

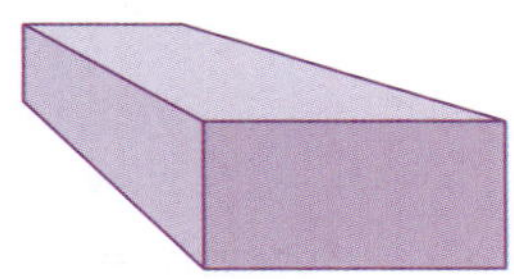

a) acima da linha do horizonte e à direita do ponto de fuga.
b) acima da linha do horizonte e à esquerda do ponto de fuga.
c) abaixo da linha do horizonte e à direita do ponto de fuga.
d) abaixo da linha do horizonte e à esquerda do ponto de fuga.

10. Assinale o item em que os números reais estão em ordem crescente.

a) $\frac{7}{3}$; 3,45; $\sqrt{5}$ e 12
b) 4^{-1}; 0,666...; $1\frac{1}{2}$ e $\sqrt{3}$
c) 3^2; 2^3; $\frac{12}{5}$ e 1,444...
d) $-\frac{2}{7}$; 6^0; $\frac{2}{3}$ e 0,8

11. Usando os algarismos 3, 6, 8 e 9, quantos números naturais pares, de algarismos distintos, entre 500 e 1000, podemos formar?

a) Seis números.
b) Dezoito números.
c) Doze números.
d) Oito números.

Capítulo 9

Estatística e Probabilidade

1 Introdução

Nos anos anteriores, você estudou algumas noções relacionadas à Estatística e à Probabilidade e deve ter percebido que, atualmente, estamos cercados por gráficos, tabelas, dados sobre a média aritmética de um conjunto de valores, informações sobre as chances de determinado evento acontecer, etc.

Vejamos um exemplo.

A expectativa de vida ao nascer é um **dado estatístico** que corresponde ao número médio de anos que um indivíduo viverá a partir do nascimento, considerando-se que a taxa de mortalidade da população do local onde nasceu permaneça a mesma ao longo de sua vida. De acordo com o Instituto Brasileiro de Geografia e Estatística (IBGE), a expectativa de vida brasileira em 2014 era de 74,9 anos. Obviamente, não há como ter certeza se qualquer brasileiro nascido em 2014 viverá mais ou menos que 74 anos de idade. No entanto, manter certos cuidados com a saúde, como ter uma dieta saudável, fazer exercícios físicos regularmente, dormir bem, etc., aumenta a **probabilidade** de alcançar essa idade com saúde ou até mesmo ultrapassá-la.

Como você pode ver, a Estatística e a Probabilidade estão muito presentes no nosso cotidiano. Neste capítulo, vamos retomar e aprofundar o estudo sobre esses assuntos, ampliando e aprendendo novos conceitos e aplicando-os na resolução de atividades.

Idosas praticando atividade física.

Fuse/Getty Images

2 Medidas de tendência central

Em todo conjunto de dados estatísticos (por exemplo, as idades dos alunos de uma classe, os preços de determinado produto em estabelecimentos comerciais diferentes, etc.), é importante encontrar um elemento que possa representá-lo. Em Estatística, determinar esse elemento significa encontrar uma **medida de tendência central** para o conjunto em questão.

As principais medidas de tendência central são a **média aritmética**, a **mediana** e a **moda**. Dessas três, as duas primeiras são mais usadas quando trabalhamos com variáveis quantitativas, e a última, quando trabalhamos com variáveis qualitativas.

Média aritmética

Vamos recordar com exemplos e exercícios o que você estudou nos anos anteriores sobre média aritmética.

Em um time de futebol de salão, as alturas, em centímetros, são 146, 158, 165, 150 e 155. Qual é a altura média desse time?

Vejamos outro exemplo:

Oito alunos do 8º ano participaram de uma competição de dança na escola e, para cada um, foi atribuída uma nota. As notas atribuídas foram:

2,0 3,5 1,0 2,5 9,0 3,0 1,0 10,0

Como se pode ver, os alunos não obtiveram notas muito boas, com exceção de dois. Calcule a média aritmética das notas desse grupo de alunos.

Calculamos a média aritmética das notas efetuando:

$$MA = \frac{2 + 3{,}5 + 1 + 2{,}5 + 9 + 3 + 1 + 10}{8} \quad MA = \frac{32}{8} \quad MA = 4{,}0$$

Logo, a média aritmética das notas dos oito alunos na competição de dança foi 4,0.

Exercícios e problemas

1. Um time de futebol já disputou sete jogos em um campeonato e marcou nesses jogos 2, 2, 1, 1, 4, 2 e 2 gols, respectivamente. Calcule a média de gols por partida.

2. Responda: qual é a fórmula da média aritmética (MA) dos números $x_1, x_2, x_3, ..., x_n$?

3. Veja os gastos de uma pessoa com alimentação, de segunda-feira a sábado, em uma determinada semana:
   - segunda-feira: R$ 12,00
   - terça-feira: R$ 15,00
   - quarta-feira: R$ 10,00
   - quinta-feira: R$ 14,00
   - sexta-feira: R$ 13,00
   - sábado: R$ 14,00

   Calcule a média diária de gastos.

Cão vencedor de um concurso

Apple Tree House/Getty Images

Média aritmética ponderada

Vamos relembrar o que você estudou sobre média aritmética ponderada. Em certas situações, dependendo da importância atribuída aos dados, são associados a eles certos fatores de ponderação (pesos). Veja um exemplo:

Em um concurso para cães, os participantes foram julgados de acordo com determinados quesitos. Para cada quesito, foi atribuído um peso:

- beleza: peso 1;
- destreza: peso 2;
- porte: peso 3.

Douglas levou seu cão Manchado para o concurso e ele obteve as seguintes notas: 7,5 em beleza; 9,0 em destreza; e 7,0 em porte. Qual foi a média aritmética ponderada de Manchado no concurso?

$$MP = \frac{1 \cdot 7{,}5 + 2 \cdot 9 + 3 \cdot 7}{1 + 2 + 3} = \frac{46{,}5}{6} = 7{,}75$$

Portanto, a média aritmética ponderada de Manchado no concurso foi 7,75.

Exercícios

4. Calcule a média aritmética ponderada de:

a) 5 (peso 2), 8 (peso 3) e 10 (peso 1).

b) 20 (peso 2); 40 (peso 1) e 50 (peso 3).

5. Calcule o valor do número x nos seguintes casos:

a) a média aritmética ponderada de $x - 1$ com peso 3 e $x + 4$ com peso 2 é igual a 12;

b) a média aritmética ponderada de x (peso 3), $2x$ (peso 2) e $x - 4$ (peso 1) é igual a 16.

Observação:

A média aritmética dá uma ideia das características de um grupo de números. Porém, é importante destacar que, em algumas situações, a presença de um valor muito maior ou muito menor do que os demais faz com que a média aritmética não consiga traçar o perfil correto do grupo. Veja um exemplo:

Um grupo de quatro pessoas com idades de 5 anos, 4 anos, 5 anos e 70 anos tem como média de idade 21 anos $\left(\frac{5 + 4 + 5 + 70}{4}\right)$. Essa média não dá ideia das características do grupo, quanto às idades.

Veja outra situação em que a média não traduz a realidade:

Em casos como esses, devemos usar outras medidas de tendência central, como a **mediana** e a **moda**, que estudaremos a seguir.

Mediana

Anteriormente, estudamos algumas situações em que, dentro de um conjunto de dados, a presença de valores muito maiores ou muito menores do que os demais influencia a média aritmética, fazendo com que ela não represente a realidade desse conjunto. Nesse tipo de situação, quanto maiores ou menores forem esses valores, mais a média aritmética deixa de dar ideia das características reais do conjunto de dados.

Por isso, é conveniente utilizarmos outra medida de tendência central: a **mediana**.

Acompanhe o exemplo a seguir.

Vamos considerar as alturas, em centímetros, de cinco adolescentes: Liz, Cris, Rô, Ju e Ma.

Dispondo as cinco em ordem crescente de altura (poderia ser em ordem decrescente), temos:

Então, o conjunto de dados é: 152, 157, 165, 168, 171.

Observe que a adolescente do **meio** é Liz. Sua altura, 165 cm, é chamada de **mediana** das cinco alturas. Escrevemos Me = 165 cm.

Suponha agora que uma sexta adolescente, Lu, cuja altura é 167 cm, junte-se a elas. Organizando-as novamente em ordem crescente, temos:

Ilustrações: Mauro Souza/Arquivo da editora

Agora, o conjunto de dados é: 152, 157, 165, 167, 168, 171.

Observe que o número de adolescentes é par e, portanto, temos duas adolescentes no meio. Vamos tirar a média aritmética entre as alturas dessas duas adolescentes — Liz (165 cm) e Lu (167 cm):

$$\frac{165 + 167}{2} = 166$$

Nesse caso a **mediana** das seis alturas é 166 cm. Escrevemos: Me = 166 cm.

Conseguiu entender o que é mediana?

Dada uma série de valores, é preciso organizá-los em ordem crescente ou decrescente. Se o número de termos for ímpar, a mediana será o termo do meio. Se o número de termos for par, a mediana será a média aritmética dos dois termos centrais.

Vamos, agora, retomar o exemplo que foi dado anteriormente na página 309, sobre a competição de dança. Nessa situação, tínhamos o seguinte conjunto de notas:

2,0 3,5 1,0 2,5 9,0 3,0 1,0 10,0

A média aritmética obtida (4,0) não descrevia bem esse conjunto, pois a maioria delas é bem menor do que a média. Isso ocorreu porque as notas 9,0 e 10,0 são muito maiores do que as demais.

Ao ordenarmos os dados do conjunto, temos a seguinte sequência:

1,0 1,0 2,0 2,5 3,0 3,5 9,0 10,0

Essa sequência possui um número par de valores, portanto, para acharmos a mediana desse conjunto, determinamos a média aritmética dos dois termos centrais, ou seja, 2,5 e 3,0. Logo, temos:

$$Me = \frac{2{,}5 + 3{,}0}{2} = \frac{5{,}5}{2} = 2{,}75$$

Observe que a mediana 2,75 representa melhor o conjunto de notas do que a média aritmética 4,0. Perceba que as notas altas 9,0 e 10,0 não afetaram o cálculo da mediana.

Assim, para saber qual medida de tendência central é mais adequada para representar um conjunto de dados de uma variável quantitativa, basta dispor os valores em ordem e observar se os valores dos extremos são muito menores ou muito maiores do que os demais. Caso sejam, a mediana é a medida mais adequada.

Exercícios e problemas

6. Jaque, cuja altura é 169 cm, também se juntou ao grupo das adolescentes da página 311. Qual é, agora, a altura mediana?

7. Estas são as alturas, em centímetros, de um grupo de dez crianças: 119, 120, 121, 121, 121, 123, 124, 124, 125, 128.
   a) Qual é a média de altura desse grupo?
   b) Qual é a mediana?
   c) Qual dessas medidas de tendência central é mais apropriada para esse caso?

8. Os pontos de 0 a 100 obtidos por 21 alunos em um teste foram: 71, 40, 86, 55, 63, 70, 44, 90, 37, 68, 53, 55, 57, 60, 82, 91, 62, 72, 56, 42, 36. Determine a mediana desses valores.

9. Em um grupo de pessoas, as idades são: 13 anos, 20 anos, 18 anos, 14 anos, 17 anos, 16 anos e 19 anos.
   a) Qual é a mediana dessas idades?
   b) Se, a esse grupo, se juntarem três pessoas, com idades de 12, 15 e 22 anos, a mediana aumenta ou diminui? Quantos anos?

Moda

Vimos que, para variáveis quantitativas, temos as seguintes medidas de tendência central: média aritmética e mediana. Mas que medida de tendência central utilizar, por exemplo, para a seguinte pergunta:

Qual seu esporte preferido entre basquete, natação ou ciclismo?

Jeff Kaufman/Taxi/Getty Images

Crianças jogando basquete.

Chad McDermott/Shutterstock/Glow Images

Pessoas praticando natação.

Warren Goldswain/Shutterstock/Glow Images

Casal andando de bicicleta.

Nesse caso, estamos tratando de **variáveis qualitativas**, em que a pergunta não é mais "Quanto vale?", e sim "Qual a categoria preferida?".

Vamos supor, então, que, em uma turma de 20 alunos do 8º ano, foi feita a pergunta acima e foram obtidas as seguintes respostas:

- 12 alunos preferiam basquete;
- 5 alunos preferiam natação; e
- 3 alunos preferiam ciclismo.

O conjunto de dados que compõe essa pesquisa é formado por doze respostas "basquete", cinco respostas "natação" e três respostas "ciclismo". Não seria conveniente perguntar qual a média desses resultados ou qual a mediana, pois não se trata de valores numéricos. Por isso, vamos introduzir uma medida de tendência central conveniente para variáveis qualitativas, que é a **moda**.

No caso da pesquisa acima, basquete é o elemento de maior frequência no conjunto de respostas coletadas. Dizemos, então, que basquete é a moda desse conjunto.

Escrevemos: Mo = basquete.

Em Estatística, dado um conjunto de dados (em geral, qualitativos), chamamos de moda o elemento desse conjunto que possui a maior frequência, ou seja, aquele elemento que "mais aparece" no conjunto.

O termo **moda** também é usado em outros contextos. Veja:

Mauro Souza/Arquivo da editora

Observação: Apesar de estarmos introduzindo a moda como uma medida de tendência central para variáveis qualitativas, ela pode também ser usada para variáveis quantitativas, mas, na maioria dos casos, não será conveniente.

Exemplos:

1º) Dez garotos decidiram verificar o "peso" de cada um deles, e os resultados foram os seguintes:

65 kg	72 kg	56 kg	50 kg	42 kg	56 kg	60 kg	65 kg	56 kg	88 kg

Mauro Souza/Arquivo da editora

Vamos determinar a média, a mediana e a moda desse conjunto.

- A média é dada por:

$$MA = \frac{65 + 72 + 56 + 50 + 42 + 56 + 60 + 65 + 56 + 88}{10} = \frac{610}{10} = 61$$

Assim, MA = 61 kg.

- Para determinar a mediana, inicialmente dispomos os dados em ordem (crescente ou decrescente). Vejamos como fica a sequência em ordem crescente:

42 kg	50 kg	56 kg	56 kg	56 kg	60 kg	65 kg	65 kg	72 kg	88 kg

Como o número de elementos é par (igual a 10), basta calcular a média aritmética dos dois termos centrais. Então, a mediana desse conjunto é dada por:

$$Me = \frac{56 + 60}{2} = 58$$

Assim, Me = 58 kg.

- Já a moda desse conjunto, por sua vez, é o termo que mais aparece: 56 kg. Assim, Mo = 56 kg.

2º) Trinta funcionários de uma empresa recebem salários conforme indicado no quadro a seguir.

Salário	Número de funcionários
R$ 1080,00	12
R$ 2650,00	8
R$ 3500,00	7
R$ 20270,00	3

Vamos calcular a média salarial, o salário mediano e a moda dos salários desses funcionários. Em seguida, vamos decidir qual a medida de tendência central que melhor representa a realidade salarial desse conjunto.

- Inicialmente vamos calcular a média salarial:

$$MA = \frac{12 \cdot 1080 + 8 \cdot 2650 + 7 \cdot 3500 + 3 \cdot 20270}{30} =$$

$$= \frac{12960 + 21\,200 + 24500 + 60810}{30} = \frac{119\,470}{30} \simeq 3\,982{,}33$$

Portanto, a média salarial é de R$ 3982,33.

- Para o cálculo do salário mediano, dispomos os salários em ordem (crescente ou decrescente). O quadro já os fornece em ordem crescente. Se fôssemos escrever todos os 30 salários nessa ordem, escreveríamos R$ 1080,00 doze vezes; em seguida, R$ 2650,00 oito vezes; depois, R$ 3500,00 sete vezes; e, por fim, R$ 20270,00 três vezes.

  Observamos que a quantidade de salários é par (30 salários), portanto, calculamos a média dos dois termos centrais. Em uma sequência de 30 valores, os dois termos centrais são o 15º e o 16º, pois deixam 14 valores à sua esquerda e 14 valores à sua direita. Na sequência acima, o 15º e o 16º salários são iguais a R$ 2650,00. Assim, a mediana é dada por:

$$Me = \frac{2650 + 2650}{2} = 2650{,}00$$

  Logo, o salário mediano é de R$ 2650,00.

- A moda dos salários dessa distribuição é o salário de maior frequência. Como, no quadro, o salário que mais aparece é R$ 1080,00, temos Mo = 1 080,00. Dizemos, portanto, que a moda salarial é de R$ 1080,00.

- Finalmente, devemos decidir qual das medidas de tendência central acima melhor representa a realidade salarial do conjunto.

  Percebemos que a média não é muito adequada, pois foi afetada pelo salário de R$ 20270,00, que é bem maior do que os demais.

  A mediana, por sua vez, não foi afetada por esse aspecto, adequando-se bem para representar o conjunto de dados deste exemplo.

  A moda expressa o salário mais frequente, não sendo também muito adequada para representar a realidade do conjunto neste exemplo, pois os 12 funcionários não representam a maioria do grupo, que tem 30 funcionários.

  Desse modo, podemos concluir que a mediana é a medida de tendência central que melhor representa a realidade salarial do conjunto.

Bate-papo

Converse com um colega e, juntos, expliquem com suas palavras por que a média aritmética (ponderada ou não), a moda e a mediana são chamadas de medidas de tendência central.

Exercícios e problemas

10. Perguntou-se aos alunos da escola de Juvenal se eles gostaram da reforma da cantina. Veja, no gráfico ao lado, o resultado da pesquisa. Responda às questões a seguir.

a) Que porcentagem dos alunos não respondeu à pesquisa?

b) Se a escola tem 1000 alunos, quantos responderam que gostaram da reforma?

c) Quantos alunos não gostaram da reforma?

d) Quantos não responderam?

e) Qual é a moda dessa distribuição?

f) Por que não é possível calcular a média aritmética?

Satisfação da reforma da cantina

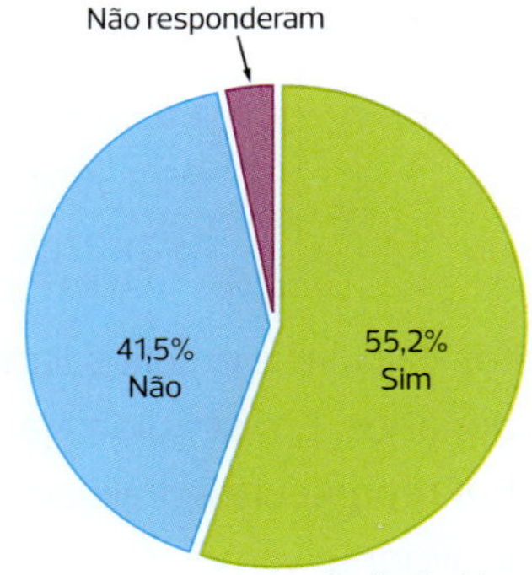

Dados fictícios

11. Durante os dez primeiros jogos de um campeonato de futebol amador, o time Bons de Bola marcou os gols representados no gráfico ao lado.

Determine:

a) a média de gols do time;

b) a moda;

c) a mediana.

Gols do time Bons de Bola

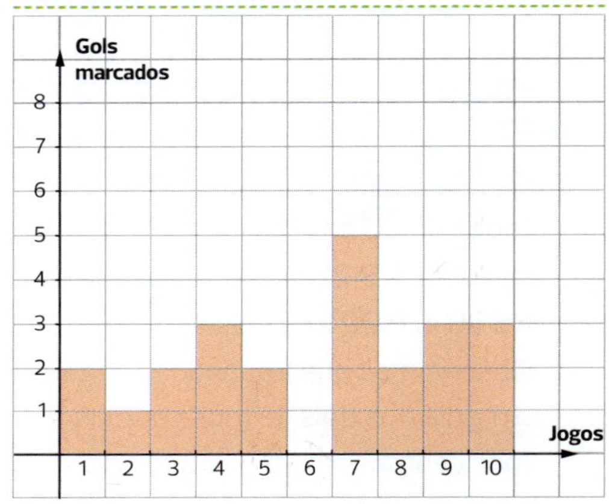

Dados fictícios

12. O artigo 3º da Constituição da República Federativa do Brasil diz: "Constituem objetivos fundamentais da República Federativa do Brasil:

I – construir uma sociedade livre, justa e solidária;

II – garantir o desenvolvimento nacional;

III – erradicar a pobreza e a marginalização e reduzir as desigualdades sociais e regionais;

IV – promover o bem de todos, sem preconceitos de origem, raça, sexo, cor, idade e quaisquer outras formas de discriminação."

O texto desse artigo da Constituição apresenta quatro itens (**I**, **II**, **III** e **IV**). O número de palavras em cada um deles é, respectivamente, 7, 4, 13 e 19.

a) Determine o número médio de palavras por item.

b) Complete esta tabela escrevendo o número de letras e a frequência das palavras que aparecem nos itens I, II, III e IV juntos.

Palavras e número de letras

Número de letras por palavra	1	2	3	4	5	6	7	8	9	10	11	12	13	14	15
Frequência	9	4												1	1

Dados experimentais

c) Construa, em papel quadriculado, um gráfico com os dados dessa tabela.

d) Responda: qual é a moda desses resultados?

13. Ao contar o número de ervilhas em cada uma das 27 vagens, Dimas encontrou: 3, 3, 3, 2, 4, 3, 3, 4, 3, 2, 3, 3, 4, 4, 2, 3, 3, 3, 4, 2, 4, 2, 3, 3, 3, 4, 3.

a) Construa uma tabela de frequências com esses números.

b) Determine a moda nessa situação.

V. S. Anandhakrishna/Shutterstock/Glow Images

Ervilhas

14. Em um grupo de pessoas com idades de 2, 3, 2, 1 e 50 anos, qual é a moda?

15. João registrou, durante dez dias, o tempo gasto em minutos para ir de sua casa à escola: 15 min, 14 min, 18 min, 15 min, 14 min, 25 min, 16 min, 15 min, 15 min e 16 min. Qual foi a moda do tempo gasto por dia?

16. Marisa jogou um dado 7 vezes e obteve as seguintes pontuações: 2, 6, 2, 5, 1, 3 e 2. Calcule:

a) a média aritmética dos pontos obtidos;

b) a moda dos pontos obtidos.

17. Calcule o valor de x:

a) para que a média aritmética de $x + 1$, $2x$ e $x - 4$ seja igual a 7;

b) para que a moda de $2x - 1$, 7 e 9 seja igual a 9.

18. Na Copa do Mundo do Brasil (2014), o Brasil disputou os seguintes jogos:

Brasil 3 × 1 Croácia

Brasil 0 × 0 México

Brasil 4 × 1 Camarões

Brasil 1 × 1 Chile*

Brasil 2 × 1 Colômbia

Brasil 1 × 7 Alemanha

Brasil 0 × 3 Holanda

*A partida terminou empatada no tempo regulamentar. Na cobrança de pênaltis o placar foi Brasil 3 × 2 Chile (o placar agregado da partida foi Brasil 4 × 3 Chile).

Jefferson Bernardes/Shutterstock/Glow Images

Os jogadores Neymar, do Brasil, e Silva, do Chile, durante partida da Copa do Mundo de Futebol de 2014.

a) Construa a tabela de frequências da variável "resultados" considerando como valores as vitórias, os empates e as derrotas do Brasil.

b) Elabore a tabela de frequências da variável "gols marcados por partida pelo Brasil" usando como valores: 0 gol, 1 gol, 2 gols, 3 gols e 4 gols.

c) Qual é a moda referente a cada situação?

Desafio

(UFJF-MG) Um professor de Matemática elaborou, através do computador, um histograma das notas obtidas pela turma em uma prova cujo valor era 5 pontos. Entretanto, o histograma ficou incompleto, pois este professor esqueceu-se de fornecer o número de alunos que obtiveram notas iguais a 2, 4 ou 5. Veja a ilustração a seguir.

A moda dessas notas é:

a) 1

b) 2

c) 3

d) 4

e) 5

Histograma de notas em Matemática (incompleto)

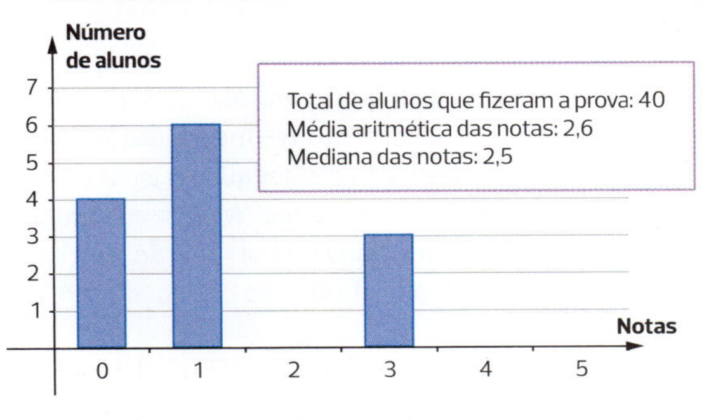

3 Probabilidade

Nos anos anteriores você deve ter estudado que é possível medir a chance de um evento acontecer e que essa medida é chamada de **probabilidade**. E que a **Teoria das Probabilidades** é o ramo da Matemática que cria, elabora e pesquisa modelos que dão os resultados prováveis ou as chances de determinado resultado ocorrer.

Vamos agora ampliar esses assuntos, estudando novos conceitos e aplicando-os em diferentes tipos de problemas.

Experimento aleatório e espaço amostral

Bruna e Lucas estavam jogando um dado de 6 faces durante um jogo de tabuleiro.

Mauro Souza/Arquivo da editora

Observe os valores que Lucas obteve em 7 jogadas diferentes:

- 1ª jogada: 6
- 2ª jogada: 3
- 3ª jogada: 4
- 4ª jogada: 1
- 5ª jogada: 2
- 6ª jogada: 5
- 7ª jogada: 5

Se, em condições idênticas, fizermos repetidos lançamentos de um dado, não podemos prever que face cairá voltada para cima, ou seja, os resultados são imprevisíveis. Por isso, dizemos que o lançamento de um dado é um **experimento aleatório**.

> Experimento aleatório é aquele que, se for repetido diversas vezes, sob condições idênticas, produz resultados imprevisíveis, entre uma gama de possibilidades.

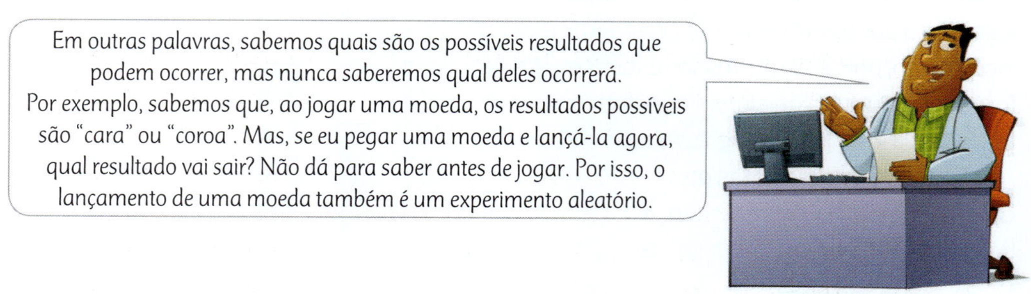

Voltemos à situação do jogo de tabuleiro entre Bruna e Lucas. No lançamento do dado de 6 faces, os resultados possíveis são: 1, 2, 3, 4, 5 ou 6. Dizemos, então, que esses resultados correspondem ao **espaço amostral**.

Chamamos de espaço amostral o conjunto de todos os resultados possíveis de um experimento aleatório.

Representamos o espaço amostral pela letra U (de "Universo"). Assim, no caso do dado que Bruna e Lucas estão jogando, o espaço amostral é representado por $U = \{1, 2, 3, 4, 5, 6\}$.

Exercício

19. Determine o espaço amostral de cada um dos seguintes experimentos aleatórios:

a) Lançamento de uma moeda.
b) Sorteio de um número par maior do que zero e menor do que 10.
c) Lançamento simultâneo de um dado e uma moeda.

Evento

Bruna e Lucas continuaram a partida no jogo de tabuleiro. O jogo se aproximava do fim. Para ganhar, Bruna precisava tirar um número maior ou igual a 5 no lançamento do dado.

Em outras palavras, ela precisava tirar 5 ou 6 para ganhar. Observe que esse conjunto de resultados que dariam a vitória a ela é um subconjunto do espaço amostral $U = \{1, 2, 3, 4, 5, 6\}$. Esse subconjunto é chamado de **evento**.

Mauro Souza/Arquivo da editora

Qualquer subconjunto do espaço amostral é chamado de evento.

Geralmente, um evento é representado por uma letra maiúscula do nosso alfabeto (A, B, C, ..., Z) e diferente de U. Na situação acima, por exemplo, o evento "sair um número maior ou igual a 5" pode ser representado por $A = \{5, 6\}$.

Exercícios

20. Descreva os eventos abaixo considerando o lançamento de um dado de 6 faces:

a) obter um número par;
b) obter um número ímpar;
c) obter um número primo;
d) obter um número maior do que 3;
e) obter um número menor do que 7.

21. Agora, descreva os eventos a seguir considerando o sorteio de um número natural de 1 a 10:

a) sair um número par;
b) sair um número ímpar;
c) sair um número múltiplo de 3;
d) sair um número com dois algarismos;
e) sair um divisor de 6.

Cálculo de probabilidade

Raul Arboleda/Agência France-Presse

Árbitro venezuelano Juan Soto inicia partida entre o Atlético da Colômbia e o Int Gas Desportes do Peru, em Medellín (Colômbia). Foto de agosto de 2013.

Ao lançar uma moeda, podemos dizer que a chance de sair qualquer uma das faces voltada para cima é a mesma, ou seja, existe 50% de chance de ela cair com a face "coroa" voltada para cima e 50% de chance de ela cair com a face "cara" voltada para cima.

A medida da **chance** de ocorrer um desses eventos é chamada, na Matemática, de **probabilidade**. Assim, a probabilidade de ocorrer um evento A pode ser indicada por $P(A)$ (lê-se "P de A"). Esse valor corresponde à **razão entre o número de resultados favoráveis** (ou seja, o número de elementos do evento, representado por $n(A)$, que se lê "n de A") **e o número de resultados possíveis** (ou seja, o número de elementos do espaço amostral, representado por $n(U)$, que se lê "n de U").

Desse modo, podemos escrever:

$$P(A) = \frac{n(A)}{n(U)}$$

ou, de forma equivalente:

$$P(A) = \frac{\text{número de resultados favoráveis ao evento } A}{\text{número de resultados possíveis do experimento}}$$

Veja o exemplo a seguir.

Lurdes lançou um dado de 6 faces sobre um tabuleiro. Vamos calcular a probabilidade de ela obter:

a) um número par;

b) um número maior do que 4.

Resolução:

a) Chamando o evento "obter um número par" de evento A, ele é indicado por $A = \{2, 4, 6\}$. Logo, o número de resultados favoráveis é 3. Representamos esse número por $n(A) = 3$.

O espaço amostral, isto é, o conjunto de resultados possíveis, é $U = \{1, 2, 3, 4, 5, 6\}$. Então, o número de resultados possíveis é 6. Representamos esse número por $n(U) = 6$.

Portanto, a probabilidade de Lurdes obter um número par ao lançar o dado é:

$$P(A) = \frac{n(A)}{n(U)} = \frac{3}{6} = \frac{1}{2} \text{ ou } 50\%$$

b) Vamos chamar o evento "obter um número maior do que 4" de evento B, representando-o por $B = \{5, 6\}$. Assim, o número de resultados favoráveis é 2; logo, temos $n(B) = 2$.
Os resultados possíveis (espaço amostral) são dados por $U = \{1, 2, 3, 4, 5, 6\}$; assim, temos $n(U) = 6$.
Desse modo, a probabilidade de obtermos um número maior do que 4 no lançamento de um dado é:

$$P(B) = \frac{2}{6} = \frac{1}{3} \text{ ou } 33{,}3\%$$

Você sabia?

A previsão do tempo é feita com base no cálculo de probabilidade. Por exemplo, no dia 15 de dezembro de 2014, o Centro de Previsão de Tempo e Estudos Climáticos (CPTEC) previa, para o dia 16 de dezembro de 2014, uma probabilidade de chuva em Manaus de 80%.

Exercícios e problemas

22. Cinco bolas numeradas de 1 a 5 são colocadas em uma urna, e uma bola é sorteada. Determine a probabilidade de sair uma bola com um número:

a) par;
b) ímpar;
c) primo;
d) menor do que 5;
e) maior do que 4.

23. Patrícia desafiou Rosângela a resolver uma questão de múltipla escolha com cinco alternativas, em que apenas uma é correta. Porém, Rosângela não sabe a resposta e vai tentar adivinhar utilizando a sorte. Qual a probabilidade de Rosângela acertar a questão?

24. Uma caixa contém quatro papéis amarelos numerados de 1 a 4, e seis papéis pretos numerados de 5 a 10. Retirando-se ao acaso um dos papéis, determine a probabilidade:

a) de sair um papel amarelo;
b) de sair um papel com número par;
c) de sair um papel amarelo com número par.

25. Valéria e Alexandre inventaram uma brincadeira em que retirariam ao acaso uma ficha colorida de uma sacola e, de acordo com a cor da ficha, cada um receberia uma pontuação. Quem fizesse mais pontos ganharia um prêmio.
Eles colocaram na sacola 4 fichas amarelas, 3 fichas brancas e 2 fichas pretas.

Paulo Manzi/Arquivo da editora

Retirando-se aleatoriamente uma ficha da sacola, qual a probabilidade de ela ser:

a) amarela?
b) branca?
c) preta?

Evento impossível e evento certo

O professor Paulo vai sortear um livro de aventuras entre os 30 alunos do 8º ano **B**.

Mauro Souza/Arquivo da editora

Para isso, escreveu, em pedaços de papel, os números de 1 a 30, que correspondem aos números dos alunos na lista de chamada. Pergunta-se: qual a probabilidade de o professor Paulo sortear um número maior do que 40?

Como, entre os números de 1 a 30, não há número maior do que 40, o número de resultados favoráveis é 0, ou seja, $n(A) = 0$. O número de resultados possíveis é 30, isto é, $n(U) = 30$. Logo, temos:

$$P(A) = \frac{n(A)}{n(U)} = \frac{0}{30} \Rightarrow P(A) = 0$$

Portanto, a probabilidade de o professor Paulo sortear um número maior do que 40 é 0, ou seja, esse evento nunca ocorrerá.

Existem alguns eventos que nunca ocorrerão. Eles são chamados de **eventos impossíveis**.

A probabilidade de acontecer um evento impossível é sempre zero.

Agora, considerando ainda a situação do sorteio, qual a probabilidade de o professor Paulo sortear um número menor ou igual a 30?

Entre os números de 1 a 30, há 30 números que são menores ou iguais a 30, então, o número de resultados favoráveis é 30, ou seja, $n(B) = 30$. Como na situação anterior, o número de resultados possíveis também é 30, isto é, $n(U) = 30$. Assim, o cálculo da probabilidade desse evento ocorrer é:

$$P(B) = \frac{n(B)}{n(U)} = \frac{30}{30} \Rightarrow P(B) = 1 \text{ ou } 100\%$$

Portanto, a probabilidade de o professor Paulo sortear um número menor ou igual a 30 é 1 ou 100%, ou seja, podemos garantir, com certeza, que esse evento ocorrerá.

Todo evento que podemos garantir que ocorrerá é chamado de **evento certo**.

Para que isso ocorra, é necessário que o evento coincida com todos os casos possíveis, ou seja, com o espaço amostral. Nesse caso, a probabilidade é 1 ou 100%.

Assim, podemos concluir o seguinte:

Qualquer que seja o evento A, a probabilidade de ocorrer A é um número que varia de zero até um: $0 \leq P(A) \leq 1$.

Exercício

26. Classifique os eventos abaixo como evento impossível (**EI**) ou evento certo (**EC**).

a) Um número ímpar terminar em 6.

b) O dia do mês (data de hoje) ser menor do que 40.

c) Um triângulo ter 4 lados.

d) Um cubo ter 8 vértices.

e) No lançamento de um dado comum, de 6 faces, sair um número menor do que 10.

f) Um número par entre 1 e 5 ser múltiplo de 3.

Outros exercícios e problemas que envolvem Probabilidade

A seguir, vamos aplicar o que estudamos sobre Probabilidade em mais alguns exercícios e problemas.

Exercícios e problemas

27. Considerando um baralho tradicional de 52 cartas, qual a probabilidade de sair:

a) uma carta vermelha?

b) uma carta de paus?

c) um rei?

d) a rainha de copas?

28. O quadro abaixo relaciona todas as possibilidades de soma dos pontos ao se lançar dois dados de 6 faces e de cores diferentes.

	1	2	3	4	5	6
1	2	3	4	5	6	7
2	3	4	5	6	7	8
3	4	5	6	7	8	9
4	5	6	7	8	9	10
5	6	7	8	9	10	11
6	7	8	9	10	11	12

a) Os dois dados são lançados ao mesmo tempo. Calcule a probabilidade de se obter soma igual a 5.

b) Os dois dados são lançados um após o outro. Determine a probabilidade de a soma ser maior ou igual a 10.

c) Suponha que você vai ganhar um prêmio se acertar a soma dos pontos das faces voltadas para cima ao serem lançados os dois dados. Qual palpite você daria para a soma? Por quê?

29. Amigo-secreto

No fim do ano letivo, os alunos do 8º ano **A** resolveram fazer uma brincadeira conhecida como "amigo-secreto", que é a troca aleatória de presentes entre os participantes. O sorteio é feito da seguinte maneira: escreve-se o nome de cada participante em um pequeno pedaço de papel; misturam-se todos os papéis e, então, cada aluno retira aleatoriamente um nome.

Considere que o 8º ano **A** tem 30 alunos, entre os quais 20 são meninas e 10 são meninos. Calcule a probabilidade de um aluno dessa turma tirar, no sorteio:

a) o nome de uma menina;

b) o nome de um menino;

c) o próprio nome.

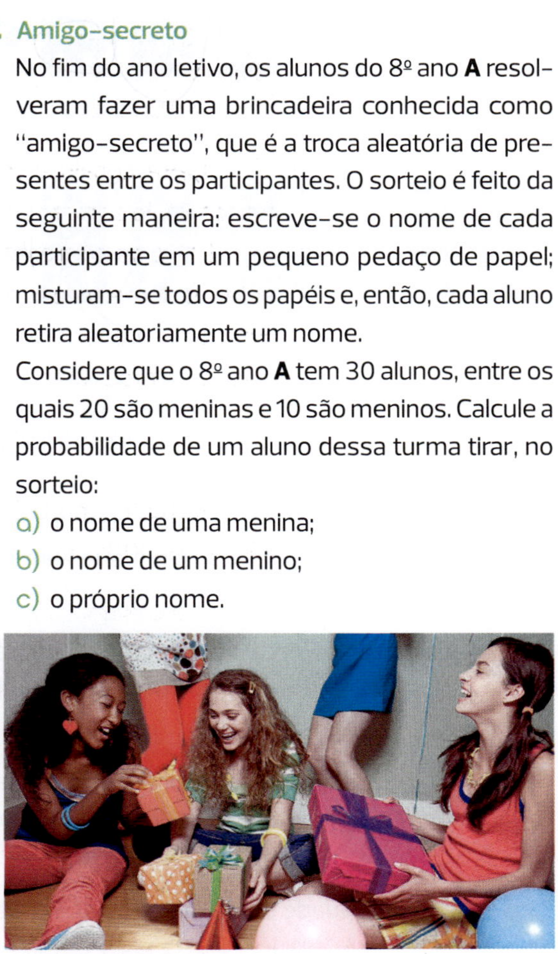

Pio3/Shutterstock/Glow Images

Meninas realizando "amigo-secreto".

30. O dominó é um jogo formado por 28 peças retangulares. Cada peça é dividida ao meio, formando duas faces quadradas. Em cada uma dessas faces, há a indicação de um número, representado por certa quantidade de bolinhas, que varia de 0 a 6. Observe as peças de dominó:

Pio3/Shutterstock/Glow Images

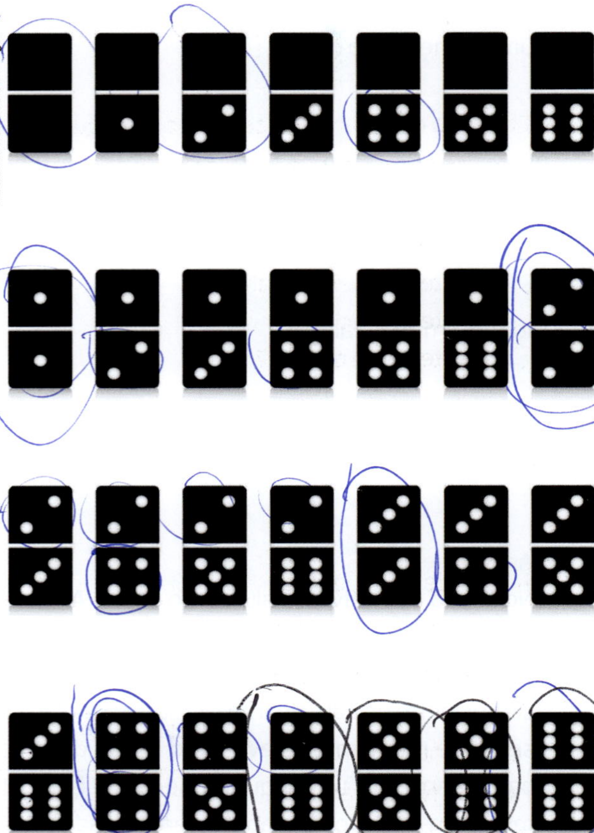

Peças de dominó

Considerando as peças do dominó, classifique cada uma das sentenças abaixo como verdadeira (**V**) ou falsa (**F**).

a) A probabilidade de se retirar aleatoriamente uma peça que possua pelo menos uma face igual a 2 é $\frac{1}{4}$.

b) A probabilidade de se retirar aleatoriamente uma peça que possua pelo menos uma face igual a 2 ou 4 é $\frac{1}{2}$.

c) A probabilidade de se retirar aleatoriamente uma peça que possua mais de 9 pontos na soma de suas faces é $\frac{1}{7}$.

d) A probabilidade de se retirar aleatoriamente uma peça que possua duas faces iguais é $\frac{1}{6}$.

31. O objeto da fotografia a seguir tem o formato de um icosaedro regular (poliedro de 20 faces), e os números das faces variam de 1 a 20.

Andalucia Plus Image Bank/ Alamy/Other Images

Dado em formato de icosaedro regular

No lançamento desse objeto, calcule a probabilidade:

a) de sair um número par;

b) de sair um número menor do que 16;

c) de sair um número primo;

d) de sair um número menor do que 30;

e) de sair um número maior do que 25;

f) de sair um número de 10 a 15;

g) de sair um número entre 10 e 15.

32. **Avaliação de resultados**

Em uma questão em que o professor perguntou qual era a probabilidade de um evento acontecer, veja as respostas de seis alunos.

- Rui: 40%
- Mário: $\frac{7}{5}$
- Pedro: $\frac{5}{7}$
- Rafael: 0
- Carla: $\frac{2}{5}$
- Ana: 50%

a) Dos seis alunos, qual é o que podemos garantir que deu uma resposta incorreta?

b) Após a correção, o professor afirmou que dois dos seis alunos acertaram. Quais são eles?

c) Se o evento citado fosse impossível, qual dos seis alunos teria acertado?

33. O professor Roberto está tentando abrir a porta de sua nova sala de aula com um chaveiro de cinco chaves. Ele já errou na primeira tentativa. Qual é a probabilidade de ele acertar a chave que abrirá a porta na próxima tentativa?

34. Nicole colocou uma senha alfabética com 5 letras em seu computador. Porém, na hora de digitá-la, lembrou apenas das quatro primeiras: TSAG. Lembrou ainda que a última era uma vogal e que todas as letras eram distintas. Qual é a probabilidade de Nicole acertar a senha na primeira tentativa?

35. Felipe esqueceu o último número do telefone de seu amigo. Tem crédito para apenas duas ligações curtas. Lembra-se de todos os algarismos que compõem o número do telefone, com exceção do último. Qual é a probabilidade de ele conseguir contatar o amigo?

36. Uma urna contém 4 bolas vermelhas, 6 brancas e *x* bolas azuis.

Determine o valor de *x* para que a probabilidade de sortear uma bola:

a) vermelha seja $\frac{1}{3}$;

b) branca seja $\frac{1}{4}$;

c) azul seja $\frac{1}{2}$.

37. Tiago, professor de Matemática de uma turma do 8º ano, resolveu fazer o sorteio de um livro. Todos os trinta alunos da turma receberam um bilhete com um número de 1 a 30. Se todos os meninos estão com os bilhetes contendo números múltiplos de 3 ou 7, qual é a probabilidade de uma menina ser sorteada?

38. Francisco estava lançando dardos em um alvo formado por três círculos concêntricos.

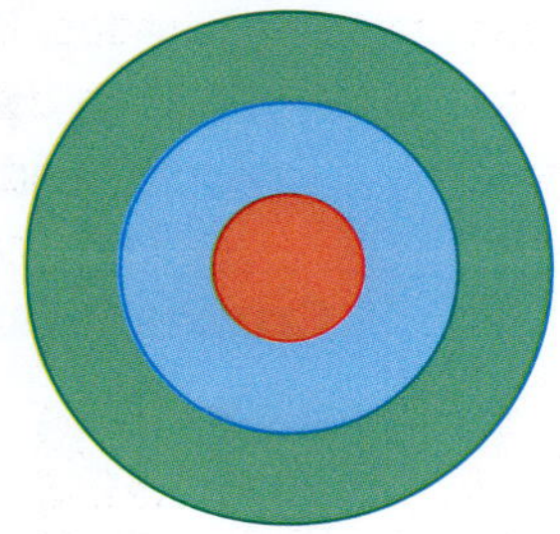

Sabendo que Francisco acertou o alvo, que o círculo vermelho tem raio 2 dm, o círculo azul tem raio 4 dm e o círculo verde tem raio 6 dm, qual é a probabilidade de Francisco ter acertado:

a) a parte vermelha do alvo?

b) a parte azul do alvo?

c) a parte verde do alvo?

Eventos equiprováveis e eventos não equiprováveis

No lançamento de um dado de seis faces a probabilidade individual de sair qualquer uma das faces é $\frac{1}{6}$. A eventos que têm a mesma probabilidade de ocorrer damos o nome de **eventos equiprováveis**. Nesse caso, dizemos que o dado é perfeito, honesto ou não viciado.

Agora, imagine um dado de seis faces, porém sem a face com o número 1, com duas faces com o número 6 e as demais faces com a incidência normal. No lançamento desse dado, qual seria a probabilidade de sair a face com número 1 voltada para cima? E com a face número 4? E com a face número 6?

É fácil observar que as respostas são respectivamente $P(A) = 0$ (evento impossível), $P(B) = \frac{1}{6}$ e $P(C) = \frac{2}{6} = \frac{1}{3}$. Esses eventos não têm a mesma probabilidade de acontecer e chamamos de **eventos não equiprováveis**. Esse dado do exemplo chamamos de dado imperfeito, desonesto ou viciado.

Nas figuras ao lado, temos a planificação de dois dados viciados de 6 faces.

1º dado

2º dado

Exercício

39. Usando os dados representados acima, determine a probabilidade de sair:

a) a face 3 voltada para cima no lançamento do 1º dado;

b) a face 5 voltada para cima no lançamento do 2º dado;

c) um número maior que 4 no lançamento do 1º dado;

d) a soma das faces voltadas para cima igual a 2 no lançamento dos dois dados;

e) a soma das faces voltadas para cima igual a 7 no lançamento dos dois dados.

Conexões

Trânsito já matou 500 motociclistas no Maranhão

Cruzes foram fincadas na praia de São Marcos para lembrar vítimas.

De Jesus/O Estado MA

100 cruzes fincadas pelo Detran chamaram a atenção para as mortes no trânsito. Praia de São Marcos, São Luís (MA), 2014.

De janeiro a novembro deste ano (2014), 500 motociclistas morreram vítimas de acidente de trânsito em todo o Maranhão. O número foi divulgado pela coordenadora do Projeto Vida no Trânsito, Ângela Augusta Barros, durante as atividades em alusão ao Dia Mundial em Memória das Vítimas de Acidentes de Trânsito, realizadas na Avenida Litorânea, nesse domingo (16). A programação contou com culto ecumênico, caminhada pela orla, passeio de motociclistas e 100 cruzes foram fincadas em morro da praia de São Marcos para lembrar vítimas.

No ano passado, 679 motociclistas morreram no Maranhão em acidentes. De janeiro a novembro deste ano, essa estatística já chega a 500 motociclistas. Os acidentes envolvendo motociclistas também estão na lista das principais ocorrências atendidas pelo Serviço de Atendimento Móvel (Samu). Dados mostram que, apenas no primeiro semestre deste ano, 71% dos acidentes atendidos pelos socorristas tiveram a participação de motociclistas.

Do G1, com informações de *O Estado MA*. 17 nov. 2014. Disponível em: <http://g1.globo.com/ma/maranhao/noticia/2014/11/transito-ja-matou-500-motociclistas-no-maranhao-so-neste-ano.html>. Acesso em: 7 maio 2015.

1. O que você considera que poderia ser feito para reduzir o número de acidentes de trânsito? Discuta com seus colegas.

2. Se, de acordo com o texto, 71% dos acidentes atendidos pelo Samu tiveram a participação de motociclistas. Então, de cada 200 acidentes atendidos, quantos tiveram o envolvimento de motociclistas? E quantos não tiveram?

A tabela e o gráfico apresentados a seguir são referentes aos números de acidentes separados por dia da semana, no estado do Maranhão, no ano de 2011. Já nesse ano o número era expressivo. Analise os dados e responda.

Número de acidentes por dia da semana

Dias da semana	Distribuição mensal												
	Total	Jan.	Fev.	Mar.	Abr.	Maio	Jun.	Jul.	Ago.	Set.	Out.	Nov.	Dez.
Domingo	466	50	37	34	42	53	42	43	34	24	41	26	40
Segunda-feira	376	42	27	24	35	38	32	33	38	26	34	22	25
Terça-feira	374	23	30	36	29	34	37	31	21	30	39	40	24
Quarta-feira	406	28	32	41	44	30	38	35	37	28	26	41	26
Quinta-feira	389	26	35	32	42	31	44	30	29	36	32	28	24
Sexta-feira	521	33	34	43	36	34	40	70	39	52	41	42	57
Sábado	456	39	27	41	31	36	32	65	25	41	51	26	42
Total	2 988	241	222	251	259	256	265	307	223	237	264	225	238

Fonte: Dnit (Departamento Nacional de Infraestrutura de Transportes). Disponível em: <www.dnit.gov.br/rodovias/operacoes-rodoviarias/estatisticas-de-acidentes/quadro-0103-numero-de-acidentes-por-dia-da-semana-ano-de-2011.pdf>. Acesso em: 7 maio 2015.

Número de acidentes por dia da semana

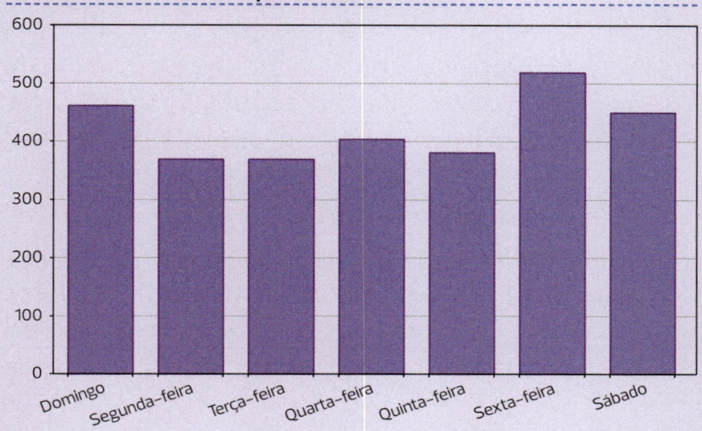

Fonte: Dnit (Departamento Nacional de Infraestrutura de Transportes). Disponível em: <www.dnit.gov.br/rodovias/operacoes-rodoviarias/estatisticas-de-acidentes/quadro-0103-numero-de-acidentes-por-dia-da-semana-ano-de-2011.pdf>. Acesso em: 7 maio 2015.

De acordo com a tabela e o gráfico, responda:

3. Nesse período, qual é o dia da semana em que mais ocorreram acidentes?

4. Utilizando como base o total de acidentes ocorridos no ano de 2011, no Maranhão, qual é a probabilidade de acontecer um acidente na quinta-feira?

5. E a probabilidade de acontecer um acidente em agosto?

Oficina de Matemática

Par ou ímpar

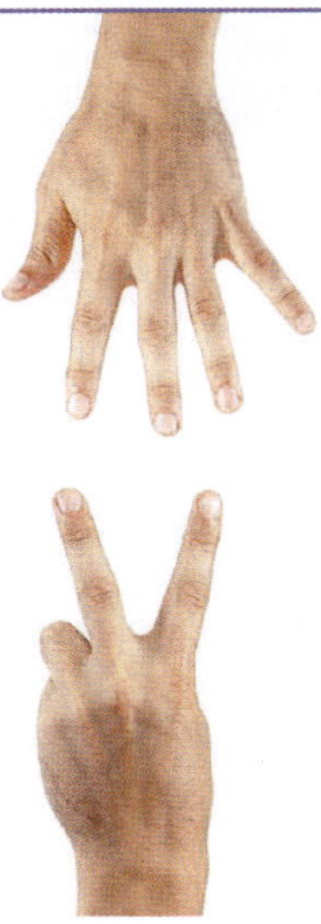

Ninell/Shutterstock/Glow Images

Mãos representando uma jogada de par ou ímpar.

Reúna-se com um colega para realizar esta atividade, que envolve o conhecido jogo do par ou ímpar.

Lembremos que, no jogo de par ou ímpar, o resultado é par quando ambos os jogadores colocam números pares ou quando ambos os jogadores colocam números ímpares; e o resultado será ímpar quando um jogador colocar um número par e o outro colocar um número ímpar.

Seria possível concluir, então, que, na brincadeira do par ou ímpar, é mais fácil ganhar quem pediu par do que quem pediu ímpar?

Antes de responder a essa pergunta, realizem a atividade a seguir.

Inicialmente, decidam quem será o jogador que vai pedir sempre par e quem será o jogador que vai pedir sempre ímpar. Não se pode trocar a escolha no meio do jogo.

Completem o quadro abaixo, colocando um **X** para cada vitória. Repitam o procedimento até completarem 10 rodadas.

	Par	Ímpar
	Nome do jogador: ________________	**Nome do jogador:** ________________
1ª rodada		
2ª rodada		
3ª rodada		
4ª rodada		
5ª rodada		
6ª rodada		
7ª rodada		
8ª rodada		
9ª rodada		
10ª rodada		
Total		

E agora? Vocês consideram que é possível afirmar que é mais fácil ganhar quem pediu par do que quem pediu ímpar? Por quê? Observem o quadro e troquem ideias a respeito.

Raciocínio lógico

Descubra uma regularidade e responda:
Qual é o número que falta?

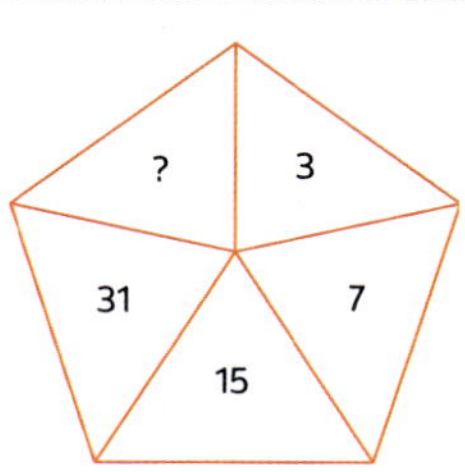

Tratamento da informação

Estatísticas da Seleção Brasileira de futebol

40. **Maiores artilheiros da história da Seleção Brasileira**

A Seleção Brasileira de futebol masculino foi formada oficialmente no dia 20 de agosto de 1914. Em sua partida de estreia, derrotou a equipe do time inglês Exeter City por 2 a 0.

Durante toda a história da Seleção Brasileira, já pertenceram a essa equipe centenas de jogadores, mas alguns deles marcaram época como os maiores artilheiros da nossa seleção.

Observe, no gráfico a seguir, os jogadores que mais marcaram gols pela Seleção Brasileira de futebol, em partidas oficiais, até abril de 2015.

Maiores artilheiros da Seleção Brasileira de futebol até 2015

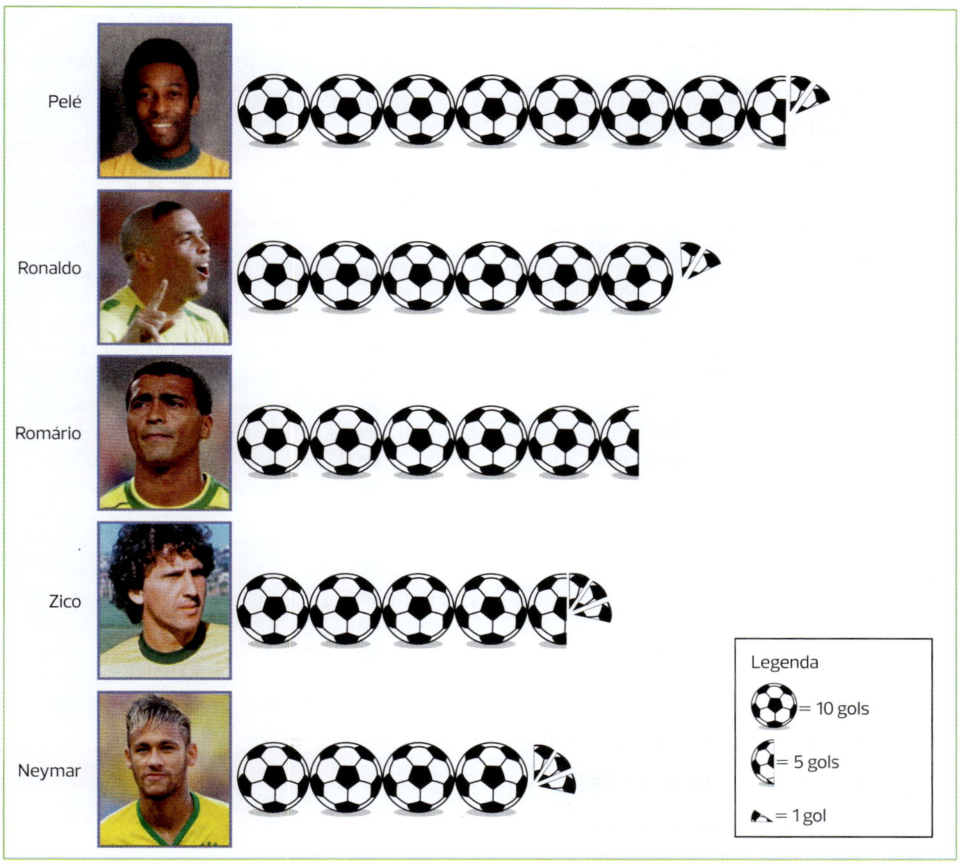

Fotos: Pelé – Alex Gotfryd/Corbis/Corbis/Latinstock; Ronaldo – Oliver Berg/dpa/Corbis/Latinstock; Romário – Phil Cole/Allsport/Getty Images; Zico – Jorge Duran/Agence France-Presse; Neymar – Aguilar/Mexsport/Fotoarena.

Fonte: UOL Notícias. Disponível em: Fonte: Deutsche Welle (DW). Disponível em: <http://www.dw.de/brasil-vence-fran%C3%A7a-e-espanta-fantasma-do-stade-de-france/a-18344534?maca=bra-uol-all-1387-xml-uol>. Acesso em: 7 maio 2015.

Analise o gráfico e faça o que se pede a seguir.

a) Elabore uma tabela com a quantidade de gols marcados por artilheiro.

b) Construa um gráfico de setores que indique a quantidade percentual de gols marcados por jogador. Use uma calculadora e arredonde os valores.

c) Qual é a média aritmética de gols por artilheiro?

d) Qual é a mediana de gols por artilheiro?

e) Escolhendo-se aleatoriamente um dos gols marcados por esses atletas para apresentá-lo na televisão, qual a probabilidade de ter sido marcado por Neymar?

Outros contextos

41. Mês do aniversário

O gráfico abaixo representa um levantamento feito em uma escola de Ensino Fundamental sobre o mês em que os alunos do 8º ano **B** fazem aniversário.

Aniversários dos alunos do 8º ano B

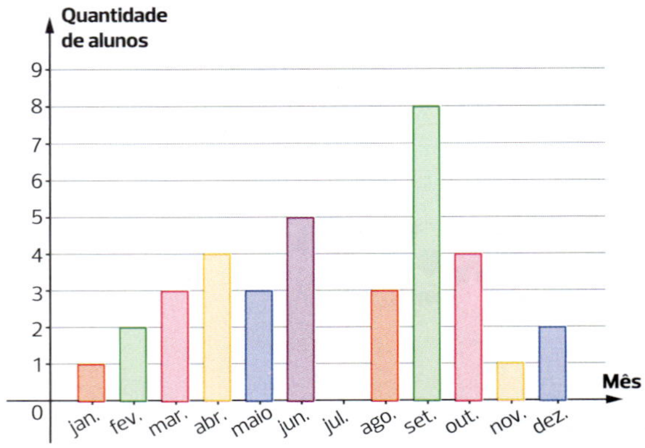

Dados fictícios.

Analise o gráfico e faça o que se pede a seguir.

a) Quantos alunos tem o 8º ano **B** do Ensino Fundamental dessa escola?

b) Identifique o tipo de variável apresentada no gráfico. Justifique sua resposta.

c) Qual é a moda desse gráfico?

d) Sabe-se que 25% dos alunos nascidos em setembro são do sexo feminino. Escolhendo-se aleatoriamente um aluno dessa turma, qual é a probabilidade de ter nascido em setembro e ser do sexo feminino?

42. Loteca

Paulo costuma jogar na Loteca toda semana. Trata-se de uma modalidade de aposta mantida pela Caixa Econômica Federal em que se deve marcar um palpite de resultado para cada um dos 14 jogos de futebol indicados no volante. O apostador assinala o espaço da coluna do time vencedor ou, então, o da coluna do meio, caso julgue que o jogo terminará empatado. Ganha o prêmio máximo quem acertar o time vencedor (ou o empate) nos 14 jogos. Observe abaixo um exemplo de volante da Loteca preenchido com 14 jogos, mas sem os palpites.

LOTECA

Ganhe acertando os resultados de 12, 13 ou 14 jogos!

	1		X		2	D	T
1		Botafogo/RJ		São Paulo/SP			
2		Cruzeiro/MG		Vasco da Gama/RJ			
3		Internacional/RS		Atlético/MG			
4		Sport/PE		Vitória/BA			
5		Bragantino/SP		Portuguesa Desportos/SP			
6		São Caetano/SP		Icasa/CE			
7		Ponte Preta/SP		Duque de Caxias/RJ			
8		Atlético/GO		Palmeiras/SP			
9		Ceará/CE		Coritiba/PR			
10		Atlético/PR		Fluminense/RJ			
11		Santos/SP		Figueirense/SC			
12		Avaí/SC		Grêmio/RS			
13		Flamengo/RJ		América/MG			
14		Corinthians/SP		Bahia/BA			

Verifique no quadro afixado nas Casas Lotéricas os jogos programados para o concurso da semana.

Caixa Econômica Federal/Arquivo da editora

Volante da Loteca

Em determinada semana, Paulo havia feito uma aposta na Loteca e havia acertado os resultados dos 13 primeiros jogos, faltando apenas acontecer o jogo Corinthians contra Bahia. Qual é a probabilidade de Paulo conseguir ganhar o prêmio máximo?

43. Merenda escolar

Uma equipe especializada passou uma semana em diferentes escolas públicas com a intenção de saber qual é a qualidade da merenda oferecida.

Clayton de Souza/Agência Estado

Merenda escolar

Para orientar a avaliação, escolheram seis critérios e, para cada um deles, indicaram uma nota que podia variar de 0 a 5, conforme experimentação e observação:

- péssima → 0
- muito ruim → 1,0
- ruim → 2,0
- regular → 3,0
- boa → 4,0
- ótima → 5,0

Veja, na tabela a seguir, as notas obtidas por quatro das escolas pesquisadas:

Notas das merendas escolares

	Escola A	Escola B	Escola C	Escola D
Variedade	4,0	2,0	3,0	3,0
Quantidade	2,0	2,0	1,0	3,0
Frescor	1,0	2,0	1,0	1,0
Temperatura	5,0	2,0	3,0	3,0
Apresentação	4,0	3,0	3,0	4,0
Higiene e conservação	3,0	4,0	4,0	3,0

Dados fictícios.

Com esses dados, os avaliadores fizeram alguns cálculos e chegaram à nota média de cada escola. Observe as notas da tabela e responda às questões a seguir.

a) Sem fazer nenhum cálculo, estime qual é a escola com a melhor nota, caso seja adotada a média aritmética simples (MAS).

b) Calcule a nota média de cada escola e compare com sua estimativa. Utilize uma casa decimal.

c) Calcule a média aritmética ponderada (MAP) de cada escola no caso dos pesos para os critérios serem estes:

- Variedade: peso 1;
- Quantidade: peso 2;
- Frescor: peso 2;
- Temperatura: peso 1;
- Apresentação: peso 1;
- Higiene e conservação: peso 3.

d) Complete a tabela abaixo com as médias aritméticas simples e ponderadas das quatro escolas.

Média das merendas escolares

	Média aritmética simples	Média aritmética ponderada
Escola A		
Escola B		
Escola C		
Escola D		

Dados fictícios.

e) Use os dados da tabela e registre-os, em papel quadriculado, em um único gráfico de barras.

f) Responda:

- Que escolas obtiveram a mesma média aritmética simples?
- Que escolas obtiveram a mesma média aritmética ponderada?
- Que escola obteve a média aritmética simples igual à média aritmética ponderada?
- Que escola obteve a média aritmética simples menor do que a média aritmética ponderada?
- Que escola obteve a menor média aritmética ponderada?

g) Você concorda com os pesos que foram adotados para o cálculo da média aritmética ponderada? Por quê? Troque ideias com os colegas.

Praticando um pouco mais

1. (UFU-MG) As 10 medidas colhidas por um cientista num determinado experimento, todas na mesma unidade, foram as seguintes:

1,2; 1,2; 1,4; 1,5; 1,5; 2,0; 2,0; 2,0; 2,0; 2,2.

Ao trabalhar na análise estatística dos dados, o cientista esqueceu-se, por descuido, de considerar uma dessas medidas. Dessa forma, comparando os resultados obtidos pelo cientista em sua análise estatística com os resultados corretos para esta amostra, podemos afirmar que:

a) a moda e a média foram afetadas.
b) a moda não foi afetada, mas a média foi.
c) a moda foi afetada, mas a média não foi.
d) a moda e a média não foram afetadas.
e) nenhuma das anteriores.

2. (FGV-SP) A tabela indica a frequência de distribuição das correspondências, por apartamento, entregues em um edifício na segunda-feira.

Número de Correspondências	Quantidade de Apartamentos
0	4
1	6
3	5
4	6
5	1
6	2
7	1

A mediana dos dados apresentados supera a média de correspondências por apartamento em:

a) 0,20. b) 0,24. c) 0,36. d) 0,72. e) 1,24.

3. (FGV-SP) Sejam os números 7, 8, 3, 5, 9 e 5 seis números de uma lista de nove números inteiros. O maior valor possível para a mediana dos nove números da lista é:

a) 5.
b) 6.
c) 7.
d) 8.
e) 9.

4. (Enem) Cinco equipes **A**, **B**, **C**, **D** e **E** disputaram uma prova de gincana na qual as pontuações recebidas podiam ser 0, 1, 2 ou 3. A média das cinco equipes foi de 2 pontos.

As notas das equipes foram colocadas no gráfico a seguir, entretanto, esqueceram de representar as notas da equipe **D** e da equipe **E**.

Mesmo sem aparecer as notas das equipes **D** e **E**, pode-se concluir que os valores da moda e da mediana são, respectivamente,

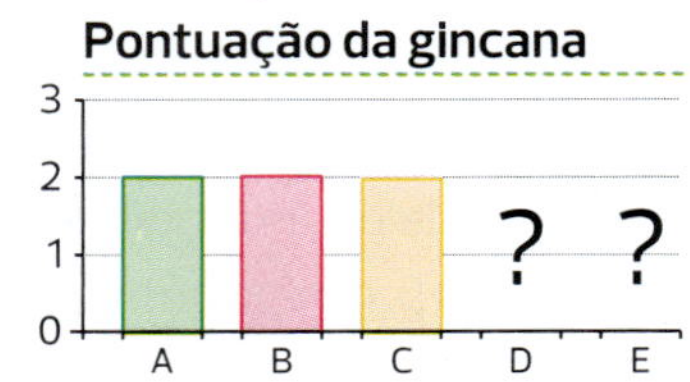

a) 1,5 e 2,0.
b) 2,0 e 1,5.
c) 2,0 e 2,0.
d) 2,0 e 3,0.
e) 3,0 e 2,0.

5. (UFJF-MG) Ao lançar dois dados diferentes, a probabilidade de obtermos resultado cuja soma é sete é:

a) $\frac{1}{2}$.
b) $\frac{1}{3}$.
c) $\frac{1}{4}$.
d) $\frac{1}{5}$.
e) $\frac{1}{6}$.

6. (PUC-RS) Um baralho comum de 52 cartas tem três figuras (valete, dama e rei) de cada um dos quatro naipes (paus, ouros, espadas e copas). Ao se retirar uma carta do baralho, a probabilidade de ser uma carta que apresente figura de paus é:

a) $\frac{1}{52}$.
b) $\frac{3}{52}$.
c) $\frac{7}{52}$.
d) $\frac{12}{52}$.
e) $\frac{13}{52}$.

7. (ESPM-SP) Um oráculo mente sempre às segundas, terças e quartas-feiras, mas fala sempre a verdade nos outros dias. Num certo dia, ao ser perguntado se "hoje é domingo", ele respondeu "sim". A probabilidade de ele estar mentindo é:

a) $\frac{3}{7}$. b) $\frac{4}{7}$. c) $\frac{3}{4}$. d) $\frac{1}{4}$. e) $\frac{1}{7}$.

Revisão cumulativa

1. (Ufpel-RS) Na busca de solução para o problema da gravidez na adolescência, uma equipe de orientadores educacionais de uma instituição de ensino pesquisou um grupo de adolescentes de uma comunidade próxima a essa escola e obteve os seguintes dados:

Idade (em anos)	**Frequência Absoluta de Adolescentes Grávidas**
13	4
14	3
15	2
16	5
17	6

Com base nos textos e em seus conhecimentos, é correto afirmar, em relação às idades das adolescentes grávidas, que:

a) a média é 15 anos.
b) a mediana é 15,3 anos.
c) a mediana é 16,1 anos.
d) a moda é 16 anos.
e) a média é 15,3 anos.

2. Resolva este problema de dois modos: usando só uma incógnita e depois usando duas incógnitas.
A soma de dois números naturais é 65. Dividindo o maior deles pelo menor, o quociente é 6 e o resto é 2. Quais são os dois números?

3. $\overline{AD}$: altura do $\triangle ABC$.
$\overline{AE}$: bissetriz do $\triangle ABC$.
O valor de x é:

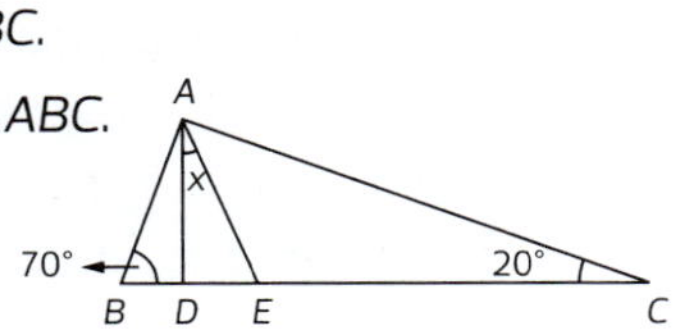

a) 20°.
b) 25°.
c) 30°.
d) 15°.

4. (PUC-RS) Numa roleta, há números de 0 a 36. Supondo que a roleta não seja viciada, então a probabilidade de o número sorteado ser maior do que 25 é:

a) $\frac{11}{36}$.
b) $\frac{11}{37}$.
c) $\frac{25}{36}$.
d) $\frac{25}{37}$.
e) $\frac{12}{37}$.

5. (Uerj) Seis caixas-d'água cilíndricas iguais estão assentadas no mesmo piso plano e ligadas por registros (R) situados nas suas bases, como sugere a figura a seguir:

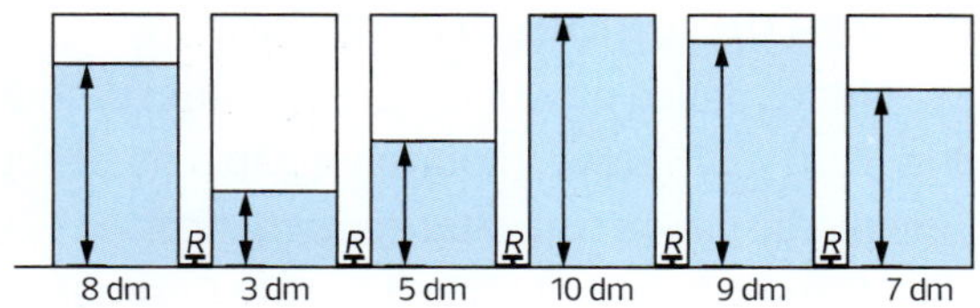

Após a abertura de todos os registros, as caixas ficaram com os níveis de água no mesmo plano. A altura desses níveis, em dm, equivale a:

a) 6,0
b) 6,5
c) 7,0
d) 7,5

6. Se $a \neq 0$ e $a^{-1}x = b$, então:

a) $x = \frac{a}{b}$.
b) $x = b + a$.
c) $x = \frac{b}{a}$.
d) $x = ab$.

7. Na figura ao lado aparecem:

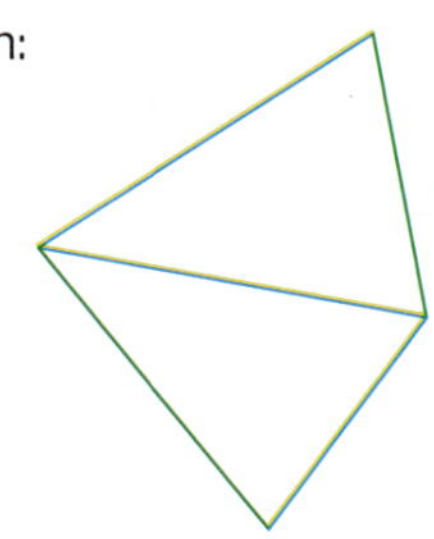

a) três triângulos.
b) um quadrilátero e um triângulo.
c) um quadrilátero e dois triângulos.
d) dois quadriláteros e um triângulo.

8. Neste quadrado mágico, os números x e y são tais que:

7	x	11
14	10	6
y	8	13

a) $x - y = 4$.
b) $x + y = 21$.
c) $x \cdot y = 72$.
d) $x : y = 2$.

9. (UFRRJ) Separando-se as letras da palavra tempo e colocando-as em uma urna, a probabilidade de se retirar uma consoante é de:

a) 20%.
b) 30%.
c) 40%.
d) 50%.
e) 60%.

Ponto de chegada

A Matemática nos textos

Heron de Alexandria e o cálculo da área de regiões triangulares

Matemático e inventor grego, Heron de Alexandria (c. 10-c. 75) teve importante papel no desenvolvimento de vários conceitos matemáticos.

Em seu principal trabalho sobre Geometria, denominado *Métrica*, ele apresentou diferentes maneiras de determinar a área de regiões triangulares; a área de regiões limitadas por quadriláteros, por polígonos regulares de três a doze lados, por elipses; a área do círculo; bem como o volume de cilindros, cones e esferas.

Nesse trabalho, ele demonstra uma fórmula que permite calcular a área de uma região triangular desde que conhecidas as medidas dos seus três lados (a, b, c). Ela é chamada de **fórmula de Heron** e pode ser escrita da seguinte forma:

$$A = \sqrt{p(p-a)(p-b)(p-c)}, \text{ com } p = \frac{a+b+c}{2}$$

Trabalhando com o texto

1. Explique com suas palavras a ideia principal do texto.
2. Calcule em seu caderno a área do terreno triangular abaixo, que contém um ângulo interno reto e lados de 6 m, 8 m e 10 m. Utilize a fórmula estudada no Capítulo 7 e, em seguida, a fórmula de Heron.

Paulo Manzi/Arquivo da editora

Um pouco da história da Teoria das Probabilidades

A Teoria das Probabilidades se iniciou com os estudos dos matemáticos italianos Cardano (1501-1576) e Galileu (1564-1642), que estão entre os primeiros a analisar matematicamente as chances de resultados no jogo de dados.

O francês Blaise Pascal (1623-1662) chegou a trocar várias correspondências com seu amigo Pierre de Fermat (1601-1665) sobre a probabilidade de se obter sucesso em situações que envolviam jogos de dados. A discussão nessas cartas ajudou bastante no desenvolvimento da Teoria das Probabilidades.

Entre outros matemáticos que se dedicaram, direta ou indiretamente, ao estudo da probabilidade, destacaram-se: o holandês Huygens (1629-1695), ao qual é atribuído o primeiro livro sobre probabilidade; os suíços Jacob Bernouilli (1654-1705) e Leonhard Euler (1707-1783); e os franceses Jean le Rond D'Alembert (1717-1783) e Pierre S. Laplace (1749-1827).

Mais recentemente, os nomes de Henri Poincaré (1854-1912), Emile Borel (1871-1956) e John von Neumann (1903-1957) aparecem ligados ao estudo de probabilidade e à teoria dos jogos.

Atualmente, o uso da Teoria das Probabilidades é fundamental em quase todas as áreas do conhecimento.

Trabalhando com o texto

1. Explique a ideia principal do texto.
2. Troque ideias com seus colegas sobre onde é possível aplicar as noções de probabilidade na Medicina, na Economia e no trânsito.

Suryara Bernardi/Arquivo da editora

Verifique o que estudou

Forme dupla com um colega para trocar ideias e solucionar as questões propostas.

Capítulo 7

1. Usando ▪ como unidade, julgue a afirmação a seguir como verdadeira ou falsa e justifique a sua resposta.
"A diferença entre as áreas das figuras planas mostradas a seguir é de 1 unidade, e a figura 2 é a de maior área".

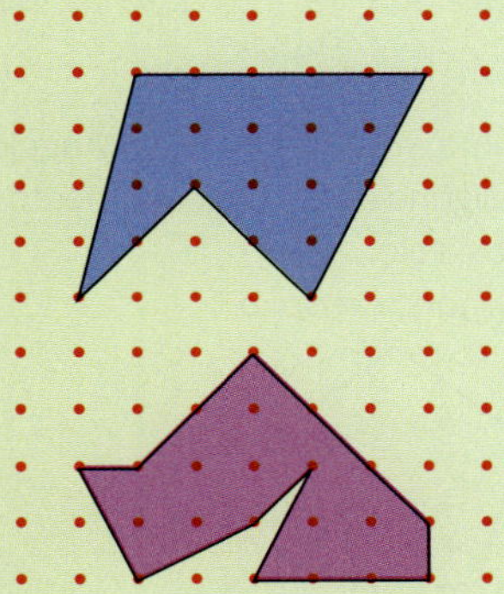

figura 1

figura 2

2. Crie um problema que envolva o cálculo do volume de uma pirâmide e passe para um colega resolver.

Capítulo 8

3. Na figura espacial mostrada ao lado, a seta está apontada para a parte frontal do sólido.
Desenhe todas as vistas dessa figura espacial.

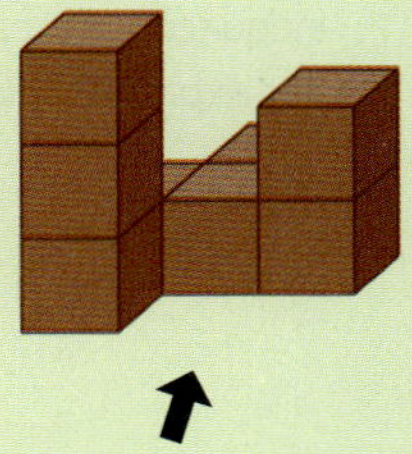

Capítulo 9

4. Reúna-se com seus colegas e elaborem uma pesquisa de opinião dentro da escola ou no bairro em que moram. Registrem os dados em uma tabela de frequências e, em seguida, calculem a média, a mediana e a moda dos dados dessa pesquisa.

5. Suponha que será realizado um sorteio em sua classe. Calcule a probabilidade de:

a) você ser sorteado;

b) um menino ser sorteado;

c) uma menina ser sorteada;

d) um aluno com 13 anos de idade ser sorteado.

ATENÇÃO!
Retome os assuntos que você estudou nesta Unidade. Verifique em quais teve dificuldade e converse com seu professor, buscando formas de reforçar seu aprendizado.

Autoavaliação

Algumas atitudes são fundamentais para melhorar o seu aprendizado e a convivência na escola. Questione-se e reflita sobre elas.

- Empenhei-me em resolver os exercícios passados em sala ou apresentados neste livro e recorri ao professor e aos colegas buscando superar as dificuldades encontradas?
- Participei das aulas com atenção, acompanhando as explicações e realizando as atividades?
- Tive atitudes de respeito e solidariedade com o professor e os colegas?
- Ampliei meus conhecimentos de Matemática?

CONTEÚDO DIGITAL

Glossário

A

Álgebra: Parte da Matemática que envolve cálculo com números e letras. O estudo de expressões algébricas, equações e inequações faz parte da Álgebra.
Ver *expressão algébrica, equação e inequação.*

Altura: Nome dado a uma dimensão em algumas figuras.

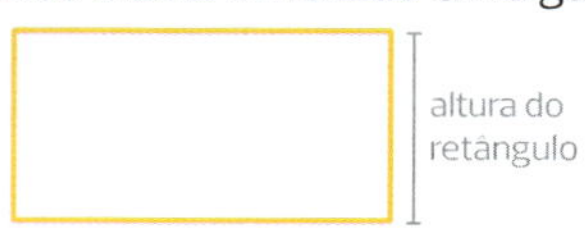

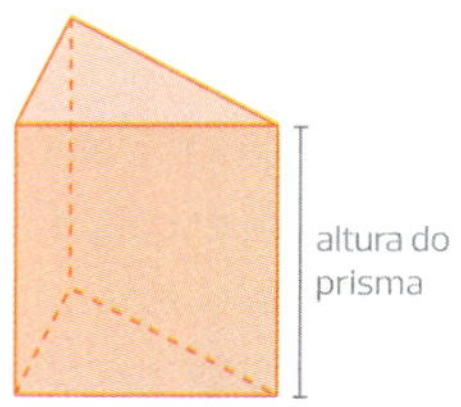

Altura de um triângulo: Segmento de reta com uma extremidade em um vértice do triângulo e a outra no lado oposto ou no seu prolongamento, formando ângulos retos. Todo triângulo possui três alturas.

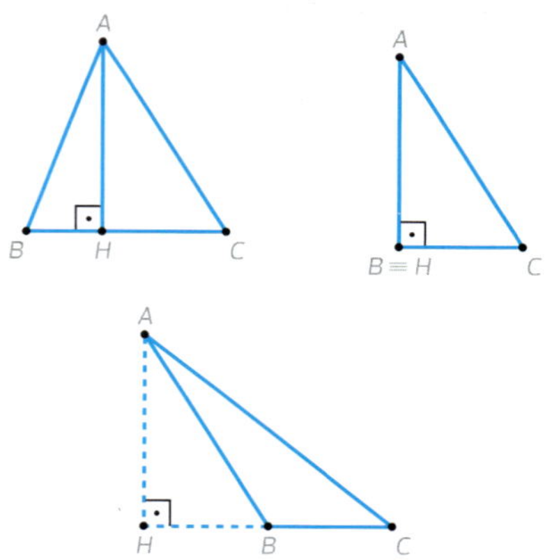

Nas três figuras, $\overline{AH}$ é altura do $\triangle ABC$ em relação ao lado $\overline{BC}$.

Ângulo central: Ângulo cujo vértice é o centro de uma circunferência.

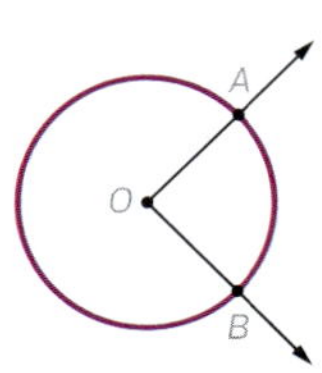

O é o centro da circunferência.

$\overline{OA}$ e $\overline{OB}$ são raios.

$A\hat{O}B$ é um ângulo central.

Ângulo de segmento: Ângulo que tem o vértice em uma circunferência, um dos lados sobre uma reta tangente à circunferência e o outro lado sobre uma corda da circunferência.
Ver *reta tangente a uma circunferência* e *corda de uma circunferência.*

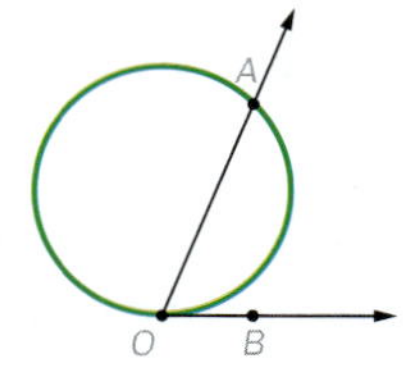

$A\hat{O}B$ é um ângulo de segmento.

O vértice O pertence à circunferência.

O lado $\overrightarrow{OB}$ está sobre a reta OB tangente à circunferência.

O lado $\overrightarrow{OA}$ está sobre a corda OA da circunferência.

Ângulo externo de um polígono convexo: Ângulo formado por um lado do polígono e pelo prolongamento de um dos lados consecutivos a ele.
Ver *polígono* e *polígono convexo.*

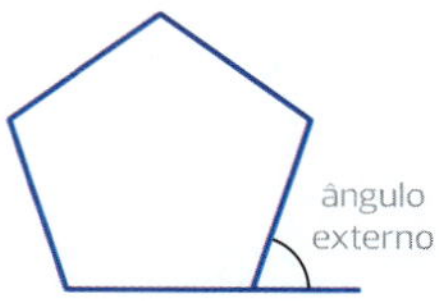

Ângulo inscrito: Ângulo com vértice em um ponto da circunferência e cujos lados estão sobre duas cordas dessa circunferência.
Ver *corda de uma circunferência.*

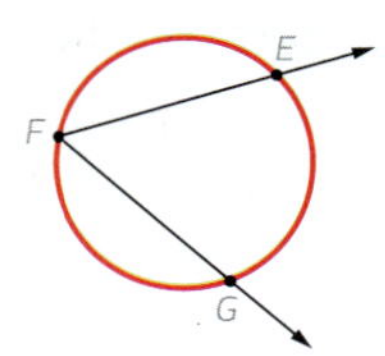

O vértice F pertence à circunferência.

$\overline{EF}$: corda

$\overline{FG}$: corda

$E\hat{F}G$: ângulo inscrito

Ângulo interno de um polígono convexo: Ângulo formado por dois lados consecutivos de um polígono convexo.
Ver *polígono* e *polígono convexo.*

O retângulo tem os quatro ângulos internos retos.

Ângulos adjacentes: Ângulos que têm um lado comum e determinam duas regiões, uma não contida na outra.

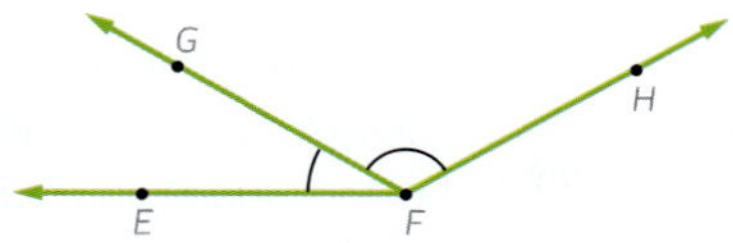

$E\hat{F}G$ e $G\hat{F}H$ são ângulos adjacentes.

$\overrightarrow{FG}$ é o lado comum.

Ângulos alternos externos: Quando duas retas são cortadas por uma transversal, os ângulos externos em relação às duas retas, situados em lados opostos da transversal, chamam-se ângulos alternos externos.
Quando as duas retas são paralelas, os ângulos alternos externos são congruentes (têm medidas iguais).

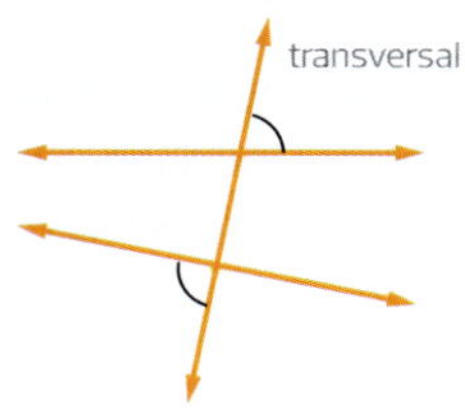

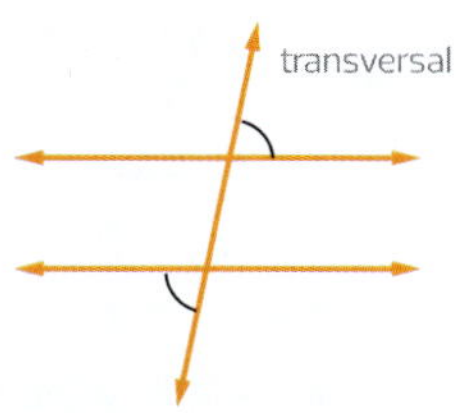

Em cada figura, os ângulos indicados são alternos externos.

Ângulos alternos internos: Quando duas retas são cortadas por uma transversal, os ângulos internos em relação às duas retas, situados em lados opostos da transversal, chamam-se ângulos alternos internos.

Quando as duas retas são paralelas, os ângulos alternos internos são congruentes (têm medidas iguais).

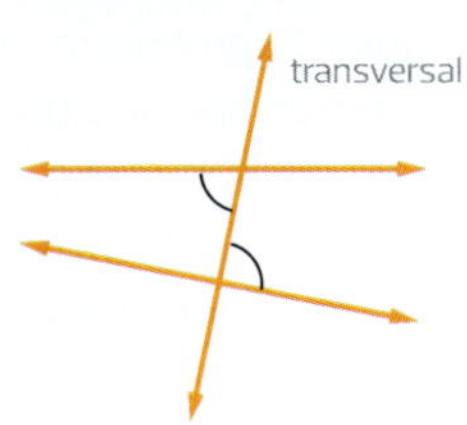

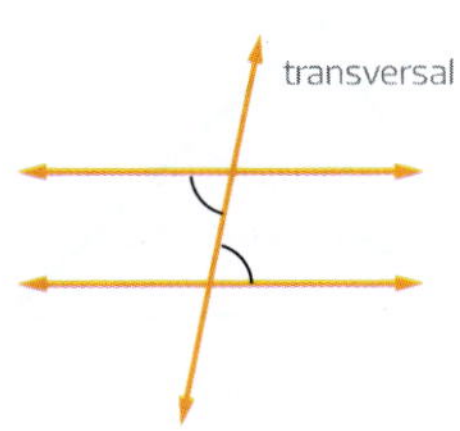

Em cada figura, os ângulos indicados são alternos internos.

Ângulos colaterais externos: Quando duas retas são cortadas por uma transversal, os ângulos externos em relação às duas retas, situados no mesmo lado da transversal, chamam-se ângulos colaterais externos.
Quando as duas retas são paralelas, os ângulos colaterais externos são suplementares (a soma de suas medidas é igual a 180°).

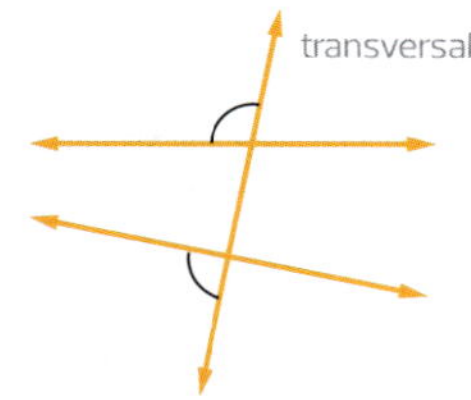

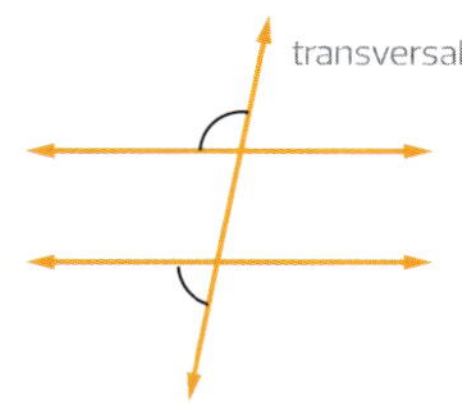

Em cada figura, os ângulos indicados são colaterais externos.

Ângulos colaterais internos: Quando duas retas são cortadas por uma transversal, os ângulos internos em relação às duas retas, situados no mesmo lado da transversal, chamam-se ângulos colaterais internos.
Quando as duas retas são paralelas, os ângulos colaterais internos são suplementares (a soma de suas medidas é igual a 180°).

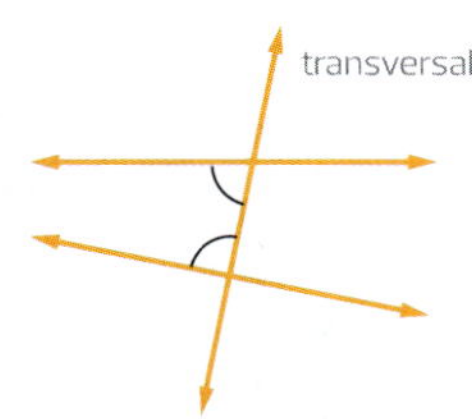

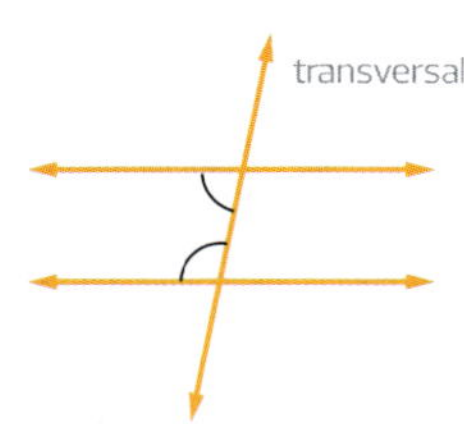

Em cada figura, os ângulos indicados são colaterais internos.

Ângulos complementares: Dois ângulos cuja soma das medidas é igual a 90°.

Um ângulo de 60° e um ângulo de 30° são ângulos complementares, pois $60° + 30° = 90°$.

Podemos dizer que um é o complemento do outro.

Ângulos correspondentes: Quando duas retas são cortadas por uma transversal, os ângulos na mesma posição em relação às duas retas e à transversal são chamados ângulos correspondentes.

Quando as duas retas são paralelas, os ângulos correspondentes são congruentes (têm medidas iguais).

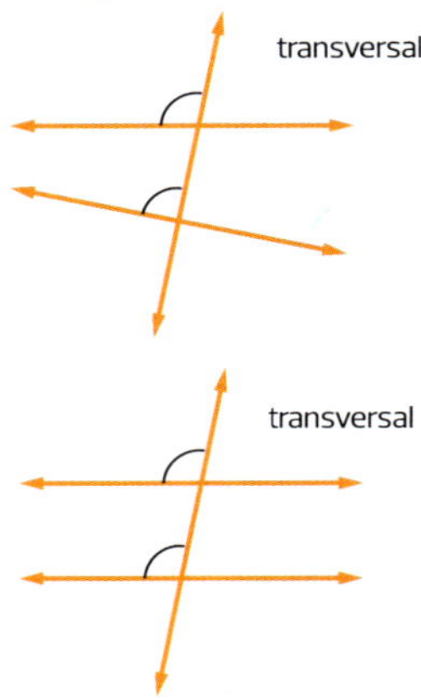

Em cada figura, os ângulos indicados são correspondentes.

Ângulos opostos pelo vértice: Ângulos não adjacentes formados por duas retas que se cortam.

Ângulos opostos pelo vértice são sempre congruentes (têm medidas iguais).

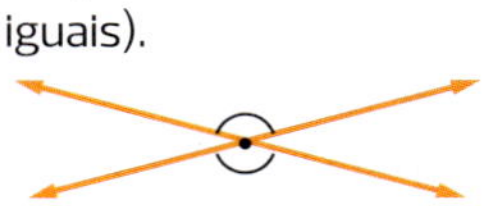

Os ângulos indicados são opostos pelo vértice.

Ângulos suplementares: Dois ângulos cuja soma das medidas é igual a 180°.

Um ângulo de 150° e um ângulo de 30° são ângulos suplementares, pois $150° + 30° = 180°$.

Podemos dizer que um é o suplemento do outro.

Arco de uma circunferência: Cada uma das duas partes de uma circunferência que ficam determinadas quando marcamos dois de seus pontos.

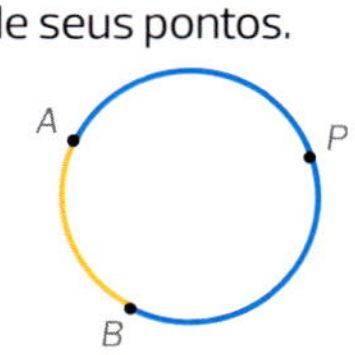

Na figura, os pontos *A* e *B* determinam na circunferência os arcos:

- $\overset{\frown}{AB}$ ("indo" de *A* para *B* no sentido anti-horário);
- $\overset{\frown}{APB}$ ("indo" de *A* para *B* no sentido horário).

Área: Nome dado à medida de uma superfície.

A área da superfície abaixo é igual a 4 cm².

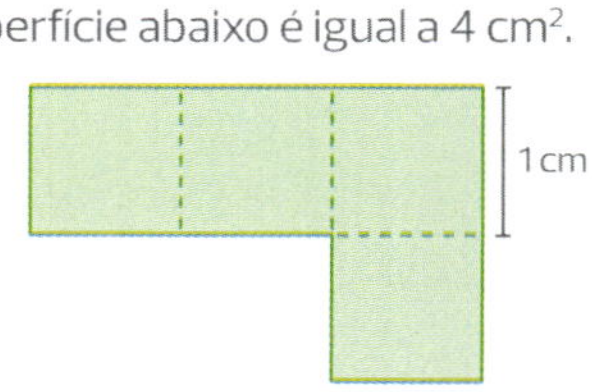

B

Baricentro de um triângulo: Ponto em que se cruzam as três medianas de um triângulo. Também chamado **ponto de equilíbrio do triângulo**. Em todo triângulo, o baricentro divide as medianas na razão de 1 para 2.

Ver *mediana de um triângulo*.

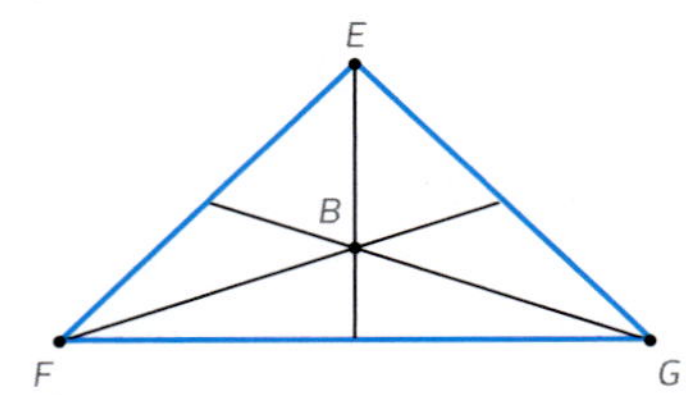

O ponto *B* é o baricentro do triângulo *EFG*.

Base média de um trapézio: Segmento de reta que tem as extremidades nos pontos médios dos lados não paralelos de um trapézio. Ela é sempre paralela às bases maior e menor.

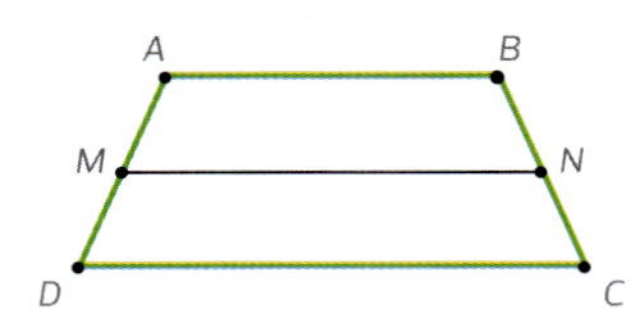

$\overline{AB} // \overline{CD}$

ABCD é um trapézio com base maior $\overline{DC}$ e base menor $\overline{AB}$. $\overline{MN}$ é sua base média ($\overline{AM} \cong \overline{MD}$ e $\overline{BN} \cong \overline{NC}$).

A medida da base média de um trapézio é igual à média aritmética das medidas das bases maior e menor:

$$m(\overline{MN}) = \frac{m(\overline{AB}) + m(\overline{CD})}{2}.$$

Binômio: Polinômio de dois termos. Ver *polinômio*.

$3x - 5y$ é um exemplo de binômio.

$9x^2 - 1$ é outro exemplo de binômio.

Bissetriz de um triângulo: Segmento de reta que liga um vértice do triângulo ao lado oposto e divide ao meio o ângulo desse vértice.

Todo triângulo possui três bissetrizes. Elas sempre se cruzam em um ponto, chamado **incentro do triângulo**.

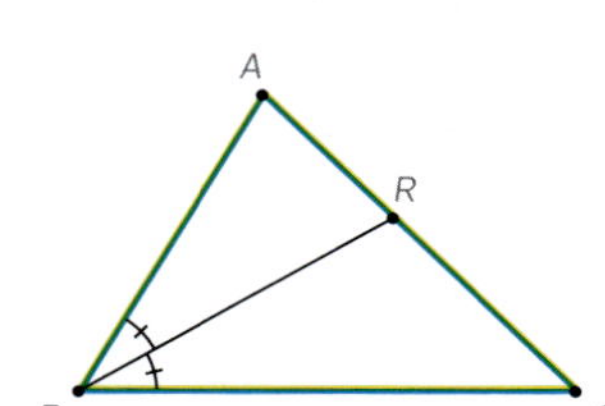

$\overline{BR}$ é uma bissetriz do $\triangle ABC$, ou seja, *R* é ponto do lado $\overline{AC}$ e $A\hat{B}R$ e $C\hat{B}R$ têm medidas iguais.

C

Cálculo algébrico: Cálculo que envolve números e letras. Também é chamado cálculo literal.

$(3x - 7) - (x - 2) = 3x - 7 - x + 2 = 2x - 5$ é um exemplo de cálculo algébrico.

Caso de congruência de triângulos: Situação na qual é possível garantir a congruência de dois triângulos sem a necessidade de verificar a congruência dos três lados e dos três ângulos.

"Se os três lados de um triângulo são respectivamente congruentes aos três lados de outro, então esses triângulos são congruentes" (caso LLL).

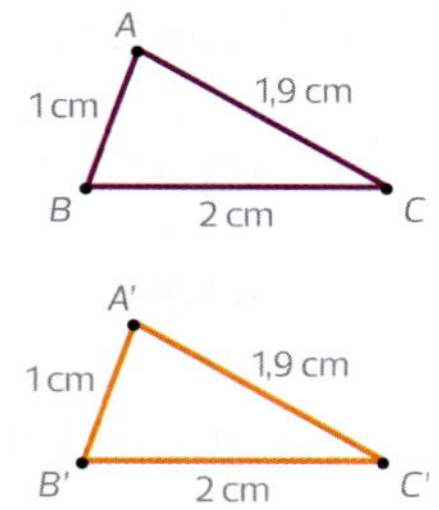

$\triangle ABC$ e $\triangle A'B'C'$ são congruentes.
Indicamos assim: $\triangle ABC \cong \triangle A'B'C'$.
Há outros casos de congruência de triângulos.

Centro de uma circunferência: Ver *circunferência*.

Circuncentro de um triângulo: Ponto em que se cruzam as mediatrizes dos lados de um triângulo. Corresponde ao centro da circunferência que passa pelos três vértices do triângulo (circunferência circunscrita ao triângulo).
Ver *mediatriz de um segmento de reta*.

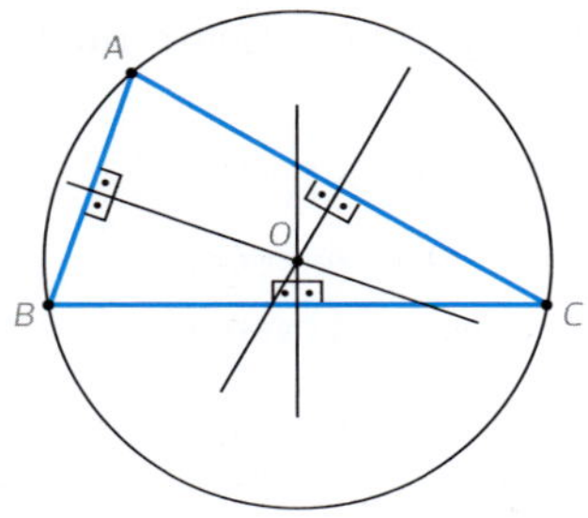

O ponto *O* é o circuncentro do $\triangle ABC$. Ele é equidistante dos três vértices do triângulo.

Circunferência: Figura geométrica formada por todos os pontos de um plano equidistantes de um dado ponto desse plano, chamado **centro** da circunferência.

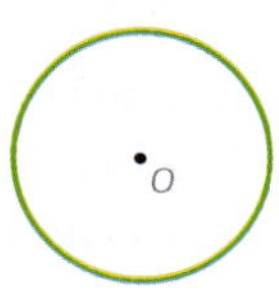

O ponto *O* é o centro.
A linha fechada é a circunferência.
O centro não pertence à circunferência.

Circunferência circunscrita a um triângulo: Ver *circuncentro de um triângulo*.

Circunferência inscrita em um triângulo: Ver *incentro de um triângulo*.

Circunferências concêntricas: Circunferências que têm o mesmo centro.

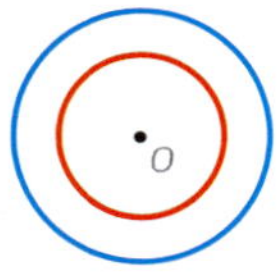

As circunferências da figura são concêntricas de centro *O*.

Circunferências externas: Duas circunferências sem ponto comum, tais que a medida da distância entre seus centros é maior do que a soma das medidas de seus raios.

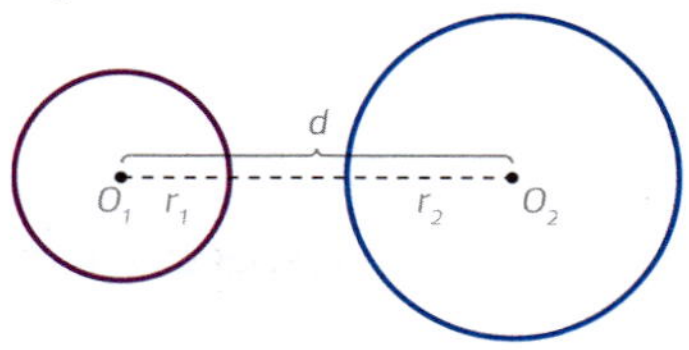

$d > r_1 + r_2$

Essas circunferências são externas.

Circunferências internas: Duas circunferências sem ponto comum, tal que o círculo determinado por uma delas está totalmente contido no círculo determinado pela outra.

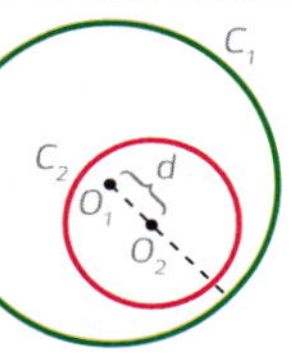

C_1 (de raio r_1) e C_2 (de raio r_2) são circunferências internas, com $r_1 > r_2$.
Se *d* é a distância entre seus centros, temos: $d < r_1 - r_2$.

Circunferências secantes: Duas circunferências que têm exatamente dois pontos comuns.

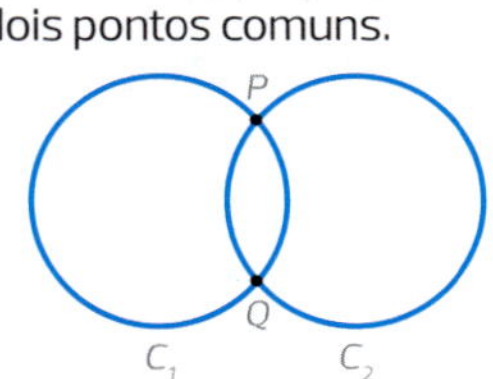

C_1 e C_2 são duas circunferências secantes (*P* e *Q* são seus pontos comuns).

Circunferências tangentes: Duas circunferências com apenas um ponto comum.

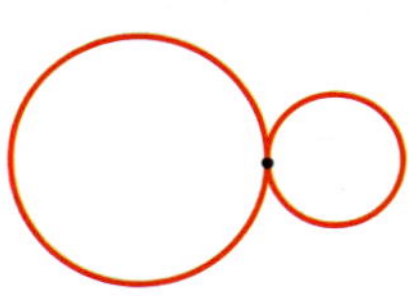

Circunferências tangentes externamente

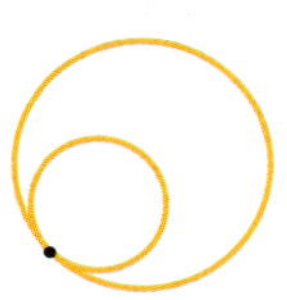

Circunferências tangentes internamente

Coeficiente de um monômio: Parte numérica de um monômio. Ver *monômio* e *parte literal de um monômio.*

No monômio $3x$, o coeficiente é o 3, e a parte literal é o x.

Congruência: Ver *figuras congruentes.*

Conjectura: Suposição de que uma afirmação seja verdadeira.

Corda de uma circunferência: Segmento de reta cujas extremidades são pontos de uma circunferência.

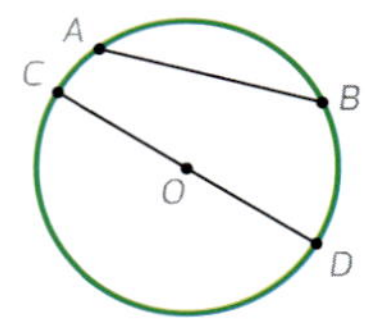

$\overline{AB}$ e $\overline{CD}$ são duas cordas dessa circunferência de centro O.

A corda $\overline{CD}$ é um diâmetro dessa circunferência, pois passa pelo seu centro.

D

Demonstração: Procedimento no qual, a partir de uma ou mais afirmações, por um encadeamento de argumentos lógicos, chega-se a outra afirmação.

Densidade de um conjunto de números: Propriedade segundo a qual, entre dois números do conjunto, existe sempre um número do conjunto. Dizemos, nesse caso, que o conjunto é denso.

O conjunto dos números racionais é denso, e o conjunto dos números naturais não é denso.

Desigualdade triangular: Nome dado à seguinte propriedade dos triângulos: em qualquer triângulo, a medida de um lado é sempre menor do que a soma das medidas dos outros dois lados.

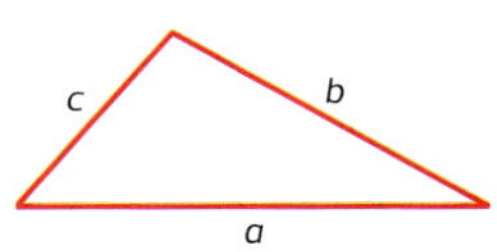

$a < b + c$

$b < a + c$

$c < a + b$

Diagonal de um polígono convexo: Segmento de reta que une dois vértices não consecutivos de um polígono convexo. Ver *polígono* e *polígono convexo.*

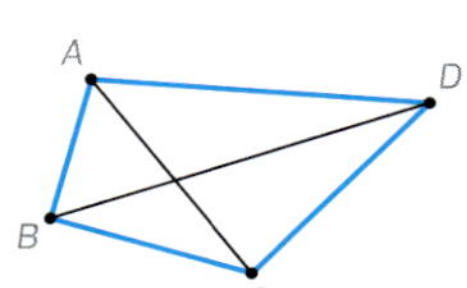

$\overline{AC}$ e $\overline{BD}$ são as diagonais do polígono $ABCD$.

Diâmetro de uma circunferência: Segmento de reta cujas extremidades são dois pontos de uma circunferência e que passa pelo centro.

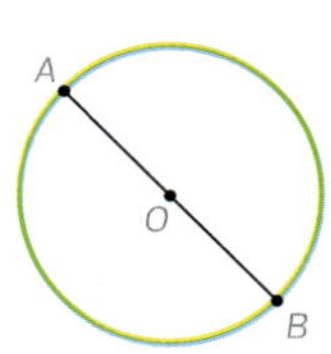

$\overline{AB}$ é um diâmetro nessa circunferência de centro O.

A medida do diâmetro é o dobro da medida do raio.

E

Equação: Igualdade que contém números desconhecidos, geralmente representados por letras chamadas incógnitas. Resolver uma equação significa encontrar os possíveis valores das incógnitas (soluções da equação).

$3x + 2 = 14$ é uma equação de incógnita x.

$x - y = 6$ é uma equação de incógnitas x e y.

Resolver a equação $3x + 2 = 14$ significa descobrir sua solução, que é $x = 4$.

Equação fracionária: Equação na qual pelo menos uma incógnita aparece em denominador.

$\frac{5}{x} + \frac{x+7}{x-1} = 4$ é equação fracionária, para $x \neq 0$ e $x \neq 1$.

Espaço amostral: Conjunto de todos os resultados possíveis de um experimento aleatório.

Representamos o espaço amostral pela letra U (de "Universo").

Ver *experimento aleatório.*

No lançamento de um dado de 6 faces, o espaço amostral é representado por $U = \{1, 2, 3, 4, 5, 6\}$.

Evento: Qualquer subconjunto do espaço amostral. Geralmente, é representado por uma letra maiúscula do nosso alfabeto (A, B, C, etc.).

Se a probabilidade de um evento ocorrer é zero, ele é chamado evento impossível. Se a probabilidade for 1 (ou 100%), dizemos que é um evento certo.

Ver *espaço amostral.*

No lançamento de um dado de 6 faces, o evento "sair um número par" pode ser representado por $A = \{2, 4, 6\}$. Nesse caso, por exemplo, o evento "sair um número maior do que 6" é um evento impossível, e o evento "sair um número entre 0 e 7" é um evento certo.

Experimento aleatório: Experimento que, se for repetido diversas vezes, sob condições idênticas, produz resultados imprevisíveis, entre uma gama de possibilidades.

O lançamento de uma moeda é um exemplo de experimento aleatório.

Expressão algébrica: Indicação de operações com números e letras que representam números. O mesmo que expressão literal. As letras são as variáveis da expressão algébrica.

$2(x - 1)$, $6 + 2z$ e $\frac{3z - 2w}{3}$ são exemplos de expressões algébricas.

Expressão algébrica inteira: Expressão que não tem variável (letra) em denominador nem dentro de radical.
Ver *expressão algébrica*.

$4x^3$; $3x - 2$; $\frac{5y}{7}$ e $x^2 + 4xy - y^2$ são exemplos de expressões algébricas inteiras.

$\frac{5}{x}$, $\sqrt{y^2 - y + 1}$ e $\frac{x+1}{x-3}$ não são expressões algébricas inteiras.

Expressão literal: Ver *expressão algébrica*.

F

Fatoração: Transformação em multiplicação de uma expressão algébrica ou de um número.

Uma fatoração de $x^2 + 7x$ é $x(x + 7)$.

Uma fatoração do número 30 é $5 \cdot 6$.

Figuras congruentes: Figuras tais que é possível transportar uma sobre a outra de modo que coincidam.
Dizemos, neste caso, que existe uma congruência entre elas.

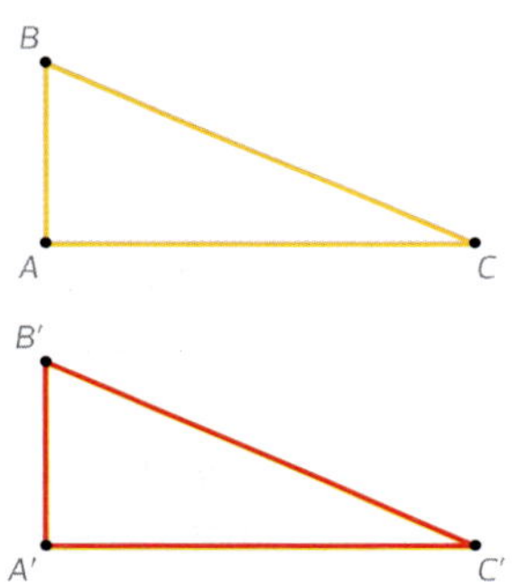

Os triângulos *ABC* e *A'B'C'* são congruentes (eles têm a mesma forma e o mesmo tamanho).
Indicamos assim: $\triangle ABC \cong \triangle A'B'C'$.

Fórmula: Igualdade que indica o valor de uma variável, a partir dos valores de outras variáveis (uma ou mais).

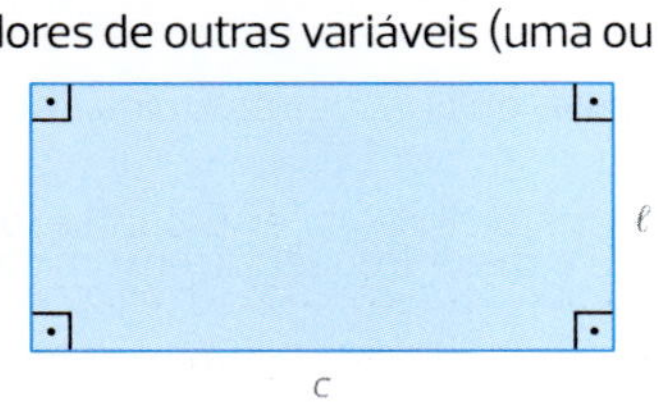

$A = c \cdot \ell$ é a fórmula que indica o valor da área de uma região retangular a partir dos valores das medidas de suas dimensões: comprimento e largura.

Fração algébrica: Fração cujo denominador é uma expressão algébrica com variável.

$\frac{5}{x}$, $\frac{3}{x^2 - 3}$ e $\frac{y+5}{y-1}$ são exemplos de frações algébricas, para valores de *x* e *y* que não anulem os denominadores.

G

Generalização: Ação de considerar para todos os casos uma propriedade observada em alguns casos particulares.

Observando algumas adições de dois números ímpares ($3 + 5 = 8$, $7 + 7 = 14$, $1 + 29 = 30$), fazemos uma conjectura de generalização: a soma de dois números naturais ímpares é sempre um número par.
A veracidade de uma generalização só pode ser comprovada com a sua demonstração.
No exemplo dado, para fazer a demonstração da generalização, fazemos para *n* e *m* números naturais quaisquer:

$$\underbrace{(2n + 1)}_{\text{número ímpar}} + \underbrace{(2m + 1)}_{\text{número ímpar}} = 2n + 2m + 2 = \underbrace{2(n + m + 1)}_{\text{número par}}$$

Grau de um monômio: Em um monômio, o grau é dado pela soma dos expoentes de sua parte literal.
Ver *monômio*.

$4x^2y$ é um monômio do 3º grau ($2 + 1 = 3$).

$-\frac{2x}{5}$ é um monômio do 1º grau.

Grau de um polinômio: Dado um polinômio, seu grau é o do termo (monômio) de maior grau, depois de reduzidos os termos semelhantes.
Ver *grau de um monômio*.

$4x^3 + 5x^2 - 9x + 7$ é polinômio do 3º grau.
$5xy - 8x$ é polinômio do 2º grau.

I

Incentro de um triângulo: Ponto em que se cruzam as três bissetrizes de um triângulo. Corresponde ao centro da circunferência que tangencia cada lado do triângulo (circunferência inscrita no triângulo).
Ver *bissetriz de um triângulo*.

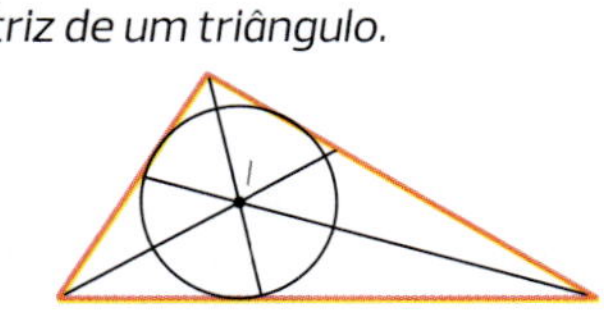

O ponto *I* é o incentro do triângulo da figura.

Incógnita: Letra que representa um número desconhecido em uma equação ou inequação.
Ver *equação* e *inequação*.

$3y + 4 = 10$ é uma equação de incógnita *y*.
$x - 1 < y$ é uma inequação de incógnitas *x* e *y*.

Inequação: Sentença matemática na qual aparece um sinal de desigualdade ($>$, $<$, $\geqslant$ ou $\leqslant$) e uma ou mais letras de valor desconhecido (incógnitas).
$2x + 3 > 7$ e $x - y \leqslant 33$ são inequações.

L

Linha do horizonte: Ver *perspectiva*.

m

Média aritmética: Valor obtido a partir de dois ou mais números, dividindo a soma de todos eles pelo número de parcelas.

Se, em um grupo de 5 irmãos, as idades são 13 anos, 14 anos, 17 anos, 20 anos e 22 anos, a média aritmética das idades é 17,2, pois:

$$\frac{13 + 14 + 17 + 20 + 22}{5} = \frac{86}{5} = 17{,}2.$$

Média aritmética ponderada: Média aritmética em que os dados estão sujeitos a pesos.

Considere que a avaliação de um aluno na disciplina de Língua Portuguesa foi feita analisando-se o desempenho em um teste escrito, que tem peso 1, em uma redação, que também tem peso 1, e em um trabalho em grupo sobre um livro, que tem peso 2. Esse aluno obteve 7,5 no teste, 9,0 na redação e 8,5 no trabalho em grupo. Sua média aritmética ponderada é:

$$\frac{1 \cdot 7{,}5 + 1 \cdot 9 + 2 \cdot 8{,}5}{1 + 1 + 2} = \frac{33{,}5}{4} = 8{,}375$$

Mediana de um triângulo: Segmento de reta que tem como extremidades um vértice do triângulo e o ponto médio do lado oposto a esse vértice. Todo triângulo possui três medianas.

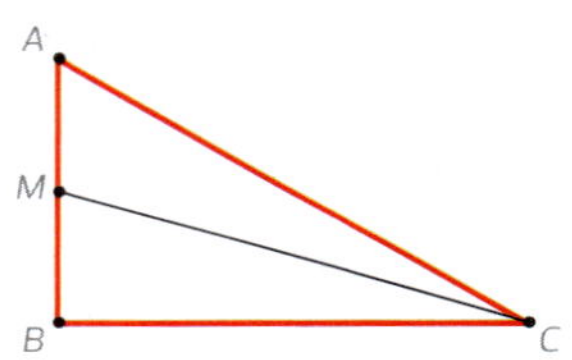

$\overline{CM}$ é mediana do $\triangle ABC$ em relação ao lado $\overline{AB}$, ou seja, $\overline{AM}$ e $\overline{MB}$ têm medidas iguais.

Mediana (em Estatística): Termo do meio em um conjunto de valores quando dispostos em ordem crescente ou decrescente. Se o número de valores for par, a mediana será a média aritmética dos dois termos centrais.

Dadas as alturas: 1,52 m, 1,63 m, 1,68 m, 1,74 m e 1,86 m, a mediana é 1,68 m.

Dadas as massas: 45 kg, 40 kg, 43 kg e 44 kg, a mediana é 43,5 kg $\left(40,\ 43,\ 44,\ 45;\ \frac{43 + 44}{2} = 43{,}5\right)$.

Mediatriz de um segmento de reta: Reta que passa pelo ponto médio do segmento de reta e é perpendicular a ele. Ver *ponto médio de um segmento de reta.*

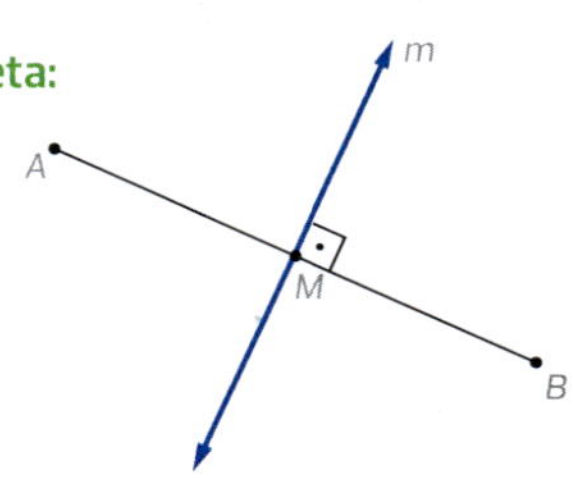

A reta *m* é a mediatriz do segmento de reta *AB*; *M* é o ponto médio de $\overline{AB}$, e *m* é perpendicular a $\overline{AB}$.

Método da adição: Procedimento que pode ser usado para a resolução de alguns sistemas de equações. Ver *sistema de equações.*

$$\begin{cases} x + \cancel{y} = 20 \\ x - \cancel{y} = 12 \end{cases}$$

Somando os membros correspondentes das igualdades, chegamos a $2x = 32$ e, portanto, a $x = 16$.

Se $x = 16$ e $x + y = 20$, então $16 + y = 20$ e, então, $y = 4$.

Método da substituição: Procedimento que pode ser usado para a resolução de alguns sistemas de equações. Ver *sistema de equações.*

$$\begin{cases} 2x + y = 7 \Rightarrow y = 7 - 2x \\ 3x - 2y = 14 \end{cases}$$

$3x - 2y = 14 \Rightarrow 3x - 2(7 - 2x) = 14 \Rightarrow$

$\Rightarrow 3x - 14 + 4x = 14 \Rightarrow 7x = 28 \Rightarrow x = 4$

Assim, $y = 7 - 2 \cdot 4 = -1$, e o par $(4, -1)$ é a solução do sistema.

Método gráfico: Procedimento que permite obter a solução de um sistema de equações por meio da representação geométrica das duas equações do sistema. Ver *sistema de equações.*

$$\begin{cases} x + y = 2 \text{ tem } (2, 0) \text{ e } (0, 2) \text{ como soluções.} \\ x - y = 4 \text{ tem } (4, 0) \text{ e } (0, -4) \text{ como soluções} \end{cases}$$

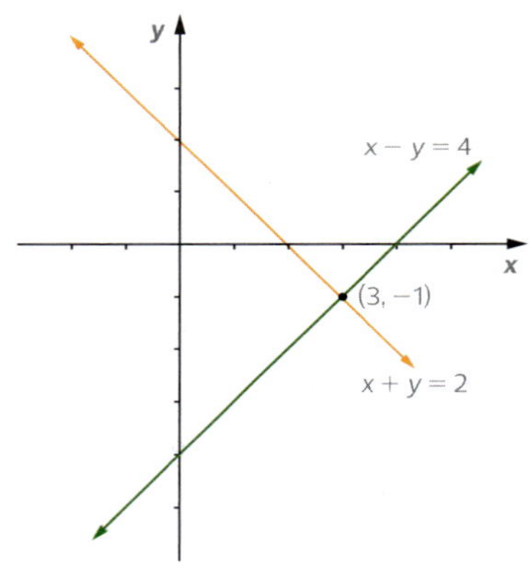

O ponto comum às duas retas determina a solução do sistema: $(3, -1)$.

Moda: Valor com a maior frequência em um conjunto de valores.

Em uma pesquisa com 12 casais sobre o número de filhos que gostariam de ter, foram obtidos os seguintes resultados: 1, 1, 2, 2, 3, 1, 3, 3, 3, 2, 0, 3. A moda deste conjunto de valores é 3 (valor referido cinco vezes).

Monômio: Expressão algébrica inteira que apresenta apenas multiplicação entre números e letras. O mesmo que termo algébrico. Ver *expressão algébrica* e *expressão algébrica inteira.*

$2z$; $3y^2$ e $\frac{3ab}{5}$ são exemplos de monômio ou termo algébrico.

Monômios semelhantes: Monômios que têm a mesma parte literal. O mesmo que termos algébricos semelhantes. Ver *monômio* e *parte literal de um monômio.*

$4x^2y$ e $-3x^2y$ são monômios semelhantes.

$5x^2$ e $4x$ não são monômios semelhantes.

n

ℕ: Símbolo que indica o conjunto formado por todos os números naturais.

$\mathbb{N} = \{0, 1, 2, 3, 4, 5, 6, 7, 8, 9, 10, ...\}$

Número irracional: Número cuja representação decimal é infinita e não periódica.

$\sqrt{2} = 1{,}414213562...$ e o número pi ($\pi = 3{,}141592654...$) são números irracionais.

Número racional: Número que pode ser escrito como quociente de dois números inteiros, com o segundo diferente de zero.

0,3 é um número racional, pois $0{,}3 = \frac{3}{10}$ ou $3 \div 10$.

Número real: Número que pertence ao conjunto que inclui todos os números racionais e todos os números irracionais.

$\frac{3}{4}$ é um número real racional.

$\sqrt{2}$ é um número real racional.

o

Ortocentro de um triângulo: Ponto em que se cruzam as três retas que contêm as alturas de um triângulo. Ver *altura de um triângulo.*

O ponto *O* é o ortocentro nos triângulos abaixo.

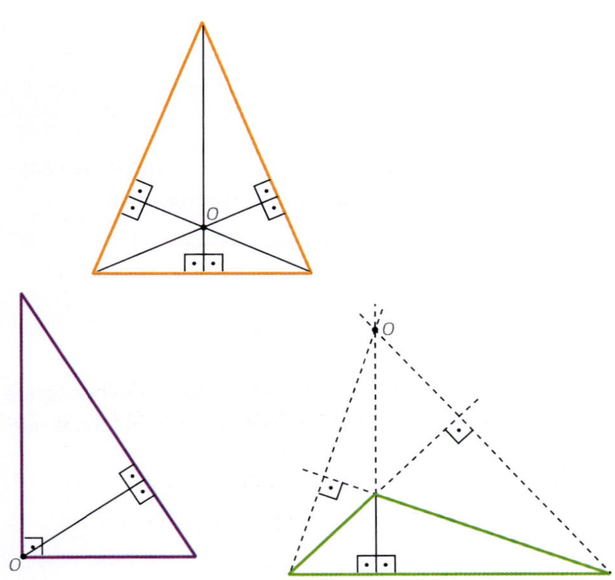

p

Par ordenado: Par de números, em determinada ordem, que permite a localização de um ponto no plano. Esses números são as coordenadas cartesianas do ponto.

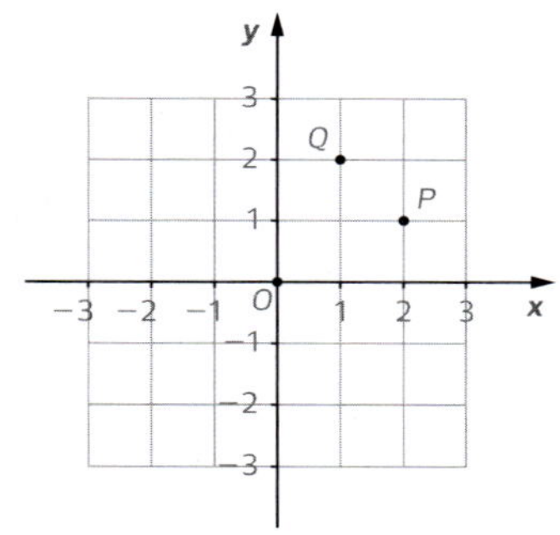

O par ordenado (2, 1) permite localizar o ponto *P*: partindo da origem *O*, "andamos" 2 unidades para a direita e 1 unidade para cima.

O ponto *Q* é localizado pelo par ordenado (1, 2).

O par (2, 1) **não** corresponde ao mesmo ponto do par (1, 2), daí a expressão par ordenado.

Parte literal de um monômio: Parte que corresponde às letras de um monômio. Ver *monômio* e *coeficiente de um monômio.*

No monômio $3d^2y$, o coeficiente é 3 e a parte literal é d^2y.

Perímetro: Medida de comprimento do contorno, de uma figura ou região plana.

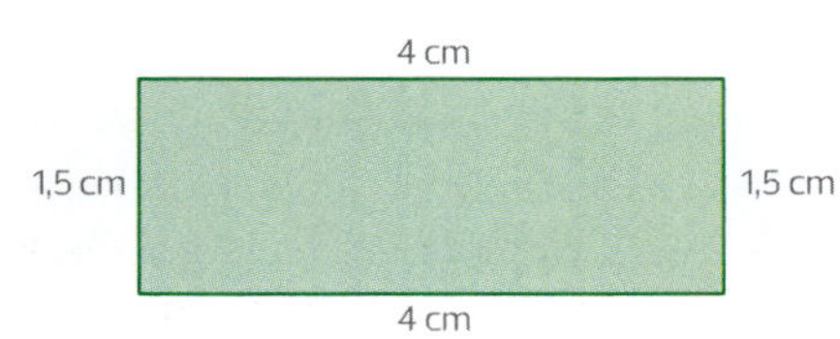

O perímetro dessa região retangular é:

$P = 4 + 4 + 1{,}5 + 1{,}5 \Rightarrow P = 11$ cm

Perspectiva: Maneira de representar um objeto como ele é visto, dando a ilusão de profundidade.

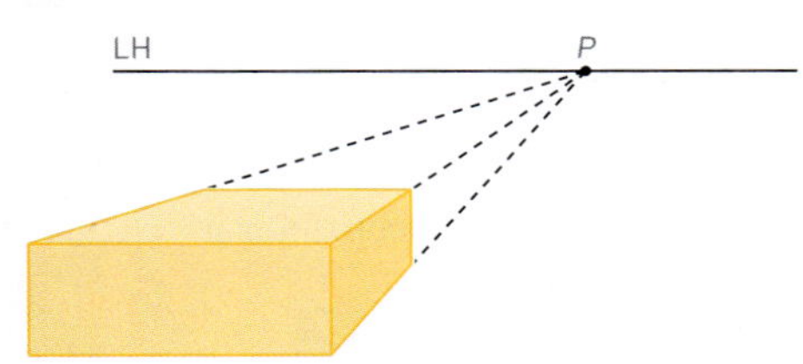

O bloco retangular está representado em perspectiva.

P é o ponto de fuga e LH é a linha do horizonte.

Pi: Nome que se atribui ao número irracional que corresponde ao quociente da medida do comprimento de qualquer circunferência pela medida do seu diâmetro.
Seu valor é aproximadamente 3,1416 e seu símbolo é a letra grega π (pi).

Planificação de sólido geométrico: Figura plana que se obtém desmontando a superfície ("casca") de um sólido geométrico.

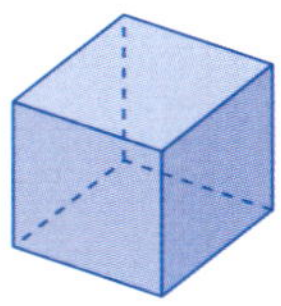

Cubo Planificação do cubo

Poliedro: Sólido geométrico que possui apenas faces planas.
Poli (muitos); edros (faces).

Os prismas são exemplos de poliedro.

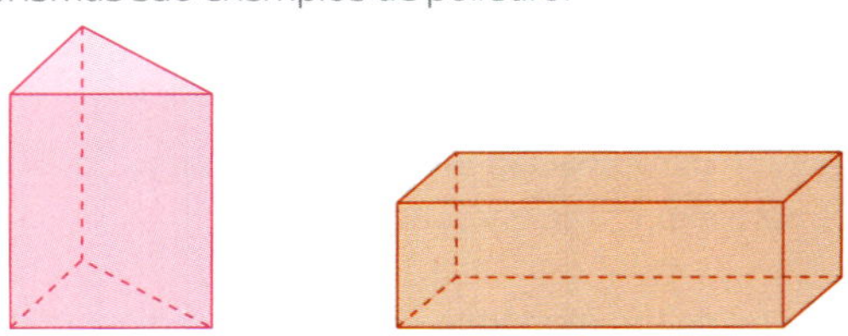

Poliedro convexo: Poliedro que não tem "reentrâncias".

São poliedros convexos:

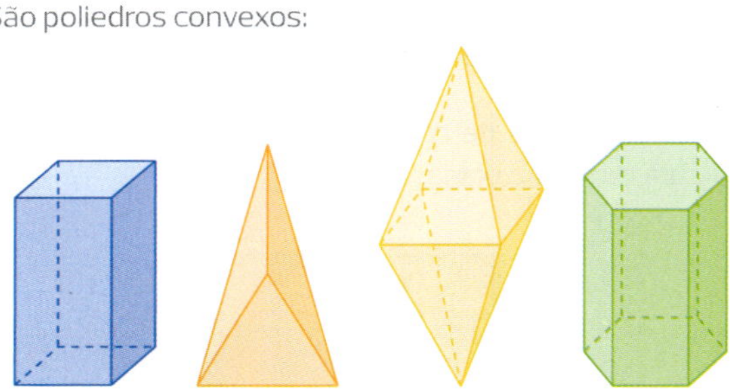

Este **não** é poliedro convexo:

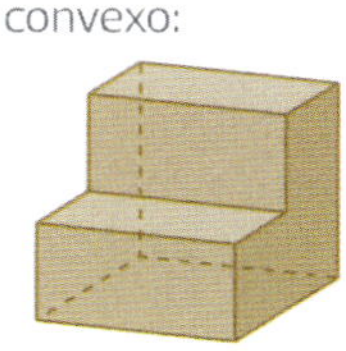

Poliedro regular: Poliedro em que todas as faces são regiões poligonais regulares iguais e, para cada vértice, converge sempre o mesmo número de arestas.
Ver *poliedro*.

O cubo é um exemplo de poliedro regular.

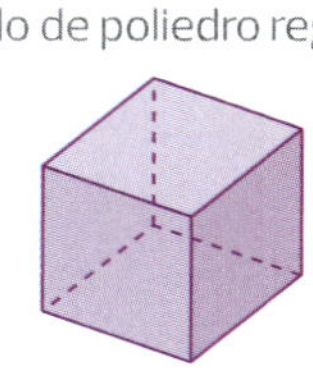

Polígono: Linha fechada formada apenas por segmentos de reta que não se cruzam.

São polígonos:

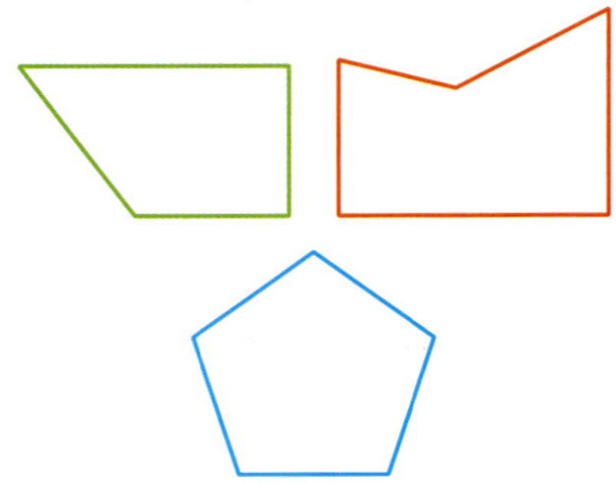

O polígono em azul é um **polígono regular**, pois tem todos os lados congruentes e todos os ângulos internos congruentes.

Polígono convexo: Polígono no qual, marcando dois pontos quaisquer A e B na região determinada por ele, todo segmento de reta AB estará contido nessa região.

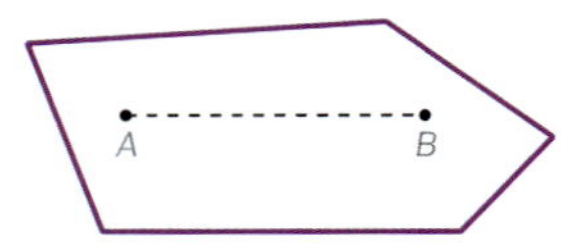

Polígono convexo

Polígono não convexo

Polígono regular: Ver *polígono*.

Polinômio: Expressão algébrica que indica uma adição de monômios.
Ver *expressão algébrica* e *monômio*.

$5x^3 + 4x^2 - 9x - 1$ é um polinômio de 4 termos.

$-7a + 2b - c$ é um polinômio de 3 termos (trinômio).

Um monômio também é considerado um polinômio.

Ponto de fuga: Ver *perspectiva*.

Ponto médio de um segmento de reta: Ponto desse segmento de reta, equidistante das extremidades.

M é o ponto médio do segmento de reta AB, ou seja, $\overline{AM}$ e $\overline{BM}$ têm a mesma medida.

Produto notável: Multiplicação de expressões algébricas que apresenta uma regularidade em seus resultados e que, por isso, simplifica o cálculo algébrico.

Quadrado da soma: $(a + b)^2 = a^2 + 2ab + b^2$

Quadrado da diferença: $(a - b)^2 = a^2 - 2ab + b^2$

Produto da soma pela diferença: $(a + b)(a - b) = a^2 - b^2$

Q

$\mathbb{Q}$: Símbolo que indica o conjunto formado por todos os números racionais.

$\mathbb{Q} = \left\{x \mid x = \frac{p}{q},\ p \in \mathbb{Z},\ q \in \mathbb{Z},\ q \neq 0\right\}$

R

$\mathbb{R}$: Símbolo que indica o conjunto formado por todos os números reais.
Ver $\mathbb{Q}$ e *número irracional.*

$\mathbb{R} = \{x \mid x \text{ é racional ou } x \text{ é irracional}\}$

Raio de uma circunferência: Segmento de reta cujas extremidades são o centro e um ponto da circunferência.

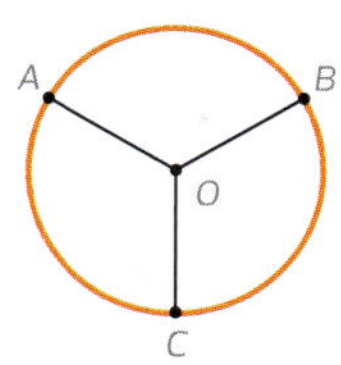

$\overline{OA}$, $\overline{OB}$ e $\overline{OC}$ são três raios dessa circunferência de centro O.
Em uma circunferência, todos os raios têm medidas iguais.

Redução de termos semelhantes: Simplificação de uma expressão algébrica, determinando sua forma reduzida por meio da adição dos seus termos ou monômios semelhantes.
Ver *expressão algébrica* e *monômios semelhantes.*

$2x^2 + 3xy^2 - x^2 + 4xy^2 = (2x^2 - x^2) + (3xy^2 + 4xy^2) =$
$= (2 - 1)x^2 + (3 + 4)xy^2 = x^2 + 7xy^2$

Relação de Euler: Relação entre o número de vértices (V), o de faces (F) e o de arestas (A) em um poliedro convexo.
Ver *poliedro convexo.*

$$V + F = A + 2$$

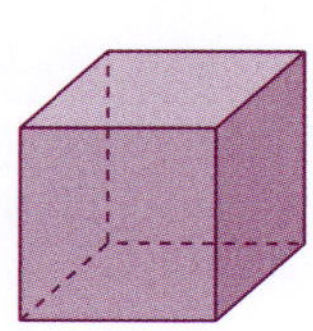

No cubo, $V = 8$, $F = 6$ e $A = 12$.

Relação de Euler: $8 + 6 = 12 + 2$

Relação de Pitágoras: Relação que teve seus primeiros estudos atribuídos ao matemático grego Pitágoras (século V a.C.): em todo triângulo retângulo, o quadrado da medida do lado maior é igual à soma dos quadrados das medidas dos outros dois lados.

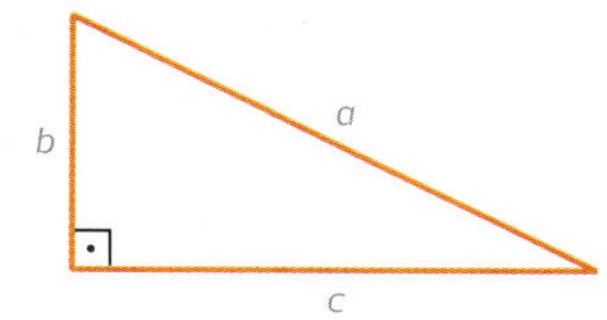

$a^2 = b^2 + c^2$

Reta externa a uma circunferência: Reta que não tem ponto comum com uma circunferência.

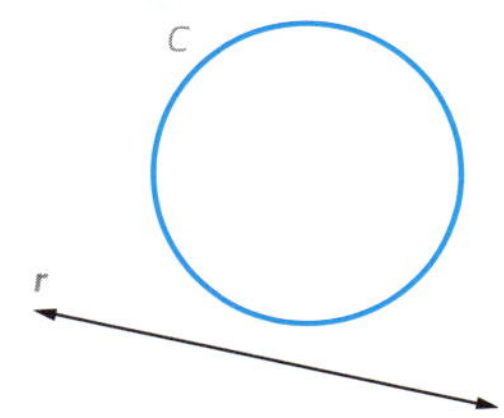

A reta r é externa à circunferência C.

Reta secante a uma circunferência: Reta que tem dois pontos comuns com uma circunferência.

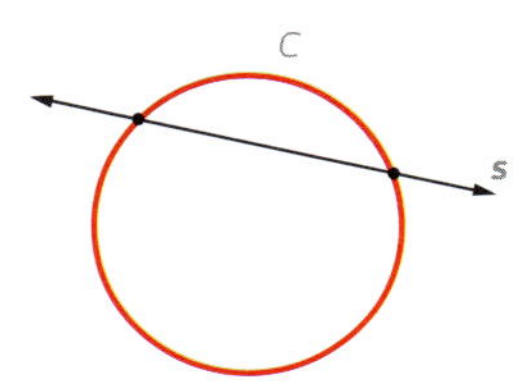

A reta s é secante à circunferência C.

Reta tangente a uma circunferência: Reta que tem apenas um ponto comum com uma circunferência.

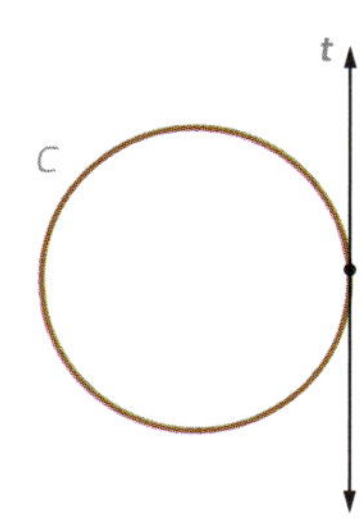

A reta t é tangente à circunferência C.

S

Simplificação de fração: Processo pelo qual, a partir de uma fração, obtemos outra equivalente à primeira, porém mais simples.

$\frac{12^{:2}}{30_{:2}} = \frac{6^{:3}}{15_{:3}} = \frac{2}{5}$

$\frac{x + 5}{x^2 - 25} = \frac{\cancel{(x + 5)}}{\cancel{(x + 5)}(x - 5)} = \frac{1}{x - 5}$ para $x \neq -5$ e $x \neq 5$

Sistema de eixos cartesianos: Retas numeradas concorrentes usadas para a localização de pontos.
Ver *par ordenado*.

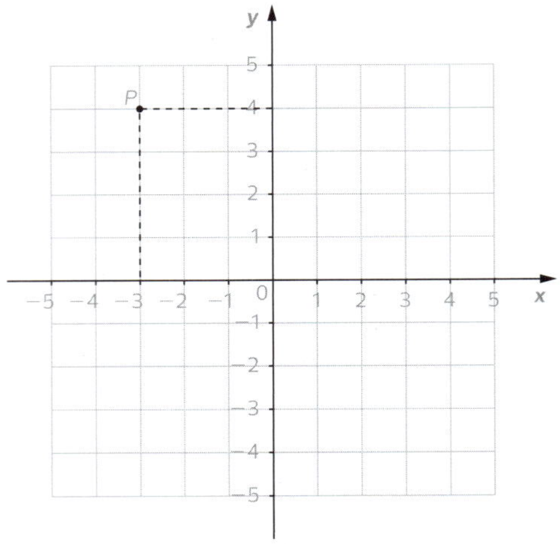

O ponto *P* corresponde ao par ordenado $(-3, 4)$ nesse sistema de eixos cartesianos, usado para localizar pontos de um plano.
Quando essas retas são perpendiculares, temos um sistema de eixos cartesianos ortogonais.

Sistema de equações: Conjunto de duas ou mais equações das quais se procuram as soluções comuns.
Ver *equação*.

$\begin{cases} 2x + y = 3 \\ x - y = 6 \end{cases}$ é um sistema de equações.

O par ordenado $(0, 3)$ é solução da primeira equação do sistema, mas não é da segunda.

O par ordenado $(7, 1)$ é solução da segunda equação, mas não é da primeira.

O par ordenado $(3, -3)$ é solução do sistema, pois é solução das duas equações ao mesmo tempo.

Superfície: Tipo de grandeza.

A face de um dado, o piso da sala, o território de um país ou esta folha do livro lembram superfícies.
A medida de uma superfície é a sua área.
A medida da superfície ou a área do Brasil é de 8 515 767 km², segundo o IBGE.

T

Termo algébrico: Ver *monômio*.

Termos algébricos semelhantes: Ver *monômios semelhantes*.

Trapézio isósceles: Trapézio no qual os dois lados não paralelos são congruentes.
Nele os dois ângulos adjacentes a cada base são congruentes.

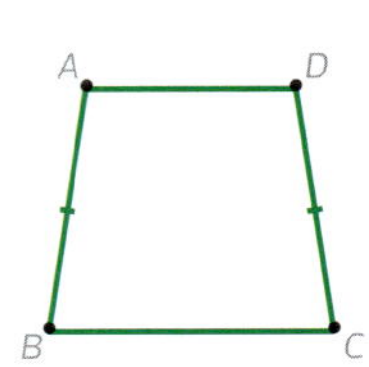

ABCD é um trapézio isósceles de bases $\overline{AD}$ e $\overline{BC}$.

$\overline{AB} \cong \overline{CD}$ $\hat{A} \cong \hat{D}$ $\hat{B} \cong \hat{C}$

Trapézio retângulo: Trapézio que tem dois ângulos internos retos.

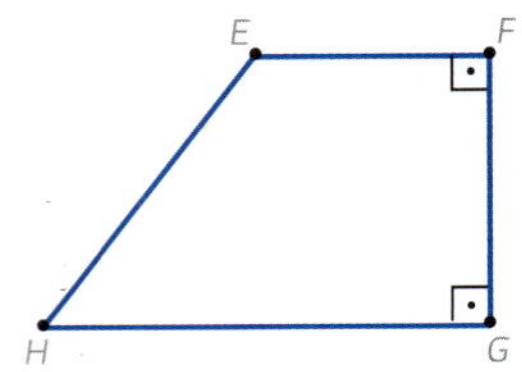

EFGH é um trapézio retângulo.

$\hat{F}$ e $\hat{G}$ são retos.

Trinômio: Polinômio de três termos não semelhantes.
Ver *polinômio* e *monômios semelhantes*

$8x^2 - 6x + 7$ é um exemplo de trinômio.

$5a + ab - b$ é outro exemplo de trinômio.

V

Valor numérico de uma expressão algébrica: Valor que uma expressão algébrica assume quando substituímos cada variável por um número.
Ver *expressão algébrica*.

Para $x = 2$ e $y = 4$, a expressão $3x + 2y$ assume o valor numérico 14, pois $3 \cdot 2 + 2 \cdot 4 = 6 + 8 = 14$.

Variável: Ver *expressão algébrica*.

Volume: Tipo de grandeza. Indica o espaço ocupado por um sólido geométrico.

Um cubo com arestas de 1 cm tem volume de 1 centímetro cúbico (1 cm³).

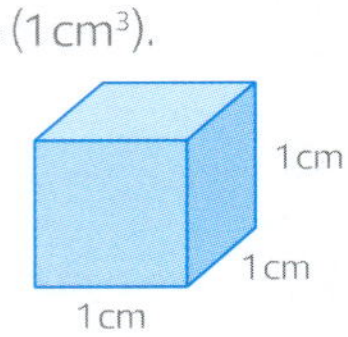

O paralelepípedo representado abaixo tem volume de 3 cm³ $(3 \cdot 1 \cdot 1 = 3)$.

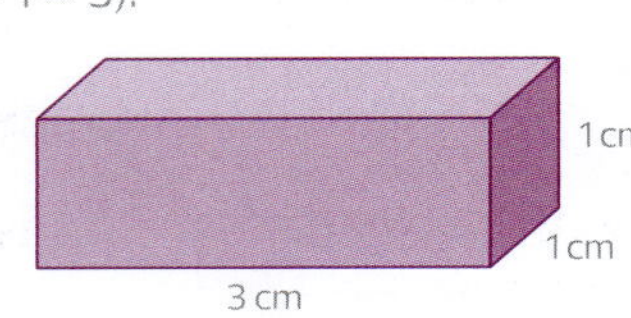

Um reservatório com volume de 1 m³ tem capacidade para 1 000 L.

Z

ℤ: Símbolo que indica o conjunto formado por todos os números inteiros.

$\mathbb{Z} = \{..., -3, -2, -1, 0, +1, +2, +3, ...\}$

ou

$\mathbb{Z} = \{..., -3, -2, -1, 0, 1, 2, 3, ...\}$

Respostas

Unidade 1

Capítulo 1

Introdução
A: +R$ 20,00
B: $6\frac{3}{4}$ xícaras

1. a) 26 estados e 1 Distrito Federal
b) 5 regiões; Norte, Nordeste, Centro-Oeste, Sudeste e Sul.
c) 2 países; Chile e Equador
d) 190 755 799 habitantes
e) 190 000 000; 190 milhões

2. b) Indica uma linha programada para assumir o pagamento das ligações.
c) 11ª posição (2, 3, 5, 7, 11, 13, 17, 19, 23, 29, 31)

3. a) 250
b) 5, no artigo 5º

4. 11 semanas completas ($5 + 31 + 30 + 15 = 81$; $81 : 7 = 11$ e resto 4)

6. a) $\mathbb{N} = \{0, 1, 2, 3, 4, ...\}$
b) $\mathbb{N} = \{1, 2, 3, 4, ...\}$
c) $I = \{1, 3, 5, 7, 9, ...\}$
d) $M(6) = \{0, 6, 12, 18, 24, 30, ...\}$
e) $D(6) = \{1, 2, 3, 6\}$
f) $A = \{2, 3, 5, 7, 11, 13, 17, 19\}$
g) $B = \{10, 11, 12, 13, ..., 98, 99\}$
h) $C = \{0, 1, 4, 9, 16, 25, 36, 49, ...\}$
i) $D = \{1, 8, 15, 22, ...\}$
j) $E = \{2, 3, 5, 7\}$

7. a) 121, 59, 81 e 107
b) 144, 72 e 360
c) 100, 144, 121 e 81

8. 111

9. a) Sim.
b) Não.
c) Sim.
d) Não.
e) Não.
f) Sim.
g) Não.
h) Sim.
i) Não.
j) Não.
k) Sim.

10. a) $n + 1$
b) $3n$
c) $7n$
d) $2n$
e) $2n + 1$
f) $4n + 2$

11. a) 9, 10, 11, 12, ...
b) 16, 17 e 18
c) 4
d) 17, 19, 23 e 29
e) 0, 1, 2, 3, 4 e 5
f) 5
g) 6, 7, 8, 9, ...
h) 6 e 7
i) Nenhum número natural.

12. 5 alunos

13. 6 possibilidades; S-R; S-M; S-N; R-M; R-N; M-N.

14. 24 números

15. 60 maneiras

16. 15 apertos de mão

17. 24 maneiras

18. 6 maneiras

19. a) +28 °C ou 28 °C
b) −5 °C
c) +6 °C ou 6 °C
d) −2 °C

20. a) $\notin$
b) $\in$
c) $\in$
d) $\notin$
e) $\in$
f) $\in$
g) $\notin$
h) $\notin$

21. a) $\{0, 1, 2\}$
b) $\{-2, -1, 0, 1, ...\}$
c) Não existe valor para x.
d) $\{..., -3, -2, -1\}$

Leitura

Coordenadas geográficas: latitude e longitude
a) (−3°, −60°)
b) (−5°, −35°)
c) (−23°, −46°)
d) (51°, 0°)
e) (−16°, −47°)

22. c) Não existe.

23. a) **V**
b) **F**
c) **V**
d) **V**

24. a) $\frac{3}{5}$
b) $\frac{19}{5}$
c) $\frac{3}{5}$
d) $\frac{143}{100}$
e) $\frac{-8}{1}$
f) $\frac{5}{1}$

25. a) 0,625
b) 7,0
c) −1,2
d) −4,0
e) 3,3
f) 0,0625

26. 4 fases

28. a) $x = 3$
b) $x = -3$ ou $x = 3$
c) Não existe solução em $\mathbb{Z}$.
d) $x = \frac{2}{3}$
e) $x = 3$
f) Não existe solução em $\mathbb{N}$.

29. a) Normal.
c) 64,8 kg

30. a) $\frac{5}{33}$
b) $\frac{287}{999}$
c) $\frac{4}{9}$
d) $\frac{239}{990}$
e) $\frac{359}{1100}$
f) $\frac{1667}{9000}$
g) $\frac{10}{9}$
h) $\frac{1}{90}$
i) $\frac{191}{90}$
j) $\frac{416}{75}$

32. $1\frac{4}{5} \rightarrow C$; $-2{,}5 \rightarrow D$; $\frac{4}{3} \rightarrow A$; $0{,}181818... \rightarrow B$; $-\frac{7}{10} \rightarrow G$; $0{,}7 \rightarrow F$; $-1\frac{1}{4} \rightarrow E$.

Oficina de Matemática

Fazendo a gente aprende

1. a) 3,1

34. a) 18,84 cm
b) 31,4 cm

35. 4 cm

36. Menos.

37. 219,8 cm

38. 94,2 cm

39. 21,98 m

40. b) Aproximadamente 3,8 cm.

41. a) Aproximadamente 2,6.
b) Aproximadamente 3,6.
c) Aproximadamente 1,7.

42. a) 3,31662479...
b) 6,08276253...
c) 9,48683298...
d) 4,47213595...

43. a) 18
b) 30
c) 61
d) 100

44. 16 m

45. **C**: 12,56 m; **D**: aproximadamente 9,48 m.

46. a) Racional; 21.
b) Irracional.
c) Racional; 44.

47. a) Aproximadamente 0,28
b) Aproximadamente 0,39
c) Aproximadamente 0,89
d) Aproximadamente 0,82
e) Aproximadamente 1,56
f) Aproximadamente 0,91

48. a) Aproximadamente 2,83
b) Aproximadamente 4,47

49. a) 5
b) Aproximadamente 6,3.
c) 36

50. a) $7\sqrt{3}$
b) 10
c) $\frac{9}{7}$ ou $1\frac{2}{7}$
d) $\frac{3}{5}\sqrt{\frac{11}{13}}$

51. 2, 9

52. a) Aproximadamente 3,6
b) Aproximadamente 0,2
c) Aproximadamente 3,7
d) Aproximadamente 1,6

53. Não é inteiro.

54. a) 0 e 8
b) -4, 0 e 8
c) $-4, \frac{1}{3}, 0{,}888..., 0, -1\frac{3}{5}$, 4,86 e 8
d) $\sqrt{6}$ e π

Números reais.

55. **a**; **b**; **c**; **f**.

56. a) Conjunto dos números inteiros positivos.
b) Conjunto dos números inteiros positivos sem o zero.
c) Conjunto dos números racionais negativos.
d) Conjunto dos números reais positivos sem o zero.
e) Conjunto dos números reais negativos.
f) Conjunto dos números racionais positivos sem o zero.

58. a) $\notin$
b) $\in$
c) $\notin$
d) $\in$
e) $\notin$
f) $\notin$

59. Pedro, Carla e Flávia.

60. b) Fica entre 2 e 3; real racional.
c) Fica entre -9 e -8; real racional.
d) Fica entre 7 e 8; real irracional.
e) Fica entre 3 e 4; real irracional.

61. a) Aproximadamente 1,41
b) Aproximadamente 3,14
c) Aproximadamente 3,16

62. a) 2 539
b) 350
c) $-\frac{1}{24}$
d) 9,41
e) 9,42
f) 1,58
g) 7,14
h) 4,55

63. a) $<$
b) $>$
c) $<$
d) $<$
e) $>$
f) $>$

64. $-2{,}8$; $-2{,}777...$; 0; $\sqrt{3}$; $\frac{12}{5}$.

65. a) $<$
b) $>$
c) $=$

67. a) 3,14
b) 9,06
c) 0,9
d) 1,13

Desafio

Racional.

70. **a**; **b**; **d**; **e**.

71. $S = \{x \in \mathbb{R} \mid x \geq -1 \text{ e } x < 2\}$

Tratamento da informação

73. a) 121,4 kWh
b) 72,57%
c) 27,43%; impostos e encargos que incidem sobre essa conta.
d) De 10/04/15 a 11/05/15.
e) 31 dias
f) 4,19 kWh
g) 2 742 kWh

Outros contextos

74. c) Pessoas nascidas no estado de Pernambuco, mas não nascidas no Recife.
e) • está contido
• não está contido
• está contido
• não está contido
f) No caso em que o aluno que está respondendo frequente uma escola da cidade do Recife.

75. a) $\frac{1}{6}$; real racional não inteiro.
b) 46; real racional inteiro.
c) $\sqrt{70}$; real irracional.
d) 3,5; real racional não inteiro.
e) −2; real racional inteiro.
f) $\pi = 3{,}141592...$; real irracional.
g) $2\frac{1}{3}$; real racional não inteiro

76. a) Júlia venceu.

Praticando um pouco mais

1. **b**
2. **d**
3. **d**
4. **d**
5. **d**
6. **d**
7. **e**

Revisão cumulativa

1. a) 1596, 346, 1340, 4 200
b) 1596, 285, 2 139, 4 200
c) 285, 1340, 4 200, 2 905

2. R$ 38,25

3. 100 cm

4. a) 3,14
b) 3,3
c) 3,6
d) 4,4

5. Racional.

6. **b**

7. **b**; **c**; **d**.

8. a) 1,5 h; grandezas inversamente proporcionais.
b) 6 h; grandezas diretamente proporcionais.
c) 10 dias; grandezas inversamente proporcionais.
d) 6 arrobas; grandezas diretamente proporcionais.
e) R$ 30,00; grandezas diretamente proporcionais.

9. Marisa: 35 anos; Paula: 7 anos.

10. **b**

Capítulo 2

1. a) 100
b) −20
c) 26

2. a) 65
b) −10
c) $3y + 5$
d) 9

5. a) x
b) y
c) n
d) m

7. a) Variável: n
Expressão algébrica: $\frac{n}{2} + 1$
b) Variáveis: a e b
Expressão algébrica: $2(a + b)$

8. a) x^2
b) y^3
c) $2z$
d) $\sqrt{x}$
e) $\frac{x}{3}$

9. a) x^2
b) 6
c) $x^2 + 6$

10. $10x - 3y$

11. $7x + 3$

12. a) $3n + 7$
b) $0{,}40n$ ou $\frac{2n}{5}$
c) $n + 1$
d) $2(n - 9)$
e) $\frac{n}{2} - 11$
f) $8 + \frac{2}{3}n$ ou $8 + \frac{2n}{3}$

13. a) $15a$
b) $15x$
c) $5y$
d) $5y - 5$

14. a) $y + 3$
b) $2a + 7$
c) $x - 3$
d) $2x$

15. x

16. $(x + x) : 3$ e $\frac{2x}{3}$;
$(x + 5) + (x - 5)$ e $2x$;
$2(5x - 3)$ e $10x - 6$;
$2 + 4x - 3x + 3$ e $x + 5$;
$\frac{4x + 16}{4}$ e $x + 4$.

18. a) $x + 3x + x + 3x$ ou $8x$ e $x \cdot 3x$ ou $3x^2$
b) $x + x + 3 + x + x + 3$ ou $4x + 6$ e $x \cdot (x + 3)$ ou $x^2 + 3x$
c) $x + y + x + y$ ou $2x + 2y$ e xy ou yx

19. A-III; B-II; C-I.

20. a) $b \neq 0$
b) $x \neq -2y$
c) $x \neq \frac{5}{2}$
d) $x \neq -\frac{1}{3}$

21. $x \neq 2$

Valor numérico de uma expressão algébrica
• ℓ^2
• 25 cm²

22. a) 12
b) 18

23. a) $a^2 + ab$ e $a(a + b)$
b) 27 cm²

24. a) −3
b) $4\frac{1}{3}$
• $x \neq y$

26. a) $x = 4$
b) $x = -2$

27. a) $x^2 + yz$
b) $519\ m^2$

28. a) $1695{,}6\ cm^2$
b) $464{,}4\ cm^2$

29. a) $200 + 25x$
b) 500 L
c) $x = 12$ indica a torneira aberta por 12 minutos; o valor numérico obtido indica quantos litros de água haverá no reservatório após 12 minutos com a torneira aberta.

30. 16 acertos e 4 erros.

31. $y = 22$

32. 75°, 45° e 60°

34. Comprimento: 69 m;
largura: 23 m

35. $A = 49$; $I = 6$; $C = 13$; $T = 27$;
$L = 18$; $U = 11$; $M = 55$; $E = 9$

36. 10; 12
14; 24
16; 20
8; 10
a) O dobro do número pensado.
b) Iguais.

37. Pense em um número.
Adicione 5 a esse numero; 25; 17.
Multiplique o resultado por 3; 27; 51.
Subtraia 15; 12; 60; 300.
Dividindo por 3 o resultado final, você encontra o número pensado; 20; 12.
a) Ao triplo do número pensado.

38. 5

40. a) $1\ g/cm^3$
b) $0{,}92\ g/cm^3$

41. $0{,}8\ g/cm^3$

42. a) $1{,}03\ g/cm^3$
b) 2 412,5 g
c) $125\ cm^3$

43. a) 24 kWh
b) R$ 7,44

44. a) $C = 35d + 0{,}20q$
b) R$ 78,00
c) 50 km
d) 2 dias

45. 784, 9 801 e 4 225

46. a) Par.
b) Par.
c) Ímpar.
d) Nem sempre.

47. a) $2x + \frac{x}{2}$
b) $x \cdot y = y \cdot x$
c) $3y^2 - 2y^3$
d) $\frac{2a^3}{a + 1}$
e) $\frac{1}{m} + \sqrt{m}$
f) $(x - y)^2$

48. $C = 300 + 0{,}50x$

49. $S = 530 - 50y$

50. $Q = 4{,}50 + 0{,}90n$

51. $Q = 20 + 30h$

52. a) 76,7 °C
b) 10 °F, que é igual a −12,22 °C.
c) 3,89 °C

53. 5 s

54. a) $a = 3p$
b) 7,5 cm; 15 cm
c) 2,9 kg

55. a) $y = \frac{x}{2}$
b) $y = 2x$

Conexões

2. Renda, saúde e educação.
4. a) 9,2 anos
b) Aproximadamente 14%.
5. Sim.

Tratamento da informação

58. a) 4,6 metros
b) 1,7 metro
c) 2,9 m
d) No dia 13/12/2014; 3,3 m.
e) Aproximadamente 5,5 m.

Outros contextos

59. a) $V = a\left(20 + 40 + \frac{720}{6}\right)$ ou $V = 180a$
b) R$ 4 500,00
c) 33 novos alunos

60. a) $\frac{1}{2}aa$; $\frac{1}{2}a2$; $\frac{1}{2}a^{II}$; $\frac{1}{2}a^2$
b) $xxxx - 2yyy$; $x4 - 2y3$;
$x^{IV} - 2y^{III}$; $x^4 - 2y^3$

Praticando um pouco mais

1. $x = -4$

2. **d**

3. **c**

4. **c**

5. **c**

6. **e**

7. **b**

Revisão cumulativa

1. a) $10x + 5$
b) $100x$
c) $10y - 3$
d) $1000z + 10s$

2. a) $x^3 + y^2$
b) $2m + n^3$
c) $\frac{1}{3}a - 3b$ ou $\frac{a}{3} - 3b$
d) $\sqrt{x} + \left(\frac{1}{x}\right)^2$

3. João: R$ 30,00; Paulo: R$ 15,00; Lauro: R$ 20,00.

4. a) 30, 35; representação: $5x$.
b) 31, 36; representação: $5x + 1$.
c) 32, 37; representação: $5x + 2$.
d) 25, 29; representação: $4x + 1$.

5. **a**; **b**; **d**.

6. $3n + 1$

7. 75%

8. 2,2 faltas por dia

9. b

10. c

Unidade 2

Capítulo 3

1. a) $\hat{b}$ e $\hat{c}$; $\hat{c}$ e $\hat{d}$; $\hat{d}$ e $\hat{a}$
b) $\hat{b}$ e $\hat{d}$
c) $b = 148°$; $c = 32°$; $d = 148°$.

2. 60° e 120°

3. a) 90°
b) Retas concorrentes perpendiculares.

4. 160° e 160°

6. a) Ambos 60°.
b) Ambos 140°.

7. a) $a = 25°$; $b = 155°$.
b) $2x = 120°$; $x = 60°$

8. 45°; 45°; 45°; 135°; 135°; 135° e 135°.

9. a) $x = 50°$
b) $x = 110°$

10. 50° e 130°

12. $m(\hat{x}) = 122°$ e $m(\hat{y}) = 58°$

13. 21

14. a) 30°
b) 60°

15. $\hat{E}: 55°$; $\hat{F}: 15°$; $\hat{G}: 110°$.

16. Não.

17. a) Não.
b) Não.

18. 28°

19. a) $x = 100°$; 80°
b) $x = 85°$; 50°
c) $x = 105°$; 70°, 75°
d) $x = 18°$; 36° e 54°

20. a) $x = 60°$; $y = 120°$
b) $x = 90°$; $y = 50°$

21. **e**

22. a) $150° = 110° + 40°$
b) $63° = 41° + 22°$

23. 70°

24. $y = 37°$

25. 63°, 27° e 90°; triângulo retângulo.

26. **a**; **d**.

27. a) Sim.
b) Sim.
c) Não.
d) Não.

28. 6 vértices, 6 lados, 6 ângulos internos e 6 ângulos externos.

31. a) 12 vértices
b) Pentágono.

32. a) 180°
b) Adjacentes suplementares.

33. 140°

34. 180°

35. **a**; **d**; **e**; **g**; **h**.

36. Os dois perímetros são iguais.

37. Com a circunferência.

38. a) 900°
b) 10 lados

39. $x = 75°$

40. a) 1 440°
b) 1 800°
c) 2 340°
d) 3 240°

41. Octógono.

43. 162°; 18°.

44. 18 lados

45. a) 140°
b) 150°

46. Pentadecágono.

47. 14°24'

Leitura

Ladrilhamento: preenchimento de uma superfície plana

1. Em *A*: 360°; em *B*: 360°; em *C*: 360°.
3. Não.
5. Qualquer tipo de paralelogramo.

48. a) 54 diagonais
b) 170 diagonais

49. a) Octógono.
b) 20 diagonais

50. a) 3; 6; 10; 190.
b) $\dfrac{n^2 - n}{2}$

51. 21 estradas

52. 5 segmentos de reta

53. a) $\overline{AB}$
b) $\hat{C}$
c) $\hat{A}$ e $\hat{B}$
d) $\hat{A}$ e $\hat{a}$; $\hat{B}$ e $\hat{b}$; $\hat{C}$ e $\hat{c}$.
e) $\hat{A}$ e $\hat{C}$

55. a) Sim.
b) Não.

57. x é um número real que fica entre 7 e 11 ou $7 < x < 11$.

58. 5 cm, 6 cm, 7 cm e 8 cm

59. 8 cm; 4 cm

60. a) 8 cm ou 5 cm
b) 7 cm
c) 10 cm
d) x real tal que $x > 0$ e $x < 10$, em cm.

61. $x = 2$

62. a) Maior lado: $\overline{EG}$; menor lado: $\overline{FG}$.
b) Maior ângulo: $\hat{S}$; menor ângulo: $\hat{H}$.

63. Têm medidas iguais.

Bate-papo

- As medidas são iguais.
- As medidas são iguais.

64. $c = 2{,}5$ cm; $e = 5$ cm; $x = 60°$; $y = 30°$; $z = 90°$; $w = 90°$.

65. $x = 2{,}8$ cm; $y = 2{,}4$ cm; $z = 3{,}5$ cm.

66. a) Não podemos garantir a congruência dos triângulos.
b) Podemos afirmar que os triângulos são congruentes (caso LLL); demais elementos: $\hat{R} \cong \hat{E}$; $\hat{S} \cong \hat{F}$; $\hat{P} \cong \hat{G}$.
c) Não podemos garantir a congruência dos triângulos.
d) Os triângulos são congruentes (caso LAL); demais elementos: $\hat{P} \cong \hat{M}$; $\hat{Q} \cong \hat{N}$; $\overline{PQ} \cong \overline{MN}$.

e) Os triângulos são congruentes (caso LLL); ambos têm lados de 4 cm, 4 cm e 4 cm.

f) Os triângulos são congruentes (caso LAA_o); demais elementos: $\hat{C} \cong \hat{P}$, $\overline{AB} \cong \overline{RQ}$ e $\overline{BC} \cong PQ$.

g) Os triângulos são congruentes (caso ALA); demais elementos: $\hat{H} \cong \hat{L}$, $\overline{HF} \cong \overline{ML}$ e $\overline{GH} \cong \overline{NL}$.

67. ALA; $a = 62°$; $b = 62°$; $x = 1{,}6$ cm

68. a) Sim; LLL.
b) Não podemos garantir.
c) Sim; ALA.
d) Sim; LAL.
e) Sim; LAA_o.

69. a) 5,5 cm e 5,5 cm
b) 11 cm, 9,5 cm e 9,5 cm ou 11 cm, 11 cm e 8 cm
c) 90°, 45° e 45°
d) 80°, 80° e 20° ou 80°, 50° e 50°.
e) 120°, 30° e 30°

70. a) $x = 30°$ c) $x = 105°$
b) $x = 30°$ d) $x = 60°$

71. $x = 62°$

73. 3 medianas

74. a) 7,5 cm
b) 16 mm
c) 8 m; 12 m.
d) 15 cm; 30 cm.

76. 3 bissetrizes

Desafio

$x = 50°$ e $y = 50°$; $m(S\hat{B}M) = 80°$

77. 72°

78. a) $y = 40°$; $x = 105°$.
b) $y = 90°$; $x = 40°$.

79. 120°

80. a) 90°
b) 40°
c) 130°
d) 70°
e) 10°
f) 20°

82. 56°

83. No item **c**.

Oficina de Matemática

Construindo e investigando

O ponto O é ao mesmo tempo ortocentro, incentro, baricentro e circuncentro.

90. **a**; **b**; **d**.

91. a) 4 lados ($\overline{AB}$, $\overline{BC}$, $\overline{CD}$ e $\overline{DA}$)
b) 4 vértices (A, B, C e D)
c) 2 diagonais ($\overline{AC}$ e $\overline{BD}$)
d) 4 ângulos internos ($\hat{A}$, $\hat{B}$, $\hat{C}$ e $\hat{D}$)

93. a) $S_i = (n - 2) \cdot 180°$
b) Fazendo $n = 4$.
c) 360°

95. a) 167°
b) 114°
c) 155°

96. a) 50°, 130°, 50° e 130°
b) 85°, 110°, 75° e 90°

97. 36°, 72°, 108° e 144°

98. a) 55°, 55°, 125° e 125°
b) 95°, 85°, 95° e 85°

99. 80 e 100

101. **a**; **c**; **d**.

102. $x = 30°$ e $y = 70°$

104. **b**; **c**; **e**; **f**; **h**; **i**; **j**; **l**.

105. a) Paralelos e congruentes.
b) Sim.
c) 360°
d) 90°
e) Sim.
f) Sim.
g) Sim.
h) Sim.

107. $x = 64°$

108. $\triangle ABC$: 30°, 30° e 120°; $\triangle ADC$: 30°, 30° e 120°.

109. $x = 45°$ e $y = 90°$

110. $x = 30°$ e $y = 60°$

111. $x = 61°$

112. a) Suplementares.
b) Suplementares.

113. a) $x = 62°$; $y = 118°$; $z = 115°$; $w = 65°$.
b) $x = 80°$ e $y = 10°$

114. **a**; **c**; **e**.

115. a) 90°, 90° e 127°
b) $m(\hat{E}) = 135°$; $m(\hat{F}) = 45°$; $m(\hat{G}) = 90°$; $m(\hat{H}) = 90°$.

116. a) **F** d) **V**
b) **V** e) **V**
c) **V** f) **F**

117. 72°, 72°, 108° e 108°

118. a) **A**, **D**. c) **C**, **E**, **F**.
b) **B**, **G**.

119. $m(\overline{CD}) = 5$ cm; $m(\overline{AB}) = 3$ cm; $m(\overline{MN}) = 4$ cm.

120. 7,2 cm

121. 5 cm

122. $x = 2$

Raciocínio lógico

Nenhum quadrado é triângulo

Conexões

2. Triângulos, pentágonos e hexágonos.

3. Seu formato esférico formado por "triângulos".

Tratamento da informação

123. a) Aproximadamente 103 625 homens e 89 182 mulheres.
b) $\frac{143\,094}{205\,530}$ ou $\frac{71\,547}{102\,765}$ aproximadamente
c) 44,25%

Outros contextos

124. 12 cm

125. Mariana.

126. 1 040 pessoas

Praticando um pouco mais

1. c

2. c

3. a

4. b

5. e

6. c

7. b

Revisão cumulativa

1. $m(\hat{a}) = 50°$; $m(\hat{b}) = 68°$; $m(\hat{c}) = 62°$.

2. $x = 83°$ e $y = 83°$

3. 150°

4. $x = 35°$; $y = 95°$; $z = 50°$.

5. 360 alunos do Ensino Médio e 240 alunos do Ensino Fundamental

6. R$ 198,00

7. 13 formas diferentes

8. a) $\frac{1}{2}$; 50%

b) $\frac{2}{5}$; 40%

c) $\frac{3}{10}$; 30%

9. d

10. d

Capítulo 4

1. Inteiras: $4x + 6$; $8x^2y$; ab; 8; $a^2 - a + 4$; $\frac{3x}{10}$; não inteiras: $\frac{x-1}{x+5}$; $\sqrt{3x}$; $\frac{3}{x^2}$; $5x^{-1}$.

Monômios

- Perímetro: $\ell + \ell + \ell + \ell$ ou $4 \cdot \ell$ ou 4ℓ unidades de medida de comprimento. Área: $\ell \cdot \ell$ ou ℓ^2 unidades de área.
- Área: $x \cdot 2x$ ou $2x^2$ unidades de área.
- $3a \cdot 4b$ ou $12ab$

3. a) Coeficiente: 1; parte literal: xy.

b) Coeficiente: $-\frac{2}{3}$; parte literal: t^2.

c) Coeficiente: -1; parte literal: c^2d^3.

d) Coeficiente: $\frac{1}{5}$; parte literal: a^2.

4. b) x^3, $8x^3$, $27x^3$, $64x^3$, $125x^3$

c) São iguais a x^3.

5. a) grau 8

b) grau 6

c) grau 11

d) grau 5

e) grau 2

f) grau 7

6. a) 5; 3; 2

b) 5; 2; 3

7. a) $12x^3y^3$

b) $-\frac{3}{7}xy^7$

8. a) Não são semelhantes.

b) São semelhantes.

c) São semelhantes.

d) São semelhantes.

e) São semelhantes.

f) Não são semelhantes.

g) Não são semelhantes.

h) São semelhantes.

i) São semelhantes.

j) São semelhantes.

9. Não.

11. a) $12x^3$

b) $11ab$

c) $-a^2b^2$

d) $\frac{5}{7}x^2$ ou $\frac{5x^2}{7}$

e) $8x$

f) $\frac{17x^2}{18}$

g) $3a^2 - a$

h) $\frac{4p - 5q}{4}$

i) $(\sqrt{2} + \sqrt{3})abc$

12. a) $14xy$

b) $3a^2 + 9a$

c) $4,5x - 3y$

d) $4,5x^2$

13. a) $-21x^7$

b) $\frac{3}{5}x^2$ ou $\frac{3x^2}{5}$

c) $18x^3y^3$

d) $12a^3b^2$

e) $-a^3$

f) $\frac{1}{6}x^3y^5$

14. a) $7x^6$; monômio.

b) a; monômio.

c) $\frac{2}{x^{-2}}$; fração algébrica.

d) 6; monômio.

e) $\frac{2a}{b}$; fração algébrica.

f) $\frac{5c}{b}$; fração algébrica.

15. a) $81x^{18}$

b) $81x^8y^4$

c) $49y^2$

d) $32a^{10}b^5$

e) $\frac{1}{3x^2}$

f) $\frac{1}{1000x^3}$

g) $\frac{9x^6}{25}$

h) $-8x^{12}$

i) $\frac{x^4}{16}$

16. a) $15x^4$

b) $3x - y$

c) $8xy$

d) $6x^5$

e) $8x^8$

f) $81x^{12}$

g) $-8x^3y^6$

h) 5

i) $-4x^2$

j) $\frac{3}{2x}$

k) $12x^2y$

l) $7x^2 + 3x$

m) $24rs$

n) $2x^2$

o) $6x$

p) $16x^4y^8$

17. a) Trinômio.

b) Binômio.

c) Monômio.

d) Binômio.

e) Monômio.

f) Polinômio de 4 termos.

g) Monômio.

h) Trinômio.

i) Binômio.

18. a) $-x^2 + 2x$

b) $y^2 - 4y + 2$

c) $-xy - y^2 + 1$

d) x^3

19. $6ax$ unidades de área

20. a) $8x\ m^2$
b) Para $x = 9$ m.

21. a) Não pode, pois não tem termos semelhantes.
c) Não pode, pois não tem termos semelhantes.

22. a) $12x$; monômio.
b) $15ab$; monômio.
c) $4x + 2y$; binômio.
d) $8a^3$; monômio.
e) $6xyz$; monômio.
f) $a + 2b + 5$; trinômio
g) $8xy$; monômio
h) $2xy$; monômio
i) $x + 12$; binômio
j) $11x$; monômio

23. a) 5º grau
b) 5º grau
c) grau zero
d) 3º grau
e) 2º grau
f) grau zero
g) 1º grau
h) 4º grau
i) 3º grau
j) 2º grau
k) 3º grau
l) 1º grau

24. a) $14y$ cm, 1º grau
b) 0,5 cm

25. a) $6x$ m; $(4a + 10b + 6)$ m
b) $x = 4$ m
c) $b = 5$ m

26. a) $x^2 + x + 2$
b) $ab^2 - 9$
c) $-4x^3 - 9x^2 + x$
d) $3a^2$

27. a) $-x^2 + x + 3$
b) $3x^2 - x - 1$
c) $-3x^2 + x + 1$

28. a) $4x^3 + 2x^2 + 3x + 1$
b) $2x^3 - x^2 + x - 1$
c) $2y^2$
d) $-2y^2 - 2$

30. $5a^2 + 2a$

31. a) $6a^2b + 12ab^2$
b) $6x^3 + 3x^2y$
c) $-y^3 + 2y^2$
d) $6x^3 - 3x^2 + 6x^3 + 3x^2$
e) $-2x^3 + 6x^2 - 4x$
f) $3a^4 + 6a^3b + 3a^2b^2$

32. Perímetro: $4x + 26$; área: $x^2 + 13x$.

33. a) $a^2 + 3a + 2$
b) $r^2 + 2r - 15$
c) $x^2 + 7x + 12$
d) $6m^2 - 13m + 5$
e) $y^2 + 4y + 4$
f) $x^2 - 36$

34. Não.

35. a) $a^3 + 8a^2 + 17a + 10$
b) $x^4 - 5x^3 + 8x^2 - 13x + 3$
c) $-y^2 + 2y + 3x^2 + 2xy - 6x$
d) $x^4 - 4x^3 + 6x^2 - 4x + 1$

36. a) $4x^5 - 2x^4 + \frac{x^3}{2} - x^2$
b) $2x^3 - 20x^2 + 40x$
c) $0{,}3x^4 + 0{,}9x^3 + 0{,}5x^2$
d) $2a^2b^3c^4 - 3a^3b^3c^3 + 3a^4b^4c^4$
e) $3x^3y^3 - x^3y^2 + 3x^3y$

37. $E = x^2 + 8x + 12$; $E = 192$

Desafio

$x + 3$ e $x + 2$

38. a) $4x^6$
b) $\frac{9x^2}{7}$
c) 3
d) $-4x$
e) $\frac{5}{9}$
f) $8x^2y^3$
g) 4
h) $\frac{2}{y}$

39. a) $5a^2b + 4$
b) $3y^2 - 2xy$
c) $2x^3 + 3x^2 - 2x + 1$
d) $1 + 2x + 3x^3$

40. $x^2 + xy + y^2$

42. A – c; B – a; C – d; D – b

43. a) $3x^2 + x - 2$
b) $6a$
c) $3y^3 - 2y + 5$
d) 5
e) $5x - 9$ e resto -5
f) $3x^2 - 5$ e resto x
g) $3x^2 + x - 1$

44. $5x - 2$

45. $x^3 - 11x^2 + 37x - 58$

46. a) $x - 1$
b) $x = 7$

47. a) $a^2 + 10a + 25$
b) $x^2 + 6x + 9$
c) $y^2 + 20y + 100$
d) $x^2 + 14x + 49$
e) $a^2 + 8a + 16$
f) $x^2 + 2x + 1$

48. $(x + 3)(x + 3)$

49. a) $4x^2 + 4xy + y^2$
b) $9a^2 + 24a + 16$
c) $25 + 30x + 9x^2$
d) $x^4 + 2x^2a^2 + a^4$

50. a) $2x^2 - x + 9$
b) 0

51. 36

53. a) $\frac{a^2}{4} - \frac{ab}{3} + \frac{b^2}{9}$
b) $9x^4y^2 + \frac{12}{5}x^2yz + \frac{4z^2}{25}$

54. a) $a^2 - 6a + 9$
b) $x^2 - 4x + 4$
c) $25 - 10y + y^2$
d) $t^2 - 12t + 36$
e) $81 - 18x + x^2$
f) $a^2 - \frac{2a}{3} + \frac{1}{9}$

55. a) $4a^2 - 4ab + b^2$
b) $9x^2 - 30x + 25$
c) $9 - 12x + 4x^2$
d) $a^4 - 2a^2x^2 + x^4$
e) $4x^6 - 20x^3 + 25$

56. a) $3x^2 + 1$
b) $-4x$

57. a) $x^2 + x + \frac{1}{4}$
b) $x^2 - 0{,}2x + 0{,}01$
c) $0{,}25 + x + x^2$
d) $\frac{1}{9} - \frac{2}{3}x + x^2$

59. a) $a^2 - 4$
b) $y^2 - 16$
c) $x^2 - 9$
d) $x^2 - 25$
e) $a^2 - 1$
f) $t^2 - 36$

60. a) $4a^2 - b^2$
b) $4x^2 - 4y^2$

61. a) 1
b) $x^2 + \frac{1}{2}$

62. a) $(x + 30)(x - 30)$
b) $(4x + y)(4x - y)$
c) $(8 + 5a)(8 - 5a)$

Desafio

2

63. a) $x^3 + 6x^2 + 12x + 8$
b) $x^3 - 6x^2 + 12x - 8$
c) $125x^3 + 225x^2y + 135xy^2 + 27y^3$
d) $a^3 - 12a^2b + 48ab^2 - 64b^3$
e) $1 - 30x + 300x^2 - 1000x^3$
f) $x^3 + 3x^2y + 3xy^2 + y^3$

64. a) $4x - 6$
b) $5x^2 + 14x - 3$
c) $16x^{12}y^4$
d) $25y^2 + 40y + 16$
e) $x^2 - 5x + 5$
f) $9a^2 - 6ab + b^2$
g) $6a^3 - 12a^2 + 42a$
h) $-2xy$
i) $36x^2$
j) $x^2 + x - 30$
k) $x^2 - 36$
l) $4x^2 - 8$
m) $-6ab$
n) $2x^2 - 3x + 1$
o) $27x^3 - 135x^2 + 225x - 125$

65. a) $x^3 + 4x^2 + 7x + 6$
b) $x^4 - 5x^3 - 2x^2 - 9x + 3$
c) $6x^3 - 11x^2y - 12xy^2 + 5y^3$
d) $-14x^5 + 45x^4 - 20x^3 + 16x^2 - 39x - 8$

66. 400

67. $3x - 1$ e resto 7

68. a) $4x \cdot 2x - 3 \cdot 2x$
b) $(4x - 3)2x$ ou $2x(4x - 3)$

69. $4a$

70. a) $4(r + 3)$
b) $5(x - 4)$
c) $5x(3x^2 + 2x - y)$
d) $x(x - y)$
e) $a(a + b + 1)$
f) $(x - 4)(x + 6)$
g) $6(4x - 2y + z)$
h) $3(x^2y + 2xy^2 - 3z)$

71. a) $\frac{1}{4}x\left(x - \frac{1}{2}\right)$
b) $5x^3y^4(7x^5 - 2x^3y + 3y^3)$
c) $(a + b)(x + y)$
d) $8x^2y^2(3y^3 - 4y^4 + 1 - 2y)$

72. a) $(x - 2)(2x + 3y)$
b) $(x + y)(x + 1)$
c) $(a + 3)(b - 7)$
d) $(a - 1)(a - b)$
e) $(3x + b)(y - 2)$
f) $(y + u)(v + y)$

73. $x^2 - 2x - xy + 2y = (x - 2)(x - y)$

74. b

75. a) $(x + 8)^2$
d) $(3x + 2y)^2$

76. a) $(x + 1)^2$
b) $(a - 3)^2$
c) $(x + 10)^2$
d) $(n - 5)^2$
e) $(y - 11)^2$
f) $(x - 8)^2$

77. Errou.

78. a) $(x + 1)(x - 1)$
b) $(y + 9)(y - 9)$
c) $(1 + a)(1 - a)$
d) $(x + 12)(x - 12)$
e) $(8x + 3)(8x - 3)$
f) $\left(6 + \frac{x}{7}\right)\left(6 - \frac{x}{7}\right)$

79. a) $\left(13a - \frac{1}{2}b\right)\left(13a + \frac{1}{2}b\right)$
b) $4xy$
c) $(3x - 1)(x - 1)$
d) $\left(\frac{1}{4} + \frac{x^2}{3}\right)\left(\frac{1}{4} - \frac{x^2}{3}\right)$

80. Não.

81. a) $3x(x - 5)$
b) $(5a - 1)(a + 2b)$
c) $(x + 20)^2$
d) $(3x + 5)(3x - 5)$
e) $(y + 60)(y - 60)$
f) $2a(a - 3b + 2)$
g) $(4a - 1)^2$
h) $(r - s)^2$
i) $5(2x^3 + 7y)$
j) $(m + n)(m - n)$
k) $(7x + 12y)(7x - 12y)$

82. $(2x - 3y)^2$

Desafio

$(5x + 3)(x + 5)$

83. a) $(a + 10)(a^2 - 10a + 100)$
b) $(3x + 1)(9x^2 - 3x + 1)$
c) $(2x + y)(4x^2 - 2xy + y^2)$

84. a) $(x - 4)(x^2 + 4x + 16)$
b) $(2a - 1)(4a^2 + 2a + 1)$
c) $(3a - 5y)(9a^2 + 15ay + 25y^2)$

85. a) $5x(3x + y)(3x - y)$
b) $(a^2 + b^2)(a + b)(a - b)$
c) $(x + 4)(y - 5)$
d) $y(y + 3)(y - 3)$
e) $(x + y)(x + y + 5)$
f) $(a - 3)(a - b)$

86. a) 11 664
b) 998 001
c) 4 000
d) 2 000
e) 400 000

87. a) Raízes: -7 e 3.
b) Raízes: $\frac{3}{4}$ e -5.
c) Raízes: $-\frac{2}{3}$ e $-\frac{5}{4}$.
d) Raízes: 1, -5 e $\frac{1}{2}$.

88. a) $5x(x - 3) = 0$; raízes: 0 e 3.
b) $(n + 11)(n - 11) = 0$; raízes: -11 e 11.
c) $(t + 6)^2 = 0$; raiz: -6.
d) $3x(x + 4)(x - 4) = 0$; raízes: 0, -4 e 4.

89. 840

90. a) $60x^3$
b) $36xy^2$
c) $15ab^3c$
d) $18x^2$
e) $60x^2y^2$
f) $60x^3y^2$
g) $36y^2$
h) $6x^2(x + 5)$ ou $6x^3 + 30x^2$
i) $(x + 1)(x - 1)^2$
j) $3x(x - 5)$
k) $(x - 3)(x + y)$
l) $(x + 2)^2(x^3 + 2x + 4)$

91. $3(2x - 1)$ e $2x$

92. a) $60x^3y$; 5; $3x^2$
b) $2 \cdot 5 \cdot x(x - 3)$; $(x - 3)$; 2
c) $(x + 7)^2 \cdot (x - 7)$; $x + 7$; $x - 7$

93. $\frac{x-y}{n}$

94. a) $\frac{10}{2x}$; $x \neq 0$

b) $\frac{n+1}{3n}$, $n \neq 0$

c) $\frac{x}{x+1}$, $x \neq -1$

d) $\frac{\sqrt{2}}{x^2-1}$; $x \neq 1$ e $x \neq -1$

95. $\frac{100}{x}$ litros

96. $\frac{200}{x}$ g/cm³; $\frac{200}{2x}$ g/cm³ ou $\frac{100}{x}$ g/cm³

97. a) $x \neq 1$

b) $x \neq -3$

c) $m \neq 3n$

d) $x \neq 1$ e $x \neq -1$

e) $x \neq 0$

f) $x \neq y$

Leitura

a) $\frac{30\,000}{x}$

b) $\frac{50\,000}{x+100}$

98. a) $\frac{1}{2}y$ ou $\frac{y}{2}$

b) $\frac{4a}{3b}$

c) $\frac{2z}{x}$

d) $\frac{1}{5}mn$ ou $\frac{mn}{5}$

e) Não é possível simplificar.

f) $1+a$

99. a) $\frac{1+y}{1+z}$

b) $\frac{x^2-2x+4}{x-2}$

c) $3a(a+1)$

d) Não é possível simplificar.

e) $\frac{x-5}{7}$

f) $\frac{4-t}{2}$

g) $2y$

h) $\frac{a-b}{a}$

100. a) x

b) $\frac{1}{x+1}$

c) $\frac{a+b}{a}$

101. a) $2x$

b) $\frac{5}{x-5}$

c) $\frac{x+3}{2}$

d) $\frac{3y(2a+3b)}{x}$

102. a) $\frac{2}{3a}$

b) $\frac{12y+9x+2}{12xy}$

c) $\frac{4a^2+9b}{12a}$

103. $\frac{4x-x}{x}$; 1

104. $\frac{4x-12}{x^2-16}$; $\frac{8}{9}$

105. a) $\frac{-4x+10}{x^2-4}$

b) $\frac{2a-b}{a^2-b^2}$

c) 1

d) $\frac{4x}{1-x^2}$

e) $\frac{a^2+b^2}{a^2-b^2}$

f) $\frac{a-1}{a}$

106. a) $\frac{a}{2}$

b) $3a$

c) $\frac{2}{x-3}$

d) $\frac{x^2}{x-4}$

107. $a(a-1)$; 20

108. Perímetro: $\frac{2x+4}{y}$; área: $\frac{2x}{y^2}$

109. a) $\frac{x}{2}$

b) $\frac{1}{y}$

c) $\frac{x^2}{2a^4}$

d) $\frac{x^3}{y-1}$

110. a) $\frac{ax}{y}$

b) $\frac{x-y}{2}$

c) $\frac{a^2+ab}{b}$

d) $\frac{a+1}{a}$

111. a) $\frac{x^3}{8y^3}$

b) $\frac{4a^4b^2}{9c^6}$

c) $\frac{y}{2x}$

d) $\frac{b^4}{9a^2}$

e) $\frac{x^2}{x^2+2xy+y^2}$

112. $x+y$

Tratamento da informação

118. a) Em 2005.

b) De 2001 para 2002; 3230 toneladas PDO.

c) Aproximadamente 96,7%.

d) 66,2 toneladas PDO.

Outros contextos

119. a) $(\ell+2)$ m

c) $(\ell+2)^2-\ell^2=4(\ell+1)$

Praticando um pouco mais

1. c

2. e

3. a

4. c

5. c

6. b

7. c

8. a

9. b

10. a

Revisão cumulativa

1. a) $x^2-10x+25$; $x^2+5x+16$

b) $3x^4$; $5xy^2$

c) $5x+y^2$; x^3-1; x^2-1; $9x-4$

d) $x^2-10x+25$

e) $5xy^2$

f) $3x^4$

g) $5x+y^2$

h) x^2-1

i) x^2-1

2. • a) $4x-6$

b) $6x-2$

c) x^2-3x

d) $2x^2+4x-30$

e) $2x+4$

f) $x^2+7x-30$

• a) 34 cm

b) 58 cm

c) 70 cm²

d) 210 cm²

e) 24 cm

f) 140 cm²

3. $2ab + 2ac + 2bc$ ou $2(ab + ac + bc)$

4. **d**

5. **c**

6. $\frac{1}{2}$ e $-1\frac{1}{2}$

7. **c**

8. **b**

9. 6

10. a) $(x + 6)(x - 6)$
 b) $(x + 2)^2$
 c) $3(x - 1)^2$

Unidade 3

Capítulo 5

1. a) $x = -5$
 b) $x = 3$
 c) $x = 9$
 d) $x = 1$
 e) $x = -1\frac{3}{4}$

2. a) $y = 8$
 b) $x = \frac{20}{3} = 6\frac{2}{3}$
 c) $x = -\frac{11}{4}$

3. $y = -\frac{22}{7}$

4. Largura: 5 m; comprimento: 8 m.

5. 30 alunos

6. R$ 60,00

7. 150

8. 8 cm

9. $E\hat{P}F$: 50° e $E\hat{P}H$: 130°

11. a) $x = \frac{a + 2}{a - 2}, a \neq 2$
 b) $x = \frac{3}{a - b}, a \neq b$
 c) $x = \frac{a^2}{a - 1}, a \neq 1$

12. a) $x = \frac{1}{a + b}, a \neq 0; b \neq 0$ e $a \neq -b$
 b) $x = \frac{a^2 - b^2}{a}, a \neq b; a \neq -b$ e $a \neq 0$
 c) $x = \frac{1}{a + b}, a \neq 0; b \neq 0$ e $a \neq -b$

13. $x = \frac{1}{m + n}, m \neq 0 ; n \neq 0$ e $m + n \neq 0$

14. $x = a - b, (a \neq b)$

15. $x = \left(\frac{20 - 2a}{2}\right)$ cm ou $x = (10 - a)$ cm

16. $x = \frac{a^2}{b}, a \neq b, a \neq -b$ e $b \neq 0$

17. a) $x = 8\frac{4}{7}$
 b) $x = -13$
 c) $x = -5$
 d) $x = 0$
 e) $x = 5$
 f) $x = 1$

18. a) $x = 4$
 b) $x = 7$

19. 6 crianças

21. 4 horas

22. 7 horas e 12 minutos

23. 2 horas

24. 8 dias

25. 100 funcionários

29. **a**; **b**; **c**; **f**.

30. a) (8, 3)
 b) (7, 4)
 c) (4, 8)

32. a) (3, 2)
 b) $\left(\frac{1}{2}, 3\right)$
 c) (0, −1)
 d) (−1, −4)

34. c) Sim.
 d) Não.
 e) Sim.
 f) Sim.

35. a) (7, 5)
 b) (8, 4)
 c) (2, 3)
 d) (3, 9)

36. a) (2, 5)
 b) (−3, 4)

37. **c**

40. (3, 4)

41. a) (−1, 4)
 b) (12, 0)
 c) (−2, −5)
 d) $\left(\frac{1}{3}, -\frac{1}{3}\right)$

42. a) $6\frac{1}{2}$ e $-\frac{1}{2}$
 b) R$ 13,00
 c) 112 m²
 d) 88 e 39

43. a) (4, 1)
 b) (−3, 2)
 c) (−1, 2)
 d) $\left(\frac{1}{2}, 4\right)$

44. $\begin{cases} -5x - 5y = 0 \\ 5x + 6y = -3 \end{cases} \rightarrow (3, -3)$

45. (3, 1)

46. (3, −1)

47. a) (−1, 2)
 b) (2, −3)
 c) (−2, −4)
 d) (8, 5)
 e) (9, 5)
 f) (−2, 5)

48. a) (2, 1)
 b) (3, 7)
 c) (4, 3)
 d) (−2, 5)

50. a) (3, −1)
 b) (−6, 4)
 c) $\left(\frac{1}{2}, \frac{1}{3}\right)$
 d) (6, 2)
 e) (0, 2)
 f) (4, 3)

51. $\begin{cases} 3x - 2y = 1 \\ 5x - 3y = 1 \end{cases}$

52. $(1, -1) \rightarrow \begin{cases} 3a + 2b = 1 \\ 2a + b = 1 \end{cases}$

$\left(2, \frac{1}{2}\right) \rightarrow \begin{cases} a - 4b = 0 \\ 5a + 2b = 11 \end{cases}$

$\left(\frac{1}{5}, 2\right) \rightarrow \begin{cases} 5a + b = 3 \\ 10a - b = 0 \end{cases}$

$\left(1, \frac{1}{3}\right) \rightarrow \begin{cases} a + 6b = 3 \\ 3a - 3b = 2 \end{cases}$

+ Desafio

Acertou 63 testes e errou 17.

53. a) Indeterminado.
 b) Impossível.
 c) Determinado.
 d) Indeterminado.

55. Mais novo: R$ 34 000,00; mais velho: R$ 16 000,00.

56. a) $\begin{cases} 2x+y=14 \\ x+2y=10 \end{cases}$

b) Não.

c) Caderno: R$ 6,00 e caneta: R$ 2,00.

57. Tico: 4 kg; Camila: 28 kg.

58. Calça: R$ 42, 00; blusa: R$ 21,00.

59. 6 cm, 6 cm e 3 cm

60. $c = 8$ cm e $\ell = 5$ cm

61. a) Acertou 7 questões e errou 3.

b) 50 pontos

c) 10 pontos

62. 30 cabras e 45 marrecos

63. Cibele tem 15 papéis de carta, e Mariana, 25.

64. $\frac{22}{33}$ e $\frac{21}{35}$

65. $\frac{3}{4}$ e $\frac{1}{2}$

66. 350 m^2

67. 5 peixes pequenos; 3 peixes grandes.

68. DVD: R$ 15,00; livro: R$ 20,00.

69. Ane: R$ 38,00; Marcelo: R$ 17,00.

70. 7 cédulas de R$ 10,00 e 4 cédulas de R$ 50,00. Sim, poderia. O número de cédulas seria: 5 cédulas de R$ 50,00 e 2 cédulas de R$ 10,00.

Desafio

2 homens e 5 mulheres

71. a) (2, 4)

b) (3, 5)

c) (1, −2)

72. 1º carro: 80 km/h; 2º carro: 100 km/h

73. a) (−1, 4)

b) (2, 3)

74. −1 e −3

75. a) $\{x \in \mathbb{R}$ tal que $x \leq 3\}$

b) $\left\{x \in \mathbb{R}\text{ tal que } x < -\frac{11}{3}\right\}$

c) $\{x \in \mathbb{R}$ tal que $x < -4\}$

d) $\left\{x \in \mathbb{R}\text{ tal que } x > 1\frac{1}{4}\right\}$

e) $\{x \in \mathbb{R}$ tal que $x \leq 1\}$

f) $\left\{x \in \mathbb{R}\text{ tal que } x < \frac{1}{3}\right\}$

76. a) $\{x \in \mathbb{R}$ tal que $x > -1{,}8\}$

b) $\{x \in \mathbb{R}$ tal que $x < 1\}$

c) $\{x \in \mathbb{R}$ tal que $x \geq -1\}$

d) $\left\{x \in \mathbb{R}\text{ tal que } x > -\frac{1}{8}\right\}$

e) $\{x \in \mathbb{R}$ tal que $x \geq -14\}$

f) $\{x \in \mathbb{R}$ tal que $x \leq 1\}$

g) $\{x \in \mathbb{R}$ tal que $x > -3\}$

h) $\left\{x \in \mathbb{R}\text{ tal que } x < \frac{4}{13}\right\}$

77. a) 109 unidades

b) 102 unidades

78. a) $x > 2$ cm

b) Perímetro menor do que 16 cm.

79. $x \geq 2$

80. Mais de 100 km.

81. Mais de 300 minutos.

82. Pelo menos 115 anos.

83. a) $S = \{x \in \mathbb{R}$ tal que $4 < x < 6\}$

b) $S = \{x \in \mathbb{R}$ tal que $x > 4\}$

c) $S = \left\{x \in \mathbb{R}\text{ tal que } \frac{1}{2} \leq x < 3\right\}$

84. a) $S = \{x \in \mathbb{R}$ tal que $0 \leq x < 4\}$

b) $S = \{x \in \mathbb{R}$ tal que $2 < x < 4\}$

c) $S = \{x \in \mathbb{R}$ tal que $x \geq 2\}$

d) $S = \left\{x \in \mathbb{R}\text{ tal que } 0 \leq x < \frac{1}{5}\right\}$

85. a

86. 56

87. 74 kg $\leq m \leq$ 99,6 kg

Tratamento da informação

88. a) Acesso à rede coletora de esgotos.

b) 1,7%

c) 65,1 milhões de domicílios

d) 99,16%

Outros contextos

89. $\begin{cases} x+y=34{,}1 \\ y=7x+1{,}3 \end{cases} \Rightarrow x = 4{,}1;\ y = 30$

90. a) R$ 11 000,00

b) 55%

91. R$ 22,00 se fizer a compra antes das 13 horas e R$ 19,30 se fizer a compra após as 13 horas.

93. b

94. a) Grande: 900 g; média: 600 g e pequena: 200 g

b) 4 grandes, 1 média e 3 pequenas; 2 grandes, 4 médias e 4 pequenas

d) 7 latas: 4 grandes, 2 médias e 1 pequena

95. c

Praticando um pouco mais

1. c

2. c

3. a

4. c

5. b

6. d

Revisão cumulativa

1. 42, 44 e 46

2. $t = \frac{2}{11}$

3. a) $x = 2{,}82$

b) $x = 3{,}73$

4. a

5. c

6. 5 vasilhas e meia

7. a) (5, 3)

b) (14, 6)

8. 9

9. $2(7x - 16)$

10. Manhã: 420 alunos; noite: 300 alunos; total de alunos: 1 200.

11. 4

12. Triângulo isósceles e obtusângulo.

Capítulo 6

1. a) O

b) A, B, G, D e F

c) $\overline{OB}, \overline{OG}, \overline{OD}, \overline{OF}$ e $\overline{OA}$

d) $\overline{AD}$

e) 1,35 cm e 2,7 cm

2. a) 18 cm

b) 4,5 cm

8. 0,61 ou 61 cm

9. a) $x = 130°$
b) $x = 50°$, $y = 130°$, $z = 130°$
c) $x = 40°$
d) $x = 120°$

11. a) Aproximadamente 33 livros por dia.
b) • No sábado.
• Na terça-feira.
• 22,5%

12. a) Região Sudeste.
b) Menos.
c) As duas regiões apresentam aproximadamente a mesma população.
d) Um pouco mais.
f) Não.

20. a) Pentágono.
b) 72°

22. a) 120°
b) 90°
c) 36°
d) 45°
e) 40°
f) 30°
g) 18°

23. 15 lados

Conexões

1. Aproximadamente 80%.

24. a) É a circunferência que passa pelos três vértices do triângulo.
b) Circuncentro é o centro da circunferência circunscrita ao triângulo. Ele é obtido no encontro das mediatrizes dos lados do triângulo.
c) É a circunferência que tem os três lados do triângulo tangentes a ela.
d) Incentro é o centro da circunferência inscrita no triângulo. Ele é obtido no encontro das bissetrizes do triângulo.
e) Ligando o incentro aos lados do triângulo, perpendicularmente.

25. Sim.

26. 10,5 cm

27. No circuncentro do $\triangle ABC$.

28. a) Secantes.
b) Internas concêntricas.
c) Tangentes externas.
d) Tangentes internas.
e) Externas.
f) Internas não concêntricas.

29. 7 cm, 6 cm, 5 cm; triângulo escaleno.

30. Maior do que 5 cm e menor do que 13 cm.

31. 6 cm e 4 cm

32. 270°

33. a) 150°
b) 90°
c) 90°
d) 30°

37. 100° e 260°

38. A medida do ângulo central é o dobro da medida do ângulo inscrito.

Bate-papo

Fazendo as demonstrações.

40. a) $40° = 2 \cdot 20°$
b) $90° = 2 \cdot 45°$
c) $180° = 2 \cdot 90°$

43. $x = 144°$

44. $x = 40°$

46. 12 cm, 135° e 45°

48. a) $x = 80°$
b) $x = 44°$
c) $x = 115°$

49. a) $x = 45°$
b) $c = 90°$

50. 90° e 100°

Tratamento da informação

52. a) Em 1940; 31%.
b) 28 290 000 habitantes
c) Rural: 30 560 000 habitantes; urbana: 160 440 000 habitantes.
d) • 1940 $\rightarrow$ rural: 69% $\cong$ 248° 24'; urbana: 31% $\cong$ 111° 36'.
• 2010 $\rightarrow$ rural: 16% $\cong$ 57° 36'; urbana: 84% $\cong$ 302° 24'.
e) Rural: $\frac{16}{25}$; urbana: $\frac{9}{25}$.

Outros contextos

53. a) Tangentes externas.
b) Externas.
c) Internas não concêntricas.
d) Secantes.
e) Internas não concêntricas.
f) Tangentes internas.
g) Externas.

54. a) $m(\hat{A}) = 35°$ e $m(\hat{B}) = 35°$
b) $\frac{1}{3}$

56. a) Garrafas PET: 30% e papel: 10%
c) 4,5 toneladas de papel.

57. a) 345,4 cm
b) 55 cm

Praticando um pouco mais

1. **b**

2. a) 30 kg
b) 37,5%

3. **a**

4. **a**

5. **a**

6. **b**

7. **c**

Revisão cumulativa

1. 24 arrumações

2. **a**

3. 70°

4. $x = 5$

6. **d**

7. **a**

8. **a**

9. **b**

10. **b**

11. **c**

12. **d**

Unidade 4

Capítulo 7

Perímetro de dois polígonos

a) • 5 cm, 2 cm e 4 cm
 • 11 cm

b) • 3 cm, 2 cm, 1,5 cm e 2,5 cm
 • 9 cm

1. 24,4 cm

2. 3,6 cm

3. 6,5 cm

4. R$ 164,45

5. a) 9 cm
b) 14 cm
c) 10 cm
d) 7,5 cm

6. *A*: 19 cm por 15 cm e *B*: 22 cm por 12 cm.

7. Aproximadamente 2 596 km.

8. 31,4 cm

9. 120 m

10. 100,48 m

11. a) 37,2 m
b) 18,6 m
c) 55,8 m
d) 93 m

12. 40 053,84 km

13. 3 470 km; 1 735 km

14. 2π cm $\simeq$ 6,28 cm

15. Aproximadamente 1,4 cm.

16. a) 60 m
b) Aproximadamente 94,2 m.
c) Aproximadamente 77,1 m.

18. 9 retângulos: 1 por 17; 2 por 16; 3 por 15; 4 por 14; 5 por 13; 6 por 12; 7 por 11; 8 por 10; 9 por 9.

19. Terreno todo: 60 m por 40 m; parte a ser construída: 42 m por 20 m.

20. a) 28 lajotas
b) 28 unidades

21. 19 unidades

23. Aproximadamente 127 500 000 km².

24. a) $\frac{1}{8}$
b) É o quádruplo.

25. **A**: $P = 12$ cm, $A = 8$ cm²;
B: $P = 10$ cm, $A = 6$ cm²;
C: $P = 12$ cm, $A = 6$ cm²;
D: $P = 12$ cm, $A = 6$ cm².
a) **A** e **C** ou **A** e **D**.
b) **B** e **C** ou **B** e **D**.
c) **A** e **B**.
d) **C** e **D**.

26. a) 4 regiões retangulares: 1 por 24; 2 por 12; 3 por 8; 4 por 6.
c) 1, 2, 3, 4, 6, 8, 12 e 24.
d) São os divisores de 24.

27. **A**: 15 unidades; **B**: 20 unidades; **C**: 18 unidades; **D**: 7,5 unidades; **E**: 11 unidades.
a) **D**
b) **B**

29. a) 160 lajotas
b) R$ 62,00

Pontos da fronteira e pontos interiores

A: 3 unidades; **B**: 4 unidades; **C**: 6 unidades; **D**: 7,5 unidades.

30. I) $f = 8$; $i = 1$; $A = 4$
II) $f = 10$; $i = 2$; $A = 6$
III) $f = 8$; $i = 5$; $A = 8$
IV) $f = 14$; $i = 4$; $A = 10$

32. III: 8 unidades; IV: 10 unidades.

33. a) 5,5 unidades
b) 11,5 unidades
c) 10,5 unidades

34. a) 26 unidades inteiras
b) 25 unidades parciais
c) 12,5
d) 38,5 unidades

35. a) Aproximadamente 21 unidades.
b) Aproximadamente 22 unidades.

36. 24 cm³; 8 cm³; 4,5 cm³.

38. 36 cm³

39. 6 unidades

40. a) 8 faces, 12 vértices e 18 arestas
b) 12 cm
c) 6 cm²
d) 14 cm³

41. a) $P = 2x + 2y + z$
b) $P = 4a$ ou $P = a + a + a + a$
c) $P = 6\ell$

42. 10 cm, 6 cm e 6 cm

43. 64 ha

44. 6 latas mais $\frac{1}{4}$ de lata

45. 36 m²

46. b) 12 cm² ou 6 cm²

47. 4,5 cm²

48. Aproximadamente 8 m².

49. R$ 16 680,00

50. a) 165,60 cm²
b) 76,80 cm²

51. a) *BC*: 13 cm; *CD*: 13 cm; *DA*: 13 cm.
b) *AC*: 24 cm
c) *BD*: 10 cm
d) 120 cm²
e) 240 cm²

52. 80 cm

53. a) 20 m²
b) 6,875 cm²

54. Região laranja: 200 m²; região verde: 400 m²; região azul: 380 m²; área total: 980 m².

55. a) 12,3 cm
b) 3 cm
c) 4,5 cm

56. 88,5 m²

Desafio

Perímetro: $(10 + 3\pi)$ cm $\simeq$ $\simeq$ 19,42 cm; área: 12 cm².

Uma grande descoberta que envolve área: a relação de Pitágoras

- 8 regiões
- Iguais.
- Sim.

59. a) 30 m
b) $x = 9$ m; $P = 36$ m.

60. 1000 cm^3

61. Paralelepípedo: $V = a \cdot b \cdot c$ ou V = área da base ($a \cdot b$) vezes altura (c); cubo: $V = s \cdot s \cdot s = s^3$ ou V = área da base (s^2) vezes altura (s).

62. 280 cm^3; 180 000 cm^3; 144 m^3.

63. 90 cm^3

65. 2 100 L

66. 2 horas

67. 2 m

68. 400 cm^3

69. a) 432 g
b) 0,6 g/cm^3
c) Flutua.

Tratamento da informação

71. a) $E = 800 - 4x^2$
b) Não.
c) 25 cm^2

72. a) $V = (40 - 2x) \cdot (20 - 2x) \cdot x$ ou $V = 4x^3 - 120x^2 + 800x$
b) Não seria possível construir a caixa.
c) 1092 cm^3
d) Aproximadamente 3 cm ou aproximadamente 6 cm.

Outros contextos

73. a) 13,50 m^2
b) 135 000 cm^2
c) Aproximadamente 110 ladrilhos.
d) R$ 93,15
e) Aproximadamente R$ 42,00.

74. 2 000 m^2

75. a) Dimensões: 10 cm, 4 cm e 2 cm; volume: 80 cm^3; massa ("peso"): 64 g; preço: R$ 7,20.
b) Dimensões: 8 cm, 3 cm e 1,5 cm; massa ("peso"): 28,8 g; preço: R$ 3,24.
- Volume: 64 cm^3; aresta: 4 cm; "peso": 51,2 g.

76. $\frac{7}{4}$

77. b)
- Perímetro: 10 unidades de medida de comprimento; Área: 5 unidades de área.
- Sim.
- Não.

e) Perímetro: 18 unidades; Área: 20 unidades

f)
- 3 peças; 16 unidades de comprimento; 15 unidades de área
- 5 peças; 20 unidades de comprimento; 25 unidades de área

g) Não.

Praticando um pouco mais

1. **d**

2. **b**

3. **b**

4. **a**

5. **b**

Revisão cumulativa

1. **a**

2. **d**

3. **c**

4. **b**

5. **c**

6. **b**

7. a) O perímetro também dobra.
b) A área quadruplica, ou seja, torna-se quatro vezes maior.
c) Sim.
d) Não.

8. a) Fica multiplicado por 8.
b) Não.

9. 60 m^3

10. 27 000 dm^3

11. 12,5%

Capítulo 8

2. **a**; **f**.

Poliedros regulares
- Sólido geométrico que tem todas as faces planas.
- **A**, **C** e **D**.

Bate-papo

É poliedro regular; não é poliedro regular; não é poliedro regular.

4. a) 6 faces; 8 vértices; 12 arestas.
b) Porque tem 6 faces cujos contornos são polígonos regulares.
c) Sim.

5. a) Sim.
b) Quatro.
c) 4 faces; 4 vértices; 6 arestas.
d) São iguais; sim.

6. a) Poliedro regular de 8 faces.
b) Triangular equilátera.
c) 6 vértices, 12 arestas e 8 faces

7. a) Poliedro regular de 12 faces.
b) Pentagonal regular.
c) 20 vértices; 30 arestas; 12 faces.

8. a) Poliedro regular de 20 faces.
b) Triangular equilátera.
c) 12 vértices; 30 arestas; 20 faces.

10. a) Octaedro.
b) Icosaedro, tetraedro e octaedro.
c) Em nenhum.
d) Icosaedro.

11. 12 arestas, 6 vértices, 8 faces; octaedro regular.

14. Prisma de base triangular; pirâmide de base quadrada; prisma de base pentagonal.

18. a) 9 cubinhos
b) 6 cubinhos
c) 12 cubinhos

21. Peça inicial: volume 3 unidades; peça ampliada: 24 unidades.

22. Vista de frente; vista de cima.

24. Com perspectiva; sem perspectiva.

25. **a**; **c**.

28. a) Acima.
b) Abaixo.
c) Abaixo.
d) Acima.

Tratamento da informação

34. a) R$ 600,00
b) 540
c) Sábado, dia 11 desse mês.
d) R$ 3 240,00

Outros contextos

35. a) Cubo; usar **A**, **B**, **C**, **D**, **E** e **F**.
b) Pirâmide de base triangular; não pode ser montada.
c) Paralelepípedo.
d) Prisma de base triangular.
e) Prisma de base triangular.

36. I) **c**
II) **b**
III) **b**

37. a) 5 cubos

Praticando um pouco mais

1. **d**
2. **b**
3. **e**
4. **b**
5. **d**
6. **e**
7. **c**
8. **e**

Revisão cumulativa

2. **a**
3. **d**
4. **b**
5. **a**
6. **c**
7. **c**
8. **c**
9. **c**
10. **b**
11. **d**

Capítulo 9

Média aritmética
154,8 cm

1. 2 gols por partida

2. $MA = \dfrac{x_1 + x_2 + x_3 + ... + x_n}{n}$

3. MA: R$ 13,00

4. a) 7,333...
b) 38,333...

5. a) $x = 11$
b) $x = \dfrac{25}{2}$

6. 167 cm

7. a) 122,6 cm
b) 122 cm
c) É indiferente.

8. 60

9. a) 17 anos
b) Diminui meio ano.

10. a) 3,3%
b) 552 alunos
c) 415 alunos
d) 33 alunos
e) A resposta sim.
f) Porque a variável é qualitativa, e não quantitativa.

11. a) 2,3 gols por partida
b) 2 gols por partida
c) 2 gols por partida

12. a) 10,75 palavras
d) 1, que tem frequência 9.

13. b) 3 ervilhas por vagem

14. 2 anos

15. 15 min

16. a) 3
b) 2

17. a) $x = 6$
b) $x = 5$

18. c) **a**: Vitória; **b**: 0 gol e 1 gol.

Desafio
d

19. a) $U = \{\text{cara, coroa}\}$
b) $U = \{2, 4, 6, 8\}$
c) $U = \{(1, \text{cara}), (2, \text{cara}), (3, \text{cara}), (4, \text{cara}), (5, \text{cara}), (6, \text{cara}), (1, \text{coroa}), (2, \text{coroa}), (3, \text{coroa}), (4, \text{coroa}), (5, \text{coroa}), (6, \text{coroa})\}$

20. a) $A = \{2, 4, 6\}$
b) $B = \{1, 3, 5\}$
c) $C = \{2, 3, 5\}$
d) $D = \{4, 5, 6\}$
e) $E = \{1, 2, 3, 4, 5, 6\}$

21. a) $A = \{2, 4, 6, 8, 10\}$
b) $B = \{1, 3, 5, 7, 9\}$
c) $C = \{3, 6, 9\}$
d) $D = \{10\}$
e) $E = \{1, 2, 3, 6\}$

22. a) $\frac{2}{5}$ ou 40%
b) $\frac{3}{5}$ ou 60%
c) $\frac{3}{5}$ ou 60%
d) $\frac{4}{5}$ ou 80%
e) $\frac{1}{5}$ ou 20%

23. $\frac{1}{5}$ ou 20%

24. a) $\frac{2}{5}$ ou 40%
b) $\frac{1}{2}$ ou 50%
c) $\frac{1}{5}$ ou 20%

25. a) $\frac{4}{9}$ ou 44,4%
b) $\frac{1}{3}$ ou 33,3%
c) $\frac{2}{9}$ ou 22,2%

26. a) **EI**
b) **EC**
c) **EI**
d) **EC**
e) **EC**
f) **EI**

27. a) $\frac{1}{2}$

b) $\frac{1}{4}$

c) $\frac{1}{13}$

d) $\frac{1}{52}$

28. a) $\frac{1}{9}$ ou 11,1%

b) $\frac{1}{6}$ ou 16,6%

29. a) $\frac{2}{3}$ ou 66,6%

b) $\frac{1}{3}$ ou 33,3%

c) $\frac{1}{30}$ ou 3,3%

30. a) **V**

b) **F**

c) **V**

d) **F**

31. a) $\frac{1}{2}$ ou 50%

b) $\frac{3}{4}$ ou 75%

c) $\frac{2}{5}$ ou 40%

d) 1 ou 100%

e) 0

f) $\frac{3}{10}$ ou 30%

g) $\frac{1}{5}$ ou 20%

32. a) Mário

b) Rui e Carla

c) Rafael

33. $\frac{1}{4}$ ou 25%

34. $\frac{1}{4}$

35. $\frac{2}{10}$

36. a) $x = 2$

b) $x = 14$

c) $x = 10$

37. $\frac{17}{30}$

38. a) $\frac{1}{9}$

b) $\frac{1}{3}$

c) $\frac{5}{9}$

39. a) $\frac{1}{6}$

b) $\frac{1}{3}$

c) $\frac{1}{2}$

d) 0

e) $\frac{1}{6}$

Conexões

2. 142 envolvendo motoristas; 58 acidentes sem o envolvimento de motociclistas.

3. Sexta-feira

4. 0,13 ou 13%

2. 0,07 ou 7%

Tratamento da informação

40. c) 57 gols

d) 55 gols

e) Aproximadamente 15,1%.

Outros contextos

41. a) 36 alunos

b) Variável quantitativa.

c) Fazer aniversário em setembro.

d) $\frac{1}{18}$ ou 5,5%

42. $\frac{1}{3}$

43. b) Escola **A**: 3,2; escola **B**: 2,5; escola **C**: 2,5; escola **D**: 2,8.

c) Escola **A**: 2,8; escola **B**: 2,7; escola **C**: 2,5; escola **D**: 2,7.

f)
- Escolas **B** e **C**
- Escolas **B** e **D**.
- Escola **C**.
- Escola **B**.
- Escola **C**.

Praticando um pouco mais

1. **b**

2. **b**

3. **d**

4. **c**

5. **e**

6. **b**

7. **c**

Revisão cumulativa

1. **e**

2. 56 e 9

3. **b**

4. **b**

5. **c**

6. **d**

7. **c**

8. **b**

9. **e**

Leituras complementares e sugestões de *sites*

Indicamos a seguir algumas leituras relacionadas com os assuntos de Matemática que você está estudando, além de outras para ampliar seus conhecimentos gerais. Procure, sempre que possível, complementar seus estudos com essas leituras. Reserve um tempinho para elas.

ADAMS, Simon. *Mundo antigo – atlas ilustrado*. São Paulo: Zastras, 2009.

ÁTICA. *Coleção A descoberta da Matemática*. São Paulo, 2002.

BARCINSKI, Philippe. *O rapto do professor de Matemática*. São Paulo: Girafinha, 2007.

BOOTH, Charlotte. *Guia do viajante pelo mundo antigo – Egito*. São Paulo: Ciranda Cultural, 2010.

CHALINE, Eric. *Guia do viajante pelo mundo antigo – Grécia*. São Paulo: Ciranda Cultural, 2010.

COLLINS, Fergus; STROUD, Jonathan. *Livro dos recordes e curiosidades*. São Paulo: Girassol, 2002.

ENZENSBERGER, Hans Magnus. *O diabo dos números*. São Paulo: Companhia das Letras, 1997.

JULIUS, Edward H. *Aritmetruques*. 50 dicas de como somar, subtrair, multiplicar e dividir sem calculadora. São Paulo: Papirus, 2011.

LAURENCE, Ray. *Guia do viajante pelo mundo antigo – Roma*. São Paulo: Ciranda Cultural, 2010.

LEE, Roger. *Tangram – Mais de mil figuras*. São Paulo: Isis, 2003.

LOBATO, Monteiro. *Aritmética da Emília*. São Paulo: Globo, 2009.

MAJUNGMUL; LEE, Ji Won. *A origem dos números*. São Paulo: Callis, 2010.

MENEZES, Silvana de. *O quadrado mágico – a escola pitagórica*. São Paulo: Cortez, 2009.

POSKITT, Kjartan. *Medidas desesperadas – comprimento, área e volume*. São Paulo: Melhoramentos, 2005.

ROBLES, Gilbert. *Origami – A divertida arte das dobraduras de papel*. São Paulo: Marco Zero, 2010.

TAHAN, Malba. *O homem que calculava*. 55. ed. Rio de Janeiro: Record, 2001.

__________. *Matemática divertida e curiosa*. 7. ed. Rio de Janeiro: Record, 1991.

__________. *Meu anel de sete pedras*. Rio de Janeiro: Record, 1990.

__________. *Os números governam o mundo*. Folclore da Matemática. Rio de Janeiro: Ediouro, 1998.

THOMSON, Michael. *Em busca dos números perdidos*. 14. ed. São Paulo: Melhoramentos, 2010.

__________. *O mistério dos números perdidos*. 12. ed. São Paulo: Melhoramentos, 2010.

TRAMBAIOLLI NETO, Egidio. *A Jaçanã*. São Paulo: FTD, 1997. (Coleção O Contador de Histórias e Outras Histórias da Matemática.)

__________. *A revelação*. São Paulo: FTD, 1997. (Coleção O Contador de Histórias e Outras Histórias da Matemática.)

__________. *O aprendiz*. São Paulo: FTD, 1997. (Coleção O Contador de Histórias e Outras Histórias da Matemática.)

__________. *Os exploradores*. São Paulo: FTD, 1999. (Coleção O Contador de Histórias e Outras Histórias da Matemática.)

Você também pode complementar seus estudos acessando alguns sites *relacionados à Matemática e outros assuntos gerais. Todos os* sites *foram acessados em 25 de novembro de 2014.*

Arte & Matemática

www2.tvcultura.com.br/artematematica/home.html

Um *site* que explora a relação entre diversos assuntos da Matemática e da arte. Com diversas obras de arte, jogos, animações e outros recursos.

Atractor — Matemática Interactiva

www.atractor.pt

Site português que apresenta vários textos e atividades interativas relacionados à Matemática.

Discovery Channel na Escola

www.discoverynaescola.com

Contém conteúdos interessantes de diferentes disciplinas para enriquecer seus estudos.

IBGE Países

www.ibge.gov.br/paisesat

Seção especial do *site* do IBGE no qual você pode visualizar um mapa-múndi interativo e obter várias informações interessantes a respeito dos diferentes países do mundo. Você ficará conhecendo bandeiras, capitais, áreas, populações, PIB (Produto Interno Bruto) e outros dados estatísticos sobre economia, meio ambiente, etc.

IBGE Teen!

www.teen.ibge.gov.br

Estatísticas sobre o Brasil e outros países, inclusive com dados do Censo 2010. Contém também informações históricas e culturais.

Jogos Educacionais

www.universoneo.com.br/fund

Vários jogos educativos para todas as disciplinas. Em Matemática, há atividades com operações, Geometria, quebra-cabeças e muito mais.

Kademi

www.kademi.com.br

Um ambiente digital educativo que apresenta atividades digitais de diferentes disciplinas, separadas por nível de ensino.

Matemática essencial

pessoal.sercomtel.com.br/matematica/fundam/fundam.htm

Site com conteúdos de Matemática para todas as idades, entre eles, dicionário de Matemática, exercícios, curiosidades e outros.

Mingau digital

www.mingaudigital.com.br

Um divertido portal educativo para crianças de 7 a 13 anos. Possui também espaço para pais e professores. Contém almanaques sobre diferentes assuntos, contos, jogos e muitas outras atividades.

Olimpíada Brasileira de Matemática

www.obm.org.br/opencms

Página oficial da competição. Nela você encontra as provas anteriores com os gabaritos, dicas de como se preparar, artigos, etc.

O Pequeno Cientista

www.on.br/pequeno_cientista

Site ligado ao Observatório Nacional, com várias atividades sobre Astronomia. Descubra, por exemplo, qual seria o seu "peso" nos outros planetas do Sistema Solar.

Racha Cuca — Jogos de Matemática

rachacuca.com.br/jogos/tags/matematica

Inclui quebra-cabeças, como *sudoku* e *mahjong*, além de enigmas, *quizes* e testes de lógica. É possível selecionar as atividades por faixa etária, nível de dificuldade e tempo de duração.

Só Matemática

www.somatematica.com.br/efund.php

Textos e exercícios sobre os assuntos estudados em Matemática no Ensino Fundamental.

Universidade Federal Fluminense (Rio de Janeiro) — Conteúdos Digitais em Matemática para o Ensino Médio

www.uff.br/cdme

Apesar de serem voltados especificamente para o Ensino Médio, vários dos conteúdos digitais de Matemática presentes nesse *site* podem ser muito úteis para alunos do Ensino Fundamental.

Bibliografia

ABRANTES, P. *Avaliação e educação matemática.* Rio de Janeiro: Universidade Santa Úrsula – Gepem, 1995. Dissertação de Mestrado em Educação. v. 1.

______ et al. *Investigar para aprender Matemática.* Lisboa: Associação de Professores de Matemática (APM), 1996.

ARTIGUE, Michèle et alii. *Ingeniería didáctica en educación matemática.* Bogotá: Grupo Educacional Iberoamérica, 1995.

ASSOCIAÇÃO DE PROFESSORES DE MATEMÁTICA – APM. *Educação e Matemática.* Lisboa, 1986.

ASSOCIAÇÃO DE PROFESSORES DE MATEMÁTICA / INSTITUTO DE INOVAÇÃO EDUCACIONAL. *Normas para o currículo e a avaliação em Matemática escolar.* Tradução portuguesa dos *Standards*, do National Council of Teachers of Mathematics. Lisboa, 1991.

BARBOSA, Ruy Madsen. *Descobrindo padrões pitagóricos*: geométricos e numéricos. São Paulo: Atual, 1993.

BOLETIM GEPEM. Rio de Janeiro, 1976.

BOYER, Carl B. *História da Matemática.* Tradução de Elza F. Gomide. 3. ed. São Paulo: Edgard Blücher, 2012.

BRASIL, Luiz Alberto S. *Aplicações da teoria de Piaget ao ensino de Matemática.* Rio de Janeiro: Forense Universitária, 1977.

CARAÇA, Bento de Jesus. *Conceitos fundamentais de Matemática.* Lisboa: Gradiva, 1998.

CARRAHER, Terezinha Nunes (Org.). *Aprender pensando.* Contribuição da psicologia cognitiva para a educação. 19. ed. Petrópolis: Vozes, 2008.

______; CARRAHER, David; SCHLIEMANN, Ana Lúcia. *Na vida dez, na escola zero.* 16. ed. São Paulo: Cortez, 2011.

CARVALHO, João Bosco Pitombeira de. As propostas curriculares de Matemática. In: BARRETO, Elba Siqueira de Sá (Org.). *Os currículos do Ensino Fundamental para as escolas brasileiras.* São Paulo: Autores Associados/Fundação Carlos Chagas, 1998.

CORTEZ; UNICAMP (FACULDADE DE EDUCAÇÃO). *Revista Pro-Posições.* São Paulo.

D'AMBROSIO, Ubiratan. *Educação matemática:* da teoria à prática. Campinas: Papirus, 1997.

DANTE, Luiz Roberto. *Formulação e resolução de problemas de Matemática – Teoria e prática.* São Paulo: Ática, 2010.

______. Uma proposta para mudanças nas ênfases ora dominantes no ensino de Matemática. *Revista do Professor de Matemática.* São Paulo: Sociedade Brasileira de Matemática (SBM), n. 6, 1985.

DANZIG, Tobias. *Número*: a linguagem da ciência. Rio de Janeiro: Zahar, 1970.

DAVIS, Phillip J.; HERSH, Reuben. *A experiência matemática.* Rio de Janeiro: Francisco Alves, 1989.

EVES, Howard. *Introdução à história da Matemática.* Tradução de Hygino H. Domingues. 4. ed. Campinas: Unicamp, 2004.

FREUDENTHAL, Hans. *Perspectivas da Matemática.* Rio de Janeiro: Zahar, 1975.

GARDNER, Martin. *Divertimentos matemáticos.* Rio de Janeiro: Ibrasa, 1961.

GATTEGNO, Caleb et al. *L´enseignement des mathematiques. Nouvelles perspectives.* Paris: Delachause & Niestlé, 1965.

IFRAH, Georges. *História universal dos algarismos:* a inteligência dos homens contada pelos números e pelo cálculo. Tradução de Alberto Muñoz e Ana Beatriz Katinsky. Rio de Janeiro: Nova Fronteira, 2000. Tomos 1 e 2.

______. *Os números – A história de uma grande invenção.* 9. ed. São Paulo: Globo, 1998.

KALEFF, Ana Maria M. R. *Vendo e entendendo poliedros.* Niterói: Eduff, 1998.

KAMII, Constance. *Ensino de aritmética:* novas perspectivas. 4. ed. Campinas: Papirus, 1995.

______; JOSEPH, Linda A. *Aritmética:* novas perspectivas. Implicações da teoria de Piaget. Campinas: Papirus, 1995.

LAKATOS, Imre. *A lógica do descobrimento matemático:* provas e refutações. Rio de Janeiro: Zahar, 1978.

LINDQUIST, Mary Montgomery; SHULTE, Albert P. (Org.). *Aprendendo e ensinando Geometria.* São Paulo: Atual, 1994.

LOPES, Maria Laura Mouzinho (Coord.). *Tratamento da informação.* Explorando dados estatísticos e noções de probabilidade a partir das séries iniciais. Rio de Janeiro: UFRJ (Instituto de Matemática), Projeto Fundão, Spec/PADCT/Capes, 1997.

______; NASSER, Lilian (Org.). *Geometria na era da imagem e do movimento.* Rio de Janeiro: UFRJ (Instituto de Matemática), Projeto Fundão, Spec/PADCT/Capes, 1996.

LUCKESI, Cipriano. *A avaliação da aprendizagem escolar.* 22. ed. São Paulo: Cortez, 2011.

MINISTÉRIO DA EDUCAÇÃO E DO DESPORTO / SECRETARIA DE EDUCAÇÃO FUNDAMENTAL. *Parâmetros Curriculares Nacionais (PCN).* Terceiro e quarto ciclos do Ensino Fundamental. Matemática. Brasília, Desporto, 1998.

MOYSÉS, Lúcia. *Aplicações de Vygotsky à educação matemática.* 11. ed. Campinas: Papirus, 2011.

PARRA, Cecília; SAIZ, Irma (Org.). *Didática da Matemática:* reflexões psicopedagógicas. Porto Alegre: Artes Médicas, 1996.

PIAGET, Jean et al. *La enseñanza de las matemáticas modernas.* Madrid: Alianza, 1983.

POLYA, George. *A arte de resolver problemas.* Tradução de Heitor Lisboa de Araújo. Rio de Janeiro: Interciência, 1995.

SANTOS, Vânia Maria Pereira (Coord.). *Avaliação de aprendizagem e raciocínio em Matemática:* métodos alternativos. Rio de Janeiro: UFRJ (Instituto de Matemática), Projeto Fundão, Spec/PADCT/Capes, 1997.

______; REZENDE, Jovana Ferreira (Coord.). *Números:* linguagem universal. Rio de Janeiro: UFRJ (Instituto de Matemática), Projeto Fundão, Spec/PADCT/Capes, 1996.

SCHLIEMANN, Ana Lúcia et al. *Estudos em Psicologia da Educação Matemática.* Recife: Editora Universitária da UFPE, 1997.

______; CARRAHER, David (Org.). *A compreensão de conceitos aritméticos.* Ensino e pesquisa. Campinas: Papirus, 1998. (Perspectivas em Educação Matemática).

SOCIEDADE BRASILEIRA DE EDUCAÇÃO MATEMÁTICA. *Educação matemática em revista.* São Paulo, 1993.

______. *Revista do Professor de Matemática.* Rio de Janeiro, 1982.

______. *Revista Temas & Debates.* São Paulo, 1988.

SOUZA, Eliane Reanne; DINIZ, Maria Ignez de Souza Vieira. *Álgebra:* das variáveis às equações e funções. 2. ed. São Paulo: USP (Instituto de Matemática e Estatística), CAEM/Spec/Capes, 1996.

STRUIK, Dirk Jan. *História concisa das matemáticas.* Tradução de João Cosme Santos Guerreiro. Lisboa: Gradiva, 1989.

TINOCO, Lúcia A. A. *A Geometria euclidiana por meio de resolução de problemas.* Rio de Janeiro: UFRJ (Instituto de Matemática), Projeto Fundão, 1999.

______. *Construindo o conceito de função no 1º grau.* Rio de Janeiro: UFRJ (Instituto de Matemática), Projeto Fundão, Spec/PADCT/Capes, 1996.

UNICAMP (FACULDADE DE EDUCAÇÃO)/CEMPEM. *Revista Zetetiké.* Campinas, 1993.

VERGNAUD, Gérard. La théorie des champs conceptuels. *Recherches em didactique des Mathématiques.* Grenoble, La Pensée Sauvage Éditions, v. 10, n. 23, 1990. p. 133-70.

Cubo ou hexaedro regular

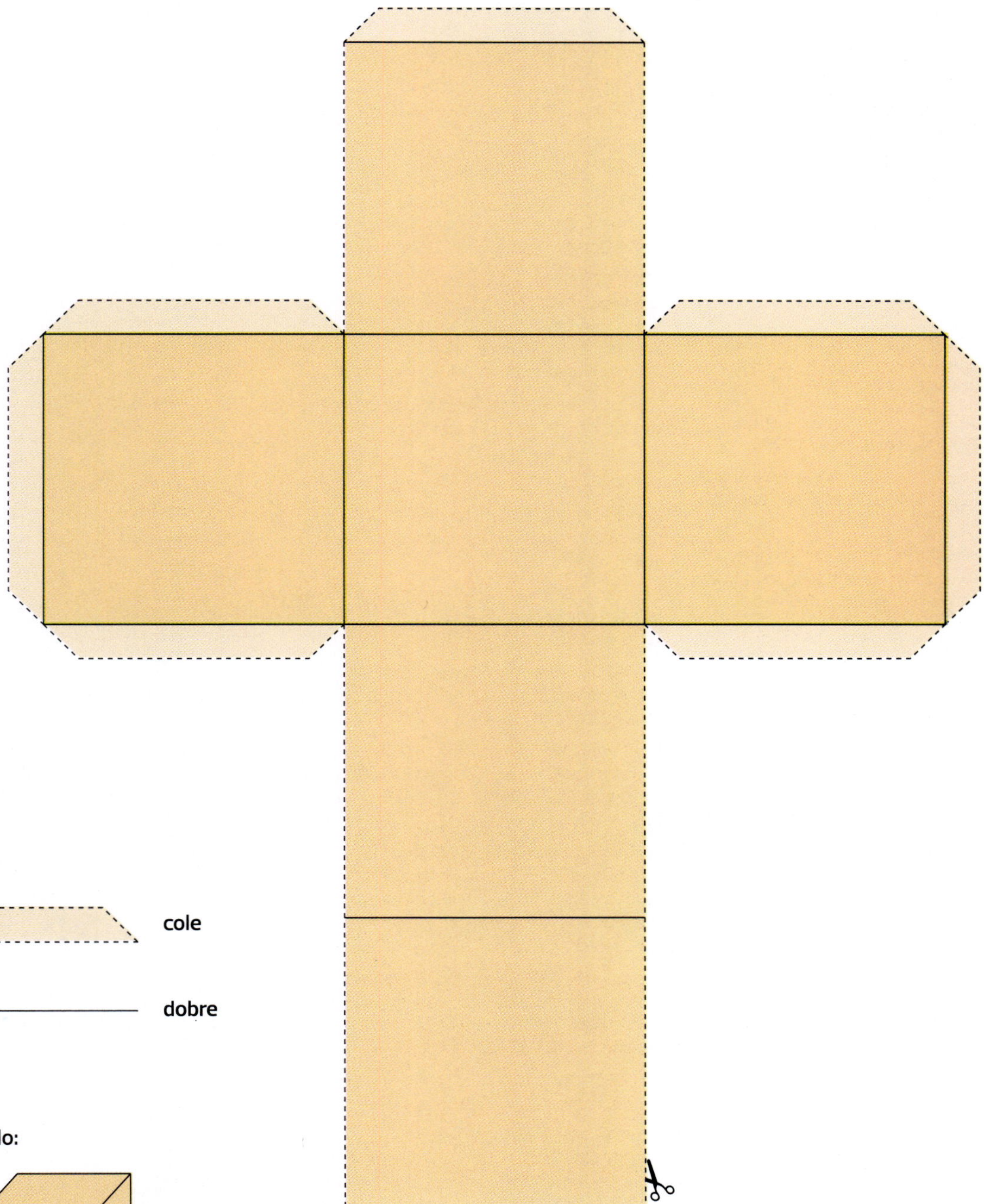

cole

dobre

Montado:

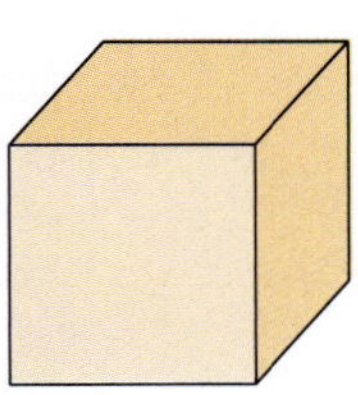

Tetraedro regular

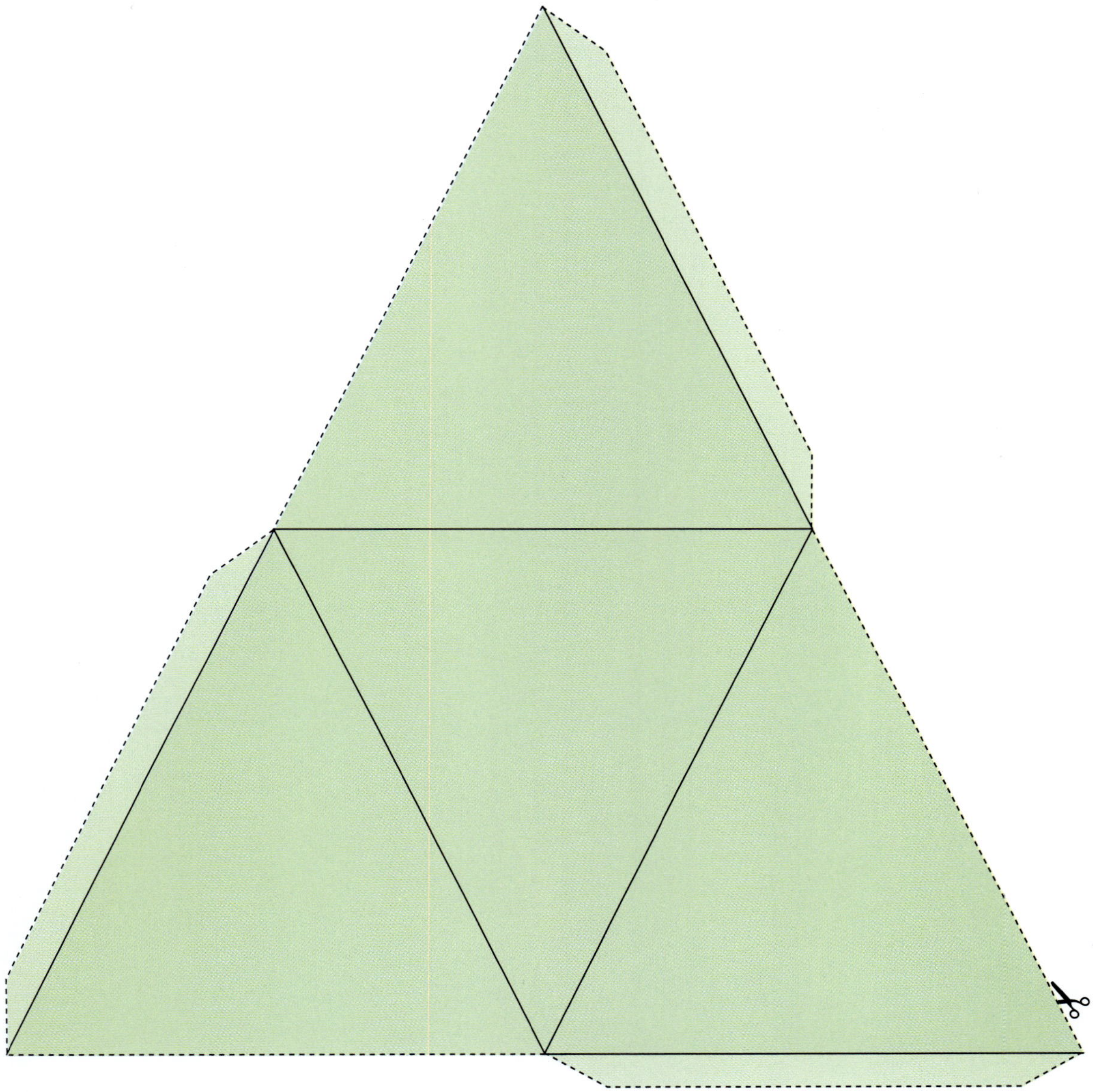

Montado:

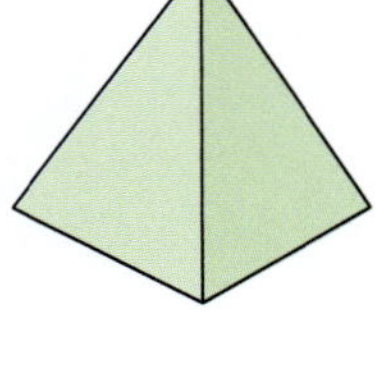

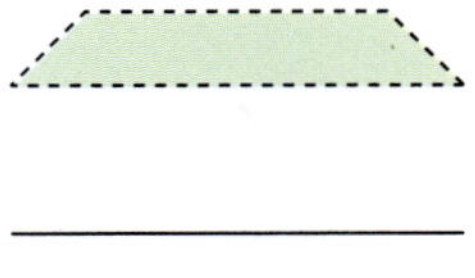
cole

dobre

Octaedro regular

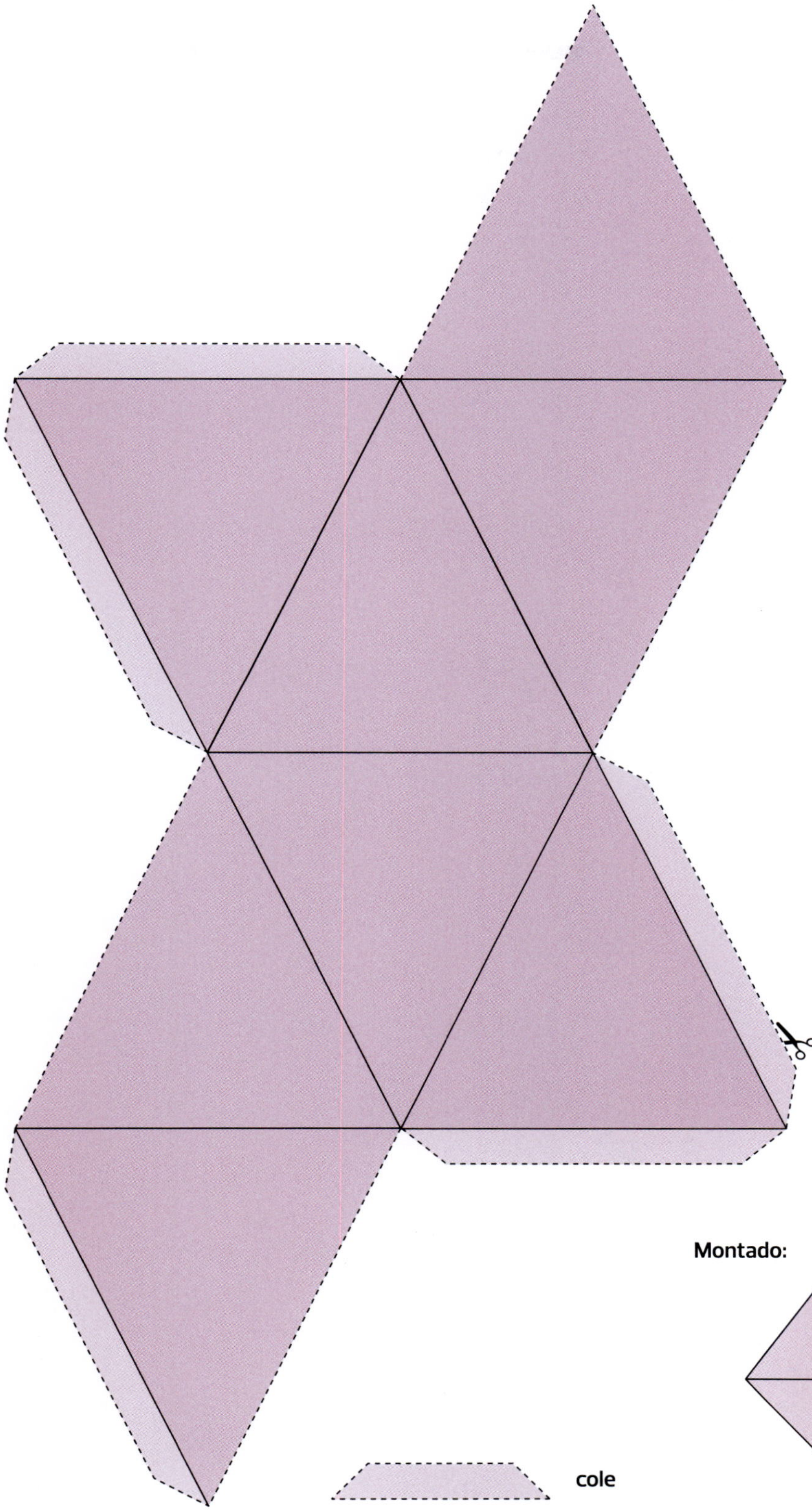

Montado:

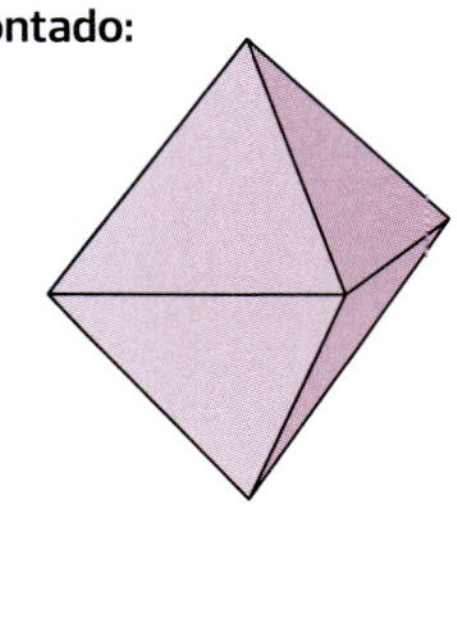

cole

dobre

Dodecaedro regular

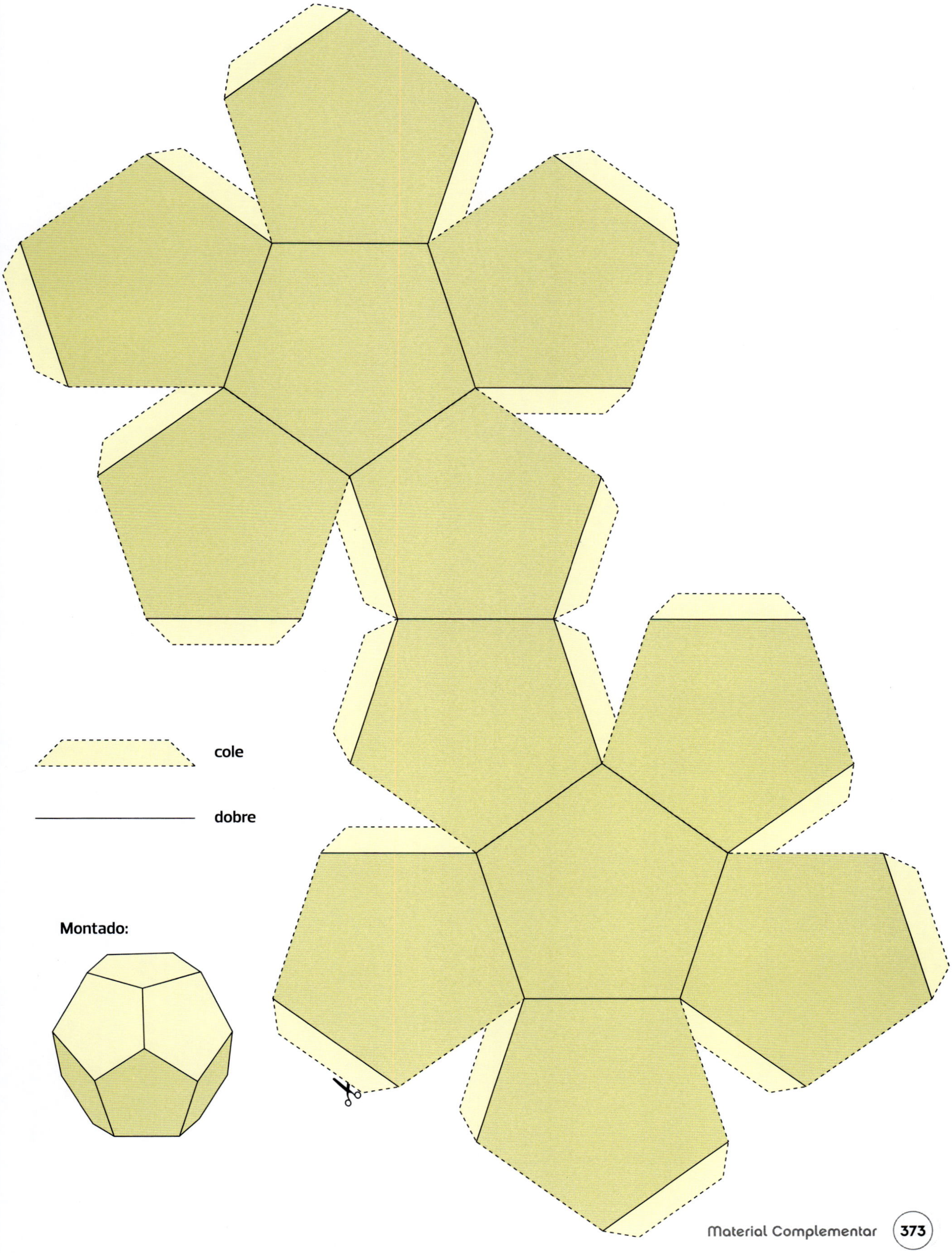

Icosaedro regular

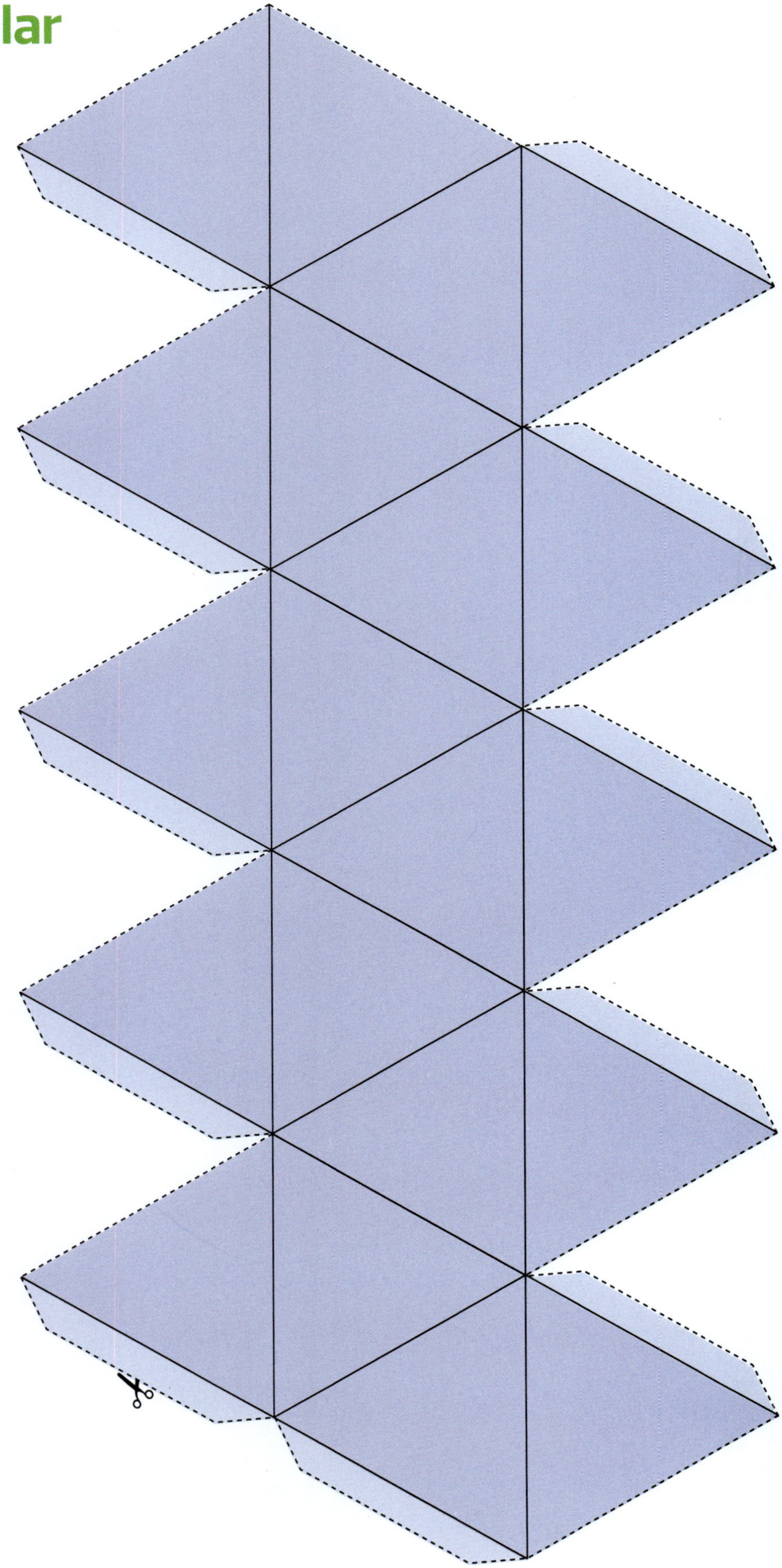

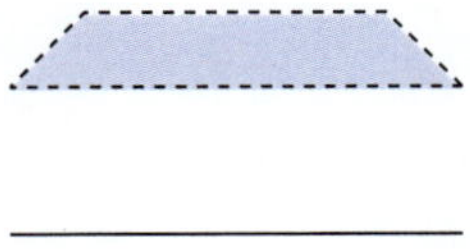

Montado:

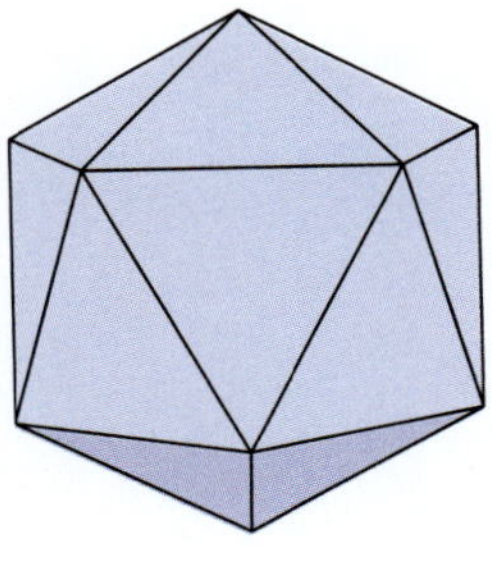

projeto
Teláris

Caderno de Atividades

Matemática 8

Luiz Roberto Dante

Luiz Roberto Dante

- Livre-docente em Educação Matemática pela Unesp - Rio Claro, SP
- Doutor em Psicologia da Educação: Ensino da Matemática pela PUC - São Paulo
- Mestre em Matemática pela USP
- Pesquisador em Ensino e Aprendizagem da Matemática pela Unesp - Rio Claro, SP
- Ex-professor da rede estadual do Ensino Fundamental e Médio de São Paulo
- Autor de vários livros, entre os quais: *Formulação e resolução de problemas de Matemática: teoria e prática*; *Didática da Matemática na pré-escola*; *Projeto Ápis*: Natureza e Sociedade, Linguagem e Matemática (Educação Infantil - 3 volumes); *Projeto Ápis Matemática* (1º ao 5º ano); *Projeto Voaz Matemática* (Ensino Médio - volume único); *Projeto Múltiplo - Matemática* (Ensino Médio - 3 volumes).

editora ática

editora ática

Diretoria de conteúdo e inovação pedagógica
Mário Ghio Júnior
Diretoria editorial
Lidiane Vivaldini Olo
Gerência editorial
Luiz Tonolli
Editoria de Ciências Exatas
Ronaldo Rocha
Edição
Cibeli Chibante Bueno
e André Luiz Ramos de Oliveira (estag.)
Arte
Ricardo de Gan Braga (superv.),
Andréa Dellamagna (coord. de criação),
André Gomes Vitale (editor de arte) e Avits (diagram.)
Revisão
Hélia de Jesus Gonsaga (ger.), Rosângela Muricy (coord.),
Ana Paula Chabaribery Malfa, Luís Maurício Boa Nova,
Vanessa de Paula Santos e Brenda Morais (estag.)
Iconografia
Sílvio Kligin (superv.),
Roberta Freire Lacerda (pesquisa),
Cesar Wolf e Fernanda Crevin (tratamento de imagem)
Ilustrações
Avits, Banco de imagens e Mauro Souza
Cartografia
Eric Fuzii, Marcelo Seiji Hirata, Márcio Santos de Souza
e Robson Rosendo da Rocha
Foto da capa: waniuszka/Shutterstock/Glow Images

Direitos desta edição cedidos à Editora Ática S.A.
Avenida das Nações Unidas, 7221, 3º andar, Setor C
Pinheiros – São Paulo – SP – CEP 05425-902
Tel.: 4003-3061
www.atica.com.br / editora@atica.com.br

2017
ISBN 978 85 08 17269 6 (AL)
ISBN 978 85 08 17268 9 (PR)
Cód. da obra CL 738803
CAE 542 437 (AL) / 542 438 (PR)
2ª edição
4ª impressão
Impressão e acabamento
Log&Print Gráfica e Logística S.A.

ABDR
EDITORA AFILIADA

Apresentação

Caro(a) aluno(a),

Para aprender Matemática, é necessário compreender suas ideias, seus conceitos e saber aplicá-los em situações do cotidiano.

Essas aplicações exigem também ter habilidade em resolver problemas e habilidade de cálculo.

Elaboramos este Caderno de atividades para você rever e fixar conceitos, procedimentos e habilidades já estudados no livro-texto.

Quanto mais exercitar seu raciocínio lógico e sua habilidade de fazer cálculos, mais facilidade terá com os assuntos de Matemática.

Vamos começar?

Um abraço

O autor

Sumário

1 Conjuntos numéricos: dos números naturais aos números reais

1. Considere os seguintes conjuntos:

> *E*: conjunto das pessoas nascidas fora do Brasil (estrangeiros)
> *P*: conjunto das pessoas nascidas no estado do Pernambuco
> *F*: conjunto das pessoas nascidas na cidade de Recife, estado de Pernambuco
> *X*: conjunto das pessoas nascidas no estado em que se situa sua escola
> *Y*: conjunto das pessoas nascidas na cidade em que se situa sua escola
> *B*: conjunto das pessoas nascidas no Brasil

a) Você pertence a quais desses conjuntos?

b) Cite dois colegas da classe, um que pertence ao conjunto *Y* e outro que não pertence. Justifique.

c) Quais são os elementos do conjunto das pessoas que pertencem a *P* e não pertencem a *F*?

d) Cite dois conjuntos do quadro acima que não têm elemento comum.

e) Complete com *está contido* ou *não está contido*:

A) *Y* ______________ em *X*.

B) *P* ______________ em *E*.

C) *P* ______________ em *B*.

D) *B* ______________ em *P*.

f) Em que caso temos $Y = F$?

2. Quando lançamos dois dados de cores diferentes e olhamos as faces voltadas para cima, uma das possibilidades é a indicada na figura.

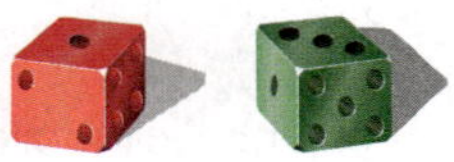

Responda:

a) Quantas são, no total, as possibilidades de lançamento?

b) Que operação podemos efetuar para chegar a esse valor?

c) De todas as possibilidades, em quantas delas a soma dos pontos é igual a 8?

3. Nos itens a seguir, considere os conjuntos numéricos $\mathbb{N}$, $\mathbb{Z}$, $\mathbb{Q}$ e $\mathbb{R}$.

a) O número $-\frac{1}{5}$ pertence a quais desses conjuntos?

____

b) Cite um número que pertence a $\mathbb{Z}$ e não pertence a $\mathbb{N}$.

____

____

c) Cite um número que pertence a $\mathbb{N}$, $\mathbb{Z}$, $\mathbb{Q}$ e $\mathbb{R}$.

____

____

d) Complete com $\in$ (pertence), $\notin$ (não pertence), $\subset$ (está contido) ou $\not\subset$ (não está contido).

A) -12 ______ $\mathbb{N}$

B) $0{,}777...$ ______ $\mathbb{Q}$

C) $-3\frac{1}{4}$ ______ $\mathbb{R}$

D) 0 ______ $\mathbb{Z}$

E) 8 ______ $\mathbb{R}$

F) $-6\frac{1}{5}$ ______ $\mathbb{Z}$

G) $\mathbb{N}$ ______ $\mathbb{Q}$

H) $\mathbb{Q}$ ______ $\mathbb{R}$

I) $\mathbb{Z}$ ______ $\mathbb{N}$

J) $\mathbb{Z}$ ______ $\mathbb{R}$

H) $\mathbb{Q}$ ______ $\mathbb{Z}$

L) $\mathbb{R}$ ______ $\mathbb{N}$

4. Indique os conjuntos simbolicamente:

a) $\mathbb{N}$: conjunto dos números naturais.

____

b) $\mathbb{N}^*$: conjunto dos números naturais sem o zero.

____

c) *A*: conjunto dos números naturais menores do que ou iguais a 9.

____

d) *B*: conjunto dos números naturais entre 42 e 127.

____

e) *C*: conjunto dos números naturais pares maiores do que 46.

____

f) *D*: conjunto dos números naturais que são sucessores dos múltiplos de 7.

____

g) *E*: conjunto dos números naturais primos de um algarismo.

____

5. Faça arredondamentos e cálculos aproximados e assinale o valor mais próximo do resultado de cada item. Depois, com um dos algoritmos ou com uma calculadora, você pode determinar os resultados exatos e conferir suas escolhas.

a) $48 + 71$ → 130 / 120 / 110

b) 3×297 → 300 / 600 / 900

c) $998 : 201$ → 5 / 10 / 50

d) 39×41 → 160 / 1600 / 16 000

e) $95 - 39$ → 55 / 45 / 65

f) $402 : 5$ → 8 / 80 / 800

g) $79 + 122$ → 220 / 210 / 200

h) $502 - 149$ → 350 / 450 / 400

6. Indique:

a) o antecessor de 20 000 → ______

b) três números naturais consecutivos cuja soma é 57 → ______

c) o maior número natural de três algarismos distintos → ______

d) o menor número natural ímpar de quatro algarismos → ______

e) o sucessor de 10 099 → ______

f) o maior número natural primo menor do que 50 → ______

7. Indique simbolicamente os conjuntos formados por números inteiros:

a) $\mathbb{Z}$: conjunto dos números inteiros

______

b) $\mathbb{Z}^*$: conjunto dos números inteiros sem o zero.

______

c) $\mathbb{Z}_-$: conjunto dos números inteiros negativos com o zero.

______

d) $\mathbb{Z}_+^*$: conjunto dos números inteiros positivos.

______

e) *A*: conjunto dos números inteiros menores do que -3.

______

f) *B*: conjunto dos números inteiros entre -4 e $+2$.

______

g) *C*: conjunto dos números inteiros de -4 até $+2$.

______

8. Qual é o maior número de oito algarismos diferentes que você pode digitar em uma calculadora? E o menor? Qual é a diferença entre esses números? Algum deles é múltiplo de 7?

9. Veja abaixo o desafio lançado pelo professor da classe de Alberto. Tente resolvê-lo.
Na grade abaixo coloque os números naturais de 1 a 9, sem repeti-los, de forma a obter os produtos indicados em cada linha e em cada coluna.

			72
			21
			240
96	45	84	

10. Determine os possíveis valores de x em cada item.

a) $x \in \mathbb{N}$ e $x < 3$ → ______

b) $x \in \mathbb{N}$ e $x \geqslant 8$ → ______

c) $x \in \mathbb{N}$ e $25 < x \leqslant 27$ → ______

d) $x \in \mathbb{Z}$ e $x > -2$ → ______

e) $x \in \mathbb{Z}$ e $x < 3$ → ______

f) $x \in \mathbb{Z}$ e $x^2 = 16$ → ______

g) $x \in \mathbb{Z}$ e $-6 \leqslant x \leqslant -3$ → ______

h) $x \in \mathbb{N}$ e $x^2 = 16$ → ______

i) $x \in \mathbb{Z}$ e $2x = 7$ → ______

11. Observe o fuso horário das capitais de alguns países em relação à Brasília.

Lima (Peru)	Santiago (Chile)	Buenos Aires (Argentina)
−2	−1	0

Roma (Itália)	Tóquio (Japão)
+5	+12

Complete os horários correspondentes entre as capitais de cada item.

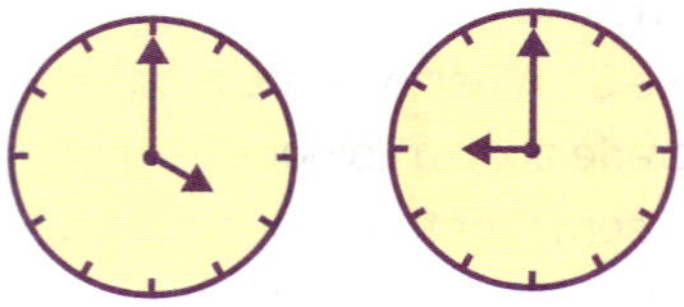

Brasília Roma

a) Brasília: 14 h.

Roma: ______________.

b) Brasília: 7 h.

Lima: ______________.

c) Brasília: ______________.

Lima: 7 h.

d) Brasília: 22 h.

Buenos Aires: ______________.

e) Brasília: 11 h.

Tóquio: ______________.

f) Brasília: ______________.

Roma: 10 h.

g) Santiago: 12 h.

Roma: ______________.

h) Tóquio: 23 h.

Santiago: ______________.

i) Roma: 15 h.

Tóquio: ______________.

12. Determine em cada situação o número mais adequado para diferenciar um valor do outro.

a) Depósito de R$ 120,00 → ______________

Retirada de R$ 120,00 → ______________

b) Ano 20 antes de Cristo → ______________

Ano 20 depois de Cristo → ______________

c) 35 m abaixo do nível do mar → ______________

35 m acima do nível do mar ______________

d) Crédito de R$ 50,00 → ______________

Débito de R$ 50,00 → ______________

e) Avançar 2 m → ______________

Recuar 2 m → ______________

f) Saldo negativo de R$ 300,00 → ______________

Saldo positivo de R$ 300,00 → ______________

g) *Deficit* de R$ 2 milhões → ______________

Superavit de R$ 2 milhões → ______________

____

13. Escreva os números racionais na forma decimal.

a) $\frac{3}{8}$ = ______________

b) $1\frac{1}{4}$ = ______________

c) 6 = ______________

d) $\frac{17}{99}$ = ______________

e) $\frac{8}{3}$ = ______________

f) $\frac{4}{15}$ = ______________

g) $-3\frac{7}{9}$ = ______________

h) −8 = ______________

14. Escreva os números racionais na forma de fração irredutível.

a) $3\frac{2}{9}$ = ____________

b) 0,41 = ____________

c) 0,121212... = ____________

d) −2 = ____________

e) 1,8 = ____________

f) 0,7222... = ____________

g) 0 = ____________

h) 1,111... = ____________

i) $-\frac{4}{8}$ = ____________

15. Assinale apenas as operações possíveis de serem efetuadas e coloque o resultado em cada uma delas.

a) 3 : 8 em $\mathbb{N}$

b) 9 − 10 em $\mathbb{Z}$

c) 4 : 5 em $\mathbb{Q}$

d) 8 : 11 em $\mathbb{Z}$

e) 12 − 0 em $\mathbb{N}$

f) $\sqrt{64}$ em $\mathbb{N}$

g) $\sqrt{35}$ em $\mathbb{Q}$

h) 4 − 7 em $\mathbb{N}$

i) 10^{-1} em $\mathbb{Z}$

16. Compare os números racionais colocando >, < ou = entre eles.

a) $\frac{3}{8}$ e $\frac{5}{12}$ ____________

b) $\frac{4}{9}$ e $\frac{7}{9}$ ____________

c) $-\frac{2}{5}$ e $-\frac{3}{7}$ ____________

d) $-2\frac{1}{4}$ e $+1\frac{5}{9}$ ____________

e) 3,62 e 2,951 ____________

f) 0,48 e 0,4777... ____________

g) 1 e 0,64 ____________

h) 2,3 e 2,30 ____________

i) $1\frac{1}{2}$ e 1,5 ____________

17. Verifique se cada raiz quadrada indica um número racional ou irracional. Quando irracional, descubra entre que naturais consecutivos ela fica. Veja os exemplos:

$\sqrt{18}$ → número irracional ($\sqrt{18}$ fica entre 4 e 5, pois $4^2 = 16$ e $5^2 = 25$)

$\sqrt{64}$ → número racional ($\sqrt{64} = 8$)

a) $\sqrt{70}$

____

b) $\sqrt{37}$

____

c) $\sqrt{49}$

____

d) $\sqrt{256}$

____

e) $\sqrt{1000}$

____

18. Assinale apenas as raízes quadradas que indicam números racionais. Em cada uma, escreva o número na forma decimal (exata ou dízima periódica).

a) $\sqrt{1{,}69}$

b) $\sqrt{\frac{18}{50}}$

c) $\sqrt{0{,}9}$

d) $\sqrt{\frac{16}{21}}$

e) $\sqrt{0{,}09}$

f) $\sqrt{0{,}0576}$

g) $\sqrt{\frac{49}{81}}$

h) $\sqrt{3\frac{1}{16}}$

19. Escreva entre que números inteiros consecutivos fica cada número racional.

a) $-2\frac{3}{7} \rightarrow$ ________________

b) 5,888... $\rightarrow$ ________________

c) $\frac{5}{9} \rightarrow$ ________________

d) $-\frac{4}{3} \rightarrow$ ________________

e) 12,7 $\rightarrow$ ________________

f) $-\frac{1}{4} \rightarrow$ ________________

g) $\frac{19}{5} \rightarrow$ ________________

h) $-6{,}1 \rightarrow$ ________________

20. Determine e escreva:

a) um número racional, entre 6 e 7, escrito na forma decimal:

______

b) um número racional, entre 4 e 5, escrito na forma mista:

______

c) uma dízima periódica composta que fica entre 1 e 2:

______

d) um número racional, entre 8 e 9, escrito na forma de fração irredutível:

______

e) um número irracional, entre 10 e 11, escrito na forma de raiz quadrada: ______

______

f) um número racional, entre $\frac{1}{3}$ e $\frac{2}{3}$, escrito na forma de fração:

______

______

g) um número racional, entre $-\frac{1}{2}$ e $-\frac{1}{3}$, escrito na forma decimal:

______

h) uma dízima periódica simples que fica entre $1\frac{2}{5}$ e $\sqrt{2}$.

______

21. Escreva um número:

a) inteiro que não é natural → ______

b) racional que não é inteiro → ______

c) real que não é racional → ______

d) inteiro que não é racional → ______

22. Usando calculadora podemos escrever alguns números irracionais na forma decimal:

$\sqrt{661} = 25{,}70992026...$

$\sqrt{46} = 6{,}782329983...$

$\sqrt{140} = 11{,}83215957...$

A partir desses valores escreva:

a) $\sqrt{661}$ com aproximação de inteiro por falta: ______.

b) $\sqrt{661}$ com aproximação de décimo por falta : ______.

c) $\sqrt{661}$ com aproximação de centésimo por excesso: ______.

d) $\sqrt{46}$ com aproximação de centésimo por falta: ______.

e) $\sqrt{140}$ com aproximação de milésimo por excesso: ______.

f) $\sqrt{46}$ com aproximação de décimo por falta: ______.

23. Agora, sem o uso da calculadora, descubra o valor aproximado de cada número irracional.

a) $\sqrt{6}$ com aproximação de décimo por falta: ______.

b) $\sqrt{29}$ com aproximação de centésimo por falta: ______.

24. Transforme as dízimas periódicas simples em frações irredutíveis usando equação.

a) 0,212121... = ________________

b) 0,888... = ________________

25. Responda:

a) $\sqrt{2}$ é um número racional? Por quê?

____

____

b) Um número racional pode ser representado por uma fração de termos inteiros? Por quê?

____

____

c) Um número irracional pode ser representado por uma dízima periódica? Por quê?

____

____

d) Quais números obtemos ao juntar os números racionais com os números irracionais?

____

____

26. Transforme as dízimas periódicas em frações irredutíveis usando os processos práticos.

a) 2,444... = ________________

b) 0,323232... = ________________

c) $0,\overline{126}$ = ________________

d) 1,888... = ________________

e) 0,2919191... = ________________

f) 0,34777... = ________________

g) 0,19454545... = ________________

h) 0,2333... = ________________

i) 2,5888... = ________________

27. Considere a região retangular *ABCD* desenhada com as medidas indicadas. Calcule:

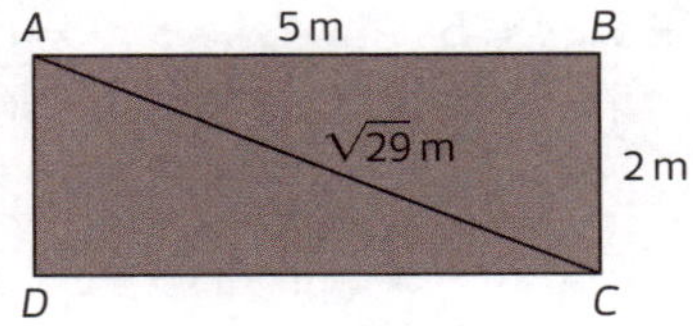

a) o perímetro da região retangular *ABCD*.

____

b) a área da região retangular *ABCD*.

____

c) a medida da diagonal, em metros, com aproximação de décimos.

____

____

d) a área da região triangular *ABC*.

____

e) o perímetro aproximado da região triangular *ABC*.

____

28. Qual é a medida do comprimento da semicircunferência (parte vermelha da circunferência)? (Use $\pi = 3{,}14$).

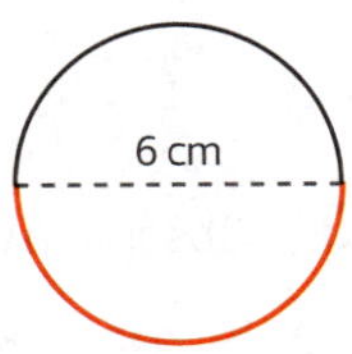

29. O ponto *O* é o centro da circunferência laranja. Usando $\pi = 3{,}1$ e calculando a medida do comprimento da circunferência azul, obtêm-se 5,58 cm. Descubra a medida do comprimento da circunferência laranja.

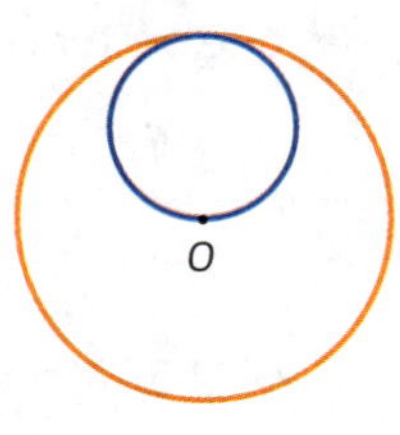

30. Analise os números que aparecem no quadro:

-7	$\frac{2}{11}$	$-2\frac{1}{4}$	$\sqrt{15}$	0,222...	3,45	18	$\sqrt{-1}$
234	$-\frac{1}{4}$	0	$-2{,}8$	-28	$\sqrt{49}$	π	3,26111...

Agora indique:

a) os que são números naturais.

b) os que são números inteiros.

c) os que são números racionais.

d) os que são números irracionais.

e) os que são números reais.

f) os que pertencem a $\mathbb{Z}^*$.

g) os que pertencem a $\mathbb{Q}_-$.

h) os que pertencem a $\mathbb{R}_+^*$.

i) os racionais maiores do que 3.

31. Na reta numerada estão marcados pontos de *A* a *I*:

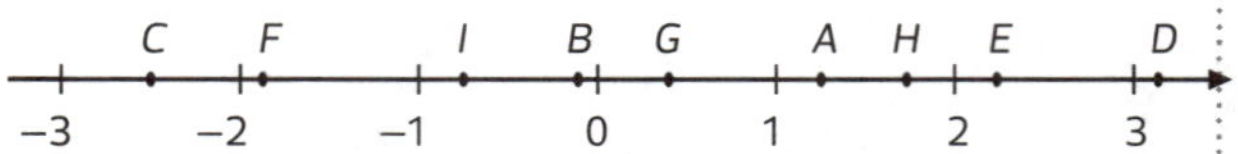

Assinale o número mais adequado a cada ponto.

A: 1,888... / 2,6 / $1\frac{1}{4}$

B: −0,111... / −1,8 / 0,2

C: $-2\frac{1}{5}$ / $-2\frac{1}{2}$ / $-3\frac{1}{2}$

D: π / 3,9 / $3\frac{1}{2}$

E: $\sqrt{10}$ / 2,666... / $\sqrt{5}$

F: $-1\frac{7}{8}$ / −1,2 / $-\frac{7}{3}$

G: $\frac{1}{2}$ / $\frac{2}{5}$ / $\frac{7}{8}$

H: 1,444... / $\sqrt{3}$ / $\sqrt{6}$

I: $-\frac{1}{4}$ / $-\frac{2}{4}$ / $-\frac{3}{4}$

32. Indique em cada item os números reais que estão na parte colorida.

a) 

____

b) 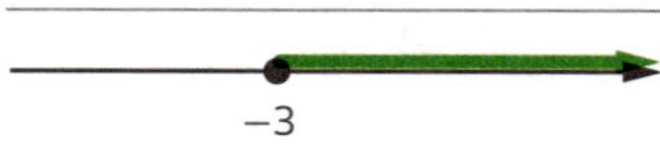

____

c) 

____

d) 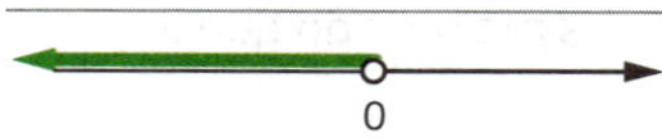

____

33. Desenhe a reta e pinte a parte correspondente aos números reais indicados em cada item.

a) $x \in \mathbb{R}, x \leqslant 5$

b) $x \in \mathbb{R}, 2 < x < 8$

c) $x \in \mathbb{R}, x \neq 5$

d) $x \in \mathbb{R}, x > 0$

34. Observe a parte destacada da reta numerada:

Assinale, entre os números reais abaixo, todos os que pertencem à parte destacada.

a) −6

b) 0

c) 4,3

d) $\sqrt{33}$

e) $8\frac{1}{5}$

f) $-\frac{8}{9}$

g) −1,3777...

h) $\sqrt{50}$

i) −5

j) 5

k) π

l) $\frac{25}{3}$

35. (Unirio-RJ) O valor de

$\sqrt{15 - \sqrt{32 + \sqrt{25 - \sqrt{81}}}}$ é:

a) 1.

b) 2.

c) 3.

d) 4.

e) 5.

36. Rosângela anda 6 quarteirões em 9 minutos. Com a mesma velocidade, em quantos minutos ela andará 10 quarteirões?

37. Um trem, à velocidade média de 75 km/h, percorre a distância de uma cidade a outra em 4 h. Se sua velocidade média fosse de 90 km/h, em quantas horas percorreria o mesmo trecho?

38. Para um grupo de crianças comprar uma bola de futebol, cada uma contribuiu com R$ 42,00. Se o grupo tivesse mais três crianças, cada uma contribuiria com R$ 28,00. Qual é o preço da bola?

39. Em um lava-rápido, 30 carros são lavados em 50 min. Nesse ritmo, quantos carros serão lavados em uma hora?

40. Das 90 toneladas de lixo reciclável coletadas em uma cidade, 36 toneladas foram de papel. Essas 36 toneladas correspondem a que porcentagem de lixo coletado.

41. Para colocar o piso em uma cozinha quadrada de 4 m por 4 m, 4 pedreiros gastam 8 horas. Nesse ritmo, em quanto tempo 3 pedreiros colocarão o mesmo tipo de piso em uma cozinha retangular de 3 m por 5 m?

42. José e Alberto receberam o salário por um período de trabalho de forma inversamente proporcional ao número de faltas nesse período. José teve 4 faltas e recebeu R$ 1200,00. Como Alberto teve 3 faltas, quanto ele recebeu?

2 Expressões algébricas

1. Escreva uma expressão algébrica que indique:

a) o triplo de um número $x \rightarrow$ ______________

b) o dobro de um número $a \rightarrow$ ______________

c) o quadrado de um número $y \rightarrow$ ______________

d) a quarta parte de um número $m \rightarrow$ ______________

2. Escreva uma expressão algébrica para representar o perímetro de cada uma das figuras, sabendo que as medidas são dadas em uma mesma unidade de comprimento.

a) ______________________________

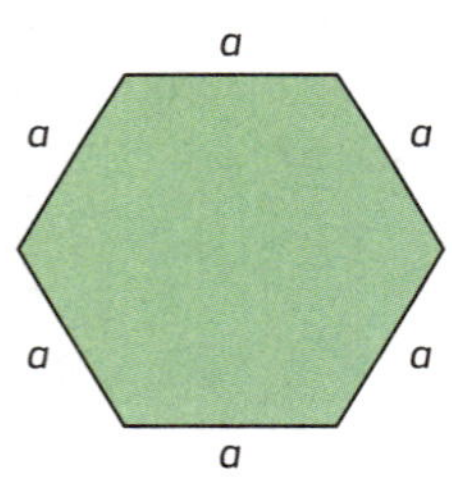

b) ______________________________

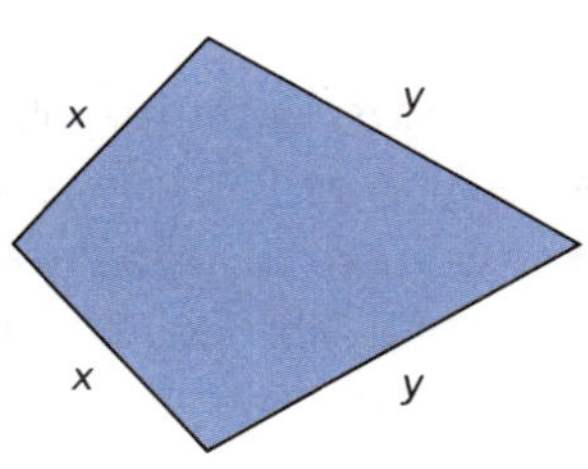

c) ______________________________

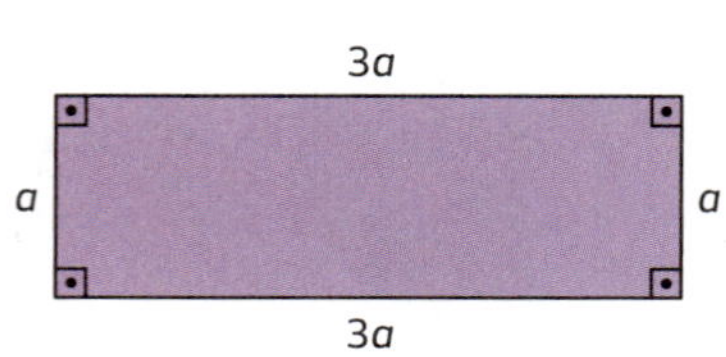

d) ______________________________

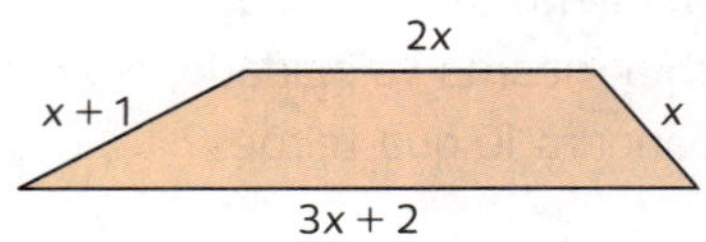

e) ______________________________

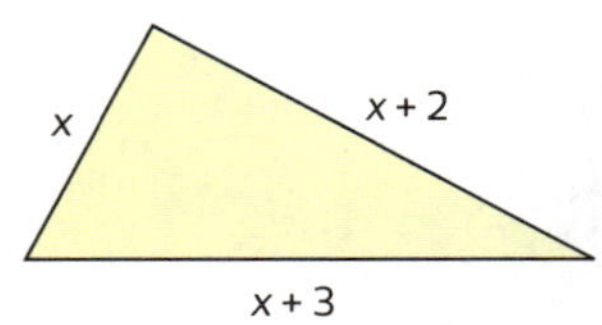

f) ______________________________

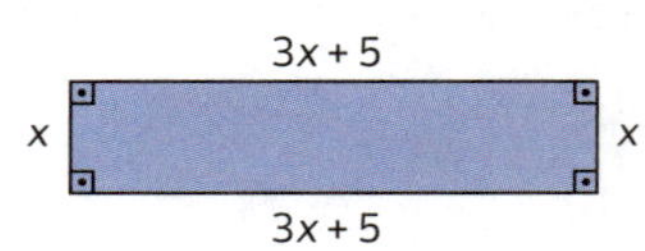

3. Dado um número qualquer n:

a) escreva a expressão algébrica que representa "subtrair 3 do dobro desse número";

____

b) determine o valor numérico dessa expressão quando $n = 3\frac{1}{2}$;

____

c) descubra o valor de n para o qual a expressão tem valor 11.

____

4. Escreva usando uma expressão algébrica, a área de cada região plana. Considere as medidas dadas na mesma unidade.

a) ______________________________

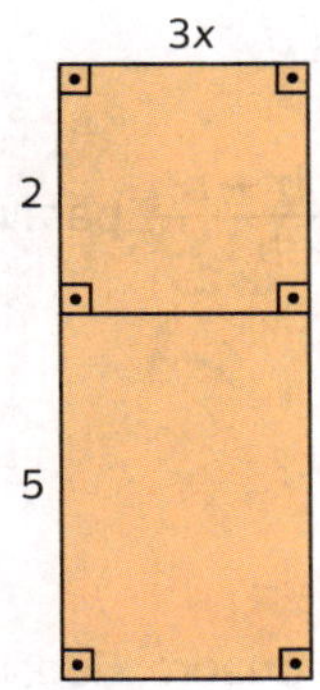

b) ______________________________

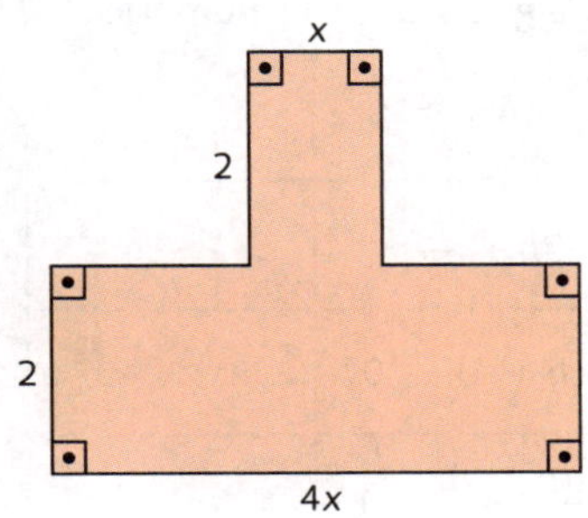

c) ______________________________

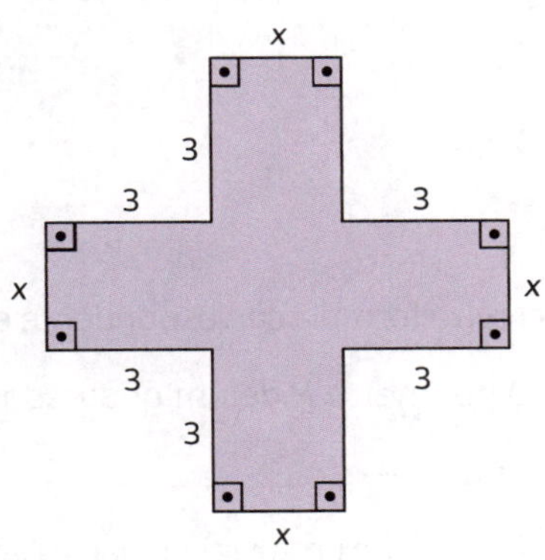

d) ______________________________

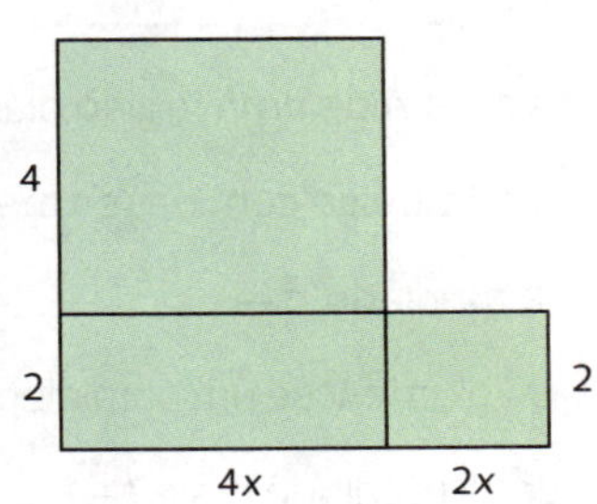

5. Escreva as expressões algébricas mais simples e equivalentes a cada uma destas:

a) $\dfrac{2x + 8}{2} =$ ______________________________

b) $\dfrac{2x + 2(5x + 2) + 3x - 4}{5} =$ ______________

c) $x - 3(x + 1) + 3x + 5 - 2x - 6 - x =$ ________

d) $\dfrac{a + 2a - 3a + 4(1 - a)}{2} =$ ____________

6. Escreva, na forma mais simples possível, as expressões algébricas que indicam os perímetros das regiões poligonais desenhadas.

a) ______________________________

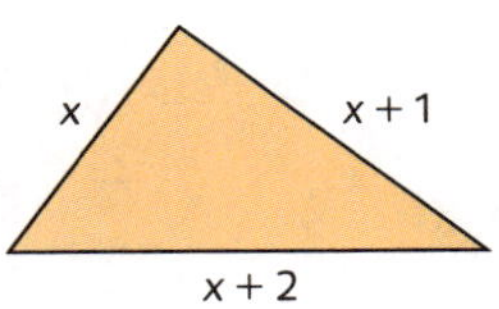

b) ______________________________

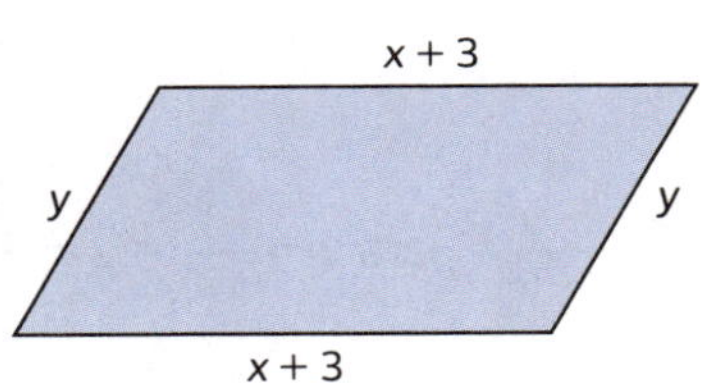

c) ______________________________

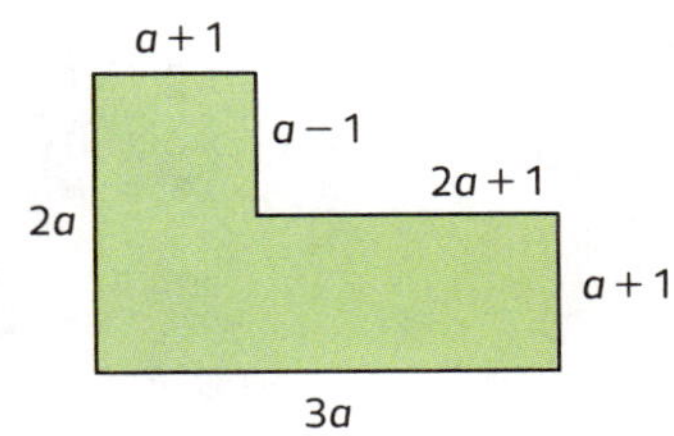

7. Determine o valor numérico de cada expressão algébrica.

a) $x^3 + 2x^2 + x + 1$ para $x = -1$

b) $x^3 + 3x^2y + 3xy^2 + y^3$ para $x = -1$ e $y = 1$

c) $\frac{1}{a} + a$ para $a = 3$

d) $ab - \frac{a}{b}$ para $a = 1{,}5$ e $b = 0{,}5$

e) $\frac{x}{x + y}$ para $x = \frac{1}{2}$ e $y = \frac{1}{3}$

f) $y + \frac{1}{y} - \sqrt{y}$ para $y = 9$

g) $\frac{x^2 - y^2}{x^2 + y^2}$ para $x = \frac{1}{3}$ e $y = -1$

h) $\frac{2xy - 3x}{x + y}$ para $x = \frac{1}{2}$ e $y = 2$

i) $\frac{x + \frac{1}{x} + x^2}{x - 1}$ para $x = 2$

j) $\frac{a^2 + 2ab + b^2}{a + b}$ para $a = 2$ e $b = -3$

8. Complete o quadro. Considere $h = 3$.

Expressão algébrica	Valor numérico
$4h - 3$	
$2h + \frac{h}{3}$	
$3(h + 4) - 10$	
$\frac{2h}{3} + 5h - 1$	
$\frac{2(3h - 2) - 7}{3}$	

9. Escreva a fórmula correspondente em cada caso.

a) O perímetro P de um quadrado de lado medindo $y \rightarrow$ ______________________

b) A área A de uma região triangular de base medindo x e altura correspondente medindo $y \rightarrow$ ______________________

c) A área A de uma região plana cujo contorno é um trapézio com bases medindo a e b e altura medindo $c \rightarrow$ ______________________

d) O volume V de um paralelepípedo com dimensões medindo r, s e $t \rightarrow$ ______________________

10. Escreva a sequência de expressões algébricas de acordo com estas instruções: chame um número de x, dobre-o, adicione 8, subtraia o número que você escolheu, subtraia 3 e subtraia o número que você escolheu. A que número você chegou?

11. Truque numérico: o resultado é sempre 2!

Escolha um colega e diga que você vai adivinhar a que número ele vai chegar.

Você dá as seguintes instruções para ele:

- Escolha um número.
- Adicione 5 a esse número.
- Multiplique o resultado por 2.
- Subtraia 6.
- Divida por 2.
- Subtraia o número que você pensou.

E agora você diz para ele: o número a que você chegou foi 2.

Complete o quadro e você descobrirá por que sempre dará 2.

Instruções	Exemplos			Expressão algébrica
Escolha um número.	4	7	9	n
Adicione 5 a esse número.	9	12	14	$n + 5$
Multiplique o resultado por 2.	18	24		$2n + 10$
Subtraia 6.	12			$2n + 4$
Divida por 2.	6			$n + 2$
Subtraia o número que você pensou.	2			2

12. Desafio

Represente genericamente, usando uma letra, com valores inteiros, três números inteiros pares consecutivos. Em seguida, teste sua descoberta.

13. Descubra quais são os três números pares consecutivos que somados dão 240.

14. Dada a expressão algébrica $\frac{x}{2} + \frac{x+2}{4}$, determine o valor de x para o qual essa expressão tenha valor numérico igual a 1.

15. O valor numérico da expressão algébrica $x + 2(x - 1) + 3$ é igual a 7. Qual é o valor de x?

16. Qual é o valor de x para que a expressão algébrica $\frac{x}{2} - x + 3 - \frac{x}{3}$ tenha valor numérico igual a -2?

17. Para que valores de x a expressão $3 - 5x$ tem valor numérico menor do que o da expressão $x - 9$?

18. Um motorista dirige seu carro, em um trecho de uma rodovia de pista dupla, a uma velocidade constante de 100 km/h. Nessas condições, a distância que ele percorre com seu veículo pode ser calculada pela fórmula:

$d = 100t$	d = distância (em km) t = tempo (em horas)

a) Que distância ele percorre em 2 horas?

________________.

b) Que distância ele percorre em meia hora?

________________.

c) Em quanto tempo ele percorre 250 km?

________________.

d) Em quanto tempo ele percorre 40 km?

________________.

19. (UFSC) Sendo $A = 2$, $B = -1$ e $C = 3$, o valor numérico da expressão $\frac{A^2 - 2B}{3C} + \frac{A}{6} + 3B$ é:

a) $\frac{-22}{9}$.

b) $\frac{22}{9}$.

c) -2.

d) 2.

e) 4.

20. Escreva uma fórmula correspondente a cada um dos gráficos.

a) ________________

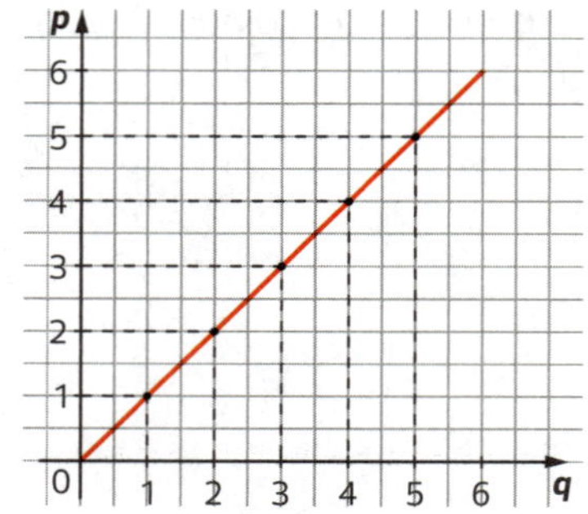

b) ________________

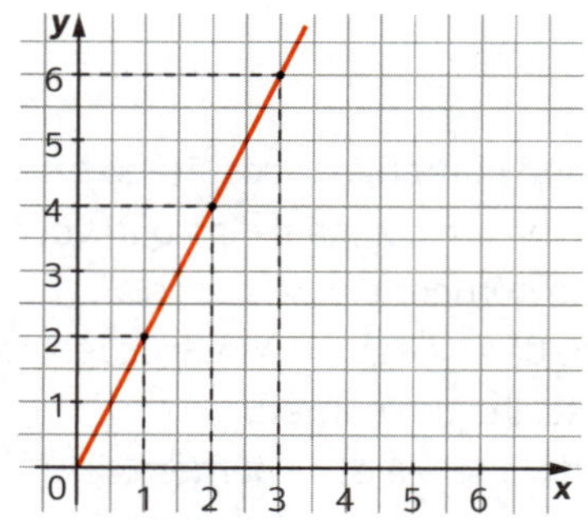

c) ________________

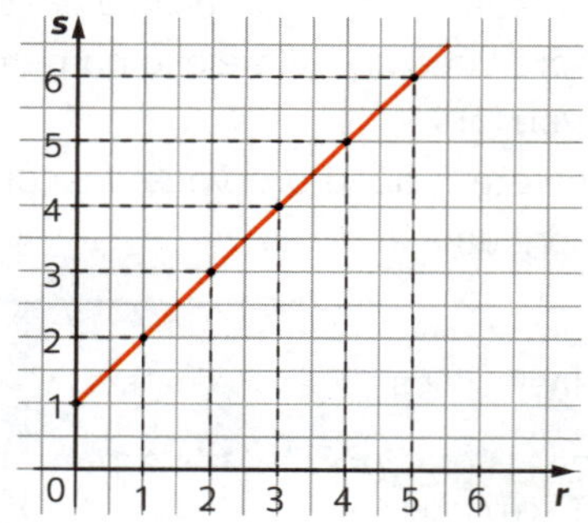

d) ________________

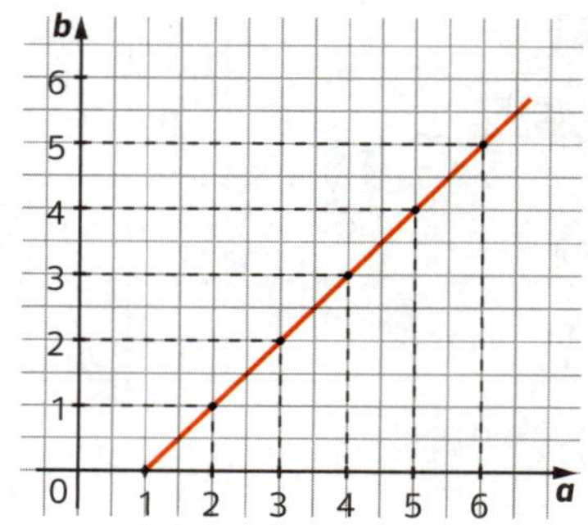

21. Se x indica um número real diferente de zero, escreva expressões algébricas que indicam:

a) o quádruplo desse número;

____

b) os $\frac{5}{6}$ da soma desse número com 3;

____

c) o triplo do quadrado desse número;

____

d) o quadrado do triplo desse número;

____

e) a metade do oposto desse número;

____

f) a diferença entre esse número e seu inverso;

____

22. (Fuvest-SP) O valor da expressão $\frac{a+b}{1-ab}$, para $a = \frac{1}{2}$ e $b = \frac{1}{3}$, é:

a) 5.

b) 1.

c) 0.

d) 3.

e) 6.

23. Use a fórmula $F = 1{,}8C + 32$, que transforma graus Celsius (°C) em graus Fahrenheit (°F), e obtenha F quando:

a) $C = 20° \rightarrow$ ______________

b) $C = 30° \rightarrow$ ______________

c) $C = 15° \rightarrow$ ______________

24. O desenho abaixo mostra a Rua Alfa, sem saída, do condomínio "Matemática". Para calçá-la, por meios próprios, os proprietários optaram por dividir os custos da seguinte maneira: o custo do primeiro lote será dividido igualmente entre eles; o custo do segundo lote deve ser igualmente dividido entre os proprietários dos lotes 2, 3 e 4, e assim por diante. Admita que o custo de pavimentação de cada um dos trechos da rua seja o mesmo. Se os lotes 3 e 4 pertencem à dona Júlia, que porcentagem do custo total do calçamento ela deve pagar?

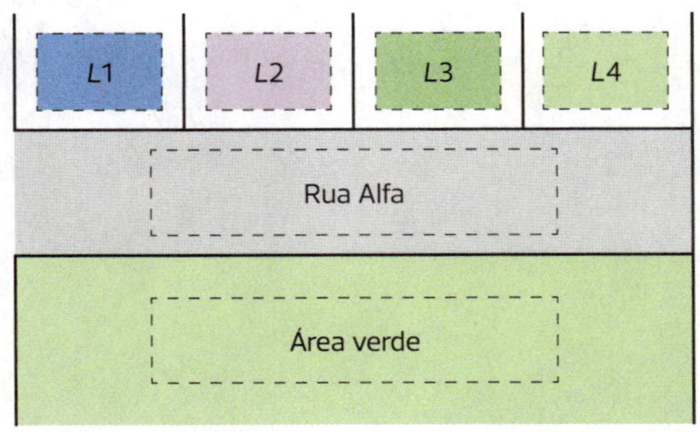

25. Há cerca de 6 mil anos, a roda foi inventada na Mesopotâmia (hoje Iraque). Mais tarde, o povo que habitava aquela região usou um sistema de numeração misto baseado no 60 e no 10. Vamos descobrir qual era esse povo?

Para encontrar a resposta, resolva as equações abaixo.

- $\frac{t}{0,5} = 8$
- $1 = \frac{w}{2}$
- $d + (2 \cdot 3) = 10$
- $f : 0,2 = 30$
- $\frac{k}{5} + 5 = 6,6$
- $20 = 2p - 4$
- $0 = 3,5y - 35$
- $0,4x - 1 = 1,4$
- $b + (40 - 2) = 50$
- $\frac{s}{2} - 3 = 4$

Agora, associe cada solução à letra correspondente do código abaixo:

$2 \rightarrow A$	$6 \rightarrow I$	$10 \rightarrow N$	$14 \rightarrow S$
$4 \rightarrow B$	$8 \rightarrow L$	$12 \rightarrow O$	

$t \rightarrow$ ____________ $w \rightarrow$ ____________

$d \rightarrow$ ____________ $f \rightarrow$ ____________

$k \rightarrow$ ____________ $p \rightarrow$ ____________

$y \rightarrow$ ____________ $x \rightarrow$ ____________

$b \rightarrow$ ____________ $s \rightarrow$ ____________

26. Em um campeonato de futebol, cada clube vai jogar duas vezes com outro, em turno e returno. O número total de partidas (p) é dado por uma expressão algébrica por meio de uma fórmula.

Número de clubes	Número de partidas (p)
2	$2 = 2(2 - 1)$
3	$6 = 3(3 - 1)$
4	$12 = 4(4 - 1)$
5	
...	...
n	

a) Complete o quadro encontrando a fórmula.

____

b) Se no campeonato houver 20 clubes inscritos, qual será o número total de partidas?

____

c) Se o número de jogos for 90, quantos clubes vão disputar o campeonato?

27. Responda:

a) Qual é a velocidade média, em km/h, de um carro que percorre 528 km em 6 horas?

b) Qual é a velocidade média, em m/min, de uma bicicleta que percorre 2 km em 10 minutos?

c) Qual é a expressão algébrica que indica a velocidade média, em km/h, de um corredor que percorre 40 km em x horas?

28. Use as fórmulas e responda:

Fórmula da distância	
$d = vt$	*d*: distância em quilômetros *v*: velocidade média, em quilômetros por hora (km/h) *t*: tempo em horas

Fórmula do consumo	
$c = \frac{d}{q}$	*c*: consumo em quilômetros por litro *d*: distância em quilômetros *q*: quantidade de litros de combustível

Fórmula do custo	
$C = pq$	*C*: custo em reais *p*: preço de 1 litro de combustível *q*: quantidade de litros de combustível

a) Em quanto tempo um veículo percorre 260 km a uma velocidade média de 65 km/h?

b) Quantos litros de gasolina são necessários para uma viagem de 260 km se o consumo do veículo é de 1 L para cada 13 km?

c) Qual é o custo para colocar 20 L de combustível em um veículo sabendo que o preço do combustível é de R$ 2,20 o litro?

29. Obtenha a fórmula que expressa *y* em relação a *x* a partir dos seguintes gráficos:

a) ______________

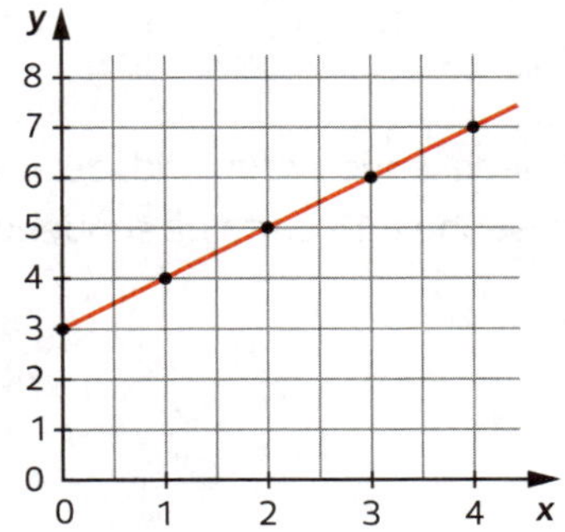

b) ______________

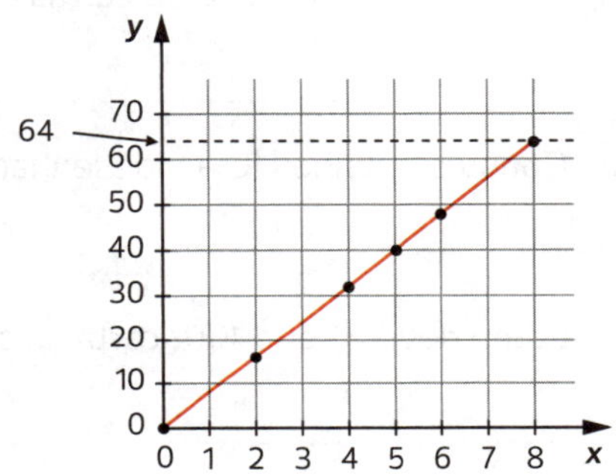

30. Observe a sequência:

$$\frac{1}{3}, \frac{4}{6}, 1, \frac{4}{3}, \frac{25}{15}, \ldots$$

a) Que fração ocupará a 6ª posição? ________.

E a 7ª posição? ________.

b) Que posição ocupará a fração $\frac{289}{51}$? Justifique sua resposta. ______________.

____

____

c) Qual será o numerador da 86ª fração? ________.

d) É possível escrever uma generalização que estabeleça uma relação entre a posição e a fração obtida? Verifique sua veracidade.

____

____

31. Observe a sequência:

a) Obedecendo à regularidade acima, faça um desenho representando a 9ª carta da sequência. Em seguida, desenhe a 11ª carta da sequência.

b) Em uma sequência de 30 cartas com essa regularidade, quantas delas apresentam apenas um patinho?

____

c) Quantos patinhos foram desenhados na 6ª figura?

____

d) Como deverá ser a 100ª carta da sequência?

____

e) Você consegue descrever uma relação entre as cartas que apresentam um patinho apenas e a ordem da figura? Verifique sua veracidade.

32. Atualmente, os computadores são cada vez mais utilizados, tanto pelas empresas quanto pelas pessoas. Em uma pesquisa realizada no Brasil, foi feita uma comparação entre o tempo que as pessoas gastam em certas atividades e o número de computadores vendidos no Brasil nesse mesmo intervalo de tempo.

Enquanto se...	São vendidos no Brasil
... viaja na ponte aérea Rio-São Paulo	900 computadores
... assiste a um capítulo de novela	1200 computadores
... assiste a uma partida de futebol	1800 computadores

Considerando tais informações, resolva:

a) No quadro, temos a informação de que a quantidade de computadores vendidos é proporcional a certo intervalo de tempo. Assim, mesmo sem saber com exatidão o tempo de cada uma das atividades indicadas, é possível relacioná-las utilizando a segunda coluna do quadro. Considere as seguintes variáveis:
V = tempo, em minutos, de uma viagem Rio-São Paulo de avião.
N = tempo, em minutos, de um capítulo de novela.
F = tempo, em minutos, de uma partida de futebol.

Agora, escreva as fórmulas que relacionam:

A) V e $N \rightarrow$

B) V e $F \rightarrow$

C) N e $F \rightarrow$

b) Nessa mesma pesquisa foi informado que "em apenas 3 segundos um novo computador é vendido no Brasil". Calcule o tempo de:

A) uma viagem na ponte aérea Rio-São Paulo:

B) um capítulo de novela:

C) uma partida de futebol:

c) Volte às respostas do item anterior e verifique se estão de acordo com a realidade. Troque ideias com os colegas e, se necessário, faça as correções.

d) Pense em mais uma atividade de que você saiba o tempo de duração e acrescente ao quadro.

3 Ângulos, triângulos e quadriláteros

1. Na figura ao lado, $r \mathbin{//} s$ e t é uma reta transversal. Indique quais ângulos são:

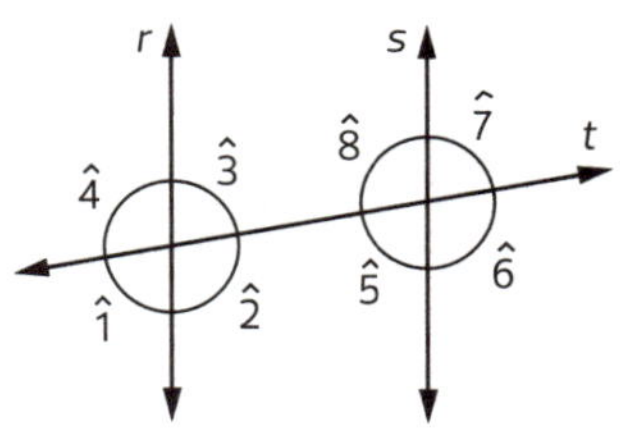

a) correspondentes: ________________

b) alternos internos: ________________

c) alternos externos: ________________

d) colaterais internos: ________________

e) colaterais externos: ________________

f) opostos pelo vértice: ________________

2. Na figura da atividade anterior, sabendo que a medida do ângulo $\hat{1}$ é igual a 63° 15′, determine as medidas de todos os demais ângulos.

____

____

____

____

3. A diferença entre as medidas dos ângulos colaterais internos formados por uma transversal com duas retas paralelas é de 26° 16′. Determine as medidas desses ângulos.

4. Na figura abaixo, sabendo que a medida do ângulo $\hat{1}$ é igual à metade da medida do ângulo $\hat{2}$, determine a medida de cada um dos ângulos indicados.

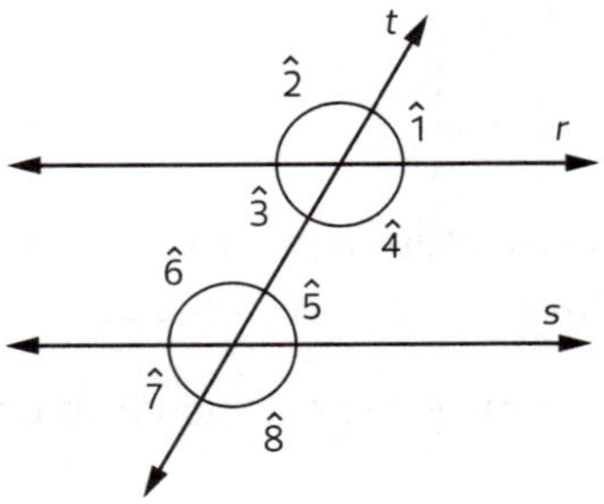

5. Considerando uma figura como a da atividade anterior, na qual $m(\hat{2}) - m(\hat{1}) = 40°$, determine as medidas de todos os ângulos.

6. Na figura abaixo, $r \mathbin{//} s$ e $t \mathbin{//} u$. Sabendo que a medida do ângulo $\hat{1}$ é igual a 50° 18′, quais são as medidas dos ângulos $\hat{3}$ e $\hat{4}$?

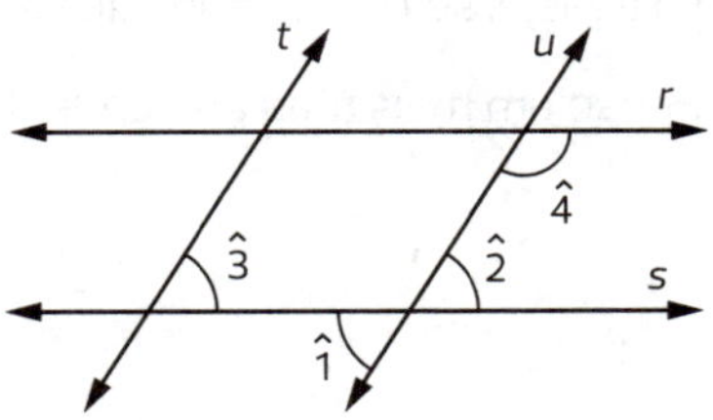

7. Desafio

Na figura abaixo, a medida do ângulo $\hat{1}$ é igual a 48° 15′. A reta *u*, paralela à reta *t*, é a bissetriz do ângulo $A\hat{C}D$. Determine as medidas dos ângulos $\hat{2}$ e $\hat{3}$.

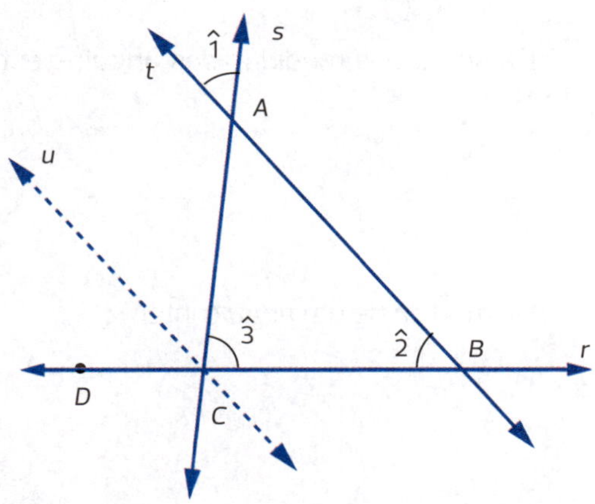

8. A soma das medidas dos ângulos internos de um polígono convexo é igual a 720°. Quantos lados tem esse polígono?

9. Em um octógono regular, calcule:

a) a soma das medidas dos ângulos internos;

b) a soma das medidas dos ângulos externos;

c) a medida de um ângulo interno;

d) a medida de um ângulo externo;

e) o número de diagonais.

10. Qual é o polígono regular cuja medida do ângulo externo é 72°?

11. Quantos lados tem um polígono regular cuja medida do ângulo interno é o triplo da medida do ângulo externo?

12. Determine a medida dos ângulos da base de um triângulo isósceles, sabendo que a medida do ângulo do vértice é 46° 18′.

13. Em um triângulo retângulo, a medida de um ângulo agudo é o dobro da medida do outro. Qual é a medida de cada ângulo agudo?

14. Em um triângulo retângulo, um dos ângulos agudos mede 57° 25′. Determine as medidas dos ângulos internos e dos ângulos externos desse triângulo.

15. Determine a medida dos ângulos internos $\hat{A}$, $\hat{B}$ e $\hat{C}$ de um triângulo sabendo que $m(\hat{A})$ é a metade de $m(\hat{C})$ e $m(\hat{B})$ é o triplo de $m(\hat{C})$.

16. A soma das medidas dos ângulos internos de um polígono convexo é igual à soma das medidas de 6 ângulos retos. Quantos lados tem esse polígono?

17. Considere um icoságono regular e calcule:

a) a soma das medidas dos ângulos internos;

b) a soma das medidas dos ângulos externos;

c) a medida de um ângulo interno;

d) a medida de um ângulo externo;

e) o número de diagonais;

18. A medida do ângulo externo de um polígono regular diminuída de 6° é igual a $\frac{1}{100}$ da soma das medidas dos ângulos internos de um dodecágono. Quantos lados tem esse polígono?

19. Qual é o polígono regular cuja medida de um ângulo interno é $\frac{1}{10}$ da soma das medidas dos ângulos internos?

20. Qual é o polígono cuja soma das medidas dos ângulos internos é igual à metade da soma das medidas dos ângulos externos?

21. Quantos lados tem um polígono regular cuja medida do ângulo externo é 12°?

22. **Desafio**

Quantos lados tem um polígono convexo cujo número de diagonais é o dobro do número de lados?

23. Demonstre que em um quadrado *ABCD* qualquer as medidas das diagonais são iguais.

24. Determine as medidas dos ângulos internos dos triângulos em que foi decomposto cada polígono regular:

a)

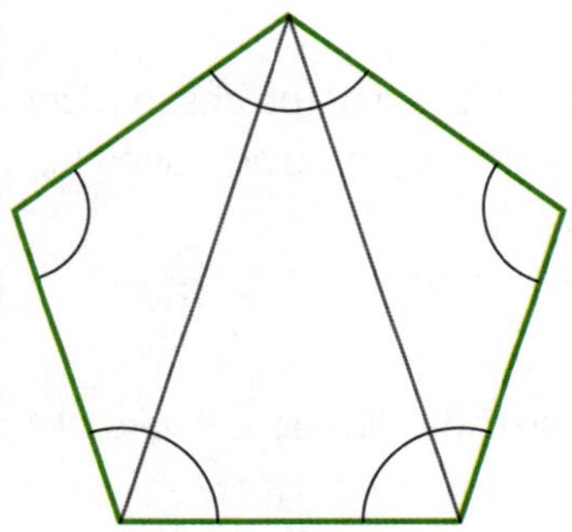

b)

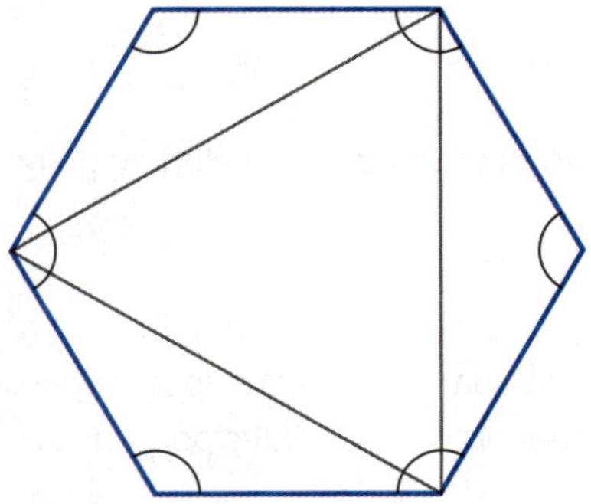

25. Em um $\triangle ABC$, temos $\hat{A}$ com 44° e $\hat{B}$ com 51°. Calcule a medida:

a) do ângulo externo adjacente a $\hat{B} \rightarrow$

____

b) do ângulo externo adjacente a $\hat{C} \rightarrow$

____

c) do ângulo externo adjacente a $\hat{A} \rightarrow$

____

d) do ângulo interno $\hat{C} \rightarrow$

____

Responda: Qual é o nome desse triângulo quanto aos ângulos e quanto aos lados?

____

26. Verifique se cada afirmação é verdadeira ou falsa:

a) Todo retângulo é polígono regular → ________.

b) Existe retângulo que é polígono regular → ________.

c) Nenhum triângulo isósceles é polígono regular → ________.

d) Nenhum triângulo escaleno é polígono regular → ________.

27. Calcule a soma do número de lados com o número de diagonais nos seguintes polígonos convexos:

a) Triângulo → ____________________.

b) Quadrilátero → ____________________.

c) Pentágono → ____________________.

d) Icoságono → ____________________.

28. Construa os triângulos indicados, observe seus ângulos e escreva o nome deles quanto aos lados e quanto aos ângulos.

Triângulos	Medidas dos lados	Tipo do triângulo quanto aos lados	Tipo do triângulo quanto aos ângulos
$\triangle ABC$	$\overline{AB}$: 6 cm; $\overline{AC}$: 4 cm; $\overline{BC}$: 3 cm		
$\triangle EFG$	$\overline{EF}$: 3 cm; $\overline{EG}$: 6 cm; $\overline{FG}$: 6 cm		
$\triangle PQR$	$\overline{PQ}$: 4 cm; $\overline{PR}$: 4 cm; $\overline{QR}$: 4 cm		
$\triangle XYZ$	$\overline{XY}$: 6 cm; $\overline{XZ}$: 2,5 cm; $\overline{YZ}$: 6,5 cm		

29. Aplicando um dos casos de congruência (*LLL*, *LAL*, *ALA*, LAA_o), verifique em cada item se os triângulos são congruentes, considerando as medidas conhecidas.

a) ______________

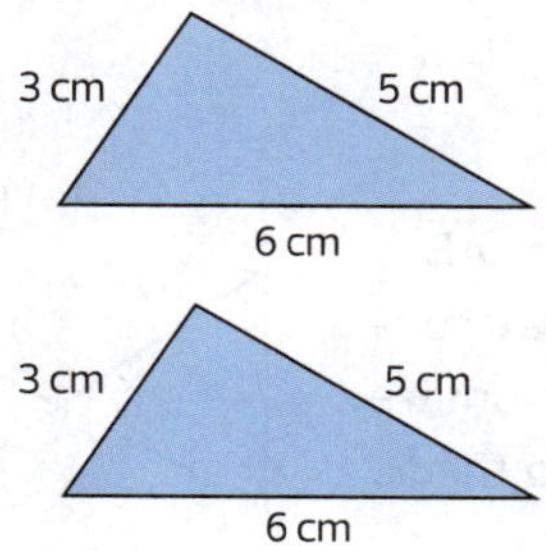

b) ______________

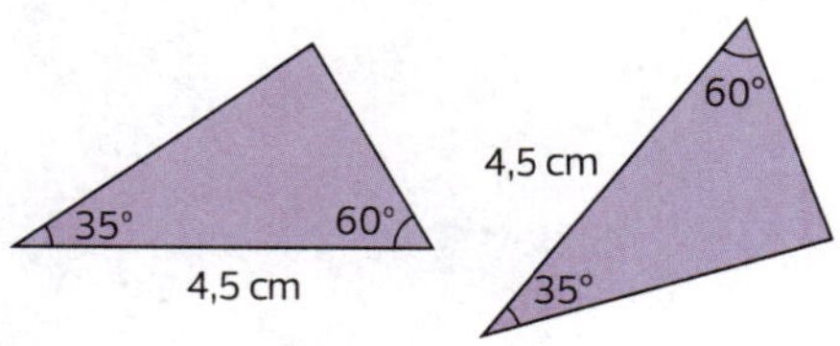

c) ______________

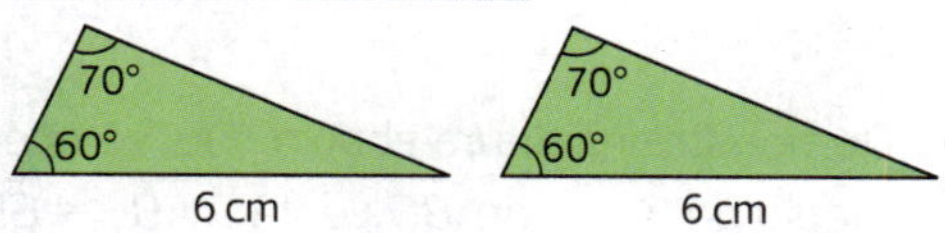

d) ______________

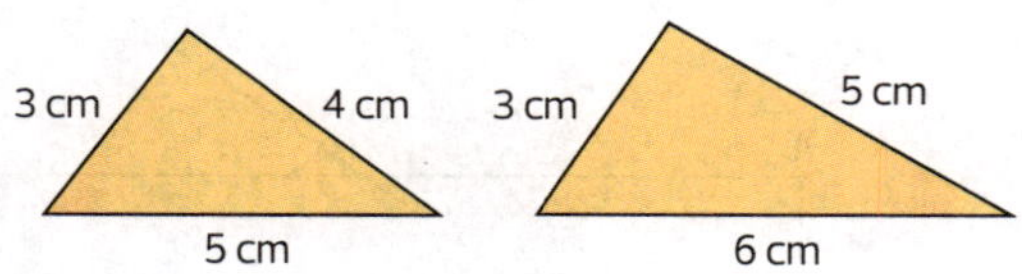

e) ______________

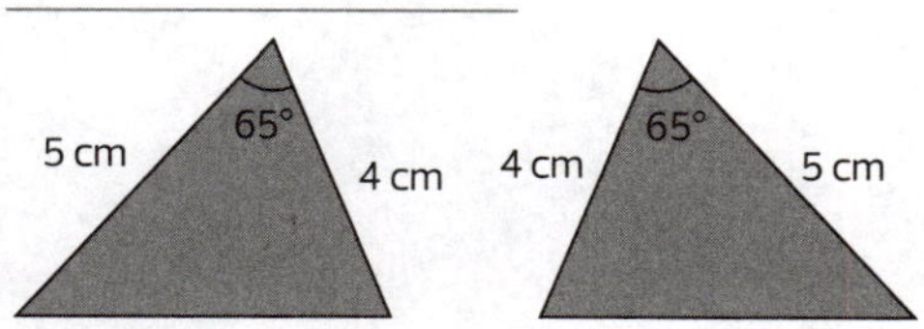

f) ______________

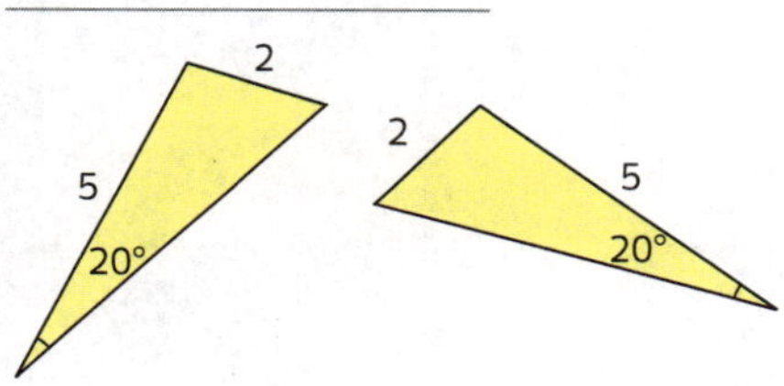

30. Em cada item, de acordo com as informações apresentadas, dê uma destas conclusões:

- os triângulos são congruentes;
- os triângulos não são congruentes;
- os triângulos podem ou não ser congruentes.

Se for a primeira, indique o caso de congruência que garante a conclusão.

a) $\triangle ABC$ tem lados de 6 cm, 9 cm e 4 cm.
$\triangle EFG$ tem lados de 9 cm, 4 cm e 6 cm.

____

b) $\triangle RSP$ tem ângulos de 40°, 80° e 60°.
$\triangle DEF$ tem ângulos de 40°, 80° e 60°.

____

c) $\triangle GHI$ tem $\hat{G}$ de 100°, $\hat{H}$ de 45° e $\overline{GH}$ de 7 cm.
$\triangle JLM$ tem $\hat{L}$ de 45°, $\hat{M}$ de 100° e $\overline{LM}$ de 7 cm.

____

d) $\triangle TUV$ tem perímetro de 26 cm.
$\triangle XYZ$ tem perímetro de 28 cm.

____

e) Um triângulo acutângulo e um triângulo retângulo.

____

f) $\triangle PMS$ e $\triangle ARH$, com $\overline{PM} \cong \overline{AR}$, $\overline{PS} \cong \overline{AH}$ e $\hat{P} \cong \hat{A}$

____

g) Dois triângulos equiláteros de mesmo perímetro.

____

h) Dois triângulos escalenos de um mesmo perímetro.

____

i) $\triangle ABC$ é escaleno e $\triangle PQR$ tem ângulos de 40°, 100° e 40°.

____

j) $\triangle MHS$ tem um lado de 6 cm, um lado de 8 cm e um ângulo de 40°.
$\triangle PTR$ tem um lado de 6 cm, um lado de 8 cm e um ângulo de 40°.

____

31. Na figura ao lado temos $\overline{AB} \cong \overline{DC}$ e $\overline{AC} \cong \overline{BD}$.
Prove que $m(\hat{1}) = m(\hat{2})$.

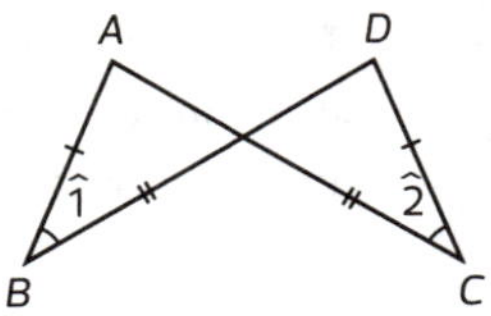

32. Prove que em um $\triangle ABC$ isósceles de base $\overline{BC}$, as medidas das bissetrizes $\overline{BN}$ e $\overline{CM}$ são iguais, ou seja, $\overline{BN} \cong \overline{CM}$.

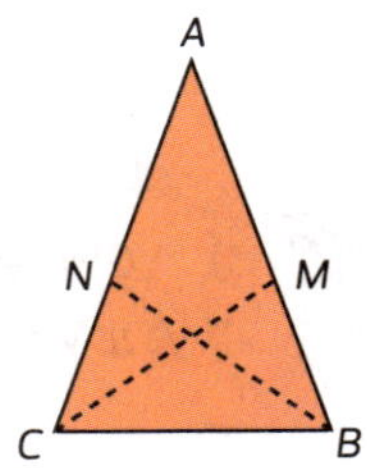

33. Na figura abaixo, $\overline{GH}$ é a altura e $\overline{GB}$ é a bissetriz do triângulo EFG. Complete o quadro:

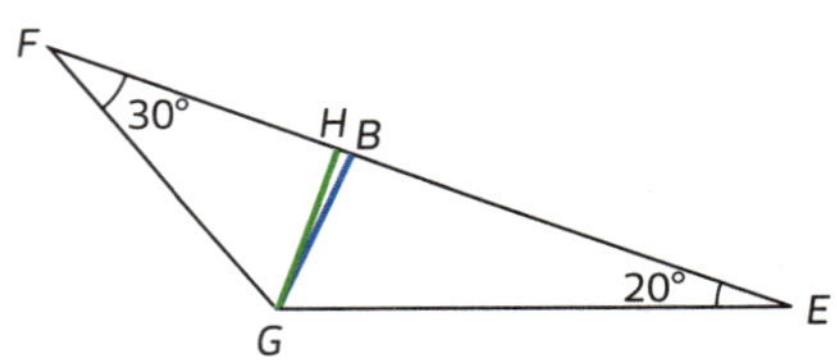

Triângulo	Medidas dos três ângulos internos	Nome do triângulo quanto aos ângulos
EFG		
GBE		
FHG		
FBG		
HGE		
GHB		

34. Quais triângulos do quadro da atividade anterior são escalenos?

____

____

35. Na figura ao lado, $\hat{x}$ mede 24° a menos do que $\hat{y}$. Calcule as medidas de $\hat{x}$ e $\hat{y}$.

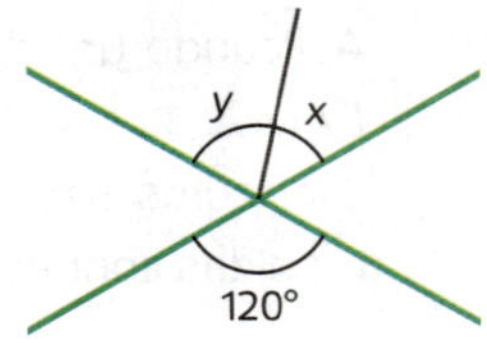

36. Na figura ao lado, $\overline{AB}$ e $\overline{PQ}$ são paralelos e congruentes. Demonstre que *C* é o ponto médio de $\overline{AP}$ e de $\overline{BQ}$.

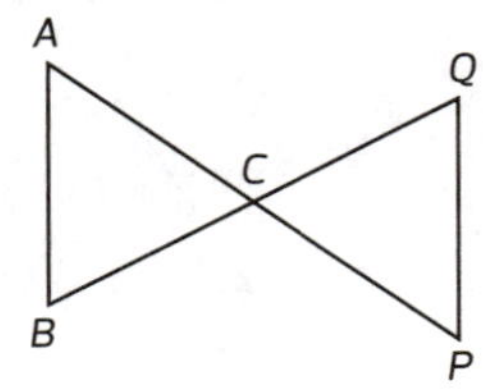

37. Demonstre na figura abaixo que, se *M* é o ponto médio de $\overline{AC}$ e de $\overline{BD}$, então $\overline{AB} \cong \overline{CD}$.

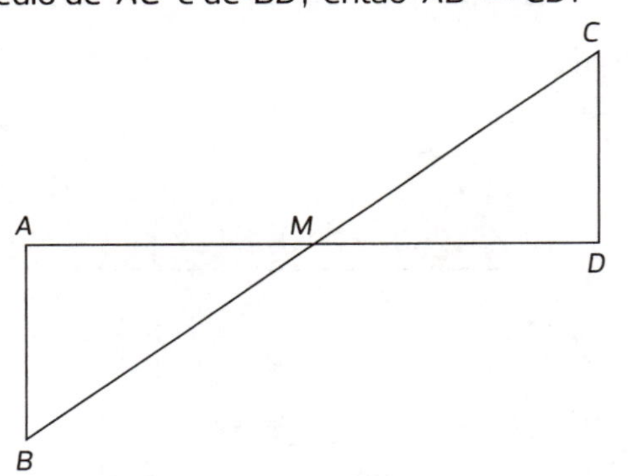

38. Considere os segmentos de reta e os ângulos abaixo com suas medidas indicadas e construa as figuras pedidas nos itens a seguir. Use régua sem graduação e compasso.

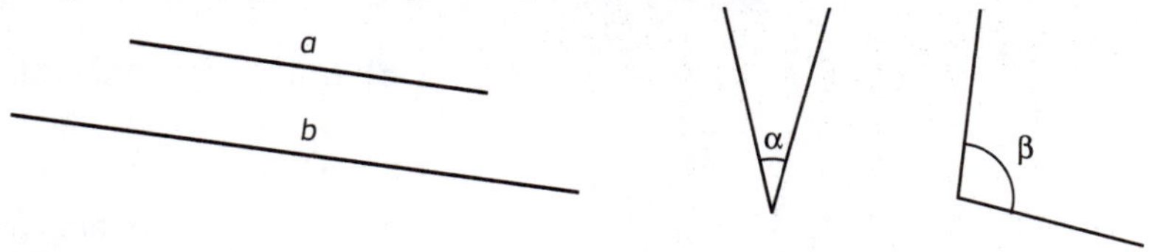

a) Um segmento $\overline{RS}$ de medida *b*; localize, em seguida, seu ponto médio *M*.

b) Um triângulo *EFG* tal que $m(\overline{EF}) = a$, $m(\hat{E}) = \beta$ e $m(\hat{F}) = \alpha$.

c) Um ângulo $D\hat{H}Q$ de medida *x* tal que $x + \beta = 180°$.

d) Um paralelogramo com perímetro $2a + 2b$, no qual um dos ângulos meça α.

e) Um triângulo no qual os lados meçam *b*, *a* e *a*. Depois, trace a altura relativa ao lado de medida *b*.

f) Um ângulo $M\hat{O}N$ de medida β; trace sua bissetriz $\overrightarrow{OP}$.

g) Um segmento $\overline{XY}$ de medida *a*; trace, em seguida, sua mediatriz *m*.

h) Um triângulo *EJL* tal que $m(\overline{EJ}) = b$, $m(\overline{EJ}) = a$ e $m(\hat{E}L) = \beta$. Em seguida, localize o incentro *I* do triângulo *EJL*.

i) Um triângulo com lados medindo *a*, *a* e *b*, seu circuncentro *C* e a circunferência circunscrita a ele.

39. Em um $\triangle ABC$ temos $\hat{A}$ de 80° e $\hat{C}$ de 30°. *M* é um ponto de $\overline{AC}$ e $\overline{BM}$ é bissetriz de $\hat{B}$. Calcule as medidas de:

a) $\hat{B} \rightarrow$ ______________________.

b) $A\hat{B}M \rightarrow$ ______________________.

c) $A\hat{M}B \rightarrow$ ______________________.

d) $C\hat{M}B \rightarrow$ ______________________.

40. Complete.

a) Em um $\triangle ABC$ que tem $\overline{AB}$ com 9 cm, $\overline{AC}$ com 6 cm e $\overline{BC}$ com 8 cm, o maior ângulo é ______ e o menor ângulo é ______.

b) Se um triângulo isósceles tem um lado de 9 cm e um lado de 4 cm, o terceiro lado mede ______.

c) Em um $\triangle PQR$, temos $\hat{P}$ de 42° e $\hat{Q}$ de 28°. Nesse triângulo o maior lado é ______, o menor lado é ______. Quanto aos ângulos, esse triângulo chama-se ______________ e quanto aos lados, chama-se ______________.

41. Em um triângulo escaleno o lado maior mede 7,25 m, e o lado menor mede 2,7 cm. Quais são as possíveis medidas do terceiro lado em centímetros?

____

____

42. Verifique se existe ou não um triângulo com as características dadas.

a) Triângulo com lados de 8 cm, 18 cm e 10 cm.

____

b) Triângulo com ângulos internos de 70°, 40° e 70°. ______________________

c) Triângulo com lados de 7 cm, 12 cm e 6 cm.

____

d) Triângulo com ângulos internos de 70°, 70° e 70°. ______________________

e) Triângulo com ângulos externos de 120°, 140° e 100°. ______________________

f) Triângulo com um lado de 19 cm, um lado de 8 cm e perímetro de 36 cm.

____

g) Triângulo com um ângulo interno reto, um agudo e um obtuso.

____

h) Triângulo com um lado de 6 cm, um lado de 4 cm e outro lado de 6 cm.

____

43. Carina quer construir uma região hexagonal regular cujos lados medem 4 dm. Para isso, ela vai usar peças com a forma de triângulos equiláteros cujos lados medem 2 dm. De quantas peças ela vai precisar?

44. É possível preencher o plano com paralelogramos e triângulos equiláteros? Se sim, esboce um desenho. Se não, explique por quê.

45. Veja alguns exemplos do preenchimento do plano ou ladrilhamento:

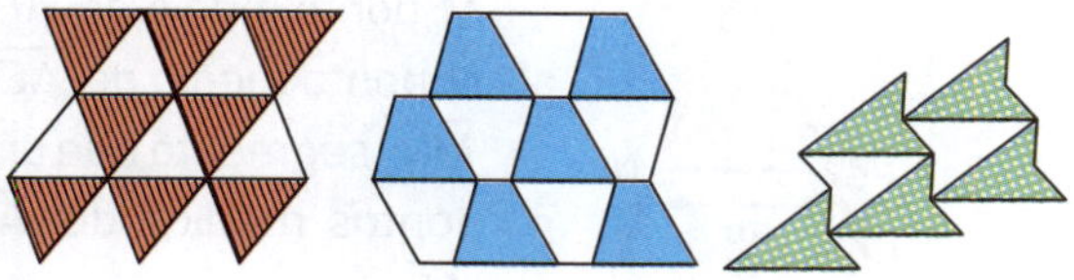

Observe o ladrilhamento na malha quadriculada. Continue a ladrilhar até obter pelo menos 25 quadriláteros congruentes.

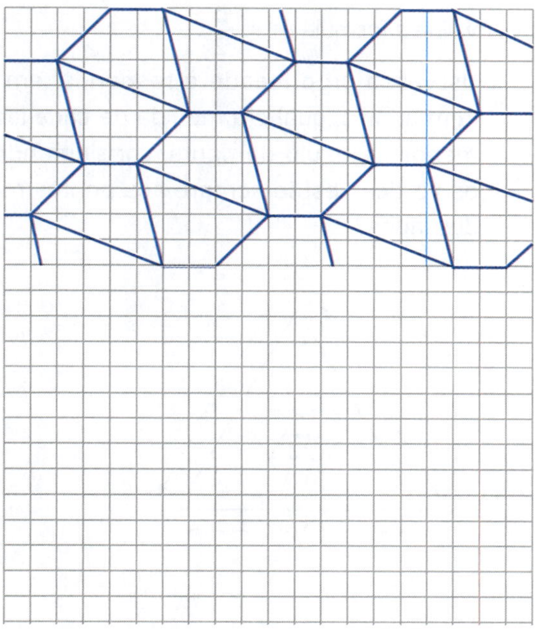

46. Invente um ladrilhamento.

47. Na malha quadriculada, preencha uma região do plano com octógonos regulares e quadrados.

48. As retas r e s da figura abaixo são paralelas. Determine a medida dos três ângulos assinalados.

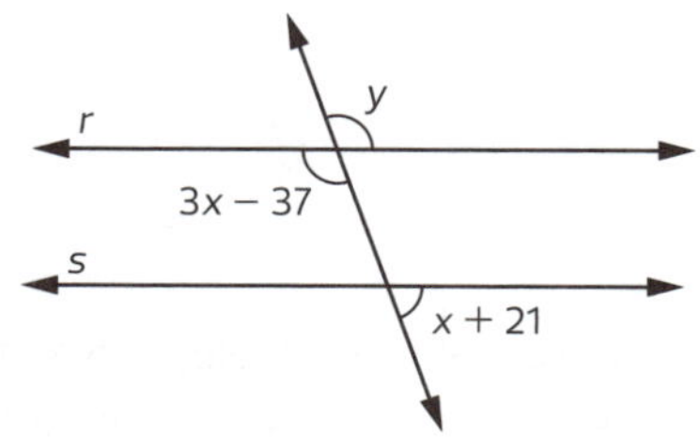

49. Considere a figura abaixo e determine a medida do ângulo externo do $\triangle ABC$ adjacente ao ângulo interno $\hat{A}$.

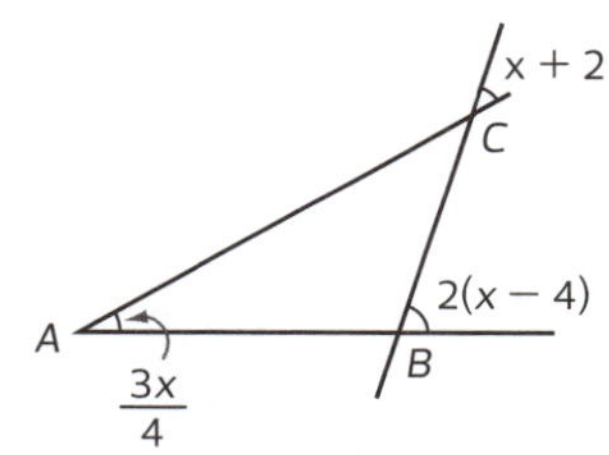

50. Construa, usando régua e transferidor, um $\triangle RSP$ tal que $SP = 8$ cm, $RP = 7$ cm e $m(\hat{P}) = 40°$. Se O é o ortocentro desse triângulo, qual é a medida de $S\hat{O}R$?

51. Em um $\triangle ABC$ o perímetro é de 30 cm, o lado $\overline{AB}$ mede 9 cm, o lado $\overline{BC}$ mede 11 cm e $\overline{AM}$ é uma das medianas. Determine as medidas de $\overline{AC}$, $\overline{BM}$ e $\overline{CM}$.

52. O triângulo MRH é isósceles, e o ângulo oposto à sua base $\overline{RH}$ mede 24°. Se $\overline{HB}$ é uma das bissetrizes desse triângulo, calcule a medida de $R\hat{B}H$.

53. (Saresp) Observe os lados do triângulo. É correto afirmar que:

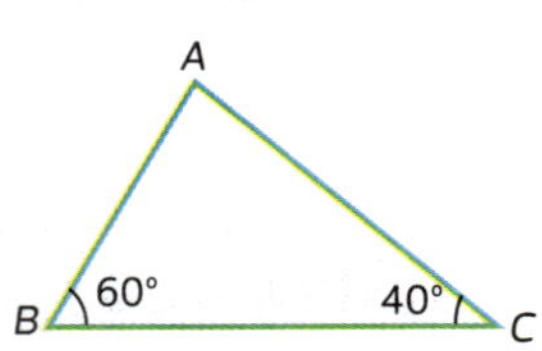

a) $\overline{AB}$ é o maior lado.

b) $\overline{AB} = \overline{AC}$.

c) $\overline{AC}$ é o menor lado.

d) $\overline{BC}$ é o maior lado.

54. Analise a figura abaixo e as informações sobre ela:

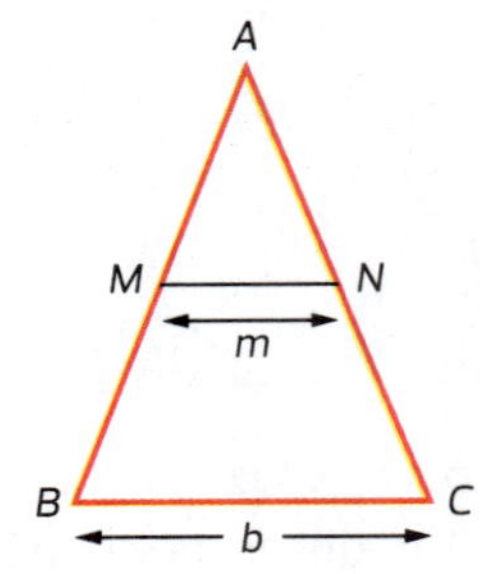

$\overline{BC}$: base do triângulo ABC
M: ponto médio de $\overline{AB}$
N: ponto médio de $\overline{AC}$
$\overline{MN}$: segmento que une os pontos médios de $\overline{AB}$ e $\overline{AC}$
m: medida de $\overline{MN}$
b: medida de $\overline{BC}$

Para um triângulo ABC nas condições acima, é válida a fórmula $m = \dfrac{b}{2}$.

Use essa propriedade e responda: em cada item abaixo, qual é a medida de cada lado do menor triângulo da figura, considerando que os vértices estão sempre nos pontos médios dos lados?

a) ____________________

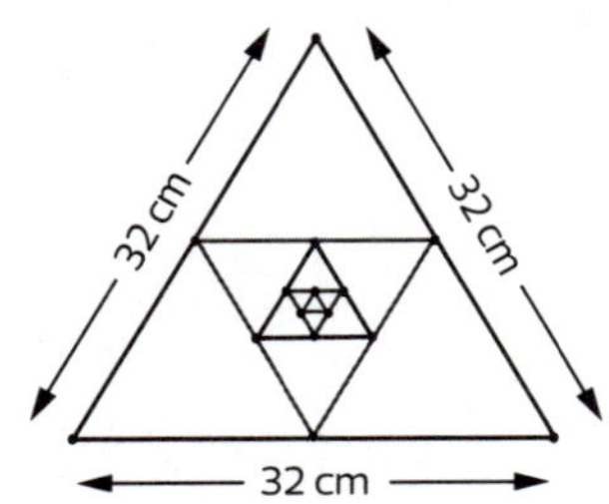

b) ____________________

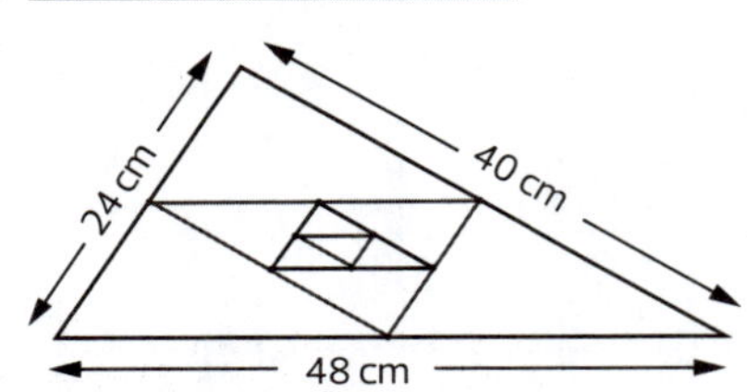

55. Para ornamentar a festa do dia do meio ambiente, Luciana e seus colegas confeccionaram peixinhos usando regiões triangulares isósceles. Todos os peixinhos foram feitos apresentando simetria axial.

a) Veja as regiões triangulares utilizadas e um dos peixinhos confeccionados por eles:

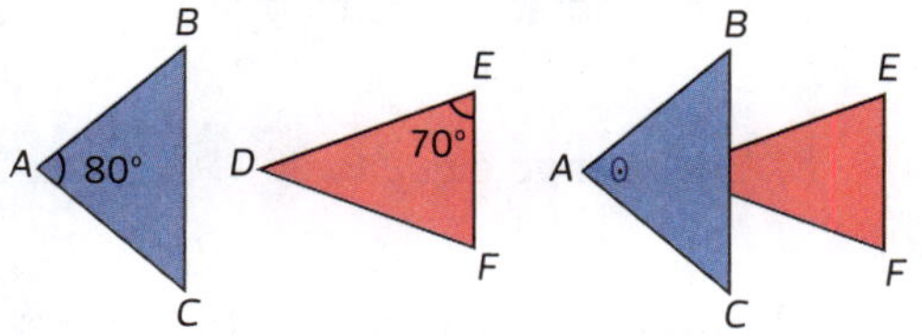

Analise as medidas dadas e determine as demais medidas dos ângulos ($\hat{A}$ a $\hat{F}$), sem usar transferidor.

$\hat{A}$: ________	$\hat{D}$: ________
$\hat{B}$: ________	$\hat{E}$: ________
$\hat{C}$: ________	$\hat{F}$: ________

b) Considere sempre as letras de A a F nas posições do item anterior. Em cada caso, determine as medidas dos seis ângulos sem usar transferidor e considerando as regiões triangulares isósceles de bases $\overline{BC}$ e $\overline{EF}$.

A) ________________________________.

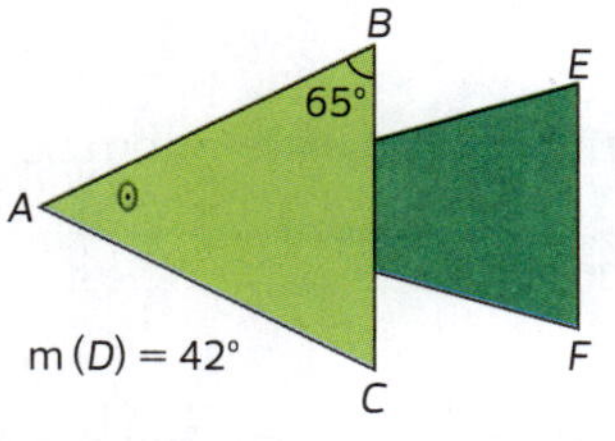

B) ________________________________.

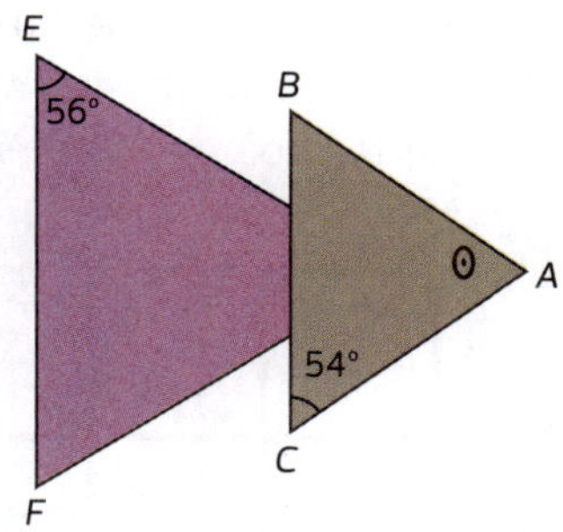

c) Agora, use régua e transferidor e construa mais dois peixinhos de acordo com as informações dadas. Pinte como desejar.

- $m(\hat{A}) = 60°$; $m(\hat{D}) = 40°$; alturas relativas à base: $\triangle ABC = 3{,}4$ cm e $\triangle DEF = 5{,}5$ cm.

- $m(\hat{B}) + m(\hat{C}) = 80°$; $m(\hat{D}) = 2 \cdot m(\hat{E})$; bases: $\overline{BC} = 5{,}5$ cm e $\overline{EF} = 4{,}5$ cm.

56. Vovó fez um bolo retangular de 30 cm por 20 cm para seus seis netos e disse que iria cortá-lo em seis pedaços quadrados de mesmo tamanho, fazendo três cortes no bolo. Observe como ela iria fazer:

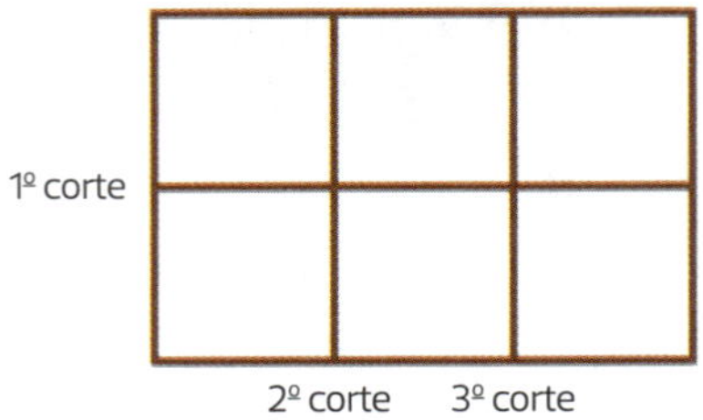

Acontece que dois netos queriam pedaços quadrados, dois queriam pedaços triangulares e dois queriam pedaços retangulares (não quadrados). Então, ela pensou em repartir assim:

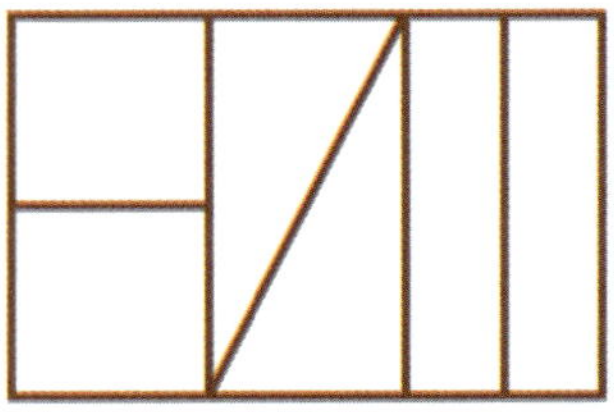

a) Nesse caso, quantos cortes seriam feitos?

_______________. Indique-os na figura acima.

b) Mostre como a vovó poderia atender ao pedido de seus netos, fazendo o menor número de cortes possível. Quantos cortes seriam?

____

c) E se o bolo tivesse 60 cm por 10 cm, qual seria o menor número possível de cortes para atender ao pedido dos netos? _______________. Faça a divisão no desenho abaixo.

57. Verifique se o que está descrito em cada item ocorre *sempre*, *às vezes* ou *nunca*.

a) Um triângulo é congruente a um quadrilátero → _______________.

b) Um quadrado é losango → _______________.

c) Um losango é quadrado → _______________.

d) Um quadrilátero convexo tem a soma das medidas de seus ângulos internos igual a 360° → _______________.

e) Dois ângulos opostos pelo vértice são congruentes → _______________.

f) Dois ângulos agudos são suplementares → _______________.

g) Um triângulo acutângulo tem um ângulo de 20° → _______________.

h) Um triângulo acutângulo tem um ângulo de 90° → _______________.

i) Um triângulo equilátero tem os três ângulos internos de 60° → _______________.

j) Um paralelogramo tem ângulos internos medindo 20°, 80°, 20° e 80° → _______________.

k) Dois quadrados de mesmo perímetro são congruentes → _______________.

l) Dois triângulos de mesmo perímetro são congruentes → _______________.

58. Classifique as afirmações em verdadeiras (V) ou falsas (F).

a) Todo trapézio isósceles é um quadrilátero. ( )

b) Todo quadrilátero é um trapézio. ( )

c) Todo quadrado é um losango. ( )

d) Todo paralelogramo é um losango. ( )

e) Todo retângulo é um paralelogramo. ( )

f) Existe quadrilátero que não é paralelogramo. ( )

g) Todo quadrado é um paralelogramo. ( )

59. Em um paralelogramo:

a) se um dos ângulos internos mede 70°, quanto medem os outros três ângulos?

____

b) se um ângulo interno mede a metade de outro, quais são as medidas dos quatro ângulos internos?

____

c) se dois ângulos medem 100° e 70°, quanto medem os outros dois?

____

____

d) se dois ângulos opostos medem $3x$ e $2x + 15$, quais são as medidas dos quatro ângulos?

____

____

60. Determine o valor de cada uma das medidas desconhecidas dos ângulos internos dos quadriláteros a seguir.

a) _______________.

b) _______________.

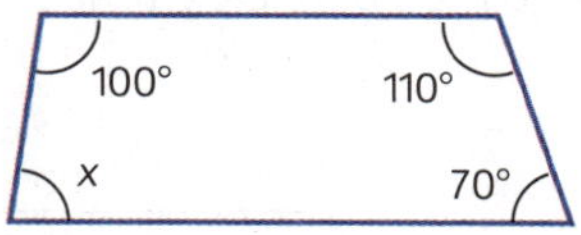

c) _______________.

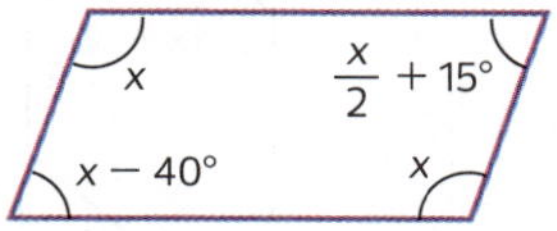

d) _______________.

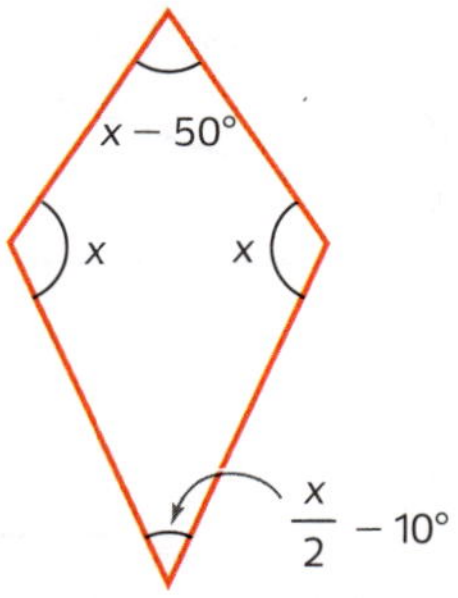

61. Em um paralelogramo a metade de uma diagonal mede 4,5 cm, e a metade da outra diagonal mede 6,5 cm. Qual é a diferença entre as medidas das duas diagonais?

62. Calcule as medidas dos quatro ângulos internos dos seguintes paralelogramos:

a) ____________________

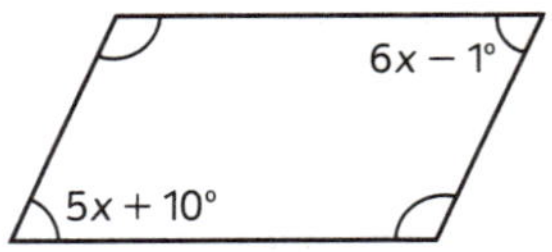

b) ____________________.

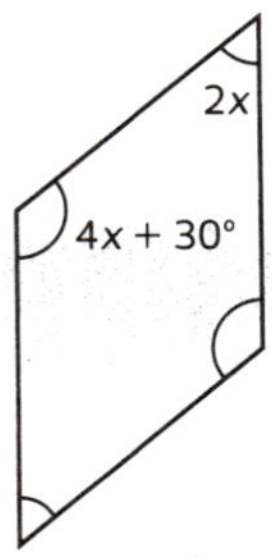

63. Qual é o valor da medida de cada ângulo dos paralelogramos abaixo?

a) ____________________.

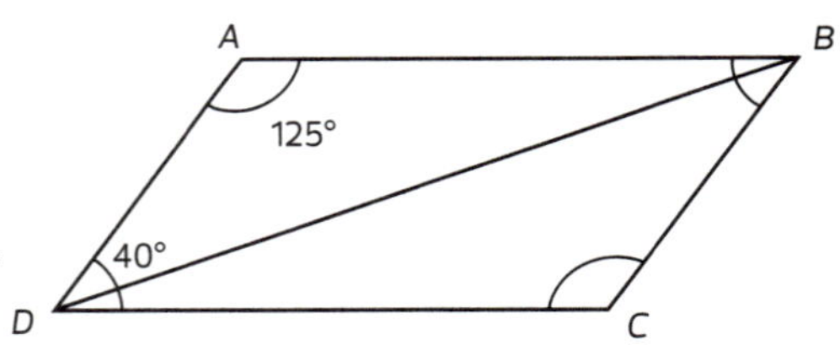

b) ____________________.

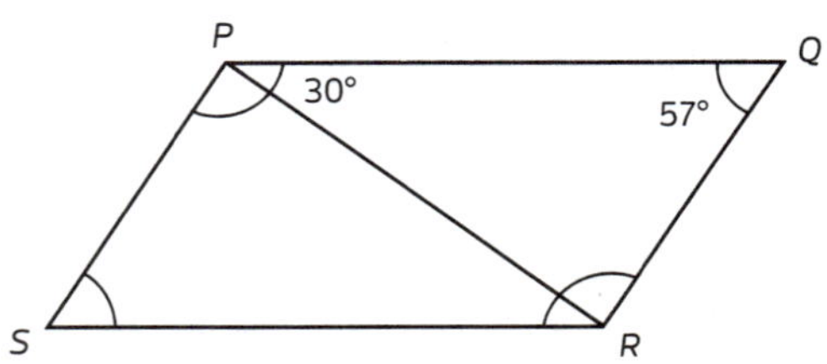

64. Quais são as medidas dos ângulos internos de um quadrilátero sabendo que a medida do segundo ângulo é 20° maior do que a do primeiro, a medida do terceiro ângulo é 20° maior do que a medida do segundo, e a medida do quarto ângulo é o dobro da medida do primeiro?

65. Determine o valor da medida x nos retângulos:

a) ____________________.

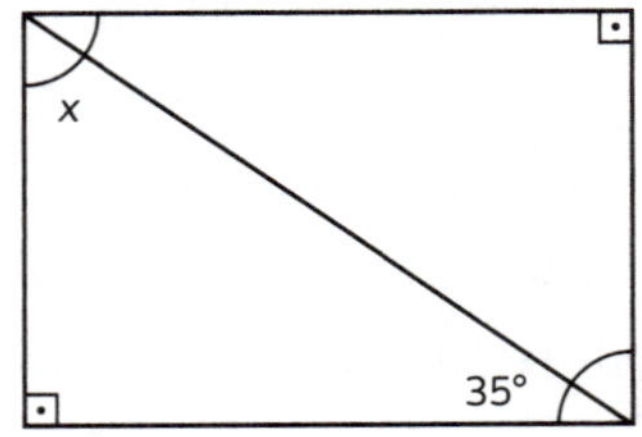

b) ____________________.

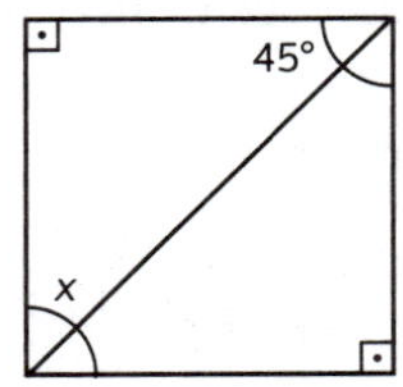

66. Determine o valor das medidas indicadas por a, b, m, n, x e y no paralelogramo.

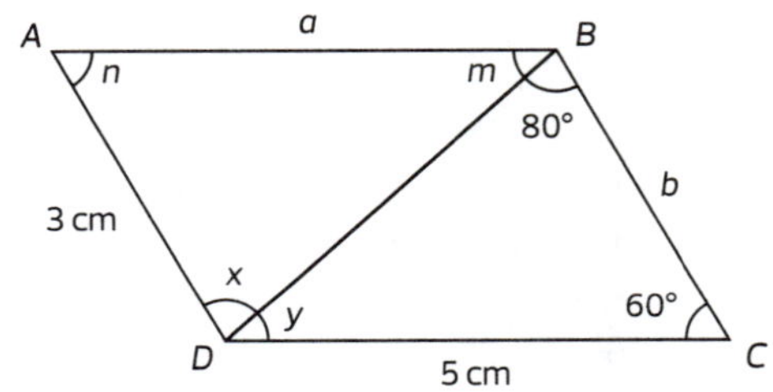

67. Determine as medidas x e y dos ângulos indicados no retângulo $PQRS$.

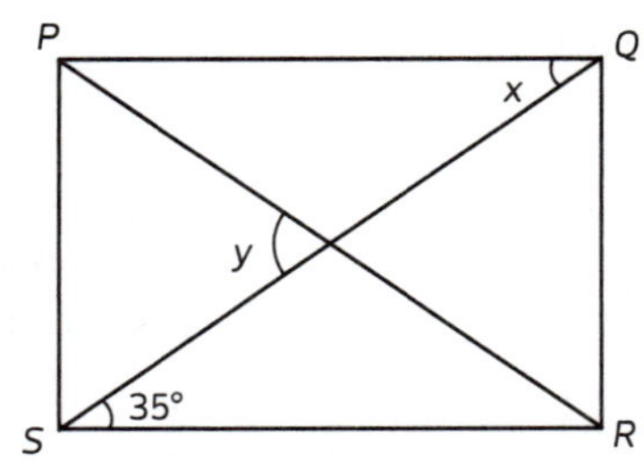

68. A diagonal menor de um losango divide-o em dois triângulos isósceles. Sabendo que cada ângulo agudo desse losango mede 40°, qual é a medida de cada ângulo obtuso desse losango?

69. Consideremos um losango *ABCD* qualquer. Classifique as afirmações em verdadeiras ou falsas.

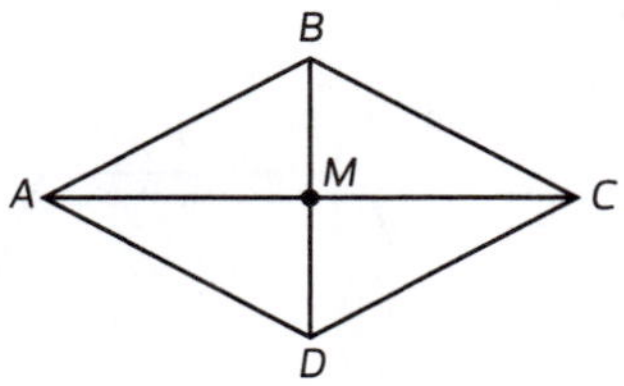

a) As diagonais se intersectam nos respectivos pontos médios. ( )

b) Os ângulos $B\hat{C}M$ e $D\hat{C}M$ têm medidas iguais. ( )

c) A diagonal $\overline{DB}$ é bissetriz dos ângulos $\hat{D}$ e $\hat{B}$. ( )

d) As diagonais $\overline{AC}$ e $\overline{DB}$ têm medidas iguais. ( )

e) Os triângulos *AMD* e *AMB* são congruentes. ( )

70. Consideremos um paralelogramo *ABCD* qualquer. Classifique as afirmações em verdadeiras ou falsas.

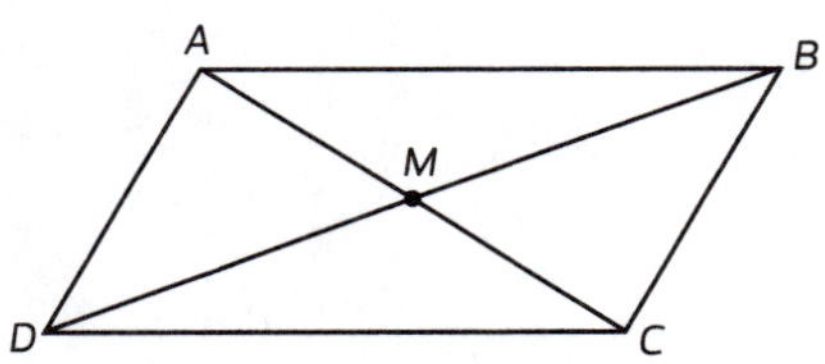

a) Os lados opostos $\overline{AB}$ e $\overline{DC}$ têm medidas iguais. ( )

b) As diagonais $\overline{AC}$ e $\overline{BD}$ têm medidas iguais. ( )

c) Os ângulos $\hat{A}$ e $\hat{D}$ têm medidas iguais. ( )

d) Os ângulos $\hat{B}$ e $\hat{D}$ têm medidas iguais. ( )

e) A diagonal $\overline{BD}$ é bissetriz do ângulo $\hat{B}$. ( )

f) Os ângulos $B\hat{A}C$ e $A\hat{C}D$ têm medidas iguais. ( )

71. No losango *PQRS*, determine o valor da medida *x* do ângulo indicado.

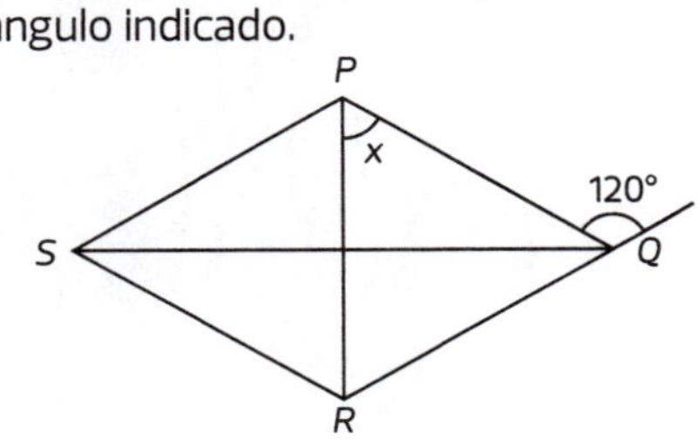

72. Determine as medidas *x*, *y*, *z* e *w* dos ângulos indicados no retângulo *ABCD*.

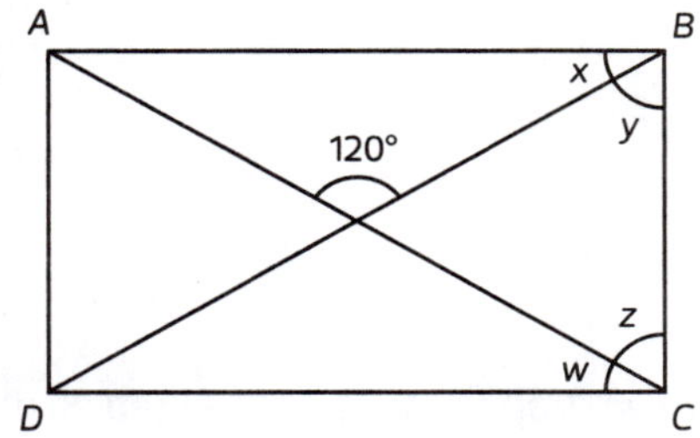

73. Sabendo que a base menor de um trapézio mede 4 cm e a base maior mede 6,5 cm, qual é a medida da base média desse trapézio?

74. Sabendo que a base média de um trapézio mede 5,5 cm e a base menor mede 3 cm, qual é a medida da base maior?

75. Quais são as medidas das bases maior (*B*) e menor (*b*) de um trapézio sabendo que a base média mede 6 cm e que a medida da base maior é o dobro da medida da base menor?

76. Uma diagonal de um trapézio isósceles mede 10 cm e a medida da outra diagonal é dada, em centímetros, pela expressão $\frac{2x}{3} + 4$. Qual é o valor de *x*?

77. Se um ângulo obtuso de um trapézio isósceles mede 110°, qual é a medida dos demais ângulos?

78. Em um trapézio isósceles a medida de um ângulo obtuso é igual ao triplo da medida de um ângulo agudo. Quais são as medidas dos ângulos desse trapézio?

79. Em um trapézio retângulo o menor ângulo tem medida *x* e o maior ângulo mede 115°. Quais são as medidas dos quatro ângulos desse trapézio?

80. Em um quadrilátero, colocando as medidas dos ângulos em ordem crescente, cada medida excede a anterior em 20°. Quais são as medidas dos ângulos desse quadrilátero?

81. No trapézio isósceles *PQRS* abaixo os segmentos $\overline{SM}$ e $\overline{NR}$ são congruentes. Justifique essa afirmação.

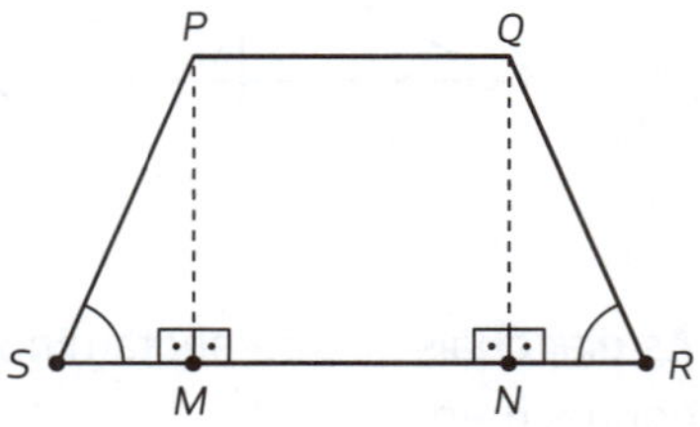

82. Em um losango o ângulo formado por uma diagonal com um dos lados mede 42° 20′. Determine as medidas dos ângulos desse losango.

83. Em um trapézio retângulo um dos ângulos mede $\frac{2}{3}$ da medida de um ângulo reto. Quais são as medidas dos ângulos desse trapézio?

4 Cálculo algébrico

1. Considere x um número real qualquer, y um número real diferente de zero e n um número inteiro. Represente por meio de expressões algébricas.

a) o quíntuplo de $x \rightarrow$ ______________.

b) 5 a mais do que $y \rightarrow$ ______________.

c) o antecessor de $n \rightarrow$ ______________.

d) a soma do quadrado de x com o dobro de $y \rightarrow$ ______________.

e) o inverso de $y \rightarrow$ ______________.

f) o oposto do quádruplo de $x \rightarrow$ ______________.

g) a soma do cubo de n com 6 $\rightarrow$ ______________.

h) o quociente de n por $y \rightarrow$ ______________.

i) o dobro do sucessor de $n \rightarrow$ ______________.

j) o sucessor do dobro de $n \rightarrow$ ______________.

k) o dobro do produto de x e $y \rightarrow$ ______________.

l) a metade da diferença entre x e o triplo de $y \rightarrow$ ______________.

m) a raiz quadrada do quíntuplo de $n \rightarrow$ ______.

2. Use as expressões da atividade 1 e responda:

a) Quais não são expressões algébricas inteiras?

____

b) Das expressões inteiras quais são monômios?

____

c) Qual é um binômio do 2º grau com duas variáveis? ______________.

d) Qual é um binômio do 3º grau? ______________.

3. Complete os espaços abaixo, usando expressões algébricas na forma mais simples possível.

a) André e Carla têm juntos 28 reais. Se Carla tem x reais, então André tem ______________ reais.

b) Um terreno retangular tem comprimento de x metros e largura de $(x - 5)$ metros. Seu perímetro é de ______________ metros e sua área é de ______________ metros quadrados.

c) O desenho ao lado mostra uma praça e as medidas indicadas estão em metros. Essa praça tem perímetro de __________ m e área de__________ m^2.

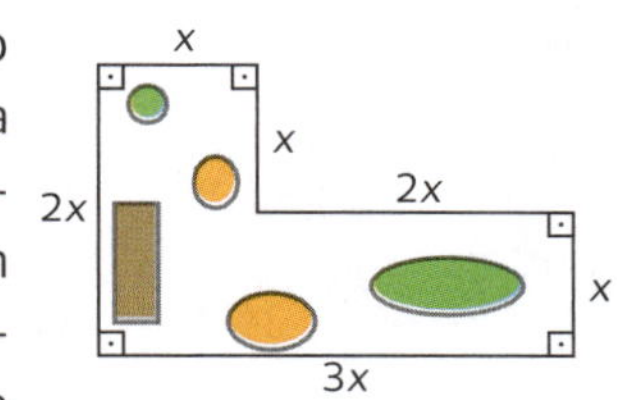

d) Um produto que custava x reais teve seu preço aumentado em 10% e depois teve seu preço diminuído em 25 reais. Agora, esse produto custa ______________________ reais.

e) Em um cinema, adultos pagam 20 reais e crianças pagam 10 reais. Se x adultos e y crianças foram a uma sessão, a quantia arrecadada foi de ______________________ reais.

f) Em uma região com população de 21500 habitantes e área de x km^2, a densidade demográfica é ______________ hab./km^2.

4. Analise todas as expressões algébricas da atividade 3 e indique entre elas:

a) a única que não é expressão algébrica inteira → ________.

b) as que são monômios → ________.

c) a que tem duas variáveis → ________.

d) a que é binômio de 2º grau → ________.

e) a que tem valor numérico 50, para $x = 15$ → ________.

____

5. Paulo comprou um fogão e pagou com uma entrada de R$ 200,00 e 5 prestações de x reais. O preço total pago pelo fogão pode ser indicado por ________ reais.
Qual deve ser o valor de cada prestação, no caso de o preço total do fogão ser R$ 945,00?

6. Escreva a área da região plana abaixo por meio da expressão algébrica que não tenha termos semelhantes.

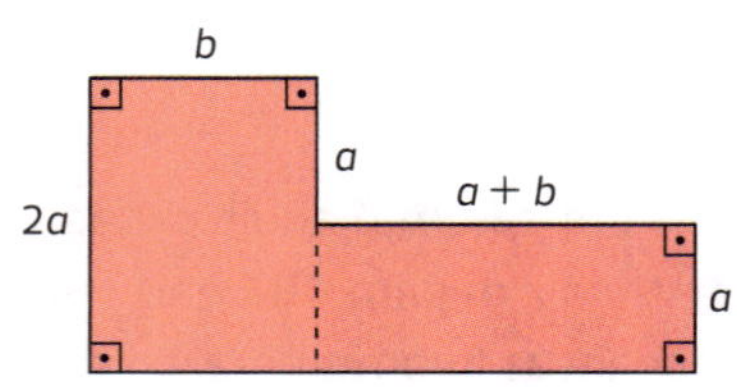

7. Se $3x$ e y indicam as medidas das diagonais de um losango, em cm, qual é o monômio que indica a área da região plana determinada por ele, em cm^2?

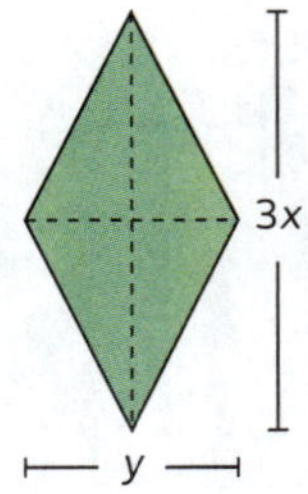

Indique o coeficiente e a parte literal desse monômio.

Escreva outro monômio, semelhante a esse, de coeficiente -4.

8. Responda:

a) $\dfrac{3x^2}{y^3}$ é um monômio? ________.

b) $-x^2y^3$ é um monômio? ________.

c) $4x^3$ e $-9x^3$ são monômios semelhantes? ________.

d) Qual é o coeficiente do monômio a^2b^3? ____.

e) Qual deve ser o valor de a para que $5x^a$ seja um monômio de variável x?

____

f) Qual é o grau do monômio $6xy$? ______.

g) Qual deve ser o valor de a para que os monômios $5x^2$ e $3x^a$ não sejam semelhantes?

____

h) $3abc$ é um monômio de quantas variáveis?

____

i) Qual é o coeficiente do monômio $\dfrac{x^3}{4}$? ____.

j) 18 é um monômio? ________.

k) $6x^{-2}$ é um monômio? ________.

9. Efetue as operações com monômios:

a) $(6x^6) : (2x^2)$, com $x \neq 0$ = ________

b) $4xy + 9xy$ = ________

c) $8x^2 - 3x$ = ________

d) $(7ab) \cdot (3a)$ = ________

e) $(2x^2)^4$ = ________

f) $5x^3 - x^3$ = ________

g) $(12xy) : (3xy)$, com $x \neq 0$ e $y \neq 0$ = ________

h) $9x - 12x$ = ________

i) $5 \cdot (-3x^2)$ = ________

j) $7ab + 5ab$ = ________

k) $7ab + 2ab$ = ________

l) $(3xy^2)^3$ = ________

m) $8a^2 + 4a^2$ = ________

n) $(5x^3) : (7x)$, para $x \neq 0$ = ________

o) $25xy - 5yx$ = ________

p) $(-2x)^6$ = ________

q) $3x \cdot (2x)$ = ________

r) $(5x) : (5x^2)$, para $x \neq 0$ = ________

s) $3a^2b + 5ab^2$ = ________

t) $12x^3 - 4x^3$ = ________

u) $(7ab) \cdot (2ab)$ = ________

10. Complete estes esquemas que envolvem operações com monômios. Considere $x \neq 0$, $a \neq 0$ e $b \neq 0$.

a) $\boxed{3x^2} \xrightarrow{+\,x^2} \square \xrightarrow{:\,(2x)} \square \xrightarrow{\cdot\,(3x^2)} \square \xrightarrow{-\,5x^3} \square \xrightarrow{+\,x^2} \square$

b) $\bigcirc \xrightarrow{\cdot\,2a} \bigcirc \xrightarrow{:\,(3b)} \bigcirc \xrightarrow{+\,5a^2} \bigcirc \xrightarrow{-\,a^2} \text{(}6a^2\text{)}$

11. Reduza os termos semelhantes e escreva se a expressão obtida é monômio, binômio ou trinômio.

a) $4x - 6y + x - 3y + y$ = ________

b) $5x^3 - (x^3 + 2x^3) - 6x^3$ = ________

c) $4(a - 2b + 2) - a$ = ________

d) $\dfrac{5x^2}{7} - \dfrac{x^2}{2}$ = ________

e) $3a - 6 + a + 1$ = ________

f) $x(x - y + 2) - 2x + 5$ = ________

12. Escreva o perímetro da região quadrada de lado $a + 3b$ e reduza os termos semelhantes.

____

____

13. Analise as expressões algébricas a seguir:

$4x + 6$	$2x + y$	$x^2 - 6x + 1$
$y^3 + y^2 + y + 1$	$\frac{x}{5} + 1$	$\frac{2y}{7}$
$3x^2y$	$4a^2 - 3b - 1$	$4a + 2b$
$2abc$		

Responda:

a) Quais podem ser chamadas de polinômio?

____

b) Quais podem ser chamadas de monômio?

____

c) Quais podem ser chamadas de binômio?

____

d) Quais podem ser chamadas de trinômio?

____

e) Quais são monômios com uma só variável?

____

f) Quais são binômios com duas variáveis?

____

14. Escreva o grau de cada polinômio e o número de variáveis de cada um.

a) $4x + 2y + 7$ ______________________________.

b) $8x^4$ ______________________________.

c) $9y^2 - \frac{1}{4}$ ______________________________.

d) $7a^3b$ ______________________________.

e) $3x + y - xy$ ______________________________.

f) $8y^2 - 7$ ______________________________.

g) $19x$ ______________________________.

h) $x + y - 4$ ______________________________.

i) $7x^2yz^5$ ______________________________.

15. Responda:

a) Qual é o valor numérico do monômio $-3x^2$ quando $x = \frac{1}{2}$?

b) Qual é o valor numérico do binômio $2x - y^2$ quando $x = 10$ e $y = 3$?

c) Qual é o monômio que somado com $3x^2$ dá $11x^2$?

d) Qual é o monômio que dividido por 5 dá $2xy^2$?

e) Para que valor de x o binômio $3x - 5$ tem valor numérico 1?

f) Para que valor de y o binômio $2x + 7$ tem valor numérico 8?

16. Desafio

Para que valor de x o binômio $7 - 2x$ tem o mesmo valor numérico do binômio $3x + 27$?

____

17. Faça a redução dos termos semelhantes e escreva o nome do polinômio obtido (quanto ao número de termos), o seu grau e o número de variáveis.

a) $4x - 7 + x + 3x + 2$

___

b) $5x^2 + 2x - x^2 + 7$

___

c) $3x + 2xy - y$

___

d) $9x^3 + x^3 + 5x^3 - 11x^3$

___

e) $5x^2 - 3 + 2x^2 - 1 - 7x^2 + 4 + x$

___

f) $5a^2b + 3ab^2$

___

g) $3ax - 5xa$

___

h) $2x^2 + 4 - 3x - x + x^2 - 3$

___

18. Dê um exemplo para cada item.

a) Um monômio do 1º grau →

___

b) Um monômio do 2º grau com uma variável

→ ___

c) Um monômio do 2º grau com duas variáveis

→ ___

d) Um monômio do 3º grau com uma variável

→ ___

e) Um monômio do 3º grau com duas variáveis

→ ___

f) Um binômio do 1º grau com uma variável

→ ___

g) Um binômio do 1º grau com duas variáveis

→ ___

h) Um binômio do 2º grau com duas variáveis

→ ___

i) Um trinômio do 2º grau com uma variável

→ ___

j) Um polinômio do 2º grau com 4 termos e três variáveis → ___.

19. Analise a figura ao lado, na qual as medidas estão dadas em centímetros, e represente por meio de expressões algébricas os perímetros (em centímetros) e as áreas (em centímetros quadrados).

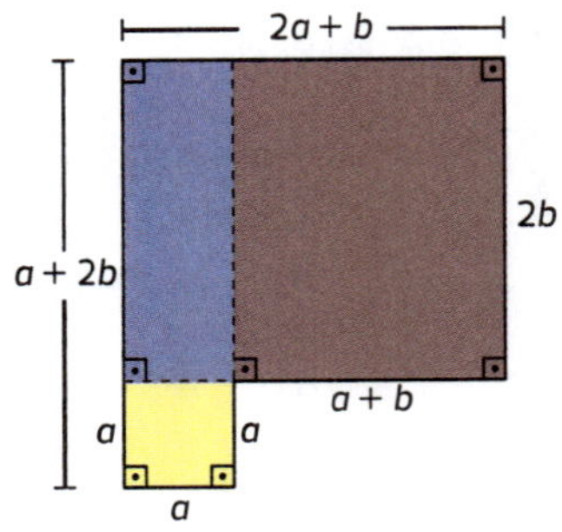

a) O perímetro da região amarela → ____________

b) A área da região amarela → ____________

c) O perímetro da região marrom → ____________

d) A área da região marrom → ____________

e) O perímetro da região azul → ____________

f) A área da região azul → ____________

g) O perímetro da figura toda → ____________

h) A área da figura toda → ____________

20. Na atividade anterior, descubra os valores de a e b para os quais o perímetro da região marrom é de 39 cm e o perímetro de toda a figura é de 63 cm.

21. Observe a figura abaixo. Ela mostra parte da planta de uma casa e as medidas estão indicadas em metros.

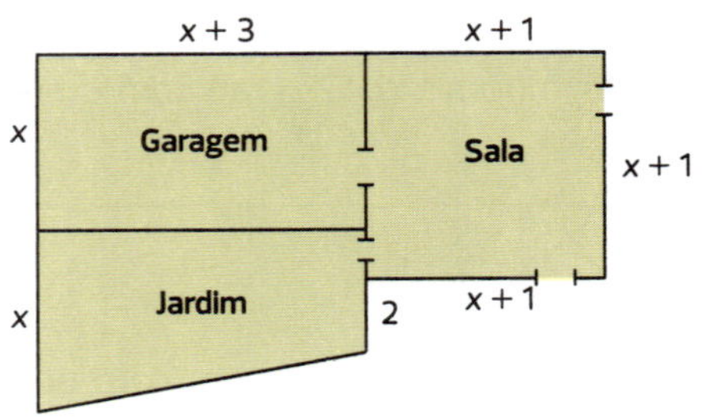

a) Escreva as expressões algébricas solicitadas, com os perímetros em metros e com as áreas em centímetros quadrados.

A) Binômio que indica o perímetro da garagem.

B) Trinômio que indica a área da sala.

C) Trinômio que indica a área do jardim.

D) Binômio que indica o perímetro da sala.

E) Trinômio que indica a área da sala, da garagem e do jardim juntos.

b) Considerando a área da sala igual a 25 m², complete o quadro abaixo.

Local	Perímetro	Área
Sala		25 m²
Garagem		
Jardim	–	

22. Efetue as operações com polinômios e dê o resultado da forma mais simples possível.

a) $(4x - 2) + (-3x + 1) =$ ____________

b) $(x^2 - 7x + 1) - (3x^2 - 7x + 4) =$ ____________

c) $3x \cdot (x - 8) =$ ____________

d) $(x + 7)(x - 2) =$ ____________

e) $(4x^2 + 5x) \cdot (y + 2) =$

____

f) $\dfrac{3x^3 + 6x^2 - 9x}{3x}$, para $x \neq 0$

____

g) $(x^2 - 3x + 5)(x^2 - 2x + 1) =$

____

h) $(a^2 - a + b)(a + b - 2) =$

____

i) $(3x + 4)(x^2 - x + 5) =$

____

j) $(3x^2 + 3x - 20) : (x + 3) =$

____

k) $(12x^2 - 19x + 5) : (4x - 5) =$ ____________

____

l) $(3x^3 - 10x^2 + 18x - 8) : (x^2 - 2x + 3) =$

____

23. Qual é o polinômio que dividido por $x - 4$ dá quociente $x + 9$ e resto -3?

24. Efetue os produtos notáveis colocando os resultados diretamente:

a) $(x + 30)^2 =$ ____________

b) $(5x - 9)^2 =$ ____________

c) $(7x + 5y)(7x - 5y) =$ ____________

d) $(3x + 2)^3 =$ ____________

e) $(a + 6)^2 =$ ____________

f) $(3a + b)^2 =$ ____________

g) $\left(x - \dfrac{1}{2}\right)^2 =$ ____________

h) $(3a + 7)(7 - 3a) =$ ____________

i) $(a - 10b)^3 =$ ____________

25. Em cada item, assinale apenas a expressão da direita que for equivalente à expressão da esquerda.

a) $(x - 8)^2$
- $x^2 - 64$
- $x^2 - 16x + 64$
- $x^2 - 16x - 64$

b) $(3a - b)(b + 3a)$
- $b^2 - 9a^2$
- $9a^2 - b^2$
- $9a^2$

c) $\left(\dfrac{m}{2} + 5\right)^2$
- $\dfrac{m^2}{4} + 5m + 25$
- $\dfrac{m^2}{4} + 10m + 25$
- $\dfrac{25m^2}{4}$

d) $(6 + r)(3 - r)$
- $18 - r^2$
- $r^2 - 3r + 18$
- $18 - 3r - r^2$

26. Dados os polinômios $A = 4x^2 - 8$, $B = 2x + 3$ e $C = x^2 - 3x + 1$, efetue as operações:

a) $A + B =$ ____________________

b) $C - B =$ ____________________

c) $5 \cdot C =$ ____________________

d) $A : B =$ ____________________

e) $2A + 3C =$ ____________________

f) $B - 3A =$ ____________________

g) $x \cdot B$ ____________________

h) $A + B - C =$ ____________________

i) $3A - 2B + 5C =$ ____________________

27. Fatore as expressões colocando o fator comum em evidência.

a) $3x^5 - 18x^3 =$ ____________________

b) $5a^2 + 3ab + 2a =$ ____________________

c) $9x - 15 =$ ____________________

d) $8a^2b^3 + 12a^3b^4 - 20a^2b^5 =$ ____________________

28. Fatore as diferenças entre dois quadrados.

a) $x^2 - 121 =$ ____________________

b) $4x^2 - 25y^2 =$ ____________________

c) $100a^2 - 1 =$ ____________________

d) $y^2 - \dfrac{9}{64} =$ ____________________

29. Fatore os trinômios quadrados perfeitos.

a) $x^2 - 14x + 49 =$ ____________________

b) $9x^2 + 30x + 25 =$ ____________________

c) $a^2 + 6ab + 9b^2 =$ ____________________

d) $x^6 - 18x^3 + 81 =$ ____________________

30. Fatore as expressões usando agrupamento.

a) $x^2 - 10x + xy - 10y =$

b) $ab + a + 5b + 5 =$

c) $3xy + 12x - y - 4 =$

d) $x^2 + 2x - 15 =$

(Sugestão: Substitua $+2x$ por $-3x + 5x$).

31. Fatore as somas e as diferenças de dois cubos

a) $x^3 + 64 =$ ______

b) $8x^3 - 1 =$ ______

c) $m^3 - n^3 =$ ______

d) $1000 + y^3 =$ ______

32. Determine que caso usar e fatore as expressões algébricas.

a) $x^2 - 64 =$

______

b) $8x^2 - 32x =$

______

c) $27x^3 + 8y^3 =$

______

d) $16x^2 - 56x + 49 =$

______

e) $25a + 30b - 15c =$

______

f) $x^2 + 6x - ax - 6a =$

______

g) $16r^2 - 9s^2 =$

______

h) $x^2 + 2xy^2 + y^4 =$

______

i) $a^3 - 1 =$

______

j) $3x^2 + 6xy + 8x =$

______

k) $m^2 - 49n^2 =$

______

l) $3x^2 - 9xy + 6x + 21x^3 =$

______

33. Fatore as expressões até não ser mais possível.

a) $x^4 - 81 =$

______

b) $x^3 + 6x^2 + 9x =$

______

c) $5x^5 + 40x^2 =$

______

d) $2x^2 - 50 =$

______

34. Considere as frações com denominadores diferentes de zero e simplifique-as sempre que possível.

a) $\dfrac{2x - 1}{4x^2 - 4x + 1} =$ ______

b) $\dfrac{5x - 15}{x^2 - 9} =$ ______

c) $\dfrac{x^2 - 7x}{x^3 - 343} =$ ______

d) $\dfrac{a^2 + 2a - ab - 2b}{a^2 - 2ab + b^2} =$ ______

e) $\dfrac{x^3 - 36x}{5x} =$ ______

f) $\dfrac{18x^2yz^3}{30x^2y^2z^2} =$ ______

35. Complete estas igualdades:

a) $(x + \_\_\_\_)(x - 7) = x^2 - \_\_\_\_$

b) $(\_\_\_\_ + 8)(\_\_\_\_ - 8) = \_\_\_\_ - 64$

c) $(x + \_\_\_\_)(\_\_\_\_ - 10) =$

$= \_\_\_\_ - \_\_\_\_$

d) $x^2 - 4 = (\_\_\_\_ + 2)(\_\_\_\_ - 2)$

e) $y^2 - 100 = (y + \_\_\_\_)(y - \_\_\_\_)$

f) $a^2 - 121 = (\_\_\_\_ + \_\_\_\_)(\_\_\_\_ - \_\_\_\_)$

36. Faça estes cálculos usando produtos notáveis e fatoração. Depois, confira o resultado com a calculadora.

a) $230^2 =$

b) $115^2 - 85^2 =$

c) $301^2 - 299^2 =$

37. Resolva as equações-produto:

a) $(3x - 2)(x + 4) = 0$

b) $9x^2 - 49 = 0$

c) $3x^2 - 6x = 0$

d) $x^2 - 8x + 16 = 0$

e) $9x^2 + 6x + 1 = 0$

f) $x^3 - 25x = 0$

38. Substitua a letra n por um número de tal forma que cada trinômio se torne um trinômio quadrado perfeito.

a) $x^2 + 6x + n^2$

b) $x^2 - nx + 25$

c) $(2x)^2 - 16x + n^2$

d) $9x^2 + nx + 25$

39. Calcule o mínimo múltiplo comum dos números naturais:

a) mmc(18, 42) = ________

b) mmc(25, 35) = ________

c) mmc(72, 18) = ________

d) mmc(46, 51) = ________

e) mmc(8, 12, 18) = ________

f) mmc(25, 40, 60) = ________

40. Calcule o mínimo múltiplo comum dos monômios:

a) $8x^2$ e $6x \rightarrow$ ________

b) $15xy$ e $20x^2y \rightarrow$ ________

c) $10xy^2$ e $20x^2y \rightarrow$ ________

d) $4x^3$ e $9xy \rightarrow$ ________

e) $6x^2$, $10x$ e $9y \rightarrow$ ________

f) $12x^2$, $6x^3$ e $4x \rightarrow$ ________

41. Calcule o mínimo múltiplo comum dos polinômios:

a) $6x$ e $3x^2 - 9x \rightarrow$ ________________

b) $x^2 - 25$ e $x^2 + 5x \rightarrow$ ________________

c) $x^3 + 8$ e $x^2 + 4x + 4 \rightarrow$ ________________

d) $a^2 - b^2$ e $a^2 - 2ab + b^2 \rightarrow$ ________________

e) $2x - 2$ e $x^2 - x \rightarrow$ ________________

f) $x^2 - 100$ e $x^3 + 1000 \rightarrow$

____

42. Roberto pensou em um número, triplicou-o, tirou 7 do resultado e elevou o valor obtido ao quadrado.

a) Escreva a expressão que representa o resultado final quando o número pensado por Roberto for *a*.

b) Que número será obtido no final se o número pensado for 10?

c) Em que número Roberto deve ter pensado para no final obter 25?

d) Escreva o trinômio equivalente à expressão do item **a**.

43. (ITA-SP - adaptado) A divisão de um polinômio por $x^2 - x$ resulta no quociente $6x^2 + 5x + 3$ e resto $-7x$. O resto da divisão do mesmo polinômio por $2x + 1$ é igual a:

a) 1 b) 2 c) 3 d) 4 e) 5

44. Calcule o resultado e depois determine o seu valor numérico para $x = 3$. Considere os denominadores diferentes de zero.

a) $\dfrac{x^2 - 4}{x^2 + 2x} + \dfrac{1}{x} =$ b) $\dfrac{3x}{4} - \dfrac{x^2 + x}{x + 1} =$

45. Escreva cada uma das frações algébricas com as restrições ao numerador e ao denominador quando necessárias.

a) Numerador: um número real qualquer.
Denominador: o quadrado desse número aumentado de 2.

____

b) Numerador: raiz quadrada de um número real qualquer.
Denominador: esse número diminuído de outro número real qualquer.

____

c) Numerador: um número real qualquer aumentado de 1.
Denominador: o quadrado desse número diminuído de 1.

____

d) Numerador: a soma de dois números reais quaisquer.
Denominador: a diferença entre os quadrados desses números.

____

46. Simplifique as frações algébricas, quando possível, considerando os denominadores diferentes de zero:

a) $\dfrac{20x^2y^3}{30xy^2} \rightarrow$ __________________.

b) $\dfrac{3ab}{5x} \rightarrow$ __________________.

c) $\dfrac{48m^3n^2}{36m^3n} \rightarrow$ __________________.

d) $\dfrac{16r^6s^5t}{12rs^5t} \rightarrow$ __________________.

e) $\dfrac{3xy}{6z} \rightarrow$ __________________.

f) $\dfrac{8xyz}{8xyz} \rightarrow$ __________________.

47. A distância de Porto Alegre a São Paulo é de, aproximadamente, 1166 km. Afonso percorreu essa distância em *y* horas. Mário percorreu essa mesma distância, mas gastou 1 hora a menos do que Afonso.

Raul Júnior/Editora Abril

São Paulo

Fabio Colombini

Porto Alegre

Escreva a fração algébrica que indique:

a) a velocidade média que Afonso desenvolveu.

b) a velocidade média que Mário desenvolveu.

48. Três corpos têm a mesma massa de 0,5 kg. O volume do primeiro é de x cm^3. O volume do segundo é o triplo do volume do primeiro, e o volume do terceiro é de 2 cm^3 a menos do que o volume do segundo. Escreva a fração algébrica que indica a densidade de cada um desses corpos.

49. Efetue e, se possível, simplifique o resultado.

a) $\frac{1}{x} \cdot \frac{x^2}{3}$ $(x \neq 0) =$ ______.

b) $\frac{a}{2} \cdot \frac{4}{a^3} \cdot \frac{a^5}{3}$ $(a \neq 0) =$ ______.

c) $\frac{x^2 + 2xy + y^2}{4} \cdot \frac{16}{x + y}$ $(x \neq -y) =$ ______.

d) $\frac{2x^2 - 32}{x + 4} \cdot \frac{1}{x - 4}$ $(x \neq -4$ e $x \neq 4) =$ ______

50. Escreva uma fração equivalente mais simples supondo os denominadores diferentes de zero.

a) $\frac{a - ab}{a + ac} =$ ______.

b) $\frac{a^2 + 2ab + b^2}{a + b} =$ ______.

c) $\frac{x^2 - 1}{(x + 1)(x - 1)} =$ ______.

d) $\frac{x + 1}{x - 1} =$ ______.

e) $\frac{x^2 + 3x}{x + 3} =$ ______.

f) $\frac{25 - x^2}{5x - x^2} =$ ______.

g) $\frac{64 - t^2}{2t + 16} =$ ______.

h) $\frac{2x^2 - 20x}{x - 10} =$ ______.

i) $\frac{xy + 3x + 2y + 6}{x + 2} =$ ______.

51. Considere os denominadores diferentes de zero e simplifique as frações algébricas

a) $\frac{(x + y)(x - y) - x^2 + xy}{2x - 2y} =$ ______.

b) $\frac{(a + b)^2 - b^2}{a + 2b} =$ ______.

c) $\frac{(a^2 + 2ab + b^2)(a + b)}{(a + b)^3} =$ ______.

d) $\frac{x^2 + 2xy + y^2 + (x + y)^2}{2(x + y)^2} =$ ______.

52. Calcule e, se possível, simplifique. Considere os denominadores não nulos.

a) $\frac{1}{x^2} : \frac{2}{x^3} =$ ____________

b) $\frac{a}{2b} : \frac{1}{2ab} =$ ____________

c) $\frac{x^2 - y^2}{x^2 + 2xy} : \frac{x + y}{2xy + x^2} =$ ____________

d) $\frac{x^2 + 4x + 4}{x^2 - 4} : \frac{x + 2}{x^2 - 4} =$ ____________

e) $\frac{x + 3}{y} : \frac{x^2 - 9}{y^2} =$ ____________

f) $\left(1 + \frac{2}{x^2}\right) : \left(1 + \frac{2}{x^2}\right) =$ ____________

53. Calcule e, se possível, simplifique. Lembre-se de que os denominadores são diferentes de zero.

a) $\frac{x}{x - y} + \frac{y}{y - x} =$ ____________

b) $\left(\frac{1}{1 - a} - 1\right) : \frac{1}{1 - a} =$ ____________

c) $\frac{x^2 - y^2}{x^2 - xy} \cdot \frac{x - y}{x^2 + xy} =$ ____________

d) $(m + n)^{-1} \cdot (m^{-1} + n^{-1}) =$ ____________

54. Calcule as seguintes potências considerando os denominadores diferentes de zero:

a) $\left(\frac{a}{3b}\right)^2 =$ ____________

b) $\left(\frac{3x}{2y}\right)^{-2} =$ ____________

c) $\left(\frac{2x^2y}{3xy^2}\right)^3 =$ ____________

d) $\left(\frac{3a^3b^2}{4ab^3}\right)^{-3} =$ ____________

55. Supondo todos os denominadores diferentes de zero, descubra o resultado de cada operação.

a) $\left(\dfrac{a+1}{a-1} - \dfrac{a-1}{a+1}\right) : \left(\dfrac{1}{a+1} + \dfrac{1}{a-1}\right) =$ __

b) $\left(\dfrac{1}{1+x} + \dfrac{x}{1-x}\right) : \left(\dfrac{1}{1-x} - \dfrac{x}{1+x}\right) =$ __

c) $\left(a - \dfrac{x^2}{a}\right) \cdot \left(\dfrac{1}{a+x} + \dfrac{1}{a-x}\right) =$ __

d) $\left(\dfrac{x-y}{x+y} - 1\right) : \left(\dfrac{x-y}{x+y} + 1\right) =$ __________

56. Considere os denominadores não nulos e escreva uma expressão equivalente a:

a) $\dfrac{1+a}{1-a} - \dfrac{1-a}{1+a} =$ __________

b) $\dfrac{a^2}{a-b} - \dfrac{b^2}{a-b} =$ __________

c) $\left(\dfrac{1}{x} - 1\right) : (x-1) =$ __________

d) $(1+y^{-1}) : (1-y^{-1}) =$ __________

57. Efetue e, se possível, simplifique os resultados considerando todas as frações com denominadores não nulos.

a) $\left(\dfrac{1}{x+y} + \dfrac{1}{x-y}\right) \cdot \left(x - \dfrac{y^2}{x}\right) =$ __________

b) $\dfrac{2x^{-2}y^{-2}}{x^{-1} - y^{-1}} =$ __________

c) $4 : \left(2 + \dfrac{1}{1 + \dfrac{2}{1+x}}\right) =$ __________

d) $\left(\dfrac{1}{x} - \dfrac{1}{y}\right)^2 : \dfrac{(y-x)^2}{x^2y^2} =$ __________

58. Vamos provar que o produto de dois números inteiros ímpares é um número ímpar. Consideremos os números ímpares $2m + 1$ e $2n + 1$, em que m e n são números inteiros.

$$(2m+1)(2n+1) = \underbrace{4mn + 2m + 2n}_{\text{tem fator comum 2}} + 1 =$$

$$= \underbrace{2(2mn + m + n)}_{k} + 1 = \underbrace{2k+1}_{\text{tem fator comum } 2k}$$

Como $2mn + m + n = k$ é um número inteiro, então $2(2mn + m + n) = 2k$ é par.

Portanto, $2k + 1$ é ímpar.

Agora, prove que o produto de dois números inteiros pares é um número par.

____

____

5 Equações, sistemas de equações e inequações

1. Resolva as seguintes equações do 1º grau com uma incógnita em $\mathbb{R}$.

a) $(x - 4) = 2(x + 1)$

b) $3(x - 1) = 2x + \sqrt{2}$

c) $3(x - \sqrt{10}) = 3(x + 1) - x$

d) $2x + 1{,}5x = 75$

e) $3 + 2x = 4x - \sqrt{5}$

f) $\dfrac{x}{2{,}5} = \dfrac{30}{15}$

2. A soma de três números ímpares consecutivos é igual a 81. Quais são esses números?

3. Considerando $\sqrt{5} \simeq 2{,}24$ e $\sqrt{7} \simeq 2{,}64$, determine a solução aproximada, com duas casas decimais depois da vírgula, de cada uma das equações:

a) $2(x + 1) = x + \sqrt{5}$

b) $3x + \sqrt{7} = 5(x - 1)$

c) $\dfrac{x + 1}{3} + x = 2(x - 1) + \sqrt{5}$

d) $x + \sqrt{7}\,x = 5x + 10$

4. O triplo do perímetro de um triângulo equilátero diminuído de 10 cm é igual a 62 cm. Qual é a medida do lado desse triângulo?

5. Determine a solução de cada uma das equações:

a) $\frac{x-2}{3} + \frac{x+2}{4} = \frac{1}{6} + x$

b) $\frac{2(x-3)}{5} - \frac{3(x+2)}{10} = \frac{x}{2} + 1$

c) $\frac{t-3}{3} + \frac{2(t+2)}{9} = \frac{t}{3} + \frac{1}{9}$

d) $\frac{y}{4} - \frac{3(y-1)}{3} = \frac{y}{6} + 2$

e) $\frac{x-1}{3} - \frac{x+1}{5} = 2(x-1) + \frac{x}{3}$

f) $\frac{t}{2} = 3t - 3(t+1)$

g) $\frac{3(x+5)}{2} - \frac{2(x-1)}{6} = \frac{4(x+1)}{3} - \frac{2(x+2)}{3}$

h) $\frac{x-1}{4} = \frac{3(x-1)}{2} - \frac{2(x+3)}{3}$

i) $\frac{2(x-2)}{3} - \frac{3(x-1)}{2} = \frac{x+1}{6} + x$

6. O dobro de um número somado com sua terça parte é igual ao próprio número somado com 12. Qual é esse número?

7. Uma certa quantia diminuída de 12% do seu valor dá como resultado R$ 114,40. Quanto é essa quantia?

8. Paula gastou $\frac{2}{3}$ do que tinha no supermercado, $\frac{1}{5}$ do restante em uma loja e ainda lhe restou R$ 24,00. Quanto ela tinha inicialmente?

9. Flávio gastou 30% do seu salário com aluguel, 25% com alimentação e 10% com outras despesas, restando-lhe ainda R$ 630,00. Qual é o valor do seu salário?

10. Em um retângulo, a medida da largura é 2 cm menor do que a medida do comprimento. Sabendo que o perímetro é 24 cm, qual é a medida do comprimento e da largura desse retângulo?

11. Uma prova continha 100 questões. Todas elas deveriam ser respondidas. Cada resposta certa valia 2 pontos, e cada resposta errada valia (−1) ponto. Se um aluno fez 65 pontos, quantas questões ele acertou e quantas ele errou?

12. Um pai tem 50 anos e seu filho tem 24 anos. Há quantos anos a idade do pai era igual a 3 vezes a idade do filho?

13. A área de uma região triangular é igual a 9 cm^2. Qual é a medida da altura dessa região triangular, sabendo que a medida da base é 6 cm?

14. A idade de Jairo é o quádruplo da idade de Luís. Daqui a 10 anos a idade de Jairo será o dobro da idade de Luís. Qual é a idade de cada um?

15. Em cada item, invente um problema que seja resolvido pela equação dada.

a) $3x + 5 = 35$

b) $\frac{x}{2} - 8 = 18$

16. As medidas de dois dos ângulos internos de um triângulo são, respectivamente, 35° e 65°. Qual é a medida do terceiro ângulo?

17. Descubra a medida de um ângulo sabendo que a medida do seu complemento é igual à terça parte da medida do seu suplemento.

18. Um carro em certa velocidade média percorre certa distância em 5 horas. Se sua velocidade média fosse 20 km/h a mais do que a anterior, ele faria o mesmo percurso em 3 horas. Qual é a distância percorrida?

19. Pedrinho vai distribuir 35 selos entre Tico, Maurício e Cristiano. Maurício vai receber 15 selos a menos do que Tico, e Cristiano receberá o dobro da quantidade de Maurício. Quantos selos receberá cada um deles?

20. Resolva as seguintes equações literais, sendo x a incógnita:

a) $3x + ax = 6 + 2a \ (a \neq -3)$

b) $\frac{x}{a} - \frac{x}{b} = \frac{2}{ab} \ (a \neq 0; b \neq 0)$

c) $\frac{x}{a+b} + \frac{2x}{a+b} = 3 \ (a \neq -b)$

d) $\frac{ax}{b} - \frac{bx-2}{a} = 1 \ (a \neq 0; b \neq 0)$

e) $x - b = \frac{x}{a} - b \ (a \neq 0)$

f) $\frac{x+b}{x-b} - \frac{x-b}{x+b} = \frac{-b}{x^2-b^2} + \frac{1}{x+b}$
$(x \neq b; x \neq -b)$

21. Qual é o valor real de x que torna verdadeira a igualdade $\frac{5}{x} + \frac{1}{2} - \frac{1}{12x} = \frac{1}{4x} + \frac{5-3x}{3x}$ $(x \neq 0)$?

22. A densidade de um corpo de massa igual a 500 g e volume x cm^3 diminuída de 40 g/cm^3 é igual a 85 g/cm^3. Qual é o volume desse corpo?

23. Uma torneira enche um tanque em 12 horas. Outra torneira enche o mesmo tanque em x horas. Juntas, elas enchem o tanque em 3 horas. Determine o número de horas que a outra torneira demora para encher o tanque.

24. Resolva as seguintes equações fracionárias:

a) $\frac{1}{x} + \frac{1}{2} = \frac{5}{6}$ $(x \neq 0)$

b) $\frac{3}{4} - \frac{2}{x} = \frac{7}{20}$ $(x \neq 0)$

c) $\frac{2}{5} + \frac{3}{7} = \frac{29}{x}$ $(x \neq 0)$

d) $\frac{x}{x-2} = \frac{1}{x+2} + \frac{x^2+1}{x^2-4}$ $(x \neq 2; x \neq -2)$

e) $\frac{x}{x-3} = 1 + \frac{2}{x}$ $(x \neq 0; x \neq 3)$

f) $\frac{x}{x^2-64} = \frac{2}{x+8}$ $(x \neq 8; x \neq -8)$

g) $\frac{1}{3x+1} = \frac{5}{x-1}$ $\left(x \neq 1; x \neq -\frac{1}{3}\right)$

h) $\frac{1}{x} + \frac{2}{x} = \frac{1}{x-1}$ $(x \neq 0; x \neq 1)$

i) $\frac{1}{x^2-16} - \frac{3}{x(x-4)} = \frac{2}{x^2+4x}$
$(x \neq 4; x \neq -4; x \neq 0)$

25. R$ 12 000,00 deveriam ser distribuídos igualmente a certo número de pessoas. Antes da distribuição, 10 pessoas foram embora. Então foi necessário distribuir apenas R$ 10 000,00 para que cada pessoa recebesse a mesma quantia que receberia inicialmente.

a) Quantas pessoas havia inicialmente?

b) Quanto cada pessoa recebeu?

26. Pedro executou um trabalho em 6 dias. José executou o mesmo trabalho em *x* dias. Juntos, eles executaram o mesmo trabalho em 2,4 dias. Determine o valor de *x*.

27. Um veículo com certa velocidade média percorre os 2 000 km que separam Barbacena (MG) de Pelotas (RS) em *x* horas. Outro veículo, com a mesma velocidade média do primeiro, percorre os 1 100 km que separam Ponta Porã (MS) de Campinas (SP) em $(x - 9)$ horas. Determine o valor de *x*.

Juca Martins/Pulsar Images
Nair Benedito/Arquivo da editora
Barbacena (MG)
Pelotas (RS)

Delfim Martins/Editora Abril
Alexandre Battibugli/Editora Abril
Ponta Porã (MS)
Campinas (SP)

28. **Cálculo mental**

Determine em cada item o par ordenado que é, ao mesmo tempo, solução das duas equações:

a) $x + y = 4$ e $x - y = 2 \rightarrow$ ____________

b) $2x + y = 10$ e $x - y = -4 \rightarrow$ ____________

c) $x + 2y = 19$ e $x - y = -8 \rightarrow$ ____________

d) $2x + 3y = 16$ e $x - y = 3 \rightarrow$ ____________

29. A professora de Matemática da classe de Miriam sugeriu que cada equipe construísse um "jogo da memória" referente a um dos assuntos estudados no ano. A equipe de Miriam escolheu *Equações fracionárias* e criou um jogo com 8 pares (16 peças). Em cada par, uma ficha tem uma equação fracionária e a outra ficha traz sua solução. Abaixo, complete as fichas que estão em branco e no último par invente a equação. Confira suas anotações com as dos colegas. Depois, construam o jogo em cartolina e joguem com ele.

$\frac{1}{x} = \frac{12}{7}$ $x \neq 0$	$x = \frac{7}{12}$
$\frac{2}{x^2} = \frac{1}{2}$ $x \neq 0$	$x = 2$ ou $x = -2$
$\frac{1}{x+1} = \frac{2}{4x}$ $x \neq 0$ e $x \neq -1$	
$\frac{3}{2-x} = 1$ $x \neq 2$	
$\frac{x}{x+1} = \frac{10}{12}$ $x \neq -1$	$x = 5$
$\frac{x-1}{x+1} = \frac{5}{7}$ $x \neq -1$	
$\frac{2x+1}{x} = 2\frac{1}{3}$ $x \neq 0$	
	$x = 4$

30. Escreva cinco pares ordenados que sejam soluções de cada uma das equações:

a) $x - 3y = 12$

b) $2x - 2y = 18$

c) $2x + 3y = 6$

d) $3x - 2y = 10$

31. Para percorrer 960 km, um caminhoneiro gasta certo tempo a determinada velocidade média. Se diminuir a velocidade média em 25%, ele vai gastar 4 horas a mais para percorrer a mesma distância. Calcule a velocidade média nos dois casos.

32. Uma torneira enche um tanque em 4 horas. Outra torneira enche o mesmo tanque em 6 horas. Juntas, elas vão demorar quanto tempo para encher o tanque?

33. Determine três soluções para cada uma das equações:

a) $\frac{x}{2} + \frac{y}{3} = \frac{1}{6}$

b) $\frac{3x}{4} - \frac{2y}{3} = \frac{1}{12}$

c) $\frac{5x}{3} + \frac{6y}{5} = \frac{2}{15}$

34. Determine duas soluções de cada uma das equações e, em seguida, trace o gráfico das soluções:

a) $x + y = 6$

b) $x + 2y = 8$

c) $2x + 3y = 10$

35. Em cada um dos sistemas de equações abaixo, trace um gráfico e resolva-o geometricamente, encontrando a solução (x, y).

a) $\begin{cases} x - y = -1 \\ 2x + y = 7 \end{cases}$

b) $\begin{cases} x + y = -1 \\ x + 2y = -3 \end{cases}$

c) $\begin{cases} x + 2y = 6 \\ 2x + 2y = 4 \end{cases}$

36. Os pares ordenados $(5, 5)$, $(-3, -3)$, $\left(\frac{1}{2}, -\frac{1}{2}\right)$ e $\left(2\frac{1}{3}, 0\right)$ são as soluções dos sistemas de equações abaixo. Identifique cada par com o sistema correspondente.

a) $\begin{cases} 4x - 2y = 3 \\ x - y = 1 \end{cases} \rightarrow$ ____________

b) $\begin{cases} x - y = 0 \\ 3(x - 2) = 2y - 1 \end{cases} \rightarrow$ ____________

c) $\begin{cases} x = y \\ x - 4y = 9 \end{cases} \rightarrow$ ____________

d) $\begin{cases} 3x + 2y = 7 \\ 6x - y = 14 \end{cases} \rightarrow$ ____________

37. **Cálculo mental**

Determine mentalmente as soluções dos sistemas de equações e registre-as.

a) $\begin{cases} x - y = 2 \\ x + y = 10 \end{cases} \rightarrow$ ____________

b) $\begin{cases} x - y = 4 \\ x + y = 6 \end{cases} \rightarrow$ ____________

c) $\begin{cases} x - y = -2 \\ x + y = 0 \end{cases} \rightarrow$ ____________

d) $\begin{cases} x + 2y = 4 \\ x - 3y = -1 \end{cases} \rightarrow$ ____________

e) $\begin{cases} 2x + y = 11 \\ 3x - y = 9 \end{cases} \rightarrow$ ____________

f) $\begin{cases} 2x + 4y = 24 \\ 3x + y = 11 \end{cases} \rightarrow$ ____________

38. Invente um sistema de duas equações do 1º grau com duas incógnitas cuja solução é o par ordenado (2, 4).

39. Invente um sistema de duas equações do 1º grau com duas incógnitas. Troque com um colega. Você resolve o dele e ele resolve o seu.

40. Resolva cada um dos sistemas de equações a seguir pelo método da substituição:

a) $\begin{cases} x + 2y = -1 \\ 2x + 5y = -4 \end{cases}$

b) $\begin{cases} 3x - 2y = -1 \\ 2x - y = 0 \end{cases}$

c) $\begin{cases} 4x + 2y = 2 \\ x + 3y = 8 \end{cases}$

d) $\begin{cases} 5x + 3y = 23 \\ 2x - 4y = -22 \end{cases}$

e) $\begin{cases} 3x + 5y = 11 \\ 4x - 3y = 5 \end{cases}$

f) $\begin{cases} 2x + 6y = 48 \\ 5x - 7y = -34 \end{cases}$

41. Resolva cada um dos sistemas de equações utilizando o método da comparação:

a) $\begin{cases} x + y = 5 \\ x - y = 9 \end{cases}$

b) $\begin{cases} 3x - 2y = 7 \\ 4x + y = 13 \end{cases}$

c) $\begin{cases} x - 2y = 4 \\ 5x - y = 2 \end{cases}$

d) $\begin{cases} 2x + 5y = 28 \\ 3x - y = 8 \end{cases}$

e) $\begin{cases} 2x + 3y = 0 \\ 3x + 2y = -10 \end{cases}$

f) $\begin{cases} 5x - 4y = 15 \\ 8x - 3y = 7 \end{cases}$

42. Resolva cada um dos sistemas de equações a seguir pelo método da adição:

a) $\begin{cases} x + 3y = -8 \\ 2x - 3y = 11 \end{cases}$

b) $\begin{cases} 2x + 5y = 33 \\ 3x - 5y = -13 \end{cases}$

c) $\begin{cases} 3x + 2y = 23 \\ -3x - 4y = -25 \end{cases}$

d) $\begin{cases} 4x - 3y = -8 \\ 2x + 5y = 9 \end{cases}$

e) $\begin{cases} 3x + 5y = 4 \\ 5x - 2y = -14 \end{cases}$

f) $\begin{cases} 5x + 7y = 12 \\ 3x - 9y = -6 \end{cases}$

43. Resolva cada um dos sistemas de equações a seguir utilizando o método que considerar mais conveniente.

a) $\begin{cases} \dfrac{x}{2} + \dfrac{y}{3} = 4 \\ 2(x - 2) + y = 10 \end{cases}$

b) $\begin{cases} \dfrac{x + y}{4} - \dfrac{x - y}{6} = \dfrac{5}{3} \\ x + 2(y - 3) = 5 \end{cases}$

c) $\begin{cases} 3(x - 2) + 2(y - 3) = -4 \\ \dfrac{x}{4} = \dfrac{x + y}{6} \end{cases}$

d) $\begin{cases} \dfrac{x + y}{2} - \dfrac{x - y}{3} = -2 \\ 2x - 3 = y - 5 \end{cases}$

e) $\begin{cases} \dfrac{x + y}{3} = \dfrac{x - y}{5} - \dfrac{22}{15} \\ \dfrac{x}{2} + \dfrac{y}{4} = -\dfrac{1}{4} \end{cases}$

f) $\begin{cases} \dfrac{x + 1}{2} + \dfrac{y - 2}{3} = \dfrac{7}{36} \\ \dfrac{2x}{3} - \dfrac{3y}{5} = \dfrac{2}{15} \end{cases}$

44. Classifique cada um dos sistemas de equações a seguir em **determinado**, **indeterminado** e **impossível**. Faça a interpretação geométrica de cada um deles.

a) $\begin{cases} 2x + 3y = 14 \\ 3x - y = -1 \end{cases}$

b) $\begin{cases} 3x - 6y = 10 \\ 6x - 12y = 30 \end{cases}$

c) $\begin{cases} 2x + 5y = 8 \\ 6x + 15y = 16 \end{cases}$

d) $\begin{cases} 5x + 7y = 16 \\ 20x + 28y = 64 \end{cases}$

e) $\begin{cases} 3x + 4y = -11 \\ 6x + 8y = -22 \end{cases}$

f) $\begin{cases} 7x + 3y = 130 \\ 6x - 5y = -40 \end{cases}$

45. A soma de dois números é 42 e um deles é o quíntuplo do outro. Quais são esses números?

46. Na loja Big-Bike há bicicletas e triciclos, num total de 82 peças. Se há 192 rodas, quantas são as bicicletas e quantos são os triciclos?

47. No primeiro tempo de um jogo de basquete Paulo fez x pontos e Beto fez y pontos. A média aritmética do número de pontos de Paulo e do número de pontos de Beto foi de 12 pontos. No segundo tempo Paulo fez quatro pontos a menos do que no 1º tempo, e Beto fez o mesmo número de pontos que no primeiro tempo. Com isso, ambos fizeram o mesmo número de pontos no segundo tempo. Quantos pontos Paulo fez durante todo o jogo? E Beto?

48. De dois pontos A e B, distantes 90 m, soltam-se, ao mesmo tempo e em sentidos contrários, uma lebre e um cachorro. Ao se encontrarem, o cachorro tinha corrido $\frac{2}{3}$ da distância percorrida pela lebre. Quantos metros cada um percorreu?

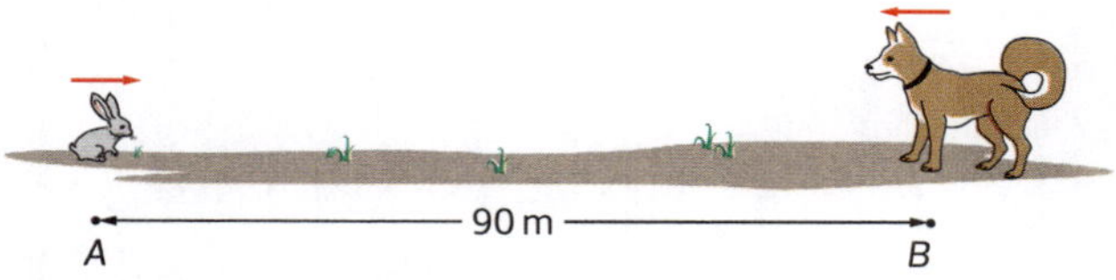

49. Um terreno retangular tem perímetro igual a 80 m. O fundo tem 20 m a mais do que a frente. Quais são as dimensões desse terreno?

50. O dobro de um número mais o triplo de outro é igual a 34. Sabendo que a soma do triplo do primeiro com o quíntuplo do segundo é 55, quais são esses dois números?

51. A idade de Juliana é hoje o dobro da idade de Marcelo. Há 7 anos a soma das idades deles era igual à idade atual de Juliana. Quantos anos tem cada um?

52. Num sítio há perus e porcos num total de 54 cabeças e 178 pés. Quantos são os perus e quantos são os porcos?

53. Um número é formado por dois algarismos cuja soma é 7. Se adicionarmos 27 a esse número o resultado obtido será um outro número formado pelos mesmos algarismos, mas escritos na ordem inversa. Qual é esse número?

54. A razão entre dois números é 3 e a soma deles é 48. Quais são esses números?

55. Solange pagou uma dívida de R$ 53,00 com 16 notas, algumas de R$ 2,00 e outras de R$ 5,00. Quantas notas de R$ 2,00 ela deu? E de R$ 5,00?

56. Aumentando 2 no numerador e no denominador de uma fração, obtemos uma fração igual a $\frac{4}{7}$. Diminuindo 1 no numerador e no denominador, obtemos uma fração igual a $\frac{1}{4}$. Qual é essa fração?

57. A diferença entre dois números é 38 e o seu quociente é 3. Quais são esses números?

58. Na figura abaixo, $A\hat{O}B$ mede 52° e $\overrightarrow{OC}$ é bissetriz de $A\hat{O}B$. Calcule o valor de x e de y.

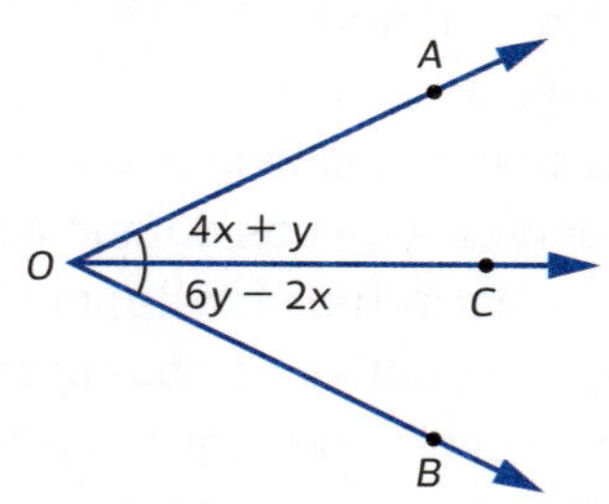

59. Dois ângulos $\hat{A}$ e $\hat{B}$, são complementares e a diferença entre a metade da medida de $\hat{A}$ e a terça parte da medida de $\hat{B}$ é igual a 30°. Descubra as medidas de $\hat{A}$ e de $\hat{B}$.

60. Em um triângulo retângulo, um dos ângulos agudos mede 22° a mais do que o outro. Quais são as medidas dos três ângulos desse triângulo?

61. (Ufscar-SP) Uma família é composta de x irmãos e y irmãs. Cada irmão tem o número de irmãos igual ao número de irmãs. Cada irmã tem o dobro do número de irmãs igual ao número de irmãos. O valor de $x + y$ é:

a) 5.
b) 6.
c) 7.
d) 8.
e) 9.

62. No gráfico de setores abaixo as expressões estão indicando o número de votos dos candidatos A, B e C em uma eleição. Sabendo que A teve 500 votos e B teve 600 votos, descubra quantos votos teve o candidato C.

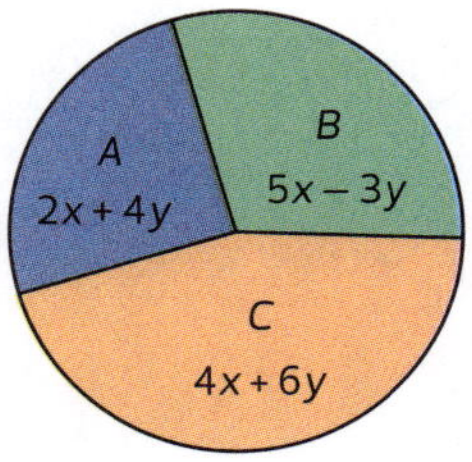

Calcule também:

a) a porcentagem de votos de cada candidato em relação ao total de votos dos três.

b) o ângulo de cada um dos três setores no gráfico dado.

63. Em um estacionamento há carros e motos. Contando os veículos são 23 e contando as rodas são 70. Descubra o número de carros e de motos.

64. Um retângulo *A* tem perímetro de 20 cm. Diminuindo seu comprimento em 2 cm e dobrando sua largura, obtém-se um novo retângulo *B*, de mesmo perímetro. Descubra as dimensões de *A* e de *B*.

65. Resolva os seguintes sistemas de equações fracionárias:

a) $\begin{cases} x + y = 10 \\ \dfrac{x}{y} = \dfrac{2}{3} \end{cases}$

b) $\begin{cases} \dfrac{1}{x} + \dfrac{1}{y} = 10 \\ \dfrac{1}{x} - \dfrac{1}{y} = 6 \end{cases}$

c) $\begin{cases} \dfrac{3}{x} + \dfrac{2}{y} = 11 \\ \dfrac{2}{x} - \dfrac{1}{y} = 12 \end{cases}$

d) $\begin{cases} \dfrac{4}{x} + \dfrac{5}{y} = -\dfrac{1}{2} \\ \dfrac{1}{x} + \dfrac{6}{y} = -\dfrac{5}{2} \end{cases}$

66. Sabendo que $xy = -3$, determine a solução (x, y) do sistema: $\begin{cases} \dfrac{7}{x} + \dfrac{6}{y} = -\dfrac{11}{3} \\ \dfrac{4}{x} + \dfrac{3}{y} = -\dfrac{5}{3} \end{cases}$

67. Determine a solução (x, y) do sistema $\begin{cases} \dfrac{8}{x} + \dfrac{6}{y} = 2 \\ \dfrac{12}{x} - \dfrac{9}{y} = 9 \end{cases}$ sabendo que $xy = -6$.

68. (Fuvest-SP) Resolva o sistema $\begin{cases} \dfrac{2}{u} + \dfrac{3}{v} = 8 \\ \dfrac{1}{u} - \dfrac{1}{v} = -1 \end{cases}$

69. Resolva:

a) $3 - 5(x - 2) = 0$

b) $4x - 1 = 3x - 5 + 3x$

c) $\dfrac{1}{4} + \dfrac{x}{6} = 2 - \dfrac{x}{3}$

d) $\dfrac{2(x + 4)}{3} = \dfrac{x - 1}{2}$

70. Observe a sequência:

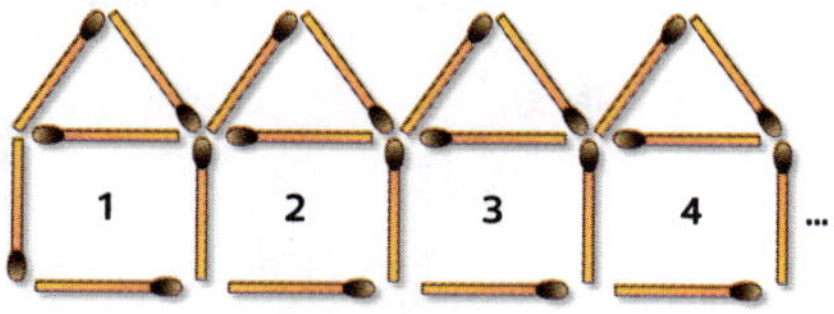

a) Quantos palitos são necessários para construirmos uma casa? ______. E duas casas? ______.

b) Se continuarmos essa sequência, quantos palitos utilizaremos na construção de 5 casas? ______. E de 10 casas? ______.

c) Com 41 palitos, quantas casas conseguiremos construir? ______. Sobrará algum palito? Justifique sua resposta. ______.

d) Com 102 palitos, conseguiremos construir uma sequência com quantas casinhas? ______. Sobrará algum palito? Justifique sua resposta. ______

e) Complete a tabela abaixo.

Construção de casinhas com palitos

Número de casas	1	2	3	4	10	20	25	50	*n*
Total de palitos									

Dados fictícios.

f) Qual foi a relação estabelecida por você entre o total de palitos e o número de casas? Verifique sua veracidade.

71. Observe a sequência:

$$\frac{1}{4}, \frac{3}{8}, \frac{5}{12}, \frac{7}{16}, \frac{9}{20}, \ldots$$

a) Que fração ocupará a sexta posição?

______.

b) Continuando essa sequência e obedecendo à mesma regularidade, existirá alguma fração cujo numerador será 23? Se existir, qual será seu denominador?

______.

c) Existirá alguma fração cujo denominador seja 52? Se existir, qual será seu numerador?

d) É possível, nessa sequência, encontrarmos alguma fração imprópria (fração cujo numerador é maior do que o denominador)? Justifique sua resposta.

e) Qual será o 50º termo da sequência? ______

f) Você consegue estabelecer uma relação entre a fração obtida e a posição ocupada?

72. Considere uma região retangular de comprimento *c* e largura ℓ, de modo que $\ell = 4$ cm e $6 < c < 7$. Quais são os possíveis valores para o perímetro e a área dessa região retangular?

73. A soma dos termos é sempre a mesma em cada lado da pilha triangular "algébrica". Se o maior valor numérico das expressões da pilha triangular é igual a 16, qual é a cor do círculo que tem uma expressão com valor numérico igual a 10? Justifique.

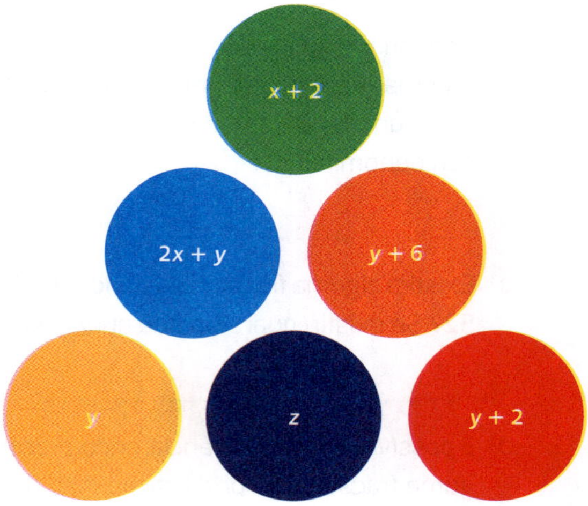

74. Resolva as inequações do 1º grau com uma incógnita, procurando todas as suas raízes reais.

a) $5 - x \geqslant 3$

b) $2(3x - 3) > 4 - (x - 2)$

c) $\frac{y + 12}{3} > y$

d) $\frac{x}{6} + \frac{x - 2}{9} \leqslant x - 1$

e) $3(2x - 1 + x) \geqslant x + 9 - 2x$

f) $x + \frac{1}{2} < 2x - \frac{1}{2}$

75. Resolva as inequações e os sistemas de inequações do 1º grau com uma incógnita e descubra as soluções indicadas.

a) Os números racionais que são soluções de $6 - 2x > x + 2$.

b) Os números inteiros que são soluções de $4(x - 2) \leqslant x - (4 + x)$.

c) Os números naturais que são soluções de $2x + 6 < x + 10$.

d) Os números naturais ímpares que são soluções de $11 < 2x - 3 \leqslant 23$.

e) Os múltiplos de 7 que são soluções de $\begin{cases} x - 4 < 31 \\ 17 - x < 1 \end{cases}$.

76. Determine os números reais que são solução em cada item.

a) x positivo tal que $x^2 = 59$

b) $x + 6 < 2x - 1$

c) $\dfrac{x - 4}{2} - \dfrac{2(x - 5)}{3} = 2$

d) $-3 \leqslant x - 5 < 9$

e) $2(6x - 4) = 4(3x - 2)$

f) $5 + x = x + 7$

77. Calcule e registre os números:

a) racionais que são soluções de

$$3 - 2(x - 1) \geqslant x - (3 + 2x)$$

b) inteiros que são soluções de $-7 \leqslant 3x - 4 < 2$

c) naturais que são soluções de $\begin{cases} 3x - 8 < x \\ 2 - 3x < 8 \end{cases}$

78. Uma empresa fabrica três tipos de elevadores para prédios residenciais, conforme o quadro abaixo:

Tipo	Capacidade (kg)	Número máximo de pessoas
A	320	4
B	450	6
C	630	8

Um edifício recém-construído tem 4 elevadores, sendo dois do tipo *A*, um do tipo *B* e um do tipo *C*. Esses dois últimos são chamados de elevadores de serviço. Como há muitas mudanças no prédio, pois novos moradores estão chegando, há uma grande movimentação nos elevadores, especialmente nos de serviço. Para evitar abusos e acidentes, as cargas estão sendo verificadas antes de entrar nos elevadores. No final de um dia, observou-se o seguinte movimento de cargas:

Elevador	Carga total carregada incluindo as pessoas (kg)
B	5 000
C	10 000

a) Escreva uma inequação que possa indicar o número de viagens que o elevador *B* fez nesse dia. Considere x o número de viagens feitas nesse elevador.

b) Escreva uma inequação que possa indicar o número de viagens que o elevador *C* fez nesse dia. Considere y o número de viagens feitas nesse elevador.

c) Considerando as informações anteriores e as inequações escritas, responda:

A) Qual será o menor valor possível para x? O que representa esse valor?

B) Qual será o menor valor possível para y?

C) Se x e y são iguais, qual será o menor valor nessa condição?

D) Se x é menor do que y, quais são os menores valores nessa condição?

E) Se x é maior do que y, quais são os menores valores nessa condição?

d) Envolvendo o elevador *A*, aquele que transporta apenas pessoas, crie situações que possam ser representadas por meio de inequações.

6 Circunferências e círculos

1. Observe a circunferência desenhada abaixo e indique a partir do que já está traçado:

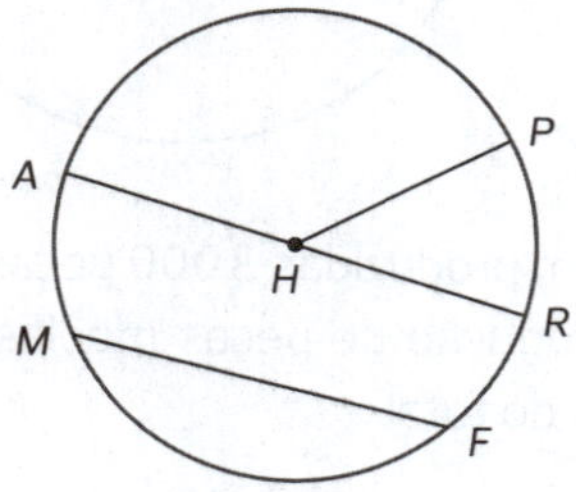

a) o centro dessa circunferência ______

b) os raios dessa circunferência ______

c) os pontos dessa circunferência ______

d) o diâmetro dessa circunferência ______

e) o ângulo central obtuso dessa circunferência

______

2. Trace:

a) uma circunferência com raio de 2,5 cm, centro M e um diâmetro $\overline{AB}$.

b) duas circunferências com exatamente dois pontos comuns.

c) uma circunferência com raio de 3 cm, centro O e um raio $\overline{OS}$.

3. Uma circunferência tem raio de 4 cm. A região determinada por ela foi dividida em três setores circulares, cujos ângulos, em graus, medem, $2x$, $x - 20°$ e $x + 60°$. Construa uma figura como essa. Pinte o maior setor de azul, o menor de amarelo e o terceiro de verde. Use régua, compasso e transferidor.

4. A rosa dos ventos indica a orientação dos 32 pontos cardeais.

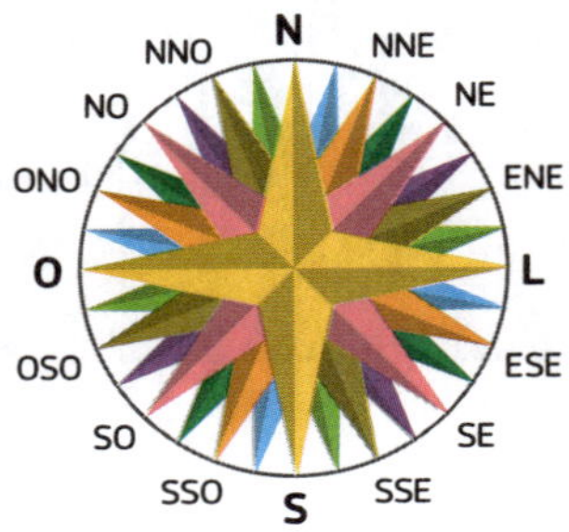

Responda:

a) Qual é a medida do ângulo formado entre um ponto cardeal e seu sucessor?

b) Qual é a medida do ângulo formado pelos pontos cardeais *N* e *L*?

c) Qual é a medida do ângulo formado pelos pontos cardeais *NE* e *S*?

d) Como fica o número 32 decomposto em fatores primos?

e) Qual é o significado dos pontos cardeais *NE*, *NO*, *SO* e *SE*?

5. Examine esta figura. Qual é a medida do raio *r* das circunferências menores?

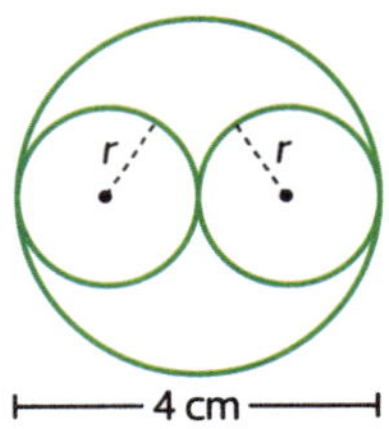

6. Uma indústria produz peças de três tamanhos diferentes: pequeno, médio e grande. O gráfico de setores abaixo deve registrar a produção dos três tipos de peças em certo dia. Complete esse gráfico. Em seguida, calcule o número de peças produzidas de cada tipo. Use as seguintes informações:

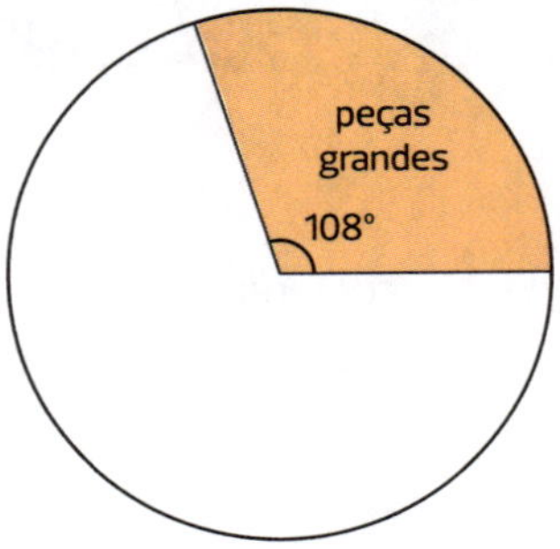

Dados fictícios

- Foram produzidas 3 000 peças pequenas.
- A produção de peças médias corresponde a 45% do total.

7. Sem usar transferidor, construa um hexágono regular com perímetro de 30 cm.

8. Divida uma circunferência com raio de 3,5 cm em seis partes iguais e trace o polígono regular correspondente. Em seguida, ligue o centro da circunferência aos vértices do polígono.

Responda:

a) Quantos triângulos foram formados?

____

b) Qual é a medida dos ângulos internos de cada um desses triângulos?

____

c) Que nome damos a cada um desses triângulos, quanto aos lados? Por quê?

____

____

9. Determine a medida do ângulo inscrito em uma circunferência cujos lados compreendem um arco de 72° 20′.

10. **Possibilidades**

Considere uma circunferência com 4 pontos distintos marcados sobre ela (*A*, *B*, *C*, *D*). Quantas retas é possível traçar ligando dois a dois esses pontos? Indique quais são elas.

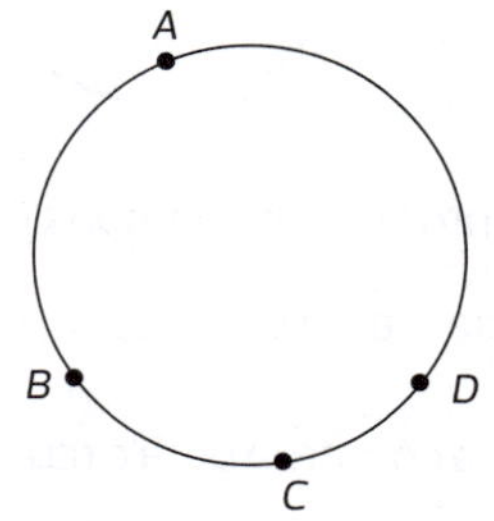

____

____

11. O polígono da figura é um dodecágono regular inscrito em uma circunferência de centro *O*. Determine as medidas dos seguintes ângulos:

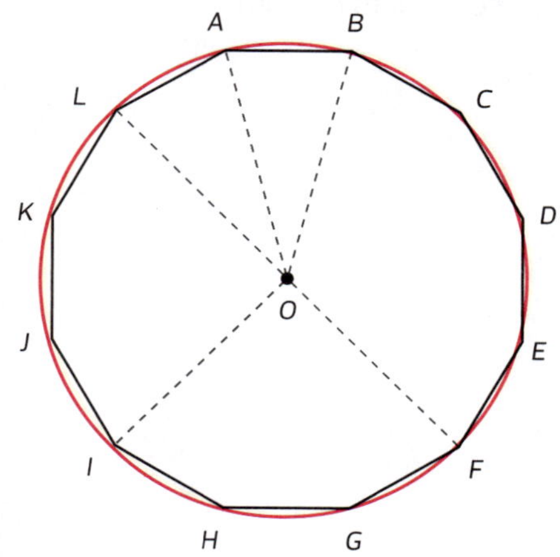

a) $A\hat{O}B$ ______________________________

b) $O\hat{A}B$ ______________________________

c) $B\hat{C}D$ ______________________________

d) $I\hat{O}L$ ______________________________

e) $L\hat{O}B$ ______________________________

f) $L\hat{O}F$ ______________________________

12. Observe a figura.

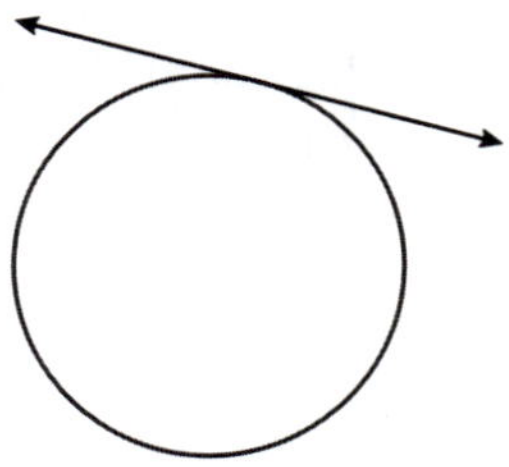

a) Quantos pontos comuns possuem a circunferência e a reta? ______________.

Agora construa uma circunferência e uma reta:

b) com dois pontos comuns.

c) sem ponto comum.

d) com três pontos comuns.

13. Qual é o número máximo de pontos comuns que podem ter as duas figuras em cada item a seguir? Faça uma figura para ilustrar sua resposta.

a) Duas circunferências distintas.

b) Um triângulo e uma circunferência.

c) Uma reta e uma circunferência.

d) Uma circunferência e um quadrilátero.

14. Duas circunferências tangenciam-se externamente. Se o raio de uma delas mede 2 cm a mais do que o raio da outra e a distância entre os dois centros é de 14 cm, qual é o diâmetro de cada uma delas?

15. A medida de um ângulo inscrito em uma circunferência é $64° 18'$. Qual é a medida do arco compreendido entre seus lados?

16. Os lados de um ângulo inscrito subentendem arcos de $85° 15'$ e $50° 27'$. Determine a medida desse ângulo.

17. Um ângulo inscrito é formado por um diâmetro e uma corda e mede 48°. Determine a medida do arco subentendido pela corda.

18. Determine as medidas *x* e *y* dos ângulos assinalados sabendo que o ponto *O* é o centro da circunferência.

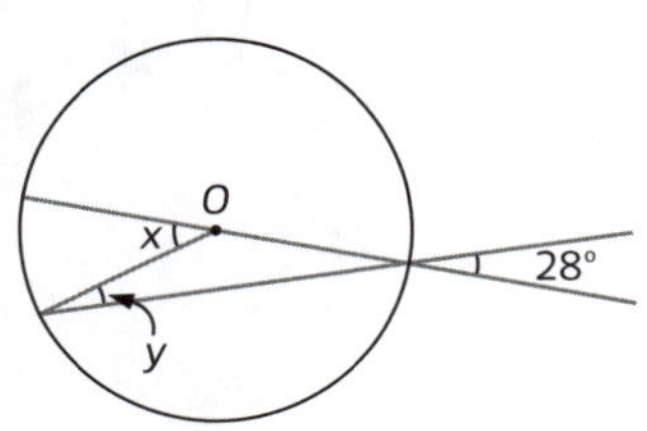

19. Observe a figura.

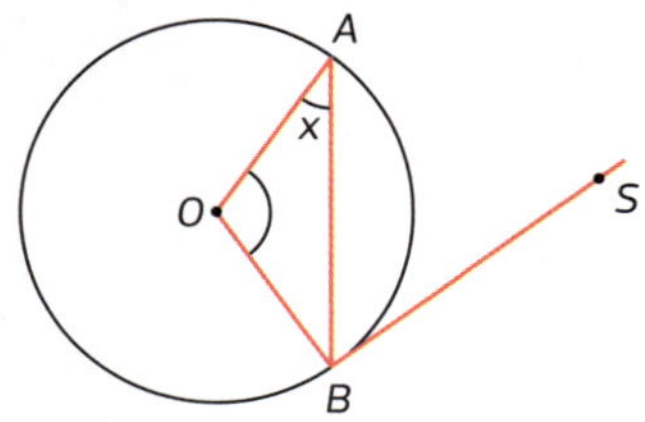

Nela temos:

- *O*: centro da circunferência
- $A\hat{B}S$: ângulo de segmento com medida 54°

Descubra o valor de *x*.

20. Na figura abaixo, *O* é o centro da circunferência. Determine *x*, *y*, *z* e *w*.

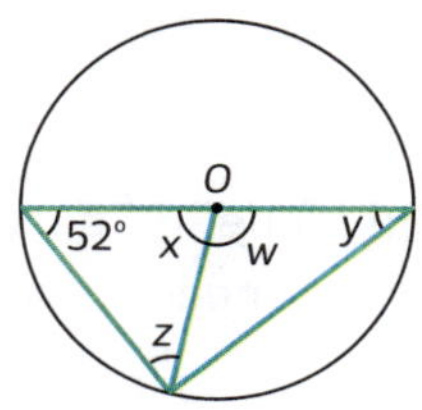

21. $\hat{A}$ é um ângulo inscrito em uma circunferência e $\hat{B}$ é o ângulo central correspondente. Calcule $m(\hat{A})$ e $m(\hat{B})$ sabendo que $m(\hat{A}) + m(\hat{B}) = 234°$.

22. Descubra os valores de x e y sabendo que O é o centro da circunferência e $y - x = 22°$.

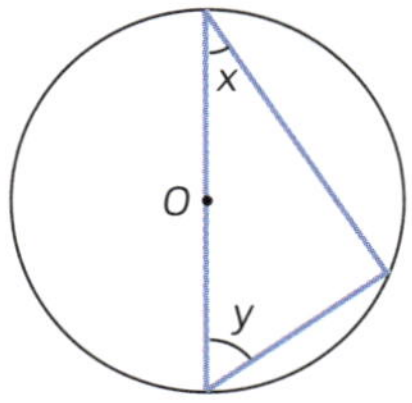

23. Calcule as medidas a, b, c e d na figura abaixo considerando $\widehat{BC}$ de 92° e $\widehat{ED}$ de 40°.

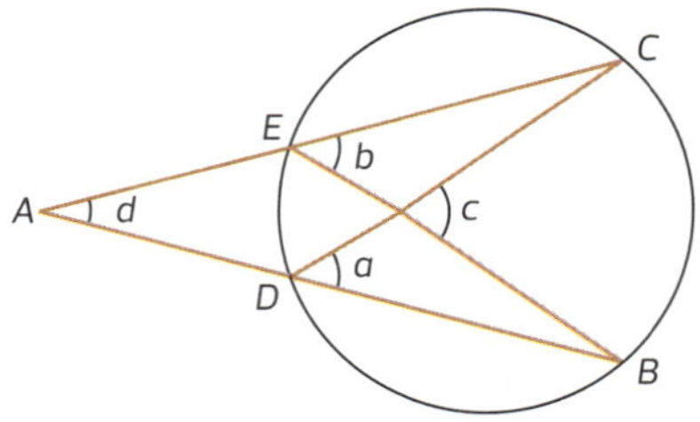

24. (UFSC) Na figura, O é o centro da circunferência, o ângulo $O\hat{A}B$ mede 50° e o ângulo $O\hat{B}C$ mede 15°. Determine a medida, em graus, do ângulo $O\hat{A}C$.

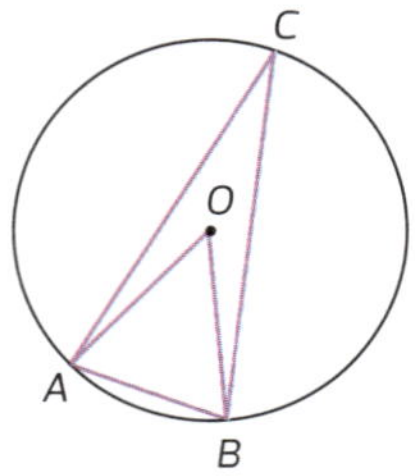

25. Na circunferência da figura foram marcados quatro pontos (A, B, C e D). Calcule e indique quantos e quais são os triângulos que podemos traçar com vértices em três desses pontos.

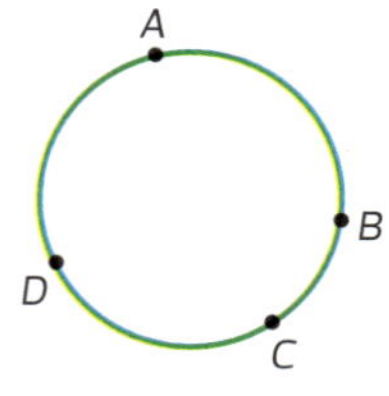

____

26. Considere um bolo circular com raio de 20 cm. Faça o desenho na escala de 1 cm para 10 cm com a divisão em seis pedaços de mesma forma e mesmo tamanho. Descreva como será o desenho de cada pedaço.

27. No jogo de Pinobol, os competidores devem acertar argolas em um pino situado a exatamente 3 m de distância de cada competidor. Além disso, cada competidor deve manter uma distância mínima de 3 m um do outro. Nessas condições, quantos competidores, no máximo, podem participar de uma mesma partida de Pinobol?

______________________________.

28. Desafio

O projetista de uma fábrica de azulejos criou uma série de desenhos. A partir da circunferência abaixo, utilize apenas régua e compasso e construa a figura indicada.

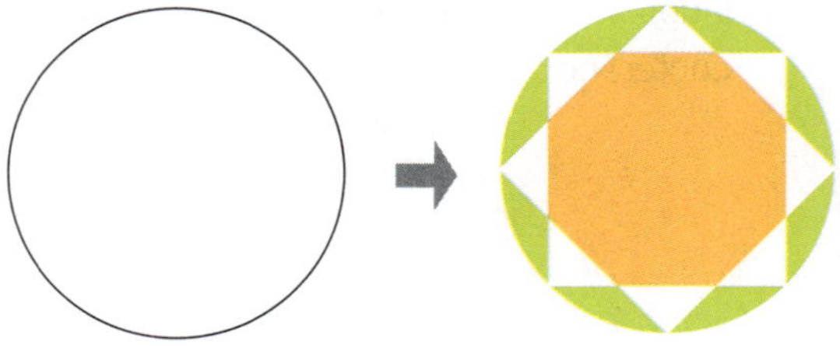

7 Perímetros, áreas e volumes

1. Escreva a fórmula que representa o perímetro de cada uma dos polígonos.

a) ______________________________

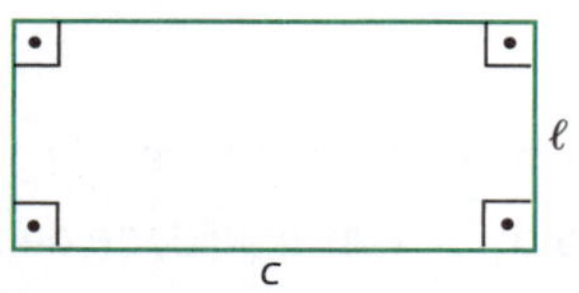

b) ______________________________

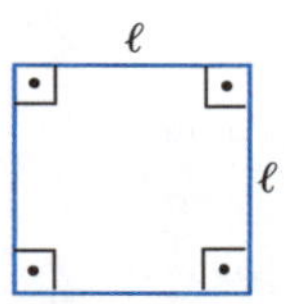

c) Polígono regular de *n* lados, cada lado medindo *s* unidades de comprimento.

2. Helena deu 9 voltas em um quarteirão quadrado de 90 m de lado. Sua irmã Bia deu 8 voltas em uma quadra retangular de 90 m por 120 m. Quem caminhou mais? Quanto a mais?

3. O perímetro de um retângulo é de 20,8 cm. A largura mede 30% do comprimento. Quais são as dimensões desse retângulo?

4. Para ir de sua casa à faculdade, Susi dirige 6 km em linha reta, vira à direita e dirige mais 8 km. Na volta, ela usa outro caminho, que é 4 km mais curto do que o da ida. Quantos quilômetros tem sua viagem de ida e volta?

5. Desafio

O perímetro do hexágono regular que aparece na figura é 42 cm. A estrela é feita de dois triângulos equiláteros cujos lados medem 21 cm cada um. Qual é o perímetro da estrela?

6. O diâmetro da roda de uma bicicleta mede 54 cm. Qual é o comprimento da borracha do pneu dessa bicicleta?

7. Use ⊠ = 3,14 e determine o perímetro de cada contorno abaixo.

a) ______________________

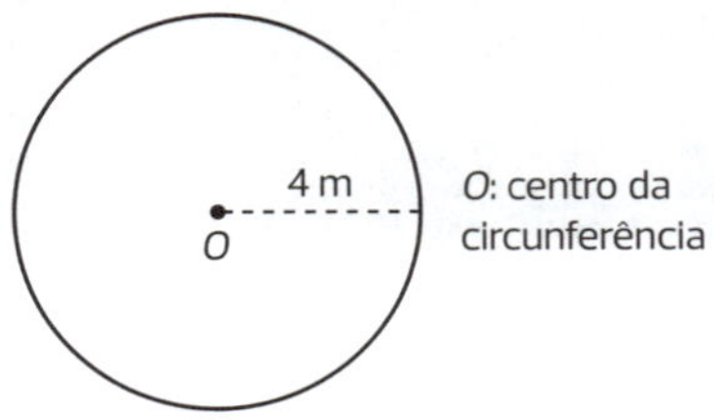

b) ______________________

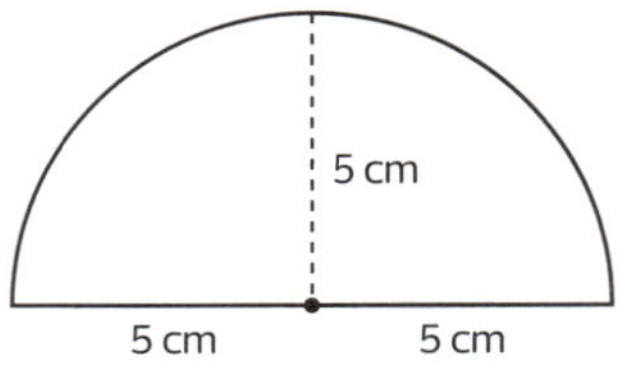

c) ______________________

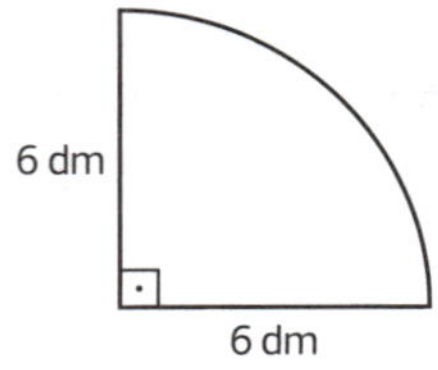

8. Veja a parede representada ao lado. Ela está revestida com ladrilhos do tipo .

a) Quantos ladrilhos há na parede?

____

b) Qual superfície você está medindo?

____

c) Qual unidade de medida você está usando?

____

d) Qual é a área dessa parede usando essa unidade?

____

9. Use ⊠ = 3,14 e complete:

a) A medida do comprimento de uma circunferência de 12 cm de diâmetro é igual a ______________________

b) Se o raio de um círculo mede 15 cm, o seu perímetro é de ______________________

10. Determine e escreva a área de cada região plana usando o  como unidade de área.

a)

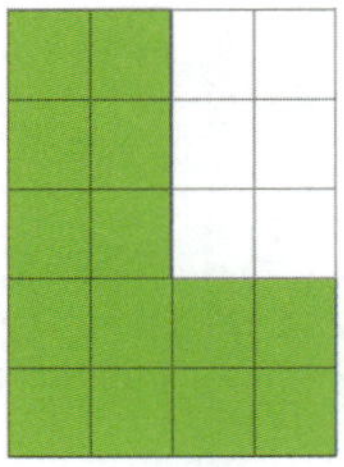

____

b)

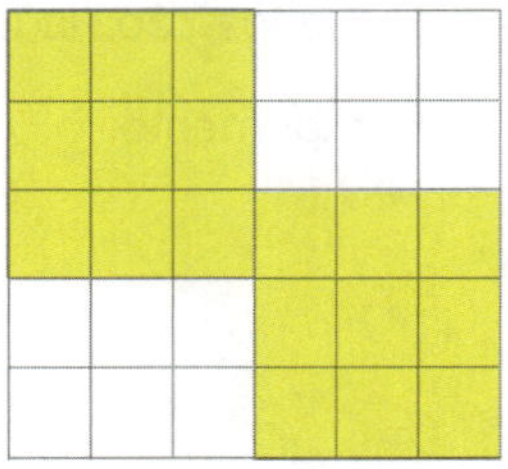

____

c)

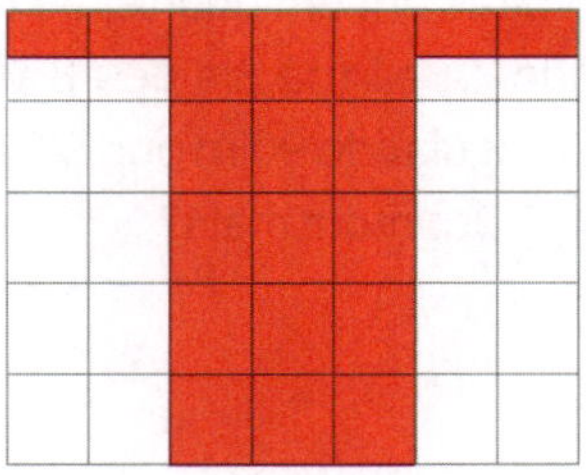

____

d)

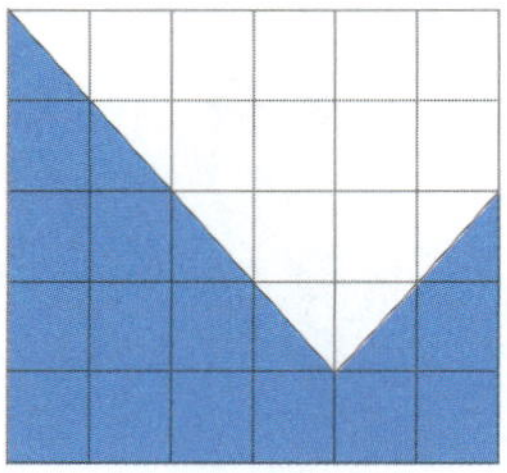

____

11. Determine a área das seguintes regiões, sendo ■ a unidade de área

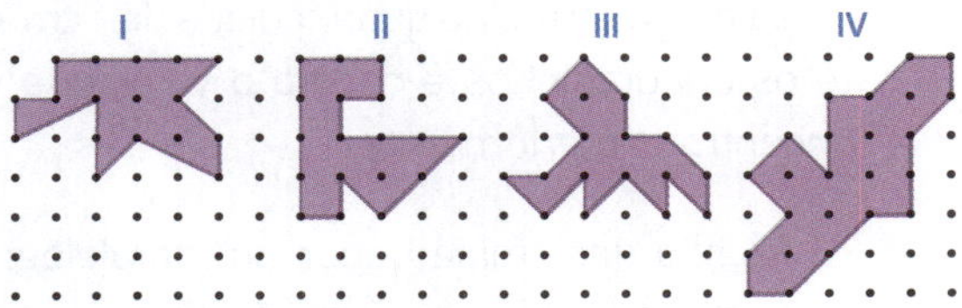

I) ______________

II) ______________

III) ______________

IV) ______________

12. Albertina bordou um tapete quadrado cujo perímetro era de 3,20 m. Qual era a área desse tapete?

13. Um carpete retangular tem 20 m de perímetro. A largura mede $\frac{2}{3}$ do comprimento. Qual é a área desse carpete?

14. Como você faria para descobrir a área real aproximada de um terreno cuja planta está desenhada abaixo na escala de 1 cm por 20 m?

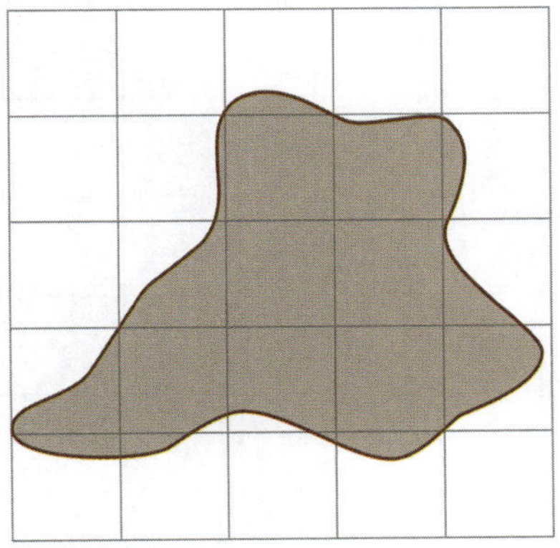

15. A área de sua sala de aula é maior, igual ou menor do que a área indicada na figura ao lado? Faça as medidas e os cálculos necessários para responder.

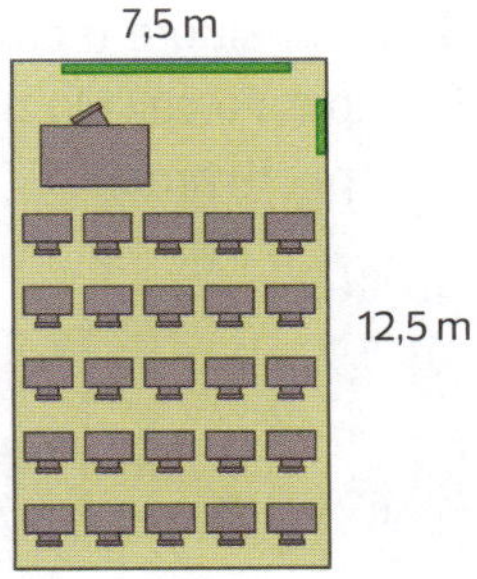

16. Observe a figura na qual estão representados três cômodos de uma casa, com algumas medidas. Em cada cômodo será colocado um tipo de piso, cujo preço aparece abaixo. Calcule quanto será gasto para colocar pisos nos três cômodos.

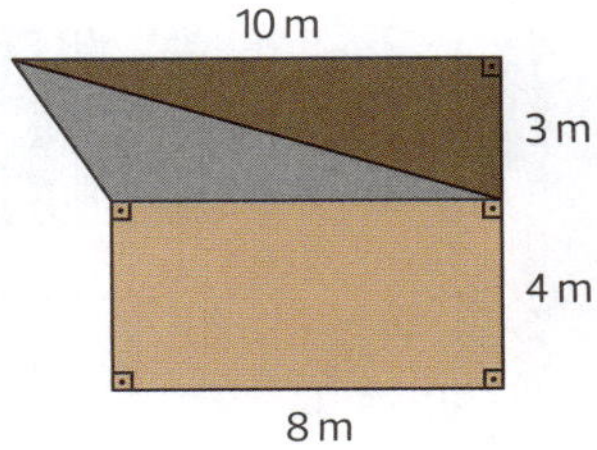

Cômodo bege: pisos de R$ 8,00 o metro quadrado

Cômodo cinza: pisos de R$ 10,00 o metro quadrado

Cômodo marrom: pisos de R$ 6,50 o metro quadrado

17. Um terreno retangular tem 27,5 m de comprimento e 330 m² de área. Para cercar esse terreno com três faixas de arame, descontando um portão com 1,5 m de largura, quantos metros de arame serão necessários?

18. Considere o cm, o cm^2 e o cm^3 como unidades para o cálculo de perímetro, área e volume, respectivamente.

I)

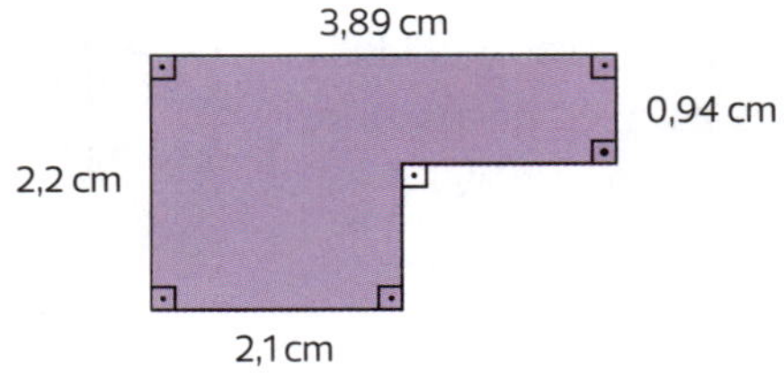

II)

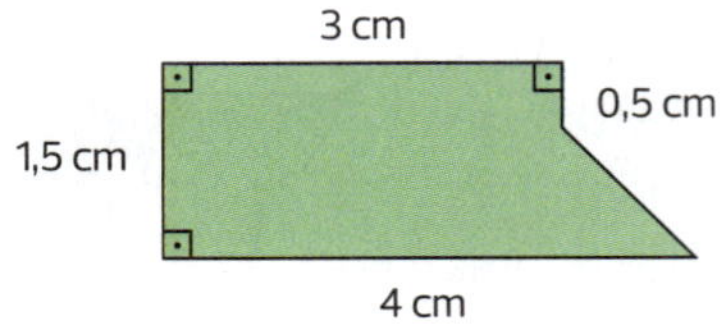

III)

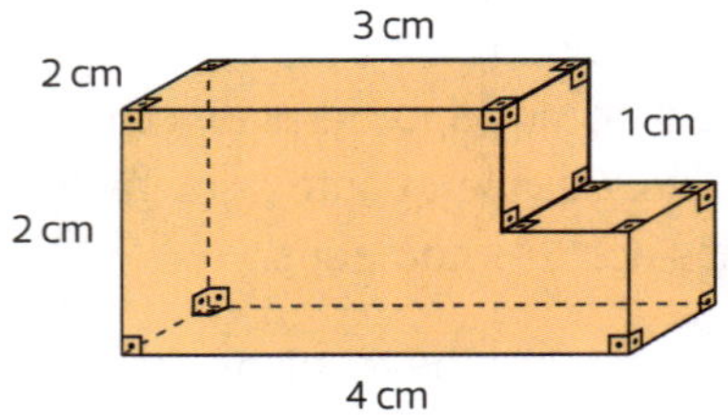

a) Observe as figuras, use calculadora e determine o que se pede:

A) Perímetro da figura plana I: ______________

B) Área da figura I: ______________

C) Área da figura II: ______________

D) Volume da figura III: ______________

b) Usando as mesmas unidades citadas, faça os desenhos de três figuras: a primeira com 5 cm de perímetro, a segunda com 5 cm^2 de área e a terceira com 5 cm^3 de volume.

19. Em cada item, calcule inicialmente a área da região plana correspondente. Em seguida, desenhe a figura na malha quadriculada de 1 cm, conte os quadradinhos e confira o valor que você encontrou anteriormente.

a) Região determinada por um paralelogramo com 5 cm de base e 2 cm de altura.

b) Região determinada por um triângulo com 6 cm de base e 3 cm de altura.

c) Região determinada por um losango com diagonais de 4 cm e 2 cm.

d) Região determinada por um trapézio com bases de 6 cm e 3 cm e altura de 3 cm.

20. Calcule o volume dos seguintes poliedros:

a) cubo com arestas de 30 cm cada uma:

____

b) paralelepípedo com dimensões de 0,5 m, 1,5 m e 2 m: ______________________

c) prisma indicado na figura abaixo: __________

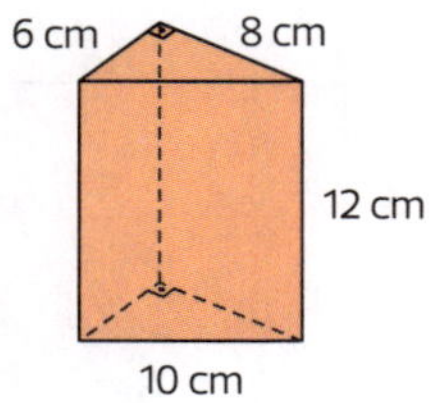

____

d) pirâmide de base quadrada com lados de 10 cm e altura de 6 cm: ______________

____

21. Em uma fábrica de joias foram fundidas 160 peças maciças de ouro pesando 13,51 g cada uma. Com o material obtido, foram feitas 200 peças maciças iguais em forma de cubo. A densidade do ouro é de 19,3 g/cm^3.
Use calculadora e responda:

a) Qual é o volume de cada uma das peças fundidas?

b) Qual é a medida da massa e do volume de cada peça cúbica?

c) Qual é a medida mais próxima do comprimento de cada aresta da peça cúbica: 0,7 cm, 0,8 cm ou 0,9 cm?

22. O triângulo *ARH* da figura é um triângulo equilátero com 19,2 m de perímetro. O quadrilátero *HRPM* é um retângulo com 17,6 m de perímetro. Descubra o perímetro do pentágono *ARPMH*.

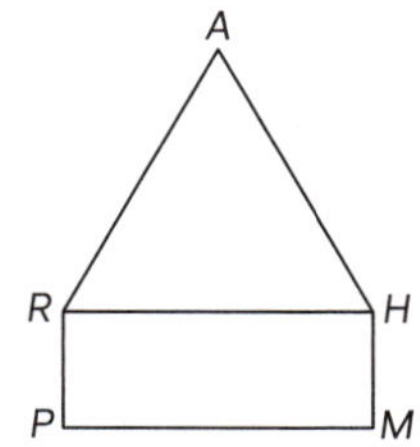

23. Joaquim quer guardar seus CDs em uma bolsa que acabou de comprar. A bolsa tem forma de bloco retangular e dimensões de 36,5 cm, 14,5 cm e 15,5 cm. As dimensões da caixa de CD são de 14 cm, 12 cm e 1 cm.

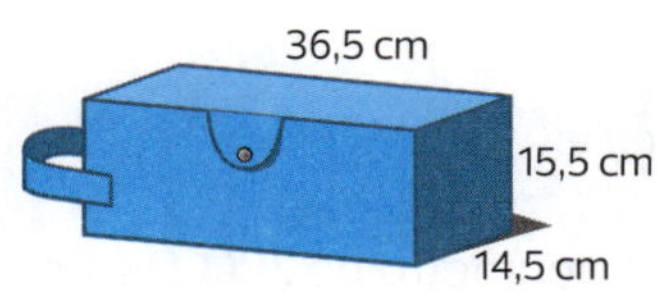

Joaquim quer saber:

a) qual é o número máximo de CDs que cabem na bolsa se forem colocados na posição da figura **A**;

b) qual é o número máximo de CDs que cabem na bolsa se a posição deles for a da figura **B**.

24. $\triangle ABC$ tem lados de 8 cm, 10 cm e 14 cm.
$\triangle RSP$ tem perímetro de 48 cm, e seus lados têm medidas diretamente proporcionais às medidas dos lados do $\triangle ABC$.
Quanto medem os lados do $\triangle RSP$?

25. Na figura abaixo as medidas estão em metros e o perímetro do $\triangle ABD$ é de 48 m.

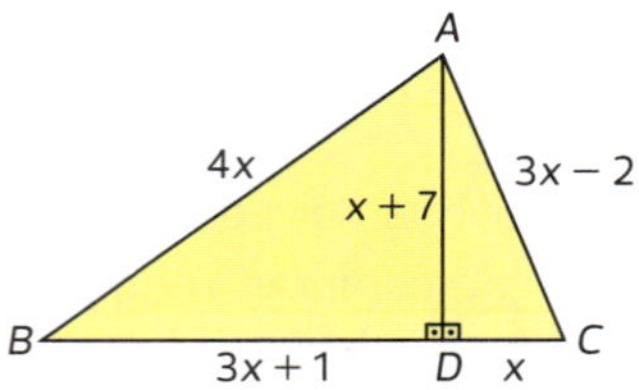

a) Calcule:

A) o perímetro do $\triangle ACD$ e do $\triangle ABC$;

B) a área do $\triangle ABD$, do $\triangle ACD$ e do $\triangle ABC$;

b) Responda:

A) A soma dos perímetros do $\triangle ABD$ e do $\triangle ACD$ é igual ao perímetro do $\triangle ABC$?

____

B) A soma das áreas do $\triangle ABD$ e do $\triangle ACD$ é igual à área do $\triangle ABC$?

____

26. (Efoa-MG) Une-se um dos vértices de um quadrado aos pontos médios dos lados que não contêm esse vértice, obtendo-se um triângulo isósceles (veja figura). A área desse triângulo, em relação à área do quadrado, representa a porcentagem de:

a) 38,5%
b) 37,5%
c) 36,5%
d) 35,5%
e) 39,5%

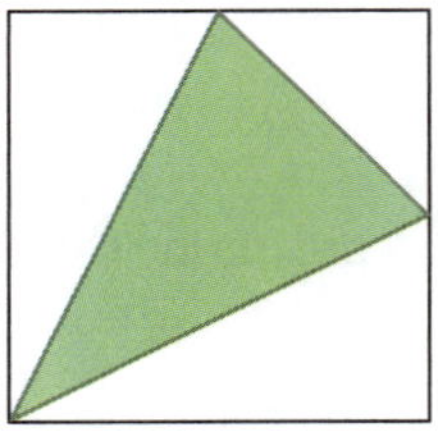

27. Visto de cima, um terreno tem como contorno um triângulo retângulo com lados de 12 m, 16 m e x m. A profundidade dele é de 0,5 m. Esse terreno será cercado com dois fios de arame e depois coberto com terra adubada e placas de grama.

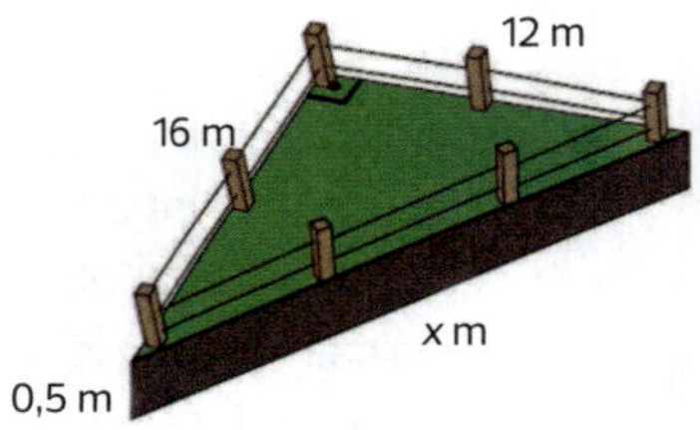

a) Use a Relação de Pitágoras e encontre o valor de x. _______________

b) Quantos metros de arame serão usados?

____

c) Quantos metros cúbicos de terra serão necessários? _______________

d) Quantos metros quadrados com placas de grama serão utilizados? _______________

28. (Mack-SP) Se uma pessoa der 4 voltas completas em torno de um canteiro circular de 1,5 m de raio, quanto essa pessoa percorrerá?

29. (Fatec-SP) O pneu de um veículo, com 800 mm de diâmetro, ao dar uma volta completa percorre, aproximadamente, uma distância de:

a) 25,00 m.

b) 5 m.

c) 2,50 m.

d) 0,5 m.

e) 0,25 m.

30. (Cesgranrio-RJ) Um ciclista de uma prova de resistência deve percorrer 500 km sobre uma pista circular de raio 200 m. O número aproximado de voltas que ele deve dar é:

a) 100.

b) 200.

c) 300.

d) 400.

e) 500.

31. Na fazenda do senhor Alfredo, foi reservado um terreno retangular para a pastagem de animais. Para cercar esse terreno foram usados 180 m de tela. Um segundo terreno, também retangular, foi reservado para plantação. Ele tem 10% a menos no comprimento e 10% a mais na largura, em relação ao terreno anterior. Com isso, para cercá-lo foram necessários 6 m a menos de tela.

a) Determine as dimensões dos dois terrenos.

- terreno para criação: ____________________
- terreno para plantação: ____________________

b) Desenhe os dois terrenos, vistos de cima, na escala 1 cm para cada 10 m.

32. Observe a planta baixa de um apartamento:

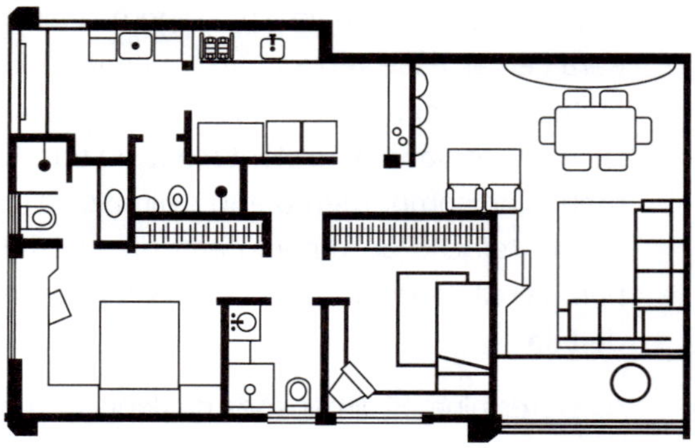

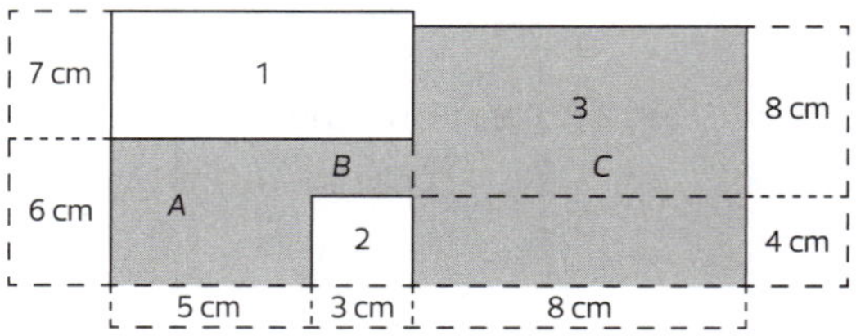

Considere que a escala utilizada na elaboração dessa planta tenha sido de 1 : 100 e responda:

a) Quais serão as dimensões reais do ambiente 1? E do ambiente 2?

b) A parte escura da planta é formada por três ambientes. Determine as dimensões reais desses ambientes.

c) Se aumentarmos a largura do ambiente 1 em 2 cm, qual será o aumento da largura no ambiente real? Explique seu raciocínio.

d) Você consegue estabelecer uma relação entre as dimensões projetadas no desenho e essas mesmas dimensões no real? Como seria?

e) Qual é a área do ambiente 1 projetada pelo desenho?

f) Qual seria a área real desse ambiente?

g) Podemos usar a mesma relação estabelecida no item **d** para responder a esse questionamento? Justifique sua resposta.

h) Determine a área total projetada no desenho pelo ambiente 3. Qual seria sua área real?

i) Imagine o desenho de um retângulo com dimensões 5 cm por 6 cm. Qual será sua área? Usando uma escala de 1 : 1000, determine a área desse mesmo retângulo em sua forma real.

j) Existe alguma relação entre a escala utilizada, as dimensões da figura e a área obtida? Qual seria? Justifique sua resposta.

8 Representação de sólidos geométricos no plano

1. Em um cubo, as faces opostas têm a mesma cor. Observe a planificação do cubo a seguir e pinte as faces que faltam.

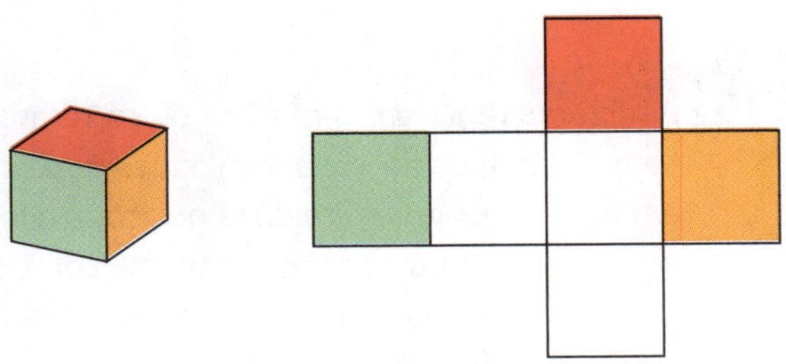

2. Observe o bloco retangular e sua planificação. Complete os □ com as letras correspondentes.

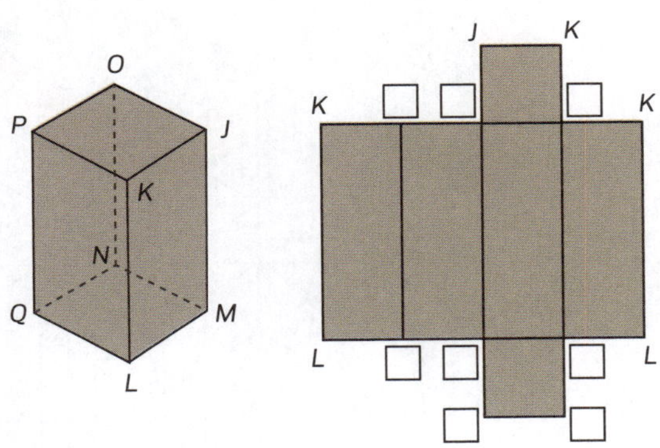

3. Faça os desenhos das vistas de cima e de baixo da pirâmide de base quadrada desenhada abaixo.

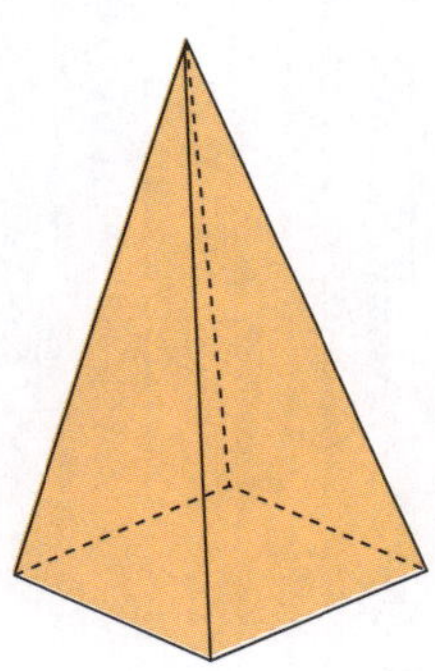

4. Responda e justifique:

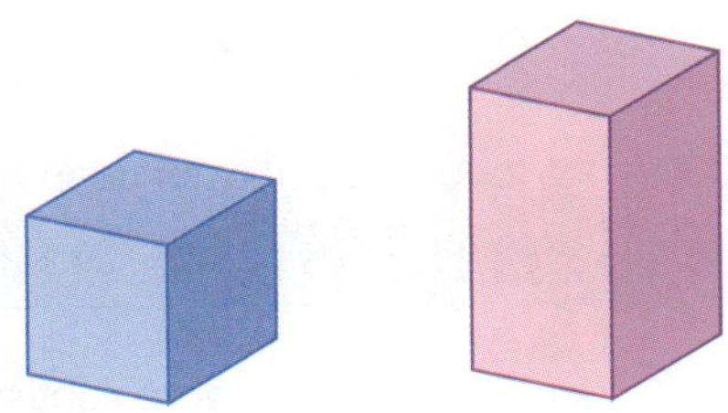

a) O cubo é um poliedro regular?

____

____

____

b) Os demais blocos retangulares são poliedros regulares?

____

____

5. Em um tetraedro regular cada aresta mede 8 cm. Qual é a soma das medidas do comprimento de todas as arestas?

____

6. Em um poliedro regular o número de vértices é $\frac{2}{3}$ do número de arestas, e o número de faces é $\frac{2}{5}$ do número de arestas. Descubra quantos vértices, quantas faces e quantas arestas tem esse poliedro e qual é o seu nome.

7. Considere apenas os cubinhos visíveis na figura abaixo e responda.

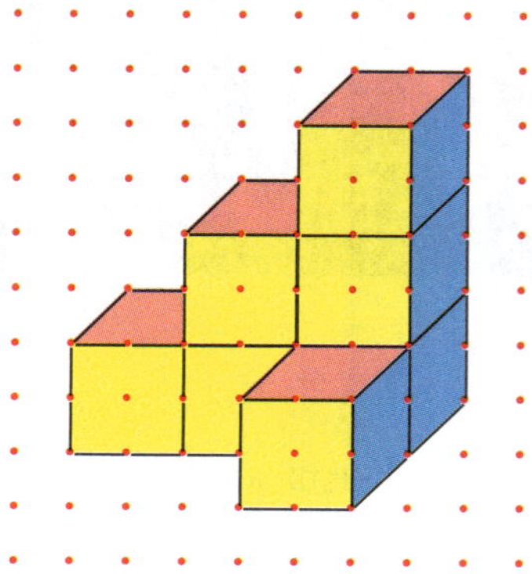

a) O bloco todo é formado por quantos cubinhos?

____

b) O bloco todo é um poliedro convexo?

____

8. Complete o desenho para que se tenha representados: uma pirâmide em **a**; um prisma em **b**. Não se esqueça de pintar as faces.

a)

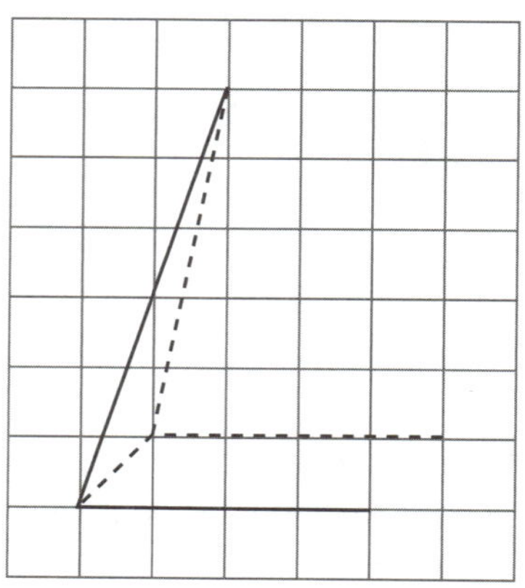

b)

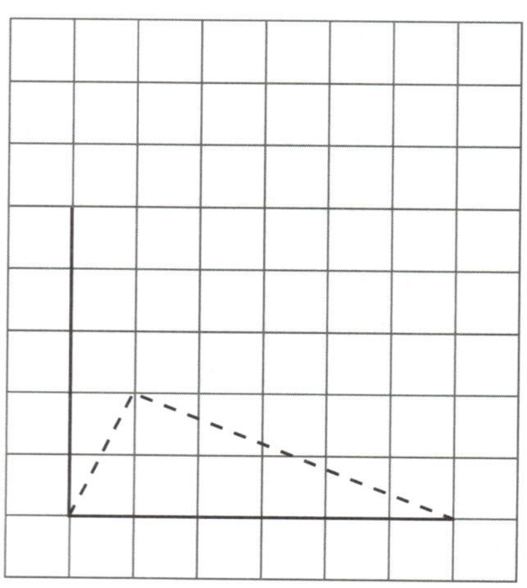

9. **Desafio**

Um icosaedro convexo é um poliedro que tem 20 faces. Nele, o número de vértices corresponde a 40% do número de arestas.
Descubra os números corretos para o icosaedro:

a) 8 vértices e 20 arestas.

b) 10 vértices e 25 arestas.

c) 12 vértices e 30 arestas.

d) 10 vértices e 28 arestas.

10. As figuras mostram o mesmo bloco retangular com dimensões de 1, 2 e 3 unidades desenhado em malha triangular em duas posições diferentes. As faces opostas têm a mesma cor. Desenhe na malha triangular esse mesmo bloco em outras quatro posições.

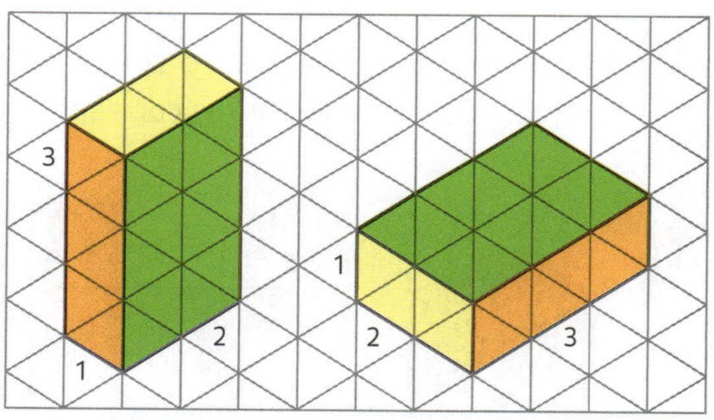

11. Considere este desenho de cubo. Faça sua ampliação triplicando as medidas de suas arestas.

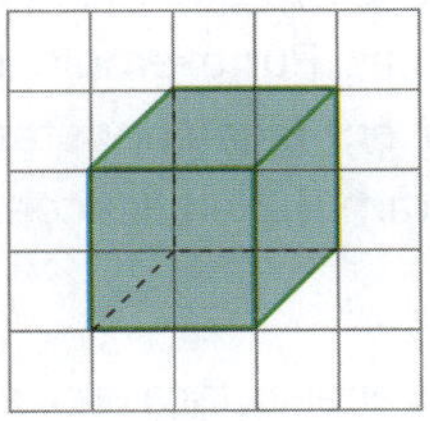

12. Observe os três poliedros desenhados em uma malha pontilhada, em uma malha quadriculada e em uma malha triangular.

I)

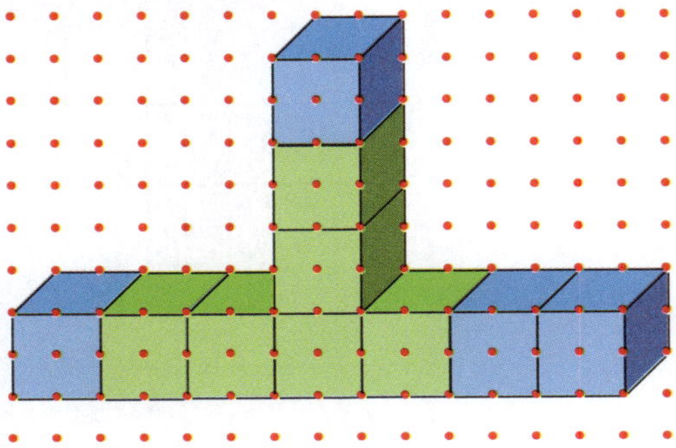

II)

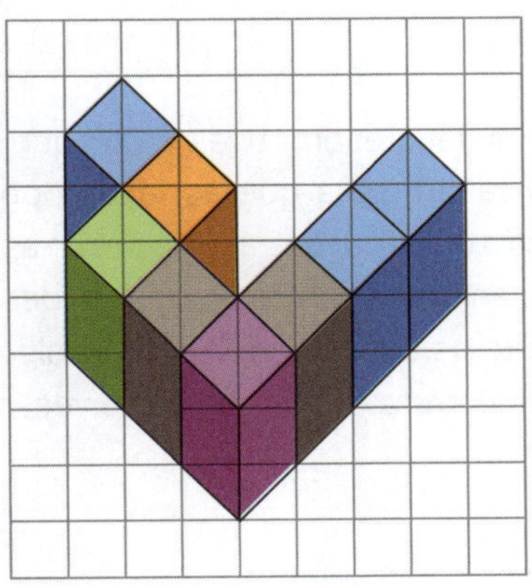

III)

a) Desenhe o poliedro I visto de cima.

b) Responda: dos poliedros I, II e III, qual é o convexo? ____________

c) Desenhe como ficariam os poliedros I, II e III se fossem retiradas deles as peças azuis (cada um na sua respectiva malha).

I)

II)

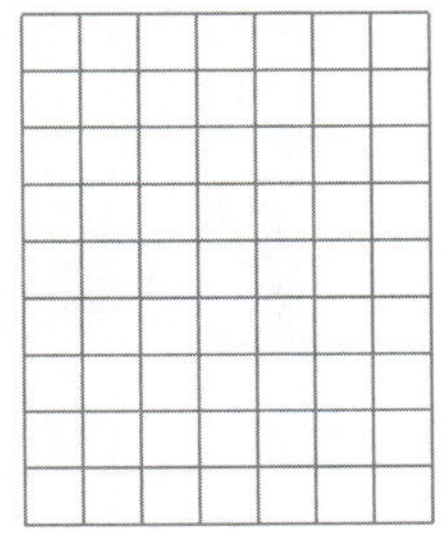

III)

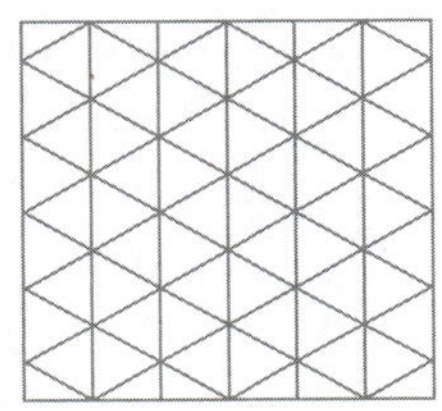

13. Marcelo usou papel pontilhado e imaginou figuras espaciais construídas com quatro peças iguais a esta que aparece desenhada ao lado.

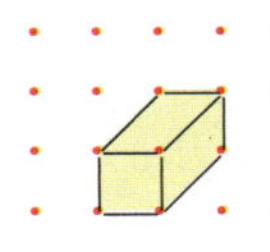

Veja dois desenhos que Marcelo fez e faça pelo menos mais dois.

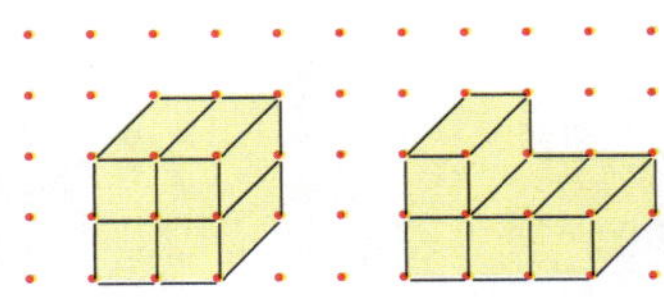

14. Faça um desenho em perspectiva da figura que aparece no segundo exemplo da atividade anterior. Coloque a linha do horizonte acima da figura e o ponto de fuga à sua direita. Depois, escolha outra das figuras da atividade anterior e faça o seu desenho em perspectiva, marcando as posições da linha do horizonte e do ponto de fuga onde você quiser.

15. (UFU-MG) Considere uma cruz formada por 6 cubos idênticos e justapostos como na figura abaixo. Sabendo que a área total da cruz é de 416 cm^2, pode-se afirmar que o volume de cada cubo é igual a:

a) 16 cm^3.

b) 64 cm^3.

c) 69 cm^3.

d) 26 cm^3.

16. A equipe de Raul precisa de cinco dados com as letras de *A* a *F* nas faces, para usar em um jogo. Em todos eles as letras das faces opostas devem ser as mesmas. Por exemplo, *C* e *E* devem sempre aparecer em faces opostas. As figuras abaixo representam 5 planificações diferentes de um cubo.

a) Na planificação abaixo, faça uma estimativa de quais são as letras das faces opostas. Depois, faça o desenho da planificação, monte o dado e confira sua estimativa (desenhe as arestas com 2 cm cada).

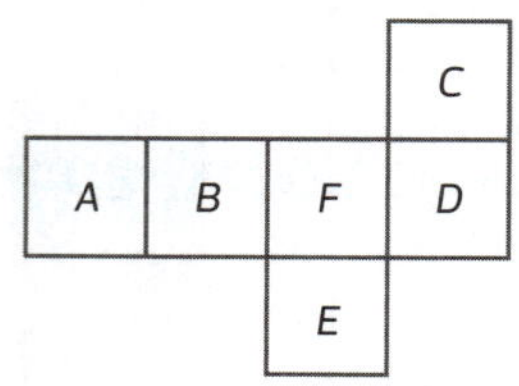

b) Agora, faça estimativas e coloque as letras que faltam para que as faces opostas das quatro planificações abaixo sejam as mesmas da planificação anterior. Depois, desenhe-as, monte os dados e verifique. Se alguma estiver incorreta, faça a devida correção.

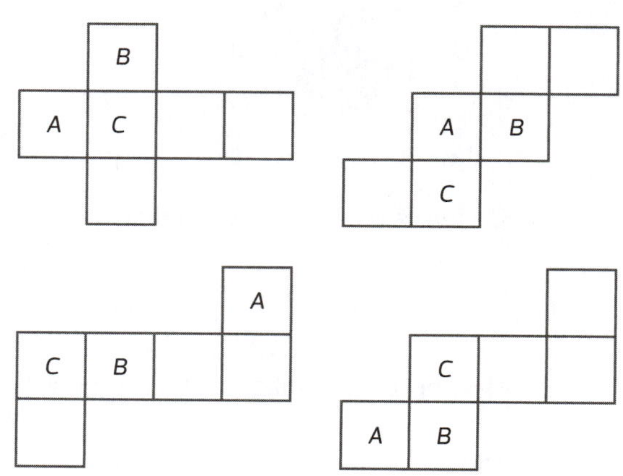

9 Estatística e probabilidade

1. Um aluno do curso de Medicina registrou o batimento cardíaco por minuto dos colegas de classe. Observe os números que ele registrou.

75	76	77	78	79	80	85	88	90	92
92	75	76	78	78	90	76	78	76	90
92	75	76	77	85	85	85	88	77	77
92	90	78	85	79	90	76	78	76	77
92	90	76	85	80	90	85	78	76	88

Com essas informações, complete o quadro.

Batimentos por minutos	Frequência absoluta	Frequência relativa
75	3	
Total	50	

2. Determine a média aritmética ponderada dos números 15, 20 e 8, com pesos 2, 1 e 2, respectivamente. ____________________

3. A média aritmética da altura de cinco edifícios é 85 metros. Se for acrescentado a apenas um dos edifícios mais um andar de 3 metros de altura, a média entre eles passará a ser:

a) 85,6 m.

b) 86 m.

c) 85,5 m.

d) 86,6 m.

e) 86,5 m.

4. Se a média aritmética dos números x e y é 108, então $\sqrt[3]{x + y}$ vale:

a) 8.

b) 6.

c) 4.

d) $\sqrt[3]{54}$.

e) $\sqrt[3]{108}$.

5. Em diferentes situações do cotidiano, você já deve ter utilizado ou observado a utilização da média aritmética. Resolva as situações a seguir.

a) Nas 5 primeiras partidas de um campeonato, Vitor se destacou como atacante de seu time. Veja as informações:

1º jogo: o time venceu por 4 a 2 e Vitor fez 2 gols.

2º jogo: o time empatou por 2 a 2 e Vitor fez 1 gol.

3º jogo: o time venceu por 2 a 0 e Vitor fez 1 gol.

4º jogo: o time perdeu por 3 a 2 e Vitor não fez gol.

5º jogo: o time venceu por 5 a 2 e Vitor fez 3 gols.

Calcule:

A) a média de gols marcados pelo time de Vítor por partida → ____________

B) a média de gols sofridos pelo time de Vítor por partida → ____________

C) a média de gols marcados por Vítor por partida → ____________

b) Agora, temos o número de gols marcados por outra equipe e o número de gols marcados por Silas, seu principal atacante, em 6 partidas disputadas, ambos representados por expressões algébricas.

	Número de gols do time	Número de gols do atacante Silas
1º jogo	m	$m - 1$
2º jogo	$m - 1$	$m - 1$
3º jogo	$2m$	$m + 1$
4º jogo	$3 - m$	1
5º jogo	$m + 2$	m
6º jogo	$2m$	m

Determine a expressão algébrica que indica:

A) a média de gols marcados pela equipe de Silas por partida → ____________

B) a média de gols marcados por Silas por partida → ____________

6. Um técnico de futebol resolveu coletar os dados do desempenho das equipes que participaram dos jogos do Campeonato Nacional ao longo de 5 anos. A partir daí, fez o seguinte gráfico:

Média de gols no Campeonato Nacional

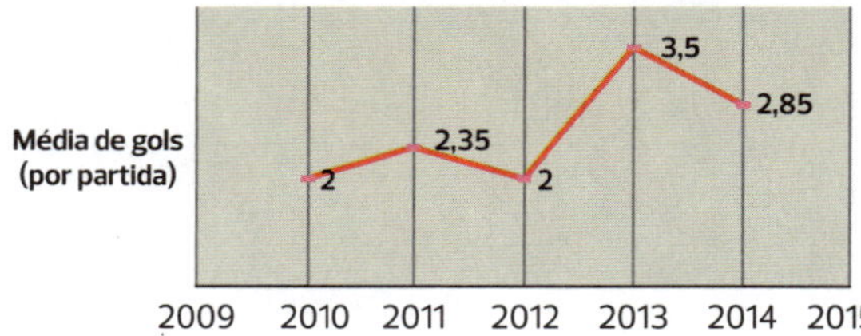

Dados fictícios

Formem duplas e respondam às seguintes questões com base nos dados desse gráfico. Usem a calculadora para efetuar os cálculos, fazendo o registro das operações realizadas.

a) Em que ano o campeonato teve o maior número de gols? Justifique sua resposta.

b) Não é possível que uma partida seja concluída com 2,35 gols, mas essa foi a média de gols por partida em 2011. Como você explica esse número?

c) No gráfico da página anterior observamos dois anos em que a média de gols por partida foi a mesma. O que isso significa?

d) Em 2010, o campeonato teve um total de 24 partidas, sendo que:

- em 7 partidas não foi feito nenhum gol;
- em 5 partidas foi feito 1 gol em cada partida;
- o número máximo de gols em uma partida foi 7 e aconteceu em apenas 1 partida.

Faça uma tabela indicando uma possível distribuição dos gols nas demais 11 partidas do campeonato de 2010.

e) Considere que em 2011 o campeonato teve um total de 20 partidas. Indique uma possibilidade para o número de gols de cada partida. Compare-a com as de outras duplas e observe o que há de igual e o que há de diferente nos valores apontados.

f) A tabela abaixo apresenta o número de partidas em cada campeonato. Retome a questão do item **a** e aponte a resposta que inicialmente não pôde ser verificada.

Número de partidas nos campeonatos (2010 a 2014)

Ano	Total de partidas
2010	24
2011	20
2012	20
2013	24
2014	20

Dados fictícios

7. Os alunos da classe de Noemi fizeram uma pesquisa para saber quantos irmãos cada um deles tem. Eles tabularam os dados, mas ainda não acabaram os cálculos. Complete o quadro.

Número de irmãos	Contagem	Frequência	Frequência relativa
0			
1			
2	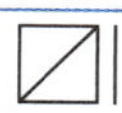		
3			
4			
Total			

8. Calcule a moda, a mediana e a média aritmética da distribuição de frequências relativa ao número de irmãos dos alunos da classe de Noemi, da atividade 7.

9. Um time de handebol disputou nove jogos em um campeonato e marcou nesses jogos 6, 8, 9, 10, 8, 7, 7, 8 e 9 gols, respectivamente.
Calcule a média, a moda e a mediana de gols por partida.

10. Tande e sua mãe estavam jogando dardo. Em dez jogadas, Tande fez os seguintes pontos: 10, 10, 20, 20, 20, 30, 30, 40, 40, 50. Responda:

a) Qual é a média desses resultados?

b) Qual é a moda desses resultados?

c) Qual é a mediana?

d) Em uma próxima jogada, o resultado foi 30. A média aumentou ou diminuiu? Quanto?

11. Cálculo mental

Responda a essas questões com um colega. Um calcula mentalmente e o outro confere a resposta. Qual probabilidade é maior:

a) sair cara no lançamento de uma moeda ou sair número ímpar no lançamento de um dado?

b) sair cara no lançamento de uma moeda ou sair o número 4 no lançamento de um dado?

c) sair sábado no sorteio de um dia da semana ou sair outubro no sorteio de um mês do ano?

12. Classifique os eventos abaixo como evento certo (EC) ou evento impossível (EI).

a) cor amarela na bandeira do Brasil → _______

b) cor preta na bandeira do Brasil → _______

c) no lançamento de dois dados comuns, sair soma maior do que 13 → _______

d) um bloco retangular com 5 arestas → _______

e) sortear um mês do ano que tenha 28 dias → _______

13. Descreva os eventos em cada um dos seguintes experimentos aleatórios:

a) retirar aleatoriamente um parafuso defeituoso fabricado por uma máquina →

____

b) sortear um mês do ano sem a letra *r* no nome → _______________________

c) obter como soma um número primo no lançamento de dois dados comuns →

____

14. Na classe em que Luís Roberto estuda há 9 meninos e 27 meninas.

a) Faça um gráfico de setores indicando os percentuais de meninos e de meninas da classe.

b) Responda: escolhendo um aluno dessa classe ao acaso, qual é a chance de ser um menino?

____

____

15. Na escola de Patrícia foi feita uma pesquisa com 300 alunos do 8º ano, que responderam à seguinte pergunta: "Entre os gêneros musicais samba, *rock* e *rap*, de quais você gosta?". Observe o diagrama com o resultado da pesquisa e responda:

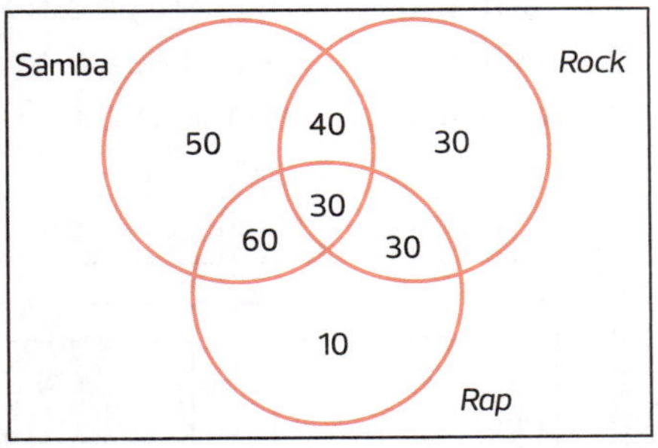

a) Quantos dos alunos pesquisados não gostam de nenhum dos três gêneros musicais?

b) Quantos entre os alunos pesquisados gostam de samba?

c) Quantos entre os alunos pesquisados gostam só de samba?

d) Sorteando um dos alunos pesquisados, qual é a probabilidade de sair um que gosta dos três gêneros musicais?

e) Sorteando um dos alunos que gosta de *rap*, qual é a probabilidade de ele gostar de *rock*?

f) Sorteando um dos alunos pesquisados, qual é a probabilidade de ele não gostar de samba e gostar de *rock*?

Atividades de lógica

1. (UFRN) A figura abaixo representa uma região de ruas de mão única. O número de carros se divide igualmente em cada local onde existam duas opções de direções, conforme a figura.

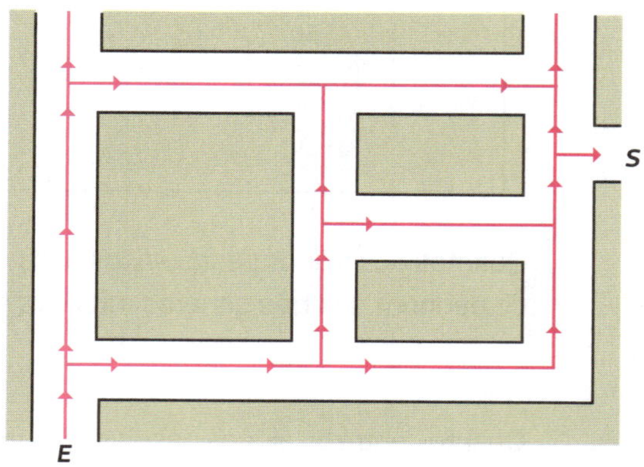

Se 128 carros entram em *E*, podemos afirmar que o número de carros que deixam a região pela saída *S* é:

a) 24.

b) 48.

c) 64.

d) 72.

e) 85.

2. (FCC-SP) Dona Mocinha teve 6 filhos. Sabendo que cada filho lhe deu 5 netos, cada neto lhe deu 4 bisnetos e cada bisneto teve 3 filhos, quantos são os descendentes de dona Mocinha?

a) 516

b) 484

c) 460

d) 380

e) 320

3. (Unimep-SP) Uma alga, cuja superfície duplica a cada dia, demora exatamente 100 dias para cobrir a superfície de um lago. Depois de quantos dias ela cobre metade da superfície do lago?

a) 50 dias

b) 100 dias

c) 99 dias

d) 98 dias

e) 90 dias

4. (OBM) Margarida viu no quadro-negro algumas anotações da aula anterior, um pouco apagadas, conforme mostra a figura. Qual é o número que foi apagado?

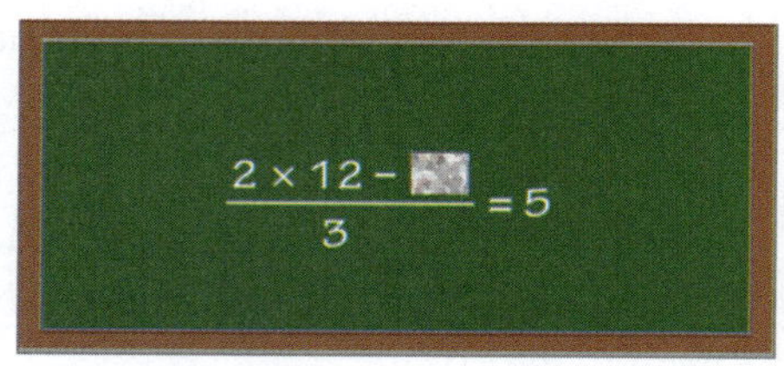

a) 9

b) 10

c) 12

d) 13

e) 15

5. (Esaf) Ana guarda suas blusas em uma única gaveta em seu quarto. Nela encontram-se sete blusas azuis, nove amarelas, uma preta, três verdes e três vermelhas. Uma noite, no escuro, Ana abre a gaveta e pega algumas blusas. O número mínimo de blusas que Ana deve pegar para ter certeza de ter pego ao menos duas blusas da mesma cor é:

a) 6.

b) 4.

c) 2.

d) 8.

e) 10.

6. (FCC-SP) O mostrador de um relógio digital apresenta quatro dígitos. Cada dígito é formado por sete lâmpadas retangulares. Esse relógio não atrasa nem adianta. No entanto, o 3º dígito (da esquerda para a direita) do mostrador está com certo defeito: algumas das lâmpadas que o formam não estão acendendo. Em determinado momento, o tempo que faltava para dar 16h era menor do que o tempo transcorrido desde as 15h. A figura ilustra a aparência do mostrador do relógio nesse momento.

No momento citado, se não houvesse defeito, o 3º dígito mostraria o algarismo:

a) 0.

b) 2.

c) 3.

d) 4.

e) 5.

7. (FCC-SP) Analise atentamente as figuras planas abaixo:

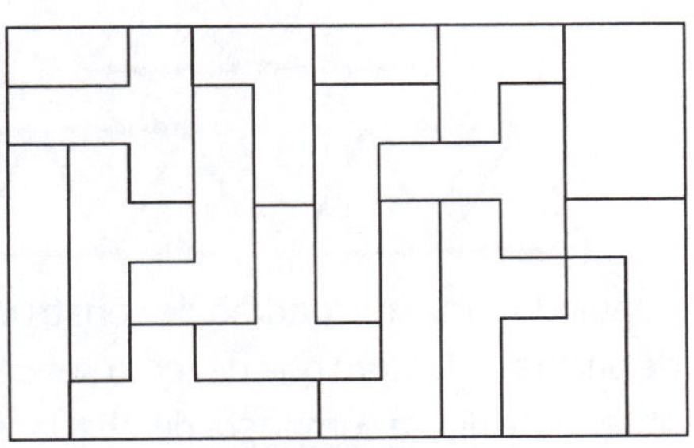

figura 1

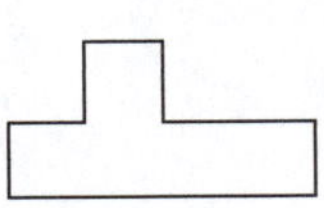

figura 2

figura 3

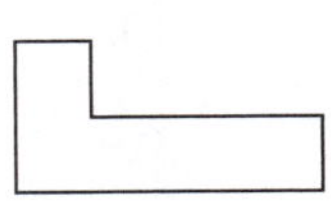

figura 4

Os números de vezes que as figuras 2, 3 e 4 aparecem no interior da figura 1 são, respectivamente:

a) 2, 3 e 3.

b) 3, 3 e 4.

c) 4, 3 e 3.

d) 4, 3 e 4.

e) 4, 4 e 3.

8. (Unibratec-PE) Uma vela queima-se totalmente em três horas. Em quanto tempo se queimariam três velas do mesmo tamanho e acesas ao mesmo tempo?

a) 9 h

b) 6 h

c) 3 h

d) 12 h

e) 8 h

9. (UFC-CE) Três bolas *A*, *B* e *C* foram pintadas: uma de verde, uma de amarelo e uma de azul, não necessariamente nesta ordem. Leia atentamente as declarações a seguir:

I) *B* não é azul.

II) *A* é azul.

III) *C* não é amarela.

Sabendo que apenas uma das declarações anteriores é verdadeira, podemos afirmar corretamente que:

a) a bola *A* é verde, a bola *B* é amarela e a bola *C* é azul;

b) a bola *A* é verde, a bola *B* é azul e a bola *C* é amarela;

c) a bola *A* é amarela, a bola *B* é azul e a bola *C* é verde;

d) a bola *A* é amarela, a bola *B* é verde e a bola *C* é azul;

e) a bola *A* é azul, a bola *B* é verde e a bola *C* é amarela.

10. (OBM) Sobre uma mesa estão três caixas e três objetos, cada um em uma caixa diferente: uma moeda, um grampo e uma borracha. Sabe-se que:

- a caixa verde está à esquerda da caixa azul;
- a moeda está à esquerda da borracha;
- a caixa vermelha está à direita do grampo;
- a borracha está à direita da caixa vermelha.

Em que caixa está a moeda?

a) Na caixa vermelha.

b) Na caixa verde.

c) Na caixa azul.

d) As informações fornecidas são insuficientes para se dar uma resposta.

e) As informações fornecidas são contraditórias.

11. (FCC-SP) Comparando-se uma sigla de 3 letras com as siglas *MÊS*, *SIM*, *BOI*, *BOL* e *ASO*, sabe-se que:

- *MÊS* não tem letras em comum com ela;
- *SIM* tem uma letra em comum com ela, mas que não está na mesma posição;
- *BOI* tem uma única letra em comum com ela, que está na mesma posição;
- *BOL* tem uma letra em comum com ela, que não está na mesma posição;
- *ASO* tem uma letra em comum com ela, que está na mesma posição.

A sigla a que se refere o enunciado dessa questão é:

a) *BIL*.

b) *ALI*.

c) *LAS*.

d) *OLI*.

e) *ABI*.

12. (Esaf-DF) João e José sentam-se, juntos, em um restaurante. O garçom, dirigindo-se a João, pergunta-lhe: "Acaso a pessoa que o acompanha é seu irmão?". João responde ao garçom: "Sou filho único, e o pai da pessoa que me acompanha é filho de meu pai.". Então, José é:

a) pai de João.

b) filho de João.

c) neto de João.

d) avô de João.

e) tio de João.

13. (FCC-SP) Assinale a alternativa que completa a seguinte série: *J J A S O N D*.

a) *J*

b) *L*

c) *M*

d) *N*

e) *O*

14. (FCC-SP) Dado um número inteiro e positivo *N*, chama-se persistência de *N* a quantidade de etapas que são necessárias para que, através de uma sequência de operações preestabelecidas efetuadas a partir de *N*, seja obtido um número de apenas um dígito. O exemplo seguinte mostra que a persistência do número 7 191 é 3:

$$7\,191 \xrightarrow[7 \times 1 \times 9 \times 1]{} 63 \xrightarrow[6 \times 3]{} 18 \xrightarrow[1 \times 8]{} 8$$

Com base na definição e no exemplo dado, é correto afirmar que a persistência do número 8 464 é:

a) menor que 4.

b) 4.

c) 5.

d) 6.

e) maior que 6.

15. (FCC-SP) Usando palitos de fósforo inteiros é possível construir a seguinte sucessão de figuras compostas por triângulos:

Seguindo o mesmo padrão de construção, o total de palitos de fósforo que deverão ser usados para obter uma figura composta de 25 triângulos é:

a) 45.

b) 49.

c) 51.

d) 57.

e) 61.

Respostas

1 Conjuntos numéricos: dos números naturais aos números reais

1. c) Pessoas nascidas no estado de Pernambuco, mas não nascidas em Recife.
e) A) está contido
B) não está contido
C) está contido
D) não está contido
f) No caso em que o aluno frequenta uma escola da cidade de Recife.

2. a) 36 possibilidades
b) $6 \cdot 6$
c) 5 possibilidades

3. a) $\mathbb{Q}$ e $\mathbb{R}$.
d) A) $\notin$ G) $\subset$
B) $\in$ H) $\subset$
C) $\in$ I) $\not\subset$
D) $\in$ J) $\subset$
E) $\in$ K) $\not\subset$
F) $\notin$ L) $\not\subset$

4. a) $\mathbb{N} = \{0, 1, 2, 3, 4, ...\}$
b) $\mathbb{N}^* = \{1, 2, 3, 4, ...\}$
c) $A = \{0, 1, 2, 3, 4, 5, 6, 7, 8, 9\}$
d) $B = \{43, 44, 45, ..., 126\}$
e) $C = \{48, 50, 52, 54, ...\}$
f) $D = \{1, 8, 15, 22, ...\}$
g) $E = \{2, 3, 5, 7\}$

5. a) 120 e) 55
b) 900 f) 80
c) 5 g) 200
d) 1600 h) 350

6. a) 19 999
b) 18, 19 e 20
c) 987
d) 1001
e) 10 100
f) 47

7. a) $\mathbb{Z} = \{..., -3, -2, -1, 0, +1, +2, +3, ...\}$
b) $\mathbb{Z}^* = \{..., -3, -2, -1, 1, 2, 3, ...\}$
c) $\mathbb{Z}_- = \{..., -3, -2, -1, 0\}$
d) $\mathbb{Z}_+^* = \{+1, +2, +3, ...\}$
e) $A = \{..., -7, -6, -5, -4\}$
f) $B = \{-3, -2, -1, 0, +1\}$
g) $C = \{-4, -3, -2, -1, 0, +1, +2\}$

8. Maior: 98 765 432; menor: 10 234 567; 88 530 865; sim: 10 234 567.

9. Linha de cima: 4, 9 e 2;
linha do meio: 3, 1 e 7;
linha de baixo: 8, 5 e 6.

10. a) 0, 1 e 2
b) 8, 9, 10, ...
c) 26 e 27
d) −1, 0, 1, 2, ...
e) ..., −2, −1, 0, 1, 2
f) −4 e +4
g) −6, −5, −4 e −3
h) 4
i) Não existe valor para x.

11. a) 19 h e) 23 h
b) 5 h f) 5 h
c) 9 h g) 18 h
d) 22 h h) 10 h
i) 22 h

12. a) +120 ou 120; −120
b) −20; +20 ou 20
c) −35; +35 ou 35
d) +50 ou 50; −50
e) +2 ou 2; −2
f) −300; +300 ou 300
g) −2 milhões; +2 milhões ou 2 milhões

13. a) 0,375
b) 1,25
c) 6,0
d) 0,171717...
e) 2,666...
f) 0,2666...
g) −3,777...
h) −8,0

14. a) $\frac{29}{9}$
b) $\frac{41}{100}$
c) $\frac{4}{33}$
d) $\frac{-2}{1}$
e) $\frac{9}{5}$
f) $\frac{13}{18}$
g) $\frac{0}{1}$
h) $\frac{10}{9}$
i) $-\frac{1}{2}$

15. b) −1
c) $\frac{4}{5}$ ou 0,8
e) 12
f) 8

16. a) $\frac{3}{8} < \frac{5}{12}$
b) $\frac{4}{9} < \frac{7}{9}$
c) $-\frac{2}{5} > -\frac{3}{7}$
d) $-2\frac{1}{4} < +1\frac{5}{9}$
e) $3{,}62 > 2{,}951$
f) $0{,}48 > 0{,}4777...$
g) $1 > 0{,}64$
h) $2{,}3 = 2{,}30$
i) $1\frac{1}{2} = 1{,}5$

17. a) Número irracional; fica entre 8 e 9.
b) Número irracional; fica entre 6 e 7.
c) Número racional; 7.
d) Número racional; 16.
e) Número irracional; fica entre 31 e 32.

18. a) 1,3 f) 0,24
b) 0,6 g) 0,777...
e) 0,3 h) 1,75

19. a) −3 e −2 e) 12 e 13
b) 5 e 6 f) −1 e 0
c) 0 e 1 g) 3 e 4
d) −2 e −1 h) −7 e −6

22. a) Aproximadamente 25.
b) Aproximadamente 25,7.
c) Aproximadamente 25,71.
d) Aproximadamente 6,78.
e) Aproximadamente 11,833.
f) Aproximadamente 6,7.

23. a) Aproximadamente 2,4.
b) Aproximadamente 5,38.

24. a) $\frac{7}{33}$ b) $\frac{8}{9}$

25. a) Não, pois não pode ser escrito como uma fração de termos inteiros.
b) Não, só os números racionais podem ser representados por frações de termos inteiros.
c) Não, uma dízima periódica pode ser transformada em uma fração de termos inteiros e, portanto, é um número racional e não irracional.
d) Os números reais.

26. a) $\frac{22}{9}$ f) $\frac{313}{900}$
b) $\frac{32}{99}$ g) $\frac{107}{550}$
c) $\frac{14}{111}$ h) $\frac{7}{30}$
d) $\frac{17}{9}$ i) $\frac{233}{90}$
e) $\frac{289}{990}$

27. a) 14 m d) 5 m^2
b) 10 m^2 e) 12,4 m
c) 5,4 m

28. 9,42 cm

29. 11,16 cm

30. a) 18; 234; 0; $\sqrt{49}$.
b) −7; 18; 234; 0; −28; $\sqrt{49}$.
c) −7; $\frac{2}{11}$; $-2\frac{1}{4}$; 0,222...; 3,45; 18; 234; $-\frac{1}{4}$; 0; −2,8; −28; $\sqrt{49}$; 3,26111...
d) $\sqrt{15}$ e ⊠
e) Todos, menos $\sqrt{-1}$.
f) −7; 18; 234; −28; $\sqrt{49}$.
g) −7; $-2\frac{1}{4}$; $-\frac{1}{4}$; 0; −2,8; −28.
h) $\frac{2}{11}$; $\sqrt{15}$; 0,222...; 3,45; 18; 234; $\sqrt{49}$; ⊠; 3,26111...
i) 3,45; 18; 234; $\sqrt{49}$; 3,26111...

31. A: $1\frac{1}{4}$; B: −0,111; C: $-2\frac{1}{2}$; D: ⊠; E: $\sqrt{5}$; F: $-1\frac{7}{8}$; G: $\frac{2}{5}$; H: $\sqrt{3}$; I: $-\frac{3}{4}$.

32. a) $x \in \mathbb{R}, 4 < x \leqslant 11$
b) $x \in \mathbb{R}, x \geqslant -3$
c) $x \in \mathbb{R}, -2 \leqslant x \leqslant 5$
d) $x \in \mathbb{R}, x < 0$

34. **b, c, d, f, g, j, k**

35. **c**

36. 15 min

37. 3 h 20 min

38. R$ 252,00

39. 36 carros.

40. 40%

41. Em 10 horas.

42. R$ 1600,00

2 Expressões algébricas

1. a) $3x$
b) $2a$
c) y^2
d) $\frac{m}{4}$

2. a) $6a$ d) $7x + 3$
b) $2x + 2y$ e) $3x + 5$
c) $8a$ f) $8x + 10$

3. a) $2n - 3$
b) 4
c) $n = 7$

4. a) $21x$ c) $x^2 + 12x$
b) $10x$ d) $28x$

5. a) $x + 4$
b) $3x$
c) $-2x - 4$
d) $2 - 2a$

6. a) $3x + 3$ ou $3(x + 1)$
b) $2x + 2y + 6$ ou $2(x + y + 3)$
c) $10a + 2$ ou $2(5a + 1)$

7. a) 1 f) $6\frac{1}{9}$
b) 0 g) $-\frac{4}{5}$
c) $3\frac{1}{3}$ h) $\frac{1}{5}$
d) −2,25 i) $6\frac{1}{2}$
e) $\frac{3}{5}$ j) −1

8. De cima para baixo:
9, 7, 11, 16 e $\frac{7}{3}$ ou $2\frac{1}{3}$.

9. a) $P = 4y$
b) $A = \frac{xy}{2}$
c) $A = \frac{(a + b)c}{2}$
d) $V = rst$

10. 5

11. De cima para baixo:
3ª linha, 28; 4ª linha: 18 e 22;
5ª linha: 9 e 11; 6ª linha: 2 e 2.

12. $2n - 2, 2n, 2n + 2$ ou $2n, 2n + 2, 2n + 4$

13. 78, 80 e 82

14. $x = \frac{2}{3}$

15. $x = 2$

16. $x = 6$

17. x real, $x > 2$

18. a) 200 km
b) 50 km
c) 2,5 horas ou 2 h 30 min
d) $\frac{2}{5}$ de hora ou 24 min

19. **c**

20. a) $q = p$
b) $y = 2x$ ou $x = \frac{y}{2}$
c) $s = r + 1$ ou $r = s - 1$
d) $b = a - 1$ ou $a = b + 1$

21. a) $4x$
b) $\frac{5(x + 3)}{6}$
c) $3x^2$
d) $(3x)^2$ ou $9x^2$
e) $\frac{-x}{2}$
f) $x - \frac{1}{x}$

22. b

23. a) 68 °F
b) 86 °F
c) 59 °F

24. Aproximadamente 79%.

25. $t \to B$; $w \to A$; $d \to B$;
$f \to I$; $k \to L$; $p \to O$;
$y \to N$; $x \to I$; $b \to O$; $s \to S$.

26. a) $p = n(n - 1)$
b) 380 partidas
c) 10 clubes

27. a) 88 km/h
b) 200 m/min
c) $\frac{40}{x}$ km/h

28. a) 4 h
b) 20 L
c) R$ 44,00

29. a) $y = x + 3$
b) $y = 8x$

30. a) $\frac{6}{3}$; $\frac{7}{3}$
b) 17ª posição.
c) $\frac{86}{3}$
d) Sim.

31. a) 2 patinhos; 1 patinho
b) 10 cartas.
c) 2 patinhos.
d) A mesma figura da 4ª carta.
e) $o = 3n + 2$, em que o é a ordem da carta e n é um número natural qualquer.

32. a) A) $N = \frac{4V}{3}$ ou $V = \frac{3N}{4}$
B) $F = 2V$ ou $V = \frac{F}{2}$
C) $F = \frac{3N}{2}$ ou $N = \frac{2F}{3}$
b) A) 45 minutos
B) 60 minutos
C) 90 minutos

33. De cima para baixo:
20°, 30° e 130° (obtusângulo);
65°, 95° e 20° (obtusângulo);
30°, 60° e 90° (retângulos);
30°, 85° e 65° (acutângulo);
90°, 70° e 20° (retângulo);
5°, 90° e 85° (retângulo).

3 Ângulos, triângulos e quadriláteros

1. a) $\hat{1}$ e $\hat{5}$; $\hat{2}$ e $\hat{6}$; $\hat{4}$ e $\hat{8}$; $\hat{3}$ e $\hat{7}$.
b) $\hat{2}$ e $\hat{8}$; $\hat{3}$ e $\hat{5}$.
c) $\hat{1}$ e $\hat{7}$; $\hat{4}$ e $\hat{6}$.
d) $\hat{2}$ e $\hat{5}$; $\hat{3}$ e $\hat{8}$.
e) $\hat{1}$ e $\hat{6}$; $\hat{4}$ e $\hat{7}$.
f) $\hat{1}$ e $\hat{3}$; $\hat{2}$ e $\hat{4}$; $\hat{5}$ e $\hat{7}$; $\hat{6}$ e $\hat{8}$.

2. $\hat{2}$: 116° 45′; $\hat{3}$: 63° 15′;
$\hat{4}$: 116° 45′; $\hat{5}$: 63° 15′; $\hat{6}$: 116° 45′;
$\hat{7}$: 63° 15′; $\hat{8}$: 116° 45′.

3. 103° 8′ e 76° 52′

4. $\hat{1}$: 60°; $\hat{2}$: 120°; $\hat{3}$: 60°; $\hat{4}$: 120°;
$\hat{5}$: 60°; $\hat{6}$: 120°; $\hat{7}$: 60°; $\hat{8}$: 120°.

5. $\hat{1}$: 70°; $\hat{2}$: 110°; $\hat{3}$: 70°; $\hat{4}$: 110°;
$\hat{5}$: 70°; $\hat{6}$: 110°; $\hat{7}$: 70°; $\hat{8}$: 110°.

6. $m(\hat{3}) = 50° 18'$;
$m(\hat{4}) = 129° 42'$

7. $m(\hat{2}) = 48° 15'$;
$m(\hat{3}) = 83° 30'$

8. 6 lados

9. a) $S_i = 1080°$
b) $S_e = 360°$
c) $a_i = 135°$
d) $a_e = 45°$
e) 20 diagonais

10. Pentágono regular

11. 8 lados

12. 66° 51′

13. 60° e 30°

14. Ângulos internos: 57° 25′; 90°; 32° 35′; ângulos externos: 122° 35′; 90°; 147° 25′.

15. $m(\hat{A}) = 20°$; $m(\hat{B}) = 120°$ e $m(\hat{C}) = 40°$

16. 5 lados

17. a) 3 240°
b) 360°
c) 162°
d) 18°
e) 170 diagonais

18. 15 lados

19. Decágono

20. Triângulo

21. 30 lados

22. 7 lados

24. a) 36°, 108° e 36°; 36°, 72° e 72°; 36°, 108° e 36°
b) 120°, 30° e 30°; 60°, 60° e 60°; 30°, 120° e 30°; 30°, 120° e 30°

25. a) 129°
b) 95°
c) 136°
d) 85°
Acutângulo e escaleno.

26. a) F
b) V
c) F
d) V

27. a) 3
b) 6
c) 10
d) 190

29. a) Sim.
b) Sim.
c) Sim.
d) Não.
e) Sim.
f) Nada podemos garantir.

30. a) Os triângulos são congruentes (caso *LLL*).
b) Os triângulos podem ou não ser congruentes.
c) Os triângulos são congruentes (caso *ALA*).
d) Os triângulos não são congruentes.
e) Os triângulos não são congruentes.
f) Os triângulos são congruentes (caso *LAL*).
g) Os triângulos são congruentes (caso *LLL*).
h) Os triângulos podem ou não ser congruentes.
i) Os triângulos não são congruentes.
j) Os triângulos podem ou não ser congruentes.

34. Todos.

35. $x = 48°$ e $y = 72°$

39. a) 70°
b) 35°
c) 65°
d) 115°

40. a) $\widehat{C}$; $\widehat{B}$
b) 9 cm
c) $\overline{PQ}$; $\overline{PR}$; obtusângulo; escaleno.

41. Números reais entre 4,55 e 7,25.

42. a) Não existe.
b) Existe.
c) Existe.
d) Não existe.
e) Existe.
f) Não existe.
g) Não existe.
h) Existe.

43. 24 peças triangulares.

44. Sim.

48. 110°; 110° e 70°.

49. 150°

50. 140°

51. $AC = 10$ cm;
$BM = 5{,}5$ cm; CM = 5,5 cm

52. 63°

53. d

54. a) 2 cm, 2 cm e 2 cm
b) 3 cm, 5 cm e 6 cm

55. a) $\widehat{A}$: 80° $\widehat{D}$: 40°
$\widehat{B}$: 50° $\widehat{E}$: 70°
$\widehat{C}$: 50° $\widehat{F}$: 70°
b) A) $\widehat{A}$: 50°; $\widehat{B}$: 65°; $\widehat{C}$: 65°;
$\widehat{D}$: 42°; $\widehat{E}$: 69°; $\widehat{F}$: 69°
B) $\widehat{A}$: 72°; $\widehat{B}$: 54°; $\widehat{C}$: 54°;
$\widehat{D}$: 68°; $\widehat{E}$: 56°; $\widehat{F}$: 56°
c) $\widehat{A}$: 60°, $\widehat{D}$: 40°, $\overline{AG}$: 3,4 cm,
$\overline{DH}$: 5,5 cm
$\widehat{A}$: 100°, $\widehat{B}$ e $\widehat{C}$: 40°, $\widehat{D}$: 90°,
$\widehat{E}$ e $\widehat{F}$: 45°, $\overline{BC}$: 5,5 cm,
$\overline{EF} = 4{,}5$ cm

56. a) 5 cortes
b) 4 cortes
c) 5 cortes

57. a) Nunca.
b) Sempre.
c) Às vezes.
d) Sempre.
e) Sempre.
f) Nunca.
g) Às vezes.
h) Nunca.
i) Sempre.
j) Nunca.
k) Sempre.
l) Às vezes.

58. a) V
b) F
c) V
d) F
e) V
f) V
g) V

59. a) 70°, 110° e 110°
b) 60°, 120°, 60° e 120°
c) Não existe.
d) 45°, 135°, 45° e 135°

60. a) $x = 120°$
b) $x = 80°$
c) $x = 110°$; $x - 40° = 70°$;
$\frac{x}{2} + 15° = 70°$
d) $x = 120°$; $x - 50° = 70°$;
$\frac{x}{2} - 10° = 50°$

61. 4 cm

62. a) 65°, 115°, 65° e 115°
b) 130°, 50°, 130° e 50°

63. a) 125°, 55°, 125° e 55°
b) 57°, 123°, 57° e 123°

64. 60°, 80°, 100° e 120°

65. a) $x = 55°$
b) $x = 45°$

66. $a = 5$ cm; $b = 3$ cm; $m = 40°$;
$n = 60°$; $x = 80°$; $y = 40°$

67. $x = 35°$ e $y = 70°$

68. 140°

69. a) V
b) V
c) V
d) F
e) V

70. a) V
b) F
c) F
d) V
e) F
f) V

71. $x = 60°$

72. $x = 30°$; $y = 60°$; $z = 60°$;
$w = 30°$

73. 5,25 cm

74. 8 cm

75. Base maior: 8 cm;
base menor: 4 cm.

76. $x = 9$

77. 110°; 70° e 70°

78. 45°, 135°, 45° e 135°

79. 115°, 65°, 90° e 90°

80. 60°, 80°, 100° e 120°

82. 84° 40′; 95° 20′;
84° 40′; 95° 20′

83. 90°, 90°, 120° e 60°

4 Cálculo algébrico

1. a) $5x$
b) $y + 5$
c) $n - 1$
d) $x^2 + 2y$
e) $\frac{1}{y}$ ou y^{-1}
f) $-4x$
g) $n^3 + 6$
h) $\frac{n}{y}$
i) $2(n + 1)$ ou $2n + 2$
j) $2n + 1$
k) $2xy$
l) $\frac{x - 3y}{2}$
m) $\sqrt{5n}$

2. a) $\frac{1}{y}$; $\frac{n}{y}$; $\sqrt{5n}$
b) $5x$; $-4x$; $2xy$
c) $x^2 + 2y$
d) $n^3 + 6$

3. a) $28 - x$
b) $4x - 10$; $x^2 - 5x$
c) $10x$; $4x^2$
d) $1{,}1x - 25$ ou $\frac{11x}{10} - 25$
e) $x \cdot 20 + y \cdot 10$ ou $20x + 10y$
f) $\frac{21\,500}{x}$

4. a) $\frac{21500}{x}$

b) $10x$ e $4x^2$

c) $20x + 10y$

d) $x^2 - 5x$

e) $4x - 10$

5. $200 + 5x$

Cada prestação deve ser de R$ 149,00.

6. $a^2 + 3ab$

7. $\frac{3x \cdot y}{2}$ ou $\frac{3xy}{2}$ ou $\frac{3}{2}xy$; coeficiente: $\frac{3}{2}$; parte literal: xy; $-4xy$

8. a) Não

b) Sim

c) Sim

d) 1

e) a deve ser um número natural

f) 2º grau

g) a deve ser um número natural diferente de 2.

h) 3 variáveis

i) $\frac{1}{4}$

j) Sim

k) Não

9. a) $3x^4$

b) $13xy$

c) $8x^2 - 3x$

d) $21a^2b$

e) $16x^8$

f) $4x^3$

g) 4

h) $-3x$

i) $-15x^2$

j) $12ab$

k) $9ab$

l) $27x^3y^6$

m) $12a^2$

n) $\frac{5x^2}{7}$

o) $20xy$

p) $64x^6$

q) $6x^2$

r) $\frac{1}{x}$

s) $3a^2b + 5ab^2$

t) $8x^3$

u) $14a^2b^2$

10. a) $4x^2, 2x, 6x^3, x^3 + x^2, x^3$

b) $3ab, 6a^2b, 2a^2, 7a^2$

11. a) $5x - 8y$ (binômio)

b) $-4x^3$ (monômio)

c) $3a - 8b + 8$ (trinômio)

d) $\frac{3x^2}{14}$ (monômio)

e) $4a - 5$ (binômio)

f) $x^2 - xy + 5$ (trinômio)

12. $4a + 12b$

13. a) Todas

b) $3x^2y$; $\frac{2y}{7}$; $2abc$

c) $4x + 6$; $2x + y$; $4a + 2b$; $\frac{x}{5} + 1$

d) $x^2 - 6x + 1$ e $4a^2 - 3b - 1$

e) $\frac{2y}{7}$

f) $2x + y$ e $4a + 2b$

14. a) Trinômio do 1º grau com duas variáveis.

b) Monômio do 4º grau com uma variável.

c) Binômio do 2º grau com uma variável.

d) Monômio do 4º grau com duas variáveis.

e) Trinômio do 2º grau com duas variáveis.

f) Binômio do 2º grau com uma variável.

g) Monômio do 1º grau com uma variável.

h) Trinômio do 1º grau com duas variáveis.

i) Monômio do 8º grau com três variáveis.

15. a) $-\frac{3}{4}$

b) 11

c) $8x^2$

d) $10xy^2$

e) 2

f) $\frac{1}{2}$

16. $x = -4$

17. a) $8x - 5$; binômio do 1º grau com uma variável.

b) $4x^2 + 2x + 7$; trinômio do 2º grau com uma variável.

c) Trinômio do 2º grau com duas variáveis.

d) $4x^3$; monômio do 3º grau com uma variável.

e) x; monômio do 1º grau com uma variável.

f) Binômio do 3º grau com duas variáveis.

g) $-2ax$; monômio do 2º grau com duas variáveis.

h) $3x^2 - 4x + 1$; trinômio do 2º grau com uma variável.

19. a) $4a$

b) a^2

c) $2a + 6b$

d) $2ab + 2b^2$

e) $2a + 4b$

f) $2ab$

g) $6a + 6b$

h) $a^2 + 4ab + 2b^2$

20. $a = 6$ cm e $b = 4,5$ cm

21. a) **A)** $4x + 6$

B) $x^2 + 2x + 1$

C) $\frac{1}{2}x^2 + 3x + \frac{9}{2}$ ou $0,5x^2 + 3x + 4,5$.

D) $4x + 4$

E) $2,5x^2 + 8x + 5,5$

b) 1ª linha (de cima): 20 m, 2ª linha: 22 m e 28 m²; 3ª linha: 24,5 m²

22. a) $x - 1$

b) $-2x^2 - 3$

c) $3x^2 - 24x$

d) $x^2 + 5x - 14$

e) $4x^2y + 8x^2 + 5xy + 10x$

f) $x^2 + 2x - 3$

g) $x^4 - 5x^3 + 12x^2 - 13x + 5$

h) $a^3 + a^2b - 3a^2 + 2a + b^2 - 2b$

i) $3x^3 + x^2 + 11x + 20$

j) $3x - 6$ e resto -2

k) $3x - 1$

l) $3x - 4$ e resto $x + 4$

23. $x^2 + 5x - 39$

24. a) $x^2 + 60x + 900$

b) $25x^2 - 90x + 81$

c) $49x^2 - 25y^2$

d) $27x^3 + 54x^2 + 36x + 8$

e) $a^2 + 12a + 36$

f) $9a^2 + 6ab + b^2$

g) $x^2 - x + \frac{1}{4}$

h) $49 - 9a^2$

i) $a^3 - 30a^2b + 300ab^2 - 1000b^3$

25. a) $x^2 - 16x + 64$
b) $9a^2 - b^2$
c) $\frac{m^2}{4} + 5m + 25$
d) $18 - 3r - r^2$

26. a) $4x^2 + 2x - 5$
b) $x^2 - 5x - 2$
c) $5x^2 - 15x + 5$
d) $2x - 3$ e resto 1
e) $11x^2 - 9x - 13$
f) $-12x^2 + 2x + 27$
g) $2x^2 + 3x$
h) $3x^2 + 5x - 6$
i) $17x^2 - 19x - 25$

27. a) $3x^3(x^2 - 6)$
b) $a(5a + 3b + 2)$
c) $3(3x - 5)$
d) $4a^2b^3(2 + 3ab - 5b^2)$

28. a) $(x + 11)(x - 11)$
b) $(2x + 5y)(2x - 5y)$
c) $(10a + 1)(10a - 1)$
d) $\left(y + \frac{3}{8}\right)\left(y - \frac{3}{8}\right)$

29. a) $(x - 7)^2$
b) $(3x + 5)^2$
c) $(a + 3b)^2$
d) $(x^3 - 9)^2$

30. a) $(x - 10)(x + y)$
b) $(b + 1)(a + 5)$
c) $(y + 4)(3x - 1)$
d) $(x - 3)(x + 5)$

31. a) $(x + 4)(x^2 - 4x + 16)$
b) $(2x - 1)(4x^2 + 2x + 1)$
c) $(m - n)(m^2 + mn + n^2)$
d) $(10 + y)(100 - 10y + y^2)$

32. a) $(x + 8)(x - 8)$
b) $8x(x - 4)$
c) $(3x + 2y)(9x^2 - 6xy + 4y^2)$
d) $(4x - 7)^2$
e) $5(5a + 6b - 3c)$
f) $(x + 6)(x - a)$
g) $(4r + 3s)(4r - 3s)$
h) $(x + y^2)^2$
i) $(a - 1)(a^2 + a + 1)$
j) $x(3x + 6y + 8)$
k) $(m + 7n)(m - 7n)$
l) $3x(x - 3y + 2 + 7x^2)$

33. a) $(x^2 + 9)(x + 3)(x - 3)$
b) $x(x + 3)^2$
c) $5x^2(x + 2)(x^2 - 2x + 4)$
d) $2(x + 5)(x - 5)$

34. a) $\frac{1}{2x - 1}$
b) $\frac{5}{x + 3}$
c) $\frac{x}{x^2 + 7x + 49}$
d) $\frac{a + 2}{a - b}$
e) $\frac{x^2 + 36}{5}$
f) $\frac{3z}{5y}$

35. a) 7; 49
b) x; x; x^2 ou y; y; y^2; etc.
c) 10; x; x^2; 100
d) x; x
e) 10; 10
f) a; 11; a; 11

36. a) 52 900
b) 6 000
c) 1 200

37. a) $x = \frac{2}{3}$ ou $x = -4$
b) $x = -2\frac{1}{3}$ ou $x = 2\frac{1}{3}$
c) $x = 0$ ou $x = 2$
d) $x = 4$
e) $x = -\frac{1}{3}$
f) $x = 0$ ou $x = -5$ ou $x = 5$

38. a) 3
b) 10 ou −10
c) 4 ou −4
d) 30 ou −30

39. a) 126
b) 175
c) 72
d) 2 346
e) 72
f) 600

40. a) $24x^2$
b) $60x^2y$
c) $20x^2y^2$
d) $36x^3y$
e) $90x^2y$
f) $12x^3$

41. a) $6x(x - 3)$
b) $x(x + 5)(x - 5)$
c) $(x + 2)^2(x^2 - 2x + 4)$
d) $(a + b)(a - b)^2$
e) $2x(x - 1)$
f) $(x + 10)(x - 10)(x^2 - 20x + 100)$

42. a) $(3a - 7)^2$
b) 529
c) 4 ou $\frac{2}{3}$
d) $9a^2 - 42a + 49$

43. e

44. a) $\frac{x - 1}{x}$; $\frac{2}{3}$
b) $-\frac{x}{4}$; $-\frac{3}{4}$

45. a) $\frac{x}{x^2 + 2}$
b) $\frac{\sqrt{x}}{x - y}$, $x \geqslant 0$ e $x \neq y$
c) $\frac{x + 1}{x^2 - 1}$; $x \neq 1$ e $x \neq -1$
d) $\frac{x + y}{x^2 - y^2}$; $x \neq y$ e $x \neq -y$

46. a) $\frac{2xy}{3}$
b) Não é possível.
c) $\frac{4n}{3}$
d) $\frac{4r^5}{3}$
e) $\frac{xy}{2z}$
f) 1

47. a) $\frac{1166}{y}$ km/h
b) $\frac{1166}{y - 1}$ km/h

48. 1º) $\frac{500}{x}$ g/cm³;
2º) $\frac{500}{3x}$ g/cm³;
3º) $\frac{500}{3x - 2}$ g/cm³.

49. a) $\frac{x}{3}$
b) $\frac{2a^3}{3}$
c) $4(x + y)$
d) 2

50. a) $\frac{1-b}{1+c}$; $c \neq -1$

b) $a+b$

c) 1

d) Não é possível

e) x

f) $\frac{5+x}{x}$; $x \neq 0$

g) $\frac{8-t}{2}$

h) $2x$

i) $y+3$

51. a) $\frac{y}{2}$

b) a

c) 1

d) 1

52. a) $\frac{x}{2}$

b) a^2

c) $x-y$

d) $x+2$

e) $\frac{y}{x-3}$, $x \neq 3$

f) 1

53. a) 1

b) a

c) $\frac{x-y}{x^2}$, $x \neq 0$

d) $\frac{1}{mn}$, $m \neq 0$ e $n \neq 0$

54. a) $\frac{a^2}{9b^2}$

b) $\frac{4y^2}{9x^2}$

c) $\frac{8x^3}{27y^3}$

d) $\frac{64b^3}{27a^6}$

55. a) 2

b) 1

c) 2

d) $-\frac{y}{x}$, $x \neq 0$

56. a) $\frac{4a}{1-a^2}$, $a \neq 1$ e $a \neq -1$

b) $a+b$

c) $-\frac{1}{x}$, $x \neq 0$

d) $\frac{y+1}{y-1}$, $y \neq 1$

57. a) 2

b) $\frac{2}{xy^2 - x^2y}$ $x \neq 0$, $y \neq 0$ e $x \neq y$

c) $\frac{12+4x}{7+3x}$, $x \neq -\frac{7}{3}$

d) 1

5 Equações, sistemas de equações e inequações

1. a) $x = -6$

b) $x = 3 + \sqrt{2}$

c) $x = 3(1 + \sqrt{10})$

d) $x = 21\frac{3}{7}$

e) $x = \frac{3+\sqrt{5}}{2}$

f) $x = 5$

2. 25, 27 e 29

3. a) $x \simeq 0,24$

b) $x \simeq 3,82$

c) $x \simeq 0,14$

d) $x \simeq -7,35$

4. 8 cm

5. a) $x = -\frac{4}{5}$

b) $x = -7$

c) $t = 3$

d) $y = \frac{-12}{11}$

e) $x = \frac{2}{3}$

f) $t = -6$

g) $x = -15\frac{2}{3}$

h) $x = 5\frac{4}{7}$

i) $x = 0$

6. 9

7. R$ 130,00

8. R$ 90,00

9. R$ 1800,00

10. Comprimento: 7 cm; largura: 5 cm.

11. Acertou 55 questões e errou 45.

12. 11 anos

13. 3 cm

14. Luís: 5 anos; Jairo: 20 anos.

16. 80°

17. 45°

18. 150 km

19. Tico: 45 selos; Maurício: 30 selos; Cristiano: 60 selos.

20. a) $x = 2$

b) $x = \frac{2}{b-a}$, $b \neq a$

c) $x = a + b$

d) $x = \frac{ab - 2b}{a^2 - b^2}$, $a \neq b$ e $a \neq -b$

e) $x = 0$, $a \neq 1$

f) $x = \frac{-2b}{4b-1}$, $b \neq \frac{1}{4}$

21. $x = -2$

22. 4 cm^3

23. 4 horas

24. a) $x = 3$

b) $x = 5$

c) $x = 35$

d) $x = -1$

e) $x = -6$

f) $x = 16$

g) $x = -\frac{3}{7}$

h) $x = \frac{3}{2}$

i) $x = -1$

25. a) 60 pessoas

b) R$ 200,00

26. $x = 4$

27. $x = 20$

28. a) (3, 1)

b) (2, 6)

c) (1, 9)

d) (5, 2)

29. De cima para baixo: 3ª linha, $x = 1$; 4ª linha, $x = -1$; 6ª linha, $x = 6$; 7ª linha: $x = 3$.

31. 80 km/h; 60 km/h.

32. 2 horas e 24 minutos

35. a) (2, 3)

b) (1, −2)

c) (−2, 4)

36. a) $\left(\frac{1}{2}, -\frac{1}{2}\right)$
b) (5, 5)
c) (−3, −3)
d) $\left(2\frac{1}{3}, 0\right)$

37. a) (6, 4)
b) (5, 1)
c) (−1, 1)
d) (2, 1)
e) (4, 3)
f) (2, 5)

40. a) (3, −2)
b) (1, 2)
c) (−1, 3)
d) (1, 6)
e) (2, 1)
f) (3, 7)

41. a) (7, −2)
b) (3, 1)
c) (0, −2)
d) (4, 4)
e) (−6, 4)
f) (−1, −5)

42. a) (1, −3)
b) (4, 5)
c) (7, 1)
d) $\left(-\frac{1}{2}, 2\right)$
e) (−2, 2)
f) (1, 1)

43. a) (4, 6)
b) (5, 3)
c) (2, 1)
d) (−2, −2)
e) (1, −3)
f) $\left(\frac{1}{2}, \frac{1}{3}\right)$

44. a) Determinado.
b) Impossível.
c) Impossível.
d) Indeterminado.
e) Indeterminado.
f) Determinado.

45. 7 e 35

46. 54 bicicletas e 28 triciclos

47. Paulo: 24 pontos; Beto: 20 pontos

48. Lebre: 54 m; cachorro: 36 m.

49. 10 m de frente; 30 m de fundo.

50. 5 e 8.

51. Juliana: 28 anos; Marcelo: 14 anos.

52. 19 perus e 35 porcos.

53. 25.

54. 36 e 12

55. 9 notas de R$ 2,00 e 7 notas de R$ 5,00

56. $\frac{2}{5}$

57. 57 e 19

58. $x = 5°$ e $y = 6°$

59. $\hat{A}$: 72° e $\hat{B}$: 18°

60. 90°; 34°; 56°

61. c

62. 900 votos
a) *A*: 25%; *B*: 30% e *C*: 45%
b) *A*: 90° (25% de 360°); *B*: 108° (30% de 360°) e *C*: 162° (45% de 360°).

63. 12 carros e 11 motos.

64. *A*: 8 cm por 2 cm; *B*: 6 cm por 4 cm.

65. a) (4, 6)
b) $\left(\frac{1}{8}, \frac{1}{2}\right)$
c) $\left(\frac{1}{5}, -\frac{1}{2}\right)$
d) (2, −2)

66. (3, −1)

67. (2, −3)

68. $\left(1, \frac{1}{2}\right)$

69. a) $x = 2\frac{3}{5}$
b) $x = 2$
c) $x = 3\frac{1}{2}$
d) $x = -19$

70. a) 6 palitos; 11 palitos.
b) 26 palitos; 51 palitos.
c) 8 casas; Não.
d) 20 casas; 1 palito.
e) 6, 11, 16, 21 ,51 ,101 ,126 ,251, $5n + 1$
f) $p = 5n + 1$, sendo *p* o número de palitos e *n*, o número de casas.

71. a) $\frac{11}{24}$
b) 48
c) 25
d) Não
e) $\frac{99}{200}$
f) $f = \frac{2n - 1}{4n}$

72. O perímetro pode variar de 20 cm a 22 cm. A área pode variar de 24 cm² a 28 cm².

73. Cor vermelha

74. a) $x \in \mathbb{R}, x \leqslant 2$
b) $x \in \mathbb{R}, x > 1\frac{5}{7}$
c) $y \in \mathbb{R}, y < 6$
d) $x \in \mathbb{R}, x \geqslant 1\frac{1}{13}$
e) $x \in \mathbb{R}, x \geqslant 1\frac{1}{5}$
f) $x \in \mathbb{R}, x > 1$

75. a) x racional, $x < 1\frac{1}{3}$
b) x inteiro, $x \leqslant 1 \to$ ..., −2, −1, 0, 1
c) x natural, $x < 4 \to 0, 1, 2, 3$
d) 9, 11 e 13
e) 21 e 28

76. a) $x = \sqrt{59}$
b) x real, $x > 7$
c) $x = -4$
d) x real, $2 \leqslant x < 14$
e) Todos os números reais
f) Nenhum número real

77. a) Todo número racional x tal que $x \leqslant 8$.
b) −1, 0, 1
c) 0, 1, 2, 3.

78. a) x é um número natural e $x \geqslant \frac{5\,000}{450}$.
b) y é um número natural e $y \geqslant \frac{10\,000}{630}$.
c) A) $x = 12$. Esse valor indica que o elevador *B* fez 12 ou mais viagens nesse dia.
B) $y = 16$
C) $x = y = 16$
D) $x = 12$ e $y = 16$
E) $x = 17$ e $y = 16$

6 Circunferências e círculos

1. a) H
b) $\overline{AH}$, $\overline{HR}$ e $\overline{HP}$
c) A, M, F, R e P
d) $\overline{AR}$
e) $A\hat{H}P$

4. a) 11° 15′
b) 90°
c) 135°
d) $2 \cdot 2 \cdot 2 \cdot 2 \cdot 2$ ou 2^5
e) *NE*: nordeste, *NO*: noroeste, *SO*: sudoeste, *SE*: sudeste.

5. 1 cm

6. 3 600 peças grandes;
5 400 peças médias;
3 000 peças pequenas

8. a) 6 triângulos
b) 60°
c) Triângulo equilátero, porque tem os três lados com medidas iguais.

9. 36° 10′

10. 6 retas ($\overleftrightarrow{AB}$, $\overleftrightarrow{AC}$, $\overleftrightarrow{AD}$, $\overleftrightarrow{BC}$, $\overleftrightarrow{BD}$ e $\overleftrightarrow{CD}$)

11. a) 30°
b) 75°
c) 150°
d) 90°
e) 60°
f) 180°

12. a) Um

13. a) 2 pontos
b) 6 pontos
c) 2 pontos
d) 8 pontos

14. 12 cm e 16 cm

15. 128° 36′

16. 112° 9′

17. 84°

18. $x = 56°$ e $y = 28°$

19. $x = 36°$

20. $x = 76°$; $y = 38°$; $z = 52°$; $w = 104°$

21. $m(\hat{A}) = 78°$; $m(\hat{B}) = 156°$

22. $x = 34°$; $y = 56°$

23. $a = 46°$; $b = 46°$; $c = 66°$; $d = 26°$

24. 25°

25. 4 triângulos: $\triangle ABC$, $\triangle ABD$, $\triangle ACD$ e $\triangle BCD$.

27. 6 competidores

7 Perímetros, áreas e volumes

1. a) $P = c + \ell + c + \ell$ ou $P = 2c + 2\ell$
b) $P = \ell + \ell + \ell + \ell$ ou $P = 4\ell$

2. Bia; 120 m

3. 8 por 2,4 cm

4. 24 km

5. 84 cm

6. Aproximadamente 169,56 cm.

7. a) 25,12 m
b) 25,7 cm
c) $P = n \cdot s$

8. a) 30 ladrilhos.
b) A superfície da parede.
c) O ladrilho □.
d) 30 ladrilhos ou 30 unidades.

9. a) 37,68 cm.
b) 94,2 cm.

10. a) 14 unidades
b) 18 unidades
c) 17 unidades
d) 16 unidades

11. I) $A = 8\frac{1}{2}$ unidades;
II) $A = 8\frac{1}{2}$ unidades;
III) $A = 8$ unidades;
IV) $A = 14$ unidades

12. 0,64 m²

13. 24 m²

16. R$ 473,50

17. 232,5 m

18. a) A) 12,18 cm
B) 6,3026 cm²
C) 5 cm²
D) 14 cm³

19. a) 10 cm²
b) 9 cm²
c) 4 cm²
d) 13,5 cm²

20. a) 27 000 cm³
b) 1,5 m³
c) 288 cm³
d) 200 cm³

21. a) 0,7 cm³
b) Aproximadamente 10,8 g.
c) 0,8 cm

22. 24 m

23. a) 42 CDs
b) 45 CDs

24. 12 cm, 15 cm e 21 cm.

25. a) A) perímetro do $\triangle ACD$: 30 m e perímetro do $\triangle ABC$: 54 m
B) área do $\triangle ABD$: 96 m²; área do $\triangle ACD$: 30 m²; área do $\triangle ABC$: 126 m²
b) A) Não
B) Sim

26. b

27. a) 20 m
b) 96 m
c) 48 m³
d) 96 m²

28. 37,68 m

29. c

30. d

31. a) 60 m por 30 m;
54 m por 33 m

32. a) 7 m por 8 m ou 700 cm por 800 cm; 3 m por 4 m ou 300 cm por 400 cm
b) *A*: 5 m por 6 m ou 500 cm por 600 cm;
B: 3 m por 2 m ou 300 cm por 200 cm;
C: 8 m por 12 m ou 800 cm por 1200 cm
c) 2 m ou 200 cm
e) 56 cm²
f) 56 m² ou 560 000 cm²
h) 132 m²; 1 320 000 cm² ou 132 m²
i) 30 m²; 30 000 000 cm²

8 Representação de sólidos geométricos no plano

4. a) Sim.
b) Não.

5. 48 cm

6. 30 arestas; 20 vértices; 12 faces; dodecaedro regular

7. a) 7 cubinhos.
b) Não.

9. c

12. b) III

15. b

16. a) *A* e *F*; *B* e *D*; *C* e *E*.

9 Estatística e probabilidade

1. De cima para baixo: $\frac{3}{50}$; 76, 9; $\frac{9}{50}$; 77, 5, $\frac{1}{10}$; 78, 7, $\frac{7}{50}$; 79, 2; $\frac{1}{25}$; 80, 2, $\frac{1}{25}$; 85, 7, $\frac{7}{50}$; 88, 3, $\frac{3}{50}$; 90, 7, $\frac{7}{50}$; 92, 5, $\frac{1}{10}$; 1

2. 13,2

3. a

4. b

5. a) A) 3 gols
B) 1,8 gol
C) 1,4 gol
b) A) $m + \frac{2}{3}$ B) $\frac{5m}{6}$

7. De cima para baixo: 5 e 20%; 10 e 40%; 6 e 24%; 3 e 12%; 1 e 4%; 25 e 100%

8. Moda: 1; mediana 1; média aritmética: 1,4

9. $MA = Mo = Me = 8$ gols por partida

10. a) 27
b) 20
c) 25
d) Aumentou aproximadamente 0,3.

11. a) Probabilidades iguais
b) Cara na moeda
c) Sábado

12. a) EC
b) EI
c) EI
d) EI
e) EC

13. a) $A = \{\text{defeituoso}\}$
b) $B = \{\text{maio, junho, julho, agosto}\}$
c) $C = \{2, 3, 5, 7, 11\}$

14. a) Meninos: 25%; meninas: 75%.
b) $\frac{9}{36} = \frac{1}{4}$ ou 25%

15. a) 50 alunos
b) 180 alunos
c) 50 alunos
d) 10%
e) $\frac{6}{13} \simeq 46\%$
f) $\frac{1}{5}$ ou 20%

Atividades de lógica

1. a
2. a
3. c
4. a
5. a
6. c
7. b
8. c
9. c
10. a
11. b
12. b
13. a
14. c
15. c